Israel zwischen Verheißung und Gebot

Herrn Prof. Dr. W. Johnstone
mit vorzüglicher Hochachtung
zu gesandt.

P. Mommer

Europäische Hochschulschriften

Publications Universitaires Européennes
European University Studies

Reihe XXIII

Theologie

Série XXIII   Series XXIII
Théologie
Theology

Bd./Vol. 422

PETER LANG
Frankfurt am Main · Bern · New York · Paris

Reinhard Achenbach

Israel zwischen Verheißung und Gebot

Literarkritische Untersuchungen zu Deuteronomium 5-11

PETER LANG

Frankfurt am Main · Bern · New York · Paris

CIP-Titelaufnahme der Deutschen Bibliothek

Achenbach, Reinhard:

Israel zwischen Verheißung und Gebot : literarkritische
Untersuchungen zu Deuteronomium 5-11 / Reinhard
Achenbach. - Frankfurt am Main ; Bern ; New York ; Paris :
Lang, 1991
   (Europäische Hochschulschriften : Reihe 23, Theologie ;
   Bd. 422)
   Zugl.: Göttingen, Univ., Diss., 1989
   ISBN 3-631-43847-8

NE: Europäische Hochschulschriften / 23

D 7
ISSN 0721-3409
ISBN 3-631-43847-8

© Verlag Peter Lang GmbH, Frankfurt am Main 1991
Alle Rechte vorbehalten.

Printed in Germany 1 2 3 4 6 7

Vorwort

Die vorliegende für den Druck leicht überarbeitete Untersuchung wurde im Sommersemester 1989 vom Fachbereich Evangelische Theologie der Georg-August-Universität in Göttingen als Dissertation angenommen.

Mein Dank gilt in erster Linie Herrn Professor Dr. Lothar Perlitt, der das Thema der Arbeit angeregt und ihre Entstehung mit großer Geduld auch über die Zeit meines kirchlichen Vikariates hinweg begleitet hat. Zu danken habe ich zudem Herrn Professor Dr. Rudolf Smend für das Korreferat, den Kollegen und Freunden des Göttinger Doktorandenkolloquiums für viele anregende Gespräche, besonders Pfarrer Dr. Joachim Buchholz und Pfarrer Dr. Dietrich Knapp, sowie meinem lieben Freund und Schwager, Pfarrer Andres Michael Kuhn, für seine unermüdliche Hilfe bei der Erstellung der Druckvorlage.

Schließlich danke ich dem Fachbereich Ev. Theologie in Göttingen und der Ev. Kirche in Hessen und Nassau für die finanzielle Unterstützung bei der Drucklegung. Aus drucktechnischen Gründen hat sich das Erscheinen der Arbeit leider verzögert. Möge sie nun die wissenschaftliche theologische Diskussion um die so bedeutsamen Kapitel 5-11 des Deuteronomium-Buches auf ihre Weise befruchten und weiterbringen.

Darmstadt, Januar 1991   Reinhard Achenbach

INHALT

EINLEITUNG

Wenn die Forschung zur Entstehungsgeschichte des Deuteronomiums in den letzten 150 Jahren ein Ergebnis erbracht hat, so ist es die Erkenntnis der außerordentlichen Komplexität derselben. Die Analyse der Texte ist jedem einlinigen Zugriff entzogen, denn man hat es mit einer Ansammlung von Stücken unterschiedlicher Herkunft und Form zu tun[1]. Gegenwärtig stellt sich der Werdegang des Buches ungefähr wie folgt dar[2]: Den Kern bildet eine Sammlung von Gesetzen, deren Spezifikum in einer Reihe von Anweisungen besteht, welche im Zusammenhang mit der Kultuszentralisation unter König Josia stehen[3] (DTN.12-25*, im Folgenden mit "DT." bzw. adj. mit "dt." bezeichnet). Sie geht in einigen Teilen auf ihr vorgegebene Sammlungen zurück[4], ist mit einem doppelten liturgischen Anhang in Dtn. 26 versehen[5] und danach mehrfach bearbeitet worden. Diese Bearbeitungen stehen vermutlich zumindest teilweise in Zusammenhang mit der sukzessiven Rahmung des Gesetzeskorpus'[6], welche in mehreren in sich wiederum literarisch geschichteten Blöcken

---

1   Vgl. die Forschungsberichte von LOERSCH, Das Deuteronomium und seine Deutungen, SBS 22, Stuttgart 1967; BEGG, Contributions to the Elucidation of the Composition of Deuteronomy With Special Attention to the Significance of the Numeruswechsel, Diss., Leuven/Louvain 1978, S. 1-1063; PREUSS, Deuteronomium, EdF 164, Darmstadt 1982 und McBRIDE, Art. Deuteronomium, TRE VIII,1981,S.536ff.

2   Zum Folgenden vgl. PERLITT, Art. Deuteronomium, EKL I(3.), 1985, Sp.823-825.

3   2.Kön.23,8a; hierzu: SPIECKERMANN, Juda unter Assur in der Sargonidenzeit, FRLANT 129, Göttingen 1982, S.92-96(s.bes.S.95A.131).

4   Mit einem oder mehreren vor-josianischen Stadien rechnen NEBELING, Die Schichten des deuteronomischen Gesetzeskorpus. Eine traditions- und redaktionsgeschichtliche Analyse von Dtn 12-26, Diss. Münster 1970, S.266ff.; MERENDINO, Das deuteronomische Gesetz. Eine literarkritische, gattungs- und überlieferungsgeschichtliche Untersuchung zu Dt 12-26, BBB 31, Bonn 1969, S.398-402; vgl. zum Problem weiterhin PREUSS, Deuteronomium, EdF 164, S.12-19.

5   NEBELING, a.a.O., S.238-248.261f.; SEITZ, Redaktionsgeschichtliche Studien zum Deuteronomium, BWANT 5.F.H.13 (insges.93), Stuttgart-Berlin-Köln-Mainz 1971, S.243-250; PREUSS, a.a.O., S.144-148.

6   Der Zusammenhang zwischen Rahmen und Korpus wird unterschiedlich beschrieben. SEITZ, Redaktionsgeschichtl. Studien, und mit ihm die Mehrheit der Forscher rechnet mit mehreren durchgängien Bearbeitungsschichten; TIFFANY, Parenesis and Deuteronomy 5-11. A Form-Critical Study, Diss., Ph.D. Claremont Graduate School, 1978/79, hingegen mit einer gänzlich eigenständigen Komposition von Dtn. 5-11, was angesichts der durchgängigen paränetischen Formelemente in Dtn. 12-25.26 ganz unwahrscheinlich ist. Differenzierter urteilt GARCIA-LOPEZ, Un Dios, un pueblo, una tierra una ley, Diss., Rom 1976*, der jedoch auch mit einer Entstehungsgeschichte unabhängig vom Buch "Deuteronomium" für einen großen Teil der Texte rechnet. (* veröffentlicht s.v.: "Analyse littéraire de

unterschiedlicher Provenienz und Gestalt erfolgt ist. Sie alle sind jedoch bestimmt durch die gemeinsame Fiktion, die folgende Promulgation des Gesetzes gehe auf eine Rede des Mose an Israel zurück. Nach Ansicht einer großen Zahl von Exegeten findet sich der älteste Grundbestand dieser Rahmungen in einer Reihe von Redestücken innerhalb von Dtn.6,4-9,6...[7], welche in ihren Grundzügen in singularischer Anrede an Israel formuliert sind[8],

---

Deutéronome V-XI", Teil I: RB 84, 1977, S.481-522; Teil II: RB 85, 1978, S.5-49; "Deut. VI et la tradition-rédaction du Deutéronome", Teil I: RB 85, 1978, S.161-200; Teil II: RB 88, 1981, S.59-91; " 'Un peuple consacré'. Analyse critique de Deutéronome VII", VT XXXII, 1982, S.438-463; "Yahvé, fuente última de vida: análisis de Dt 8", Bib. 62, 1982, S.21-54; "En los umbrales de la tierra prometida. Análisis de Dt. 9,1-7; 10,12-11,17", Separata de Salamanticensis XXVIII,1-2, Salamanca 1981, S.37-64.)

7   Den Beginn der ältesten Rahmung des DT. (Dtn. 12-25.26) sehen in Dtn. 6,4f. STEUERNAGEL, STAERK, HEMPEL, PUUKKO, HÖLSCHER, OESTREICHER, ALT, v.RAD, SCHREINER, NEU-MANN, ROSE, GARCIA-LOPEZ, LEVIN, PREUSS u.a.(vgl. Titel der Arbeiten im Lit.-Verz.). - Zur Abgrenzung von Dtn. 6,4-9,6 vgl. v.RAD, Das fünfte Buch Mose/Deuteronomium, ATD 8, Göttingen (2.Aufl.) 1964, S.54.59. Das Formproblem ist trotz der entschiedenen Versuche v.RADs hierzu weitgehend ungelöst. Umstritten ist vor allem, in welchem Maße die literarisch stilisierte Moserede auf rhetorisch-paränetische Vorformen oder gar feste literarische Einheiten zurückgreift.

8   Die Frage der literarkritischen Signifikanz des sog. Numeruswechsels, d.h. der Anrede des einen Gegenübers Israel einerseits in der 2.Pers. Sg., andererseits in der 2.Pl., ist viel diskutiert worden; vgl. hierzu die Arbeiten von HOSPERS, De Numeruswisseling in het Boek Deuteronomium, Diss., Utrecht 1947; MINETTE de TILLESSE, Sections "tu" et sections "vous" dans le Deutéronome, VT 12, 1962, S.29-87; BEGG, Contributions, 1978; zusammenfassend PREUSS, Deuteronomium, S.34f., detaillierter BEGG, The Significance of the Numeruswechsel in Deuteronomy. The "Pre-History" of the Question, BEThL 55, Leuven/Louvain 1979, S.116-124. Der Haupteinwand gegen eine literarkritische Auswertung des Phänomens, läuft auf die Behauptung hinaus, es handle sich hier um einen stilistischen Kunstgriff, um die Aufmerksamkeit des Lesers zu erregen (vgl. LOHFINK, Das Hauptgebot. Eine Untersuchung literarischer Einleitungsfragen zu Dtn. 5-11, Rom 1963, S.30-34.239ff.; ORMANN, Die Stilmittel im Deuteronomium, FS L.Baeck, Berlin 1938, S.39-53, S.40ff.). Dies schließt aber gerade nicht aus, daß der Numeruswechsel zugleich auch Signal für das Eingreifen einer fortschreibenden oder redigierenden Hand sein kann. Sicherlich wird man das Kriterium nicht schematisch anwenden können, kommen jedoch inhaltliche und formale Verschiebungen im Textgefüge mit dem Numeruswechsel zusammen vor und läßt sich zudem der gleiche Vorgang an verschiedenen Stellen beobachten, so liegt die Annahme einer Bearbeitung nahe. Freilich stellt sich das Problem im Zuge des fortlaufenden Fortschreibungsprozesses, dem das Dtn. unterzogen wurde, zunehmend komplex dar, sodaß eine mechanische Verteilung nach dem Schema "singularisch = deuteronomisch" und also "alt", "pluralisch = deuteronomistisch" und also "jung" sicherlich nicht mehr möglich sein wird. Mit KNAPP, Deuteronomium 4. Literarische Analyse und theologische Interpretation, GTA 35, Göttingen 1987, S.23, wird zu sagen sein: "...der Numeruswechsel

und in dem Anhang Dtn. 28, worin dem Gehorsam gegen Jahwe und seine Gebote Segen, dem Ungehorsam Fluch angesagt wird[9]. Dem so entstandenen "deuteronomischen" Korpus, dessen Grundschicht(en) im Folgenden mit "dtn." bezeichnet sein soll(en), wurde eine weitgehend in pluralischer Anrede gehaltene narrative Paränese vorangestellt, worin die Herkunft des dtn. Gesetzes auf die Gottesoffenbarung am Horeb zurückgeführt und diesem zugleich der Dekalog vorangestellt wird (Dtn. 4,(44).45-49*; 5,1-6,3*). Die gegenläufige Annahme LOHFINKs, Dtn. 5 habe ursprünglich eine selbständige Texteinheit mit Dtn. 6 gebildet, bevor die Kapitel durch einen Überarbeiter mit weiterem Material verbunden dem Dtn. vorangestellt worden seien, hat sich nicht bewährt[10]. Da indes diese Hypothese bis in die neuere Kommentierung des Buches Deuteronomium hinein fortwirkt[11], wird ein neuerlicher Nachweis der obigen Auffassung nötig sein (in Kapitel I dieser Arbeit). Die Ätiologie von Dtn. 5 voraussetzend schließt sich in 9,7-10,11 eine gleichfalls pluralische Rede an den im wesentlichen singularischen Block 6,4-9,6* an, deren Hauptgewicht in der Erinnerung an den Bundesbruch und die Bundeserneuerung am Horeb liegt. Inwiefern dieser Abschnitt literarisch mit 5,1-6,3* in Verbindung steht, ob er der gleichen Bearbeitungsschicht zugehört[12] oder einer jüngeren[13], wird zu klären sein (s.Kap. V. dieser Arbeit). An diesen Block schließt sich in der jetzigen Gestalt der Einleitungsreden zum DT. eine Reihe teils in singularischer, teils in pluralischer Anrede formulierter Paränesen an (Dtn. 10,12-11,32). Aufgrund ihrer stilistischen und gedanklichen Nähe zu den äußeren Rahmenkapiteln Dtn. 4 und 29f., welche im Gesamtaufriß des Dtn.s wie des von Dtn. bis 2. Kön. reichenden

---

kann an verschiedenen Stellen verschiedene Ursachen haben." (vgl. KNAPPs Auseinandersetzung mit BRAULIK, Die Mittel deuteronomischer Rhetorik erhoben aus Deuteronomium 4,1-40, Anal.Bibl.68, Rom 1978, S.149f., a.a.O.,S.23f.).

9 Auch dieses Kapitel ist mehrschichtig, vgl. hierzu PREUSS, a.a.O., S. 153 - 157 u. die dort angegebene Literatur. Die Zuordnung von Dtn. 27 ist völlig ungewiß; abgesehen von den 27,9f., die möglicherweise eine alte Überleitung zwischen Dtn.26 u.28 enthalten, gehört das Kapitel zu den jungen Zusätzen (PREUSS, a.a.O.,S.150ff.). Aufschlußreich ist die jüngste Analyse von FABRY, Noch ein Dekalog! Die Thora des lebendigen Gottes in ihrer Wirkungsgeschichte, FS W.Breuning, Düsseldorf 1985, S.75-96, der eine mehrschichtige, insgesamt nachexilische Abfassung nachweist und in dem sog. "Fluch-Dodekalog" von v.16-25 einen Nachhall zum Dekalog (Dtn. 5) sieht.

10 Gegen LOHFINK, Hauptgebot, S.140-166; vgl. BREKELMANS, Deuteronomy 5: Its Place and Function, BEThL LXVIII, Leuven/Louvain 1985, S.164-173.

11 So u.a. bei BRAULIK, Deuteronomium 1 - 16,17. Die Neue Echter Bibel - Altes Testament, Würzburg 1986, S. 48ff..

12 So die alten Literarkritiker, allen voran STEUERNAGEL, Das Deuteronomium, HK 3,1, Göttingen (2.Aufl.) 1923, S.9f.; später u.a. MINETTE de TILLESSE, a.a.O.,S.29-87; GARCIA-LOPEZ, Analyse littéraire de Deutéronome V-XI, Teil II, RB 85,1978, S.5-49.

13 LOHFINK, Hauptgebot, S.216-218.290; SEITZ, Redaktionsgeschichtl. Studien, S.51-57.

Literaturwerkes (dtr.G) zu den spätesten Texten gerechnet werden[14], werden sie meist als relativ jung, d.h. spät-exilisch oder nach-exilisch eingestuft[15]. Mitunter sucht man jedoch nach einem Verbindungsstück zwischen Dtn. 6,4-9,6* und dem Gesetzeskorpus Dtn. 12-25(26)[16]. Auch dieser Frage ist näher nachzugehen (s.u.Kap.V).

Die, grob gesprochen, von Dtn. 5 - 28 reichende Schrift steht im Kontext der dtr. Darstellung der Geschichte Israels von der Mosezeit bis zum Untergang des Nationalstaates (Dtn.-2.Kön), der die Kapitel Dtn. 1-3 und der literarische Kern von Kapitel 31 und 34 zugerechnet werden, und die in spät- und nachexilischer Zeit paränetische Bearbeitung erfahren haben[17]. Die Beobachtungen NOTHs zu Dtn. 1-3.31*.34* sind im Blick auf die Bestimmung des literarischen Verhältnisses zwischen dem dtn. und dtr. gerahmten Gesetz und dem dtr.G. sind nach wie vor beachtens- und darum an dieser Stelle auch zitierenswert: Wir haben es "in Dtn. 1-3(4) nicht mit einer Einleitungsrede zum deuteronomischen Gesetz, sondern mit dem Eingang des deuteronomistischen Geschichtswerkes zu tun..."[18]. In diesen Abschnitten haben wir "einen großen sachlichen Zusammenhang vor uns, der keineswegs etwa...nur ein Exzerpt aus dem Inhalt der alten "Hexateuch"-Quellen im Buche Numeri darstellt, sondern durchaus zielsicher zusteuert, zwar nicht auf das deuteronomische Gesetz, aber auf die im Buche Josua kommende Landnahmegeschichte und die für deren Verständnis notwendigen Vorgänge mitteilt."[19]Angesichts dieser Feststellung, für deren Nachweis im einzelnen auf die Arbeit NOTHs verwiesen werden kann, ist deren Schluß, daß eben dieser "Dtr." das "deuteronomische Gesetz...im wesentlichen bereits in der Form, in der es uns heute in Dtn. 4,44-30,20 vorliegt"[20], in seine Darstellung übernommen haben soll, weniger wahrscheinlich als die Annahme, daß Gesetz und Geschichtswerk erst in einem zweiten Schritt der Bearbeitung zueinandergekommen sind. Diese Vermutung wird sich im Verlaufe dieser Arbeit bestätigen. Als Sonderüberlieferungen, die dem Korpus erst

---

14   Vgl. die jüngste eingehende Analyse von KNAPP, Deuteronomium 4, S.158-163.

15   PREUSS, a.a.O., S.103 (Lit.).

16   ROSE, Der Ausschließlichkeitsanspruch Jahwes, BWANT 106 (=6.F. H.6), Stuttgart u.a. 1975, S.124-144; GARCIA-LOPEZ, En los umbrales de la tierra prometida, Sep. Salamanticensis 28,1f., Salamanca 1981, S.37-64 (Lit. S.37f.); ders. Analyse littéraire de Deutéronome V-XI (Teil I), RB 84, 1977,. S.481-522.

17   Eine eigenständige These entwickelt LOHFINK, Kerygmata des Deuteronomistischen Geschichtswerks, FS H.W.Wolff, Neukirchen/Vl. 1981, S.87-100, bes. S. 92ff., wonach Dtn. 1 - Jos. 22 eine ursprünglich selbständige dtr. Landnahmeerzählung gebildet haben, die (blockweise) Ausweitung zum dtr.G sei erst später erfolgt.

18   NOTH, Überlieferungsgeschichtliche Studien, Tübingen 1957 (=.3.Aufl. 1967), S.12-18, S.14.

19   A.a.O., S.15.

20   A.a.O., S.16.

relativ spät zugewachsen sind, sind zu beurteilen Dtn. 27*, das sog. Moselied Dtn. 32,1-43 mit Rahmen in Dtn. 31,24-30; 32,44-47.48-52, sowie der Mosesegen Dtn. 33[21].

Keine der genannten Textgruppen ist literarisch einheitlich, innerhalb jeder lassen sich Spuren redaktioneller Bearbeitungen, Fortschreibungen und Kommentierungen entdecken, deren Zuordnung zum Teil große Schwierigkeiten bereitet. Sie lassen darauf schließen, daß das Dtn. als Gesetzesschrift ebenso wie die Überlieferungen der Geschichtsschreibung in Dtn.-2.Kön. Gegenstand einer Schule war, deren zentrales Bemühen der Überlieferung und Auslegung der als mosaisch angesehenen Traditionen galt. Die Wurzeln dieser Schule reichen vermutlich bis in die Entstehungszeit des wie immer gearteten josianischen Gesetzeskorpus' zurück, ihr Wirken umfaßt den Zeitraum von der Zeit der Sammlung und Kompilierung des Gesetzeskernes über die der dtn. Rahmung bis hin zur fortschreibenden Kommentierung und Einbindung in die dtr. Geschichtsdarstellung zur Zeit des Exils[22] und danach.

Besonders schwierig ist die Frage nach der Entstehung der dtn. Rahmentexte in Dtn. 6,4-9,6 zu beantworten, denn abgesehen von der redaktionsgeschichtlichen Analyse stellt sich hier das Problem, in welchem Ausmaß mit ursprünglich eigenständigen Elementen, Predigten bzw. Paränesen zu rechnen ist. Anders als in den vorwiegend literarischen Stücken des übrigen Rahmens hat man in den sog. "Du-Paränesen" von Dtn.6-11 angeregt durch die Arbeiten KLOSTERMANNs und v.RADs[23] hier rhetorische Kleinformen und zunächst vom Dtn. unabhängige "Predigten" gesehen, welche erst nachträglich zu der jetzt vorfindlichen Reihe zusammengebracht worden sind[24]. Die Reihe durchweg eigentümlicher Texte dieses Abschnittes haben sich durch ihren systematisierenden Zugriff auf das, was ihre Urheber als das Herz und den Kernbestand der israelitischen jahwistischen Tradition ansahen, für den Eindruck dessen, was als "typisch deuteronomisch" zu gelten hat, als bestimmend erwiesen: Begriffe wie "Schema<", "Hauptgebot", "kleines geschichtliches Credo", "Erwählungstheologie", "Banngebot" deuten auf die Bedeutsamkeit dessen, was

---

21 PREUSS, a.a.O., S.149-152; 165-169; 169-173. Gegen ein Einwirken der sog. Priesterschrift im Dtn. jetzt mit überzeugenden Gründen PERLITT, Priesterschrift im Deuteronomium?, ZAW 100 (Suppl.) 1988, S.65-88.

22 Als grundlegende Untersuchung in diesem Zusammenhang ist nach wie vor zu verweisen auf WEINFELD, Deuteronomy and the Deuteronomic School, Oxford 1972, auch wenn in der literarkritischen Beurteilung der Texte im Rahmen dieser Arbeit gänzlich andere Wege gegangen werden.

23 KLOSTERMANN, Der Pentateuch. Beiträge zu seinem Verständnis und seiner Entstehungsgeschichte, Leipzig 1893; ders., Der Pentateuch. N.F., Leipzig 1907; v.RAD, Deuteronomium-Studien, FRLANT 58, Göttingen (2.Aufl.) 1948; ders., ATD 8, S.13-16.

24 LOHFINK, SEITZ und GARCIA-LOPEZ knüpfen mit ihren Arbeiten an diese Grundannahme an.

hier angesprochen wird, nicht nur für das Verständnis der dtn./dtr. sondern auch der weiteren alttestamentlichen Theologie überhaupt hin. Gerade im Blick auf die "dtn." Texte in Dtn. 5-11 gehen aber auch die Auffassungen über deren Genese besonders weit auseinander. Die Fragen richten sich dabei einerseits auf die Vorgeschichte der Texte, ihren form- und traditionsgeschichtlichen Hintergrund und auf die Möglichkeit einer vorliterarischen Ausprägung, zum anderen auf die Literargeschichte im Kontext des Deuteronomiums selbst, einerseits hinsichtlich des Bezugs zum DT-Gesetz, andererseits hinsichtlich der Korrelation zu den jüngeren dtr. Schichten[25].

1 Die Frage nach der Vorgeschichte der deuteronomischen Schichten in Deuteronomium 5-11

Literarische oder vor-literarische Entstehung?

Die literarkritische Forschung gegen Ende des vorigen Jahrhunderts war weitgehend durch die Fragestellungen WELLHAUSENs und KUENENs bestimmt, ob und in welchem Umfang die Einleitungsreden von Dtn.5-11 in ursprünglich literarischem Zusammenhang mit dem Gesetzeskern stehen[26]. Nachdem für Dtn. 12-25* deutlich war, daß hier alte

---

25 Wir verwenden die Siglen hier zunächst einmal gänzlich funktional:

Dtn.= das Buch Deuteronomium;

dtr.G = das von Dtn.1 bis 2.Kön.25 reichende Geschichtswerk, innerhalb dessen wir zwischen formgebenden und sekundären Schichten werden unterscheiden müssen;

DT., dt. = der Gesetzesteil von Dtn. 12-25 in seinem vermutlichen Grundbestand als fixierte Sammlung von Vorschriften und Rechtssätzen;

dtn. (deuteronomisch) = der Grundbestand der Rahmung von Dtn. 5-11*.26-28*;

dtr. = allgemein die von dem Grundgedanken einer von Jahwe kommenden mosaischen Tora-Schrift bestimmte Paränese (d.h. ausgehend von Dtn. 5);

spät-dtr., sek.-dtr. (spät- bzw. sekundär-dtr.) = Schichten, die das dtr.G in einem vermuteten Grundbestand sowie Dtn. 6-28* und die Voranstellung von Dtn. 5 vor diesen Komplex voraussetzen, d.h. innerhalb des Dtn.s Dtn. 4 und 29-30. Diese Siglen implizieren (notgedrungen) Thesen, deren Nachweis diese Arbeit zu erbringen sucht. Vgl. zur Verwendung der Siglen ansonsten die skeptische Beurteilung bei PERLITT, Wovon der Mensch lebt (Dtn 8,3b), FS WOLFF, Neukirchen/Vl. 1981, S.409A.22.

26 WELLHAUSEN, Die Composition des Hexateuchs und der historischen Bücher des Alten Testaments, Berlin (3.Aufl.) 1899 (Nachdruck, Berlin 1963), S.191: "Schwerlich ist diese lange Einleitung Kap.5-11, diese beständige Aufforderung zum halten noch gar nicht bekannt gemachter und nur zum Teil inhaltlich anticipierter Gebote sachgemäß, schwerlich gehört sie zum ursprünglichen Bestande des Gesetzbuches." - In wieweit die genannte Aufforderung "beständig" ist, wäre noch zu fragen, ebenso, was "Sachgemäßheit"

Gesetzesmaterialien eingearbeitet worden waren, namentlich aus dem sog. Bundesbuch[27], stellte sich die Frage nach vorliterarischen bzw. vor-dtn. Materialien auch für Dtn. 5-11[28]. Einigkeit besteht heute wie damals weitgehend darin, daß ein Komplex wie Dtn. 5-11 nicht in einem Zuge zustandegekommen ist. Zunächst setzte sich zu Beginn unseres Jahrhunderts die literarkritische Analyse der Vertreter einer Urkundenhypothese bzw. späterhin einer entsprechenden Ergänzungshypothese auf der literarischen Ebene durch[29]. Hier ein tabellarischer Überblick der wichtigsten Ergebnisse von Untersuchungen aus diesem Bereich, der zeigt, wie nahe die Entscheidungen letztlich beieinanderlagen. Entscheidendes literarkritisches Kriterium war

---

im Bezug auf Dtn. 5-11 meint. Die alternative Position von KUENEN, Historisch-kritische Einleitung in die Bücher des alten Testaments I,1, Leipzig 1887, S.103-125, stützt sich auf die Beobachtung, daß zwischen Dtn.5-11 und 12-26 enge sprachliche (und sachliche) Verbindungen bestehen; es bleibt bei ihm jedoch zunächst offen, ob diese auf einheitlicher Verfasserschaft oder auf übergreifender Bearbeitung beruhen.

27 Vgl. die Darstellung der Bezüge bei PREUSS, a.a.O., S.104-107.

28 Namentlich sind hier die Vertreter einer vorliterarischen bzw. literarischen Fragmentenhypothese zu nennen, stellvertretend für erstere KLOSTERMANN, Pentateuch N.F.1907 (bes.S.197-246). Er sah in Dtn.(5)6-8.9-11 zwei eigene, in sich geschlossene Abschnitte, die ihrerseits aus einer Reihe von paränetischen Fragmenten bestehen, welche jeweils die in 12-26 enthaltenen Materialien für einen Gesetzesvortrag einleiten sollen. Für die Vertreter einer literarischen Fragmentenhypothese sei hier stellvertretend d'EICHTHAL, Étude sur le Deutéronome, Paris 1886, genannt, der für Dtn. 4,44-26,19 eine Kompilation durch einen nachexilischen Redaktor angenommen hat: "ce but...a été...de fournir à la nouvelle communauté établié à Jerusalem, un livre d`édification particulièrement appropriée à sa situation politique et religieuse."(S.90) d`Eichthal fand in Dtn. 5-11 ein Kompilat aus mehreren selbständigen Dokumenten. Seine Hypothese krankte vor allem daran, daß deren Abgrenzung zumeist eher willkürlich und wenig plausibel erschien (Schicht I: Dtn. 5,1;6,1-25;7,7-21.23f.1-6.25f.; II: Dtn. 8;9,1-8.22-24; III: Dtn. 10,12-18.20-21;11,1-28.32; IV: div.Zusätze). Zu einer Fülle interessanter Beobachtungen gelangte seinerzeit mit einer Fragmentenhypothese auch STAERK, Das Deuteronomium, sein Inhalt und seine literarische Form, Leipzig 1894, S.64-68. Zur Auseinandersetzung vgl. vor allem die Arbeit von HEMPEL, Die Schichten des Deutersonomiums, Leipzig 1914.

29 Eine Urkundenhypothese vertraten: STEUERNAGEL, Der Rahmen des Deuteronomiums. Literarcritische Untersuchung über seine Zusammensetzung und Entstehung, Diss., Halle 1894; ders., Die Entstehung des deuteronomischen Gesetzes kritisch und biblisch-theologisch untersucht, Halle 1896; ders., Das Deuteronomium übersetzt und erklärt, HK I,3.1, Göttingen 1.Aufl. 1898, 2.Aufl. 1923; PUUKKO, Das Deuteronomium. Eine literarkritische Untersuchung, BWAT 5., Leipzig 1910; HEMPEL, Die Schichten des Deuternomiums, 1914. Ergänzungshypothese: HÖLSCHER, Komposition und Ursprung des Deuteronomiums, ZAW 20,1922, S.161-255; NOTH, Überlieferungsgeschichtliche Studien (2.Aufl.) 1957.

8

der Numeruswechsel. Er führte zunächst zur Annahme durchgehender Quellenschichten, später zu der durchgängiger Redaktionen.

TABELLE I: LITERARKRITISCHE URKUNDENHYPOTHESEN

STEUERNAGEL, 1894.1896

I   Sg.:   4,44; 6,4.5?.10-13.15; 7,1-4.6.8.12b-16aα.17-21.23-24; 8,7-11a.12-18; 9,1-4a.5-7a.;
       10,12a.14-15.21-22; 11,10aα.b.11-12.14b-15.(18-20?). (6,20-25?).

II Pl.:   4,45; 5,1-4...23aαs*.bα.24a.25*.26-28(alte Zählung); 9,8-10.12-17.21.25-29;
       10,1-3.5.10-11.16-17a.bα.; 11,2-5.7.8aα.b.9-10aβ.11*.13-14a*.16-17.22-28.

III redaktionell (D.r): 5,6-21*.29f.; 6,1.6-9.14.16.17f.20-25; 7,5.7-8.11-12a.16b.22*.25-26;
       8,1.2-5.6.12b.19-20; 9,7.18-20.22-24;10,12b... ;
       zusätzl. eine Reihe später Ergänzungen.

PUUKKO, 1910

I Sg. (Einleitung des Urdeuteronomiums): 4,44...6,4f.6 (ohne אשר= Satz).7-9.10-13.15;
       7,1-3.6.8b.9-11.12b-16a.17-21.23f.; 8,2-14.17-18; 9,1-4a.5-7a; 10,12-13.

II Pl: 4,45; 5,1-4 + (v.5).(6-21, übernommen).20*.21-28 (alte Zählung);
       9,9.11-12.15-17.15-17.21.25*.26-29; 10,1-5.11; 11,2-29*

III redaktionell: 5,29f.; 6,1. (ansonsten urteilt P. ähnlich wie Steuernagel).

HEMPEL, 1914

I   Sg.a: 6,4-13; 7,6.9a.bα.12b-16a.17-21.23-24a.8,2a.bα.3-5.7-11a.12-15.17f.;
       9,1-4a.5-7a;10,12-13.

II Pl.c: 5,1-4.(6-21?).23-31; 9,9.11.13-17.21.25-29; 10,11a.16.17; 11,2-5.7.16.17.22a.23-28.

III Rest redaktionell oder glossarisch.

STEUERNAGEL, 1923

I Sg (D2c): 4,44; 6,4-13.15; 7,1-4a.6.9.12b-16a*.17-21.23f.; 8,2a.3-5.7-11a.12-14*.17f.;
       9,1-4a.5-7a.9a*.13f.;10,10-12.13*.14-21, 11,1.

II Pl (D2b): 4,45; 5,1-4.(6-21).22*-24-31; 9,9b.10a.12.15-19; 10,1-3.4*.5.16f.;
       11,2-5.7.16f.22f.*24-28;12,1.

III redaktionell (D2a): 1,1a.5...5,5?...9,11?.21?.26-29 etc.

HÖLSCHERs ERGÄNZUNGSHYPOTHESE, 1922

Grundschicht: 1,1a*?; 6,4-13.15.20-24; 7,1*.2.6.9.11.12b-16a.17-19.21.23f.;
       8,2*.3-14.17-18; 9,1-4a.5-7a.9a*.11.13f.; 10,10-13.

Ergänzungen: 5,1-6,1*; 9,7b.8.9b.10.12.15-17(18ff.) 21(22ff.)25-29;
       10,1-5(6f.)(8f.)14-11,1* 2-32* (10,14-11,32 gehören diversen Schichten an).

M.NOTH hat bei seinen überlieferungsgeschichtlichen und redaktionsgeschichtlichen Analysen des dtr.G - und in diesem Rahmen lediglich am Rande auch des Dtn.s - die HÖLSCHER'sche Ergänzungshypothese übernommen[30]. Auch G.v.RAD hat bei seinen formgeschichtlich orientierten Untersuchungen, nach denen er die dtn. Paränesen als eine Aneinanderreihung von Einzelpredigten auffaßte, das Grundschema einer phasenweisen Rahmung des DT. beibehalten[31]. Sein Versuch, die Anlage des Deuteronomiums in seiner Gesamtheit von dem Vorgang einer Gesetzespromulgation anläßlich eines sogenannten "Bundeserneuerungsfestes" her zu verstehen, hat sich nicht durchgesetzt[32]. Das gilt auch für die Reduzierung dieser These auf die Annahme eines altorientalischen "Bundesformulars", wonach das Dtn. nicht von einem liturgischen Ablauf sondern von der Grundstruktur altorientalischer Vasallenverträge her aufgebaut sein soll[33]. Für die Existenz des einen wie des anderen gibt es keine Belege[34]. Zudem birgt das Postulat einer übergeordneten Struktur die Gefahr, daß man redaktionelle Schichten als konstitutiv für den Textzusammenhang wertet und das literarische Gefälle der Text vom Kern zu den Fortschreibungen unter Verzicht auf eine vorherige literarkritische Analyse umkehrt.

Dies ist m.E. der Haupteinwand, der gegen die Arbeiten LOHFINKs zu Dtn. 5-11 zu führen ist. Zwar sieht auch er, daß das "Bundesformular" nirgendwo in toto nachweisbar ist, dennoch hält er auch in seinen neueren Arbeiten zum Dtn. an der Hypothese fest[35]. Mit dem

30   NOTH, a.a.O.,S.13-18.

31   V.RAD, Das formgeschichtliche Problem des Hexateuch, BWANT IV 26, Stuttgart 1938, S.30 (=ThB 8, München 1958 S.41).

32   V.RAD, ebd., S.23ff.(=ThB 8,33f.); modifiziert ATD 8, 1-16.

33   Als Vertreter dieser Hypothese seien hier lediglich genannt: BALTZER, Das Bundesformular, WMANT 4, Neukirchen/Vl. (2.Aufl.) 1964; LOHFINK, Das Hauptgebot, 1963; McCARTHY, Treaty and Covenant.A Study in Form in the Ancient Oriental Documents and in the Old Testament. Anal.Bibl.21A, Rom (2.Aufl.) 1978; WEINFELD, Deuteronomy and the Deuteronomic School,1972; BRAULIK, Deuteronomium 1-16,17, 1986; modifiziert (nur für einzelne sek. Schichten) GARCIA-LOPEZ, op.cit.. Die entscheidenden Argumente gegen eine Beibehaltung dieser formgeschichtlichen Hypothese findet man bei PERLITT, Bundestheologie im Alten Testament, WMANT 36, Neukirchen/Vl. 1969, S.62f.;93ff.; s.auch PREUSS, Deuteronomium, S.63-74.

34   LOHFINK, Hauptgebot, S.110f., findet in Dtn. 5-11 stets nur "Spuren des vermuteten Formulars".

35   LOHFINK, Kerygmata, S.100A.44; ebenso G.BRAULIK, a.a.O.,S.6ff., der hingegen einschränkt: "Im Dtn gibt es zwar in Einzeltexten Entsprechungen zu den Vasallenverträgen..., aber diese prägen nicht die Gesamtgestalt des Buches, noch weniger ist es als ganzes eine Vertragsurkunde..."(S.6) Man kann aber nach B. "5-28 zugleich vom Modell eines Vertragstextes her verstehen..."(S.7). Ohne nähere Begründung werden Vertrag und "Bund" dabei gleichgesetzt (S.8). Beide formalen Festlegungen überzeugen mich nicht, denn ein Formular, das nicht als solches nachzuweisen ist, ist eben kein Formular, und der Akt der

Argument, das Nebeinander der erzählenden und der paränetischen und gebietenden Passagen in Dtn. 5 und 6 erkläre sich am ehesten durch die Annahme des Formulars, wobei der Numeruswechsel als stilistischer Kunstgriff anzusehen sei, kehrt er das Verhältnis der beiden Kapitel um und faßt Dtn. 6 als Kommentar zum Hauptgebot des Dekaloges auf, wobei er die auch von ihm beobachtete gedankliche Disparatheit der einzelnen Passagen auf die Verschmelzung unterschiedlicher Traditionen und die kompositorische Verbindung derselben in wechselnden literarisch-rhetorischen Formen zurückführt[36]. Im weiteren Verlauf seiner Untersuchungen kommt er so zu einem dem eingangs geschilderten Entstehungsvorgang (Einleitung, S.1ff.) entgegengesetzten Bild[37]: Dtn. 5,1-6,25 bildet zusammen mit Dtn. 9,9-19.21.25-29; 10,1-5.10-18.20-22; 11,1-17 einen (vor-dtn.) Grundtext, der bis zu seiner Entstehung mehrere Vorstufen durchlaufen hat; er ist durch einen Überarbeiter ("Dtr.Ü": Dtn.7; 8; 9,1-8.22-24; 11,18-25) zu der vorfindlichen Gestalt geformt und sodann durch Dtn.11,26-32 mit dem Gesetz verbunden worden. Methodisch bestreitet LOHFINK dabei die Annahme eines anhand des Numeruswechselphänomens ablesbaren Schichtenwachstums und sieht in den von den Vertretern der älteren Literarkritik als redaktionell angesehenen pluralischen Gebotsparänesen auch innerhalb von Dtn. 6,4-9,6 kompositorische Rahmenelemente, die dazu dienen, die "Stoffe" zu bündeln[38]. Neben den auch früher beobachteten zahlreichen geprägten Wendungen der dtn. Paränesen versucht LOHFINK eine Reihe eigentümlicher Gattungen zu ermitteln und zu beschreiben, die ihm in Verbindung mit der Beobachtung "konzentrischer" oder "chiastischer " Kompositionsstrukturen zur Erklärung der literarischen Einheitlichkeit dienen[39]. Problematischer als die

---

ברית ist im A.T. wohl Grundlage für vertragliche Vereinbarungen aber eben nicht identisch mit einem Vertrag; auch ein literarisches Berit-Formular kann ich nirgends entdecken, abgesehen davon, dieser Ausdruck mir ebenso wenig sinnvoll erscheint wie dessen Um-setzung in den Ausdruck "Bundes-"Formular.

36 Hauptgebot, S.153-166; Kerygmata, S.100 A.44. BRAULIK, Deuteronomium 1,-16,17, S.55, übernimmt die These modifiziert: "Die Mahnrede 6,4-25 schließt...an 5,1-6,3 an. So kommentieren (10f.)12-15 das erste Dekaloggebot (5,6f.9b-10). Diese Paränese wird an in 17-19 auf das ganze Gesetz ausgedehnt (vgl.17 und 5,10). Die Gottesfurcht...bisher die Voraussetzung für Empfang und Verwirklichung des Dekalogs (5,5 und 29) wie des dtn Gesetzes (6,2), rückt in 13 zum Hauptgebot auf und ist in 24 selbst Ziel der Gesetzesbeobachtung. Die Familienkatechese knüpft an das "Lernen" Israels (5,1) bzw. das "Lehren" des Mose (5,31;6,1) an." - Daß die von Braulik beobachteten Stichwortverbindungen m.E. differenzierter bewertet werden müssen, wird die weitere Untersuchung zu zeigen haben. (Vgl.hierzu Kap.II, 4. dieser Arbeit.)

37 LOHFINK, Hauptgebot, S.290f..

38 A.a.O.S.240-258.

39 Hauptgebot, S.107-138. Die hier beschriebenen Formen sind im Rahmen der literarkritischen Untersuchung zu prüfen. Was die sog. konzentrischen Strukturen bzw. "Chiasmen" angeht, so besteht deren Problematik vor allem darin, daß sie oft keineswegs so offen zutage liegen, daß sie sich dem Leser

11

Beschreibung der Formen und die damit verbundenen nur z.T. instruktiven Beobachtungen ist der Versuch, literarkritische Analyse formkritisch zu übergehen. Das gilt sowohl bei seiner Analyse geprägter Redestrukturen (wie z.B. der paränetischen Sätze mit Begründung durch למען -Satz (Dtn.6,2f.u.ö.), dem sog. "paränetischen Schema"[40]), als auch für die Verwendung des sog. "Bundesformulars"[41], die "Gebotsumrahmung"[42] oder das "Schema der Beweisführung"[43]. Abgesehen davon, daß im ersten wie im letzten Fall die Beobachtungen sich auf sprachlich und formal verwandte Texte beziehen, bieten solche Formbestimmungen keinerlei zureichende Begründung dafür, literarische Spannungen zu übergehen und die Frage nach der inneren und äußeren Schichtung zu vernachlässigen. Letztlich handelt es sich bei dem "Bundesformular" und bei der "Gebotsumrahmung" um konstruierte Gattungsbezeichnungen, bezüglich ersterer wird das Gesamtergebnis der Arbeit, bezüglich letzterer die Analyse von Dtn. 6 (Kapitel II dieser Arbeit) eine andere Auffassung der Texte ergeben. Gegen die Grundannahme einer vom Dtn. unabhängigen Existenz großer zusammenhängender Textblöcke steht deren unlösliche Verbindung mit der Fiktion der Moserede, für deren außerliterarischen "Sitz im Leben" wir schlechterdings keinerlei historischen Hinweis haben. Dementsprechend spekulativ müssen Überlegungen hinsichtlich der inneren Haltung eines Hörerpublikums und eines am paränetischen Verkündigungsvorgang orientierten zusammenfassenden "Überarbeiters", der Dtn. 5-11 zu einem außerhalb des Dtn.s stehenden Ganzen geformt haben soll, sein[44]. Wohlgemerkt: damit soll nicht geleugnet werden, daß es zur Zeit der Entstehung des Deuteronomiums Formen der Verkündigung gegeben hat, innerhalb derer die dtn. Botschaft vermittelt wurde, zunächst - in welcher Gestalt auch immer - wohl durch Verlesung im Bereich des Tempels (so vermutet jedenfalls 2.Kön.23,2b); aber das bedeutet nicht, daß diese Verkündigung literarisch unmittelbar in Form der dtn. Mosefiktion festgehalten worden ist. Jedenfalls empfiehlt es sich aus Mangel an dementsprechenden Zeugnissen über den Zusammenhang zwischen Verbreitungsform und Literaturwerdung der dtn./dtr. Anschauungen zunächst einmal von dem literarischen Befund als solchem auszugehen und nicht von vornherein die

---

aufdrängen. Dann entsteht aber die Frage, worin ihr Sinn bestanden haben soll, wenn erst mehrere Jahrhunderte nach der Entstehung der dtn. Texte ein an neuer Stilistik geschulter Exeget in der Lage ist, sie zu entdecken; die Texte werden jedenfalls in jedem Einzelfall daraufhin zu prüfen sein. Grundsätzlich scheint mir in den meisten Fällen eher ein Geflecht von Rückbezügen und Stichwortaufnahmen vorzuliegen als eine einheitliche Komposition.

40   A.a.O., S.90-97.
41   A.a.O., S.108-122.
42   A.a.O., S.113-120; vgl. in diesem Zusammenhang unsere Analyse von Dtn. 6,10-19, Kapitel II,4. dieser Arbeit.
43   A.a.O.,S.125-131; s.u.zu Dtn. 8,2-6 Kapitel IV,2.
44   A.a.O., S. 261-285.

Hypothese zugrunde zu legen, daß hier gleichsam die fragmentarischen Protokolle eines rhetorischen Vorgangs der "kultischen Belehrung" von Sprechern, welche "in persona Moysi" auftraten, kompiliert oder komponiert worden sind. Dies ist bestenfalls eine reizvolle Vermutung, literarisch bedarf sie in jedem Falle der von LOHFINK programmatisch verweigerten literarkritischen Absicherung[45], zumal, wie die Einzelanalyse zeigen wird, die von LOHFINK vermuteten formgebenden Gattungen und Formeln keineswegs in dem kompositorischen Gerüst Halt finden, das LOHFINK in die Texte hineinlesen möchte. Wesentlich unproblematischer scheint mir die Vermutung, daß diejenigen, die es verstanden, die Zentralisationsgesetze und deren Folgebestimmungen in die Fiktion einer Rede des Mose vor der Einnahme des Verheißungslandes einzubinden, und die - wie die Analyse des dtn./dtr. Credos zeigt - über eine bis dahin in Israel kaum in dieser Form gekannte theologisch-systematisierende Kraft verfügten, auch das Sprach- und Formvermögen aufgewiesen haben dürften, das sie zur aktuellen "mosaischen" Lehre, zur Tora, ebenso befähigte wie zur literarischen Ausformung "mosaischer" מצוה חקים ומשפטים (Dtn. 6,1).

Der weitere Gang der Forschung hat denn auch gezeigt, daß Schichten, die LOHFINK lediglich für den Zusammenhang separater Einheiten als strukturbildend angesehen hat, mindestens zum Teil redaktioneller Natur sind. So kommt SEITZ zu dem Schluß, daß zwar mit LOHFINK mit einer Reihe von vor-dtn. Einheiten zu rechnen ist, daß aber die paränetische Rahmung von Dtn. 5 einer auf das DT -Gesetz hinführenden "dtn." Überarbeitung zuzuschreiben ist[46]. Da er LOHFINK jedoch in der Annahme folgt, Dtn. 6 biete im Kern eine Kommentierung des Dekaloges von Dtn.5, gehören für ihn beide Kapitel zu einer strukturgebenden Grundschicht, und älter anmutende Elemente in den singularischen Partien werden in die Vorgeschichte als selbständige Einheiten zurückprojiziert[47]. Indem SEITZ die redaktionellen Überschriften, welche das Buch in seiner jetzigen Form gliedern, zum Ausgangspunkt seiner Untersuchung macht und nach ihnen die Materialien als zu einem älteren, "deuteronomischen" (4,45; 6,1; 12,1) und zu einem jüngeren, "deuteronomistischen" (1,1; 4,44; 28,69; 33,1) zugehörig, unterteilt, unterschätzt er die Möglichkeit einer sekundären Ausbildung auch des "älteren" Systems und macht redaktionelle Rahmungen zur Grundlage für die Rekonstruktion möglicherweise schon vorher im Dtn. vorfindlicher Texte[48]. Ist bei LOHFINK eine Serie formgeschichtlicher Hypothesen der literarischen Untersuchung vorgeordnet, so bei SEITZ zusätzlich eine redaktionsgeschichtliche. Einen Überblick über die Texte, die beide der Vorgeschichte von Dtn. 5-11 zuordnen bietet

---

45   A.a.O., S.10-17.
46   Redaktionsgeschichtl. Studien, S.308-311.
47   A.a.O.,S.26-44.
48   Vgl. hierzu die Analyse von KNAPP, a.a.O., S.126f..

Tabelle II (s.u.). Es wird im Blick auf all diese Texte zu fragen sein, in wieweit die Annahme vor-dtn. bzw. vor-literarischer Entstehung tragfähig ist.

Auch die jüngste eingehende Untersuchung von Dtn. 5-11 durch F. GARCIA-LOPEZ[49] geht davon aus, daß die vorliegende Form von Dtn. 5-11 auf eine Komposition geprägter Einheiten zurückgeht, wobei er jedoch zunächst zu einer gewissen Entlastung seiner Thesen Dtn. 5,1-6,3;9,7-10,11 sowie 11,18-32 von vornherein als redaktionelle, "dtr." "sections historiques" im Gegensatz zu den "sections parénétiques" ausklammert[50]. Dies geschieht freilich um den Preis einer voreiligen Zurückprojektion des verbleibenden Restes einschließlich Dtn. 10,12-11,1.10-17 (11,2-9.18-32 hält er für dtr.)[51]. Er läuft somit Gefahr, redaktionelle Eingriffe aus den ausgeschalteten Abschnitten in den "dtn." Text zu übersehen. Dies umso mehr, als er nun nicht weiter von dem vorgegebenen Textzusammenhang ausgeht, sondern mit einer Reihe formkritischer Beobachtungen einsetzt: Dtn. 7,17-19.21;8,17-18a und 9,4-7a werden zunächst als "Monologe" bestimmt und aufgrund ihrer formalen Gemeinsamkeiten dem gleichen Verfasser zugeschrieben[52]; sodann ermittelt GARCIA-LOPEZ im Umfeld dieser Abschnitte wiederum eine Reihe selbständiger kleiner Einheiten, hymnisierende Redestücke, Segensverheißungen, Strafandrohungen , deren Zusammenfassung zu einer, so GARCIA-LOPEZ, "konzentrisch strukturierten" Rede er dem Monologverfasser zuschreibt[53], wobei die Texte im Zuge ihrer "montage littéraire" eine nicht unbeträchtliche Zahl von Weiterungen und Überarbeitungen über sich ergehen lassen müssen[54]. Mit dem verbleibenden Rest verfährt GARCIA-LOPEZ dann in gleicher Weise. Wieder sondert er eine Gruppe von formal und inhaltlich verwandten Texten aus, diesmal sogenannte "Instructions catéchétiques sur les commandements"[55], durch deren Hinzufügung in einem weiteren Arbeitsgang erneut ein konzentrisch strukturierter Text entstanden sein soll, der das vorgegebene Material mit dem DT-Gesetz verbunden hat und folglich einer "dtn." Redaktion zuzuschreiben ist[56]. Für die Texte, die in der so angelegten Analyse noch nicht unterzubringen waren, muß nun wieder die Bundesformularhypothese herhalten; die "menaces de châtiment" und "promesses de bénédiction"[57], die übrigens

---

49   Vgl.o.A.6.
50   RB 85,S.5-37; Sep.Sal.XXVIII,1f., S.37, im Anschluß an MINETTE de TILLESSE, VT 12, 37- 39.
51   RB 85,S.47ff.
52   RB 85,S.47ff.
53   RB 84,499ff.. Autonome, vor-dtn. Einheiten: I Dtn.6,4-9*; II Dtn.7,1-3*.5-6;
     III Dtn.8,7-8.10bα.14bβ-16 aα   IV Dtn.9,1-3a;10,14.17aβ-18.21-22.
54   RB 84,S.499: Dtn.6,10-13; 7,17-19.21; 8,9-10abβ.11a.12-14ba.17-18a;9,4a*.5.7a*; 10,20; 11,10-12*.
55   RB 84,504-511.
56   Hierzu rechnet G.-L. Dtn. 4,45; 6,20-24; 7,8b-11.12b; 8,2-6; 10,12-13; 11,1 (RB 84,S.511ff.).
57   Dtn.6,14-15.17-19;7,4.12a.13-16.20.22f.;8,1.19f.;11,13-15.16f. (RB 84,513-518).

einen häufigen Wechsel in der Anredeform (Numerusmischung) aufweisen, dienen einem dritten Überarbeiter zu einer wiederum konzentrisch orientierten Ausformung der Einleitungsrede[58], der den Komplex von Dtn. 6-28* (ohne 27) nach den Vorstellungen des sog. Bundesformulars gestaltet. Schließlich seien noch von dtr. Redaktoren Dtn. 4,46-49; 5,1-6,3 und 9,7b-10,11 nachträglich eingefügt worden[59].

Gegenüber der Vorgehensweise von GARCIA-LOPEZ erheben sich schwerwiegende Einwände. Die prinzipielle literarische Ablösung von 5,1-6,3; 9,7b-10,11; 11,18-32* aus dem Gesamtkomplex schließt mögliche Zusammenhänge von vornherein mit rein vokabelstatistischen und formkritischen Argumenten aus bis hin zu der Konsequenz, daß GARCIA-LOPEZ für die Behauptung, der dritte Überarbeiter habe sich am sog. Bundesformular orientiert, auf eine Verbindung zu Dtn. 5, und damit zu der dort formulierten Bundestheologie (Dtn. 5,2f.), verzichten muß. Methodisch ist die Herauslösung von Einzelstücken aufgrund rein formaler Beobachtungen kaum eine hinreichende Grundlage für die Rekonstruktion literarischer Zusammenhänge; vielmehr muß umgekehrt zunächst gefragt werden, welche Funktion eine bestimmte Kleinform wie etwa die des monologisch stilisierten Einwandes oder die der katechetischen Belehrung im Bezug auf den vorfindlichen Kontext einnimmt und in wiefern die Verbindung zu demselben primär oder sekundär ist. Anders gesagt: was sollte einen Verfasser gehindert haben, sich gleichzeitig mehrerer unterschiedlicher Formen zu bedienen? Andererseits, wenn man denn solche Kleinformen aus ihrem Zusammenhang isoliert, dann müssen diese eine zumindest ansatzweise erkennbare formale Geschlossenheit aufweisen, die die Annahme einer vom Kontext unabhängigen literarischen Existenz rechtfertigt. Andererseits wirken die von GARCIA-LOPEZ "rekonstruierten" literarischen Einheiten jeweils ausgesprochen künstlich, was etwa den Aufweis der konzentrischen Strukturen betrifft. Schließlich ist die (implizierte) Annahme, daß isolierbare rhetorische Stücke in Dtn. 5-11 vorhanden seien, wohl eher Ursache für die Herauslösung der einzelnen Texte als der Umstand, daß diese sich dem Leser als solche darstellen. Die Rekonstruktionen, die GARCIA-LOPEZ vornimmt, beruhen somit auf einer problematischen Fragmentarisierung, so wertvoll einzelne literarkritische und formkritische Beobachtungen auch sind.

Aber auch die vorgelegten Detailergebnisse werfen Fragen auf. Ist es wirklich denkbar, daß Texte wie Dtn. 6,4-9; 7,1-3.5f.; 8,7-8.10ba.14bβ-16aα ursprünglich selbständige, vordeuteronomische und literarische (!) Einheiten gebildet haben[60]? Sind Verse wie Dtn. 6,14f.17ff.;7,4.12a;8,1.19f.;11,13-17*, welche GARCIA-LOPEZ seinem vor-dtr.

---

58   RB 84,S.518-521.
59   Die dtr. Abfassung weist G.-L., RB 85,S.5-37, nach.
60   Vgl. die Texte o.A.48.

Bearbeiter zuordnet, wirklich älter als Dtn. 5? Ist nicht gerade angesichts des starken ätiologischen Zugriffs auf das dtn. Gesetz durch Dtn. 5 die Annahme der Eintragung von Vorstellungen, die hierdurch bedingt wurden, eher wahrscheinlich? Wird nicht bei der Herauslösung von einzelnen Elementen die Formkritik zur Voraussetzung einer Literarkritik, die literarische Brüche erst zu konstatieren hätte?!

So wird man gegenüber den drei zuletzt genannten Arbeiten nicht frei von gewichtigen, vornehmlich methodischen Vorbehalten. Sie sind einander verbunden durch gemeinsame formkritische Vorentscheidungen bei unterschiedlicher Ausrichtung der weiteren literarischen Analyse. Ihre methodische Unklarheit führt beinahe zwangsläufig zu stark voneinander abweichenden Ergebnissen, sofern sie nicht explizit aufeinander aufbauen, letzteres vornehmlich in der Übernahme von formkritischen Bestimmungen[61]. Verbunden sind die Arbeiten durch die gemeinsame Annahme vor-dtn. und dtn. vorliterarischer Einheiten, die teils vor-dtn., teils redaktionell dtn. und dtr. miteinander verbunden und bearbeitet worden sind, (vgl.zu den Abgrenzungen Tabelle II).

---

61 Zu nennen ist hier neben der Vorliebe für konzentrische Textstrukturen, die Bundesformularhypothese (GARCIA-LOPEZ, RB 84,S.521; SEITZ, a.a.O., S.310) oder das sog. "Beweis-führungsschema" (LOHFINK, Hauptgebot, S.121-131; GARCIA-LOPEZ,RB 84,S.501ff.; SEITZ, ebd.).

TABELLE II: NEUERE UNTERSUCHUNGEN ZU DEUTERONOMIUM 5-11

LOHFINK 1963

Quellen	vor-dtn. Grundtext	Überarbeiter
Dekalog	5,1-6.25; 9,9-19.21.25-29;	7,1-24(25f.?);
"Gilgalbundestext"*	9,9-19.21.25-29	8,1-20
(verrarbeitet in Dtn. 7,	10,1-5.10-18.20-22;11,1-17;	11,18-25
1-5*.13-16*.20*.22-24*)	(11,26-32?)	(11,26-32?)
Vorstadium von 10,12-		
11,17.		
6,4b.5		

redaktionell: 11,26-32?; Glossen: 9,20?; 10,8f.19; 7,25?; Zus. 10,6f.; 11,30.

SEITZ 1971

vor-dtn.	dtn.	dtn. Überarbeiter
5,6-21	6,4-9.20-24*	(=5-26.28*):
Horeberz. (5,22-31;	(selbst. Redeeinheit)	4,45; 5,1...32f.;
9,9.11-12.15-17.21.(18f.)		6,1-3.10-18(19).
10,1-5.11;		7,6-16; 8,2-6.11b;
Kriegsansprache: 7,1-3.	9,1-6.7a.13-14.26-29;	
7-26*;		10,10.12f.; 11,1;12,1.
Paränese: 8,7-11a.12-18*		

dtr. u. spät-dtr. Überarbeitung: restl. Texte; spät-dtr.: 10,13-11,32.

GARCIA-LOPEZ 1978

vor-dtn.div. Einheiten	vor-dtn. Text (faßt die vor-dtn. Einheiten zusammen)	dtn. Bearbeitung
6,4-9*	6,10-13	4,45; 6,20-24;
7,1-3*.5-6.	7,17-19.21;	7,8b-11.12b;
8,7-8.10bα.14bβ.-16aα;	8,9-10abβ.11a;12-14ba.17-18a;	8,2-6;
9,1-3;	9,4a.5.7a;	
10,14.17aβ-18.21f.	10,20; 11,10-12;	10,12-13;11,1

2.dtn. Bearbeitung: 6,14-15.17-19; 7,4.12a.13-16.20.22f.; 8,1.19f.; 11,13-15.16f.;
   (Ergebnis der 2. dtn. Bearb.: 4,45; 6,4-9,7a; 10,12-11,1.10-17).
dtr. Bearbeitung (nach der 2. dtn. Bearb.): 4,46-49; 5,1-6,3; 9,7b-10,11; 11,2-9.18-32.

Angesichts des weitgehend anerkannten Umstandes, daß wir es bei dem dtn. und dtr. Schrifttum mit dem Werk einer Schule zu tun haben, welche in nahezu allen Bereichen der

alttestamentlichen Literatur ihre Spuren hinterlassen hat, sei es sammelnd, sei es kommentierend oder redigierend, sei es durch die Auswirkungen ihrer Theologie, wird man in jedem
Textbereich jeweils zunächst feststellen müssen, ob wir es mit einem literarischen
Neuentwurf, mit der redaktionellen, ggf. kompositorischen, Verarbeitung vorgegebener
Materialien oder mit kommentierenden Fortschreibungen zu tun haben. Erst im Anschluß
hieran können wir Form und Überlieferungsgeschichte der verwendeten Quellen bzw. der
neuentstandenen Texteinheiten erkennen. Bei der Analyse von Dtn. 5-11 stößt man dabei
auf die besondere Schwierigkeit, daß die Materialien nicht auf formal einigermaßen festge-
legte Gesetzes-Sätze mit einem spezifischen sozialen bzw. religiösen Hintergrund zurückgreifen wie in Dtn.12-25, sondern auf literarische Gebilde, die die Fiktion erstehen lassen,
sie seien de Wiedergabe einer Rede des Mose. Durch die persönliche Anrede an Israel wird
so über die aktuelle religiöse Weisung bzw. über das aktuelle Recht hinaus eine Reihe von
grundsätzlichen Geboten und Mahnungen formuliert und mit ihrer Situierung am Beginn
der Geschichte des Landes deren Grundbedingung und Voraussetzung. Es ist dies ein in
hohem Maße idealisierter Vorgang. Die Behauptung einer wo auch immer institutionell ver-
ankerten literarischen Vorform dieser Texte müßte demnach verbunden sein mit dem
Nachweis, daß entweder die vor-deuteronomischen Reden gleichfalls als Moseworte stilisiert waren, oder aber den jeweiligen Ansatzpunkt aufzeigen, der eine Umformung von
freier Rede in die Mosefiktion erkennen läßt. Am eindrücklichsten in dieser Richtung waren
und sind nach wie vor die Überlegungen G.v.RADs hierzu[62], in neuerer Zeit die
Untersuchungen WEINFELDs[63] letztlich bleiben auch sie jedoch hypothetisch. Bevor also
die Frage nach den Hintergründen und einer etwaigen Vorgeschichte von Dtn. 5-11 überhaupt gestellt werden kann, werden die literarkritischen Voraussetzungen hierfür erneut zu
prüfen sein.

2   Die Frage nach der Literargeschichte von Deuteronomium 5 - 11
"Deuternomisch", "deuteronomistisch" oder
" deuteronomisch / deuteronomistisch" ?

Im Zuge der redaktionsgeschichtlichen Untersuchungen zum Deuteronomium hat sich in
den letzten Jahren verstärkt die Frage nach dem Verhältnis zwischen deuteronomischen und

---

62   Deuteronomium-Studien,FRLANT N.F.40 (insges.58) Göttingen (2.Aufl.) 1948 (= Ges. Studien zum
Alten Testament II, ThB 48, München 1973, S.109-133), S.7-16.36-41(=109-118.138-143); ders., Der
heilige Krieg im alten Israel, Göttingen (4.Aufl.) 1965, S.68-78; ders., ATD 8, S.13-16. V.RAD
vermutete eine levitische Predigtbewegung, die sich mit nationalen israelitischen Kräften verbündete.

63   WEINFELD, Deuteronomy and the Deuteronomic School, sieht vor allem höfische Kreise um Josia als
Urheber der dtn./dtr. Literatur an.

deuteronomistischen (also in Verbindung mit bzw. im Anschluß an das dtr.G stehenden) Schichten in den Vordergrund geschoben[64]. Sie ist eng verbunden mit dem Problem der Datierung[65], und mit der historischen Einschätzung der josianischen Reformmaßnahmen (2.Kön.22f.). Skeptisch in Bezug auf 2.Kön.22f. äußert sich KAISER[66]. Er vermutet eine spät- bis nachexilische Abfassung[67]. Einen historischen Zusammenhang zur Josiazeit nimmt SPIECKERMANN an, der die wohl eingehendste Untersuchung des Textes vorgelegt hat[68]. Mit ihm wird man einen - wie immer gearteten - historischen Kern der Reformschilderung und einen Zusammenhang zwischen diesen Maßnahmen und den dtn. Bestimmungen, die die Folgen der Zentralisation für familiäre kultische Begehungen, rechtliche Fragen etc. regeln (in Dtn. 12-25*), immer noch am ehesten für plausibel halten. Fraglich ist indes schon die Ansetzung der weiteren dtn. Schichten.

Als NOTH seinerzeit das dtr.G "entdeckte", galt ihm die Entstehungsgeschichte von Dtn.4,44-30,20* bei der Einfügung in das Geschichtswerk als weitgehend abgeschlossen[69]. Die Brücke zwischen Dtn. 1-3 und 5 sah er in einer Grundschicht von Dtn. 4[70]. Dagegen hat KNAPP in seiner Untersuchung von Dtn. 4 die Eigenständigkeit des Kapitels

---

64 PREUSS, Deuteronomium, S.201: "Es ist "das deuteronomistische Deuteronomium", das immer mehr von der Forschung entdeckt wird und ihr zugleich immermehr als weitere Aufgabe zuwächst."

65 Zum Datierungsproblem vgl. die Übersicht hierzu bei KAISER, Einleitung in das Alte Testament, Gütersloh (5.Aufl.) 1984, S. 131-134.

66 A.a.O., S.134.

67 Für eine Spätdatierung traten unter Hinweis auf den nur redaktionellen Zusammenhang des Dtn.s mit 2.Kön.22f. und die nachweislich vornehmlich nachexilische Virulenz dtn. Gebote wie des Mischehenverbotes (Dtn. 7,3f.) und der Fiktionalität wie etwa des Banngebotes (Dtn. 7,1f.) traten schon früher ein (u.a.): M.L.HORST, Études sur le Deutéronome, RHR 16-27, 1887-93; KENNETT, The Date of Deuteronomy, JTS 7, 1906, S.481-500; HÖLSCHER, Komposition und Ursprung des Deuteronomiums, ZAW 20, 1922, S.161-255; F.HORST, Die Kultusreform des Josia, ZDMG 77, 1923, S.313ff.u.ö., neuerdings (andeutungsweise) VEIJOLA, Finns det en gammaltestamentlig teologi?, SEA 48, Uppsala 1983, S.10-30, S.23 A.36). Extreme Frühdatierungen aus umgekehrter Argumentation heraus vertraten OESTEREICHER und neuerdings WIJNGAARDS in seinen Arbeiten (vgl. Lit.-Verz.).

68 Juda unter Assur in der Sargonidenzeit, FRLANT 129, Göttingen 1982. Ohne dies hier aus Raumgründen im einzelnen begründen zu können, möchte ich jedoch vermerken, daß auch bei dieser Untersuchung Zweifel hinsichtlich der Beurteilung einzelner Dtn.-Texte und deren Zusammenhang zu dem von SPIECKERMANN ermittelten "Reformbericht" der josianischen Zeit entstehen können. Daß indes ein Zusammenhang zwischen den geschilderten Maßnahmen und den Bestimmungen des Dtn.s, die die Folgen der Zentralisation schildern, besteht (2.Kön.22,8a), ist unbestritten.

69 NOTH, Ü.St., S.16.

70 A.a.O., S.38f..

nachgewiesen[71], wodurch die oben angezeigte Problematik der Verbindung zwischen dtr.G und Gesetz offen zutage tritt[72]. Die Analysen in der Folgezeit nach NOTH, namentlich die Untersuchung von MINETTE de TILLESSE[73], ergaben - teilweise in Überschneidung mit älteren literarkritischen Ergebnissen, daß die pluralischen Schichten und daran anknüpfende Fortschreibungen innerhalb von Dtn. (4)5-28(29f.) starke sprachliche und gedankliche Affinitäten zu dtr. Texten aufweisen[74]. Damit stellt sich das alte literarkritische Problem der Zuordnung der pluralischen Schichten im singularischen Kern erneut unter redaktionskritischen Gesichtspunkten. Nun kommt in neuerer Zeit noch dazu, daß man auch für die älteren singularischen Partien zumindest teilweise mit Einflüssen dtr. Vorstellungen rechnet, so in der Banntheorie von Dtn. 7[75] und in der Historisierung des Gesetzeskerns[76]. Entgegen den Versuchen von LOHFINK und SEITZ, Dtn. 5 und Teile von Dtn. 9,7-10,11* und Dtn. 11 im vor-dtn. bzw. dtn. Bereich (bzw. als Grundschicht der Kapitel 5-11) anzusiedeln, hat die Untersuchung von GARCIA-LOPEZ die dtr. Abfassung der erzählenden Partien neu bestätigt[77]. Die Thesen MINETTE de TILLESSEs sind indes insofern zu modifizieren, als die simple Verteilung der pluralischen Schichten auf den dtr., der singularischen auf den dtn. Bereich nicht haltbar ist, da sowohl in den spät-dtr. Kapiteln 4 und 29f. als auch innerhalb von Dtn. 10,12-11,32 singularische Fortschreibungen pluralischer Texte erkennbar sind. Überhaupt stellt die Unterscheidung von dtn. und dtr. Schichten innerhalb von Dtn. 5-11 insofern ein Problem dar, als das Siglum "dtr." zunächst lediglich besagt, daß die so bezeichneten Texte jünger sind als ein wie immer bestimmbarer (singularischer) Kern, unklar

---

71 KNAPP, Deuteronomium 4, S.27ff..

72 KNAPP, a.a.O.,S.121-127 sieht die Brücke lediglich in der Überschrift 4,45.46aα, die er "dtr.H" zuordnet, freilich mit einer gewissen Unsicherheit, da er sich letztlich darauf beschränkt, Dtn. 4 (in toto) sowohl von Dtn. 5 als auch von 1-3 abzuheben - gegen NOTH. (Vgl. im weiteren u., Kap.I,1).

73 Sections "tu" et sections "vous" dans le Deutéronome, VT 12, 1962, S.29-87; M.d.T. kann dabei an die Arbeiten von PUUKKO,1910, HEMPEL,1914, HÖLSCHER,1922, STAERK,1894, STEUERNAGEL,1923, MITCHELL, 1899, u.a. anknüpfen (ebd.S.30,A.2-5).

74 MINETTE de TILLESSE, zu Dtn. 5-11: a.a.O., S.35-39.43-46.47-64.

75 S. hierzu PREUSS, Deuteronomium, S.81f.101.189 (Lit.)

76 LOHFINK, Kerygmata, a.a.O.. Der Begriff geht zurück auf SEITZ, Redaktionsgeschichtliche Studien, S.92-101, wird dort aber i.S. einer Gattungsbezeichnung verwendet ("historisierende Gebotseinleitung"). - Der Ausdruck meint im Zusammenhang unserer Arbeit jedoch nicht eine Gattung, sondern die charakteristische dtn. Form der Einkleidung der dtn. Gebote in die fiktive mosaische Situation durch einen (heils-)"geschichtlichen" Vordersatz ("Wenn Jahwe, dein Gott, dich in das Land bringt ...(usw.)) bzw. die auf den Kontext der Landnahme zugeschnittene Ge- oder Verbotsformulierung (vgl. Dtn.6,13;7,2) (Vgl.u.Kap. II,4.1.).

77 Das gilt zumindest in sprachlicher Hinsicht, vgl. GARCIA-LOPEZ, RB 85,1978,S.6-33.

bleibt hingegen, in welchem Verhältnis sie zu dem dtr.G stehen[78] und in welchem Verhältnis dieser Kern tatsächlich zur dtr.G-Darstellung steht. Eine weitere Komplikation der Diskussion ist dadurch eingetreten, daß eine Reihe von Forschern neuerdings im (bewußten?) Anschluß an ältere Beobachtungen neben der "historischen" Grundschicht eine mehrschichtige "nomistische" Bearbeitung des dtr.G ("dtr.N") annimmt[79]. Zugleich ist der Streit um die zeitliche Ansetzung desselben in vollem Gange. Ausgelöst durch Überlegungen von F.M. CROSS[80] vermuten einige Forscher eine vorexilische Grundschicht des dtr.G aus josianischer Zeit und spätere, exilische Bearbeitungen durch "dtr.N"[81]. Obwohl diese Hypothese unter beträchtlichen Schwächen leidet, da sie mit der alles andere als plausiblen Abtrennung von 2.Kön.23,26-25,30 rechnen muß[82], wird sie

---

78 Hierauf weist mit Recht BREKELMANS hin (Deuteronomy 5: Its Place and Function, BEThL 68, 1985, S.164-173(170-73): erstens gibt es keinen zwingenden Grund, Dtn. 5 von Dtn. 1-3 her zu verstehen (HOSSFELD, Der Dekalog, OBO 45, Fribourg/Göttingen 1982, S.237) und also von "DtrH" (= nach SMEND, Die Entstehung des A.T., ThW 1, Stuttgart-Berlin-Köln-Mainz (3.Aufl.) 1986, S.110-125, et.al., den formgebenden Schichten des dtr.G einschließlich Dtn. 1ff.) her; zweitens ist deutlich, daß Dtn. 4 sich kommentierend auf Dtn. 5 bezieht und das Kapitel also voraussetzt (BREKELMANS,S.171f.; KNAPP, Deuteronomium 4), und drittens zeigt sich, daß Dtn. 5 "is not a part of the older layers of Deuteronomy...and is better seen as one of the redactions of the Book of Deuteronomy."(BREKELMANS, S.173) (s.hierzu Kap. I dieser Arbeit).

79 So für das Buch Josua schon ALBERS, Die Quellenberichte in Josua 1-12, Bonn 1891, und STEUERNAGEL, Das Buch Josua übersetzt und erklärt, HK I,3.2, Göttingen (2.Aufl.) 1923, für Jos., KUENEN, Hist.-krit. Einleitung, 1887, S.126ff., für die Königsbücher KUENEN, Einl.I,2, 1890,S.90, nach NOTH vor allem JEPSEN, Die Quellen des Königsbuches, Halle (2.Aufl.) 1956; in neuerer Zeit angeregt durch SMEND, Das Gesetz und die Völker, FS v.Rad, München 1971, S.494-509 (=BEvTh 99, München 1986, S.124-137), die Arbeiten von VEIJOLA, DIETRICH, LEVIN, SPIECKERMANN; neben der von SMEND angenommenen nomistischen Bearbeitung "DtrN", vermuten DIETRICH und VEIJOLA eine prophetische, "DtrP". Fur Dtn. 5.9f. hat FORESTI in einem Vortrag vor dem gottiger Doktorandenkolloquium 1984 dessen Verfasserschaft vermutet.)

80 The Structure of the Deuteronomic History,in: Perspectives of Jewish Learning. Annual of the College of Jewish Studies, Chicago 1968, S.9-24.

81 Vgl.LOHFINK, Zur neueren Diskussion über 2.Kön.22-23, BEThL 68, 1985, S.24 - 48.bes.S.33f.; und H.WEIPPERT, Das deuteronomistische Geschichtswerk. Sein Ziel und Ende in der neueren Forschung, ThR 50, 1985, S.213-249; W.ROTH, Art. Deuteronomistisches Geschichtswerk/Deuteronomistische Schule, TRE 8,1981, S.543-552.

82 Dagegen spricht schon, daß "die Art der dtr Arbeit in 2Kön.24f. von der in den vorangegangenen Partien " nicht erkennbar abweicht (SMEND, Entstehung, S.113). Davon, daß "ab 2.Kön.23,26 die dtr Phraseologie fast ganz ausfällt" (VANONI, Beobachtungen zur deuteronomistischen Terminologie in 2 Kön 23,25-25,30, BEThL 68, 1985, S.357-362(S.358)) kann keine Rede sein, wie die differenzierte

doch von einer Reihe von Forschern geteilt[83]. Durch sie gerät die alte NOTH'sche Konstante "dtn.= vor-exilisch, dtr.= exilisch" ins Wanken, da nun dtn. Texte immer mehr in die Nähe der deuteronomistischen rücken.

Ein eindrucksvolles Beispiel hierfür bieten die neueren Überlegungen LOHFINKs, der unter Beibehaltung seiner früheren Ergebnisse zu Dtn. 5-11 nun annimmt, die Historisierung des Gesetzes sei im Zusammenhang der Erstellung eines "Darstellungsgefüges, das von Dtn. 1 bis Jos.22 reicht", erfolgt[84], mit Ausnahme von Dtn. 6,17-19 ("DtrN")[85]; seinen früheren "dtn. Überarbeiter" (i.e.Dtn.7;8;9,1-8.22-24;11,18-25) setzt er nun nach der (vorexilischen!) Einbindung des Gesetzes in das dtr.G und nach der nomistischen Bearbeitung durch dtr.N in exilischer Zeit an[86]. Die damit verbundene Spätdatierung der Texte des dtr.Ü begründet LOHFINK lediglich durch folgenden Hinweis: "Wie spät diese Schicht DtrÜ ist, geht allein schon aus ihrer Konzeption eines Väterbundes statt des dt und dtr üblichen Väterschwurs hervor. Dies und die in kritischer Kommentierung des Dekalogs geäußerte Individualvergeltungslehre in Dtn 7,9f. erinnern stark an die Theologie von Pg!"[87]. Bestandteil des dtrL sollen nach LOHFINK also Dtn. 5,1-6,25; 9,9-10,22*; 11,1-17* (vgl.Tabelle II) gewesen sein. Ohne seinen Argumenten hier im einzelnen nachgehen zu können, sehen wir allein an dieser Aufteilung, daß LOHFINK die traditionelle literarkritische Sicht des Gefälles in Dtn. 5-11 umkehrt. Die Basis für diese These bietet eine auf ihre literarkritischen Voraussetzungen wenig bedachte Wurzeluntersuchung zu dem Verbum ירשׁ, deren Belege im Dtn. er - überwiegend zu Recht - für dtr. hält[88] und die auf die Landnahmeerzählung in Jos.1-22* sehen[89]. Ihr Zusammenhang mit dem "Grundtext" von Dtn. 5f.9ff. wird mehr behauptet als bewiesen, dessen Einheitlichkeit und sein höheres Al-

Analyse der Texte durch WÜRTHWEIN, Die Bücher der Könige. 1.Kön.17-2.Kön.25, ATD 11,2 Göttingen 1984, S.454-484 zeigt.

83 U.a. NELSON, The Double Redaction of the Deuteronomistic History, JSOT, Suppl.Series 18, Sheffield 1981; FRIEDMAN, From Egypt to Egypt: Dtr1 and Dtr2, in: Traditions and Transformations. Turning-Points in Biblical Faith, FS F.M.Cross, Winona Lake 1981, S.167-192; A.D.M.MAYES, The Story of Israel between Settlement and Exile. A Redactional Study of the Deuteronomistic History, London 1983. Weitere Lit. vgl. H. WEIPPERT, a.a.O., S.235-245.(249).

84 Kerygmata, S.92(ff.); LOHFINK nennt den Komplex "dtr.L", dtr. Landnahmeerzählung. Sie ist erst auf einer weiteren Ebene mit weiteren Komplexen zu dem dtr.G in seiner jetzigen Ausdehnung hinzugekommen.

85 A.a.O., S.98.

86 A.a.O., S.96-100.

87 A.a.O., S.100A.44.

88 A.a.O., S.92.

89 Ebd..

ter gegenüber Dtn. 7f. sind durchaus fraglich. Zudem dürfen auch berechtigte Zweifel an dem literarischen Konnex von Dtn. 1-3* und 5-11* in der von LOHFINK angenommenen Weise geäußert werden, da doch Dtn. 1-3 mit keinem Wort auf das Gesetz hinführt, Dtn. 5 aber durch seine eigene Überschrift von dem Vorhergehenden bewußt abgehoben ist[90]. Das kerygmatische Eigengewicht von Dtn. 6 ist schon in der Analyse im "Hauptgebot" verlorengegangen. Immerhin zeigt sich hier mit aller Deutlichkeit, daß eine genauere Bestimmung des Verhältnisses von Dtn.5-11 zu den übrigen Schichten der dtr. Literatur gefordert ist.

Dieser Eindruck wird bestätigt angesichts des methodisch völlig anders einsetzenden, nicht minder problematischen Lösungsversuchs von MITTMANN[91], der mit einer äußerst diffizilen redaktionsgeschichtlichen Ergänzungshypothese operiert. Er arbeitet eine Grundschicht heraus, die von Dtn. 1,1 bis 5,31* gereicht haben soll, und deren Thema die Gegenüberstellung von Ungehorsam in der Wüste und Verkündung der neuen (alten) Gehorsamsforderung für die bevorstehende Zeit im Verheißungsland gewesen sei[92]. Abgesehen von dem literarkritischen Reduktionismus MITTMANNs (seine Grundschicht umfaßt lediglich: Dtn. 1,1*.2a.6.7*.19-27*34f.*39-45*;2,1-3.8b; - 5,1a*.2.4.6-21*.23ff.28.30f.*)[93]) übergeht er, daß die Erinnerung an den Ungehorsam Israels gegenüber dem Landnahmebefehl Jahwes und die darauf folgende Bestrafung Israels nicht zwangsläufig auf eine Gehorsamsforderung gegen den Dekalog oder das folgende dtn. Gesetz hinführt, welche, wie gesagt, beide in Dtn. 1-3 mit keinem Wort erwähnt werden. So ergibt die Lösung MITTMANNs lediglich ein Diptychon, dessen Verbindung man nur unter Zuhilfenahme einer im Text selbst nicht artikulierten Idee "findet". Insofern dürften die Verfasser von Dtn. 4,45-49* die literarischen Gegebenheiten zutreffender erfaßt haben, wenn sie mit Dtn. 5,1 eine eigene Einheit anheben sehen. Dtn.1-3 führt, und hier dürfte NOTH das Richtige gesehen haben, auf die Einsetzung Josuas als Führer Israels hin , wobei zugleich erklärt wird, warum Mose selbst das Verheißungsland nicht erreicht hat: durch die Bestrafung des Ungehorsams Israels gegen den Landnahmebefehl Jahwes wurde die

---

90   PERLITT, Deuteronomium 1-3 im Streit der exegetischen Methoden, BEThL 68,1985, S.164-173, S.162f..

91   MITTMANN, Deuteronomium 1,1-6,3 literarkritisch und traditionsgeschichtlich untersucht, BZAW 139, Berlin/New York 1975.

92   Vgl. die Tabelle bei MITTMANN, a.a.O., S.183f..

93   Ebd.; dagegen mit Recht PERLITT, Deuteronomium 1-3, S.154: "Seine verblüffende Reduktion einer "Grundschicht" von Dtn.2f. auf 2,1-3.8b;5,1ff. verdankt sich einer `außen geleiteten' Erkenntnis, nämlich der Hypothese, Dtn 1-3 sei, in diesem spärlichen Kern, nichts anderes als eine Hinführung zum Dekalog." Zu der schichtenmäßigen Zersplitterung PERLITT, ebd.

Wüstenzeit verlängert und Mose mußte jenseits des Jordan sterben[94]. - Eine völlig schematische Analyse bieten die Arbeiten von PECKHAM[95], der den gesamten Bestand von Dtn. 1-11 auf zwei dtr. Schichten verteilt, eine "historische" und eine "nomistische" (vgl.Tabelle II.a).

TABELLE II.a: NEUE LITERARKRITISCHE ERGÄNZUNGSHYPOTHESEN

PREUSS 1982

sg. Grundschicht	1. Ergänzungsschicht	dtr. Überarbeitung	Zusätze
(4,45?)		4,44.45-49*;	
		5,1-6,3*;	
6,1*.4-9.20-24.	(6,10-13)	6,14(15?16?).17f. (19)	6,15f.?25;
	7,1-2.6*.17-21.23f.;	7,(4b?).5.7.8a.b.12a.	7,3.4a(b?);
	(vielschichtiger Ein-	v.25a.	v.22.25b.c.26
	schub:v.7-16?)		
	8,(2-6?).7-18(>11b)	8,1.(2-6?).19a.b.20;	11b;
	9,1-3.(4-6?7a?)	9,8.9a.10.13f.14.15*.	9,7a?.22-24;
		9,16-17.21.25a.26-29;	9,9b.11.18f.
			9,12.15b.20.25b.
		10,1-5?.10aβ.11;	10,6a.7/6b/8-9.10c;
			10,12-22*
		11,2-17*;	11,1.13.14a.18-21.
		11,22-32*;	(11,29f.?).

PECKHAM 1985

DTR I	DTR II
(Beide Schichten kommen von Dtn. 1-3 her, Dtn. 4 wird DTR II zugeordnet.)	
4,44	4,45-49
5,1a.2-4.6-7.9b.10f.17-21.23-25.27f.	5,1b.5.8-9a.12-16.22.26.29-33;
6,4-13.20f.23b-24;	6,1-3.14-19.22-23a.25;
7,1-3.5.17-18.21.23f.;	7,4.6-16.19-20.22.25f.;
8,1.7-12.14b-16aα;	8,1b.2-6.13-15a.16aβ.b-20;
9,1-3.7.8a.9.11-12.15-17.21-24;	9,4-6.8b.10.13-14.18-20.25-29;
10,12-14.17f.20f.;	10,1-5.8-11.15-16.19.22;
11,4-7.8.10-15.22-25.31-32;	11,1-3.9.16-21.26-29.

---

94 NOTH, ÜSt., S.14f.. Zur Kritik an MITTMANN vgl. auch die Rezensionen von THIEL, ThLZ 103, 1978,Sp.104-106; BRAULIK, Bibl.59,1978,S.351-383; s.a. PREUSS, Deuteronomium, S.78f.

95 PECKHAM, The Composition of Deuteronomy 9:1-10:11, FS Stanley, Willowdale,Ont. 1975,S.3-59; ders., The Composition of Deuteronomy 5-11, FS Freedman, Winona Lake 1983, S.217-239.

Einen Mittelweg versucht A.D.H.MAYES zu gehen, indem er die Unterscheidung zwischen dtr.G und dtn. gerahmtem Gesetz aufrecht erhält, sich jedoch in seinen Einzelanalysen stark auf die Annahmen LOHFINKs bzw. SEITZ' hinsichtlich Dtn. 5-11, stützt. Allerdings vermutet er für Dtn. 5,1-6,3; 9,7b-10,11 dtr. Verfasser, für 10,12-11,32 spät-dtr. ebenso wie für Dtn. 4[96]. Das Problem "Who Inserted the Book of the Torah?" stellt sich auch für die Vertreter der vorexilischen Abfassung des dtr.G. Waren es die Verfasser der "zweiten" Schicht - so der Autor des so überschriebenen Aufsatzes LEVENSON[97] oder war es der "deuteronomistic historian", der bei der Einbeziehung des Dtn.s in sein Werk Dt. 5.9f. abfaßte, wie MAYES vermutet[98]? Daß die Darstellung des dtr.G in Dtn. 1,6 Israel vom "Horeb" herkommen läßt, setzt lediglich voraus, daß die Adressaten des Textes die dtr. Benennung des bedeutsamen Ortes als solche kennen, was damit literarisch vorausgesetzt wird, ist nicht sicher, denn die Verfasser von Dtn.1-3 gehen - im Bilde gesprochen - wohl vom "Horeb" aus, aber sie gehen nicht auf das zu, was anderweitig - in Dtn. 5 - vom Horeb zu sagen war, sodaß unsicher bleibt, ob Horeb für Dtn. 1-3 zunächst mehr war als die Wendestation, an der der Exodus durch den göttlichen Landnahmebefehl endet und der Weg ins Verheißungsland beginnt (Dtn. 1,6f).

Das ganze Dilemma der derzeitigen Forschungssituation spiegelt sich in dem Versuch von PREUSS, eine Schichtentabelle aufzustellen, die in der Struktur einer literarisch orientierten Ergänzungshypothese versucht, einen Mittelweg in der Diskussion um das "deuteronomistische Deuteronomium" zu gehen[99] (vgl.Tab.III). Mit SEITZ sieht er in Dtn. 6,4-9.20-24 ein ursprünglich selbständiges Redestück, welches er aber anders als dieser schon für den literarischen Grundbestand einer dtn. Einleitung zum Gesetz hält. Dieses wird zunächst ergänzt durch eine historisierende Schicht, die PREUSS für dtr. zu halten geneigt ist; sie umfaßt Dtn. 6,10-13; 7,1-2.6?.17-21.23f.; 8,2-6(?).7-18*; 9,1-3(4-6.7a?). Es folgen diverse dtr. Bearbeitungen, darunter die Voranstellung von Dtn. 4,44.45-49; 5,1-6,3* und spätere Zusätze. Damit reduziert sich die Grundschicht von Dtn. 5-11 auf 6,4-9.20-24, die ursprünglich direkt in Dtn. 12,13-19* ihre Fortsetzung gefunden haben soll. Leider bleiben bei PREUSS - zwangsläufig durch die Situation eines Forschungsberichts bedingt - viele Fragen offen. Sowohl die Verbindungen der jeweiligen Schichten zum Gesetzeskern als auch die Frage, ob die sogenannten historisierenden Elemente in einem literarischen

---

96 MAYES, Deuteronomy. New Century Bible Commentary, London 1979 (2.Aufl.1981), S.34-47. Dtn.4.29f. rechnet er dtrN zu (s.ebd z.Stelle), für 5,1-6,3;9,7-10,11 neigt er zu der Annahme "dtr." Abfassung (S.43.160-175.194-107); für 10,12-11,32 nimmt er den gleichen Verfasser an wie für Dtn. 4 (S.207f.!).

97 LEVENSON, Who Inserted the Book of the Torah?, HTR 68, 1975, S.203-233.

98 The Story of Israel between Settlement and Exile. London 1983, S.15 A.73, S.23-39.

99 PREUSS, Deuteronomium, S.46-61(bes.49f.).

Bezug zum dtr.G stehen oder ob sie selbständig sind, bleiben ungeklärt. Am Ende stehen nur Vermutungen: "Ob mehr als 6,4-9.20-24 zur alten Einleitungsrede des (Ur-)Dtn.s gehört haben, ist angesichts des sonstigen, meist dtr. Textbestandes von Dtn 5-11 unsicher."[100] Was der Unterschied zwischen "dtn." und "dtr." sein soll, ist gleichfalls nicht deutlich. So ordnet PREUSS zwar in seiner Tabelle Dtn. 7,1-2.6.17-24 als vor-dtr. ein, meint aber bei der Besprechung des Textes"[101]: "Die theologische Aufhöhung des Kriegsdenkens (V.1-6.17-24) ist vielmehr der dtr Sicht des Bannes zuzuordnen." Letztlich tendiert er zu einer exilischen Ansetzung: "Das Dtn. zielt in seiner Anrede auf Israel als das Volk Jahwes insgesamt; es will sagen, was und wie Israel sein soll, will damit das Volk als Gemeinde konstituieren. Dabei geht es weniger darum, ein Israel zu schaffen, das heilig genug wäre, dem Gericht zu entgehen..., als das neue Israel nach dem Gericht des Exils ...zu entwerfen und zu gestalten."[102]

Der bisher gegebene ausschnittweise Einblick in die gegenwärtige Forschungssituation[103] zeigt die herrschende methodische und literarhistorische Unsicherheit gegenüber dem Dtn. nur allzu deutlich[104]. Ihre Hauptursache dürfte in der Vorordnung formkritischer vor literarkritischen Entscheidungen liegen, wenn nicht einfach in der mehr oder weniger bedenkenlosen schematisierenden Übernahme von redaktionskritischen Beobachtungen an einzelnen Texten bzw. Textbereichen für die Gesamtheit des dtn. und dtr. Textkomplexes von Dtn.-2.Kön. So wird eine Hauptaufgabe der bevorstehenden Untersuchung in dem erneuten Versuch einer literarkritischen Analyse von Dtn.5-11 bestehen. Das Hauptgewicht wird dabei jenen Texten zukommen, die für das Bild dessen, was man gemeinhin als "deuteronomisch" bezeichnet, bestimmend geworden sind, also die Kapitel 6-11, und unter ihnen wiederum Kapitel 6 und 7. Was denn eigentlich "deuteronomisch", was "deuteronomistisch" ist außer einer rein formalen Kategorisierung von Texten, das kann nur über eine

---

100 A.a.O.S.101.
101 Ebd.
102 A.a.O.,S.182.
103 Vollständigkeit ist angesichts der verwirrenden Vielfalt der Methoden und Meinungen weder erreichbar noch ist ein diesbezügliches Bestreben besonders ergiebig; wen es nach mehr drängt, der sei auf die rund 1000 Seiten bei BEGG, Contributions, verwiesen.
104 (Vgl.hierzu PERLITT, Deuteronomium 1-3 im Streit der exegetischen Methoden, S.149-151.) Das gilt auch im Blick auf das dtr.G; so bemerkt R.SMEND (Ein halbes Jahrhundert alttestamentliche Einleitungswissenschaft, ThR 49,3, 1984, S.3-30, S.25): "Auch die redaktionsgeschichtliche Arbeit muß sich davor hüten, Mode zu werden und Sicherheiten vorzutäuschen, die es nicht gibt...die Selbstverständlichkeit, mit der seit einigen Jahren die Kürzel DtrG, DtrH, DtrN und DtrP, demnächst womöglich auch noch DtrL und DtrÜ aus vielen...Kugelschreibern und Schreibmaschinen hervorkommen, ist nicht nur ästhetisch geeignet, Bedenken zu erregen."

Klärung der jeweiligen literarischen Intention gesagt werden. Die zugegebenermaßen bei Beginn der Arbeit an diesen Texten weiterreichenden Ambitionen hinsichtlich einer Aufhellung der historischen Hintergründe haben einer nunmehr schwerpunktmäßig literar-kritischen Klärung nachgeben müssen, womit zugleich der Leser darauf aufmerksam gemacht wird, daß bei ihm, was seine verständliche historische Neugier wie sein Interesse an kontextueller Verankerung der dtn. und dtr. Theologie angeht, auch nach der Lektüre dieser Arbeit so manche Fragen offen bleiben werden.

Bevor wir mit der Untersuchung beginnen, ist noch auf einige besonders problembehafteten Bereiche hinzuweisen, der die Forschung von verschiedenen Seiten her beschäftigt hat, nämlich zum einen das komplizierte Verhältnis von Dtn. 5.9f. zu Ex.19-34*, zum anderen das der dtn. katechetischen Weisungen Dtn.6,20-25 zu vergleichbaren Parallelen in Ex.12,25ff.;13,5-10.11-16 und - drittens - das der Anweisungen über den Umgang mit den besiegten Völkern bei bzw. nach der Landnahme in Dtn. 7,1-5.17-26 zu denen in Ex.23,20-33;34,10-116;Num.33,50-56;Jos.23;Ri.2,1-5.6-3,6)[105]. Die Diskussion um den ersteren Bereich ist besonders durch die Untersuchung von HOSSFELD zum Dekalog erneut angeregt worden. Seine These, der Dekalog habe "seine Wurzeln im Dtn.", seine "Laufbahn beginne in der Horebtheophanie und vollende sich in der Sinaitheophanie des Pentateuch"[106] legt über den Nachweis dtr. Urheberschaft für den Dekalog als solchen[107] hinaus der Horebperikope im Dtn. (also zunächst vor allem Dtn. 5) die Last auf, für die Verbindung von Dekalog und Horebtheophanie verantwortlich zu sein. Ob die Texte diese Last wirklich tragen, wird zu prüfen sein, unbeschadet der zutreffenden Annahme einer dtr. Urheberschaft des Dekalogs und der Bundestheologie in der Sinaiperikope[108]. Im Blick auf die Parallelen zu Dtn. 6,20-24 und Dtn. 7,1-5.17-26 im Tetrateuch stellt sich die Situation genau umgekehrt dar: es wird vielfach mit "vor-dtn." bzw. "vor-dtr." Abfassung der Paralleltexte gerechnet[109]. Auch hier wird jeweils der Einzelfall zu überprüfen sein; eine

---

105 S. hierzu die Einzeluntersuchungen in Teil II u. III dieser Arbeit.

106 HOSSFELD, Der Dekalog. Seine späten Fassungen, die originale Komposition und seine Vorstufen, OBO 45,1982., S.284.

107 So mit PERLITT, Art. Dekalog I, TRE 8, 1981, S.411f.; ders., ThLZ 108,578-580, zustimmend gegenüber HOSSFELD; vgl.a.die Besprechungen von SMEND, ThRev 79,1983,458f.; LANG, ThQ 164,1984,S.58-65; SCHARBERT, BZ 28,1984,S.292f. Kritisch: LEVIN,Der Dekalog am Sinai, VT 35,1985,S.165-191.

108 PERLITT, Bundestheologie im Alten Testament, S.156-238. Sinai - ist bekanntlich die Ortsangabe für die Theophanie Jahwes und die Übermittlung der Gesetze im Exodus-Buch, als "Horeb" wird dieser Ort in Dtn. 5.9,7b-10,11* bezeichnet, von daher bezeichnen wir den Textkomplex des ersteren als "Sinai-", letzteren als "Horeb-Perikope".

allgemeine Einordnung mit den generalisierenden Siglen "dtn." oder "dtr." wird wenig weiterführen. Auf jeden Fall wird auch hier die Voraussetzung eine literarkritische Klärung der Zusammenhänge bilden müssen.

Schließlich bleibt zu fragen, in wieweit die dtn. Texte von Dtn. 5-11 auf den Gesetzeskern redigierend oder formgebend eingewirkt haben. Die bis heute ungeklärte Anfrage WELLHAUSENS an die "Sachgemäßheit" von Dtn. 5-11, in wiefern sich demnach in Dtn. 5-11 der Anfang des "Urdeuteronomiums" findet oder nicht, hat bis heute keine befriedigende Antwort gefunden. Ohne das Phänomen des Deuteronomismus im Ganzen klären zu wollen, soll in dieser Arbeit in einer Beschränkung der Analyse auf Dtn. 5-11 ein weiteres Mal zumindest der Versuch gemacht werden, einen literarischen Ansatz für die Beantwortung dieser Fragen zu erarbeiten. Der Einleitungssatz aus W.BAUMGARTNERs bedeutsamer Besprechung der Forschungslage Ende der zwanziger Jahre[110] ist auch nach den Arbeiten v.RADs und NOTHs, erst recht aber nach denen von LOHFINK und GARCIA-LOPEZ verblüffend aktuell: "Das Merkmal der jüngsten Phase alttestamentlicher Forschung, daß längst als gesichert geltende literarkritische Ergebnisse mit einem Schlag wieder in Frage gestellt und von neuem in den Strudel der Diskussion hineingerissen werden, so daß das vielberufene Wort vom "Ende der literarkritischen Arbeit am AT." Lügen gestraft scheint, tritt uns kaum irgendwo so deutlich entgegen wie beim Dt."

---

109   Gegen NOTH, Das zweite Buch Mose. Exodus, ATD 5, Göttingen (6.Aufl.) 1978, S.72.140., der die genannten Stellen in Ex.12f. und den Rahmen des Bundesbuches für dtr. hielt, behauptete BREKELMANS , Eléments deutéronomique dans le Pentateuque, Rech.Bibl.VIII,S.77-91, die vor-dtn. Abfassung derselben (einschließlich Ex.34,11ff.). Am weitreichendsten sind im Anschluß hieran die Thesen von HALBE, Das Privilegrecht Jahwes, FRLANT 114, Göttingen 1975. Das Verhältnis von Dtn. 7 zu Ex.23,20-33*;34,10ff.;Ri.2,1-5 untersuchen FLOSS, Jahwe dienen - Göttern dienen, BBB 45, Köln-Bonn 1975, S.287ff.; LOHFINK,Hauptgebot, S. 172ff..309f.; GARCIA-LOPEZ, RB 84,1977,S.515ff.; OTTO, Das Mazzotfest in Gilgal, BWANT 107, Suttgart-Berlin-Köln-Mainz 1975,S.243ff.; VT 26,1976,S.22ff.; SCHMITT, Du sollst keinen Frieden schließen mit den Bewohnern des Landes, BWANT 91, Stuttgart u.a. 1970; SEITZ, Redaktionsgeschichtl. Studien, S.77ff.; WEIMAR/ZENGER, Exodus-Geschichten und Geschichte zur Befreiung Israels, SBS 75, Stuttgart 1975, S.57-62; WILMS, Das Jahwistische Bundesbuch in Exodus 34, StANT 32, München 1973, S.190ff.; PREUSS, Deuteronomium, S.101.

110   BAUMGARTNER, Der Kampf um das Deuteronomium, ThR NF 1, 1929, S.7-25.

I   Die Ätiologie des deuteronomischen Gesetzes

Zur Besonderheit von Dtn. 4,45-49; 5,1-6,3 und zum Beginn
der dtn. und dtr. Gebotsparänese im Deuteronomium.

1   Die Überschrift Deuteronomium 4,45.46-49

Dtn. 5 erfüllt für das dtn. Gesetz die Funktion einer Ätiologie. Nachdem der Dekalog,
dessen unmittelbare wörtliche Offenbarung durch Jahwe behauptet wird (5,23f.), am
Horeb dem Volke Israel kundgetan worden ist, erfolgt die Weitergabe der übrigen Gebote und Gesetze an Mose (5,31), der sich nun anschickt, dieselben seinerseits weiter-
zugeben (6,1). Der Nachweis, daß diese Ätiologie nachträglich den folgenden Geboten
und Paränesen vorangestellt worden ist und daß etwaige literarische Verbindungen zu
Dtn. 5,1-6,3 redaktioneller Art sind, ist mehrfach geführt worden[1]. Dennoch soll die
Entscheidung einer Ausgrenzung von Dtn. 5,1-6,3 im Blick auf ihre Konsequenzen für
die Analyse der folgenden Kapitel hier noch einmal bedacht und begründet werden.

Zunächst dürfte der Umstand, daß Dtn. 4,44.45-49 den Komplex der folgenden Kapitel
vom Vorhergehenden abheben doch wohl ein gewichtiges Argument dafür bieten, daß
mit Dtn. 5 auch tatsächlich ein eigenes Korpus beginnt. V.44 bildet dabei mit seinem
asyndetischen Anschluß den das Folgende von Dtn.4 scheidenden Übergang: was nun
folgt, ist die "Torah", die Mose den Israeliten vorgelegt hat (נתן לפני als Entschei-
dungsgrundlage für oder gegen Jahwe, vgl. 11,26.32;30,1.15.19)[2], was vorher gesagt
wurde, war auf Dtn. 5 hinführende Auslegung[3], von spät-dtr. Hand. Die eigentliche
Überschrift in 4,45 spricht konkret von העדת והחקים והמשפטים. Der Ausdruck עדת
ist im Dtn. nur noch in 6,17.20 belegt. Er bezieht sich dort, da die Überschrift von Dtn.
6,1 auf המצוה החקים והמשפטים vorausweist, mit großer Wahrscheinlichkeit auf
Dtn. 5, hat demnach wohl den Dekalog im Auge[4]. Auch diese Überschrift tritt von

---

1   Gegen LOHFINK, Hauptgebot, und (modifiziert) SEITZ, Redaktionsgeschichtl. Studien, vgl. zu-
    letzt die Arbeiten von BREKELMANS, Deuteronomy 5, und von GARCIA-LOPEZ, RB 85, S.15-
    18.

2   DRIVER, Deuteronomy, ICC(3.Aufl.), Edinburgh 1902, S.65.

3   KNAPP, Deuteronomium 4, S.122.

4   SEITZ, a.a.O., S.36f.- Die Belege für <edwt, <edot/<edwot hat VOLKWEIN einer ausführlichen
    Analyse unterzogen (Masoretisches <edut, <edwot, <edot - "Zeugnis" oder "Bundesbe-stim-
    mungen"?, BZ NF 13,1969,S.18-40). Zwischen den beiden Pluralformen läßt sich kein sicherer
    Bedeutungsunterschied ausmachen, es scheint sich lediglich um Varianten der masoretischen
    Tradition zu handeln (S.19). Etymologisch ist gleichfalls keine eindeutige Ableitung möglich, die
    Endung -ut führt auf ein Verbum עוד (qatil-bildung mit Kontraktion oder mit charkterist. Vokal),

außen an das Korpus heran, wie die Diskrepanz zu der Einleitung von Dtn. 5,1 anzeigt, wo schlicht von der Mitteilung von חקים ומשפטים an Israel die Rede ist. Sie soll auf dem Exoduswege erfolgt sein בצאתם ממצרים.

Die in 4,46-49 erfolgende neue Verumständung der Rede setzt deutlich Dtn. 1-3 und damit die Einbindung des Dtn.s in das dtr.G voraus[5], und knüpft dabei an Dtn. 3,29 an. Damit weicht sie aber von der einleitenden Lokalisierung in Dtn. 1,1 ab -

עבר הירדן בגיא מול בית פעור 4,6: ; בעבר הירדן במדבר בערבה מול סוף.

Sie wird somit insgesamt nicht älter als Dtn. 5 und jünger als Dtn.1-3* zu beurteilen sein, Texte, die sie beide als getrennt bestehende Einheiten voraussetzt. Für die redaktionsgeschichtliche Analyse bietet die Überschrift somit nur einen unsicheren, weil indirekten Anhaltspunkt. Letztlich sagt 4,46-49 nichts Neues gegenüber Dtn. 1-3, vielmehr entnimmt die Überschrift das Material für die "Lokalisierung" der Moserede aus dem vorgegebenen dtr.G-Text, wie die folgende Synopse zeigt:

---

davon abgeleitet -> <ed, <edut, oder auf das Verbum יעד , bestimmen (S.21f.). VOLKWEIN bringt die Wurzel mit dem akk. adè in Verbindung (S.31ff.) und vermutet als Grundbedeutung "(Vertrags) Bestimmungen". Dies würde auch den allgemeinen Gebrauch der Wendung in den spät- bzw. nachdtn./dtr. Stellen erklären. Hier wird das gesamte Gesetz als Inhalt der Berit-Forderungen angesehen. עדות im dtr.G erscheint in sek.dtr. Stellen, 1.Kön.2,3 (WÜRTHWEIN, Das erste Buch der Könige. Kapitel 1-16 übersetzt und erklärt, ATD 11,1,Göttingen 1977, S.20; ATD 11,2,S.499 "dtr.N"), 2.Kön.17,15 (Teil nomistischer Bearbeitung, עדות tritt ne-ben חקים und ברית, WÜRTHWEIN, ATD 11,2, S.396) und 2.Kön.23,3aß (erläutert den Ausdruck ברית u. ist sek.-dtr., SPIECKERMANN, Juda unter Assur, S.425). Der Beleg Jer.44,23 D ist gleichfalls jung (THIEL, Die deuteronomistische Redaktion von Jeremia 26-45, WMANT 52, Neukirchen/Vl. 1981, S.75f.). Vgl.auch die Verschiebungen zwischen 2.K.11,12 / 2.Chr.23,11; 2.K.23,3aß / Chr.34,31. Von den עדות erfährt man im dtr.G, daß sie in der Tora zu finden sind, daß sie von Gott bestimmt worden sind (1.K.2,3; 2.K.17,15) und daß Israel sie beachten soll, schließlich sollen sie im ספר הברית des Josia enthalten gewesen sein (2.K.23,3aß). Dtn. 4,45 / 6,20 sind die einzigen Stellen im A.T., wo עדות absolut gebraucht wird; in 6,17b ist der Begriff suffigiert, neben חקים (Ordnungen). Suffigiert findet sich lediglich noch ein Beleg, 1.Chr.29,19, was die sprachlich späte Ausformung des Ausdrucks belegt, ebenso wie die Reihe der weiteren Nachweise: Ps.25,10; 78,65; 93,5; 99,7; 119,2.22.34.u.ö.(14x); 2.Chr.34,11. - Die übrigen Begriffe für die Bezeichnung von Gesetzen und Geboten und deren Belegstellen finden sich aufgelistet in TABELLE III, s.u.. S.47f..

5   KNAPP, a.a.O., S.122-126, hält darüber hinaus v.46aß-49 für sek. hinzugefügt.

	Dtn.4,45 - 49
	45אלה העדת והחקים והמשפטים
1,1ואלה הדברים;	אשר דבר משה
אשר דבר משה	
אל=כל=ישראל	אל=בני ישראל
	בצאתם ממצרים
בעבר הירדן	46 בעבר הירדן
3,29 ונשב בגיא מול	בגיא מול בית פעור
בית פעור	
2,26...אל=סיחן	בארץ סיחן מהאמרי
מלך חשבון	אשר ישב בחשבון
2,33 ונך אתו ואת בנחו...	אשר הכה משה ובני יש׳
	בצאתם ממצרים
2,34 ונלכד את=כל=ערחו...	47 ויירשו את=ארצו
3,3...את=עוג מלך=הבשׁן	ואת=ארץ עוג מלך=בשׁן
3,8 ונקח...את=הארץ מיד	שני מלכי האמרי
שני מלכי האמרי	
אשר בעבר הירדן	אשר בעבר הירדן
	מזרח שׁמשׁ <vgl.4,41>
3,12b מערער	48 מערער
אשר=על=נחל ארנון	אשר על=שׂפת=נחל נון
3,8 עד=הר חרמון	ועד=הר שׂיאן הוארמון
3,17 והערבה והירדן	49 וכל=הערבה עב הירדן
וגבל מכנרת	מזרחה
ועד ים הערבה ים המלך	ועד ים הערבה
תחת אשׁדת הפסגה	תחת אשׁדת הפסג

4,46-49 bieten eine kurze zusammenraffende Umgrenzung der Gebiete, die noch unter Mose unterworfen sein sollen, die ohne besondere geographische Kenntnisse aus den Angaben von Dtn. 1-3 heraus gewonnen ist. Die Zusätze sind entweder ganz allgemein oder erläutern unverständliche gewordene Bezeichnungen ('Sion' für 'Hermon'). Eine solche neuerliche Verortung hat kaum Sinn, wenn kurz zuvor genau das, was hier zusammengefaßt ist, ausführlich geschildert worden ist oder von der gleichen Hand stammt. Hält man mit KNAPP v.46aβ-49 für sekundär[6], dann bleibt v.46aα, und hier

---

6   A.a.O., S.122ff.

wird unter dem allgemeinen Vorzeichen בצאתם ממצרים die Angabe aus Dtn. 1,1 בעבר הירדן und aus 3,29 (בניא מול בית פעור) einfach zusammenge-faßt. Auch das ist nicht gerade ein überzeugendes Anzeichen dafür, daß Dtn. 1-3 und 4,45f.* von gleicher Hand stammen sollen. Die ganze Überschrift ist vielmehr so formuliert, als habe eben Kapitel 1-3 vorher nicht im Zusammenhang mit dem Folgenden gestanden, und sie gibt auch nicht zu erkennen, daß die Verfasser von 1-3 in 5 eine genuine Fortsetzung ihrer Darstellung sehen wollten. Auch Kapitel 5 stellt einen solchen Zusammenhang nicht explizit her. Der Ort, den 3,29 nennt, steht lediglich im Zusammenhang mit dem Ende des Mose (vgl. 34,6*), die Darstellung von 1-3 führt hin auf Dtn. 31,(1*).2-4.6.7f., die Einsetzung Josuas. Andererseits steht die Überschrift in 4,45 mit einem Verweissystem in Verbindung, das auf Dtn. 5 und 12-26, also das Gesetz als solches hinweist, 4,45 grenzt also das Folgende von 1-3 mehr ab, als daß es die Komplexe verbindet, v.46-49 enthält eher Anzeichen dafür, daß diese Verbindung sekundär erfolgt ist, als dafür, daß sie von einem Verfasser von 1-3 gezielt angestrebt wurde. Da aller Wahrscheinlichkeit nach עדת auf den Dekalog verweist, so liegt die Vermutung nahe, daß die Überschrift im Zusammenhang mit der Voranstellung von Dtn. 5 vor das dtn. Gesetz zusammenhängt, spätestens aber mit der Einbindung des so gerahmten Buches in das dtr.G und nicht mit den formgebenden Schichten von Dtn. 1-3, aber - das hat KNAPP gezeigt - auch nicht mit den formgebenden spät-dtr. Schichten von Dtn. 4, und also eben da, wo die Schicht von Dtn. 5 literarhistorisch anzusetzen sein wird, nämlich zwischen dtr.G und den spät-dtr. Schichten von Dtn. 4.

2   Die Erinnerung an die Horeb-Berit

Deuteronomium 5 gibt in Gestalt einer - wie 1-3 - in pluralischer Anrede gehaltenen Moserede an Israel eine Erinnerung an die zehn Gebote und erklärt zugleich, daß die folgenden Gesetze von Jahwe am Horeb Mose geoffenbart und nun zur Verkündigungbestimmt seien. Der Text greift also hinter die Ausgangsposition von Dtn.1-3 zurück und impliziert die Situation des Abschieds Moses von Israel.

Es gibt, wie BREKELMANS in neuerer Zeit wieder zu Recht geltend gemacht hat, gute Gründe für die Annahme einer weitgehenden Einheitlichkeit von Dtn. 5[7]. Die narrative Einleitung in 5,1a*, verbunden mit der paränetischen Rahmung des Kapitels in 5,1b.u.31(32f.) bindet das Kapitel zusammen mit dem Ziel, dem folgenden dtn. Gesetz eine Ätiologie zu geben (5,31;6,1). Dabei wird der Dekalog sozusagen als unüberbiet-bare Präambel und Verpflichtungsurkunde vorangestellt: 5,2, לאמר ...‏ + 5,5, יהוה אלהינו כרת עמנו ברית...‏. Auf die Gültigkeit desselben als

---

Dokument einer בְּרִית[8] auch für die kommenden Generationen (5,3) wird dabei besonderes Gewicht gelegt. V.3 ist für das Kerygma von Dtn. 5 unentbehrlich[9]. Daß Jahwe sich dabei direkt (פָּנִים בְּפָנִים) an das nun angesprochene Volk gewandt habe (5,4), unterstreicht die Besonderheit, die hier gerade dem Dekalog beigemessen wird. Die Redeeinleitung zu ihm in v.5b, לֵאמֹר, bedarf einer Hinführung, die nach v.3 erst v.4 wieder bietet, weshalb es sich empfiehlt, diesen Vers zu streichen[10]. Die einschränkende Übertragung der Offenbarung an den Mittler in v.5 ist demgegenüber sicherlich sekundär, "V.5 schlägt v.4 (und v.24f.) ins Gesicht"[11].

Die Ereignisse am Horeb selbst, sonderlich die Schilderung der Theophanie und die Tafelübergabe, werden in einem Nebensatz abgehandelt (5,22b)[12] und erst in Dtn. 9,7b-10,11 wieder aufgegriffen. Bestimmend ist vielmehr das Interesse an der Gesetzesmittlerschaft des Mose, Leitmotive sind das Reden Jahwes (דבר: v.4.22.24.26.27.30; אמר: v.5bβ.27.28, קוֹל יהוה: v.23.24.25) und das Hören Israels bzw. seines Mittlers (v.1.23.24.25.26.27 (bis.))[13]. Der Zusammenhang, der hier neu konstituiert wird, ist nicht der des Dekaloges mit dem Horebgeschehen (gegen HOSSFELD), sondern der des dtn. Gesetzes mit der Horeboffenbarung. Der Dekalog wird expressis verbis schon als eine zitable Einheit vorausgesetzt[14], und zwar aus einer Offenbarungssituation am - hier im Bereich des "Horeb" angesiedelten[15] - Gottesberg (Ex.19,2b; Dtn. 5,22f.),

---

8   Grundlegend für die Deutung der Berit als eines Verpflichtungsaktes sind die Arbeiten von KUTSCH, Verheißung und Gesetz. Untersuchungen zum sogenannten "Bund" im Alten Testament, BZAW 131,Berlin-New York 1973. Die Verbindung von Horeb und בְּרִית ist eine Eigentümlichkeit der dtr. Literatur, und zwar ausschließlich (PERLITT, Bundestheologie, S.80f.S.80A.2:. "Außer Dtn. 1,2.6.19; 4,10.15; 5,2; 9,8; 18,16; 28,69; 1.Kön.8,9; 19,18; Mal. 3,22; Ps. 106,19; 2.Ch. 5,10 nur Ex.3,1; 17,6 (sinnlose Zusätze...cf.NOTH, ATD 5,112) und 33,6 (in dtr Kontext; cf. M.NOTH, ebd.208f.)....(Dtn 33,2; Ri. 5,5 folgen anderen Gesetzen). ")

9   PERLITT, a.a.O.,S.81; anders MAYES,Deuteronomy, S.161, der den Vers für sek. hält.

10   BREKELMANS, a.a.O., S.161; HOSSFELD,a.a.O.,S.224, gegen MITTMANN, Deuteronomium 1,1-6,3, S.132f..

11   PERLITT,S.81A.1; vgl.BREKELMANS, a.a.O.,S.165; HOSSFELD, Dekalog, S.225f.

12   Zu v.22a s.u.S. 41f. ; zum Tafel-Motiv vgl.u.S. 246f.323 .

13   BREKELMANS, a.a.O.,S.165.

14   PERLITT, Bundestheologie, S.77-92. HOSSFELD versucht nachzuweisen, daß das Dtn. insgesamt eine ältere Version des Dekaloges repräsentiert und daß der Dekalog von hierher in die Sinaiperikope eingetragen worden ist; auch wenn hinsichtlich der dtn./dtr. Abfassung HOSSFELD zuzustimmen sein wird, widerspricht der Text von Dtn. 5 in seinem Selbstverständnis zumindest insofern seiner Ansicht, als hier eben nur an ein vergangenes Geschehen in indirekter Rede erinnert wird!

15   PERLITT, Sinai und Horeb, FS W.Zimmerli, Göttingen 1977, S.302-322: Die Bezeichnung "Horeb" (abgeleitet von חרב - "wüst liegen, verwüstet sein", "trocken sein", S.315f.) als Chiffre

Betrachten wir den Text nun etwas genauer. V1 läßt Mose als einen Volksredner er-scheinen, der vor das idealisch als in seiner Gesamtheit anwesend gedachte Israel tritt (ויקרא משה אל-כל.ישראל ויאמר), V.1.aα).

Damit wird sozusagen das Urbild einer Volksversammlung vor Augen gestellt, welches im weiteren Verlauf der dtr. Darstellungen außer in mosaischer (Dtn. 29,1) und josua-nischer Zeit (Jos.24,1*; 23,2f.) erst wieder unter Josia ersteht (2.Kön.23,2f.); es ent-spricht den Vorstellungen von Dtn. 31,9-11.(12f.)[16], wo in Erweiterung des vom dtr.G für das Dtn. gegebenen Rahmens Mose die Anordnung einer regelmäßigen Verlesung der Tora zugeschrieben wird. Wenn SPIECKERMANN mit seiner Analyse Recht hat, daß 2.Kön.23,2aα.b einer Vorlage der Deuteronomisten aus josianischer Zeit, stammt[17], dann knüpft die Formulierung an einen den historischen Ereignissen 623 v.Chr. nahestehenden Reformbericht an , 2.Kön.23,2aα.b:

ויעל המלך בית יהוה...ויקרא באזניהם את-כל-דברי ספר הברית

- angesichts der Volksversammlung und der Ältesten (v.1/2)), ahmt ihn also in gewisser Weise nach. Ansonsten sind alle weiteren Belege dtr..

Zumindest literarisch ist die Formulierung von Dtn. 5,1 - im Gefolge der alten Ein-schätzung des dtr.G durch NOTH - frühestens in exilischer Zeit anzusetzen[18] (vgl. die atl. Belege für קרא + אל-=כל-ישראל / ל)[19]. Eine entsprechende Praxis ist denn auch frühestens seit Josia bekannt, belegt ist sie erst für die nachexilische Zeit in Neh. 8. Der

---

für "wüst liegend", "Ödland, Wüstengebiet" (S.318) hat den Sinai-Namen in der dtr. (exilischen) Zeit abgelöst (S.305-310) und weist nicht auf einen Berg, sondern auf ein Gebiet (S.318).

16 Zur Analyse d. dtr./spät-dtr. Textes vgl. BUCHHOLZ, Die Ältesten Israels im Deuteronomium, GTA 36, Göttingen 1988, S.17-21.

17 SPIECKERMANN, Juda unter Assur in der Sargonidenzeit, S. 71ff.

18 Zur Ansetzung von Dtn. 31,9-13 jünger als 31,1-8: BUCHHOLZ, a.a.O.; PERLITT, Bundestheo-logie, S.78; GARCIA-LOPEZ, RB 85,S.8.

19 Vgl. Dtn. 5,1; 29,1; 31,1.7; Jos.23,2; 24,1; 2.Kön.23,2 (Dtn. 1,1;4,45: דבר אל-=כל בני ישראל). -

Vom קרא eines Führers vor einer die Gesamtheit Israels repräsentierenden Gruppe spricht der Reformbericht in 2.Kön. 23,1.2aα.2b* (vgl.SPIECKERMANN, a.a.O., S.425). Angesichts des Umstandes, daß diese Stelle im weiteren A.T. singulär ist (abgesehen von den dtn./dtr. Formulierun-gen), liegt die Vermutung nahe, daß die Darstellung von Dtn. 5,1f. eine bewußte Analogie zu jener epochalen Verpflichtungssituation herstellen will. Dtn.1,1; 4,45; 27,9 (דבר) und 29,1;31,1.7 stehen anerkanntermaßen im Gefälle der dtr. Rahmungen des Dtn.s, Jos.23,2;24,1b sind dtr. Fortschreibungen zum dtr.G (BUCHHOLZ, a.a.O.,S.22), wobei in Dtn. 5,1 eine Besonderheit gegenüber der formgebenden Schicht der Darstellung des dtr.G in Dtn. 31,1.7 insofern darstellt, als der Vers eben auf die Gesetzespromulgation hinführt.

Aufruf שמע ישראל erinnert an Dtn. 6,4, unterscheidet sich von jenem aber durch die Ausrichtung auf das Objekt (v.1aβ) und die Fortsetzung mit der Aufforderung, die Gesetze zu lernen und zu beachten, v.1b. Das Gesetz erscheint als Gegenstand des Lernens bezeichnenderweise außer in Dtn. 5,1 wiederum am anderen Ende der dtr. Rahmung in Dtn. 31,12f. sowie in einigen sekundären Zusammenhängen im DT. (14,23; 17,19; (18,9.19;20,18) und in Dtn. 4,10[20]. Die den Dekalog betreffende Kernaussage erfolgt erst mit V.2f. Für sie ist die Analyse PERLITTs nach wie vor zutreffend. Sie besagt erstens, "der Horeb ist in der dt/dtr Literatur...geographisches Stichwort für Jahwes verpflichtendes Reden."[21], zweitens, das "Deutewort ברית" zielt auf den Dekalog, sein Gebrauch an dieser Stelle ist dem "des Wortes für die Väterverheißung ganz unvergleichbar", wobei "sein Inhalt auch ohne das Deutewort...zitiert werden kann: Ex.20. Dtn5,2 ist indes ohne das folgende Dekalog-Zitat sinnlos." Damit gilt drittens: Dtn 5,2 ist "auf 5,6ff. hin entstanden", und schließlich 4.: "Unentbehrlich ...ist v.3, weil 5,2-32 kein historisches Referat, sondern kerygmatischer Natur ist... Das nachdrückliche אתנו אנחנו (v.3b) hebt jeden Zweifel an der Gleich-Zeitigkeit auf."[22] V.2f. charakterisiert das Interesse an der permanenten Möglichkeit der Aktualisierung der Horeb-Berit auch im Blick auf die kommenden Generationen. Die unmittelbare Redeeinleitung zum Dekalog in v.5bβ dürfte kaum direkt an v.3 angeschlossen haben. V.5 ist ansonsten aus inhaltlichen Gründen als sekundärer Einschub anzusehen; da der ganze zweite Teil des Kapitels sich um das Problem des Offenbarungsmodus' dreht, erscheint es somit aus inhaltlichen wie aus syntaktischen Überlegungen heraus als nicht unwahrscheinlich, wenn v.4 zum Grundtext hinzuzurechnen ist[23]. Würde man umgekehrt v.3 für sekundär halten, so

---

20 Dtn. 4,10 ist spät-dtr.(KNAPP; a.a.O., S.48ff.);

14,23b למען תלמד ליראה את=יהוה אלהיך כל=הימים und

17,19b למען ילמד ליראה את=יהוה אלהיו

sind nach MERENDINO, Das deuteronomische Gesetz, BBB 31, Bonn 1969, S.98.183f., redaktionell; 31,12f. ist dtr. bzw. sek.-dtr.. An all diesen Stellen soll die Verkündigung bzw. Verlesung des Gesetzes dazu führen, daß man Jahwe "fürchten lernt". Das Gegenteil bedeutet nach Dtn. 18,9;

20,18 למד לעשות ככל=התועבת הגוים ההם; beide Stellen gehören sekundären dtr. Schichten an

(MERENDINO, a.a.O., S.192f.). "Daß man zu lernen...hat, was Mose lehrt..., ist im Dtn...ein Motiv der späten Schichten und gehört eher in die Schule als in den Kult. die Phraseologie von v.1b hat in der gesamten dt/dtr. Literatur ihren weiteren Kontext, den engeren aber hier" (i.e.Dtn.5) "in v.32f., pluralisch formuliert wie in v.1b." (PERLITT, a.a.O., S.78).

Zu למד (pi.): Dtn. 4,1; 5,10.31; 6,1; 11,19; 31,19.22 -dtr./spät-dtr.

21 A.a.O., S. 80.

22 A.a.O., S.81.

23 BREKELMANS, a.a.O.,S.165. Die These von Dtn. 5,4 ist immerhin so irritierend, daß sie schon innerhalb der dtr. Schule einer Erläuterung bedarf, in Dtn. 4,12:

וידבר יהוה אליכם מתוך האש

müßte man mit einem Anschluß von לאמר an v.2 rechnen; dann wäre aber das gesamte Stück von v.2.6-21.* von seinem weiteren Zusammenhang so weit abgehoben, daß nicht mehr einsichtig wäre, welche Funktionen der Text etwa im Blick auf v.23ff. erfüllt. Schließlich ist die Hinzufügung eines ausdrücklichen Hinweises auf die Vermittlung der Jahweworte durch Mose in v.5 auch ein Zeichen dafür, daß späteren Theologen die Unmittelbarkeit, in welcher der Verfasser von 5,4.23ff. Israel seinen Hauptkatechismus mitteilen läßt, nicht mehr ganz geheuer war[24]. Möglicherweise hat der gleiche Glossator auch in v.22 und 23 mit der weiteren Verhüllung der Theophanie Spuren hinterlassen, indem er zu der aus v.4 bekannten Wendung בהר מתוך האש in

---

קול דברים אתם שמעים ותמונה אינכם ראים אתם זלתי קול

Mag Dtn. 5,4 ein Beleg aus jener Zeit sein, die die Gesetzesoffenbarung möglichst nah an das Volk heranrücken wollte, also jenen Dtr.n zu verdanken sein, die am Ende (Dtn. 31,9-11; vgl.auch Ex.19,7f.) den Ältesten das Gesetzbuch zur Verwaltung übergeben (BUCHHOLZ, a.a.O., S.42ff.), während spätere die Gesetzesverkündigung durch ("levitische") Priester gewährleistet wissen wollte. Das würde sich auch zu der Wahrnehmung fügen, daß die Darstellung zunächst von 2.Kön.23,2f. beeindruckt zu sein scheint und älter als der Endtext von Dtn. 31,12f... Ungewöhnlich ist die Aussage von v.4 schon, weil in dieser Art singulär. Das פנים=על gilt ansonsten nur für Mose (;Ex.34,10;33,11; vgl.aber auch Gen.32,31;Ri.6,22; עין בעין Num.14,14;Jes.52,8). Die Wendung דבר עם steht nur in Dtn. 5,4;9,10 (GARCIA-LOPEZ,RB 85, S.11). Daß Jahwe מתוך האש gesprochen habe, ist gleichfalls ein besonderer Ausdruck im Dtn. (vgl. neben Dtn. 5,4.22f.24.26; 9,10;10,4; 4,12.15.33.36; Ez.1,4) (GARCIA-LOPEZ, ebd.). Dtn. 5,4 stellt somit ein eigentümliches Interpretament des Sinai/Horeb-Geschehens dar. Das Fehlen von בהר in Qumran und LXX(A) hat möglicherweise auch theologische Ursachen und gleicht den Vers Ex.20,23etc. an.

24   Der Vers verhält sich zu v.4 wie Ex.19,9 zu der vorhergehenden Schilderung in v.3b-8: nachdem Jahwe Israel zur ממלכת כהנים eingesetzt hat, und nachdem die זקני העם (v.7) anstelle von כל העם die Berit eingegangen sind, wird nun Mose als Mittler zwischen den sich in Wolken verbergenden Gott und dem Volk als "Künder" der Worte Gottes bzw. des Volkes explizit eingeführt (נגד hi. Ex.19,3b/9b.vgl.auch v.19). Dtn. 5,5 ist vermutlich noch jünger als die spät-dtr. Bearbeitung des Textes in Dtn. 4,12, die die unmittelbare Offenbarung des Dekaloges noch voraussetzt (v.13) (SEITZ, a.a.O., S.49). Der ein wenig unbeholfene traditionelle Hinweis auf die Furcht des Volkes in v.5b nimmt v.25ff.29 vorweg und widerspricht indirekt v.24 (GARCIA-LOPEZ, RB 85,S.11f.). Die Zeitangabe בעת ההיא ist zudem ein sicheres stilistisches Signal für glossarische Parenthesen (LOE-WENSTAMM, The Formula בעת ההיא in Deuteronomy, TARBIZ 28, 1968/69, S.99-104; PLÖGER, Literarkritische, formgeschichtliche und stilkritische Untersuchungen, BBB 26, Bonn 1967, S.218ff.). - Zur Bezeichnung des Dekaloges als Katechismus, besser als Merkreihe mit katechetischer Abzweckung s. PERLITT, Art. Dekalog, TRE 8,S.408-413, S.410.

V.22 העןן והערפל hinzufügt und in v.23 das in LXX -Mss überlieferte ältere(?) מתוך האש durch מתוך החשך וההר בער באש ersetzte.

ענן וערפל umgeben den Thron und Wohnsitz Jahwes (Ps.92,7), künden in der Verhüllung seine Theophanie (2.Sam. 22,10//Ps. 18,10) und den Tag seines Kommens (Jo. 2,2; Zeph. 1,15), aber auch Gottes Verborgenheit und Ferne (Ez. 34,12; Jes. 60,1;vgl.Jer.13,16; Hi. 3,9). Hintergrund des ערפל -Motivs in der atl. Literatur scheint die Vorstellung von der Umhüllung des Gottesthrones im Allerheiligsten des Tempels zu sein (1.Kön.8,12*,LXX). Beide Elemente, Wolke und Finsternis sind Dtn. 5 vorgegeben: ענן in Ex.19,16, ערפל in Ex.20,21b[25]. חשך, v.23, ist gegenüber ערפל ein allgemeinerer Begriff für das Dunkel, welches die Erscheinung Jahwes verhüllt[26]. Dtn. 4,11 faßt die Wendungen aus Dtn. 5,22 u. 23 zusammen, kompiliert und kommentiert[27]. Aber auch schon in Dtn. 5,22f. ist deutlich, daß der Text in einem Stadium der Kompilation und Ausdeutung vorhandener Überlieferungen entstanden ist. Seine Anliegen lassen auf eine priesterliche Prägung schließen.

3 Der Dekalog (Dtn. 5,6-21)

3.1 Zur deuteronomistischen Abfassung

Das große Zitat des Kapitels erinnert an einen Text, der - selbst in seiner Endgestalt Ergebnis der Arbeit der deuteronomisch/deuteronomistischen Schule - als grundlegende Merkreihe der Jahwegebote an Israel und "bündigster Ausdruck und Dokument des nun als berit (Bund) gedeuteten israelitischen Gottesverhältnisses" gelten soll[28]: an den DEKALOG. Die Verfasser von Dtn. 5 stellen ihn als Zitat vor, wodurch sogleich doch wohl ausgeschlossen ist, daß Dtn. 5 selbst seinen literarischen Entstehungsort bildet[29].

---

25   Beide Stellen sind vor-dtr., nach ZENGER, Die Sinaitheophanie. Untersuchungen zum jahwistischen und elohistischen Geschichtswerk, fzb 3, Würzburg 1971, Tabelle S.209.213, vornehmlich "E" zugeordnet).

26   Bzgl. des Tages Jahwes s. Am. 5,18.20; Jl. 2,2; Zeph.1,15; vgl. a.Jes.60,2.

27   Zu Dtn. 4,11 KNAPP, a.a.O.,S.58; anders BREKELMANS, a.a.O., S.166. Daß Feuer und Finsternis in Dtn. 5,22f. austauschbare Begriffe seien , wird man allerdings nicht sagen können (gegen J.JEREMIAS, Theophanie. Die Geschichte einer alttestamentlichen Gattung, WMANT 10, Neukirchen/Vl. (2.Aufl.) 1977, S.104A.3).

28   PERLITT, Art. Dekalog, TRE 8, S.412.

29   So die These der Arbeit von HOSSFELD, Der Dekalog, 1982.

Der Text soll hier nicht im einzelnen auf seine Entstehungsgeschichte hin analysiert werden[30]. Der Dekalog ist hinsichtlich seiner Form und Gattung jedenfalls das Ergebnis einer Synthese in mehrfacher Hinsicht. Ex. 20,2-6/Dtn. 5,6-10 redet Jahwe in der 1.sg., Ex. 20,7ff.par. ist von ihm in der 3. Person die Rede; übergreifend über diesen Formwechsel hinweg formuliert der Dekalog Gottesrecht und Menschenrecht wahrende Gebote und Prohibitive. Die Rekonstruktion eines "Urdekaloges" ist nicht (mehr) möglich, zumal aufgrund der im wesentlichen erst dtr. "Wachstums- und Kompositionsgeschichte"[31]. Erst mit der Voranstellung der Selbstvorstellungsformel und der homiletischen Explikation des 1.Gebotes durch die dtr. Schule (so ZIMMERLI)[32], erst "in der Synthese von "Gebot und Predigt" ... wurde der Dekalog zum klassischen "Beispiel für die Stilisierung von Prohibitiven als Jahwerede"..."[33], wurde der Dekalog erst zu dem, was er ist. Die klassischen dtr. Elemente hat schon H.SCHMIDT aufgezählt[34]:
" יהוה אלהיך : im Dtn. 210x, הוציא מארץ מצרים : 14x im Dtn., מבית עבדים : 5x im Dtn., אלהים אחרים : 13x im Dtn. u.ö. im dtr.G, תמונה : 5x im Dtn., השתחוה +
עבד : 6x im Dtn., אהב : 4x im Dtn., שמר מצות : mehr als 18x im Dtn., למען ייטב לך 7x und יאריך ימיך 8x, גרך אשר בשעריך 5x, האדמה אשר נתן יהוה אלהיך לך mehr als 30x im Dtn. " -

Eine ausführliche Begründung für die Annahme dtr. Abfassung haben die Arbeiten von PERLITT und HOSSFELD und W.H.SCHMIDT gegeben[35]. Neben dem Umstand, daß im Dekalog Einwirkungen nicht nur aus der hoseanischen (Hos.4,2), sondern auch aus der jeremianischen Verkündigung (Jer.7,9) zu erkennen sind[36], wird vor allem die Tatsache, daß die Einrichtung des Sabbat als eines wöchentlichen Ruhetages vorexilisch nicht nachweisbar ist, dafür in Anschlag zu bringen sein, daß die in Dtn. zitierte relative

---

30 Vgl. hierzu die eingehende Analyse der einzelnen Gebote bei HOSSFELD, ansonst die Lit. bei PERLITT, a.a.O., S.412f..

31 PERLITT, a.a.O. S.411.

32 ZIMMERLI, Ich bin Jahwe, in: FS A.Alt, Tübingen 1953, (= ThB 19, München (2.Aufl.) 1963,S.11-40); ders., Das zweite Gebot,in: FS A.Bertholet, Tübingen 1950, S.550-563 (=ThB 19, S.234-248).

33 PERLITT, a.a.O.,S.411, in Anlehnung an REVENTLOW, Gebot und Predigt im Dekalog, Göttingen 1962, und GERSTENBERGER, Wesen und Herkunft des "apodiktischen Rechts", WMANT 20, Neukirchen/Vl. 1965, S.57.

34 H.SCHMIDT, Mose und der Dekalog, FRLANT 36,1 (FS Gunkel), Göttingen 1923, S.78-119; S.85.

35 PERLITT, Bundestheologie, S.77-102; HOSSFELD, op.cit.; s.auch LANG, ThQ 164, 1984, S.58-65 (Lit.). W.H.SCHMIDT, Überlieferunsgeschichtliche Erwägungen zur Komposition des Dekalogs, VTS 22, 1972, s.201-220 weist die überlieferungsgeschichtlich späte Gestalt für jedes einzelne der Gebote nach.

36 Hierzu ausführlich LEVIN, Der Dekalog am Sinai, VT 35,1985,S.169f..

(vor-priesterschriftliche) End-gestalt des Dekaloges exilisch ist[37]. Hierzu fügt sich auch die Analyse DOHMENs[38], daß die Formulierung des Bilderverbots in Dtn. 5,8par. ihren "Entstehungsort im Grundtext des Dekalogs" hat[39]. Sie zieht die Konsequenz aus einer (frühestens in der Manassezeit anzusetzenden) Polemik gegen das manasseische Ascheren-Kultbild (2.Kön.21,7 -> 2.Chr.33,7.15; vgl.Nah.1,14)[40]. Als solches war das Bilderverbot in der Josiazeit jedoch - so DOHMEN - noch nicht virulent; diese war eher von den dtn. Abgrenzungstendenzen geprägt, wie sie in Dtn. 16,21f. erkennbar sind; eine explizite Durchsetzung i.S. eines umfassenden Verbotes hat sich erst in dem Zuwachse des Bilderverbotes in den Dekalog ergeben, also in einer frühestens exilisch/dtr. Ausprägung. Der josianische Reformbericht in 2.Kön.23,4-20.24* ist im Kern "von der Forderung der Kulteinheit und -reinheit her und nicht als sachliche Ausdehnung eines Bilderverbotes zu deuten."[41]

In einer anderen Richtung geht F.CRÜSEMANN[42], wenn er in Anlehnung an die von LOHFINK aufgezeigten Differenzen zwischen dem deuteronomischen Dtn. und dem Dekalog[43] dahingehend auslegt, daß er eine vor-dtn. (spät-vorexilische) Entstehung annimmt[44]. Im Dtn. fehle die Selbstvorstellungsformel mit אנכי, das Götterverbot in der Formulierung mit על־פני, ein Bezug zum Sabbat und schließlich lehne das Dtn. anders als der Dekalog die Sippenhaft ab (Dtn. 24,16)[45]. Aber die Betonung der Selbstvorstellungsformel schließt sich nicht gegen die dtn. Theologie ab, zumal sie mit einer klassischen Formel des dtn. Credos verknüpft ist, der יצא -Formel[46]. Das hoheitliche

---

37 Zur Spätansetzung der Einführung des 7-Tage-Sabbats vgl. ROBINSON, The Origin and Development of the Old Testament Sabbath. A Comprehensive Exegetical Approach, Diss., Hamburg 1975; LEMAIRE, Le sabbat à l'époque royale israélite, RB 80,1973, S.161-185; LANG, Die Jahwe-allein-Bewegung, in: Der einzige Gott, München 1981, S.47-83.S.75: "Im "Sabbat für Jahwe" gewinnt das erste Gebot seine äußere und lebenspraktische, gleichsam sakramentale gestalt. Im Sabbat schafft sich das in Ritenarmut lebende Diaspora-Judentum einen Ersatz für den fernen Tempel, der bald in der Synagoge als Ort der Sabbat-Versammlung ein vielfaches Gegenstück erhält." (Ähnlich argumentierte schon STEUERNAGEL, Deuteronomium, 1923, S.27f..) Im weiteren s. N.-E. ANDREASEN, Recent Studies of the OT Sabbath, ZAW 86, 1974, S.453-469; HOSSFELD,a.a.O., S.33-56.247-252.

38 Das Bilderverbot, BBB 62, Bonn 1985, S.223-230.266-273.

39 Ebd., S.269.

40 A.a.O., S.272.

41 DOHMEN, a.a.O. S.269, gegen LANG, a.a.O.,S.72.

42 Bewahrung der Freiheit. Das Thema des Dekalogs in sozialgeschichtlicher Perspektive, Kaiser Traktate 78, München 1983.

43 LOHFINK, Die These vom "Deuteronomischen" Dekaloganfang - ein fragwürdiges Ergebnis atomistischer Sprachstatistik, FS W.Kornfeld, Wien 1977, S.99-109.

44 A.a.O., S.25ff.

45 Ebd.

46 Vgl. hierzu ausführlich Kap. II,4.2

עַל=פְּנֵי steht mit der dtr. Bezeichnung fremder Götter אֱלֹהִים אֲחֵרִים. Das besondere Interesse am Sabbat hingegen zeichnet den Dekalog tatsächlich aus und spricht für seine eigene Ausrichtung, welche sich vom dtn. gerahmten Korpus unterscheidet, nur daß in vorexilischer Zeit Zeugnisse für eine Einhaltung eines Sabbats im 7-Tage-Rythmus nicht gegeben sind; zudem richtet sich die neue Ordnung an eben die gleiche Zielgruppe wie auch die dtn. Festgesetze und sie zieht eine typisch dtn. Begründung an sich (vgl. Dtn. 5,15f.). Daß schließlich innerhalb des Dtn.s vereinzelte Bezüge zum Dekalog erkennbar werden, sagt noch nichts über dessen vor-dtn. Abfassung aus, denn diese sind - wenn überhaupt als solche identifizierbar - sekundärer Natur[47]. Das Vorhandensein solcher Bezüge bietet jedenfalls keine hinreichende Grundlage für die Behauptung CRÜSEMANNs, das Dtn. sei insgesamt "exilisch oder nachexilisch" anzusetzen[48], denn die von ihm angeführten Stellen sind entweder garkeine Dekalogkommentare (6,12f.; 8,7-18) oder sekundär und von dtr./spät-dtr. Hand (6,14f.; 8,19f.; 4,15-20). So spricht die starke dtr. Prägung des Dekaloges eher für eine nach-dtn. Abfassung. Abgesehen davon ist für die literarische Beurteilung von Dtn. 6ff. weniger der Zeitraum der Entstehung des Dekaloges als vielmehr der der Vorschaltung desselben vor das Dtn. entscheidend[49].

Schwerlich sind wohl auch Überlegungen KAUFMANs und BRAULIKs zutreffend, daß der Dekalog - auf welcher Überlieferungsstufe auch immer - gleichsam die Strukturgrundlage für das dtn. Gesetz abgegeben habe[50]. Das für den Dekalog so bestimmende Sabbatgebot[51] spielt als solches im gesamten DT. wie in dessen dtn. Rahmung keine Rolle. Andererseits ist für den Dekalog das dt. Proprium der Zentralisationsgesetze anscheinend nicht ausschlaggebend für die Bestimmung des israelitischen Gottesverhältnisses. Es geht vielmehr, wie LANG richtig gesehen hat[52], um die Grundsätze für das Verhalten Israels generell, ob im Verheißungslande oder außerhalb desselben. Dabei ist in der Formulierung der ersten Gebote das dtn. Ausschließlichkeitsdenken erkennbar (Dtn. 6,4f.10-13; dtr. Ri. 2,11ff. etc.), im 9./10. Gebot die Einwirkung der dtn./dtr. Landtheologie[53].

---

47 Dies wird zumindest für Dtn. 6,10-19, die Einzelanalyse zeigen, s.u.Kap.II,3.1.S.115-127; anders ist die Situation für 7,8b-11, s. Kap.III,1, S. 223-229.

48 A.a.O.,S.26.

49 Mit der (m.E. literarkritisch unzureichend begründeten) Verhältnisbestimmung CRÜSEMANNs verschieben sich natürlich auch die "sozialgeschichtlichen" Perspektiven; es ist durchaus denkbar, daß der Dekalog eine Art Fundamental-Tora Israels für die fest-freien Zeiten bot, das Interesse am 7-Tage-Sabbat läßt vermuten, daß man dabei auch schon an die im Exil oder in der Diaspora lebenden Angehörigen des Jahwe-Volkes dachte. -

50 S.A.KAUFMAN, The Structure of the Deuteronomic Law, Maarav 1/2,1978/79,S.105-118; BRAULIK, Die Abfolge der Gesetze in Deuteronomium 12-26 und der Dekalog, BEThL 68, 1985, S.252-272 (= SBA 2, Stuttgart 1982, S.11-38).

51 LOHFINK, Zur Dekalogfassung von Dt.5, BZ NF 9, 1965, S.17-32, sieht in ihm sogar das Zentrum des Textes.

52 A.a.O., S.75.

53 HOSSFELD, a.a.O., S. 87-131.

"Gerade weil er (i.e.der Dekalog, A.d.V.) in den frühen Stadien des Dt noch keinen Platz hat, im DtrG aber dann gänzlich verklammert erscheint, muß es sich um einen Text handeln, der in genau dieser Zeit virulent war, immer wichtiger wurde und schließlich als Konzentrat längeren Werdens das israelitische Bundesverhältnis bündig umschreiben konnte. Mit seiner Hilfe kam der Horeb zu Ehren, mit dem Horeb Mose und mit Mose das dt Lehrinstitut! Das war die Stunde, in der die Bundestheologie ihre neue, umfassende Legitimation gewann: nicht mehr allein aus der Väter-Zusage, sondern nun auch (und zunehmend vorrangig) aus Jahwes Kommen am Sinai."[54] Die dtn. Predigt von Dtn. 6ff.* ist von dieser Bundestheologie "noch nicht", die dtr. "nomistische" Kommentierung des Dtn.s und des dtr.G ist von ihr ganz und gar bestimmt. "Vielleicht ist erst mit der Schicht, der die Stelle 5,3 angehört, die Korrektur vollzogen, die den Blick vom Väterbund abzieht und das Interesse auf die Horebberith konzentriert."(v.RAD)[55] Die Wurzeln des Dekaloges sind wohl in einer schulischen und dann auch gottesdienstlichen (levitischen) Predigttätigkeit zu vermuten[56]. Die Verknüpfung von Jahwerede und - aus prophetischer Verkündigung gespeisten (s.o.) - Prohibitiven legt die Annahme einer kultisch/deklamatorischen Promulgation des "Zehnwortes" nahe (vgl. Dtn. 5,1; 27,9f.; 2.Kön. 23,3), eines "volksgebunden israelitischen und gottgebunden jahwistischen" (ALT) religiösen Ethos' und Grundrechts, dessen Verortung in der Selbstoffenbarung Jahwes am Sinai den Archetyp der immer neu gesuchten Proklamationssituation ergibt (vgl.späterhin Dtn. 31,12ff.). Eine von der jetzigen atl. Verortung unabhängige Überlieferungsgeschichte des Dekaloges ist literarisch nirgends nachweisbar. Das "Zitat" des Dekalogs in Dtn. 5 setzt dessen (heils-)geschichtlichen Ursprungsort am Sinai/Horeb schon voraus. Die Unterschiede zwischen der Exodus- und der Dtn.-Version beruhen einerseits darauf, daß bei der Einschreibung in das Dtn. eine ältere als die jetzt im Exodusbuch durch spätere Bearbeitung fortentwickelte Fassung vorlag, zum anderen auf den jeweiligen Fortschreibungen und Bearbeitungen im Kontext der beiden Textkomplexe Ex.19-34 bzw. Dtn. 5-11. Diese These ist nach der massiv vorgetragenen gegenläufigen Ansicht HOSSFELDs kurz näher zu begründen.

---

54 PERLITT, Bundestheologie, S.100. Zweifel mögen allerdings an der Behauptung der "gänzlichen Verklammerung im dtr.G" erlaubt sein: das Sabbatgebot etwa spielt für das dtr.G, soweit ich sehe, keine zentrale Rolle, auch nicht für die josianischen Reformen oder deren dtr. Präsentation.

55 V.RAD, Das Gottesvolk im Deuteronomium, BWANT 3.F.H.11(insges.H.47), Stuttgart 1929, S.70.A3 (= Gesammelte Studien zum Alten Testament II, ThB 48, München 1973, S.9-108,S.78).

56 PERLITT, a.a.O.,S.101.

3.2 EXKURS:
Die Unterschiede zwischen der Exodus- und der Deuteronomiumversion des Dekaloges[57]

Folgende Unterschiede sind zu konstatieren:

1. Zwischen פסל und כל=תמונה (Dtn.5,8a) tritt in Ex.20,4a ein ו .

2. אבות (Dtn.5,9b) ist in Ex.20,5b defektiv geschrieben.

3. Zwischen על=בנים und על=שלשים (Ex.20,5b) tritt in Dtn. 5,9b ein ו .

4. In Dtn. 5,10b steht das Suff. an מצות im Gegensatz zu dem Suff. der 1.sg.c. in לאהבי ,
v.10a, in der 3.m., in Ex.20,6b in beiden Fällen in der 1.Person.

5. In Dtn. 5 wird das Sabbatgebot v.12a mit dem Verbum שמר (inf.abs., imperativisch) eingeleitet,
in Ex.20,8 durch זכור .

6. In Dtn. 5,12b steht ein Rückverweis auf einen Befehl Jahwes bzgl. der Einhaltung des Sabbats,
der in Ex.20,8 fehlt.

7. Innerhalb des Sabbatgebotes ist in Dtn. 5,14 עבדך asyndetisch an אתה ובנך=ובתך angefügt,
in Ex.20,10 nicht; vor die Nennung von בהמה (Ex. 20,10b) tritt in Dtn. 5,14b ושרך וחמורך ,
und vor בהמהein verstärkendes =וכל .

8. Die Begründungen des Sabbatgebotes in Ex.20,11 und Dtn.5,15 weichen deutlich voneinander ab;
gemeinsam ist lediglich jeweils ein על=כן - Satz (Ex. 20,11b/Dtn. 5,15b).

9. Das Elterngebot ist in Dtn. 5,16 wie das Sabbatgebot um einen Rückverweissatz erweitert
(vgl.dagegen Ex.20,12a), das begründende למען (Ex. 20,12b) erscheint in Dtn. 5,16b doppelt.

10. Die Prohibitive der folgenden Reihe (Ex. 20,13-17) sind in Dtn. 5,17-21 asyndetisch miteinander
verbunden (insgesamt 5x).

11. Das Falschzeugnis heißt in Dtn. 5,20 עד שוא , in Ex. 20,16 עד שקר .

12. Im Begehrens-Verbot ...לא=תחמד steht in Dtn. 5,21a die Frau an erster Stelle, in Ex.20,17 das
Haus des Nächsten; das Verbum חמד wird - anders als in der Ex.-Fassung in Dtn. 5,21b alterniert
und durch ו-cop. angeschlossen - ולא=תחאבה . Zusätzlich wird die Reihe der Objekte neben
בית um שדהerweitert gegenüber Ex.20,16b[58].

---

57 Lit.: HOSSFELD, Der Dekalog, 1982; GRAUPNER, Zum Verhältnis der beiden Dekalogfassungen
Ex 20 und Dtn 5. Ein Gespräch mit Frank-Lothar Hossfeld, ZAW 99,1987,S.308-329; LEVIN, Der
Dekalog am Sinai, VT 35,1985,S.165-191; GARCIA-LOPEZ, RB 85, S.37-47; BREKELMANS,
Deuteronomy 5, a.a.O..

58 Die Versionen, Übersetzungen und die Überlieferungen aus Qumran (Phylakterien), Pap.Nash.
sowie die samaritanischen Dekaloginschriften bieten zumeist ausgleichende, aber darin nicht immer
um Vollständigkeit bemühte Mischversionen der beiden Texte. Zur Textkritik: CHARLES, The
Decalogue, Edinburgh (2.Aufl.) 1926, S.XIII-XXXIII; JEPSEN, Beiträge zur Auslegung und
Geschichte des Dekalogs, ZAW 79, 1967, S.277-304; zu den Qumranphylakterien: SCHNEIDER,
Der Dekalog in den Phylakterien von Qumran, BZ NF 3,1959,S.18-31; zum Pap. Nash:
WÜRTHWEIN, Der Text des Alten Testaments, Stuttgart (4.Aufl.) 1973, S.37; zu den sa-

Ad 1.) Nach HOSSFELD wird durch das ו zwischen פסל und כל=תמונה die Einheit von Götterverbot und Bilderverbot sekundär aufgebrochen, wodurch später die (gleichfalls sekundäre) Vereinigung des 9./10. Gebotes zu einem (Begehrensverbot) nötig wird.[59] GRAUPNER[60] wendet hiergegen zu Recht ein, daß die Wirkung des ו hier wohl überschätzt wird. Das Verbenpaar חוה / עבד bezieht sich im weiteren A.T. sonst nirgends auf פסל und תמונה, es wird also vom Zuhörer stets in erster Linie vom Götterverbot her gehört worden sein. DOHMEN hat denn auch gezeigt, daß durch die Asyndese hauptsächlich eine Intensivierung des Bilderverbotes erreicht worden ist[61]. Ihr Fehlen in der Dtn.-Version zeigt zunächst nicht mehr, als daß diese bei ihrer Fixierung das ו in der Exodusfassung noch nicht gekannt hat. Gegen DOHMENs Überlegung, den gesamten Ausdruck כל=תמונה von Dtn. 4 herzuleiten[62], wendet GRAUPNER richtig ein: " כל=תמונה ist zwar überlieferungsgeschichtlich sekundär, aber kaum literarisch. Jedenfalls fehlen dafür ausreichende formale Hinweise."[63] Auch die Relativsätze stimmen ja im weiteren überein, sodaß von hierher keine Priorität der Dtn.-Fassung behauptet werden kann. Bleibt also als einziger Unterschied das ו , und das hat wohl rein explikativen Sinn[64] und ist auch in der Ex.-Fassung vermutlich sekundär, zumal es für eine Auslassung im Dtn. keine Motive gibt.

Ad 2/3) Die Defektivschreibung von אבות ist als Variante schlicht unerheblich. Dtn. 5,9 zählt bei der Generationenfolge den Vater mit, ebenso 2.Kön. 10,30; 15,12, aber auch Gen. 15,16; Ex. 6,13ff., während Ex. 20,5 die Zählung offenbleibt, weil nicht deutlich wird, ob das dritte Glied tatsächlich eine andere Gruppe meint, als Dtn. 5,9. "Allenfalls kann man sagen, daß Dtn. 5,9 die Alternative entscheidet und Ex. 20,5 auf ein Verständnis festlegt, demzufolge die Reihe der mit der Haftung für die Schuld der Väter bedrohten Generationen bereits mit den Urenkeln endet."(GRAUPNER)[65]

Ad4) Hier handelt es sich vermutlich schlicht um sekundäre Verschreibung, jedenfalls scheinen das die meisen Textversionen anzunehmen, die nach מצות=י' ausgleichen (vgl.BHS). Die Verbindung

---

maritanischen Versionen: DEXINGER, Das Garizimgebot im Dekalog der Samaritaner, FS Kornfeld, Wien 1977, S.111-133.

59   A.a.O., S.21-26.321ff.
60   A.a.O., S.312.
61   A.a.O., S.211-230.
62   Ebd.
63   A.a.O., S.313.
64   GRAUPNER, a.a.O., S.314 mit Ges.-K.§154a(1b).
65   A.a.O., S.315; LEVIN, a.a.O.,S.171f. hält das ו in Dtn. 5,9 für sekundär. Eine Unterscheidung zwischen einer "älteren, vorexilischen und jüngeren nachexilischen Weise der Generationenzählung" ist angesichts des Mangels an sicheren vorexilischen Belegen fraglich (GRAUPNER, a.a.O.).

der Beurteilung der Jahwetreue mit אהב bzw. שמר מצות [יהוה] ist ein Anzeichen für das Werk der dtr. Schule[66].

Deuteronomium 5,13ff.	Exodus 20,8ff.
שמור את=יום השבת	זכור את=יום השבת
לקדשו	לקדשו
כאשר צוה יהוה אלהיך	
ששת ימים תעבד	ששת ימים תעבד
ועשית כל=מלאכתך	ועשית כל=מלאכתך
ויום השביעי	ויום השביעי
שבת ליהוה אלהיך	שבת ליהוה אלהיך
לא תעשה כל=מלאכה	לא תעשה כל=מלאכה
אתה ובהך=ובתך	אתה ובהך=ובתך
ושרך וחמרך	
וכל=בהמתך	ובהמתך
וגרך אשר בשעריך	וגרך אשר בשעריך
למען ינוח עבדך ואמתך כמוך	

Ad 5-8) Sabbatgebot

Abgesehen von den unterschiedlichen Begründungen des Gebotes sind beide Texte im wesentlichen einander gleich, die Ex.-Fassung bietet vor allem in der Aufzählung (einschließlich der Asyndese) die "lectio brevior" und daher wohl auch "potior"[67], das Wortpaar "Ochs und Esel" ist vermutlich einer Assoziation aus Ex.23,12a(B*) zu verdanken, vielleicht auch die Rückverweise. Das Verbum זכר birgt möglicherweise noch das Moment der Erneuerung des Sabbatgebotes, das auf vorexilische Institutionen zurückgreift, i.S.v. "erinnere dich!"[68] Möglicherweise enthält das Verbum eine rituelle (kultische) Konnotation[69], während das typisch dtn./dtr. Verbum שמר sich stets auf die Observanz von Gebotenem als solchem bezieht[70]. In exilisch-nachexilischer Zeit ist eine gewisse

---

66 Das zeigt schon die schlechthin schlagende Belegreihe für מצות in ausschließlich dtn./dtr. oder späterer Literatur: Dtn. 4,2.40; 5,10.26; 6,17; 7,9; 8,2.6; 10,13; 11,1.13.27.28;13,5.19; 26,17.18; 27,10; 28,1.8.13.45; 30,8.10.16; Jos. 22,5; Ri.2,17; 3,4; 1.Kön. 2,3; 3,14; 6,12; 8,58.61; 9,6; 11,34; 14,8; 18,6.18; 2.Kön. 17,13.16.19 u.ö. , Gen. 26,5; Ex.16,28; 20,5 (alle dtr. geprägt), sodann 9x in H, Num.15,39f. und danach mehrfach im chron.G. und in nach-exilischen Psalmen (Ps. 119).

67 LEVIN, a.a.O., S.165ff.

68 Ders., S.172f.

69 HOSSFELD, a.a.O.,S.41f..

70 Vgl. die Auflistung der Belege in TABELLE IV dieser Arbeit.

44

semantische Annäherung der beiden Verben erkennbar[71]. Das ansonsten im Dtn. nicht anzutreffende Verbum קדש muß als solches noch nicht auf den Eingriff späterer Ergänzer zurückzuführen sein (gegen HOSSFELD[72]). Nach der dtn. Begründung dient der Sabbat dazu, Israel an das Credo der Befreiung aus der Sklaverei zu erinnern und hat insofern einen pädagogischen Sinn (vgl.zu v.15 neben den für jedes Wort belegbaren dtn./dtr. Parallelen beispielhaft auch Dtn. 6,20ff.)[73]. Die Begründung in Ex.20 greift die Formulierung mit על=כן auf und folgt im übrigen Gen. 2,2f.(P)[74].

Ad 9: Elterngebot)

Die Dtn.-Fassung weist auch hier einen Überschuß gegenüber dem kürzeren, in seiner Grundstruktur aber wörtlich gleichen Ex.-Text auf, einmal in dem Rückverweis, zum anderen in einer Fortführung der Lebensverheißung. Hinsichtlich des Rückverweises wird man einerseits aufgrund des Textüberschusses skeptisch sein, zum anderen erinnert er an typisch dtn/dtr. Gebotsparänetik (Dtn. 4,5; 5,29; 6,25; 12,21; 20,17; 24,8 etc.); einen Anhaltspunkt hat er möglicherweise in Ex. 21,15, während Dtn. 27,16 wohl schon den Dekalog voraussetzt[75]. Schon der למען-Satz der Exodusfassung ist deutlich von dtn./dtr. Ausdrucksweise geprägt; die Verheißung langen Lebens (vgl.Dtn. 17,20; 22,17) wird hier i.S. der Teilhabe am kollektiven Geschick Israels mit dem Verbleiben im Verheißungslande verbunden (wie auch in den gebotsparänetischen Texten Dtn. 4,26; 5,33; 11,9; in Dtn. 25,15; 30,18; 32,47[76]), hier wird die Erfahrung des Landverlustes vorausgesetzt[77]. Die Verbindung beider למען-Sätze ist in umgekehrter Reihenfolge noch in Dtn. 5,33 und 4,40 (dtr./spät-dtr.) anzutreffen. Sätze wie Dtn. 22,7 haben mit ihren Verheißungen des Wohlergehens für die dtr. Anwendung hier vermutlich Vorbilder abgegeben. "Daß im Deuteronomiumdekalog die Verheißung langen Lebens der Verheißung des Wohlergehens voransteht, " (anders a.s in 5,33;4,40) "findet die ungezwungene Erklärung darin, daß sie ihr vorgegeben war: Der längere Text des Deuteronomiumdekalogs beruht auf Ergänzung."[78]

---

71 HOSSFELD, a.a.O., S.41: parallel stehen sie in Ps.103;18; 119,55; Num.15,39f.; vgl.auch Jos.1,13; Ps.109,16; Mal.3,22; kultisch: Ex.13,3/Dtn. 16,3/Est.9,28 (W.SCHOTTROFF, Art. זכר - gedenken, THAT I, 1971, Sp.507-518,510).

72 S.248.

73 Vgl.Dtn. 15,15;16,12;24,18.22; יהוה אלהיך "210x im Dtn."; zur יצא= Formel s.u., Kap. II,4.; יום + עשה ist "rather a technical expression, used of the sabbath only once besides, in Ex.31,16P" (DRIVER, Deuteronomy, S.86).

74 LEVIN, a.a.O., S.172; zur Verbindung zu P HOSSFELD, a.a.O., S.45f.50-53; STAMM, Der Dekalog im Lichte der neueren Dekalogforschung, Stuttgart-Bern (2.Aufl.) 1962, S.9f.; W.H.SCHMIDT, VTS 22, S.201A.1.

75 FABRY, Noch ein Dekalog!, S.84f.: jünger als H und P. -

76 Alle diese Texte sind dtr., LEVIN, a.a.O.,S.167.

77 LEVIN, ebd., will den Satz von Dtn. 25,15 herleiten, doch dort scheint er ebenso wenig primär zu sein wie im Dekalog (MERENDINO, Gesetz, S.321).

78 LEVIN,a.a.O.,S.168.

Ad 10) Während der Exodus-Dekalog lediglich in v.4 und v.17 je eine zusätzliche Kopula enthält, fügt die Dtn.-Fassung in 9.14.18-21 insgesamt siebenmal ein ו hinzu. Ob man mit GRAUPNER[79] die Polysyndese als Mittel ansehen muß, die Unterscheidung der beiden Begehrensverbote sinnenfällig hervorzuheben, ist zu bezweifeln. Auch als Kompositionselement erscheint sie kaum zwingend. Bleibt nur zu vermuten, daß es sich schlicht um eine äußere, mnemotechnische Variante handelt.

Ad 11) Die Kurzprohibitiv-Reihe ist angeregt worden durch Hos.4,2 -> Jer.7,9[80]. "Die Constructusverbindung עד־שקר in Ex.20,16 läßt die Ableitung von Jer.7,9 zu, die Constructusverbindung עד שוא in Dtn. 5,20 nicht." (LEVIN)[81] Die Dtn.-Version gleicht das Gebot sekundär an 5,11 (Namensmißbrauch) an und verschiebt so die Gewichtung der Aussage in theologische Richtung; eine Deutung des Verses in Richtung Meineidsverbot legen nach Jer. 7,9; Hos. 4,2 und Hos.10,4 auch Lev. 19,12 und Ps. 24,4 nahe[82]. Dafür, daß עד־שקר der ältere Ausdruck ist, zumindest eine geprägte Wendung, spicht auch die Häufigkeit weiterer Belege (Ps. 27,12; Prov. 6,19; 12,17; 14,5; 19,5.9; 25,18), während עד שוא im A.T. singulär ist[83].

Ad 12) Die Dtn.-Fassung hebt im Zusammenhang mit dem Begehrensverbot die Frau besonders heraus[84]. Die Doppelung der Gebotsformulierung erklärt sich für Ex.20 möglicherweise da-raus, daß בית auf den Schutz der "Immobilien" bezogen ist, der Rest auf die mobilen Besitztümer

---

79 A.a.O., S.320.
80 HOSSFELD, S.276ff.; LEVIN,a.a.O., S.169f.; Die Verheißung des neuen Bundes in ihrem theologiegeschichtlichen Zusammenhang ausgelegt, FRLANT 137, Göttingen 1985, S.91-95.

   Hos. 4,1b.2:

   כי אין=אמת ואין=חסד ואין=דעת עלנים בארץ
   אלה וכחש ורתח וגנב ונאף
   פרצו ודמים בדמים נגעו

   Jer.7,9a:

   הגנב רצח ונאף והשבע לשקר וקטר לבעל

81 LEVIN, VT 35,S.171.
82 GRAUPNER, a.a.O., S.319.
83 Ebd.; die Belegstellen sind relativ alt, vgl. KRAUS, Psalmen. 1.Teilband, Psalmen 1-59, BK XV,1, Neukirchen/Vl. (5.Aufl.) 1978, S.365f.; PLÖGER, Sprüche Salomos. Proverbia, BK XVII, Neukirchen/Vl. 1984,XVf..
84 Vorbilder für die Unterscheidung zwischen "Haus"(stand) und "Besitztümer" 1.Sam.25,5f. (HOSSFELD, a.a.O., S.117ff.), Gen.12,20; 13,1; 45,10f.; Hi.1,10; Gen.7,1; Jos.24,15; Dtn.15,20; 1.Sam.15,17; 27,3; 2.Sam.9,9; 1.Kön.16,3; 2.Kön.8,1f.; Mi.2,2). Ein Vorbild für die Ex.-Fassung bietet Mi.2,2 (STAMM, a.a.O., S.55; SCHMIDT, a.a.O., S.207; GRAUPNER, S.324f.).

(GRAUPNER)[85]. Durch die Heraushebung der Frau gewinnt das Gebot eine andere Gewichtung, während בית i.S.v.Hausstand nun eine engere Bedeutung erhält. Daß, wie HOSSFELD u.a. meinen, durch den Verbenwechsel eine Doppelung des Gebotes bewirkt wird und eine Verschiebung der Zählung eintritt, leuchtet nicht recht ein; es handelt sich wohl schlicht um eine Verschiebung der Nuancen. "For "desire" (חמד) in the second place, Dt. has תתאוה, apparently merely as a rhetorical variation; for תתאוה , though a somewhat stronger term than חמד, and rarer, especially in prose, does not express as substantially different idea. חמד, expressing in itself a perfectly lawful affection (Is.53,2;Ps.68,17(16)), aquires from the context the sense of sinful coveting (cf.Mic.2,2;Ex.34,24): for התאוה, comp. 2.S.23,15... Pr. 13,4; 23,8; Ps. 45,12(11)"(DRIVER)[86].

Fazit: Die Unterschiede bzw. Überschüsse der Dtn.-Version gegenüber der Ex.-Fassung des Dekaloges lassen sich nicht für die These veranschlagen, der Exodus-Dekalog sei von Dtn. 5 her übernommen worden (so mit Recht GRAUPNER, gegen HOSSFELD)[87]. Vielmehr ergibt die Stilisierung desselben als erinnerndes Zitat in Dtn. 5, daß der Dtn.-Text eine Vorlage voraussetzt. Der Vergleich mit Ex. 20 zeigt, daß die dortige Version in einer älteren Fassung dieser vermuteten Vorlage nahekommt und daß die Varianten in der Dtn.-Fassung sich als redaktionelle Veränderungen dieser vorausgesetzten Fassung erkennen lassen. Diese - hinter den ihrerseits jüngeren Fortschreibungen in Ex. (vor allem in der Begründung des Sabbatgebotes) - erkennbare Vorlage stimmt schon in den als dtr. identifizierbaren Elementen so weit mit Dtn. 5 überein, daß durch diese Analyse die dtr. Abfassung des Dekaloges selbst nicht infrage steht. -

4 Die Ätiologie des Gesetzes

Damit kehren wir zurück zur Untersuchung des Rahmens von Dtn. 5. V.22 gibt der zweiten Kapitelhälfte das Stichwort: קול גדול ; קול גדול / קול יהוה ist Leitwort des ganzen folgenden Abschnittes, in v.22.24.25.26[88]. Insofern wird man die Stelle nicht zwingend als Zusatz ansehen dürfen. Daß hier das Volk von v.4 als Qahal angesprochen wird, ist angesichts des Umstandes, daß die Stellen im Dtn., die Israel als solchen im Blick haben, sämtlich direkt auf Dtn. 5 zurückgreifen bzw. das Kapitel literarisch voraussetzen, kein Grund für die Annahme sekundärer Abfassung[89]. Die

85 A.s.O., S.325.
86 Deuteronomy, S.86.
87 GRAUPNER, a.a.O., S.311A9.327f.
88 BREKELMANS, a.a.O., S.165ff. (gegen HOSSFELD, S.227f.).
89 Dtn.4,10;9,10; 10,4;18,16; (31,12.28.vb.); 31,30; eine Besonderheit bilden Dtn. 23,2ff.9 (spät-dtr.?), BREKELMANS, S.167.-

Verhüllung der Gottesgestalt stellt nicht zwingend einen Widerspruch zu v.4 dar, denn es geht insgesamt um die An-r e d e Israels durch Jahwe (v.24ff.). V.22b erwähnt die Kodifizierung des Dekalogs eher beiläufig; das Interesse an derselben entspricht dem an der Abgeschlossenheit (v.22aβ: לא יסף (!)). Auch diese Worte führen auf die zweite Hälfte des Kapitels zu, denn wenn nur der Dekalog auf unmittelbare Jahweoffenbarung zurückgeht, dann stellt sich die Frage nach dem Stellenwert der übrigen Gesetze[90]. Dabei bedarf es (ebenso wenig wie für v.2) einer ausführlichen Erläuterung. Offenbar ist die Erwähnung von Berit und Kodifizierung allein für die Zuhörer bzw. Leser schon hinreichend, um eine konkrete Vorstellung des Ablaufes der Ereignisse mit ihnen zu verbinden. So wirkt der Hinweis auf die Abgeschlossenheit des Dekaloges (vgl. Dtn. 4,2!) ebenso wie v.3f. deutlich als ein Interpretament. Nicht nur der Dekalog als zitierbare Einheit, auch der Rahmen von Dtn. 5 kennt also eine außerhalb des Deuteronomiums, nicht aber außerhalb des Deuteronomismus liegende Vorgeschichte. Und diese ist in verschiedenen wörtlichen Bezügen zur Sinaiperikope des Ex.-Buches immer noch erkennbar, wenn auch nur fragmentarisch[91]. "Dtn 5,23ff. läßt sich am ehesten als dt Midrasch auf Ex.20,18-21 verstehen, wobei Mose wiederum `größer' geworden ist."[92] Letztlich bilden die vv. 23-31* eine weitgehend eigenständige Variante der Einsetzungsgeschichte Moses gegenüber Ex. 20,18-21(22f.). Wörtliche Verbindungen gibt es nur wenige, beide Texte haben eine gesonderte Entwicklung durchgemacht; nur im Kern bleibt die Aussage die gleiche: weil das Volk die unmittelbare Anrede durch Jahwe nicht erträgt, bittet es Mose, als Mittler einzutreten.

Exodus 19 ff.	Deuteronomium 5,22-31
20,1 וידבר אלהים	22 את=הדברים האלה
את=כל=הדברים האלה	...דבר יהוה
	אל=כל=קהלכם
19,18 והר סיני עשן...	בהר מתוך האש
מפני אשר ירד עליו יהוה באש	
19,16 וענן כבד על=ההר	הענן
20,21 ומשה נגש אל=הערפל	והערפל
19,19 ויהי קול השפר	וקל גדול
והאלהים יעננו בקול	
	ולא יסף
31,18 ויתן אל=משה ככלת לדבר	...

---

90   "The last words of v.22a" - לא יסף - "also prepare for the second half of the chapter. For if God proclaimed only the Decalogue directly to the people, the question of the position of the other laws of Israel arises." (BREKELMANS, S.166).

91   Auf die Bezüge von v.22 zu Ex. 19,16.19 u. 20,21 (E, JE) wurde schon hingewiesen (s.o.S. 32).

92   PERLITT, Bundestheologie, S.82.

שני לחת העדת לחת אבנים	ויכאבם על=שני לחת אבנים
כתבים בעצבע אלהים	ויתנם אלי
20,18 וכל=העם	23 ויהי
ראים את=הקולת...	כשמעכם את=הקל
	מתוך החשך
ואת=ההר עשן	וההר בער בא
וירא העם...ויעמדו מרחק	
	ותקרבון אלי כל=ראשי שבטיכם וזקניכם
20,19 וימרו אל=משה	24 ותאמרו...
	27 קרב אתה ושמע
	את כל=אשר ידבר יהוה אלהינו
דבר=אתה עמנו	ואת תדבר אלינו
ונשמעה	ושמענו ועשינו
ואל=ידבר עמנו אלהים	
פן=נמות	25 ...למהות
20,20 - 21	5,38 - 31

Der Abschnitt ist weitgehend einheitlich. V.22a hat verschiedene Motive der Theophanieschilderung mit der dtn. Anschauung von der Versammlung des קהל und von der Begrenzung der unmittelbaren Wortoffenbarung verbunden; v.22b betont: auf den legendären beiden Tafeln standen die Worte des Dekaloges (הדברים האלה) und mehr nicht, Gott hat sie selbst aufgeschrieben und Mose ausgehändigt. Sachlich entspricht dies der Aussage von Ex. 31,18 in dessen Anknüpfung an Ex. 24,12*, nur daß im Ex.-Buch noch eine Kette jüngerer Bearbeitungen den Blick auf diesen ursprünglichen Zusammenhang verstellt[93]. Das Zwei-Tafel-Motiv stammt also nicht erst aus Dtn. 5, sondern ist schon in Ex. mit der Dekalog-Geschichte verbunden (vgl. auch Ex. 32.34 / Dtn. 9f.)[94]. V.23 knüpft in freier Wiedergabe von Ex.20,18 an v.22 an, wobei das Gewicht nicht auf der Wahrnehmung der Theophanie (ראה, vgl. aber v.24!), sondern auf dem Hören der Stimme liegt (vgl. Ex. 19,19). Die Betonung der Unmittelbarkeit der Begegnung in v.4 steht nicht wirklich in Spannung hierzu: das "eigentlich" Unerträgliche war für das Volk das Reden Jahwes. Die Erläuterung in v.23b, daß das Volk vertreten durch seine Häupter und Ältesten vor Mose getreten sei, dürfte ursprünglich zum Text gehören[95]. In Ex.20,19 redet das Volk hingegen (noch)

---

93 ZENGER, Sinaitheophanie, S.79. Die Bez. לחת העדת (P) ist jünger als die dtn.
. חות [ה]אבנים

94 Gegen PERLITT, Art. Dekalog, TRE 8, S.409.

95 Sie fügt sich gut zu der jüngst durch BUCHOLZ vorgebrachten Annahme, daß vor dem Eintreten einer priesterlichen Gruppe als Träger der dtn. Überlieferung man den in der Exilszeit für das Land bedeutsamen Ältesten diese Verantwortung zuerkannt habe; diese Vermutung paßt zu der Vorstellung

selbst und kommt auch gleich zur Sache: aus Furcht vor dem Tode (פן נמות, 19b /
Dtn.5,25: למה נמות) will es, daß der Mittler Mose und nicht mehr Jahwe selbst zu
ihm spricht (Ex. 20,19: ודבר אתה עמנו / Dtn. 5,27: ואתה תדבר אלינו). Es gelobt
Gehorsam (20,19: ונשמעה / Dtn. 5,27: ונשמענו ועשינו). Dieser Grundgedanke wird
im Dtn. in einer umfangreichen Reflexion 5,24-27 ausgelegt. V.24b fällt hierbei schon
durch die sentenzenhafte Formulierung aus dem Rahmen. Die vorgetragene Reflexion,
Gottes Reden - vgl. das allgemeine אלהים gegenüber dem sonst im Text verwendeten יהוה - bedeute Leben für den Menschen (vgl.Dtn. 8,3b!), verhält sich zu der
weiteren Argumentation widersprüchlich. Die Unterscheidung zwischen unmittelbarer
und vermittelter Offenbarung an das Volk führt hier zu dem recht umständlich
anmutenden Erklärungsversuch, die ohnehin nur begrenzte Wortoffenbarung (v.22a)
habe lediglich demonstrativen Wert gehabt: Israel solle erkennen,
כי ידבר אלהים את-האדם וחי [96]. V.24a lebt aus den Formulierungen des Kontextes,
v.24b aus der weisheitlichen und lehrhaften Reflexion der dtn. Schule. Spart man
hingegen v.24 (außer ותאמרו) aus, so ergibt sich ein schlüssiger Zusammenhang,
der auch noch einige Nähe zu Ex. 20,18f. erkennen läßt. Das Motiv der Furcht des
Volkes vor den קולות der Theophanie wird in Dtn. 5 auf die Furcht vor der Stimme
Jahwes selbst hin interpretiert (Ex. 23,18a, Dtn. 5,23a), für das Volk treten nun Sprecher ein (ראשים וזקנים Dtn. 5,23b / Ex. 20,19a), die Todesangst vor der Anrede
durch Jahwe wird näher begründet (Dtn. 5,25f. / Ex. 20,19b)[97], die Aufforderung an
Mose, anstelle Jahwes zu reden, wird dahingehend präzisiert, Mose solle Jahwes Worte
anhören und dann zu dem Volke reden (Dtn. 5,27, Ex. 20,19ba), die Zusage des
Volkes, seinen Worten zu gehorchen (Ex. 20,19) wird erweitert: es sei auch willig, sie
in die Tat umzusetzen (Dtn. 5,27bβ).

Im weiteren liegen zwei eigenständige motivische Varianten der Erzählung vor: Ex.
20,20 läßt Mose die Theophanie als Prüfung der Gottesfurcht Israels לבלתי תחטאו
interpretieren, die deuteronomistischen Autoren lassen Jahwe selbst seine Zufriedenheit
über die geäußerte Jahwefurcht aussprechen (v.29):

מי-יתן והיה לבבם זה להם ליראה אתי ולשמר את=כל=מצותי כל-הימים
למען ייטב להם ולבניהם לעלם:

---

von der Übergabe der Tora an die Ältesten in Dtn. 31,11 (BUCHHOLZ, Die Ältesten Israels,
S.17ff.).

96   האדם wird zum Gegenstand der dtn. Reflexion nur an jungen Stellen: Dtn. 4,28.32; 8,3b; 20,19;

32,8. Zur näheren Analyse von Dtn. 8,3b s.u. Kap. IV.2.

97   Die Begriffe בשר und אלהים חיים , Dtn.5,26, sind singulär im Dtn..

Beide Texte weichen im Abschluß voneinander ab: nach Ex. 20,21 bleibt das Volk von Ferne stehen, während Mose sich dem ערפל naht. Das Ganze macht den Eindruck, daß hier eine kultische Vorstellung im Hintergrund gestanden hat. In Dtn. 5,30f. ist der historisierende Rahmen der Wüstenerzählung ein wenig stärker bewahrt, wenn es heißt, daß das Volk zu seinen Zelten zurückkehren kann (5,30), während Mose vor Jahwe stehen bleibt (31), also nicht erst auf den Berg steigen muß. V.30 dient somit auch dazu, das Dtn. näher an die Horeb-Situation heranzurücken, und bildet eine Variante zu Ex. 20,21 bzw. 24,12.18b. V.26 erinnert an die Gedanken der spät-dtr. Paränesen in 4,7f.32ff., v.29.30 weisen deutlich eine starke Prägung durch das Vokabular der dtn./dtr. Gebotsparänesen auf[98]. Andererseits deuten sowohl die Nähe zu Ex.20,18f., das in Dtn.5,23.25ff. deutlich fortschreibend weiterinterpretiert wird, wie auch das sonst im Dtn. außer in 31,14f. nicht belegte Motiv des Wohnens in Zelten (5,30) darauf hin, daß hier vorgegebene Stoffe in der Tat nacherzählt werden, wie es ja auch der Anspruch des Textes ist[99]. Die in Ex.20,20f. wahrzunehmende eigene Fortführung läßt die Vermutung zu, daß Dtn. 5 auf einem Stadium der Überlieferung beruht, welches zwar die Verbindung von Ex.20,18f. mit der Dekalogoffenbarung schon kennt, nicht jedoch die Vorstellung, die Theophanie sei zur Versuchung Israels erfolgt (Ex.20,20). Umgekehrt: was für den Dekalog gilt, daß er in einem Überlieferungsstadium in das Dtn. übernommen wurde, welches vor der jetzigen Textversion von Ex.20 lag, daß andererseits aber in Ex.20 deutlich spätere Überarbeitungen wahrzunehmen sind, das dürfte auch für Dtn. 5,23-31* gelten. Der Vorstellungshorizont dieser Verse ist offensichtlich weiter als die Darstellung im einzelnen erkennen läßt.

Das wird auch daran deutlich, daß sich die Eintragung von Dtn. 5,2-31* keineswegs ungebrochen zu dem neuen Kontext verhält. So, wie nach v.1 die Rückschau unvermittelt einsetzt, so geht der Text im Anschluß an v.31 auch unvermittelt wieder in die Paränese über, sodaß manche vermutet haben, der Bruch zwischen der "zitierten" Jahwerede in v.31 und der Moserede in v.32f. beinhalte auch einen literarischen

---

98 Zur Bez. יהוה אלהינו s.zu Dtn.6,4, Kap.II.2.2; שמע ועשׂה; לבב + ירא + שמר , vgl. Tab.V; למען= Satz, s. Tab.VI.

99 Dies spricht gegen die literarkritische Extrapolation von v.29f., wie sie A.ROFé vorschlägt (Deuteronomy 5:28-6:1: Composition and Text in the Light of Deuteronomic Style and Three Tefillin from Qumran (4Q 128, 129, 137) ((neu-hebr.), Tarbiz 51, 1981/82, S.177-84). Sein Hinweis auf das Fehlen von v.29f. in gewissen Tefillin aus Qumran läßt angesichts dessen, daß diese mitunter aus praktischen Gründen verkürzte Textwiedergaben beinhalten, kaum literarkritisch verwerten; abgesehen davon müßten dann die Tefillin ältere Textvorlagen gehabt haben als LXX. Der Hinweis auf den Gegensatz zwischen formelhafter Sprache von v.28.31ff. (gar als "transitional formula" bezeichnet) und v.29f. bestreitet den Paränetikern eine kreative Kraft bzgl. v.29f. ohne zureichenden Grund.

Bruch[100]. Selbst wenn wir dem zustimmen und in v.32f. eine Fortschreibung annehmen, auch wenn deutlich ist, daß der äußere Rahmen des Kapitels in Dtn. 5,1.32f.;6,1ff. "vom Dekalog her...sein Leben nicht" hat[101], so muß man doch auch sehen, daß Dtn. 5,2-31* kaum als selbständiges Stück jemals eine Sonderexistenz geführt haben kann, sondern vielmehr für den Kontext, in dem es nun angesiedelt ist, auch beigebracht wurde. V.1aβ.b+32f. verhalten sich hierzu tatsächlich wie ein Rahmen. Die Stichwortanknüpfung von v.32 an v.1 ושמרתם לעשות ist deutlich. Das Vokabular von v.32f. entspricht dem Grundbestand der formelhaften Gebotsparänesen, wie sie in den rahmenden und glossierenden Schichten über das ganze Dtn. hinweg anzutreffen sind[102]. Das Gesetz wird sich dort selbst zum Thema, wo der Umstand seiner Promulgation durch Mose als Rahmenkonzeption expliziert ist. Dies ist für die Gesetze mit der ätiologischen Anbindung an die Sinai/Horeb-Offenbarung durch Dtn. 5 geschehen. Die Gestalt des Mose gehört "nicht zum Inhalt, sondern zum Rahmen" des Dtn.s.[103], ebenso wie der Horeb[104] und die damit zusammenhängende Terminologie der Theophanie und der Gottesbegegnung. Zentrales Element dieser Ätiologie ist die Einführung der Horeb-Berit-Vorstellung; ihre Erwähnung beschränkt sich gleichfalls auf rahmende Schichten (i.e.Dtn. 4,13.23.31; 5,2f. u. davon abhängig 9,9.11.15; 10,8; 17,2; 28,69; 29,8.11.13.20.24; 31,16.20; 33,9)[105]. Die an diesen Stellen berührten Schichten "blicken auf den Horebbund zurück, die Grundschicht von Dtn. 6 - 26 nennt keinen Horebbund."[106]

---

100 Vgl. schon STEUERNAGEL, Deuteronomium, S.71, zu 5,29-6,3: ein "Redaktor, der D2b und D2c verflocht"; HOSSFELD, a.a.O., S.220-223.234-240.

101 PERLITT, Bundestheologie, S.78.

102 HOSSFELD, a.a.O., S.234f.; MAYES, Deuteronomy, S.165); KNAPP, a.a.O., S.58f.(KNAPP hält auch 5,26 für sek. u. siedelt den Vers auf einer Ebene mit Dtn. 4,33 an, ebenso 5,29 mit 4,40, 5,22 mit 4,1-4.9-14; aber gleiche Vorstellungen müssen noch nicht literarisch gleichzeitig sein).

103 PERLITT, a.a.O, S.78. Mose wird erwähnt in: 1,1.3.5;4,41.44ff.;5,1 (indirekt im Selbstbericht 5,2-33;9,7-10,11*); 27,1.9.11;28,69;29,1,;31-34*).

104 Dtn.1,2.6.19;4,10.15;5,2;9,8(von Dtn. 5 abhängig: 18,16;28,69); PERLITT, Sinai und Horeb, S.307: "Das Wort חרב steht niemals im sog. Kern des Deuteronomiums, ...sondern ausschließlich in Textbereichen, die dem josianischen Gesetzbuch spät zugewachsen sind. Damit ist...klar, daß Horeb dazu dient, das Grundgesetz der exilischen Zeit historisch-geographisch zu `orten'." Der Name hat aufgrund seines etymologischen Zusammenhangs zum Verbum brc gerade für die Exilszeit besondere symbolische Bedeutung.

105 PERLITT, Bundestheologie, S.81; Sinai und Horeb, S.308.

106 Ders., Bundestheologie, ebd..

5   Der Beginn der deuteronomistischen Gebotsparänese

Das hier Gesagte gilt auch - und zwar nun sonderlich im Blick auf Dtn. 6,4-9,6* für die auf die Rahmung durch Dtn. 5 zurückgehende bzw. ihr folgende Gebotsparänese. Das läßt sich mit Hilfe einer tabellarischen Übersicht der einschlägigen Begriffe für "Gesetz" im Dtn. und der Ausdrücke für Gesetzesobservanz recht eindrücklich erkennen[107]: das Gesetz als solches ist Gegenstand der Überschriften, welche die Horebätiologie von Dtn. 5,31 voraussetzen, i.e. Dtn. 4,45; 5,1; 6,1; 12,1[108], und der mit ihnen verbundenen Vor- bzw. Rückverweise Dtn. 4,1.40; 5,31; 6,20; 11,32; 26,16f.*[109] samt einiger weniger glossarischer Fortschreibungen (Dtn. 6,2f.; 7,11.12a; 8,1.2*6*11b*19f.)[110]. Es ist als solches nicht das Kernthema von Dtn.6,4-9,6, und auch innerhalb von Dtn. 12-26 lassen sich alle Stellen, an denen es erwähnt wird zumeist leicht aus dem Kontext herausheben. Erst mit Abschluß der Rückschau auf die Ereignisse am Horeb in 10,11 wird die Ermahnung zum Gesetzesgehorsam bestimmend für die Paränese, d.h. ab Dtn. 10,12 bis 11,32. (Eine Ausnahme bilden Dtn. 6,6-9.20-25; vgl. hierzu die Einzelanalyse in dieser Arbeit.) Sowohl in Dtn. 1-3 als auch in Dtn. 31,1-8*, also dem Rahmen, durch den das Dtn. an das dtr.G angeschlossen worden ist, finden sich abgesehen von dem Einschub in Dtn. 31,5[111] keine Hinweise auf die gebotsparänetischen Interessen. Erst vom Ende des dtn. gerahmten Korpus' her in Dtn. 26,16ff.* und 28* kommt außerhalb des von Dtn. 5 ausgehenden Verweissystems die Frage des Gehorsams (allerdings zunächst allgemein gegen Jahwe, noch nicht gegen die Gesetze i.S.des Tora-Gedankens) in den Blick[112]. Dtn. 6,4-9,6* stehen also in einem eigenen Zusammenhang zu der "Sache", zu der Mose hier kommt (WELLHAUSEN); sie werden durch Dtn. 5,31; 6,1 selbst dabei schon als "Gesetz" (מצוה) begriffen, als was sie aber aus sich selbst heraus zu verstehen sind, hat die Einzelanalyse zu zeigen. Die folgenden Tabellen geben einen Überblick über die Stellen, an denen im Dtn. vom Gesetz die Rede ist, Tabelle III mit den Bezeichnungen für Gesetze und Gebote, Tabelle IV mit den Verben für Gesetzesobservanz. In ihnen wird erkennbar, daß sich die Gebotsparänese im Dtn. auf bestimmte, eingrenzbare Textbereiche und -stellen beschränkt..

---

107   Vgl. Tabelle III und IV.

108   SEITZ, Redaktionsgeschichtl. Studien, S.35-44.

109   Einzig 26,16 ist vermutlich älter und gehört zur dtn. Schicht (s.u.S.56f..).

110   Vgl. hierzu jeweils die Einzelanalyse der Stellen im Folgenden.

111   STEUERNAGEL, a.a.O., S.161.

112   Dtn. 26,16a ist unabhängig von 5,1;12,1 (LEVIN, Verheißung, S.108f.); in Dtn. 28,2.15a tritt - in der ältesten, vermutlich dtn. Schicht - die Segensverheißung unter die Bedingung des Gehorsams gegen Jahwes Reden (vgl. zur Analyse PLÖGER, Literarkritische, formkritische und stilkritische Untersuchungen zum Deuteronomium, BBB 26, Bonn 1967, S.137-141).

TABELLE III: Ausdrücke für Gebote und Gesetze im Deuteronomium

Dtn.	משפט	משפטים	חקים	מצוה
1-3	1,17			
4,1-44		1.5.8.14	1.5.8.40	
4,45-49		45	45	
5		1.31.	1.31	31
6,1-3		1	1	1
6,4-25		20	17.20	25
7		11.12	11	11
8		11		1
9,1-6.7-10,11				
10,12-11,32		11,1.32	11,32	11,8.22
12-15		12,1	12,1	15,5
16-25	16,18.19. 17,8.9.11 18,3;19,6;21,17. 22; 24,17;25,1.		16,12 17,19	17,20;19,9.
26		v.16.17	v.16.17	v.13*
27-30	27,19	30,16	27,10	27,1;30,11
31-34	32,4.41	33,10.21		31,5

Dtn.	חקות	מצות	דברים	תורה
1-3			1,1	1.5
4		v.2.40	v.1	v.8.44
5,1-6,3	6,2	5,10.29;6,2		
6,4-10,11	8,2.11	8,2.6.11	6,6	
10,12-11,32	10,13;11,1	10,13;11,1.13. 27.28.		
12-26		13,5.19;26,13(?)/12,28;(17,19*) 17.18		17,19
27		27,10	27,3*.26*	27,3.8.26
28	v.15.45	v.1.9.13.15.45	v.14.18.69	28,58.61
29-30	30,10.16	30,8.10.16	29,8*.28*	29,20.28; 30,10.
31-34			31,1.12*24*45 32,46	31,9.11. 12.24.26; 32,46;33,4. 10.

ברית: 4,13.23.31; 5,2.3; 9,9.11.15; 10,8; 17,2; 28,69; 29,8.11.13.20.24; 31,16.20; 33,9.

עדת: 4,45; 6,17.20.

משמרת : 11,1.

TABELLE IV: Ausdrücke für Gesetzesobservanz im Deuteronomium

Dtn.	שמע	שמע בקול	שמר	עשה
1-3				
4	v.1	v.30	v.2.6.9	v.1.5.6.13.14
5,1-6,3	6,1.3.		5,1.10.12.29.32 6,2.3	5,1.27.31. 32;6,1.3.
6,4-9,6	7,12 (nicht 6,4; 9,1)		6,17.25; 7,9.11.12; 8,1.2.6.11;	6,18.24.25; 7,11.12; 8,1.
9,7-10,11	-	-	-	-
10,12-11,32	11,13		10,13;11,1.8. 22.32.	11,22.32.

Dtn.	שמע	שמע בקול	שמר	עשה
12-26	12,28		12,1.28	12,1.28
		13,5.19	13,1.5.19	13,1.5.19
		15,5	15,5	15,5
			17,10.19;19,9	16,12;17,2.5.10.19; 19,9;
		(23,24;24,8)		23,24;24,8. 18.22;
		26,14.17	26,16.17.18	26,14.16.
27		27,10		27,10.26.
28	28,13	1.2.(15.45.62)	28,1.13.15.45.58	28,1.13.15.58
29-30	30,12.13.(17)	30,2.8.20	30,10.16	30,8.12.13.14.
31-34	31,12.13		31,12.22 32,46;34,9	31,5.12(29) 32,46;34,9.

למד	4,10; 5,1; 14,23; 17,19; (18,9.19; 20,18); 31,12.13.
למד(pi.):	4,1.5.10; 5,31; 6,1; 11,19; 31,19.22.
הלך בדרך :	5,33; 8,6; 9,12.16; 10,12; 11,22.28;
	13,6; 19,9; 26,17; 28,9; 30,16; 31,29; 32,4.
סור מן=הדרך :	4,9; 5,32; (7,4, hif.); 11,16.28;
	17,11.20; 28,14; (31,29).

55

Der kumulative Gebrauch der Ausdrücke für "Gesetz" besonders in den Spätschichten des Dtn.s erschwert die inhaltliche Bestimmung derselben[113]. Dennoch läßt der Überblick in der obigen Tabelle eine gewisse Schichtung und von daher auch Entwicklung der Sprache der Gebotsparänesen erkennen. Schließlich wäre die Fülle der unterschiedlichen Wendungen als solche kaum erklärbar, wenn "die Wörter...alle mehr oder weniger das Gleiche bedeuten" (so BRAULIK)[114]. Freilich werden Unterschiede kaum zu erkennen sein, wenn man wie BRAULIK in seiner Untersuchung hierzu "primär nach jener Bedeutung ... fragt, die ihnen aus der Sicht der Endredaktion zukommt..."[115], ganz abgesehen davon, daß es "d i e Endredaktion" in dem Sinne nicht gibt. Bei BRAULIK ist das Endergebnis schon im Ansatz impliziert: "Es wird sich zeigen, daß die Sprache des Dtn trotz der Geschichtetheit dieses Buches weithin einheitlich ist, so daß auf literarkritische Probleme meist nicht eingegangen werden muß."[116] Das Gegenteil ist der Fall: gerade aufgrund der "Geschichtetheit" des Buches ist auf literarkritische Probleme in diesem Zusammenhang hinzuweisen! -

Zunächst einmal ist festzustellen, daß das Gesetz Gegenstand der dtn. Gesetze (DT*) nur insofern ist, als in ihnen die Rechtsprechung (מֹשׁפט) bzw. die konkrete rechtliche Regelung angesprochen wird, und dies wiederum genau an der Stelle, wo die durch die Zentralisation bedingten Regelungen der kultisch/religiösen Sphäre weithin abgeschlossen sind, d.h. ab Dtn. 16,18 (vgl. Tabelle III zu מֹשׁפט)[117]. Der מֹשׁפט ist indes nicht Gegenstand der Gesetzesparänese, weder im Korpus noch im Rahmen[118]. Alle anderen Ausdrücke sind wiederum nicht Gegenstand im Rahmen der Gesetzesmaterie als solcher, sondern der Paränese. Auch hier gibt es eine Fülle von Unterschieden in der Verwendung.

So ist auffällig, daß der Plural von מֹשׁפט , מֹשׁפּים ("Rechtssätze"), in Passagen auftritt, die die einzelnen Blöcke strukturierend voneinander abheben, und zwar in Verbindung mit חקּים (= "Ordnungen")[119] in Dtn. 4,45; 5,1.31; 6,1; 11,32; 12,1 und

113 LOHFINK, Hauptgebot, S.54f.; BRAULIK, Die Ausdrücke für "Gesetz" im Buch Deuteronomium, Bibl.51, 1970, S.39-66 (= SBA2, 1988, S.11-38) (Lit.).
114 A.a.O.,S.11f..
115 A.a.O.,S.12.
116 Ebd.
117 Zur Begriffsbestimmung von מֹשׁפט im Kontext des juridischen Bereichs vgl. LIEDKE, Gestalt und Bezeichnung alttestamentlicher Rechtssätze. WMANT 39, Neukirchen/Vl. 1971, S.62-100.
118 Lediglich Dtn. 1,17 nimmt das Richtergesetz auf, 10,18 gehört zu einem spät-dtr. Einschub (s.u.Kapitel V zur Stelle), 27,19 und 32,3.41 fallen aufgrund der späten Einfügung des sie umgebenden Textkomplexes als besondere Stellen aus dem dtn/dtr. Kontext heraus (zu Dtn. 27, FABRY, Noch ein Dekalog!, S.91, zu Dtn. 32 s.o. Einleitung).
119 Zur Bedeutung von חק / חקּים (חקּות) LIEDKE, a.a.O., S.153-186.

56

26,16; davon abhängig und als jünger sind zu beurteilen Dtn. 4,1.5.8.14; 6,20; 7,11; 26,17[120].

Dtn. 26,16 hebt sich aufgrund seiner singularischen Formulierung von der pluralischen Paränese bzw. der dazugehörigen Überschrift in 4,45 ab. Der Vers leitet den feierlichen Abschluß der mosaischen Verkündung der Gebote ein, ohne dabei schon den von 4,45; 5,1.31etc. herkommenden Bezug zur Horeboffenbarung zu berücksichtigen. Das dreifache היום in v.16ff.* schafft ein eigenes (fiktives) heilsgeschichtliches Datum, welches mit jeder neuen Verlesung des Gesetzes wiederum aktuell werden kann. Die Bundesformel-Deklaration bedarf zudem einer Hinführung, die von den Geboten wieder zum Rahmen überleitet. Die Formulierung von v.16 knüpft dabei nicht an 5,31; 6,1; 12,1 an, sondern an das Liebesgebot in 6,4 (בכל-לבבך), das hier mit interpretiert wird i.S. eines hingebungsvollen Gehorsams gegenüber Jahwe. Die Bundesformel entspricht dem Kerygma des dtn. Rahmens in 6,4 und 7,6 und aktualisiert diesen. LEVIN trennt umgekehrt die Bundesformel von v.16 ab und schreibt die programmatische Aussage von v.17f. einem Zitat späterer Verfasser zu[121]: "Wir müssen Dtn. 26,17-18, inhomogen wie die Szene offensichtlich ist, als literarische Einheit nehmen. Ist dies aber so, so bedeutet es, daß die Inhomogenität auf der Übernahme und Neukombination vorgegebener, nicht freigestalteter Sprachmuster, das heißt auf Zitat beruht."[122] Aber diese "Neukombination" ist an allen Ecken und Enden sprachlich und gedanklich brüchig, im Gegensatz zur sonstigen Formulierungskunst spät-dtr. Verfasser. Diese Inhomogenität spricht gerade dafür, daß die Verweise auf das Gesetz und auch der nachklappende Rückverweis auf Dtn. 7,6 in v.19 nachgetragen sind (SMEND, PERLITT) und daß das Programm von v.17f.(Grundtext) literarisch bewußt im Anschluß an die die Gesetzespromulgation abschließende Mahnung v.16 angefügt ist.

Den Abschluß hat dieser wohl nach 26,18* mit der Überleitung in 27,9*.10a[123] und sodann in dem Kern der Segensverheißung bzw. Fluchandrohung in Dtn. 28 (2.(3ff.);

---

120 Zu Dtn. 4 vgl. KNAPP, a.a.O., jew.zu den angegebenen Stellen, zu 6,20; 7,11 s.u. S.167ff.u.206f.; die Gebotsparänese in Dtn. 26,17-19 ist vermutlich in mehreren glossierenden Schritten an den Kern der Bundesformel angewachsen und hat den Text, so wie er sich jetzt darbietet, verwirrt, der Kern lautet schlicht:

את=יהוה האמרת היום להית לך לאלהים

ויהוה האמירך היום להיות לו לעם סנלה

(PERLITT, Bundestheologie, S.105; SMEND, Die Bundesformel, ThSt 68, Zürich 1963, S.14-17; zum sek. Charakter der Gebotsparänese PERLITT, S.103ff.; gegen LOHFINK, Dtn.26,17-19 und die "Bundesformel", ZThK 91,1969,S.517-553).

121 LEVIN, Verheißung, S. 101-105, zum Teil im Anschluß an LOHFINK, a.a.O.

122 A.a.O.,S.102.

123 FABRY, Noch ein Dekalog!, S.80f.88-91; er hält allerdings 27,9f. wie 26,17f.* für "dtr.".

15aα.b*16-21...) gefunden[124]; Leitwort der hiermit zusammenhängenden Gebotsparänese ist שמע בקול יהוה.

PLÖGER hat versucht, die äußerst komplizierte Entstehungsgeschichte von Dtn. 28 zu beschreiben. Von drei erkennbaren Blöcken (1-45.46-57.58-68) ist der erste der älteste, innerhalb desselben ist jedoch die Tendenz der bearbeitenden Schichten zu einer zunehmenden Konditionierung von Segen und Fluch erkennbar[125].

Grundsätzlich kommt der Text mit v.2

ובאו עליך כל=הברכות האלה והשיגך
כי אשמע בקול יהוה אלהיך

und v.15aα.b

והיה אם לא=תשמע בקול יהוה אלהיך...
ובאו עליך כל=הקללות האלה והשיגך

als konditionierenden Elementen aus (vgl. auch v.45a). Diese werden jedoch unter Wiederaufnahme der Formel שמע בקול יהוה noch einmal verstärkt durch den Hinweis darauf, daß dieser Gehorsam sich auf כל=מצוחתיו...אשר אנכי מצוך היום (v.1a.15aβ, 45b (+ וחקתיו, v.15.45)) richtet. Damit wird (sekundär) auf die durch 5,31 gegebene Situation hingewiesen und ein allgemeiner Bezug auf die מצות hergestellt. (חקות fehlt in v.1 und scheint erst später hinzugekommen zu sein, vgl. auch die Versionen (BHS)).

Vorausgesetzt Dtn. 26,16 und Dtn. 28,2*.15* gehören zur dtn. Rahmung des DT., so ist festzustellen, daß die dtn. Mahnung zum Gehorsam gegen die Gebote am Ende der Gesetzesverkündigung ihren Ort hat - und nur hier.

Die Ätiologie für das dtn. gerahmte Gesetz in Dtn. 5 hat die Ausdrücke von 26,16 aufgenommen und in das Gliederungssystem des Dtn.s eingebracht. Daß sich die Ausdrücke חקים ומשפטים zunächst auf Dtn. 12-26 beziehen, läßt sich im Vergleich zwischen Dtn. 12,1 und 6,1 erschließen: zwischenein ist nicht Gesetzesmaterie im strikten Sinne, sondern "Jahwe-Gebot", מצוה, getreten (6,1), während der Dekalog als Grundlage der ברית (5,2f.) nocheinmal eine besondere Gruppe von עדת (4,45) bildet[126]. Die Annahme von HORST[127], daß mit משפטים "Bestimmungen

---

124 Zur Abgrenzung vgl. die ausführliche Analyse des Kapitels bei PLÖGER, Untersuchungen, S.130-221.

125 Zur Spätansetzung des zweiten und dritten Abschnitts vgl. SEITZ, Redaktionsgeschichtl. Studien, S.254-302.

126 LOHFINK beschreibt in einem jüngst erschienen Aufsatz den Unterschied zwischen dem mit 6,1 überschriebenen und dem mit 11,32; 12,1 eingeleiteten Textblock so: "Alle Gesetze, die von da ab folgen (ab 12,1, A.d.V.), sollen als Gesetze aufgefaßt werden, die nur für Israel gelten, das in

zivilrechtlicher Art", mit חקים aber das "Privilegrecht Jahwes" gemeint sei, ist zwar dahingehend zu modifizieren, daß die religiöse Anbindung beider Bereiche zu den Grundlagen des dtn. Rechts überhaupt gehört, kann jedoch insofern übernommen werden, als der semantische Gehalt von משפטים auf die Wurzel שפט verweist und somit auf justiziable Rechtssätze vorwiegend kasuistischer Prägung, während חקים (wie auch das synonyme חקות) von חקק abgeleitet[128] i.S.v. "Festsetzung", "Ordnungen" verstanden werden kann (LIEDKE)[129]. Sie enthalten (naturgemäß) keine Sanktionsbestimmungen, sondern hängen allein ab von der Segensverheißung bzw. stehen unter der Androhung des Fluches und sind in der 2.sg. formuliert. Im Rahmen der weiteren Verwendung der Begriffe in der Paränese wird man dementsprechend mit Nuancierungen der Aussagen zu rechnen haben. Von משפטים ist dabei ohnehin nur noch an wenigen Stellen die Rede, die allesamt auf das von 4,45;5,1.31 ausgehende Gliederungssystem Bezug nehmen (Dtn. 7,12a; 8,11b; 26,17b) und spät-dtr. Bereichen zugehören (Dtn.11,1; 30,16)[130]. חקים erscheint in 6,24; 16,12; 17,19 i.S.v. "Ordnungen"[131], ansonsten in Reihungen mit dem gegenüber משפטים allgemeineren מצות , welche jüngeren Schichten als 5,1.31 angehören (i.e. 4,40; 6,17; 27,10b u.ö.).

Für die übrigen Begriffe ist zunächst zu bemerken, daß sie mehrfach in den gebotsparänetischen Einschüben von Dtn. 12-26 erscheinen, während das Wortpaar חקים ומשפטים dort fehlt. Für מצוה findet sich in 7,11 ein deutlicher Rückbezug zu 5,31; 6,1, in allen weiteren Fällen liegt eine ganz allgemeine Verwendung i.S. von "Gesetz" vor, die von einem festen nomistischen Grundgedanken aus bestimmt ist, wie die Wendung כל-המצוה zeigt (vgl.8,1; 11,8.22; 15,5; 19,9; 27,1; 30,11; 31,5b außer

---

seinem Land lebt, während diese Einschränkung bei den Gesetzen, die vorausgehen .... nicht gilt.... Juristisch betrachtet beginnen mit 6,1 durchaus schon huqqîm ûmispatîm. Nur beginnen dann innerhalb dieser in 12,1 huqqîm ûmispatîm, denen diese Bezeichnung in einem engeren Sinne zukommt." (LOHFINK, Die huqqîm ûmispatîm im Buch Deuteronomium und ihre Neubegrenzung durch Dtn 12,1, Bib. 70, 1989, S.1-29, S.26). Dabei versteht L. Kap.6,ff. weitgehend als Kommentar zum Dekalog und hält die Einführung der Unterscheidung zwischen den Blöcken 5.6-11 und 12ff. für eine Erleichterung der Menschen vor allem in der Gola (S.27f.). Gerade hinsichtlich der Frage der rechtlichen Umsetzung des in 6ff. Gebotenen besteht ein inhaltlicher und qualitativer Unterschied zwischen beiden Textbereichen, auch wenn man die Auffassung, dier erstere sei "wesentlich Kommentar zum ersten Dekaloggebot" bestreiten muß. Hier wird die Analyse ein anderes Bild der Texte ergeben.

127 Das Privilegrecht Jahwes. Rechtsgeschichtliche Untersuchungen zum Deuteronomium, in: Gottes Recht, Ges. Studien zum Recht im Alten Testament, ThB 12, München 1961, S.17-154, S.150.

128 Ges.B., S.254.

129 A.a.O., S.185.

130 Dtn.33,10.21 können hier als Sonderfälle außer acht bleiben.

131 Vgl.u.zu Dtn. 6,24, S. 189f..

17,19). Die Gesetze werden hier stets als eine Gesamtheit vorgestellt, die - das läßt 17,19f. erkennen - Inhalt und Gegenstand der Tora als der von Jahwe herkommenden mosaischen Weisung und Lehre ist. Der Tora-Gedanke gehört aber nachgewiesenermaßen den sekundären Rahmenschichten des Dtn.s an[132]. LINDARS verweist auf den Zusammenhang des Tora-Begriffes im Dtn. nicht primär mit priesterlichem Tun, sondern mit "the didactic character of the editorial work"[133]. In der Tat: "תורה ...is the word employed by the Deuteronomic editors to convey their concept of the code as a complete expression of the will of God, having the same binding force as the Decalogue, recorded especially for the welfare of the people, to be learnt and pondered by them."[134]

Unabhängig von der Toravorstellung wie von der von Dtn. 5 herkommenden Paränetik erscheint lediglich die Rede von מצותך in Dtn. 26,13, die eine Bindung an den dtn. Text aufweist. An allen übrigen Stellen, die von מצוה, bzw. מצות (den "Geboten") reden, ist die Zugehörigkeit zu jüngerer Reihenbildung (mit חקות etc.) und sek.-dtr. Einschüben erkennbar.

Für sämtliche in der Tabelle aufgeführten Belege innerhalb von Dtn. 12-26 ist im übrigen dtr. oder spät-dtr. Verfasserschaft schon mehrfach veranschlagt worden[135]; jede der aufgeführten Stellen hebt sich charakteristisch von ihrem Kontext ab und erweist sich als sekundäre Fortschreibung, die zumindest Dtn. 5 in seiner jetzigen Stellung von Dtn. 6-28* voraussetzt. Konkret gilt dies für Dtn. 12,1.28; 13,5f.*19; 15,5; 17,2.19f.; 19,9; 26,17f.*[136]. Im Blick auf die Ausdrücke für das Gesetz in Dtn. 6,4-9,6 gilt, wie die Einzelanalyse zeigen wird, das gleiche. Alle diese Texte setzen die Voranstellung der großen Ätiologie des Dtn.s vom Horeb (Dtn. 5) voraus: erst wo das Gesetz bzw. die Gesetze als Gegenstand der Moserede thematisiert sind, ist auch eine Bezugnahme auf denselben möglich geworden, und zwar zunächst in der Weise der Gliederung (vorwiegend in pluralischer Anrede), sodann in lehrhaften Fortschreibungen in singularischer bzw. den Numerus wechselnder Anrede (vgl. z.B. Dtn. 6,1/2f. u.ö.). Diesen sekundären Schichten gehört z.B. die Reihung von מצות/חקות (gegenüber חקים ומשפטים) an (vgl. Dtn. 6,2; 8,2b.11b; 28,15b.45; in spät-dtr. Kontexten: Dtn. 10,13;11,1;30,10.16) und der im Dtn. singuläre Ausdruck משמרת in 11,1. Mit Dtn. 5 und späterhin 28,69;29f. ist der Gedanke der Horeb-Berit (und "aktualisiert", der Moab-Berit) verbunden, von Dtn. 5 her (v.32f.) ist auch der Gedanke vom הלך

---

132 LIEDKE, a.a.O.,S.195-200.

133 Torah in Deuteronomy, FS D.W.Thomas, Cambridge 1968, S.117-136, S.129.

134 Ebd., S.131.

135 Vgl.die Tabelle in dem Forschungsbericht von PREUSS, Deuteronomium, S.51-59.

136 Zum Einzelnachweis vgl. schon STEUERNAGEL jew. zur Stelle; vgl.u.S. 85f., 97ff., 106f., 111, zu 15,5 MERENDINO, Das deuteronomische Gesetz, S.110f..

בדרך יהוה bzw. vom סור מן=הדרך in die Paränese eingegangen (vgl. die weiteren Belege der Tabelle), wie überhaupt die Belege für die entsprechenden Verben mit der Spätansetzung der Ausdrücke für das Gesetz gleichfalls sekundären Schichten zuzuordnen sind und mit diesen zusammengehören. Das Gesetz ist - so wird im folgenden besonders für Dtn. 6ff. zu zeigen sein - weder Gegenstand der dtn. Einleitungsrede zum DT, noch auch - das zeigt das Fehlen der Belege in Dtn. 1-3(!) der formgebenden Schichten des das Dtn. mit dem dtr.G verbindenden Textes in Dtn. 1-3. 31*. 34*. Dtn. 1-3 führen mit keinem Wort auf das Gesetz als solches hin, in Dtn. 31,5b.12f. ist der Bezug zwischen Geschichte und Gesetz erst in einem zweiten Arbeitsgang formuliert worden[137].-

Wie der gebotsparänetische Zugriff auf das dtn. Korpus erfolgt ist, läßt sich exemplarisch anhand von Dtn. 6,1-3 zeigen. Dtn. 6,1 steht, wie SEITZ gesehen hat[138], in einem System paränetisch ausgeformter sog. "Überschriften" und gehört, wie aus den bisherigen Beobachtungen zu schließen ist, nicht ursprünglich zu dem folgenden Kapitel hinzu, sondern ist diesem in Verbindung mit Dtn. 5 (31) sekundär vorangestellt worden. Dtn. 6,1ff. bildet dabei sozusagen eine "Nahtstelle"[139].

LOHFINK und SEITZ[140] haben in Dtn. 5,27-6,3 und 11,31-12,1 eine Serie von Stichwortverknüpfungen gefunden, die man sie zu einer Art "chiastischer" Struktur anordnen. Freilich, damit wird für diese Verse eine kompositionelle Einheit unterstellt, die, zumindest was 5,27-6,3 angeht, durchaus fraglich erscheint.

SEITZ behauptet folgende Verknüpfungsreihe[141]:

A 5,27   שמע = עשׂה

B 5,29   ירא = שמר

C 5,31   עשׂה = למד, pi.

D 5,32f. סור + הלך = שמר + עשׂה

C' 6,1   עשׂה = למד, pi.

---

137 Zu v.5 vgl.STEUERNAGEL, zur Stelle. Zu 31,12f. BUCHHOLZ, Die Ältesten Israels,S.17f.: "V.11b kann...voraussetzen, daß das Volk versammelt ist, so daß der Imperativ הקהל... V12 nachklappt. Die sich damit andeutende Zäsur wird durch das gegenüber V10f veränderte Interesse in V12 verstärkt. Der Ton liegt jetzt nicht mehr auf der Vollstreckung des Mosebefehls durch den Titelträger..., sondern auf der Paränese, die mit der alleinigen Betonung der Observanz wohl an die Tora V11b anknüpft, den konkreten Mosebefehl mit ihrer ausgeführten dtr Schultheologie aber bereits weit hinter sich gelassen hat - vgl. die Abfolge von ירא + שמר לעשׂות + שמע + למד. V13 erweitert V9-11.12 um das Generationenmotiv und bezieht sich auf V12 (Stichwortanklang)."
138 SEITZ, a.a.O., S.23-44, bes.S.41f..
139 LOHFINK, Hauptgebot, S.142ff.
140 LOHFINK, ebd., SEITZ, S.41f.
141 Ebd.

B' 6,2 שמר = ירא

A' 6,3 . עשה שמע + שמר

Deutlich ist die Stichwortverbindung zwischen 5,31 und 6,1. Sie verbindet sich weniger mit einer formalen als mit einer inhaltlichen Absicht: מצוה והחקים והמשפטים, die Mose an Israel weitergibt (6,1) damit sie im Verheißungslande befolgt werden können, hat er zu eben diesem Zwecke von Jahwe am Horeb erhalten (5,31). Daß hingegen in Dtn. 6,2 die Stichworte ירא und שמר erscheinen wie auch in 5,29 ist keinesweg ein Beleg für die literarische Einheitlichkeit der Verse. Erstens signalisiert der Numeruswechsel in der Anrede von Dtn. 6,2 einen formalen Wechsel: die einleitende Ankündigung der Gesetze in 6,1 wird mit einer Zweckbestimmung versehen (...למען תירא את=יהוה אלהיך) und somit paränetisch erweitert und ausgelegt. Dabei wird der Gedanke von Dtn. 5,29 geradezu umgekehrt: während dort die Befolgung der Gesetze als natürliche Folge der Jahwefurcht erscheint, sieht der Verfasser von Dtn. 6,2 das Erlernen und Befolgen der Gesetze gleichsam als Voraussetzung für die Verwirklichung der Idealvorstellung von 5,29 an ((!) למען תירא...)[142]. Die Gebote werden in 5,29 ganz allgemein כל=מצותי genannt, in 6,2 aber, dem Vers, der nach SEITZ mit 5,29 korrespondieren soll, ist von כל=חקותיו ומצותיו die Rede. Diese Reihe unterscheidet sich in ihrer Begrifflichkeit deutlich von 4,45; 5,1.31; 6,1, wo das dtn. Gesetz in מצוה חקים ומשפטים unterteilt wird. Die Reihe חקות ומצות ist (meist suffigiert) nicht Bestandteil der strukturbildenden Überschriften im Dtn., sondern gehört zu deren paränetischen Weiterungen (6,2; 8,2b.11b; 10,13; 11,1; 28,15b.45b; 30,10-16). Abgesehen davon ist festzustellen, daß die von SEITZ behauptete Struktur rein formal ein Übergewicht der ersten Hälfte (5,27-31) gegenüber der zweiten (6,1-3) aufweist, und daß die vermeintliche kompositorische Absicht dem Leser nicht gerade ins Auge fällt. Es besteht auch keine unmittelbare Kongruenz zwischen v.28 und 30, ebenso wenig zwischen 5,27 und 6,3, denn 6,3 bezieht seinen Impuls nicht aus dem Bericht über die Äußerung des Horebvolkes, es wolle die Worte Jahwes befolgen, die Mose ihm mitteile, sondern aus dem grundsätzlicheren Gedanken, daß der Gehorsam für das Volk eine Lebensbedingung im Lande ebenso wie für die Erfüllung der Verheißungen Jahwes sei. Die Sprache setzt sich dabei zusammen aus paränetischen Floskeln und offenbar allseits verfügbaren Einzelelementen, die mit einer stringenten Durchdringung eines Textzusammenhanges nichts zu tun haben[143]. Wie ist aber dann die von SEITZ und LOHFINK beobachtete ständige Wiederkehr gleicher oder verwandter Ausdrücke und Wendungen zu erklären?

Zunächst bleibt festzuhalten, daß Dtn. 6,1 sich in der Tat deutlich auf 5,31 zurückbezieht. Insofern ist übrigens auch der Ausdruck "Überschrift" zu korrigieren. Strenggenommen bildet 6,1 die Konsequenz aus der hinführenden Erzählung von Dtn. 5. Nicht nur die Begriffe für das folgende Gesetzeskorpus entsprechen einander, sondern auch

---

142 יראת יהוה als Ziel der Gebotsbelehrung: Dtn. 6,25;14,23b, setzt die Vorstellung eines bestehenden Lehrbuchs, d.h. den Tora-Gedanken voraus. (PERLITT, Bundestheologie, S.115ff.).

143 Der Vers steht z.T. wörtlich dem spät-dtr. Vers 4,40 nahe.

zwischen Landgabeformel (v.31b) und Landnahmeformel (v.1b) besteht eine enge Korrespondenz:

Dtn. 6,1	Dtn. 5,31
	‏ואדברה אליך...‏
‏וזאת המצוה החקים והמשפטים‏	‏את כל=המצוה והחקים והמשפט‏
‏אשר צוה יהוה אליכם‏	
‏ללמד אתכם‏	‏אשר אלמדם‏
‏לעשות בארץ‏	‏ועשו בארץ‏
‏אשר אתם עברים שמה‏	‏אשר אנכי נתן להם‏
‏לרשתה‏	‏לרשתה‏

Anders ist die Situation in 6,2f. Die Verse bilden eine paränetische Erweiterung. Der ‏למען‏ -Satz schließt nicht unmittelbar an v.1b an, sondern zielt auf v.1a zurück. Plötzlich wechselt die Anrede in die 2.sg. und gibt den Vers als Zusatz zu erkennen. Unmerklich rückt Mose an die Stelle des Gesetzgebers (‏אשר אנכי מצוך‏ , vgl. dagegen v.1: ‏אשר צוה יהוה אלהיך ללמד אתכם‏) Die. Auswirkungen der Bindung an das Gesetz auf das Wohlergehen durch die Generationen hindurch setzt das Beieinander von dtr. Geschichtsdarstellung und Gesetz voraus. Sachlich stellt 6,2 eine Wiederholung gegenüber v.32f. dar. Auch der den Aufmerksamkeitsruf von v.4 abwandelnde Satz von 6,3 bringt in der Sache wenig weiter und führt zu einer Überfüllung des Textes. Die Nennung des Gesetzes wird in einer erneuten Gehorsamsforderung übergangen und ineinsgesetzt mit der Segensverheißung: das Gesetz zu beachten heißt unter der Voraussetzung von v.2, ‏לעשות אשר ייטב=לך‏[144].

Dtn. 6,2f. enthält somit deutlich Fortschreibungen, die an die Voranstellung von Dtn. 5 anknüpfen und Gesetz und Segensverheißung in immer neuen Anläufen aufeinander zu beziehen versuchen. Mit der Ätiologie des Gesetzes in Dtn. 5,1-6,1* ist also ein Prozeß der gebotsparänetischen Bearbeitung eingeleitet worden. Den singularischen Fortschreibungen der pluralischen Einwürfe und Kommentare eignet dabei ein mehr katechisierender und begründender Zug. So stehen denn Dtn. 6,2f. auch im Gefälle der durch 5,1-6,1 begründeten Vorstellung der Lehre. Die Verehrung Jahwes vollzieht sich nicht in der Befolgung ritueller Vorschriften, sondern der Ordnungen und Gesetze. Dabei kommt dem Mittler immer mehr Gewicht zu. War in den dtn. Schichten (26,13.14.16) Jahwe das Subjekt des sog. Promulgationssatzes, d.h. des Gebotes, ebenso in dem pluralischen Redezusammenhang von Dt. 5 (vgl. 5,(12.15.16).32.33; 6,1; 9,12.16), so tritt nun - fast unmerklich - Mose an seine Stelle (6,2.6; 7,11; 8,11;

---

144 Vgl. daneben die ‏למען‏ = Sätze in den bedingten Land- bzw. Segensverheißungen (Dtn. 4,1,1; 5,14.16.30; 6,18; 8,1; 11,8.21; 12,25.28; 14,23; 17,20u.ö.).

10,13 u.ö.), in den späten Schichten vermischen sich die Bezüge im gleichen Ausmaße wie sich die Bezeichnungen für die Gesetze mischen[145].

Die Verwendung der diversen Bezeichnungen des Gesetzes ist also in den Schichten des Buches durchaus verschieden gewichtet, wobei sich in den jüngsten Bereichen eine gewissen Häufung und auch Vermischung der Bezüge erkennen läßt. Beschränkt sich die dtn. Gebotsparänese im wesentlichen auf den Abschluß (abgesehen von wenigen Erwähnungen der Gebote Jahwes in 26, (מצות) auf 26,16; 28,2*.15*), so geht mit der Ätiologie des dtn. Gesetzes durch Dtn. 5 eine entsprechende Gliederung des Buches einher (עדת , מצוה, חקים ומשפטים) und die Mahnung, diese Gebote Jahwes (מצות) zu lernen (למד), auf sie zu hören (שמע בקול) , auf seinem Weg zu wandeln (הלך בדרך) und darauf zu achten, diese Gebote zu tun (שמר לעשות). Für sie ist der Dekalog Grundlage einer die Existenz Israels bestimmenden ברית. Die späteren, eher lehrhaften Schichten (zunächst singularische, dann pluralische und Schichten mit wechselnder Anrede) tendieren zur Verwendung allgemeinerer Bezeichnungen (מצוה , מצות), nennen die religiösen Ordnungen nicht mehr חקים, sondern חקות, stellen Rückbezüge zu andernorts formulierten Geboten her, reichern die Gebotsparänese durch weitere Begriffe an (wie z.B. משמרת) . Für sie ist das mosaische Gesetz תורה , diese ist der Grundtext einer neuen Berit im Lande Moab (28,69; 29f. (spät-dtr.)). Die Vielfalt der Begrifflichkeit wie der Aspekte der Tora-Frömmigkeit setzt sich bis in die dtr. beeinflußte nach-exilische Literatur fort und findet ihre breiteste Entfaltung in der Tora-orientierten Weisheit etwa des Psalms 119.

Wir halten also fest: Dtn. 4,45*(46-49); 5,1-6,3 ist als Ätiologie des dtn. Gesetzes sekundär diesem vorangestellt worden. Dieses kennt weder den Dekalog noch die bundestheologische Verankerung desselben, es versteht sich nicht als Dokument einer besonderen Offenbarung Jahwes an Mose und teilt noch nicht die von Dtn. 5,31ff.; 6,1 ausgehende Begrifflichkeit der Gebotsparänese. Die Ätiologisie des dtn. Gesetzes von Dtn. 5 ermöglicht indes eine nomistisch-paränetische Bearbeitung, die - das wird die Einzelanalyse en detail zu zeigen haben - sich in Form kommentierender und mehr und mehr formatierender Fortschreibungen im dtn. wie im Dt.- Teil des Dtn.s niederschlägt. Dtn. 1-3 und die Grundschicht von 31.34 haben mit den von Dtn. 5 her bestimmten Vorstellungen noch nichts zu tun und enthalten ursprünglich keinen expliziten Bezug auf ein dtn. Gesetz. Auch die gebotsparänetischen Texte im dtr.G gehören nicht dessen formgebenden Schichten an, wie die Arbeiten von SMEND, DIETRICH, VEIJOLA,

---

145 Der Promulgationssatz (כם)מצוך (אלהיך) אשר יהוה | אשר אנכי o.ä.:

Subjekt Jahwe: a) pluralisch: 4,5.13.23; 5,12.15.16.32.33; 6,1.17; 9,12.16; (10,5). b) singularisch: 6,20.24.25; 13,6; 17,3; 20,17; 26,13.14.16; 28,45.69; (34,9). Subjekt Mose: a) pluralisch: Dtn. 4,1.2.; 8,1; 11,8.13.22.27.28; 13,1; 27,1.4; 28,14; 31,5.29; 33,4; b) singularisch: 4,40; 6,2.6; 7,11; 8,11; 10,13; 12,11.14.21.28; 13,19; 15,5.11.15; 19,7.9; 24,18.22; 28,1.13.15. -

WÜRTHWEIN u.a. gezeigt haben[146]. Zu fragen ist also mit der Analyse der literarischen Schichtung der folgenden Kapitel nach der (mit WELLHAUSEN zu reden) "Sache", die sie umtreibt, wenn diese Sache nicht das Gesetz als solches ist.

---

146 Auf diese wird im Laufe der Untersuchung mehrfach verwiesen werden; u.a. sind zu nennen:
Jos. 1,7f.; 3,31.32.34; 22,3.5; 23,6; 24,25f.; Ri. 2,17; 3,4; 1.Sam. 7,19; 22,23; 30,25;
1.Kön. 2,3; 3,3.14; 6,12; 8,58.61; 9,4.6; 11,33.34.38; 14,8; 18,18;
2.Kön. 10,31; 14,6; 17,8.13.15.16.19.34.37; 21,8; 22,8.11; 23,3.25.

II Israel und der Ausschließlichkeitsanspruch Jahwes

Untersuchungen zu Deuteronomium 6

1 Der Aufbau des Kapitels

Deuteronomium 6 gliedert sich in eine Reihe von stilistisch und inhaltlich leicht voneinander abzuhebenden Sinneinheiten. Das Kapitel ist zu dem Vorhergehenden durch eine eigene Einleitung in Beziehung gesetzt: 5,31 kündigt in einem fiktiven Bericht des Mose Jahwe die Weitergabe von מצוה , חקים und משפטים durch Mose an, Dtn. 6,1 sagt Mose, daß das nun Folgende eben dieses Gesetz, die Ordnungen und Rechtssätze beinhalte. Damit erweist sich der in pluralischer Anrede formulierte Vers als zugehörig zu eben jener Redaktion, die dem Gesetzeskorpus durch Kapitel 5 eine unüberbietbare Ätiologie geben wollte. Die überschriftartige Hinführung ist also jünger als das ihr vorgegebene Überlieferungsgut, welches mit Dtn. 6,4 einsetzt, und (einschließlich ihrer Fortschreibungen in 6,2f.) nicht älter als Dtn. 5[1]. Daß mit der Proklamation der Ausschließlichkeit Jahwes und der Forderung der Hingabe an ihn allein in Dtn. 6,4f. etwas Neues beginnt, belegt auch die Sedptuaginta-Überlieferung, wenn sie hier eine neue Überschrift einbringt, deren Übersetzung und hierin vermutlich ihre hebräische Vorlage im Papyrus Nash erhalten geblieben ist[2]. Wir haben somit noch aus einem Spätstadium der Textgeschichte in vorrabbinischer Tradition einen Beleg dafür, daß man schon früh Dtn. 6,4 als einen Neubeginn empfand. Dieser Auffassung schloß sich denn auch die palästinische Seder-Einteilung an (vgl.BHS).

Der Aufmerksamkeitsruf "Höre Israel" an das in seiner Gesamtheit anwesend gedachte Volk, welchem die berühmte und einmalige Proklamation Jahwes als Gott Israels und seiner Einzigkeit folgt, sowie die Aufforderung zu ungeteilter Loyalität (6,4f.), markiert diesen Neueinsatz.

Auf v.4f. folgt das Gebot, beständig an "diesen Worten, die ich dir heute befehle" festzuhalten (v.6-9); es ist im Stile weisheitlicher Belehrung gestaltet und steht gegenüber v.4f. auf

---

1 Ein Indiz hierfür ist auch die Parascheneinteilung der Masoreten, die v.2f. zu v.1 hinzurechnen.

2 LXX: Dtn. 6,4 vgl.BHK, LXX(ed.Wevers) // Pap.Nash, Z.22f. (nach WÜRTHWEIN, Der Text des Alten Testaments, Stuttgart (4.Aufl.) 1973,S.130):

(ואלה הח)קים והמשפטים אשר צוה משה את=(בני ישראל)
במדבר בצאתם מארץ מצרים

einer anderen, eher lehrhaften Ebene. Der Forderung ungeteilter Jahwetreue an ganz Israel wird die der ungeteilten Beachtung der Moseworte an den einzelnen zur Seite gestellt. Während v.6-9 diesen in seiner häuslichen Situation, also im Lande sitzend, ansprechen, wechselt in v.10ff. wiederum die Perspektive, und es kommt Israel an der Schwelle des Verheißungslandes in den Blick, eben jenes Israel, als das das im Schema< angesprochene sich im ganzen folgenden Text sehen soll. So ergeben sich erste Anhaltspunkte für die stilistische und inhaltliche Besonderheit von Dtn. 6,6-9 gegenüber 4f.10-13. Dtn. 6,6-9 fordert das ständige Memorieren der Moseworte, Dtn. 6,10-13 das beständige Gedenken an Jahwe. Der historisierende Konditionalsatz ("Wenn Jahwe, dein Gott, dich in das Land bringt..."), der am Beginn durch einleitendes והיה , später zusätzlich durch die Setuma, deutlich als Anfang eines neuen Abschnittes markiert ist, zielt auf eine Gebotsformulierung in v.13, die noch einmal ausführt, was es unter der Voraussetzung, daß Jahwe seine Verheißungen erfüllt (v.10f.) heißt, ihn zu lieben (v.5): "Jahwe, deinen Gott, sollst du fürchten und ihm sollst du dienen und bei seinem Namen sollst du schwören!"

In v.14 wechselt mit einer umschreibenden Wiederholung bzw. Auslegung der Gebotsreihe von v.13 in Form eines Prohibitives die Anredeform in die 2.pl.: "Ihr sollt nicht andern Göttern nachfolgen...". Die Annahme einer interpretierenden Fortschreibung wird durch den Numeruswechsel gleichermaßen angeregt wie unterstützt. Es läßt sich in v.14 der Beginn einer neuen, an 10-13 anknüpfenden Einheit konstatieren, die in v. 15, wo die Anrede wieder in den Singular wechselt, in einem zweifachen Begründungssatz erweitert wird; dieser weist auf die (historisch offensichtlich vorausgesetzten) Erfahrungen hin, die ein Verstoß gegen das Gebotene zur Folge haben soll. Syntaktisch knüpft dabei v.15b an v.14 an -

לא תלכון אחרי אלהים אחרים...

15bפן=יחרה אף=יהוה אלהיך בך...

- nicht an v.15a. V.15b führt somit v.14 aus, v.15a (אל קנא יהוה אלהיך בקרבך - vgl. 5,9; 4,24) trägt glossarisch einen zusätzlichen Hinweis ein[3]. Interessanterweise setzen die Masoreten hinter v.15 wiederum eine Setuma und signalisieren so, daß sie v.16ff. als sachlichen Neueinsatz ansehen; dieser Eindruck wird verstärkt durch den erneuten Anredewechsel in die 2.Pers.pl. und durch die Einführung eines neuen Themas, nämlich das der Versuchung Jahwes. Der Vers erinnert an Ex.17,7, wo im Kontext der Schilderung der Massa-Episode ein Assoziationspunkt gegeben ist, der mit dem Stichwort von der Eifersucht Gottes בקרבך (v.15a) zusammenhängt:

---

3   Zur weiteren Begründung vgl. die Einzelanalyse, S. 118ff..

ויקרא שם המקום מסה...ועל הסתם את=יהוה לאמר
היש יהוה קרבינו אם'"אין :

In der Fortführung wird - wie in v.16 in pluralischer Anrede - Israel zur Beachtung der
Gesetze Jahwes aufgefordert, v.17b setzt - wechselnd in die singularische Anrede, die
Reihe der Gesetzesbegriffe fort und fügt dem allgemeinen מצות v.17a den Hinweis auf
עדת, vermutlich den Dekalog, und חקים, die religiösen Ordnungen, hinzu. Dieser Gedanke
wird wiederum singularisch fortgeführt in v.18f., indem Wohlergehen im Lande,
Landnahme und Vertreibung der Feinde (in dieser Reihenfolge!) abhängig gemacht werden
von der Befolgung der Gesetze, ein Gedanke, der ansatzweise in v.2 anklang und der letztlich eine Umkehrung des Gefälles von V.10 hin zu v.17 birgt: wird dort die Inbesitznahme
des Landes zur äußeren Voraussetzung für die Forderung der ausschließlichen
Jahweverehrung, so hier das Observanzgebot zur inneren Voraussetzung des Landbesitzes.
Die Annahme liegt nahe, daß sich in diesem Gefälle der literarischen Schichten auch das der
historischen Entwicklung der Exilszeit wiederspiegelt, die ja vom Verlust der - modern ge-
sprochen - nationalen Souveränität geprägt ist. Mit den Worten der deuteronomischen
Schule heißt dies: Vernichtung und Landverlust (v.15b), heißt dies späterhin aber auch
neues Vertrauen auf die Gegenwart Jahwes (v.15a) und neue Beschreibung der Identität
Israels als Jahwevolk, die aus einer verstärkten Observanz gegenüber dem mosaischen
Gesetz lebt (v.16f.) in der Hoffnung auf Wiedergewinnung des Landes und endliche
Vertreibung der Feinde (v.18f.).

Beschränken wir uns jedoch zunächst auf die literarische Analyse. Stilistisch fällt auf, daß
wie in Dtn. 6,1-3 auch in v.15f. und v.16-19 die Anrede jeweils pluralisch einsetzt, sodann
aber in den Singular übergeht, meist verbunden mit einer begründenden und interpretierenden Weiterführung des Gesagten. Diese Eigentümlichkeit bedarf der Erklärung. Stilistisch
ist solch ein Wechsel ja eher irritierend und in der alttestamentlichen (vor-dtn.) wie der altorientalischen Literatur in dieser Form nicht weiter belegt[4]. LOHFINK interpretiert den
Numeruswechsel als bewußt eingesetztes Stilelement[5], was nicht ausschließt, daß die jeweils neu einsetzende Stelle von einer anderen Hand stammt als ihr Bezugstext. Der Hinweis von WIJNGAARDS[6] (als indirekter Beleg für die Einheitlichkeit der Texte) auf außer-
biblische Belege in den Vertragstexten von Sefire ist schon deshalb hinfällig, weil dort ent-

---

4   Die Numeruswechsel im Bundesbuch, weisen ihrerseits auf literarische Bearbeitung und Fort-
    schreibungen hin (HOSPERS,De Numeruswisseling in het Oude Testament, Diss. Utrecht 1947,
    S.44ff.).

5   Hauptgebot, S.30-34.239-258.

6   WIJNGAARDS, Deuteronomium, BOT II,3, Roermond 1971, S.20.

68

weder der Vertragspartner allein (singularisch) oder in Verbindung mit der vertraglich gleichermaßen gebundenen Nachkommenschaft (Sohn, Enkel) (pluralisch) angesprochen wird,
ein Numeruswechsel nach der Art der dtn./dtr. Texte also nicht vorliegt[7]!

Wir beobachten hier einen Vorgang redigierender und glossierender Fortschreibung, welcher nur im Kontext eines schulhaften Umganges mit vorgegebenen Texten zu verstehen
sein dürfte. Es sind also die Bearbeiter des Textes, die sich des "Stilelements" des Numeruswechsels bedienen, der pluralischen Anrede unter dem Eindruck der Anrede Mose an das
Volk von Kapitel 5 her, der singularischen als katechetischer Belehrung (z.T. gezielt an den
einzelnen gerichtet)[8].-

Hinter v. 19 setzen die Masoreten wiederum eine Setuma und signalisieren so den Beginn
einer weiteren kleinen Texteinheit, v.20-25. Sie enthält eine Anweisung an die - explizit
bisher nicht angesprochenen - Väter, die zu der Forderung der Kinderbelehrung in v.7f.
eine exemplarische Hilfe über die Erfüllung derselben gibt, nämlich wie man auf die
Kinderfrage, "was es denn mit dem Gesetz auf sich habe", antworten soll. Die Kinderfrage
ist ausgerichtet auf עדת , חקים und משפטים , also den Dekalog (vgl.4,45) und die
Gesetze, welche in Dtn. 12 folgen (12,1)[9]. Wie für die übrigen Abschnitte ist auf die nähere
Interpretation und die literarhistorische Einordnung noch näher einzugehen. Hier nur einige
einleitende Beobachtungen: In der Begründung der Observanzforderung greift 6,24 anscheinend auf Motive aus dem vorhergehenden Text zurück. Die Gesetze sollen zur einer
von Jahwefurcht geprägten Lebenspraxis anleiten (vgl.6,13: את=יהוה אלהיך תירא) und
ihre Beachtung bedingt Wohlergehen und Leben. Der Gedankengang entspricht 6,2 u.
6,18. So wie die Mahnung zur Gebotstreue sich in 6,6-9 an die zur Jahwetreue in 6,4f. anschließt, so das Thema der Gesetzesbeachtung in 6,20-25 an das der Jahweverehrung in
6,10-13, wobei das Gesetz als solches in 6,4f. ebenso wenig ein Thema ist wie in 6,10-13.
Die Kinderfrage ergibt sich erst unter dem Aspekt des Beieinanders von Dtn. 5 einerseits
und Dtn. 12-26 andererseits (v.20 vgl.4,45; 5,1; 12,1). Ein thematischer Anlaß für v.20-
25 ist imgrunde erst durch die Thematisierung des Gesetzes in 6,1 gegeben. Schwierig ist
auch die Frage zu beantworten, wo v.20-25 innerhalb von 6,10-19 einen An-

---

7   Vgl. FITZMYER, J.A., The Aramaic Inscriptions and Onomastics I, Biblica et Orientalia 19, Rom 1967:
     Sefire IB, Sefire III u.ö.

8   Diese Art und Weise, Gebote und Auslegung zueinander ins Verhältnis zu setzen, hat sich übrigens bis in
     die Bergpredigt hinein fortgesetzt, man vergleiche etwa Matth. 5,21-22/23-26; 5,27-28/29-30; 5,33-
     35/36f.; 5,38-39/40-42 ...7,1-2/3-5 u.ö.

9   עדת erscheint Dtn. 4,45 zum ersten, 6,20 zum letzten Mal im Dtn., der priesterschriftliche Gebrauch
     von עדות für den Dekalog bestätigt die hier vorgetragene Annahme. Nach 6,1 folgt in 6-11 מצוה.

knüpfungspunkt hat; wie kommt man von 6,13 nach v.20 oder von 6,15? Die Lösung von LOHFINK, der 6,10-19 für eine mit v.20-25 fest verbundene literarische Einheit hält, ist ebenso wenig überzeugend[10] wie die von SEITZ und PREUSS, die v.10-19 gegenüber 6-9.20-24* für sekundär halten[11], und zu einer völligen Reduktion der gesamten Grundschicht gelangen, was entweder deren Rückprojektion in die vor-dtn. Phase oder eine unwahrscheinliche Reduzierung der Einleitungsrede zur Folge hat[12]. Eine dritte Lösung bieten die alten Literarkritiker, die v.14-19 wie v.20-25 gleichermaßen für sekundär gegenüber der Grundschicht ansehen. Dabei bleibt jedoch das Verhältnis von 6,6-9 zu 6,20-25 unsicher, die Einordnung von 6,20-25 gänzlich offen[13]. Schließlich ist auch noch nach der inneren Einheitlichkeit von v.20-25, dabei auch nach der Zugehörigkeit der abschließenden Sentenz in v.25 zu fragen, die sich noch einmal resumierend von v.20-24 abhebt[14].

Es stellt sich also nun die Frage nach dem inneren Verhältnis der kerygmatischen Einheiten von Dtn. 6 zueinander. Die Annahme eines einheitlichen Kompositionsprozesses erklärt nur schwer die stilistisch und inhaltlich heterogene Gestalt der Abschnitte. Das innere Band, das sie zusammenhält, ist in v.5.12f. vorgegeben: die Aufforderung zu ungeteilter Jahwetreue und die Warnung davor, ihn zu vergessen, korrespondiert mit der Aufforderung der unablässigen Memorierung und Befolgung der Gebote (6,6-9.17ff.20-25).

---

10 Hauptgebot, S.153-166. LOHFINK findet in Dtn. 6,1-3.4a.6-9.17-19.25 ein "Rahmenwerk", welches seiner Ansicht nach mit Dtn. 5 zusammengehört, aber schon diese Stücke sind heterogen, zumindest für 6,4a liegt wohl noch keine Beziehung zu Dtn. 5 vor. LOHFINK meint weiter, daß durch den paränetischen Rahmen diverse Einzelstücke zusammengebunden worden sind (6,4b.5/10-16/20-25); v.4b.5 wird durch diese Analyse völlig isoliert, v.12-16 gilt ihm als "Kommentar zum Hauptgebot des Dekalogs" - was nicht stimmt, wie eine detaillierte Analyse zeigt (s.u.Abs.4.1.,S.102ff.), die Gattungen des "Bundesformulars" und der "Großen Gebotsumrahmung" begründen über alle literarischen Brüche und Spannungen hinweg die Einheit des Textes. Schon aufgrund der fehlenden literarkritischen Absicherung kann ich dieser These nicht folgen. Daran ändert auch ihre Einbeziehung in den Kommentar von BRAULIK, Dtn. 1-16,17, S.48-62, nichts, da auch hier die Interpretation der Inhalte durch keineswegs überzeugend abgesicherte formgeschichtliche Hypothesen vorbestimmt wird. Wir beschreiten daher im folgenden den literarkritischen Weg. -

11 SEITZ, Redaktionsgeschichtl. Studien, S.70-74; PREUSS, a.a.O., S.49.100.

12 Ersteres bei SEITZ, a.a.O., S.73f., letzteres bei PREUSS, S.49. Beide gehen von der Theorie LOHFINKs aus, Dtn. 6,10-19* bilde einen Kommentar zum ersten Gebot des Dekaloges; dagegen s.u.S. (115-123)124-127.

13 Vgl.o. Tabelle I.

14 6,25 wird meist für sek. gehalten, zuletzt durch GARCIA-LOPEZ, RB 85, S.176.

2 Das Schema‹ Israel (Dtn. 6,4-5 und 6-9)

2.1 Der Ausschliesslichkeitsanspruch Jahwes (Dtn. 6,4-5)

2.1.1 Der Aufmerksamkeitsruf (Dtn. 6,4a)

Der gleichermaßen machtvolle wie ungewöhnliche Aufmerksamkeitsruf "Höre, Israel!", mit dem die deuteronomische Rede einsetzt, stellt den Exegeten sogleich vor eine Fülle literarhistorischer Probleme, einerseits hinsichtlich der literarischen Funktion desselben für die Struktur des Deuteronomiums, andererseits des formgeschichtlichen Hintergrunds.

LOHFINK hat die Verbindung von שמע= Ruf (imp.) + ישראל (voc.) als "Struktursignal" bezeichnet[15], da sie teils ohne Objekt (6,4; 9,1;27,9), teils mit (Dtn. 4,1; 5,1; vgl.auch 6,3 (10,12) jeweils am Beginn von Redeabschnitten erscheint und auch in Dtn. 20,3 in dieser Weise verwendet wird. Er unterscheidet dabei allerdings die Vokativ nur unzureichend vom Jussiv der Gebotsparänesen[16]. Das wiederholte Vorkommen des Aufmerksamkeitsrufes muß auch nicht Kennzeichen einer redigierenden Gesamtkomposition sein, vielmehr können mehrere Verfasser den Ruf als Gliederungselement verwendet haben. Und dies ist wohl in der Tat der Fall. Das zeigt schon die jeweils völlig unterschiedliche Struktur der Sätze. In Dtn. 5,1 ist das שמע objektgerichtet (mit nota acc. את), in 4,1 ebenso (mit אל), in 6,3 ist es konjugiert und Teil der Gebotsparänese. Wirklich selbständig steht der Ruf nur in Dtn. 6,4 und zu Beginn eines vermutlich jüngeren Textkomplexes in 9-11 Dtn. 9,1. In Dtn. 20,3 ist er Teil einer fiktiven Rede innerhalb der dtn. Mosefiktion und ahmt diese nach[17]. Dtn. 27,9 bezieht sich zurück auf Dtn. 26,17f. und ist also auch nicht älter als die dtn. Rahmung[18]. Von der Aufforderung, auf die Stimme Jahwes zu hören, in der dtn./dtr. Gebotsparänese sind diese einleitenden Aufmerksamkeitsrufe deutlich zu unterscheiden[19]. Ihre formal unterschiedliche Verwendung zeigt, daß sie weniger kompositorische Strukturen signalisieren, als vielmehr größere Texteinheiten literarisch verschiedener Herkunft.

---

15   Hauptgebot, S.66.

16   Gegen Lohfink, S.300ff.

17   Anders MERENDINO, Das deuteronomische Gesetz, S.222ff., der den Ruf zu einer vor-dtn. Einheit rechnet.

18   Davon, daß in 27,9 der "älteste dtn. Beleg" vorliegt (NEUMANN, Hört das Wort Jahwäs, Diss. Hamburtg 1974, S.55) kann angesichts des Rückbezugs, den der Vers herstellt, nicht die Rede sein.

19   LOHFINK, Hauptgebot, S.65-68, behandelt beide gleichermaßen als Element der Gebotsparänese, aber paränetisch ist Dtn. 6,4a ja im Unterschied zu 6,3 gerade nicht!

TABELLE V: Der Aufmerksamkeitsruf im Deuteronomium

4,1 ועתה ישראל שמע אל=החקים ואל=המשפטים

אשר אנכי מלמד אתכם לעשׂות...

5,1 ...שמע ישראל את=החקים ואת=המשפטים

אשר אנכי דבר באזניכם היום ולמדתם אתם ושמרתם לעשׂותם

6,3 ושמעת ישראל ושמרת לעשׂות

אשר ייטבלך...

6,4 שמע ישראל

יהוה אלהינו יהוה אחד...

9,1 שמע ישראל

אתה עבר היום את=הירדן...

10,12 ועתה ישראל

מה יהוה אלהיך שׁאל מעמך...[20]

20,3 שמע ישראל...

אתם קרבים היום למלחמה...

27,9 הסכת ושמע ישראל

היום הזה נהיית לעם ליהוה אלהיך...

Das formgeschichtliche Problem steht in engem Zusammenhang mit der Frage, wie man sich denn den Sitz im Leben einer solchen "Rede an die Nation" vorzustellen hat anders als im Rahmen einer Fiktion. Entsprechend der Vielfalt der denkbaren Situationen wird man an prophetische, liturgische, forensische oder auch weisheitliche oder theatralische Hintergründe denken können, ohne zu einem eindeutigen Ergebnis zu gelangen.

---

20   Dtn. 10,12f. bezieht sich auf Dtn. 6 (s.u.S. 93-96). Zwar fehlt hier das Verb שמע, der Satz hat durch den Vocativ ישראל deutlich den Charakter eines Anrufs und in seinem Kontext kommt ihm strukturierende Funktion zu.

Zunächst: das Deuteronomium ist kein prophetisches Buch[21]. Zudem dürften eine ganze Reihe der Aufmerksamkeitsrufe in den prophetischen Büchern mit der literarischen Verarbeitung und der liturgischen Verwendung derselben zusammenhängen[22].

Eine weitere Möglichkeit ist die Ableitung des Aufmerksamkeitsrufes aus der Redeweise der Weisheitslehre[23]. Und in der Tat eröffnen die Sänger und Dichter ihre Lieder mit vergleichbaren Rufen (z.B. Ri. 5,3; Gen. 4,23), die Weisheitslehrer ihre Sprüche (Prv. 7,23; 4,1; vgl.a.Ps. 49,2; Jes. 28,23; Amenemope I[24]). Auch LOHFINK neigt zu dieser Annahme: "Die Aufforderung zum Hören ist eine sapientiale Aufforderungsformel (vgl.Ps.34,12), darüber hinaus gehört sie allgemein zu jeder Art von altorientalischer Redekunst."[25] LOHFINK zieht aus seiner nur schwach belegten Formbestimmung den weitreichenden Schluß, v.4a gehöre zu dem "paränetischen Rahmenwerk" von Kapitel 6[26], wobei v. 4b.5 "völlig einsam" stehen bleiben, denn diese Aussage kann LOHFINK nicht der Weisheitslehre zuordnen[27]. Nun krankt die Zuordnung zur Weisheit auch daran, daß der Aufmerksamkeitsruf in Dtn. 6,4 im Gegensatz zu sämtlichen weisheitlichen Belegen im A.T. nicht mit einem Objekt versehen ist! Seine Unmittelbarkeit entspricht vielmehr dem unmittelbaren Anspruch der Proklamation und des Gebotes von 4b.5[28].

Wie wenig weiterführend die kategorische Einordnung in ein Formschema ist, zeigt auch die Analyse de BOERs, der die Zusammengehörigkeit von v.4a und v.4b bestreitet durch den Einwand, "why should the teacher - the expression is a didactice one - demand to be heard and to be obeyed while he includes himself

---

21 Zu den Wesensunterschieden zwischen Deuteronomium und Prophetie s. v. RAD, Das Gottesvolk im Deuteronomium, S.72-78 (=ThB 48, S.80-86).

22 Belege bei NEUMANN, a.a.O.,S.11. Zum Problem vgl. WOLFF, Hosea, BK XIV,1 Neukirchen/Vl. (3.Aufl.) 1976, S.82; Joel/Amos,BK XIV,2(2.), 1975, S.213; Micha, BK XIV,4, 1982, S.14.

23 WEINFELD, Deuteronomy and the Deuteronomic School, S.176 nennt die weisheitliche Form des Aufrufs ("of a vocative approach") "just a standard rhetorical term wich gives the book of Deuteronomy the style of a didactic speech" (S.176); dessen Ursprung sieht er "in the instructor's mode of address to his pupil" (S.305 mit Verweis auf Ps.34,12 u. Prv.).

24 AOT S.38-46, S.39.

25 Hauptgebot, S.66 A.2. Belege bleibt L. allerdings schuldig; sie fehlen auch in der Untersuchung von NEUMANN, der sich, was den A.O. angeht, nur auf die Anrufung von Göttern bezieht (vgl.S.38ff.). In Gesetzeskorpora kommt die Form nicht vor, soweit ich sehe.

26 Hauptgebot, S.153f.

27 A.a.O., S.154.163f..

28 Weisheitliche Belege: Prv. 1,8; 4,1.10; 5,7; 7,24; 8,6.32.33; 19,20; 22,17; 23,19.22. Hi. 5,27; 13,6.17; 15,17;21,2; 32,10; 33,1.31.33; 34,2.10.16; 37,2;42,4. Sir. 3,1; 6,23; 16,24; 23,7; 31,22(=34,22); 33,19(=30,27); 41,14. (Koh. 4,17).

with those whom he is instructing?"[29] Offensichtlich ist eben doch hier zusammengebracht, was ansonsten in dieser Form in der alttestamentliche Literatur nicht anzutreffen war. Wenn man annimmt, daß auch Dtn. 6,4f. der literarischen Arbeit einer Schule entstammt, so ist mit einer Vertrautheit der Verfasser mit der weisheitlichen Form des Aufmerksamkeitsrufes zu rechnen, aber das muß eben noch nicht heißen, daß jemand, der diesen Ruf der Schrift voranstellt, das Buch von Anfang an als Lehrbuch behandelt wissen wollte, geschweige denn, daß er nicht die Freiheit gehabt hätte, Mose Israel anrufen zu lassen, um ihm dann die folgende Proklamation in den Mund zu legen.

Gehen wir noch die weiteren Möglichkeiten einer formgeschichtlichen Herkunft durch. Im Zusammenhang einer sog. "Rechtsbelehrung", in welcher der Aufmerksamkeitsruf ebenfalls verwendet worden sein soll, ist Dtn. 6,4a kaum zwingend anzusiedeln[30]. Weder DT. noch das Bundesbuch noch irgend ein anderes altorientalisches Rechtskorpus wird mit einem Aufmerksamkeitsruf eingeleitet oder enthält einen solchen; vielmehr gehörte in den Kontext der Rechtsbelehrung eine Aussage über den Gesetzgeber, durch den die Verkündigung des Rechts legitimiert ist. Dtn. 6,4 verkündigt nicht einen Gesetzgeber sondern Jahwes Gottheit über Israel. Außerdem: wie soll man sich eine solche Rechtsbelehrung vorstellen, wenn nicht im Rahmen einer Schule oder im Zusammenhang mit der aktuellen Ausübung von Rechtsgewalt im Tor? Dort aber wird nicht "Israel" allgemein angesprochen, sondern ein Schüler oder eine Rechtspartei. Denkbar wäre ein öffentlicher Promulgationsakt, aber dann fehlen Präambel und Legitimation des Promulgators. Wie immer man sich derlei vorzustellen hat, die nationale Abzweckung von v.4f. entrückt die Verse einem eindeutig fixierbaren Ort. Und schlagende Parallelen aus dem Rechtsleben fehlen.

Nun legt der Kontext in Dtn. 6,4 "which sounds like a solemn enunciation of a credal statement and indeed was accepted later as an obligatory confession of faith"[31] die Vorstellung eines liturgischen Hintergrundes nahe. Für ihn spricht, daß in Dtn 27,9 und 20,3 Priester genannt werden, die Israel in der Weise von 6,4 anrufen. Dtn. 9,1-3 stellt eine Situation im "heiligen Krieg" vor[32], was nach Dtn. 20,3 auf

29   De BOER, Some Observations on Deuteronomy VI 4 and 5, S.45-52, S.48.

30   Gegen WOLFF, Hosea, BK XIV,1(3.), S.122: "Die Form wurde von daher speziell zur Eröffnung der Rechtsbelehrung verwandt (Prv. 4,1; Hi.13,6; 33,1.31; 34,2.16; Jes. 49,1; 51,4) und ist so Auftakt prophetischer Worte geworden (Jes. 1,2.10; 31,9; Mi. 1,1; Jer. 13,15; Jl. 1,2)." WOLFF rechnet den Aufmerksamkeitsruf von 6,4 unter Berücksichtigung von Ps. 50,7; 81,9 zur "paränetischen Verkündigung des Gottesrechts im Kultus" (S.82), aber abgesehen davon, daß man sich um die formgeschichtliche Interpretation der einzelnen Stellen streiten kann, sind alle aufgeführten Belege nachdtn. u. lassen sich nicht zwingend im juridischen Kontext verorten. Über solche "alten Formen kultischen Gesetzesvortrages" (BRAULIK, Das Testament des Mose, SKK AT 4, Stuttgart 1976, S.39) wissen wir schlechterdings nichts.

31   WEINFELD, Deuteronomy and the Deuteronomic School, S.40.

32   V.RAD, Der Heilige Krieg, Göttingen (4.Aufl.) 1965, S.70ff.;74f..

eine religiöse Funktion des Sprechers schließen läßt. Schließlich konstatieren Dt. 6,4 und 27,9 im Anklang an die sog. Bundesformel Dtn.26,17f.* das Bundesverhältnis zwischen Gottesvolk und Jahwe: "Jahwe ist unser Gott!" und "Heute bist du zum Volk Jahwes, deines Gottes, geworden!" Dtn. 6,4 steht nicht "einsam" da, sondern im Zusammenhang der mit der Bundesformel verbundenen Konzeption. Eine literarische Wirkung derselben, die deutlich auf ihre liturgischen Hintergründe zurückweist und sicherlich in die Zeit des zweiten Tempels gehört, lassen Psalm 50,7 und 81,9 erkennen. Es sind dies die einzigen Stellen im gesamten A.T., an denen außerhalb des DTN der Ruf שמע ישראל absolut steht[33]!

Allerdings läßt der Dichter hier jeweils Jahwe selbst reden und seinen Ausschließlichkeitsanspruch geltend machen, so im Anschluß an die Theophanieschilderung, Ps.50,7:"Höre, mein Volk, so will ich reden, Israel, so will ich zeugen... Ich bin Gott, dein Gott!" Und in Ps. 81, worin die Einberufung zur Festversammlung beschrieben wird, sagt Jahwe:"Höre, mein Volk, daß ich dir bezeuge, Israel, wenn du doch auf mich hören würdest! Kein fremder Gott soll unter dir sein, und du sollst keinem ausländischen Gott huldigen! Ich bin Jahwe, dein Gott, der dich aus Ägyptenland heraufgeführt hat..." (Ps.81,9ff.;vgl. Dtn. 6,13.14). Entgegen der Vermutung von NEUMANN, in diesen Psalmen seien die liturgischen Vorbilder für Dtn. 6,4 zu erkennen, ist eher umgekehrt die Sprache der Psalmen 50 und 81 von der durch den Deuteronomismus begründeten Gesetzesfrömmigkeit geprägt, die zur Zeit ihrer Abfassung schon längst am Zion heimisch geworden ist, ja, deren Zersetzung und Oberflächlichkeit beklagt wird (Ps.50,16ff.).[34]

---

33   Ps. 50,7.16f.:

שמעו עמי ואדברה ישראל ואעידה בך
אלהים אלהיך אנכי...
...מה-לך לספר חקי ואשא בריתי עלי=פיך
ואתה שנאת מוסר ותשלך דברי אחריך

Ps.81,9-12:

שמע עמי ואעידה בך ישראל אם=תשמע-לי
לא=יהיה בך אל זר ולא תשתחוה לאל נכר
אנכי יהוה אלהיך המעלך מארץ מצרים...
ולא שמע עמי לקולי וישראל לא=אבה לי

Beide Psalmstellen sind deutlich bis in die sprachlichen Details miteinander verwandt.

34   Vgl.die Kommentare. NEUMANN, a.a.O., S.41-54.54-63, führt die Psalmen 50 und 81 auf den "kultisch-rituellen Nachvollzug der Sinaiereignisse in einem Bundeserneuerungsfest" zurück (S.47) und nimmt für Dtn. 6,4; 27,9f. die Zugehörigkeit zu einem solchen Ritual an (S.60). - Abgesehen davon, daß die These von einem vor-dtn. Bundeskult mittlerweile hinfällig geworden ist (KUTSCH, Das Herbstfest in Israel, Diss., Mainz 1955, S.18; PERLITT, Bundestheologie, S.115-128), hat schon GUNKEL für Ps.50 beobachtet, daß "im Psalm einiges an die Priestertora erinnert" (Die Psalmen, HK 2,2, Göttingen (4.Aufl.) 1929 (Nachdr.1968), S.215), daß er die Selbstvorstellungsformel, das 1. Gebot des Dekaloges und die Sinaierzählung voraussetzt, und daß er ein "Nachahmer" ist, der Jahwe "mit seinen

75

Der Aufmerksamkeitsruf von Dtn. 6,4 hat also Parallelen und verschiedene Hintergründe, aber kein eindeutig fixierbares literarisches Vorbild. Diese Schwierigkeit spiegelt am eindrücklichsten NIELSENs Beschreibung des Textes wieder, wenn er schlicht alle genannten Bereiche hier miteinander vereint wirken sieht[35]: "Wie ein Gesetzesgebot, eine Weisheitssentenz, eine Liturgie tritt die Aussage von Dtn. 6,4f. hervor mit einem Anspruch auf Gültigkeit...zu jeder Zeit und in jeglichem konkreten Fall. Man spürt es bei einer näheren Beobachtung ihrer F o r m . Mit den Worten "Du sollst Jahwe, deinen Gott, lieben" nähert sie sich den sekundären Umformungen des Grundtyps apodiktischen Rechts, des Prohibitivs, sowie den Ermahnungen der Weisheit und den kultischen Anweisungen; ihre Worte "Jahwe, unser Gott... ist Ein" bringt sie in die Nähe des Gemeindebekenntnisses, wie es in Hymnen und Gebeten ausgedrückt wird, und die Einleitung "Höre Israel" lautet wie ein Nachhall der Aufforderung des Weisheitslehrers an seine Schüler oder Zuhörer, aufmerksam auf seine Worte zu hören."

Die Vorstellung, die sich in Dtn. 6,4 mit dem Aufmerksamkeitsruf verbindet, ist jedenfalls, daß sich das Folgende an das Volk Israel in seiner Gesamtheit wendet, und zwar nicht - wie etwa im Prophetenspruch des Hoseabuches (4,15) - eingeschränkt auf das Nordreich, welches es längst nicht mehr gab, sondern vom Gedanken eines einen Gottesvolkes her, welcher späterhin auch die charakteristische dtn. Bearbeitung des Gesetzes kennzeichnet[36]. Im gesamten dtr.G redet so keiner mehr das Volk an wie hier Mose, und das ist das zweite: der Aufmerksamkeitsruf setzt in sich die Fiktion eines Redners mit, der Israel als Gottesvolk

---

Schrecknissen" vom Zion herkommen läßt; diese "merkwürdige Einsetzung des Zions für den Sinai erklärt sich aber aus einer Zeit, da das Gesetz des Mose in Jerusalem eine zweite Heimat gefunden hatte, und da Tora vom Zion ausging(Jes.2,3), also ist die Zeit des Dichters die der "schon in Blüte stehenden Gesetzlichkeit und der weiten Zerstreuung der Judenschaft..."(S.218). Im Anschluß an BENTZEN und v.RAD sieht auch KRAUS,Psalmen, BK XV,1, S.529f. in den großen Festpsalmen 50;81;95 "priesterliche (levitische) Sprecher" am Werk, deren Predigten in den Reden "des chronistischen Geschichtswerks ihr Gegenstück haben." - Den Nachweis dtr. Einflusses auf Ps. 81 und 95 (und daneben des höheren Alters derselben gegenüber Ps.50) hat JEREMIAS, Kultprophetie und Gerichtsverkündigung in der späten Königszeit Israels, WMANT 35, Neukirchen/Vl. 1970, S.125-127, geführt; die nachexilischen levitischen (nach Ps.50,1;81,1 asaphitischen) Kreise sind Schüler der dtr. Theologie, selbst der als Jahwewort stilisierte Aufmerksamkeitsruf findet hier eine umschreibende Auslegung. -

35   NIELSEN, "Weil Jahwe unser Gott ein Jahwe ist" (Dtn 6,4f.), FS Zimmerli, 1977, S.288-301, S.288f.(zit. n. Law, History and Tradition, Selected Essays, Kopenhagen 1983, S.106-118. S.106f.).

36   PERLITT, "Ein einzig Volk von Brüdern". Zur deuteronomischen Herkunft der biblischen Bezeichnung "Bruder", in FS Bornkamm, Tübingen 1980,S.27-52.

anspricht. Mag die Redeweise ihre Wurzeln in weisheitlicher Belehrung haben, im Deuteronomium können so im weiteren nur noch Priester das Volk anreden, und zwar solche, die die mosaische Funktion der Gesetzesbelehrung übernommen haben[37]. Es handelt sich bei den entsprechenden Stellen um Schichten, die Dtn. 6,4 im Rücken haben. Die literarische Funktion an unserer Stelle beinhaltet noch ein weiteres: Der Ruf leitet eine größere kerygmatische Einheit ein; wer so anfängt, wird nicht gleich wieder (etwa nach v.5) aufhören. Die Form beinhaltet zugleich die Konzeption einer längeren Rede, die über die reine Vermittlung einer Sammlung von Rechtssätzen hinausgeht. Hier wird Anspruch und Zuspruch gleichermaßen verkündet. Dtn. 6,4a bildet den Beginn einer - so wird man nach all dem sagen müssen - literarischen Fiktion der Verkündigung, die auch ihrer Form nach ein Novum in Israel darstellt, in der sich prophetischer Geist und gottesrechtliches Denken, weisheitliche Schulung und liturgische Prägung miteinander verbinden.

2.1.2   Der Ausschließlichkeits Anspruch Jahwes über Israel (Deuteronomium 6,4b)

2.1.2.1 Das Übersetzungsproblem

Die Analyse des Verses muß zunächst bei dem offenbar nie völlig befriedigend zu lösenden Übersetzungsproblem einsetzen, wie die zweite Hälfte, אחד יהוה, aufzufassen ist. Eine Antwort ist nicht nur wegen der theologiegeschichtlichen Bedeutung der Aussage wichtig, sondern vor allem wegen der offensichtlich programmatischen Stellung, die er am Anfang der der Gesetzespromulgation vorausgehenden Rede einnimmt[38]. Weder im

---

37 Dtn. 20,3; 27,9f..

38 Aus der Fülle der Literatur sei hier nur eine Auswahl genannt. BADE, Der Monojahwismus des Deuteronomiums, ZAW 30, 1910, S.81-90; BERGMAN/LOHFINK, Art. אחד ,ThWAT I, Sp.210-218; de BOER, Some Observations on Deuteronomy vi 4 and 5, FS van der Ploeg, AOAT 211, 1982, S.45-52; EHRLICH, Randglossen zur hebräischen Bibel, Textkritisches, Sprachliches und Sachliches, 2.Bd.: Leviticus, Numeri, Deuteronomium, Leipzig 1909, S.270; HÖFFKEN, Eine Bemerkung zum religionsgeschichtlichen Hintergrund von Dtn 6,4, BZ NF 28, 1984, S.88-93; HOSSFELD, Einheit und Einzigkeit Gottes im frühen Jahwismus, in: M.Böhnke/H.Heinz (Hrsg.), Im Gespräch mit dem dreieinen Gott, Elemente einer trinitarischen Theologie, FW W.Breuning, Düsseldorf 1985, S.57-74; JANZEN, On the most important word in the Shema (Deuteronomy ci,4-5), VT 37,1987,S.280-300; KNIGHT, The Lord is One, ExpT 79, 1967/68, S.8-10; LABUSCHAGNE, The Incomparability of Yahweh in the Old Testament, Pretoria Oriental Series V, Leiden 1966, S.137f.; McBRIDE, The Yoke of the Kingdom. An Exposition of Deuteronomy 6,4-5, Interpr.27, 1973, S.273-306; NIELSEN, a.a.O.; OTZEN, Studien über Deuterosacharja, Kopenhagen 1964, S.205-208; PERLES, Was bedeutet יהוה אחד Deut. 6,4?, OLZ 11,1908, Sp.537f.; PETER, Dtn. 6,4 - ein monotheistischer Text? BZ 24, 1980, S.252-262;

Deuteronomium noch im dtr.G wird er jedoch jemals wieder zitiert, ja im ganzen Alten Testament nur ein einziges Mal in einer weitaus jüngeren, eschatologischen Interpretation in Sach.14,9, aus welcher immerhin soviel deutlich wird, daß mit יהוה אחד wohl Ausschließlichkeit, nicht aber Monotheismus im strengen Sinne ausgesagt wird[39].

Ausgegangen wird meist von dem syntaktischen Problem, ob v.4b einen einzigen oder zwei Nominalsätze beinhaltet. Es entsteht mit durch die Schwierigkeit einer semantischen Bestimmung des Adjektivs אחד. Nun trägt sicherlich die Übersetzung der beiden Aussagen in zwei Nominalsätzen der gleichen Ausformung und dem ausdrucksmäßigen Gleichgewicht und der Komplementarität am ehesten Rechnung. Daß der zweite Teil im Hebräischen schlecht als Apposition fungieren kann, hat am deutlichsten QUELL erkannt[40]: "Das Empfinden, daß ein Zahlwort beim Eigennamen nicht konzinn ist, muß...zu Umschreibungen greifen wie "Jahwe ist unser Gott, Jahwe als einziger." Dabei ist zwar die monolatrische Höhenlage innegehalten, aber um den Preis sprachlicher Klarheit." -

Der Eigenname Jahwes wird auch nicht gut als Beifügung stehen können. Eine entsprechende Wiederholung wäre nicht besonders geschickt, man müßte sie aber annehmen, wenn man אלהינו als Apposition auffaßt[41]. Immerhin gemahnt dies daran, daß das אחד in jedem Falle auch aus sich selbst heraus interpretiert werden muß, um nicht von vornherein eine Engführung der Aussage in den Text hineinzutragen.

QUELL, Art. κύριος, ThWNT III, S.1056-1080(1079f.); ROSE, Der Ausschließlichkeitsanspruch Jahwes, BWANT 106, Stuttgart u.a. 1975, S.134-143; SCHREINER, "Hören auf Gott und sein Wort in der Sicht des Deuteronomiums", in: E.Kleineidem/H.Schürmann (Hrsg.), Miscellanea Erfordiana, Erfurter Theol.Studien 12, Leipzig 1962, S.27-47.

39   והיה יהוה למלך על=כל=הארץ
       ביום ייוא יהיה יהוה אחד ושמו אחד

(vgl. Ps.97,1).
Dem Text geht voraus, daß Jahwe selbst die "Namen der Götzen von der Erde" auslöscht und damit ihren Herrschaftsanspruch (vgl.Sach.13,2) (ELLIGER, Das Buch der zwölf Propheten II, ATD 24, Göttingen (7.Aufl.) 1975, S.182).

40   A.a.O.,S.1080.

41   EHRLICH, a.a.O., S.270. LEVIN, Die Verheißung des neuen Bundes, S.98: "Der Eigenname "Jahwe" kann nicht wohl als Prädikat stehen." d.h. (STEUERNAGEL, Deuteronomium, S.75): "Man wird das zweite יהוה als eine nachdrückliche Wiederholung des Subjektes betrachten müssen." LEVIN, a.a.O.: "Eine solche Wiederholung wäre wenig sinnvoll, wenn das vorhergehende אלהינו Apposition wäre." (gegen LOHFINK, ThWAT I, Sp.213f.).

Der proklamatorische Charakter von Dtn. 6,4b legt die Annahme, אלהינו sei als Apposition zu verstehen (wie im gesamten Kapitel 5 vorher und wie in 6,20-25 nachher) nicht nahe. Zwar übersetzt LXX apositionell, doch dies dürfte auf einer antipolitheistischen Interpretation des Textes beruhen[42]. Als Satzaussage begegnet יהוה אלהינו im A.T. bemerkenswerterweise in dtn./dtr. Kontext in dem bundestheologisch bedeutsamen Kapitel Jos. 24,18 und in der nicht minder bedeutsamen Bundesformel in Dtn. 26,17f.*, die dem prädikativen, proklamatorischen Charakter entspricht. Ihr korrespondiert Dtn. 6,4b, der Satz ist Bekenntnis und Proklamation zugleich. Im Unterschied zu dem älteren Text von 1.Kön. 18,39 (יהוה הוא האלהים) schließt er Anerkenntnis und Bekenntnis zusammen und läßt den so Sprechenden in der Gemeinschaft des Gottesvolkes aussagen: diesem Jahwe gebührt nicht nur die Anerkennung und Ehrfurcht, weil er Gott ist, sondern zugleich auch weil er "unser Gott" ist. Die knappe deklaratorische Form und die zweimalige Nennung des Jahwenamens erinnern an hymnische Prädikationen[43]. Der Aufmerksamkeitsruf hebt den Satz aus der Reihe der ansonsten vorwiegend appositionellen Verwendungen im Dtn. dezidiert heraus. Somit gilt für v.4bα. und bβ, daß sie "in der sonst gern wiederholenden dtn/dtr Sprache nicht zu einem wiederkehrenden Stichwort werden."[44]

Für die inhaltliche Deutung von אחד ergeben sich im wesentlichen drei Möglichkeiten[45]. Erstens: man faßt das Prädikat numerisch auf: "Jahwe ist ein einziger." Hierbei kann man dann entweder einer monotheistischen Deutung zuneigen, indem man die Wendung auf אלהינו bezieht im Kontrast zu einem generellen Polytheismus, im Sinne einer prinzipiellen Monolatrie[46]. Oder man faßt die Wendung auf als

42 LXX: κύριος ὁ θεὸς ἡμῶν κύριος εἶς ἐστιν.
   Vgl. Pap.Nash: יהוה אחד הוא .

43 Hierzu McBRIDE, a.a.O., S.293 A.45.46; eine ausführliche Zusammenstellung der Materialien bietet LABUSCHAGNE, Incomparability. Ein eindrucksvolles Beispiel gibt das (dtr.) Gebet des Hiskia in 2.Kön.19,15 (=Jes.37,16.20);zur dtr. Abfassung vgl. WÜRTHWEIN, ATD 11,2, S.425ff.. - Der Bezug der Hoheitsaussage zu der Völkerwelt und ihren Göttern ist hier deutlich zu erkennen; ihr Universalismus liegt auch andernorts offen zutage: Ps.83,19; 86,8ff. ; Neh. 9,6f. .

44 LOHFINK, Art. אחד , ThWAT I, Sp.212f.. יהוה אלהינו steht ansonsten im Dtn. eben nicht mehr Nominalsatz (vgl. Dtn. 1,6.19f.25.41; 2,29.33.36.37; 3,3; 4,7; 5,2.21f.24; 6,20.24f.; 29,14.17.28).

45 Das Problem ist mehrfach dargestellt worden, vgl. NIELSEN,a.a.O., S.106-109 nennt drei, ROSE, a.a.O.,S.134f., vier und McBRIDE, a.a.O., S.291ff. sechs mögliche Übersetzungen.

46 PERLES, a.a.O., S.537f.. Zur Geschichte der Begriffe Henotheismus, Monolatrie, Monotheismus, vgl. ROSE, Ausschließlichkeitsanspruch, S.9-13; zur Frage des Monotheismus s. die umfangreiche Darlegung von F.STOLZ, Monotheismus in Israel, in: O.Keel(Hrsg.), Monotheismus im Alten Israel und seiner Umwelt, Bibl.Beiträge 14, Freiburg 1980, S.143-189.

gegen eine Art von Polyjahwismus gerichtet, d.h. in Polemik gegen einen vielgestaltigen Baalismus bzw. polylatrische Verehrung sei יהוה אחד ein Aufruf zur "speziellen", allein an Jahwe orientierten, Monolatrie[47]. Beide Versionen bringen sodann die Kultuszentralisation in Verbindung mit Dtn. 6,4. Nun ist aber die Interpretation des Satzes als monotheistische Aussage schon deshalb nicht recht wahrscheinlich zu machen, weil das Suffix von אלהינו die Existenz von Göttern, die eben nicht Israels Götter sind, im Kern noch nicht bestreitet. Und selbst wenn man אלהינו als appositionell herunterspielt oder gar - wie GARCIA-LOPEZ - für sekundär hält[48], so bleibt doch noch die Tatsache, daß sich von einer prinzipiellen Leugnung der Existenz anderer Götter selbst in den Spätschichten des Deuteronomiums noch keine Spur findet, im Gegenteil, wie Dtn. 4,19 beweist[49]. Außerdem müßte der Satz, wäre er prinzipiell monotheistisch gemeint, wohl lauten יהוה אלהינו אל אחד oder ähnlich. Das weitestgehende Urteil über die anderen Götter fällt Dtn. 4,35, eine vermutlich schon unter dem Einfluß deuterojesajanischen Denkens stehende spät-dtr. Aussage[50]: der Vers bestreitet die Gottheit anderer Götter, um die Gottheit Jahwes als unüberbietbar hervorzuheben - den Schritt der Leugnung ihrer schlechthinnigen Existenz vollzieht das Dtn. explizit noch nicht.

---

47 DILLMANN, Die Bücher Numeri, Deuteronomium und Josua, KEH 13, Leipzig (2.Aufl.) 1886, S.269f.: "Die Formel sagt nicht den abstrakten Satz aus, dass es überhaupt nur einen Gott gibt..., sondern den concreten, dass der wahre Gott (denn das ist Jahwe für Israel) nicht polytheistisch in verschiedene Arten und Nüancen (wie es von Baal solche gibt) aufgelöst, u. nicht synkretistisch mit den Göttern anderer Völker ...vereinerleit werden darf, sondern einzig ist in seiner Art u.seinem Wesen."; vgl. BADE, a.a.O.; ähnlich DRIVER, S.89; ALT, KS I,253; ZIMMERLI, Grundriß der alttestamentlichen Theologie, ThW3, Stuttgart u.a. (3.Aufl.) 1978, S.102. Die "monojahwistische" Interpretation hat Auftrieb erhalten durch die Funde offensichtlich synkretistischer Texte in Kuntillet <Ajrud, HÖFFKEN, a.a.O.; auch ROSE, S.140:"Jahwe, unser Gott, ist (nur) EIN Jahwe"; jedoch belegen diese lediglich einen Polytheismus, nicht einen Polyjahwismus (vgl. zur Interpretation der Texte Z.ZEVIT, The Khirbet el-Qom Inscription Mentioning a Goddess, BASOR 255,1984, S.39-47(Lit.). Als völlig ohne Anhalt im Text erscheint die jüngste der speziellen Interpretationen von JANZEN, a.a.O.,S.300, der das אחד als "refering to Yahwe's integrity or moral unity" interpretiert: "The fidelity of the divine relation to Israel is rooted in the divine self-relation that I have been calling integrity and that the Shema calls >ehad." - Aber für das, was JANZEN hier meint, hat das Dtn. die Vorstellung von der Bundestreue Jahwes entwickelt (7,9.12b.; 9,5etc.).

48 RB 85,S.164, jedoch nur aufgrund der Singularität und des Fehlschlusses, daß sich hier die Formulierungsweise aus den sekundären Rahmenschichten fortsetzt.

49 Wie das Dtn. das erste Gebot des Dekaloges "auslegt", kann man weniger an Dtn. 6,4f.10ff. studieren (gegen LOHFINK, SEITZ, BRAULIK u.a.), als gerade hier in 4,19 (KNAPP, a.a.O.,S.71ff.).

50 KNAPP, Deuteronomium 4, S.104f..

Die beliebte und immer wieder angeführte Deutung, Dtn. 6,4 polemisiere gegen eine Aufspaltung Jahwes parallel der Vielgestaltigkeit Baals bzw. der Baale, hat als gewichtigstes Argument gegen sich, daß das gesamte Deuteronomium einen solchen Hintergrund nicht wirklich expliziert. Nicht die vielfältige Verehrung Jahwes ist sein Problem, sondern die vielfältige Verehrung anderer Götter[51]. Auch ein Zusammenhang zwischen der Wendung יהוה אחד und der Formel von der Erwählung des (einen) Kultortes durch Jahwe wird eben nicht expliziert. Dabei wäre es doch ein Leichtes gewesen, die sog. Maqom-Formel mit Dtn. 6,4b in einem Begründungssatz zu verbinden. Ein solcher Zusammenhang wird aber nicht hergestellt, weil er in dieser Form nicht existiert. Die Verehrung Jahwes an verschiedenen Orten hat an keiner Stelle die Einheit Jahwes infrage gestellt, nur die Einheit seiner Verehrung und sie ist Grundlage und Anliegen der Zentralisationsbestrebungen[52].

Die zweite Möglichkeit der Interpretation, die eine ganze Reihe von Bibelübersetzungen gewählt haben, besteht darin, das Prädikat synonym zu der präpositionalen Wendung לבד, לבדו zu verstehen und mit "allein", also adverbiell zu übersetzen[53]. Dagegen hat ROSE mit Recht eingewandt, daß ein solcher Gebrauch von אחד ansonsten im A.T. nicht nachzuweisen sei[54]. Außerdem: warum sollte ein Verfasser אחד sagen, wenn er לבד meint? In der Übersetzung "allein" ist zwar die separative Konnotation des Prädikats אחד gleichermaßen enthalten wie die exklusive, aber offensichtlich ist der Ausdruck in 6,4 bewußt dem ansonsten eher gebräuchlichen לבד vorgezogen worden[55].

Das atl. Hebräisch kennt zur Bezeichnung der Einzigkeit die von der Wurzel יחד abgeleitete Bildung יחיד, etwa zur Bezeichnung des einzigen Kindes (Gen. 22,2.12.16; Prv. 4,3; Ri.11,34; Jer. 6,26; Am. 8,10; Sach.12,10), des einsamen Menschen (Ps. 22,21; 35,17), des Lebens als des "einzigen" was noch bleibt (Ps. 22,21; 35,17). Während hier aber wiederum deutlich eine separative Konnotation vorliegt, also "das einzige" als das gegenüber allem anderen Verbleibende gemeint ist, eignet der Verwendung des Zahlworts immer eine Bedeutung, die das einzige als das Besondere hervorhebt, so den besonderen Ort (מקום אחד Gen.1,9), הברכב אחת (Gen. 27,38), die Persönlichkeit (האחד , Gen. 42,32), den besonderen Sohn (בני אחד, 1.Chr. 29,1). Dabei ist nicht immer der numerische Aspekt ausschlaggebend, wie 1.Chr. 29,1 beweist, wo David Salomo als

51 RÖSSLER, Jahwe und die Götter im Pentateuch und im Deuteronomistischen Geschichtswerk, Diss. Bonn 1966, S.165f..
52 BRAULIK, Dtn. 1-16,17, S.56: "Die Kultzentralisation in 12 bezieht sich nirgends auf 6,4."
53 EICHRODT, Theologie des Alten Testaments, Teil I, Berlin (5.Aufl.) 1957, S.145A.47; v.RAD, ATD 8, S.45; Die Bibel nach der Übers.M.Luthers, 1985 u.a.
54 Ausschließlichkeitsanspruch, S.134f..
55 Vgl. 1.Kön. 19,15.19; Ps. 86,8ff.; 83,19.

בן אחד rühmt. Salomo gilt deshalb als אחד, weil er für die chronistische Darstellung als ein Erwählter Jahwes und somit als einzigartig gegenüber den anderen Söhnen Davids dasteht (vgl.2.Chr. 27,32b)[56]. Hier erscheint אחד gleichsam als ein Ehrentitel.

Dies führt gegenüber der numerischen und der exklusiven Interpretation auf eine dritte Möglichkeit, welche Dtn. 6,4 im Zusammenhang der Unvergleichlichkeits- und Ausschließlichkeitsaussagen von Jahwe zu verstehen sucht[57]. Zunächst ist hier allerdings eine Warnung anzubringen: die zuweilen aus dem ägyptischen und mesopotamischen Bereich angeführten Aussagen über die Einzigkeit von Göttern, die in den Unvergleichlichkeits- und Ausssschließlichkeitsprädikationen Jahwes ihr atl. Pendant finden, wird man schon aufgrund des jeweiligen zeitlichen und kulturellen Abstands der Belege voneinander nicht wohl zu einer unvermittelten Erklärung von Dt. 6,4 heranziehen dürfen[58]. Eine bemerkenswerte Analogie bietet jedoch immerhin das ugaritische Epos vom Palastbau für Baal, worin Baal, nachdem er seine neue Wohnstatt erhalten und seine Herrschaft über 90 Städten kundgetan hat, sich niederläßt, seine Herrschaft über das Land proklamiert und sagt:

">ḫdj.djm(50)lk.<l.>lm" (CTA 4,vii49f.)[59]

Die Form >ḫd + suff.1c.sg. ist singulär[60], es liegt ein zusammengesetzter Nominalsatz vor (wörtlich: "mein eins (ist es), das herrscht über die Götter"), der übertragen werden kann: "Ich herrsche als einziger über die Götter!" oder mit AISTLEITNER, "Ich allein bin es, der herrscht..."[61]. CTA 14,96 (jḫd) und 14,184 (>ḫd) belegen zudem die synonyme

---

56 Zur Unterscheidung zwischen יחד und אחד vgl. die Wörterbücher, u.a. LOHFINK, Art. אחד, ThWAT I, Sp.210.

57 LABUSCHAGNE, Incomparability, S.114-123.137f.; er führt die Stellen an, die die Unvergleichlichkeit und Einzigkeit Jahwes betonen. Allerdings interpretiert er Dtn. 6,4 recht eigenwillig (im Anschluß an van SELMS): "dcx is somebody who has no family, and, applied to Yahweh, this means that He does not belong to any family of gods."(S.137) - Diese Interpretation dürfte wie viele andere daran scheitern, daß das Dtn. ansonsten keine inhaltlichen Bezüge in dieser Richtung aufweist.

58 Vgl.z.B.für Ischtar, CAD 7,278a; weitere Belege bei LABUSCHAGNE, a.a.O., S.32-57.58-63; BERGMAN/LOHFINK, Art. אחד , ThWAT I, Sp.212f..

59 (= GORDON, UT 51,vii,49f.).

60 Weitere Belege für אחד , "ein(er, -e,-es), allein" bei A.HERDNER, Corpus des tablettes et cunéiformes alphabétiques découvertes à Ras Shamra-Ugarit de 1929 à 1939, Paris 1963 (=CTA), CTA 2,I.25; 4,VII.49; 6,I.46; 14.(96).184.

61 Vgl. AISTLEITNER, Die mythologischen und kultischen Texte aus Ras Shamra, Budapest 1959, z.St.; ders., Wörterbuch der ugaritischen Sprache, Berichte über die Verhandlungen der Sächs. Akad.

Verwendung der beiden Wurzeln im Ugaritischen[62]. Die Proklamation in Form der Selbstprädikation im Palastbauepos ist durchaus vergleichbar mit der proklamatorischen Fremdprädikation von Dtn. 6,4. Zudem zeigt die Parallele an, daß אחד durchaus nicht rein numerisch, sondern eher exklusiv aufzufassen ist, also im Sinne von "einzig".

Wir übergehen an dieser Stelle eine Reihe weiterer recht eigenwilliger grammatischer und inhaltlicher Deutungsversuche, wie etwa die Übersetzung F.I.ANDERSENS ("Our one God is Yahweh, Yahweh.")[63], oder die Auffassung VIGANOs ("YHWH nostro Dio è YHWH l'Unico")[64], und konstatieren in Dtn. 6,4 zwei komplementäre Nominalsätze, deren erster eine Proklamation der Bundesformel enthält ("Jahwe ist unser Gott!") und deren zweiter Jahwes Exklusivität, seinen schlechthinnigen Ausschließlichkeitsanspruch gegenüber Israel aussagt: "Jahwe ist einzig!"- und zwar im Bezug auf Israel ("Jahwe ist unser Gott"), wie auch im Bezug auf die Götter, die Israel ansonsten noch verehren könnte (bzgl. אלהים). Daß Dtn. 6,4 gegen eine Pluriformität Jahwes, gegen eine Art von Polyjahwismus, polemisiert, ist hier genauso wenig erkennbar wie in den Parallelen mit לבד, 2.Kön. 19,15.19; Ps. 86,8ff. oder auch in der Selbstprädikation Baals in CTA 4vii.

2.1.2.2 Der Ausschließlichkeitsanspruch Jahwes und die Bundesformel
Der literarische Ort von Dtn. 6,4

Die dtn. Paränese setzt in Dtn. 6,4 also ein mit einem Aufruf an Israel als Gottesvolk und einer doppelten Proklamation: erstens der der ausschließlichen Herrschaft Jahwes als Gott Israels und zweitens seiner schlechthinnigen Einzigkeit als eben dieser. Beide Aussagen gehören gattungsmäßig in den Bereich der Hoheitsprädikationen. Die sog. Bundesformel יהוה אלהינו bildet dabei eine Zuspitzung der Ausschließlichkeitsaussage יהוה הוא האלהים[65].

---

d.Wisschenschaften zu Leipzig, Phil.-hist. Klasse 106,H.3 (Hrsg. O.Eissfeldt), Berlin 1963, S.11, Nr.131.3.

62   CTA 14,94ff. und 182ff. verhalten sich zueinander wie Ansage und Erfüllung.

63   F.I.ANDERSEN, The Hebrew Verbless Clause in the Pentateuch, JBL Monograph Series 14, Nashville 1970, S.47; dagegen: McBRIDE, a.a.O., S.292f..

64   VIGANò, Nomi e titoli di YHWH alla luce del semitico des Nord-ouest, Biblica et Orientalia 31, Rom1976, S.95; die Übertragung ist durch eigenwillige Konjekturen von Mal. 2,15 her gewonnen (" לאלה אחד = il Vincitore, l'Uno").

65   Der Satz יהוה הוא האלהים ist als Ausschließlichkeitsprädikation formal zu unterscheiden von der Unvergleichlichkeitsprädikation מי / אין כיהוה/כאלהים ; Belege: Dtn. 4,35.39; 7,9; (10,17); 32,39

83

Der ungewöhnliche Satz יהוה אחד betont neben dem nationalen Anspruch Jahwes auf Israel den Aspekt der Universalität, insofern die Prädikation אחד Jahwe über das Pantheon der אלהים אחרים erhebt. Wie die wenigen Belege, an denen das Bekenntnis zu Jahwe als zum אלהינו im Nominalsatz, also absolut, vorkommt, zeigen, eignet den Prädikationen von Dtn. 6,4 zugleich etwas exceptionelles, bekenntnishaftes (vgl. Jos. 24,16ff; Jer. 3,22; Ps. 95,6f.; vgl.auch Dtn. 26,16ff.; Ps. 105,5ff.)[66]. Zugleich ist aber auch deutlich, daß Dtn. 6,4 nicht wie die Schilderung der großen Entscheidungsszene vom Karmel 1.Kön.18,39[67] und die Verpflichtungsszene von Jos. 24,1-28 auf dieses Bekenntnis hinführt, sondern es als Ausgangspunkt für alles Folgende proklamiert. Seine Form steht schon fest. Bekenner und Mittler schließen sich in seiner Proklamation mit Israel zusammmen. Der Satz ist nicht nur Akklamation und Ausdruck der Unterwerfung wie 1.Kön. 18,39, sondern zugleich das Bekenntnis, daß dieser als Gottheit unbestritten anerkannte Jahwe auch als (alleiniger) Gott des Bekennenden in der Gemeinschaft des Gottesvolkes gelten soll. Die Bundesformel sagt so das alte Bekenntnis neu.

Die Verwendung des Suffixes der 1.c.pl. in 6,4 hat in der Forschung zu mancherlei Verwirrung geführt, denn sie fällt aus dem weiteren Befund im Dtn. heraus. Zunächst einmal kommt der Nominalsatz יהוה אלהינו so nur hier im Dtn. vor. Ansonsten tritt die Bezeichnung אלהינו appositionell neben den Gottesnamen, wobei das Suffix Mose und Israel zusammenbindet, ebenso wie in den sog. WIR-Stücken

(als Selbstvorstellungesformel, אני יהוה הוא); Jos. 2,11 - 2.Sam. 7,22 - 1.Kön. 8,60 - 1.Kön. 19,15(19) (dtr.); 1.Kön. 18,(21.24.37)39*(vor-dtr.); Jes. 45,18; Jer. 10,10; Ps. 46,11; 100,3; Esr. 1,3; Neh. 9,7. - Die Unvergleichlichkeitsaussage ואין עוד kann als Verstärkung der Ausschließlichkeitsaussage gelten (vgl. 1.Sam. 2,2; 2.Sam .7,22=1.Chr.17,20; Dtn. 4,35.49; 1.Kön. 8,60; Dtn. 32,39; Jes. 44,6; 45,5.6.18.22; (45,21; 46,9) u.ö. (S.SCHWERTNER, Art. אין, Nichtsein, THAT I, Sp.127-130). Außer 1.Kön. 18,39* wird man kaum einen vor-dtr. bzw. vor-deuterojesajanischen Beleg finden, m.a.W., die Ausschließlichkeitsaussage ist besonders in babylonisch/persischer Zeit in Israel akut geworden und hat von da an eine starke Verbreitung gefunden.

66   Das Verhältnis der beiden programmatischen Texte der dtn./dtr. Schule Jos. 24,18 und Dtn. 6,4 ist noch näher zu bestimmen; daß Jer. 3,22 (der Text erscheint als Teil einer kleinen exilischen(?) Bußliturgie) und Ps. 95,6f. sowie der nachexilische Ps.105,7 das Schema< im Rücken haben, ist unbestritten (LEVIN, Ver heißung, S.185; KRAUS, BK XV,2, S.830f.892ff.). LEVIN, a.a.O., S.98 hält Jos.24,18 für jünger als Dtn. 6,4; s.aber u.z.St.).

67   Der Vers ist Teil alter Überlieferung über die Auseinandersetzungen zwischen Jahwismus und Baalismus z.Zt. Jehus (ALT, Das Gottesurteil auf dem Karmel, 1935, KS II, München (2.Aufl.) 1959, S.135-149; STECK, Überlieferung und Zeitgeschichte in den Elia-Erzählungen, WMANT 26, Neukirchen-Vl.1968, S.20-28.90-109; SMEND, Das Wort Jahwes an Elia, VT 25,1975, S.525-543 (537f.).

in Dtn. 1-3 (1,6.19.20.25.41; 2,29.33.36.37; 3,3) als auch in Dtn. 4,7; 5,2.24.25.27 und im hinteren Rahmen in 29,14.17.28[68]. In Dtn. 6,20.24.25 schließt die 1.pl. das Individuum ein, das sich mit Israel zusammensieht. Letzteres übersieht MERENDINO, der ausgehend von dem reinen Vorkommen der Wendung in Dt. 5,2f.; 6,4.20.24f. meint, ein "Rahmenwerk" erkennen zu können, welches nach und nach durch eine Reihe älterer Materialien erweitert worden sei[69]. Die Bezugsgrößen der 1.c.pl. in 6,20ff. und 5,2f.;6,4 sind aber verschieden, wodurch MERENDINOs Analyse schon im Ansatz hinfällig wird.

Damit ist aber dann die Verwendung der 1.c.pl. in Dtn. 6,4, innerhalb des Blockes von 6,4-9,6 singulär, insofern hier Mittler und Gottesvolk zum ersten wie zum letzten Male in Dtn. 6-28* zusammengeschlossen erscheinen. NIELSEN hat die Möglichkeit angedeutet, Dtn. 6,4 in Zusammenhang mit einer vor-dtr. Grundschicht von DTN. 1-3 zu bringen, sodaß hier ein "Übergang zwischen dem geschichtlichen Rückblick und der paränetischen Ouvertüre zum Gesetzbuch"[70] anzunehmen wäre, aber dem steht doch entgegen, daß Dtn. 1-3 selbst nicht auf das Gesetz hinführt, und daß zwischen diesem Block und Dtn. 6,4-9,6 intentional und kerygmatisch eine solch tiefe Differenz besteht, daß von einer gemeinsamen Verfasserschaft kaum die Rede sein kann. Während es in 1-3 um den Aufweis der Schuld Israels auf dem Wüstenwege vom Horeb an geht, welche in der Bestreitung des jahwistischen Kerygmas selbst gipfelte (Dtn. 1,27), wird Dtn. 6,4-9,6 nicht müde, Israel an die glanzvollen Aspekte des Exodusgeschehens zu erinnern und ihm seine Erwählung und Verheißungen neu zuzusprechen.

Neuerdings hat GARCIA-LOPEZ versucht, die These zu modifizieren, indem er יהוה אלהינו für einen redaktionellen Zusatz hält, welcher aus der sekundären Verbindung mit Dtn. 5 resultieren soll; Kristallisationskern bilde Dtn. 5,2, von hier aus seien auch die sog. WIR-Stücke in Dtn. 1-3 zu erklären[71]. Aber das nötigt zu der Annahme, der Satz habe ursprünglich gelautet שמע ישראל יהוה אחד, was stilistisch nicht besonders überzeugend wirkt, da völlig unmotiviert bleibt, warum und vor welchem Hintergrund Jahwe denn einzig sein soll. Außerdem bliebe v.5 ohne die notwendigerweise festzustellende Voraussetzung, daß Jahwe (allein) Israels Gott ist, die Forderung, ihn allein zu verehren, hinge in der Luft.

Da sich die Verwendung der 1.c.pl. also weder von Dtn. 1-3 noch von Dtn. 5 her noch aus dem weiteren dtn. Korpus erklären läßt, muß mit einer gewissen Eigenständigkeit des Satzes gerechnet werden, zumal v.5 den Numerus desselben nicht aufnimmt. Damit bestä-

---

68 Zur groben Einordnung der Textkomplexe vgl. die Einleitung zu dieser Arbeit.
69 MERENDINO, Die Zeugnisse, die Satzungen und die Rechte. Überlieferungsgeschichtliche Erwägungen zu Deut 6, in: Bausteine biblischer Theologie, FS Botterweck (H.-J.FABRY, Hrsg.), BBB 50, Bonn 1977, S.185-207, bes.S.185-187 (vgl.ders., Zu Dt V-VI. Eine Klärung, VT 31,1981,S.80-83).
70 NIELSEN, Weil Jahwe unser Gott ein Jahwe ist, S.106.115 A.2./3.
71 RB 85,S.163f.34f.

tigt sich auch von Dtn. 6,4 her die eingangs vorgetragene Annahme, daß Dtn. 1-3 unabhängig vom Gesetz verfaßt und erst späterhin mit diesem verbunden worden ist.

Nun wurde schon der Zusammenhang von Dtn. 6,4 zur sog. Bundesformel und damit zu Dtn. 26,.17f.* angedeutet. Dort wird am Ende der Gesetzespromulgation der Gedanke der Bundeserklärung formuliert. Was das Volk nach Jos.24 in einer Deklaration am Ende der Landnahme ausgesprochen haben soll ("Jahwe ist unser Gott!", Jos. 24,18), das ruft ihm Mose in Dtn. 6,4 schon vor Beginn derselben zu: "Jahwe ist unser Gott!", und das soll ihm am Tage der Verkündigung des Gesetzes Jahwe selbst noch einmal zugesprochen haben: "Ich, Jahwe, bin dein Gott!" und das Volk soll geantwortet haben: "Wir sind dein Volk!" (Dtn. 26,17f.*). Daß es sich hier um einen einmaligen Vorgang handeln soll, belegt schon die einmalige Wortwahl mit אמר , hif.[72] wie die vor-dtn. nicht gekannte Zweiseitigkeit der Formulierung[73]. Das Dtn. stellt somit in doppelter Hinsicht eine Überbietung der Konzeption von Jos.24 dar, indem es von der Bundesdeklaration ausgeht und diese Jahwe selbst und dem Volke schon vor Beginn der Landnahme in den Mund legt[74]. Der Satz ist nicht Protokoll einer Zeremonie, sondern Feststellung eines Faktums im Rahmen der (literarisch ausgebildeten) Fiktion der Moserede:

"Im Bezug auf Jahwe erklärst du heute, er solle dein Gott sein,
und Jahwe erklärt (im Bezug auf) dich heute, du sollst sein Eigentums-Volk sein."

In Dtn. 26,16ff. suggeriert der Hinweis auf das "Heute" (v.16) ein festes Datum, welches die Verkündigung des Gesetzes einfaßt. Die Eingangsproklamation in 6,4 wie die Feststellung einer feierlichen Bundesdeklaration zum Abschluß der Gesetzesverkündigung

---

72 PERLITT, Bundestheologie, S. 110f.

73 PERLITT, a.a.O.,S.105-111; die Belege, nach denen Israel Jahwes Volk wird oder werden soll, "gehören ausschließlich der dt/dtr Literatur zu" (vgl. Dtn. 7,6;14,2; 26,18f.; 4,20; für die volle Formel vgl. Dtn. 29,12; Jer. 7,23; 11,4 dtr. (weitere Belege s. die Übersicht bei JEPSEN, Berith, FS Rudolph, Tübingen 1961, S.171f.).

74 Zur Sache der Bundesformel vgl. nach wie vor SMEND, Die Bundesformel, ThSt(B) 68, 1963. Auf den Zusammenhang zwischen Dtn. 6,4 u. Jos.24 weist auch LEVIN, Verheißung, S.98 hin. Die Bedeutung von Jos.24 im Zusammenhang mit der Frage nach der (dtn./dtr.) Herkunft der Bundestheologie hat PERLITT, Bundestheologie, S.239ff. dargestellt. "Jos.24 vertritt ein ur-dt, vom Literatur gewordenen Dt noch unabhängiges Anliegen."(S.270)! P. vermutet hinter dem Text "nicht so sehr ein(en) Ruf in den (kaum mehr praktizierten) Widerstand als vielmehr ein Durchhalteprogramm...(Jos.24,16a)...weil Jos 24 nicht ...zu den Waffen ruft, sondern das religiöse Fundament beschwört. In dieser Lage wäre Jos 24 der Ruf in die innere Emigration, die so lange währt, bis sich Jahwe neu für die entscheidet, die sich für ihn entschieden haben." (S.277) - frühestens aus der Zeit des Endes des Nordreiches (S.275f.), spätestens aus josianisch/nachjosianischer Zeit (S.277ff.).

in 26,16ff.[75] vermittelt - als solche zweifellos literarischen Ursprungs - das Bild eines feierlichen Aktes[76]. Das Dtn. trifft hier die Feststellung von einer Deklaration, deren Umstände im Dtn. selbst nicht näher geschildert werden. Impliziert wird dennoch die Behauptung, daß eine solche am Tage der Moserede erfolgt sei. Insofern enthält der Text eine heilsgeschichtlich wie theologisch bedeutsame These und begründet zugleich die Einmaligkeit der vorfindlichen Formulierung: bis zum Tage der Gesetzespromulgation des Mose an der Schwelle des Verheißungslandes und damit unmittelbar der Erfüllung der Landverheißung an Israel war die Bundesformel so nicht ausgesprochen worden, nun aber beginnt mit der nationalen zugleich eine in religiöser Hinsicht einmalige Existenz: Jahwe erklärt Israel zu seinem Volk und Eigentum, Israel bekennt sich zu Jahwe als zu seinem (alleinigen - 6,4!) Gott. Von nun an konnte und sollte die Bundesformel nur als liturgische Wiederholung erscheinen[77].

Der Eindruck eines liturgischen Vorganges gilt auch für den Kontext der weiteren Belege des Satzes יהוה אלהינו. Offensichtlich ist das in Jos. 24,16ff., wo das Bekenntnis den Höhepunkt der Verpflichtungsszene bildet. Ebenso ist aber auch in Jer.3,22 die liturgische Einbindung klar erkennbar: auf den Umkehrruf in 3,22 folgt ein Bußbekenntnis, das aus Unterwerfungsformel ("Siehe, da sind wir, wir kommen zu dir...") und Bundesformel

---

75   Vgl.auch ROSE, Ausschließlichkeitsanspruch, S.102ff. Der dtn. Kern umfaßt v.16*.17a.bα.18aα., während die vv.17bβ.18aβ.b.19a.b vermutlich mindestens zwei fortschreibenden dtr. Glossierungsphasen zu verdanken sind.

76   Über Vermutungen wird man indes in diesem Zusammenhang kaum hinauskommen. Der Mangel an konkreten Hinweisen auf eine "wirkliche, offizielle Zeremonie" (PERLITT, a.a.O.,S.113) läßt weder den Schluß auf eine (gar regelmäßige) Verankerung in einem Kultakt zu, noch sieht "Dtn 26,17-19 ...in formaler Hinsicht wie die Ausfertigung eines Vertrages aus" (gegen v.RAD, ATD 8, S.116). Es bleibt also auch hier bei der literarischen Konstruktion. "Wann genau diese expressive, `rechtliche' Formulierung riskiert wurde, ist nicht auszumachen. Für eine immerwährende Institution ist sie zu singulär, für den Bezug auf das einmalige historische Ereignis der Selbstverpflichtung Josias fehlt ihr der direkte Zusammenhang: hier durch Verzicht auf Ritusdeskription, in 2 K 23 durch Verzicht auf die Verhältnisbestimmung der Bundesformel, die allerdings auch in der (menschlichen) Aktion Josias keinen rechten Platz hätte... Die Elemente der Bundesformel mögen und werden den israelitischen Gottesdienst jener Jahrzehnte mitgeprägt haben; in ihrer vorliegenden Gestalt und Einbettung ist sie die einmalige Quintessenz einer reflektierten Bundestheologie, die in dieser einmaligen Form gar nicht anders als literarisch verstanden werden kann."(PERLITT, S.114f.)

77   Vgl. die nach-dtn. Belege bei SMEND, a.a.O.

("denn du, Jahwe, bist unser Gott.") besteht[78]. In Jer.4,1-4 folgt dann als Orakelwort gestaltet die Gnadenzusage.

In Ps. 95,1-7 steht zunächst die Aufforderung zur Gottesbegegnung, einem Element der Tempeleinzugsliturgie: "Kommt, laßt uns anbeten und niederfallen, laßt uns die Knie beugen vor Jahwe, der uns gemacht hat, denn er ist unser Gott und wir sind das Volk seiner Weide..." (Ps.95,6f.). Was in Jer.3,22 als Antwort erscheint, ist hier Teil der Aufforderung; der Psalm hat in seiner Liedform dabei ein proklamatorisches Element bewahrt, welches auf den liturgischen Sitz im Leben der Aussage zurückweist.

Das gilt auch für Ps.105,7. Interessanterweise steht hier wie in Ps.95,6f. die Proklamation in unmittelbarer Nähe zum Hinweis auf die exklusive Zuordnung Israels zu Jahwe durch die Erwählung (Ps.105,6 / 95,7),

(95,7a), ‏כי הוא אלהינו ואנחנו עם מרעיתו...‏

ist eine poetische Variante und Ausführung des Satzes von Dtn. 26,18:

‏ויהוה האמירך היום להיות לו לעם סגלה.‏

Wenn auch mit guten Gründen angenommen wird, daß Ps.95 und 105 in die Zeit des zweiten Tempels gehören[79], so ist doch angesichts der wenigen Belege des Satzes ‏יהוה אלהינו‏ die Wirkungsgeschichte in diesem ausgeprägten liturgischen Rahmen kennzeichnend für seinen lebensgeschichtlichen Zusammenhang in der feierlichen, bekenntnishaften Deklaration im Rahmen liturgischer kultischer Begegnung. Sowohl Jos.24 als auch die Bußliturgie in Jer.3,22ff. lassen zudem einen abrenuntiatorischen Grundzug erkennen.

Ein solcher ist auch in dem sicherlich sekundären Umkehrruf Hos.14,2ff. gegeben, wo dem Volk ein Bußgebet vorgelegt wird, in welchem es ausdrücklich nachsprechen soll: ‏ולא נאמר עוד אלהינו למעשה ידינו‏.[80] Möglicherweise läßt sich auch das merkwürdige

---

78 Merkwürdigerweise wird die liturgisch bestimmte Struktur des Textes weitgehend übersehen (vgl. die Kommentare z.St.).

79 Vgl. die Kommentare z.St.; JEREMIAS, Kultprophetie, S.125-127.

80 Über die nähere Datierung von Hos.14,2ff. läßt sich kaum mehr sagen, als daß der Passus nicht von Hosea stammt. "Was Israel nach 5,4 und 11,7 nicht mehr kann, was es nach 7,10 und 11,5 verweigert, eben dazu wird es in 14,2 aufgefordert: "zu Jahwe zurückzukehren".(JEREMIAS, Der Prophet Hosea, ATD 24,1, Göttingen 1983, S.170). Das falsche Vertrauen zu Assur erscheint hier als Chiffre für das falsche Vertrauen zu fremden Mächten; sie wird verbunden mit der von Jes. her bekannten Polemik gegen die "Streitwagen-Gläubigkeit"(Jes.2,7ff.;30,16;31,1-3). Die Polemik gegen den Bilderdienst ist bei Hos. auch ansonsten sekundär (Hos.8,6;13,2; JEREMIAS, S.171), die Diskreditierung des Götterbildes als purer ‏מעשה ידיך‏ (außer Jes.2,7 vor allem dtr. Kreisen geläufig (JEREMIAS, ebd., vgl.Dtn.

88

Beieinander von Einzugsliturgie und Ermahnung, sich nicht zu verhärten wie bei der Versuchung in Massa und Meriba in Ps. 95 (v.1-7.8-11), durch die liturgische Verbindung von Einzugsgesang und Bußruf verstehen.-

Die Untersuchung des Bekenntnisses in Dtn. 6,4 führt somit in den Bereich des liturgischen Anrufes und der liturgischen Proklamation hinein. Dies gilt auch für die Ausschließlichkeitsaussage יהוה אחד, welche ihre nächsten Parallelen im Bereich hymnischer Hoheitsprädikationen hat. Einzig bleibt jedoch neben der Formulierung als solcher die Dichte, in der hier allem Folgenden mit kategorischer Schärfe ein auf ungeteilte Zustimmung ausgehender Anspruch vorangestellt ist. In dieser Form ist das sicherlich nicht loszulösen von dem literarischen Kontext, in und für den Dtn. 6,4 gleichzeitig zum ersten und zum letzten Male so gesagt wird. Zugleich wird nun auch verständlich, warum gerade Dtn. 6,4 zum fundamentalen Credo Israels werden konnte: wie in einem Brennglas faßt es das gesamte Bekenntnis Israels zusammen. "Jahwe ist unser Gott, Jahwe ist einzig!" - das ist der Anruf des Mittlers und Bekenntnis des Antwortenden zugleich. In ihm sind Mose und Israel miteinander verbunden, der Eingangsruf ist zugleich Zitat und Programm[81]. Im Folgenden geht die Anrede in die 2.sg. über, dem Zuspruch folgt der Anspruch.

2.1.3   Das Gebot der Jahweliebe (Dtn. 6,5)

2.1.3.1   Der Inhalt des Gebotes

Das Liebesgebot entspricht dem Ausschließlichkeitsanspruch Jahwes mit der Forderung ausschließlicher Loyalität. Die Anrede in der 2.sg. bindet den Text mit dem Aufmerk-

---

4,28;27,15;2.Kön.19,18;22,17 u.ö.(vgl.hierzu HOFFMANN, Reform und Reformen, AThANT 66, Zürich 1980, S.351)), daneben Dt.-Jes. (vgl.Jes.44,9-20;46,1f.;(40,19f.;41,7;48,5 u.ö.), in Mi.5,9-12 ist sie durch dtr. beeinflußte Redaktion sek. eingetragen (WOLFF, BK XIV,4, S.126f.). Daß die "dtn. Bewegung im Anschluß an Hos.14 von einem Abrenuntiationsritus des Ablegens der fremden Götter spricht" (JEREMIAS, ATD 24,1, S.172A.8) ist weniger wahrscheinlich als die umgekehrte Annahme, daß die in Hos. 14 anzutreffende Bearbeitungsgruppe wie die dtr. Bearbeiter im Jer.-Buch hoseanische Texte für spätere Generationen (und deren Gottesdienste) fruchtbar gemacht haben (JEREMIAS, S.172); insofern steht Hos.14 dann tatsächlich Texten wie Jos.24,14.23;;Ri.10,15;1.Sam.7,3f.(dtr.); Gen.35,2ff.(nach-dtr.) nahe (PERLITT, Bundestheologie, S.239ff.257ff.).

81 Zum Vorgang der Rezeption der Aussage als zentrales Bekenntnis Israels vgl. McBRIDE, The Yoke of the Kingdom. An Exposition of Deuteronomy 6,4-5, Interpr.27,1973, S.273-306(S.275-287); zur rabbinischen Auslegung liegt seit ein paar Jahren die schöne Ausgabe von BIETENHARD, Der tannaitische Midrasch Sifre Deuteronomium, übersetzt und erklärt von Hans Bietenhard, mit einem Beitrag von Henrik Ljungman, Judaica et Christiana 8, Bern-Frankfurt-Nancy -New York 1984, vor.

samkeitsruf zusammen. Von Jahwe ist nun in Entsprechung zur Bundesformel einerseits und zur Anredesituation andererseits als אלהיך die Rede - ein Charakteristikum des gesamten Dtn.s. Das dreifache ל= korrespondiert dem אחד. In der vorliegenden Form ist das Liebesgebot so einmalig nicht nur im dtn./dtr. Schrifttum, sondern im gesamten Alten Testament[82]. H.W.WOLFF übersetzt es in seiner Untersuchung zur alttestamentlichen Anthropologie: "Du sollst Jahwe, deinen Gott, lieben mit deiner ganzen Hingabe, mit all deinem Begehren und mit all deinen Kräften."[83] לבב ist hiernach der Ort der innersten Antriebe des vernunftbegabten Menschen und seiner bewußten Willenshingabe[84], נפש der Ort des Begehrens und Charakteristikum des bedürftigen Menschen, Ort der Liebe (Cant. 1,7; 3,1ff.; Jes. 12,7) wie des Hasses (2.Sam. 5,8; Jes. 1,14)[85], מאוד (LXX: δύναμις , vgl. Sir.7,30) ist mit Ges.-B. wohl von אוד abzuleiten[86] und bedeutet "Kraft", "Vermögen". Während נפש und לבב den Menschen ganzheitlich in seiner Leiblichkeit wie in seiner seelisch-geistigen Verfaßtheit bezeichnen, fügt abrundend מאד den Aspekt der tätigen Energie hinzu, ohne doch im Kern etwas neues zu sagen, weshalb in der weiteren Verwendung der Formel außer in 2.Kön. 23,25 nur eine zweiteilige Version derselben anzutreffen ist[87]. WOLFF sieht hier "die persönliche Hingabe kanonisch" werden[88], aber die Eigenart der Aussage liegt nicht in der Zuspitzung auf Individualität, sondern in der Ansprache Israels als Gesamtheit, worin das Individuum sich einschließen soll: die völlige Hingabe an Jahwe als seinen Gott ist nicht eine Forderung an die individuelle, sondern an die nationale Existenz.

Das Beieinander von Ausschließlichkeitsproklamation und Liebesgebot in dieser Form einmalig im Alten Testament. Das formal und inhaltlich spannungsreiche Gebilde Dtn. 6,4-5 ist

---

82   S.u. Teil 2.1.3.3.- Folgende Belege sind daneben für die Forderung der Jahweliebe (אהב) zu nennen: Dtn. 5,10 (par.Ex.20,6); 7,9; 10,12; 11,11.13.22; 13,4; 19,9; 30,6.16.20; Jos.22,5; 23,11; Ri. 5,31; 1.Kön.3,3; Jes. 51,8;(56,6); Jer.2,2; Ps.(5,12);31,24; (69,37); 97,10; (119,132); 145,20; Neh. 1,5; Dan.9,4; 2.Chron. 20,7.

83   Anthropologie des Alten Testaments, München (3.Aufl.) 1977, S.319.

84   A.a.O., S.68-95 (S.87).

85   A.a.O., S.25-48.

86   Ges.-B., S.392a; WOLFF, a.a.O., S.319.

87   Dtn. 4,29; 10,12; 11,13; 13,4; 26,16; 30,2.6.10; Jos.22,5; 23,14; 1.Kön.2,4; 8,48 (=2.Chr.6,38); 2.Kön.23,3 (=2.Chr.34,31); 2.Kön.25,23!; Jer.32,41(D); 2.Chr.15,12; zur neutestamentlichen Texttradition von Dtn. 6,5 in Matth.22,37par. vgl. K.STENDAHL, The School of Matthew, Acta Sem.Neotest.Upsaliensis xx, Uppsala 1954, S.72-76.

88   A.a.O., S.319.

also bewußt für den Ort formuliert worden, an welchem es nun steht, als Auftakt zur mosaischen Einleitungsrede und Verkündung der deuteronomischen Gebote und Gesetze. Aufmerksamkeitsruf, Bundesformelproklamation, Hoheitsprädikation und Liebesgebot sind in steter Steigerung aufeinander abgestimmt: Wer v.4 anerkennt, muß auch v.5 zustimmend Folge leisten, die Bezeichnung "Hauptgebot" trifft Inhalt und Stellung gleichermaßen.

2.1.3.2 EXKURS: Analogien und Hintergründe

Man hat für das Gebot der Jahweliebe immer wieder nach Analogien und Hintergründen gesucht. Freilich, "die Eindeutigkeit und Grundsätzlichkeit, mit der hier die Liebe zu Gott als die einzige Gottes würdige Empfindung herausgehoben wird, erscheint als etwas Neues."(v.RAD)[89] Die Aufforderung an Israel, Jahwe zu lieben, ist im Dtn. sehr häufig anzutreffen, vor-dtn. aber nicht[90]. Die metaphorische Redeweise HOSEAs, welcher von der Liebe Jahwes zu Israel im Bild der Ehe (Hos. 3,1) spricht, oder auch in dem der Vater-Sohn-Beziehung (Hos.11,1), Israel aber einer Dirne vergleicht, die anderen "Liebhabern" nachgeht (Hos. 2,7.9.14.15; 9,1), wenn es sich der Baals-Verehrung hingibt, ist gerade nicht die des Deuteronomiums[91]. Dieses bleibt auch bei der Beschreibung des Anspruches Jahwes auf die Funktionen der Fruchtbarkeitsgottheiten (Dtn. 7,12b.13ff.) im Rahmen des heilsgeschichtlichen Credos. "Hosea...spricht nur von Gottes Liebe zu Israel, nie von Israels Liebe zu Gott."[91] Damit fällt das Umfeld Hoseas als unmittelbare "Heimat" für das dtn. Liebesgebot aus[92].

MORAN hat demgegenüber auf einen allgemeineren, altorientalischen Hintergrund hingewiesen[93], nämlich die Beschreibung des Loyalitätsverhältnisses zwischen Herrscher und Vasall mit entsprechenden Verben für "lieben". Belege finden sich in der Amarnazeit[94] ebenso wie im A.T., in 1.Kön. 5,15. Für ein "Liebesgebot" i.S. der Forderung unumschränkter Treue nennt MORAN strenggenommen jedoch nur zwei Belege, 1. VTE IV,266ff.:
"šum-ma at-t[u-nu] a-na maššur-DU.A DUMU XX GAL
šá É US-ti DUMU ᵐaššur -PAB.AS [X]X ᴷᵁᴿaššur

---

89 ATD 8, S.46.
90 WINTER, Die Liebe zu Gott im Alten Testament, ZAW 9,1889, S.211-246, schließt auch die vor-dtr. Abfassung der ansonsten wenigen hierfür infrage kommenden restlichen Stellen (Ri.5,31; Ps.18,2; Ex.20,6) aus (S.220-225).
91 So richtig MORAN, The Ancient Near Eastern Background of the Love of God in Deuteronomy, CBQ 25,1963,S.77-87(77f.); WEINFELD, Deuteronomy and the Deuteronomic School, S.368f.
91 JEREMIAS, Hosea, ATD 24,1, S.53.
92 Anders WOLFF, BK XIV,1(3.Aufl.), S.76.
93 A.a.O.
94 MORAN, S.79ff..

EN-ku-nu ki-i nap-šat-ku-nu la tar->a-ma-ni"

(= you swear) that you will love Ashurbanipal, the crownprince, son of Esarhaddon, king of Assyria, your lord, as (you do) yourselves)[95],

und 2. RCAE 1105.32-35:

"šar [mât]Aššurki bêli-i-ni ni-ra->-a-mu-u[amêl]

..........an-ni-i a-di ûmu[mu] ma-la bal-ṭa-a-ni

mit[Ašur-ban-[aplu]......

šú-tu-ú-ma šarru ša-nam-ma bêl a-na pân......

nu-ub-te->-ú"

(= "(Ashurbanipal), king of Assyria, our lord, we love and the...from this day, as long as wie live, is Ashurbanipal, king of Assyria, our lord...and another king and another lord for...we shall (never) seek")[96]. WATERMAN bemerkt in seinem Kommentar zu diesem Text, daß es sich hier um "a detailed formulation of the oath of Ashurbanipal..." handelt, "the text as preserved, is occupied with the apodosis."[97] - Funktional besteht also in dem Ausdruck אהב von Dtn. 6,5 im Zusammenhang einer Loyalitätsforderung eine gewisse Ähnlichkeit zu entsprechenden altorientalischen Texten[98]. MORAN dehnt die Beobachtung jedoch dahingehend aus, daß er - ohne nähere literar- oder formkritische Untersuchung - behauptet: "Love in Deuteronomy is a love that can be commanded...It is...a love defined by and pledged in the covenant- a covenantal Love."[99] Unvermittelt wird so Dtn. 6,5 zu einem Kernargument für die Bundesformularhypothese. Dafür scheinen auch noch eine Reihe aus diversen Texten herausgelesener Details zu sprechen, so VTE IV,268 das kj napsatkunu - vgl. בכל=נפשך , oder die da und dort auftauchende Forderung des Herrschers, sich im Kampfe einzusetzen ina kul-libbi oder ina gammurti libbi[100], oder die Stelle in einem Vasallenbrief an Asarahaddon, in dem dieser sich als "ein Knecht, dessen Herz ungeteilt seinem Herrn gehört" vorstellt[101]. Dies wird jedoch nicht eine mit den literarischen Gegebenheiten des Dtn.s nicht übereinstimmende Verquickung der traditionsgeschichtlichen Beobachtungen mit einer formgeschichtlichen Hypothese begründen können, einmal abgesehen von der voreiligen Ineinssetzung von ברית und "covenant". Mit der Berit-Theologie von Dtn. 5,2f. hat Dtn. 6,4 explizit nichts zu tun, die "dtn." Berit-Theologie aber redet von der Selbstverpflichtung Jahwes

---

95   Zitiert nach WISEMAN, The Vassal-Treaties of Esarhaddon, IRAQ XX, 1958, S.1-100; Übersetzung WISEMAN, S.50.

96   L.WATERMAN, Royal Correspondence of the Assyrian Empire, Ann Arbor, Univ.of Michigan, 1930, S.266; Übersetzung nach WATERMAN.

97   A.a.O.,z.St.

98   In den genannten akkad. Texten steht das Verbum ra>amu. Die Wurzel hat nichts zu tun mit רחם , Targ.Onk.zu Dtn. 6,5 (= aram./ug.: lieben, s.erbarmen, akk.:remu).

99   MORAN, S.81f.

100   Belege bei MORAN, S.83A.35.

101   NOUGARYOL, Palais Royal d'Ugarit IV u. V., Paris 1956, 89,20f..

(7,9.12b), m.a.W., die These Morans ist im Blick auf das Dtn. literarkritisch nicht abgesichert. Die wichtigste Eigentümlichkeit des Dtn.s bleibt, daß hier das Liebesgebot bezüglich einer Gottheit ergeht.

2.1.3.3 Das Gebot der Jahweliebe im Deuteronomium

"Die Liebe zu Jahwe erscheint im A.T. am häufigsten im Deuteronomium und in den deuteronomistischen Stücken, nämlich ...: Dt. 5,10; 6,5; 7,9; 10,12; 11,1.13.22; 13,4; 19,9; 30,6.16.20; Jos. 22,5; 23,11; 1.Kön. 3,3..." (WINTER)[102]. Bei näherer Betrachtung des Befundes fällt auf, daß neben Dtn. 6,5 der Dekalog (5,10) und 7,9 eine eigene, hymnischer Rede nahestehende Sprache sprechen[103]. Dtn. 6,5 ist die einzige Stelle, wo das Liebesgebot für sich steht und nicht mit einer Reihe von anderen Forderungen der Jahwetreue bzw. der Gesetzesobservanz.

TABELLE VI: DAS GEBOT DER JAHWELIEBE IN DTN. 5-11

6,5   ואהבת את=יהוה אלהיך בכל=לבבך ובכלנפשך ובכל=מאדך

5,10   ...לאהבי ולשמרי מצותו...

7,9   ...לאהבי ולשמרי מצותו...

10,12 ירא + הלך בדרך + אהב + עבד את=יהוה אלהיך׳ בכל=לבבך ובכל=נפשך
1013 שמר את=מצות יהוה ואת=חקתיו

11,1   ואהבת את יהוה אלהיך ושמרת משמרתו וחקתיו ומשפטיו ומצותיו

11,13 ...אם=שמע תשמעו אל=מצותי...לאהבה את=יהוה...
ולעבדו בכל=לבבכם ובכל=נפשכם

11,22 ...אם=שמר תשמרון את=כל=המצוה...לעשותה
לאהבה את=יהוה...ללכת בכל=דרכיו ולדבקה=בו

Vgl. Dtn. 13,4b.5; 19,9a; 30,6.15-16.19b-20.

---

102   A.a.O.,S.211.
103   Zum Vergleich dieser beiden Texte s.u. S. 98ff..

Im dtr.G erscheint die Forderung lediglich in sek.-dtr. Reflexen[104]. Dies ist angesichts der prominenten Stellung in Dtn. 6,4f. mehr als erstaunlich, empfindet man doch kaum zu Unrecht eben diese Einleitung zur dtn. Rede als zentrale Forderung der dtn. Schriften überhaupt. Dieses Empfinden hat zunächst seinen Anhaltpunkt in den zahlreichen Bezugnahmen auf das Gebot als solches innerhalb der fortschreibenden Schichten des Dtn.s selbst. Wenden wir uns diesen also zunächst zu.

a) Dtn. 10,12f..

Dtn. 10,12f. wird von vielen Kommentatoren gerne als Beginn des Übergangs einer ursprünglichen Grundschicht der Paränesen zum Gesetz hin angesehen[105]. Abgesehen von einer pluralischen Digression in 10,15b-19 reicht der singularische Text bis Dtn.11,1[106]. Mitunter wird auch v.13 als Zusatz eingeschätzt, da nach der vollmundigen Formel in v.12 (בכל=לבבך ובכל=נפשך) der erneute Einsatz mit einem Infinitiv und die neuerliche Einführung des Jahwenamens den Eindruck sekundärer Ausweitung erwecken[107]. Die reihenhafte Auffüllung mit verschiedenen begrifflichen Aspekten der Gebotsparänese ist in Verbindung mit der Vorliebe für Infinitivkonstruktionen ein Charakteristikum der spät-dtr. Schichten[108]. - Nun bietet v.12 in jedem Fall erst einmal einen Neueinsatz gegenüber 10,11. Dort endet der Bericht der Horebepisode mit dem Aufbruchsbefehl, hier wird durch ועתה eine (redaktionelle) Brücke in die fiktive Gegenwart geschlagen und durch die erneute Anrede Israels die Einleitung des neuen Abschnittes markiert[109]. Dabei wirkt v.12f. wie eine bewußte Paraphrasierung dessen, was schon längst gesagt ist, und es lassen sich für jede der hier wie sonst nirgends in dieser Fülle auftretenden Wendungen in den vorhergehenden Kapiteln Bezugspunkte finden:

104 Jos.22,5; 23,11; 2.Sam.22,3 (vgl.Ps.18,2); sowie Ri.5,31 (hierzu im einzelnen Winter, a.a.O., S.222-224, und u.S.89f.).

105 S.o.TABELLE I, bei den Vertretern der älteren literarkritischen Urkundenhypothese; weitere Lösungen vgl. GARCIA-LOPEZ, Sep.Salamant.28,S.37f.42-46.

106 STEUERNAGEL, Deuteronomium, S.88f., rechnet diesen Vers nicht mehr zur Grundschicht.

107 ROSE, Ausschließlichkeitsanspruch, S.130, läßt v.13 "als Teil einer "älteren dtr. Schicht" gegenüber der "dtn." ausfallen.

108 Belege bei Ch.H.MILLER, The Infinitive Construct in the Lawbooks of the Old Testament. A Statistical Study, CBQ 32,1970,S.222-226.

109 Zur redaktionellen Verwendung H.A.BRONGERS, Bemerkungen zum Gebrauch des adverbialen we-<attah im Alten Testament. Ein lexikologischer Beitrag, VT 15, 1965, S.289-299; A.LAURENTIN, We<attah - Kai nun. Formule charactéristique des textes juridiques et liturgiques (à propos de Jean 17,5), Bibl.45,1964,S.168-197.413-432.

ליראה את=יהוה אלהיך	Dtn. 6,13 (vgl. 4,10;5,29; 6,2.24; 8,6)
ללכת בכל=דרכיו	5,33; 8,6;
לאהבה אתו	6,5; 5,10; 7,9;
לעבד את=יהוה אלהיך	6,13; (4,19.28);
בכל=לבבך ובכל=נפשך	6,5;
לשמר מצותו	4,2; 5,10.29; 6,2.17; 7,9; 8,2.6.11,
מצות + חקותו	6,2; 8,2b.11b.;
לטוב לך	vgl. 6,2.

Dtn. 10,12f. bildet mit der plerophorischen Reihe von Infinitiven die längste ihrer Art im Dtn. überhaupt. Die Satzeinleitung כי=אם + Inf.(mit Prp. ל) erscheint im A.T. nur noch an zwei Stellen, nämlich Am. 8,11 und Mi. 6,8, beides nach-dtr. Fortschreibungen[110]. Das

---

110 Mi. 6,8 erinnert in verblüffender Weise an Dtn. 10,12ff.; WOLFF hat in seinem Kommentar auf die "unverkennbare Schulung des Predigers durch deuteronomisch-deuteronomistisches Denken" aufmerksam gemacht (BK XIV,4 , S.143f.: "Unter den variantenreichen deuteronomischen Lehrpredigten steht Dtn 10,12-22 in auffallender Nähe zu Mi 6,2-8. Dem Höhepunkt Mi 6,8 entspricht genau die Struktur des Eingangs Dtn. 10,12...Auch nach 10,12 geht es zusammengefaßt schlicht um das, was (für den Hörer) gut ist...". Hier eine Übersicht der Verbindungen:

Mi. 6,8 ;

הגיד לך אדם	vgl. Dtn. 4,13;5,5.24;8,3b;
מה טוב	vgl. Dtn. 10,13b; 6,3a;
ומה יהוה דורש מעמך	Dtn. 10,12: מה יהוה שאל מעמך ;
כי אם=עשות	Dtn. 10,12: כי אם ליראה את=יהוה,
משפט ואהבת חסד	vgl. Dtn. 10,18a; Mi.3,1.8.9;
והצנע לכת עם=אלהים	Prv.11,2;Sir.16,25;32.3.

Das "Nebeneinander der (in v.6f. indirekten) Opferkritik und der Gehorsamsforderung (8) gehört zu den Eigenarten der deuterono-mistischen Prophenteninterpretation."(WOLFF, S.144; vgl. Am.5,25; Jer.6,19f.; 7,21ff.).-

Auch Am. 8,11 weist Einflüsse spät-dtr. Sprache auf (WOLFF, BK XIV,2, S.373ff):

הנה ימים באים...והשלחתי רעב בארץ

לא=רעב ללים ולא צמא למים

כי=אם לשמע את=דברי יהוה

- Die Einführungsformel ist redaktionell (vgl. außer Am.9,13; Jer.7,32; 9,24; 16,14 u.ö.(dtr.) (WOLFF,a.a.O., S.374). Die Wendung לשמע את=דברי יהוה findet sich sonst nur in den Je-

Verbum שאל mit Subjekt Jahwe begegnet nur noch in Ps. 40,7, einem nachexilischen Text, der nicht nur in seiner Opferkritik Mi. 6,6ff. nahesteht, sondern auch "in der Art und Weise, wie er von der Aneignung der Tora in seinem Herzen spricht"[111], die Kenntnis spät- bzw. nachexilischer Prophetenaneignung aufweist (vgl. Dtn. 30; Jer.31,31ff.; Ez.36,26ff.). Daneben erscheint das Verbum nur noch in Hi. 38,2;40,7. -

Dtn. 10,12 stellt sich selbst als Rekapitulation der Forderungen Jahwes dar. Damit wird das, was in 6,4f. Gebot des Mose war, gemäß der Ätiologie von Dtn. 5 zum Gebot Jahwes. Was in Dtn. 6,5 und 13 noch getrennt steht, wird hier miteinander verbunden zum Gebot, Jahwe "zu fürchten und zu lieben". Hinzu tritt die Aufforderung, "auf seinen Wegen zu wandeln", ein aus weisheitlicher, schulhafter Metaphorik stammendes (vgl. Prv. 1,15 u.ö.), von Dtn. 5 herkommendes Motiv (s.o., Tabelle III: Dtn. 5,33 -> 10,12;11,22[112]). Im weiteren Verlauf des Textes wird Dtn. 6,13 sogar z.T. wörtlich aufgenommen - ...ליהוה את־יהוה אלהיך...ולעבד in Verbindung mit der von 6,5 her bekannten verstärkenden Formulierung בכל־לבבך ובכל־מפשך (vgl.auch v.20, wo die Reihe der Verben für Jahwetreue durch den (gleichfalls metaphorischen) Ausdruck דבק ב= erweitert wird; auch dieser ist für spät-dtr. Texte charakteristisch[113]). Angesichts des Konglomerats von Rückverweisen besteht eigentlich kein Grund, ausgerechnet den auf die Gesetze als solche in v.13 für sek. zu halten. So, wie Dtn. 10,12(f.) die Verbindung von Dtn. 5 und 6ff. schon voraussetzt, so kennt der Text - wie sich im folgenden zeigt - auch die literarische Verbindung von Dtn. 6 u. 7, was an den Anspielungen in v.14f. an Dtn. 7,7f. erkennbar ist[114]. Die Gebote werden in 10,12f. wie in Dtn. 30,11-14 und Mi. 6,8 als leicht erfüllbar dargestellt. Der Verweis auf die Hoheit Jahwes (v.14.21) dient als Kontrastierung des Wunders der Zuwendung zu Israel (v.15a.22) und bildet so eine weiterführende Aus-

---

remiaerzählungen Jer.D (Jer.36,11; 37,1; 43,1) (WOLFF, S.379f.). Das Wortpaar רעב + צמא ist nur noch Dtn. 28,48 (dtr.), Jes.5,13 (exilisch?, KAISER, Das Buch des Propheten Jesaja, Kapitel 1-12, ATD 17, Göttingen (5.Aufl.) 1981, S.103), Neh.9,15; 2.Chr.32,11 (chronistisch) belegt. Am.8,11 ent- spricht der (spät-dtn./dtr.) Vorstellungswelt von Dtn. 8,3b (vgl. PERLITT, Wovon der Mensch lebt (Dtn. 8,3b), FS WOLFF, Neukirchen/Vl. 1981, S.403-426).

111 KRAUS, BK XV,1,(5.) S.460.

112 Dtr. Belege: Jos. 22,5; 1.Kön. 8,58; 2.Kön. 21,21; vgl.1.Kön. 22,43; 2.Kön. 22,2; Jer. 7,23 (WEINFELD, Deuteronomy and the Deuteronomic School, S.333f.). Zum Hintergrund des Motivs vgl. SAUER, Art. דרך, THAT I, Sp.456-460 (Lit.).

113 דבק im theol.Sinne: Dtn. 4,40; 30,20 in spät-dtr. Kapiteln, in 10,20;11,22 als Rückbezug zu 6,13, in 13,5 im Rahmen einer sek. Bearbeitungsschicht (s.u. S. 97f.), spät-dtr. Jos.22,5; 23,8(12); 2.Kön.18,6 (nach JEPSEN, Die Quellen des Königsbuches, "R II"); (vgl.Jer.13,11; Ps.63,9).

114 Vgl. näheres in der Einzelanalyse des Textes, Teil V, S.380ff..

legung der Erwählungsaussagen in Dtn. 7,6.7f., die dem spät-dtr. Zugriff auf dieselben in 4,37ff. nahesteht.

Fazit: Dtn. 10,12 gehört nicht der gleichen dtn. Schicht an wie Dtn. 6,5, sondern ist Teil einer weiterführenden Bearbeitung vorgegebener Texte und Gedanken, von literarischer, lehrhafter Paränese. Dieser Begriff hat - ebenso wie die sonst für die dtn. Texte gern verwendete Bezeichnung Predigt - im Sinne der auslegenden Verkündigung einer vorgegebenen Botschaft am ehesten hier sein Recht. Dtn. 10,12f. verhält sich zum Liebesgebot in Dtn. 6,5 wie die Predigt zum Text. Die Ergänzung desselben durch die Mahnung, in Jahwes Wegen zu wandeln, deutet darauf, daß Dtn. 9,7-10,11 mit seiner Geschichte des Abweichens (סור) von diesem Wege (9,12.16) vorausgesetzt wird.

b) Dtn. 11,1.13.22.

Die nächste Stelle, welche auf das Liebesgebot verweist, ist Dtn. 11,1. Hier stehen wir am Ende der durch 10,12f. eingeleiteten Passage. Das Gebot ist verbunden mit der Mahnung zur Gesetzesobservanz (v.11b), die das Liebesgebot offensichtlich weiterführen und auslegen soll. Der ganze Satz ist aufgrund der erst sehr spät belegten Bezeichnung trmvm (singulär im Dtn.!) in Verbindung mit dem gleichfalls gegenüber חקים (5,1.31;6,1u.ö.) jungen חקות (+ Suff.) als spät-dtr. anzusehen[115]. Die Verbindung von 11,1 zu 10,22 ist gedanklich nicht besonders eng, vom folgenden Abschnitt hebt sich der Vers jedoch durch den folgenden Numeruswechsel ab. Vermutlich gehört er zu den jüngsten Versen in Dtn. 5-11 überhaupt. -

Frühestens auf der Ebene von Dtn. 6,1 dürfte Dtn. 11,22 anzusiedeln sein, wo wir auf das Bezugswort מצוה stoßen. Die Reihe =אהב + הלך בדרך + דבק ב ist - wie oben erkannt - als gegenüber Dtn. 6,5 jünger anzusehen. Dtn. 11,22 sieht das Gebot der Jahweliebe schon als Teil des Gesetzes an, wie die von dem Vordersatz abhängige Infinitivkonstruktion v.22b belegt. Im Gegensatz zu Dtn. 6,4f.10-13 wird hier die Verheißung der Eroberung des Landes von dem Gehorsam Israels gegen das Gesetz abhängig gemacht. Diese entschiedene Zusammenbindung setzt aber den literarischen Zusammenhang von Dtn. 5 und 6ff. schon voraus[116].

---

115 משמרת: spät- bzw. nach-dtr. und bei P (Gen.26,3; Jes.22,3;1.Kön.2,3; Mal.3,14; 2.Chr.13,11;23,6); zu חקות s.o. TABELLE III,S.47f..

116 Es sind durchweg sek.-dtn. und sek.-dtr. Schichten, die die Segensverheißungen konditionieren: vgl. Dtn. 4,1.23f.25ff..39f.; 5,29.32f.; 6,1.2f.14f.17ff.24f.; 7,4.9ff.12a.16b.25f.; 8,1.19f.; 9,3.6; 10,12f.; 11,8f.13ff.22ff.; u.ö.

Auch der mit Dtn. 11,13 eingeleitete Abschnitt 11,13-21 wird der spät-dtn/dtr. Paränese zu-zuordnen sein. Wir treffen hier imgrunde auf eine Variante der Aussage von 10,12f. in plu-ralischer Anrede. Sachlich steht 11,13 auf einer Ebene mit der jungen Rahmenschicht von Dtn. 8,,1.19f.[117] Auch hier erscheint das Liebesgebot als Teil eines vorgegebenen Gesetzes.

Damit ergibt sich, daß in Dtn. 10,12; 11,1.13.22 relativ junge Rückbezüge zum Lie-besgebot von Dtn. 6,5 vorliegen; sie gehören Schichten an, die sowohl Dtn. 6* (singularisch) als auch 5 (pluralisch) schon im Rücken haben.

c) Dtn. 13,4b.5

Das gleiche gilt auch für den gebotsparänetischen Zusatz in Dtn. 13,4b.5. Die Verse heben sich durch die pluralische Anrede deutlich aus dem Kontext von Dtn. 13,2-4a.6a* heraus. Das Gesetz zur Bestrafung von Propheten und Sehern, welche zum Abfall von Jahwe ver-führen wollen, wird durch den Hinweis unterbrochen, daß es sich bei solchen Vorgängen um eine Versuchung durch Jahwe handelt, in der dieser das Festhalten an dem Hauptgebot prüft. V.5 bietet in diesem Zusammenhang eine Kette von Bezugnahmen auf so ziemlich alle typisch dtn. Begriffe der Treue- und Observanzforderungen und ist darin Dtn. 10,12f. verwandt. Man kann sich die Bezüge leicht synoptisch vergegenwärtigen:

Dtn. 6	Dtn. 13,4b.5
	כי מנסה יהוה אלהיכם אתכם לדעת
5 ואהבת את=יהוה אלהיך	הישכם אהבים את=יהוה אלהיכם
בכל=לבבך ובכל=נפשך...	בכל=לבבכם ובכל=נפשכם
14 לא תלכו אחרי	אחרי יהוה תלכון
אלהים אחרים	
13 את=יהוה אלהיך תירא	ואתו תיראו
17 שצר תשמרון את=מצות יהוה	ואת=מצותיו אשמרו
	ובקלו אשמעו
(Vgl.10,20)	ובו תדבק

---

117 S.u.S. 309-311.

Wie 10,12f.20 hat der Text Dtn. 6,5.13 im Rücken und erweitert die Aussagen durch דבק
und die Observanzforderungen. Seine sekundäre, spät-dtn./dtr. Abfassung ist schon
aufgrund der Anhäufung der Begriffe aus verschiedenen Kontexten anzunehmen[118].

d) 19,9a.

In Dtn. 19,9a ergibt sich das gleiche Bild. Die Vertreibung der Völker wird vom Gesetzesgehorsam abhängig gemacht wie in 11,22ff.(s.o.); מצוה bedeutet von 6,1ff. herkommend auch hier, "Jahwe zu lieben und auf seinen Wegen zu wandeln". Der Halbvers
unterbricht deutlich den Duktus von v.8.9b.10[119].

e) Dtn. 30,6.16.20.

In dem sicherlich spät-exilischen Text Dtn. 30, der von dem Eintreffen aller Flüche über den
Ungehorsam Israels ausgeht (v.1), wird aus dem Liebesgebot von Dtn. 6,5 schließlich eine
Forderung, für deren Erfüllung Jahwe selbst Sorge trägt: er verheißt die Herzen "zu be-
schneiden", um so Israel zur Treue zu befähigen (v.6). V.16.20 sehen die Erfüllung der
Gebote als Lebensbedingung Israels schlechthin an, gleichzeitig betonen sie wie 10,12f. die
Erfüllbarkeit derselben[120]. Damit zeigt sich, daß die dtn. Forderung der Jahweliebe in Dtn.
6,5 den Ausgangspunkt für eine auf diese zurückweisende Gebotsparänese in den weiteren
spät-dtn./dtr. Schichten bildet und also älter ist als diese.

f) Dtn. 5,9f.par. / Dtn. 7,9.

Bisher haben wir bei unserem Durchgang bisher zwei Stellen übergangen, nämlich Dtn.
5,9f.par. und Dtn. 7,9. Die Texte sind deutlich vom Stil hymnischer Jahweprädikationn geprägt und haben eine schöne Parallele in Ex. 34,6f.[121]. Der Kontrast zwischen שנאי יהוה

118 Vgl.auch MERENDINO, Das deuteronomische Gesetz, S.63-66.
119 MERENDINO, a.a.O., S.205f.
120 Zu 30,6 vgl. KNAPP, Deuteronomium 4, S.155; zum Thema der Herzensbeschneidung s. THIEL, Die
deuteronomistische Tedaktion von Jeremia 1-25, WMANT 41, Neukirchen/Vl. 1981, S.96 (vgl.
Jer.4,4;31,33;32,39f.D).
121 PERLITT, Bundestheologie, S.213f.: "Daß es sich in v.6f. um eine feste Formel handelt, beweist deren
häufiges Vorkommen in verschiedenen Kontexten, wobei die zweigliedrige Formel von v.6aßb für sich
allein in mehr oder minder genauer Formulierung noch in Jl 2,13; Jon 4,2; Ps 86,15; 103,8; Neh 8,17
erscheint. Außer Ex 34,6 steht keiner dieser Belege auch nur im Verdacht, vor-dt zu sein. Der meist

und אהבי יהוה in Dtn. 5,9f.par.ist gegenüber Ex.34,6f. eigentümlich. Das Suffix der 3.sg.m. in מצותו (5,10b) erscheint gegenüber der Parallelversion in Ex.20,6 als sekundäre Verschreibung[122], da beide Teilaussagen im Dtn. den Schwerpunkt ihrer Belege haben, kann man für beide auch von dtr. Abfassung ausgehen und muß nicht unbedingt einen Zusatz annehmen. Die Vorstellung von den Feinden Jahwes entstammt der z.T. mythisch metaphorischen Psalmensprache[123], die Kontrastierung im Dekalog legt den Begriff jedoch neu, innerisraelitisch, fest: Hasser Jahwes sind solche, die andern Göttern dienen, die aber Jahwe lieben, dienen ihm allein und befolgen demnach seine Gesetze. Der Umstand, daß der Dekalog hier nicht eigens definieren muß, worin die Liebe zu Jahwe besteht, setzt eine anderweitige Ausprägung der Begrifflichkeit voraus; diese ist - wie die Häufung im Dtn. einerseits, der Mangel an entsprechenden anderweitigen Belegen andererseits zeigen - eben die deuteronomische. Das gilt besonders dann, wenn man die "Konkretion" ולשמרי מצותו zum Text hinzurechnet, denn מצות ist Sammelbegriff für die Gebote in der dtn./dtr. Gebotsparänese und in den sekundären Überarbeitungen der Reden, besonders im Segens- und Fluchkapitel Dtn. 28[124], in Rahmenversen, sowie in der Kanonformel in Dtn. 4,2. Dtn. 5,9f. ist also das Werk der dtn./dtr. Schule, der das Liebesgebot der dtn. Rahmung des Dt. schon bekannt gewesen sein dürfte.

---

vertretenen Meinung, daß die beiden Teile der Doppelformel (v.6αβb und v.7) ursprünglich zusammengehören, weil "any reference to God's moral demands" nicht fehlen dürfte" (so.R.C.DENTAN, The Literary Affinities of Exodus 34,6f., VT 13,1963,S.34-51, S.35f.), "steht aber eine ziemlich separate Überlieferung der beiden `Hälften' entgegen: Die genannten Belege für die Formel von Ex 34,6 sind nicht einmal dt, sondern nach-dt zu nennen, während die Formel von 34,7 deutlicher in der dt/dtr Überlieferung verankert (Dtn 5,9f.; 7,9f.; cf.Jer.32,18) und dort auch in besonderer Weise der dt Theologie angepaßt ist." (J.SCHARBERT, Formgeschichte und Exegese von Ex 34,6f., Bibl.38,1957,S.130-150, S.135.) "Daß nun Ex 34,6f. nicht einfach einen ursprünglichen Text bietet, "upon which all the others are dependent" (so DENTAN, S.34), "legt sich schon aus formgeschichtlichen Gründen nahe: Am Anfang steht nicht die reichhaltigste Zusammenstellung, für deren anschließende Aufspaltung und selektiven Gebrauch wenig spricht." (gegen HALBE, Privilegrecht Jahwes, S.280-286 (JE*); ZENGER, Ex.34,1-26. Gestalt und Wesen, Herkunft und Wirken in vordeuteronomischer Zeit, FRLANT 114, Göttingen 1975,, S.242ff.(nachexilisch?).

122 S.o.S.42f..

123 שנאים יהוה: part.qal nur Ex.20,5=Dtn. 5,9; Dtn. 7,10; 2.Chr.19,2; part.pi.: Num.10,35; Dtn. 32,41; Ps.68,2; 81,16;83,3;129,21. - Von den Feinden Jahwes: Ex.15,6;Num.10,35; Ri.5,31; Ps.8,3;66,3;68,2.22.24; 89,11.52; 92,10; Nah.1,2.8; Jes.1,24; 42,13 u.ö.

124 Vgl.die Belege oben, TABELLE III,.

Dtn. 7,9f. ist wiederum deutlich jünger als Dtn. 5,9b.10par., denn erstens finden wir in diesem Text eine bewußte Umkehrung der Prädikation, insofern gegenüber dem Prinzip der Sippenhaftung die individuelle Vergeltung betont wird, und zweitens wird hier von der Einhaltung der Berit durch Jahwe gesprochen, welche wiederum abhängig ist vom Gehorsam Israels gegen das Gesetz. Damit wird das Beieinander von Dtn. 5,2f. und 6f. sachlich und theologisch vorausgesetzt[125]. Das Beieinander von Liebesgebot und Observanzforderung erscheint in 7,9f. so selbstverständlich, daß man auch hier kaum den Kristallisationspunkt der entsprechenden Ausprägung finden wird. Dtn. 5,9f. und 7,9f. setzen somit das Gebot der Jahweliebe in Dtn. 6,5 als Spitzensatz des dtn. Gesetzes voraus und mahnen indirekt den Gehorsam gegen beides, Liebesgebot und מצות an.

Kristallisationskern der dtn. und dtr. Anknüpfung an das Gebot der Jahweliebe ist also Dtn. 6,5. Die immer wiederkehrende Bezugnahme auf dasselbe ist im Dtn. frühestens in 5,9f. und 7,9f. nachweisbar, sie steht in der Regel im Zusammenhang spät-dtr. anzusetzender Paränesen.

g) Das Liebesgebot im dtr.G

Von der Jahweliebe ist im dtr.G nur an wenigen Stellen die Rede, dazu nicht an den formgebenden. Zu nennen sind Jos. 22,5; 23,11; Ri. 5,31 und 1.Kön. 3,3.
Jos. 22,5 bezieht sich deutlich auf das Dtn. als Mose-Tora zurück:

שמרו מאד לעשות את=המצוה ואת=התורה אשר צוה אתכם משה

לאהבה את=יהוה אלהיכם וללכת בכל=דרכיו ולשמר מצותיו...

Der Vers beinhaltet dazu vermutlich einen zitatartigen Rückverweis auf Dtn. 6,5 (vgl. auch den Hinweis auf מצוה in Dtn. 6,1 u.ö., in Verbindung mit תורה), und wird u.a. schon von STEUERNAGEL als relativ spätes dtr. Textstück angesehen, welches sich sogar gegenüber Jos. 23 als spätere Vorwegnahme darstellt[126].

Jos. 23 geht - entgegen Dtn. 7,1f. - vom Verbleiben von Völkern im Lande aus und verbindet die Warnung vor einer Vermischung mit diesen (v.12; vgl. Dtn. 7,3) mit der Erinnerung an Dtn. 6,5:

ונשמרתם מאד לנפשתיכם לאהבה את=יהוה אלהיכם.(Jos. 23,11).

---

125 Gegen PERLITT, Bundestheologie, S.61f. ist Dtn. 7,8b-11 nicht zur Grundschicht von Dtn. 6f. zu rechnen; vgl. u.Kap. III, S.225-229.

126 STEUERNAGEL, Das Buch Josua übersetzt und erklärt, HK I.3,2, Göttingen (2.Aufl.) 1923,S.292.

Hier steht noch das Gebot als solches stärker im Vordergrund als in Jos. 22,5, wo wir es mit allgemeiner Gebotsparänese zu tun haben. Die sekundäre dtr. Abfassung des Kapitels hat SMEND aufgezeigt[127].

Ri.5,31a enthält einen abschließenden frommen Kommentar zum Deborah-Lied, in dem den Feinden Jahwes gegenübergestellt werden die אהבי יהוה , denen die Lebensverheißung gilt, sie werden sein כצאת השמש בגברתו . V.31b stammt von dtr. Hand und fügt das Berichtete in die dtr.G-Geschichtschronologie ein[128]. V.31a wurde schon von WINTER als sek. Nachtrag erkannt[129]. Die Kontrastierung von אהבי= und איבי=יהוה steht der (dtr.) Kontrastierung von שנאים und אהבים im Dekalog nahe. Der Vers ist "späte, im Ziel des Weisheitspsalms gehaltene Zutat" (STOLZ)[130].Jedenfalls ist die Bemerkung nicht unmittelbar Teil der formgebenden und strukturierenden Schichten des dtr.G.

Das gilt auch für 1.Kön.3,3:

ויאהב שלמה את־יהוה ללכת בחקת דוד אביו... :

Das Gesetz ist hier schon als Kodex, der David als dem Prototyp eines Gesetzestreuen zur Überlieferung anvertraut ist, bekannt (vgl. 1.Kön. 2,2ff.), der Ausdruck חקות דוד ist singulär. Der Zusammenhang von Jahweliebe und Gesetz erscheint im dtr.G sonst nirgends in dieser Form, und es wird zu vermuten sein, daß 2.Kön. 3,3 nicht den primären dtr. Schichten zuzurechnen ist, da der Text an einen gebotsparänetischen Einschub innerhalb der dtr. Rede Davids an Salomo (2,Kön. 2,1-9 v.3a4aβ (vgl.Jos. 1,7)) anknüpft[131]. Der Tempelgründer soll wohl dafür, daß die Jahweverehrung auf den Höhen noch duldete (so die dtr. Interpretation der salomonischen Zeit v.3b), entlastet werden durch den Hinweis auf seine Jahwetreue (v.8a), die in der Treue zu den vom Vater überlieferten Ordnungen hatte - eine schöne (spät-dtr.) Legende. -

---

127 SMEND, Das Gesetz und die Völker, in Ges.Studien I, BEvTh 99, München 1986, S.124-137, S. 130-133.

128 RICHTER, Die Bearbeitungen des "Retterbuches" in der deuteronomischen Epoche, BBB 21, Bonn 1964, S.8f.135.

129 WINTER, ZAW 9,S.224f.

130 Jahwes und Israels Kriege, AThANT 60,1972, S.106; vgl. KAISER, Einleitung, 5.Aufl.,1984, S.331 (A.3) (Lit.).

131 Zur Anknüpfung NOTH, Könige I,1-16, BK IX,1, Neukirchen/Vl. 1964-68, S.49; WÜRTHWEIN,Das erste Buch der Könige. Kap.1-16, ATD 11,1, Göttingen 1977, S. 29; zur Ansetzung von 2.Kön. 2,3f.* als sek.-dtr., VEIJOLA, Die ewige Dynastie, AASF(B) 193, Helsinki 1975, S.28f. -

Abgesehen von einer gewissen bleibenden Unsicherheit bzgl. Ri. 5,31a - ein Vers der, sollte er wider unsere Einsicht doch alt sein, dann so alt ist, daß er mit dem Deuteronomismus noch nichts zu tun hat, wenn er jung ist, dann so sehr, daß er mit demselben nicht mehr unmittelbar verbunden ist - sind alle drei Belege für die Forderung der Jahweliebe im dtr.G auf einer spät-dtr. Stufe anzusetzen, die der der sekundären Bezugnahmen im Dtn. auf dieselbe nahestehen. Das dtn. Hauptgebot ist also nicht in den formgebenden Schichten - etwa in der generellen dtr. Königsbeurteilung - virulent geworden, sondern erst danach, als man sich auf dasselbe schon als auf ein mosaisches Gesetz besann[132]. -

h) בכל-לבבך ובכל-נפשך ובכל=מאדך

Die Beobachtungen, die für das Liebesgebot gelten, lassen sich auch für die Wendung בכל-לבבך ובכל-מפשך ובכל-מאדך analog gewinnen. Sie ist in ein-, zwei- und dreigliedriger Form im gesamten dtn./dtr. Bereich belegt und zwar vorwiegend in sekundären dtr. Schichten, wobei die zweigliedrige Version außer in 6,5 an allen weiteren Stellen im Dtn. die Normalform darstellt. Dtn. 6,5 korrespondiert die dtn. Forderung, die Gesetze zu beachten in Dtn.26,16. Sodann stoßen wir auf die schon besprochene Kette der spät-dtr. Texte: Dtn. 10,12; 11,13.18f.; 13,4; 30,2.6.10 und 4,29, und zwar nicht nur bzgl. אהב (6,5; (10,12); 13,4), sondern für die Forderung, Jahwe zu suchen (בקש, 4,29), ihm zu dienen (עבד, 10,12; 11,13), sich seine Worte "zu Herzen" zu nehmen (11,18 // 6,6), und in neuem Gehorsam zu ihm umzukehren und ihm treu zu bleiben (30,2.6.10).
Im Gefälle dieser Paränetik stehen auch die weiteren Belege im dtr.G. Sie sind im Gefolge der Einsichten SMENDs durchgängig sekundären dtr. Schichten zugeordnet worden.
Die Belege sind folgendermaßen verteilt:
1.) בכל-לבבך: 1.Sam. 7,3 ("DtrN",nach VEIJOLA)[133]; 1.Sam.12,20.24 ("DtrN",nach DIETRICH)[134]; 1.Kön. 8,23; 14,9; 2.Kön.10,31 ("DtrN", DIETRICH)[135];

---

132 Zum Nachweis der nach-dtr. Abfassung der weiteren atl. Texte, die auf ein Gebot zur Jahweliebe zurückgehen, kann auf die Untersuchung von WINTER, ZAW 9, 1889, S.211-246, zurückverwiesen werden; erstaunlich ist, daß selbst Jer.D auf das Liebesgebot keinen Bezug nimmt. Jer.2,2 ist die einzige (jeremianische?) Stelle, die von einer einstmals bestehenden Liebe Israels zu Jahwe spricht - im Bild der Braut (vgl.auch Hos. 2,16). -

133 Das Königtum in der Beurteilung der deuteronomistischen Historiographie, AASF(B) 198, Helsinki 1977, S.30ff.44ff.77f.

134 Prophetie und Geschichte, FRLANT 108, Göttingen 1972, S.74,A.38; VEIJOLA, Königtum, S.83ff.

135 DIETRICH, a.a.O., S.74,A.39; S.28f; S.34.

2.) כל=לבבך ובכל-נפשך: Jos. 22,5; 23,14 (s.o.)[136]; 1.Kön. 2,4 ("DtrN", VEIJOLA)[137]; 1.Kön.8,48 (jünger als "dtrN", WÜRTHWEIN)[138]; 2.Kön. 23,2aß ("DtrN", SPIECKERMANN)[139];

3.) die zweiteilige Formel + בכל-מאדך: 2.Kön. 23,25 ("DtrN", SPIECKERMANN)[140]. Die dreiteilige Formel enthält vermutlich eine direkte Anspielung an Dtn. 6,5 und steht also auf der gleichen Ebene wie die übrigen sekundären Bezugnahmen.
Jer.D: Jer. 3,10; 24,7; 29,13; 32,41 (THIEL)[141].

So trifft die Vermutung SPIECKERMANNs zu, daß "...alle Stellen des dtr Geschichtswerks, an denen die Wendung בכל"לב... in allen drei Spielarten als ein-, zwei- und dreigliedrige Formel vorkommt, der Schicht DtrN und späteren Ergänzungen angehören, worin wiederum die Intention von DtrN zum Tragen kommt, durch dtn-spezifische Wendungen die Verklammerung des Buches mit dem Geschichtswerk sinnfällig zu machen"[142] - vorbehaltlich dessen, daß "dtrN" nicht ein einziger Verfasser ist, sondern Sammelbezeichnung für die Schüler, welche aus dem Dtn. wie aus dem dtr.G und dem ihnen sonst zur Verfügung stehenden Schrifttum lernen.

i) Fazit

Wir treffen bei der Untersuchung der Belege für das Gebot der Jahweliebe also auf einen bemerkenswerten Befund: weder im Dtn. noch im dtr.G sind die entsprechenden Bezüge außerhalb von Dtn. 6,4f den primären oder formgebenden redaktionellen Schichten zuzuordnen, sondern solchen, die man mit SMEND und anderen dem Bereich des sog. "dtr.N" (= deuteronomistischer Nomist(en)) und dessen Nachfolgern bzw. Schülern zurechnen muß. Innerhalb des Dtn.s setzt die Wiederaufnahme des Liebesgebotes dasselbe als Teil eines Gesetzes voraus, welches im Zuge der fiktiven Moserede als solches schon zum Gegenstand der Paränese geworden ist, und das bedeutet, was die Belege im vorderen

---

136 Für Jos. 23,14 gilt das zu 23,11 Gesagte mutatis mutandis. Das Josuabild hier ist am dtr. Mosebild orientiert und hat neben der von Dtn. 5 ausgelösten paränetischen Durchdringung der dtr. Schriften auch das dtr.G im Rücken (vgl. Jos. 21,45).
137 Dynastie, S.19ff.
138 ATD 11,1, S.S.95.100.
139 A.a.O., S.43-46.
140 Ebd.
141 THIEL, WMANT 41, S.88f. Weitere Belege s. SPIECKERMANN, Juda unter Assur, S.74,A.92. (nach- bzw. außer-dtr. 2.Chr. 6,38; 15,12; 34,31).
142 SPIECKERMANN, ebd.. (Ähnlich argumentiert LEVIN, Verheißung, S.100f.).

Rahmen und im Korpus angeht (i.e. Dtn. 6-11.12-26), daß hier der sekundäre Vorbau von Dtn. 5 schon erfolgt ist. Im dtr.G wird die Verbindung mit dem solchermaßen gerahmten Gesetz erst im Kontext erweiternder und fortschreibender Bearbeitung sichtbar; in der dtr. Grundschicht ist ein Rückgriff auf das Hauptgebot des Dtn.s in 6,4f. nicht nachweisbar! Andererseits setzt die Proklamation der Einzigkeit Jahwes und die Forderung ungeteilter Loyalität Dtn. 5 noch nicht voraus, sondern strebt auf eine eigene programmatische Einfassung des DT. (=Dtn. 12-25*) zu.

2.2. *Die Aufforderung zur Aneignung der Moseworte (Dtn. 6,6-9)*

2.2.1 *Die literarische Besonderheit der Einheit*

Dtn. 6,6-9 hebt sich in mehrfacher Hinsicht von dem Umfeld ab, in dem die Verse stehen. V.4f. fordern Israel zur Loyalität gegenüber Jahwe auf, ebenso v.10-13. V.6-9 fordert die ungeteilte Treue zu den Worten des Mose. V.4f. richtet sich an Israel als Jahwes Volk, v.6-9 konzentriert den Blick auf den einzelnen Israeliten. V.10ff. steht Israel an der Schwelle des noch zu erobernden Verheißungslandes, v.6-9 geht von der Situation des friedlich darin lebenden, ausschließlich der Gesetzesbeobachtung hingegebenen Frommen aus, der friedlich in seinem Hause aus und eingeht, dessen Türpfosten er mit den Geboten beschriften soll. Dagegen wird im folgenden erst verheißen, daß Jahwe Israel Häuser und Städte geben wird. V.6-9 hat schon in jeder Hinsicht das Ganze vor Augen: das Ganze der Mosereden, das Ganze der erfüllten Verheißungen. Der Text geht von einer Situation aus, auf die die folgenden Verse erst hinführen. Es scheinen also Zweifel an der Einheitlichkeit von 6,4-5 und v.6-9 einerseits wie mit v.10-13 andererseits angebracht[143]. V.6-9 nähert sich in seinem literarischen Charakter der weisheitlichen Metaphorik (vgl. Prv. 6,20-22; 7,3; 8,34 u.a.)[144] und fällt auch von daher aus dem Zusammenhang. In den letzten Jahren ist die Besonderheit stärker empfunden worden, so von LOHFINK, der die Verse zu der paräneti-

---

[143] Anders die traditionelle Beurteilung, die v.4-9 für einheitlich hält und mit v.10-13 zu einer singularischen Schicht zusammenfaßt (vgl.Tabelle I,II; s.aber STEUERNAGEL, Rahmen, S.10f.; unsicher HEMPEL, Schichten, S.129f.u.a.), bzw. neuerdings v.4-9 (20-24) (PREUSS, Deuteronomium, S.49.98f.; SEITZ, Redaktionsgeschichtliche Studien, S.72f.). LEVIN, Verheißung, S.99, reduziert die Grundschicht schließlich auf v.4f.6*, hält v.7-9 für sekundär, da er den Relativsatz הדברים האלה אשר אנכי מצוך היום auf das gesamte Gesetz vorausdeuten sieht, wozu sich v.7ff.

seiner Ansicht nach nicht fügt. Alle diese Überlegungen legen die These LOHFINKS (Hauptgebot, S.153) zugrunde, v.10-13 seien ein Kommentar zum 1. Gebot des Dekaloges.

[144] Hierzu ausführliche WEINFELD, Deuteronomy and the Deuteronomic School, S.299ff.

schen Rahmung rechnet[145], oder von PREUSS, der 6,4-9.20-24* für die (v.10-19 aus-
schließende) Grundschicht von Dtn. 5-11 (!) hält[146]. Bei all dem spielt die inhaltliche
Beurteilung von v.6-9 eine entscheidende Rolle: wer die Verse 6.8f. wörtlich versteht und
sie auf das gesamte Gesetz bezieht, tendiert dazu, sie für sekundär zu halten[147], begibt sich
damit jedoch in den Konflikt, erklären zu müssen, wie es sich dann mit der pluralischen
Schicht in Dtn. 11,18ff. verhält, wo 6,6-9* zitiert wird, was sich im Rahmen einer einlinigen Schichtentheorie (singularisch = Grundschicht; pluralisch = Bearbeitung) nicht erklären
läßt[148]. Aber auch die alternative Lösung, wonach sich v.6 auf v.4f. bezieht, ist nicht befriedigend, weil sie zu einem übertragenen Verständnis von v.7 zwingt, wobei sie andererseits zu einer wörtlichen Auffassung von v.9 zu passen scheint. - Wenden wir uns also
zunächst der sprachlichen und traditionsgeschichtlichen Betrachtung des Textes zu, d.h. der
Frage, ob sich v.6-9 auf v.4f. bezieht oder auf das Ganze des Gesetzes, und in welchem
Maße wörtliches bzw. metaphorisches Verständnis naheliegt.

2.2.2 *Sprachliche und traditionsgeschichtliche Hintergründe*

2.2.2.1 *Vers 6*

Die Diskussion um das Verständnis von Dtn. 6,6-9 kreist immer wieder um die Frage, worauf sich der Ausdruck הדברים האלה, v.6, bezieht: ist das ganze Gesetz gemeint[149] oder
das Schema<[150] oder gar der Dekalog[151]? In jüngster Zeit hat GARCIA-LOPEZ dafür
plädiert, die Aussage auf v.4f. zu beziehen[152]: האלה sei adjektivisch gebraucht stets auf
das unmittelbar Vorhergehende bezogen, דברים sei kein Ausdruck für das Gesetz,
schließlich müsse, da in v.4 ein Neuanfang vorliege, v.6 auf v.4f. bezogen sein. Den

---

145   Hauptgebot, S.153.

146   A.a.O.

147   Vgl. STEUERNAGEL,Rahmen, 1894,S.10f.

148   Daher hat STEUERNAGEL,Deuteronomium, 1923, S.76, seine Meinung geändert und streicht den
       Relativsatz.

149   So STEUERNAGEL, HK I.3,1 (1.Aufl.), 1898, S.25; HÖLSCHER, ZAW 40,1922, S.170 A.4;
       BRAULIK, Ausdrücke für "Gesetz", Bibl. 51, 1970, S.39-86,S.49.

150   l(begrenzt auf v.6f.) so DILLMANN, Die Bücher Numeri, Deuteronomium und Josua, KeH 13, Leipzig
       1886, S.270; DRIVER, Deuteronomy, S.92; BERTHOLET,Deuteronomim, KHC 1899, S.24;
       KLOSTERMANN, Pentateuch NF, S.193; PUUKKO, Das Deuteronomium, S.150.

151   P.BUIS, Le Deutéronome, VS AT 4, Paris 1969, S.130 (dagegen BRAULIK, a.a.O).

152   RB 85,1978,S.165.

Promulgationssatz - אשר אנכי מצוך היום - hält er für sekundär, weil dieser wiederum stets mit dem Gesetz verknüpft ist, und weil gegenüber v.8 durch ihn eine Ausdehnung des דברים=Begriffes bewirkt wird; dementsprechend fehle er auch in der Parallelstelle 11,18[153].

Nun nimmt Dtn. 6,6 unter den Belegstellen für דברים im Dtn. insofern eine Sonderstellung ein, als das Wort außer in Dtn. 4,30; 30,1, wo es "Geschehnisse" meint, nur hier zum Subjekt einer Satzaussage wird, sieht man einmal von den Constructus-Verbindungen ab, die nach allgemeiner Auffassung ohnehin Spätschichten zuzurechnen sind, wie דברי התורה (17,19; 27,3; 28,58; 29,8.28; 31,12.24; 32,46), דברי הברית (28,69), דברי האלה (28,18)[154]. Es bleiben die Belege in Dtn. 1,1 und 31,1, in denen von Mose in der 3. Pers. gesprochen wird, und die als redaktionelle Überschriften erkennbar sind, die in den Zusammenhang der Einbindung des dtn.DT. in das dtr.G stehen[155] und die auf den Dekalog bezogenen Stellen in Dtn. 4,10.13.36; 5,22; 9,10; 10,2.4). Eine gewisse Parallele zur Formulierungsweise von Dtn. 6,6-9 finden wir indes in der späten hinteren Rahmung des Moseliedes Dtn. 32,44.45ff.: v.44 markiert den Abschluß des Liedes, v.45 den Abschluß der Moserede ויכל משה לדבר את=כל=הדברים האלה אל=כל=ישראל,

v.46 macht klar, daß mit ·כל=הדברים· כל=דברי התורה הזאת gemeiint sind, die Mose היום (6,6) verkündet (מעיד בכם , wohl aus der Jahweoffenbarung, 5,31ff.) und die es den Nachkommen zu überliefern gilt (אשר תצום את=בניכם). Wie Dtn. 6,6 auf all das am Verkündungstage (היום) zu Sagende vorausblickt, so schaut 32,45ff. darauf zurück; der Text zeigt, daß die Wendung הדברים האלה durchaus für das Gesetz als Gesamtheit (einschließlich der Paränesen) gelten kann (gegen GARCIA-LOPEZ), und zwar naturgemäß zu einem relativ späten Zeitpunkt der Entstehungsgeschichte[156].

Dies gilt auch für Dtn. 12,28, שמר ושמעת את כל=הדברים האלה אשר אנכי מצוך... . Der Vers ist an die Zentralisationsgebote von Kap.12 als paränetischer Zwischenschluß angefügt worden, wobei der Inhalt sehr allgemein bleibt. Die Verwendung des Inf. abs. erinnert an

---

153 A.a.O., S.166. Der Promulgationssatz ist in der Tat nur in Dtn. 6,6 abhängig von ;jrbdh; eine Zusammenstellung der Materialien bietet S.J. de VRIES, The Development of the Deuteronomic Promulgation Formula, Bib. 55, 1974, S.301-316, vgl.auch oben S.72A.147.

154 Vgl. zum Thema LINDARS, Torah in Deuteronomy, FS D.W.Thomas, Cambridge 1968, S.117-136, S.128; er bezieht דברים auf den Dekalog.

155 SEITZ, Redaktionsgeschichtl. Studien, S.23ff.

156 Dtn. 32,45ff. wird allgemein als spät-dtr. angesehen, PREUSS, a.a.O., S.168f.

6,17, die Segensverheißung an 6,18, beide Verse sind gleichfalls relativ jung[157]. Die Reihung שמר , inf. + שמע perf.cons., ist im Dtn. singulär. Auch Dtn. 28,14 hebt sich zusammen mit v.13b von dem vorhergehenden Segenstext ab und weist Merkmale spät-dtr. Abfassung auf: אל־ שמע + unpers. Objekt (v.13b) steht nur in Dtn. 4,1; 11,13.27f. und Neh. 9,16; 2.Chr.35,22; ימין ושמאל=...מן סור in dtr. und spät-dtr. Texten: Dtn. 2,27; 5,32; 17,11.20; Jos.1,7; 23,26[158]. Der Numeruswechsel im Promulgationssatz bringt eine zusätzliche für spätere Fortschreibungen charakteristische Inkonzinnität. Die Parallelität von דברים und מצות zeigt die Austauschbarkeit der Begriffe an dieser Stelle an.

Der allgemeine Ausdruck דברים hat im Dtn. stets das Ganze der Moserede im Blick, gleichgültig ob er am Beginn (1,1; 6,6) oder am Ende (28,14; 31,1; 32,45) oder auch als Abschluß eines Redeteiles (12,28) des Korpus' steht. Die Auffassung GARCIA-LOPEZ', adjektivisches האלה sei stets auf unmittelbar Vorhergehendes zu beziehen, ist insofern nicht zwingend, als der Gebrauch der Partikel vom jeweiligen Zusammenhang abhängt. Vorangestelltes האלה steht nur in Überschriften (1,1; 28,69 (vgl.auch 4,44), אלה kann sich ansonsten generell voran- wie auch nachgestellt auf Vorhergehendes wie auf Folgendes beziehen (vgl.z.B.Gen. 2,4; 6,9; 11,10 und Gen.9,19; 10,20.29.31). Zumindest für die Verwender des Promulgationssatzes dürfte die allgemeine Bedeutung der Wendung klar gewesen sein, wie das היום beweist; die Deutung von Dtn. 6,6 auf v.4f. durch GARCIA-LOPEZ wirkt nicht sehr überzeugend, wenn sie dazu nötigt, das gewichtigste Gegenargument, den Relativsatz also, auszuschalten[159]. Dagegen spricht schließlich auch der dtn. Befund, denn - abgesehen von 1,1; 31,1 - steht der Promulgationssatz an allen weiteren Stellen mit דבר (4,2; 13,1) bzw. דברים (12,28; 28,14). Überhaupt hängt er im Dtn. ausnahmslos mit solchen Rück- bzw. Vorverweisen zusammen, die im Gefälle der Einfügung von Dtn. 5 her erfolgten Gebotsparänese liegen[160]. Der paränetische Grundton von Dtn. 6,6-9 ist es auch, der die Annahme, ausgerechnet hier solle der Satz sekundär sein, nicht nahelegt. Daß andererseits die Gebotsparänese, die überall im Kontext von Dtn. 6-8 nicht primär ist, hier in 6,6 ihren Anfang haben soll, wie LEVIN vermutet[161], ist kaum

---

157 S.u.S.108f.. Zur Spätdatierung von 12,28: PREUSS, a.a.O.,S.52.

158 Keine dieser Stellen ist älter als Dtn. 5, außer Dtn. 2,27, wo das Gesetz aber keine Rolle spielt.

159 GARCIA-LOPEZ, RB 85, 1978, S.165.

160 Vgl.6,2; 7,11; 8,11b; 10,13 -singularisch; 4,1f.; 8,1; 11,8.13.22.27.28 - pluralisch. Innerhalb von Dtn. 6ff. und 12-26 ist der Promulgationssatz stets mit paränetischen Digressionen verknüpft (Dtn. 12,11.14.21.28; 13,19; 15,11; 19,7.9; 24,22.28; pluralisch 13,1).

161 LEVIN, Verheißung, S.99f.

einsichtig, zumal dann nicht, wenn der mangelhafte Zusammenhang zum Kontext ihn dazu zwingt, schlechtweg alles nach 6,4-6 Folgende für sekundär zu halten[162].

Dtn. 6,6 ist also einheitlich und auf das Gesetz in seiner Einheit von Gebot und Mahnung zu beziehen.

Die Forderung, daß das Mosegesetz in der hier geforderten Weise zur "Herzenssache" werden soll, ist trotz der häufigen Reflexe auf לב / לבב in der dtn. Paränese relativ selten belegt. Abgesehen von Dtn. 26,16 - בכל=לבבך - ist doch die Art der Frömmigkeit, die hier angestrebt werden soll, erst in Dtn. 5,29; 8,2b (sek.)[163] andeutungsweise erkennbar, und sie erscheint als Anliegen spät-dtr. Paränetiker, vgl. neben 32,46 und dem Zitat in 11,18 Dtn. 30,14:

כי קרוב אליך הדבר מאד בפיך ובלבבך לעשׂת[164].

Die Vorstellung von der Wüstenzeit als Zeit der Prüfungen Jahwes

(8,2b) לדעת את=בלבבך התשׁמר מצותו אם=לא

ist nicht nur deutlich nachträglich in den Zusammenhang von v.2a.3a eingefügt, sondern durchbricht auch die sonst vorherrschende Idee des Dtn.s, daß die Gesetze erst jetzt am Ende des Wüstenzuges mitgeteilt werden. Am nächsten kommt Dtn. 30,11-14 der Gedankenwelt von 6,6-9, insofern hier von der unmittelbaren Erfüllbarkeit und Nähe des rbd Moses zum Herzen die Rede ist. Wer sich das Mosegesetz so vorstellen kann, für den ist es auch denkbar, daß der Fromme allenthalben und zu jeder Tages- und Nachtzeit seinen Kindern davon erzählen kann. Überhaupt erscheint in Dtn. 30 das Hören auf die Stimme Jahwes gleichbedeutend mit der Liebe zum ihm "von ganzem Herzen und von ganzer Seele" (30,2). Was in Dtn. 30 als Ziel der Umkehr nach dem Exil erscheint (30,10), wird in 6,6 der Gesetzesverkündigung direkt nach dem Hauptgebot v.5 vorangestellt. לבב ist Leitwort in Dtn. 30 (v.1.2.6bis.10.14.17), die Unmittelbarkeit, in welcher Israel und sein Gesetz hier miteinander verbunden sind, ist ein Gedanke, der den Duktus des spät-dtr. Kapitels 30 bestimmt, in 6,6-9 unterbricht er ihn. Daß sowohl 6,6-9 als auch 30,11-14 von weisheitlicher Metaphorik bestimmt sind (vgl. Prv. 6,21; 7,3; Hi. 42,3; Ps. 37,31; 139,6), deutet gleichfalls auf die gemeinsame späte Herkunft[165].

---

162 Ebd.

163 S.unten zur Stelle, S. 313f..

164 לב / לבב in Dtn. 5-11: dtn. : 6,5; 7,17; 8,5.17. spät-dtr.: 4,9.29.39; 6,6; 8,2b; 10,12; 11,13. - Zur Begründung vgl. die Einzeluntersuchungen zu v.7f., S. 110ff..

165 Zu 30,11-14.15-20 vgl. WEINFELD, Deuteronomy and the Deuteronomic School, S.258f.; PREUSS, Deuteronomium, S.161f.

Sucht man nach dem traditionsgeschichtlichen Hintergrund des Ausdrucks היה על=לבב bzw.

שים על=לבב (11,18), so findet man im Bereich des A.T. nur noch zwei Belege: Cant. 8,6 und
Ex.28,29f.[166]. Neben Zeichen persönlicher Zugehörigkeit (Ringe, Siegel) sind die, die eine religiöse
Bindung erkennen lassen, zu allen Zeiten im A.O., etwa in Form von Amuletten, verbreitet gewesen[167].
Skarabäen wurden bekanntlich um den Hals und auf der Brust, also "auf dem Herzen" getragen, und es
gibt Grabfunde, in denen man einen Skarabäus mit der Aufschrift "Geliebter des Ptah" auf dem Herzen
gefunden hat[168]. Auch Götternamen und -darstellungen sind auf solchen Amuletten natürlich keine
Seltenheit[169]. Der Einfluß dieser altorientalischen Gebräuche bzw. Geisteswelt ist noch deutlich zu
spüren in der priesterschriftlichen Anordnung für die Erstellung des aaronitischen Priestergewandes
Ex.28,29; זכרון meint hier - wie in Ex.12,13f. u.ö. - das Erinnerungszeichen[170]. Man könnte nun
versucht sein zu meinen, Dtn. 6,6 sei doch wörtlich aufzufassen und enthalte eine Art
Entmythologisierung: nicht irgendwelche Amulette sollst du um den Hals tragen, sondern auf deinem
"Herzen" sollen diese Worte, d.h. Dtn. 6,4b, sein (so KEEL)[171]. Eine solche Interpretation hätte jedoch
zur Folge, daß v.7 schwer verständlich wäre, denn welcher Hausvater soll ständig nur über v.4f. reden?
Außerdem deckt die Analogie der Amulette wohl v.4b, nicht aber das Liebesgebot.

Eine metaphorische Verwendung der angesprochenen Symbolik ist allerdings in der ägyptischen
Weisheitsliteratur belegt, u.a. in einem Zusammenhang, wo die Rede von einem Gottesverhältnis von
Liebe und Gegenliebe, wie sie für die Beschreibung des Königtums charakteristisch ist, auch auf den
"Privatmenschen" ausgedehnt wird[172], etwa in den Sprüchen des Ptah-hotpe: "Ein von Gott Geliebter ist
der, welcher hört, wen Gott haßt, der hört nicht. Das Herz ist es, das seinen Herrn zu einem Hörenden

---

166   JOüON, Locutions hébraiques avec la préposition על devant לב, לבב, Bib.5, 1924, S.49-53.

167   KEEL, Zeichen der Verbundenheit. Zur Vorgeschichte und Bedeutung der Forderungen von Dt 6,8f. und
    par., FS D.Barthélemy, OBO 38, Göttingen-Fribourg 1981, s.160-241; GALLING, Art. Amulett, BRL
    (2.), S.10f.; FABRY, Art. לב, לבב , ThWAT IV, Sp.413-451, bes. 416f.; DRIOTON, Maximes
    relatives à l'amour pour les dieux, An.Bibl. 12, Rom 1959, S.57-68; BEYERLIN, RTAT S.67ff.

168   E.OTTO, Gott und Mensch nach den ägyptischen Tempelinschriften der griechisch-römischen Zeit,
    Heidelberg 1964, S.46f.; BERGMAN, Art. bhx, ThWAT I, Sp.105ff.

169   GALLING, a.a.O.

170   KEEL, Zeichen der Verbundenheit, S.163; SCHOTTROFF, "Gedenken" im Alten Orient und im Alten
    Testament, WMANT 15, Neukirchen/Vl.1967(2.),S.299-328; EISING, Art. זכרון , ThWAT II, 1977,
    Sp.586-589. Der Text ist ansonsten eine traditionsgeschichlich junges Mischgebilde (NOTH, Das zweite
    Buch Mose. Exodus, ATD 5, Göttingen (6. Aufl.) 1978, S.181f.

171   KEEL, a.a.O., S.161, der ansonsten für eine wörtliche Interpretation des Textes eintritt, übersetzt v.6 im
    übertragenen Sinne (ohne Promulgationssatz): "Diese Worte sollen dein Überlegen bestimmen."

172   Vgl.E.OTTO, Gott und Mensch nach den ägyptischen Tempelinschriften der griechisch-römischen Zeit,
    Heidelberg 1964, S.46f..

oder zu einem Nichthörenden macht. Leben, Heil und Gesundheit eines Menschen ist sein Herz...."[173]. Der Text beschreibt also eine enge Zusammengehörigkeit zwischen Liebe zur Gottheit und Gehorsam des Herzens.

Damit sind wir wieder bei der allgemeinen weisheitlichen Grundfärbung von Dtn. 6,6. Und tatsächlich bietet sich dort eine Parallele aus den Proverbien für bildliches Verständnis wie für lehrhafte, weisheitliche Prägung, Prv. 6,20-23: מצות - im Dtn. ein Leitwort der Gebotsparänese - erscheint hier für die Gebots des Vaters, תורה - im Dtn. Sammelbegriff für die mosaische Weisung - hier für den Unterricht der Mutter. Die Worte sollen על=לבך gebunden קשר werden (vgl. Cant. 8,6; Ex.28,29 u.ö.)[174] und um den Hals getragen[175], ständig im Gehen memoriert, beim Erwachen und beim Zubettgehen (vgl. Dtn. 6,7). So wie Prv. 6,21ff. die permanente Beachtung der elterlichen Gebote fordert, so Dtn. 6,6-9 die der mosaischen. Mag der Prv.-Text auch jünger sein als Dtn. 6,6-9, so belegt er doch den weisheitlichen Ort der Sprache[176]. Zugleich wird deutlich, daß Dtn. 6,6 durchaus metaphorisch zu verstehen und verstehbar ist, das "Auf-das-Herz-binden" der מצות und תורה ist bildlich gemeint, היה / שים / קשר על=לבב (Dtn. 6,6; 11,18) sind synonyme Wendungen[177].

Wie in Dtn. 11,21 oder in Dtn. 6,2f.; 8,1.19f. u.ö. wird an die Befolgung der Lehre die Verheißung von Leben und Wohlergehen geknüpft. In gleicher Weise geschieht dies auch in den Proverbien, z.B. Prv. 7,1-3. Die freie Verwendung der Bezeichnungen für die Lehre wie אמרים, תורה, מצות etc. entspricht der allgemeinen Art des Ausdrucks דברים in Dtn. 6,6, das Bild von der Tafel des Herzens (s.Anm.) bietet ein weiteres Beispiel für die didaktische Ausrichtung der Herzensmetaphorik in der Weisheit wie in Dtn. 6,6. Alle sprachlichen und sachlichen Parallelen weisen darauf hin, daß die Metaphorik von Dtn. 6,6-9 weisheitlich, lehrhaften Ursprungs ist und daß mit דברים die Worte des Mose als Lehrworte in ihrer Gesamtheit gemeint sind.

2.2.2.2 Vers 7

Die unauslöschliche Einprägung des mosaischen Gesetzes על=לבך ist nach Ansicht der Verfasser von Dtn. 6,6ff. die Erfüllung des Liebesgebotes von 6,5. Sie soll auch für die

---

173   Übers. ERMANN, AOT, S.33.

174   קשר- wie ein Siegel oder ein Amulett, vgl. Jer.22,24; Hag.2,23; Cant. 8,6.

175   WEINFELD, a.a.O., S.300.

176   Zur unsicheren Datierung vgl. PLÖGER, Sprüche Salomos. Proverbia, BK XVII, Neukirchen/Vl. 1984, S.110-114.

177   Zur Sache vgl. a. Amenemope I, AOT, S.39; Dtn. 30,11-20; Prv. 7,1ff.

kommenden Generationen gelten. Mit v.7 wird nun ein Gedanke ausgeführt, welcher deutlich in der Konsequenz der von Dtn. 5 herkommenden Gebotsparänese steht: daß Israel auch die Kinder über das Gesetz belehren soll, gebietet die Anknüpfung an die institutionelle Gesetzesverkündigung in Dtn. 31,13 (dtr.) zunächst ohne Reflex auf Dtn. 6,6ff.; spätere dtr. Schichten machen nicht nur das Wohlergehen der gegenwärtigen, sondern auch das der folgenden Generationen vom Gesetzesgehorsam abhängig (Dtn. 5,29; 6,2; 12,28; (17,20 - bzgl.des Königtums; 18,5 - bzgl. des levitischen Priestertums)[178]. Ansonsten kommen die Folgegenerationen gegenüber der angesprochenen Landnahmegeneration in Dtn. 1,39 und sodann in 4,9.10.25.40; 6,2.7.20-25; 1,3f.*; 11,2-7.18-21 und 29,21.28; 30,2 in den Blick, außer 1,39 haben alle diese Stellen Dtn. 5 im Rücken und gehören in den Bereich der Gebotsparänese oder der Katechese.

Gegenüber der Forderung der Weitergabe des Gesetzes an die Ältesten bzw. Priester (Dtn. 31,9-13) stellt Dtn. 6,7 den Familienvater als Haupttradenten in den Vordergrund. Er soll nicht nur mit seinen Kindern die Feste Jahwes feiern (12,12.18.25; 16,11.14), sondern darüber hinaus die Gesetze selbst unablässig studieren wie der König (Dtn. 17,19) und Josua als Führer Israels (Jos.1,8)[179] und schließlich auch noch unaufhörlich dasselbe seinen Kindern beibringen. Dieses Elternbild ist innerhalb des DT. ebensowenig ausgeführt wie ansonsten im dtn. Rahmen (außer in 6,20-25), insgesamt dürfte es jünger sein als die von Dtn. 5 herkommende Rede vom למד Israels[180]. Unklar ist die Bedeutung des Verbums שנן, pi.. Die Parallelstelle in Dtn. 11,18 bietet למד, pi., wodurch klar ist, daß es sich um ein Verbum des Lernens und Lehrens handelt[181]. Daß ein intensives Verbum des

---

[178]

5,29	למען ייטב להם ולבמיהם
6,2	למען תירא סת=יהוה...אתה ובניך ובן=בניך
6,7	ושננתם לבניך...
12,28	למען ייטב לך ולבמיך אחריך

Zur Spätansetzung von 12,28 s.o.S. 106f., von 17,20 u. 18,5 MERENDINO, Das deuteronomische Gesetz, S.181f.188.

[179] Beide Stelle sind sek.-dtr., zu Jos. 1,8 vgl. SMEND, Das Gesetz und die Völker S. 124ff., zu Dtn. 17,19f. PREUSS, Deuteronomium, S.137.

[180] Dtn. 5,31 / 6,1.

[181] Gegen dieAbleitung von שנן, qal (vgl.arab. sanna) = "schärfen" (Dtn. 32,41;Ps. 64,6 u.ö.), übersetzt: "einschärfen" (Ges.B., S.852), spricht, daß die Piel-Form nicht belegt ist und die Übersetzung wohl vom "Geiste deutscher Muttersprache" beeinflußt ist (EHRLICH, Randglossen II, S. 270). LXX überträgt "prohibáseis", jmdm. etw. beibringen (vgl. Dtn. 11,18). Anders Aq.: deuteróseis, Pesch. ṭan(n)a, vgl. ug. ṯnn, parallel zu ṯlṯ-h, KTU 1.16 V.8, (Verbalform?); G.R. DRIVER, Problems of the Hebrew Text

Belehrens vorliegt, ist aus dem Zusammenhang wie aus der Übertragung in 11,18 bzw. den Übersetzungen heraus deutlich. Die Vorstellung unablässigen Repetierens ist wohl nicht völlig abwegig. -

2.2.2.3 Vers 8 - 9

Charakteristisch für die späten Schichten des Dtn.s ist die vielfältige - und darum unspezifische - Weise, in der hier vom Gesetz geredet wird. Dies ist nicht nur an dem allgemeinen הדברים erkennbar, sondern auch an dem Schwanken zwischen metaphorischer Rede und konkreter Anweisung. Preßt man die Frage nach der wörtlichen Befolgung von Dtn. 6,6-9 nicht, so lassen sich die einzelnen Forderungen offenbar recht unbefangen nebeneinander stellen. Der Duktus führt dabei von der Forderung nach Verinnerlichung des Gesetzes (v.6) über die der Weitergabe an die Kinder (v.7) bis hin zu den äußeren Erkennungszeichen der Verbundenheit mit dem Gesetz im persönlichen Erscheinen (v.8) wie im äußeren Bild des eigenen Hauses und seiner Tore (v.9). Auch für die Metaphorik der Verse, deren wörtliche Umsetzung erst sehr spät - d.h. seit dem 2.Jh.v.Chr.[182] - bezeugt ist, gibt es Parallelen[183]. Allgemeine Belege etwa für Armreifen als Ehren- und Erinnerungszeichen gibt es indes überall im altorientalischen Raum wie auch im A.T. (vgl. Gen. 41,42; Prv. 7,3)[184].

Über den Hintergrund von v.8b ist viel gerätselt worden. Das etymologisch ungeklärte טטפת steht parallel zu אתות, was den symbolischen Gehalt des Ausdrucks anzeigt. Was aber sind טטפת?[185] Der Ort, an welchem die טטפת anzubringen sind - בין עיניך - fügt

---

and Language, FS F.Nötscher, Bonn 1950, S.46-61, S.48, und KBL, S.998f..; dagegen spricht, daß Aq. u. Pesch. vermutlich von der Wurzel שנה (akk. sanum, snj; aram. tn>, syr. tn(n)>) = wiederholen, repetieren, erzählen, herkommen (TSEVAT, Alalakhiana, HUCA 29, 1958, S.125A.112), vgl. Enuma Elis VII,147 (LABAT, Le poème babylonien de la création, Paris 1935, S.172; OPPENHEIMER, Mesopotamian Mythology I, Or.16, 1947, S.237 ("to teach"). Aber daß שנן (pi.) u. ug. tnn* (D-Stamm?) von akk. snj*(D-Stamm) ableitbar sind, kann man nur vermuten, das hebr. Äquivalent zu sanum ist שנה (vgl. 1.Kön. 18,34).

182 KEEL, Zeichen der Verbundenheit, S.166-178.

183 Ders., a.a.O., S.183-217.

184 Vgl.hierzu GUNKEL, Genesis, HK I,1, Göttingen (3.Aufl.) 1910 (=Nachdr. 1977), S.438.

185 Zur neueren Diskussion vgl. neben KEEL, a.a.O.,S.220f.A.20f.) GAMBERONI, Art. טוטפת, ThWAT III, S.341ff.; TIGAY, On the Meaning of T(W)TPT*,JBL 101,1982, S.321-331. Die Ableitung von נטף (arab.: nataftu), "tropfen", führt im Hebräischen zu נטיפה (vgl. Ri. 8,26; Jes. 3,29:) tröpfchenförmige Gehänge. Die andere Möglichkeit einer Herleitung von טף (vgl.arab. tafa, Wurzel

sich zu der Vorstellung eines Gehänges und damit zur Ableitung von טאף . KEEL bietet eine Reihe anschaulicher Belege dafür auf, daß entsprechende Schmuckstücke im palästinischen Raum bekannt waren, und zwar bei den Kedeschen der Ischtar, die hierdurch ihre besondere Zugehörigkeit zur Göttin ausgedrückt haben[186]. Die Besonderheit von Dtn. 6,8 besteht nun aber darin, daß jeder kultische Hintergrund zurückgedrängt wird: die Zugehörigkeit der Israeliten zu Jahwe wird dadurch zum Ausdruck gebracht, daß sie sich die Moseworte - und das heißt sein Gesetz - gleichsam als טוטפת an die Stirne heften. Der reale Hintergrund des Ausdrucks ist alt, die literarische, metaphorischen Verwendung im Dtn. aber vergleichsweise jung.

Auch v.9 verweist auf ehemals numinose Zusammenhänge, die nun durch die neue Gesetzesfrömmigkeit verdrängt werden sollen[187], vgl. etwa Jes.57,3.7f., wo von "Gedenkzeichen" (זכרון)[188] hinter Türen und Pfosten die Rede ist. Eine Assoziation zwischen diesen "Gedenkzeichen" und Fruchtbarkeitsritualen ist an dieser Stelle unübersehbar. Auch apotropäische Riten sind mit dem Hauseingang und den Pfosten verknüpft (Ex.12,7.22f.; Ez.45,19), ebenso weiß das Alte Testament von Belastungen in diesem Bereich (1.Sam. 5,5; Zeph. 1,9; 2,14). Dtn. 6,9 übergeht all dies souverän. Die Metaphorik wird eingesetzt um zu kennzeichnen: dein gesamter Familienstand soll unter der Herrschaft des Gesetzes Jahwes stehen. Die Forderung wird gleichfalls erst spät wörtlich umgesetzt; wie wenig Sebstverständlich ihre Umsetzung war, zeigt noch die Kritik Trito-Jesajas (Jes.57,3.7f.) an den Hausgöttersymbolen an den Türen, übrigens ohne jeglichen Hinweis auf die Forderung von Dtn. 6,9! -

Dtn. 6,6-9 sind somit auf das Gesetz in seiner Gesamtheit zu beziehen. Gefordert wird eine alle Lebensbereiche der Familie durchdringende Gesetzesfrömmigkeit, der Vater soll für un-

---

טאף / סוף) = "umhergehen, einkreisen" zwingt zu der Annahme einer ursprünglichen Reduplikation zu einem quadriliteralen Nomen (TIGA Ya.a.O., C.H.GORDON, UT, Grammar, Nr.8,43; vgl. BARTH, Die Nominalbildung in den semitischen Sprachen, Leipzig 1894*, S.203).(also: טטפת) vergleichbar dem ug. kbkb -> hebr. כוכב, ככב (UT 8.43), wobei eine nachträgliche erneute Reduktion im Hebräischen anzunehen wäre. Einen solcher Vorgang ist aber, soweit ich sehe, im Althebräischen sonst nicht bekannt.

186   KEEL, a.a.O., bietet dafür eine Reihe anschaulicher Vergleichsmaterialien (S.193-212); vgl. auch Hos. 2,4 , Jer. 3,3, andererseits Ex.28,36.

187   Zur Beschriftung von Toren allg. DRIVER, Deuteronomy, ICC, S.93.; O.KEEL, a.a.O.,S.183ff.

188   B.DUHM, Das Buch Jesaja, HK III,1, Göttingen (4.Aufl.) 1922 (=Nachdr. 1968), S.428, konjiziert "zekaron = Phallusbild". Ein numinoser Hintergrund besteht vermutlich auch in Ex.21,6; Dtn. 15,7.

ablässige Erinnerung an הדברים האלה sorgen, gemäß dem Leitthema der folgenden
Paränese, Jahwe nicht zu vergessen (6,12). Der Text ist geprägt von weisheitlich-lehrhafter,
metaphorischer Redeweise. Die Anwendung entsprechender Mahnungen in verschiedenen
Bereichen des A.T. - Dtn. 11,18-21; Ex. 12,13f.; 13,16; Num. 17,3.5; Jos. 4,4.6f; Prv.
3,3; 6,21; 7,3) unterstreicht dies ebenso wie die Schwierigkeit der späteren jüdischen
Tradition, bei wörtlicher Auffassung von Dtn. 6,6.8f. den Umfang eines entsprechenden
Textes zu bestimmen[189]. Die Ausbildung der hier angestrebten "Herzensfrömmigkeit" hat
die Darstellung des dtr.G noch nicht geprägt, einen greifbaren Niederschlag finden wir erst
in den nach-dtr. Psalmen (etwa Ps.1, 112, 119, 128)[190].

2.2.3 Folgerungen

Die Einzeluntersuchung zu Dtn. 6,6-9 hat ergeben, daß in v.6 durchaus die Gesamtheit des
mosaischen Gesetzes gemeint ist, und daß sich die Verse in Metaphorik und Sprache wie in
ihrer weisheitlich lehrhaften Intention durchaus von v.4f.10-13 abheben. Der Grundtext des
Schema<-Israel ist somit in zwei Phasen zustandegekommen. Dtn. 6,4f. redet (wie v.10-
13) zu Israel als Gottesvolk, v.6-9 zum einzelnen צדיק, v.4f. fordern ganzheitliche
Hinwendung zu Jahwe (בכל-לבבך), v.6-9 zu seinem Gesetz (היה על-לבבך). Während
über das gesamte Deuteronomium verstreut spät-dtr. Reflexe auf das Liebesgebot von v.5
erkennbar sind, erscheint ein Zitat von 6,6-9 nur in einem ganz jungen Nachtrag in 11,18-
21. Das Zitat ist sekundär innerhalb eines spät-dtr. Umfeldes und trägt für die literarhistorische Ansetzung wenig aus.   Hingegen steht der Text den Vorstellungen des spät-
bzw. nachexilischen Kapitels 30 nahe, das Bild des solchermaßen frommen Hausvaters finden wir außer in Dtn. 6,6-9(20-25) ansonsten weder im Dtn. noch im dtr.G, wohl aber in
der nachexilischen Beschreibung des צדיק in Ps. 119 wieder. Eine wörtliche Umsetzung
von v.6.8f. ist erst im 2.Jh.v.Chr. nachweisbar.

Durch Dtn. 6,6-9 wird das Deuteronomium zum Lehrbuch einer neuen, vom Gesetz lebenden Frömmigkeit im familiären Bereich. Die Entthronung der Hausgottheiten durch den

---

189 Für Inhalt und Umfang der jeweiligen Tefillin-Texte aus Qumran ist "no consistency or pattern in the
combinations of added scruptural portions, in relation to each other or to the traditional por-tions"
erkennbar; vgl. Y.YADIN, Tefillin From Qumran (X Q Phyl 1-4), Jerusalem 1969, S.33f.

190 Dtn. 6,25 spricht der Familie, die so wie in 6,6-9 beschrieben lebt, צדקה zu, ein צדיק wie der in
6,6f. vorgestellte Familienvater ist wiederum anschaulich dargestellt in Ps. 1,1f.; 119,
2.10.13.15.34.55.62.80.83.97.147f.164; vgl.auch Ps.119,105//Prv.7,3. Zur Verbindung von Dtn. 6,6-
9 mit den Parallelen in Exodus 12f. s.u.S. 192-209.

Hinweis auf den Ausschließlichkeitsanspruch der Moselehre auf die gesamte (private) Existenz fügt sich sachlich an den generellen Ausschließlichkeitsanspruch auf Israel (v.4f.) am Beginn der Verkündigung der vom Horeb hergeleiteten Gesetze an. Literarisch ist Dtn. 6,6-9 einer Spätphase der Entstehung von Dtn. 5-11 zuzuordnen, in welcher die dtn. Rahmung des Dt. (6,4f.) ebenso wie die von Dtn. 5 herkommende (pluralische) Paränese (6,1) vorausgesetzt und das Gesetz zum Lehrbuch wird (6,2f., singularisch). Auf die Parallelen zu Dtn. 6,6-9 in Ex.12f. ist im Zusammenhang mit der Untersuchung zu 6,20-25par. noch näher einzugehen.

3   Das Historische Hauptgebot
   (Deuteronomium 6,10-13.14-19)

3.1   *Literarkritische Analyse*

Mit Dtn. 6,10 beginnt die Einprägung der in v.5 ergangenen Loyalitätsforderung im Blick auf die für das Dtn. exemplarische heilsgeschichtliche Schlüsselsituation, in welcher Israel vor der Erfüllung der Verheißung Jahwes an die Väter steht. Die Rückprojektion beinhaltet zugleich eine Interpretation der Geschichte. Sie ist enthalten in der Warnung an Israel, nach der Erfüllung der Verheißungen und dem Empfang der Gaben des Landes (v.10f.) Jahwe zu "vergessen" (v.12) und mit ihm die Heilsgeschichte, die diesen als Gott Israels als אחד (v.4b) offenbar gemacht hat. V.13 formuliert in dreifacher apodiktischer Forderung eine Einschärfung des Loyalitätsgebotes von v.5:

את=יהוה אלהיך תירא ואתו תעבד ובשמו תשבע.

Es handelt sich in v.10-13 um ein literarisch einheitliches Textstück. Die syntaktisch etwas sperrige Apposition von v.10b.11a enthält eine parenthetische Ausgestaltung des Motivs der Landgabe und fügt sich ohne Bruch in den Zusammenhang ein. Eine vergleichbar plerophorische Ausdrucksweise finden wir auch in den weiteren dtn. Gebotseinleitungen in 7,1b; 8,7b-9[191].

Uneinheitlich ist der Text allerdings von v.14-19. Das ist nicht nur an dem mehrfachen Numeruswechsel erkennbar (v.14.16.17a pluralisch; v.15a.b; 17b.18-19 singularisch), sondern auch an dem schon beschriebenen ständigen Wechsel der Themen. Ihr Zusammenhang ist eher assoziativ. V.14 spricht im Verbot (pluralisch) aus, was im Gebot v.13 (singularisch) impliziert ist, und bezeugt das Wissen darum, daß in der Geschichte Israels eben das geschehen ist, was nach 6,12 nicht hätte geschehen dürfen: daß Israel Jahwe "vergessen" hat. Aus dem von Hosea her bekannten Motiv der Polemik gegen das

---

191   Zur Form der Gebotseinleitung s.u.zu 6,10.. Alle drei genannten Texte beziehen sich auf das Land.

Vergessen Jahwes[192] ist in Dtn. 6,12 eine prinzipielle historische Forderung geworden, mit v.14 gerät das Verbot, Jahwe zu vergessen in das Bild eines geschichtlichen Ablaufes, nach welchem Israel schon bald nach der Landnahme andere Götter verehrt hat (Ri. 2,12ff.). Der Numeruswechsel ist alles andere als zufällig und keineswegs rein stilistische Raffinesse. Er signalisiert bewußt das kommentierende Eingreifen einer anderen Hand, die die pluralische Anredeform des Mose von Kapitel 5 her aufnimmt: "Mose" erläutert somit das Gebot von v.12f.. Jahwe fürchten usw. heißt hiernach, nicht anderen Göttern nachzufolgen. V.14 nimmt das Geschichtsbild des dtr.G explizit auf, wenn von der Gefährdung Israels durch עמים אשר סביבותיכם gesprochen wird. Diese Wendung ist im A.T. außer in einer dtr. Fortschreibung in Dtn. 13,8[193] nur noch in Ri.2,12 belegt. Der Zusammenhang, den Dtn. 6,14 einbringt, ist der von Ri. 2,10ff.; der Vers stimmt wörtlich mit Ri.2,12b überein. Die

---

192 Hos.2,15; 4,6; (8,14; 13,6).

193 Dtn. 13,8aa erläutert fortschreibend zunächst pluralisch, welchen Bereich das Gebot von v.7.9(sg.) umfassen soll: מאלהי העמים אשר סביבתיכם . Dabei wird die dtr. Theorie von der Totalität des Bannvollzuges bei der Landnahme vorausgesetzt, da im Bereich des Verheißungslandes man sich keine fremden Völker vorstellt, von denen eine Gefahr für Israel ausgehen könnte. STEUERNAGEL, Deuteronomim,S.103; PUUKKO, Deuteronomium,S.253; HEMPEL,Schichten, S.147; HORST, Das Privilegrecht Jahwes, S.55, hielten אשר סביבתיכם (pluralisch) ür sekundär, MERENDINO,Gesetz, S.67, schreibt den Vers weitgehend dtr. Bearbeitung zu (zusammen mit v.7bβγ+8aβγ.b (ohne 8aa), wobei mir seine Annahme, der Zusammenhang sei durch den אשר= Satz in v.7b unterbrochen worden, weniger wahrscheinlich erscheint als die sukzessiver Fortschreibung in v.8. Die Angleichung von v.8aa an den Sg. in LXX(min) ist augenscheinlich sekundär (lectio difficilior). NEBELING, Schichten, S.57, hält den Vers ebenfalls für sek. und dtr. Der אשר=Satz (plurlisch) von v.8aa erfährt eine weitere, nunmehr singularische Erläuterung vermutlich unter dem Eindruck von Dtn. 20,15(dtr.). Wohin diese neuerliche Ergänzung blickt, nämlich über den historischen Darstellungszusammenhang des dtr.G hinaus, zeigt die weitere Belegreihe für die hier hinzukommende Wendung: מקצה הארץ ועד=קצה הארץ Dtn. 13,8 in Verbindung mit Dtn. 28,64 (=spät-dtr., vgl. v.RAD, ATD 8,S.126) - zu den Völkerschaften, unter die die Diaspora verstreut ist (vgl. Jes.42,10; 43,6; 48,20; 49,6 (s.auch 40,28; 41,5.9); Jer10,13; 12,12; Ps.61,3 u.ö.). Im dtr. Bereich steht ansonsten die Wendung גוים אשר סביבתי=כם/הם Dtn. 17,14 (setzt 1.Sam.8,5(dtr.) voraus); 2.Kön.17,15 (vgl.Dtn.12,29f.)- beide Dtn.- Stellen sind wohl spät-dtr.; s.auch Ez.5,7.11.12 (nach-ezechielische Interpretationen, ZIMMERLI, Ez.1-24,BKXIII,1, Neukirchen/Vl. 1969, S.133ff.); 36,36 (später Nachtrag, ZIMMERLI, Ez. 25-48, BK XIII,2, ebd.,S.872.881f.); Lev.25,44 (H, deutlich jünger als Dtn. 15,12ff.;vgl.Ex.21,1ff.). Die Wendung הגוים רשר סביבתיכם ist somit dtr, spät-exilisch oder jünger, die Wendung ...העמים ist frühestens dtr. belegt (Ri.2,12 bzw. jünger: Dtn. 6,14;13,8).

(dtr.) Formelsprache von Ri. 2,10ff. ist von W.RICHTER hinreichend beschrieben worden[194]. Dtn. 6,14 setzt diesen Text nicht nur voraus, sondern greift ihn zitierend auf:

Dtn. 6, (12).14	Ri. 2,12
השמר לך פן=תשכח	
את=יהוה	ויעזבו את=יהוה
	אלהי אבותם
אשר הוחיאך מארץ מצרים...	המוציא אותם מארץ מצרים
לא תלכו אחרי אלהים אחרים	וילכו אחרי אלהים אחרים
מאלהי העמים אשר סביבותכם	מאלהי העמים אשר סביבותיהם...

Dtn. 6,12 läßt Mose warnen vor dem, was nach der Schilderung des dtr.G in Ri. 2,10f. schon in der zweiten Generation nach ihm geschah. Dabei verschiebt sich die Aussage jedoch in charakteristischer Weise. Ri.2,10 spricht davon, daß der Enkelgeneration Jahwe und seine Taten nicht mehr bewußt waren (לא ידעו את=יהוה), ein Vorgang, der, wäre die Warnung von Dtn. 6,12 hier literarisch vorauszusetzen, kaum unkommentiert so hätte geschildert werden können. Die Warnung vor dem Vergessen betont das Gewicht der Überlieferung und Pflege jahwistischer Traditionen und impliziert einen Vorwurf an die nachmosaische Generation. Dieser Vorwurf wird in der Beispielerzählung Ri.3,7 aufgenommen.

RICHTER hält Ri.3,7-11 im Kern für Beispielerzählung, welche älter sei als Ri. 2,11-19[195]. Aber abgesehen von dem Namen Otniel ist kaum ein Element von den dtr. Parallelen abzuheben (v.7 vgl.2,11; v.8 vgl.2,14; v.9 vgl.2,15f.; v.10f. vgl.2,18)[196], RICHTER muß selbst v.10f. als "störend" ausschalten[197]. Das für den Text so bestimmende und eigenständig anmutende Stichwort שכח erläutert imgrunde das dtr. Schema der Richterzeit, wie es in Ri.2,11 angegeben wird:

---

194 W.RICHTER, Bearbeitungen, S.26ff.
195 A.a.O.,S.23ff.;56-58.
196 Für dtr. hält den Text auch SMEND, Das Gesetz und die Völker, S.504ff..
197 A.a.O.,S.23ff.

Ri 3,7	Ri.2,11
ויעשו בני־ישראל	ויעשו בני־ישראל
את־הרע בעיני יהוה	את־הרע בעיני יהוה
	וישכחו את־יהוה אלהיהם
ויעבדו את־הבעלים ואת־האשתרות	ויעבדו את־הבעלים
	12 ויעזבו את־יהוה...

Die Rede vom Vergessen Jahwes spiegelt also das Leitmotiv des dtr.G - עשה את־הרע בעיני יהוה - wieder. Das Vergessen erscheint in Ri. 3,7 als Folge des Abfalls zu anderen Göttern. Dtn. 6,12f. bezieht sich also auf den in Ri. 2,10ff. geschilderten Vorgang, Ri. 3,7ff. erzählt eine an dieser Warnung orientierte Beispielgeschichte unter Verwendung des von Dtn. 6,12 her bekannten Motivs. Die Fortschreibung 6,14 assoziiert unterstützt durch den Hinweis auf die Herausführungsformel in 6,12 (vgl.Ri.2,12a!) den Text, auf den sich Dtn. 6,12 bezieht und fügt ihn in einem erläuternden Zitat ein (Dtn. 6,14 / Ri. 2,12b!).

In v.15 schlägt die Anrede wieder um in die 2.Pers.sg. . Es wird nun eine doppelte Begründung für das ergangene Verbot gegeben, beide Vershälften fügen sich sachlogisch besser zu v.14 als zu v.13. Hatten die alten Literarkritiker v.15 aufgrund des Numerus' mehr oder weniger automatisch v.4-13 zugerechnet, so deutet doch schon HEMPEL[198] hier Probleme an, indem er v.15a zu 6,13 rechnet, v.15b aber als Vorbereitung für 7,6 sieht; er nimmt damit wahr, daß v.15b nicht die syntaktisch/logische Fortsetzung von v.15a sein kann. Vielmehr wirkt v.15a wie eine Parenthese, wie GARCIA-LOPEZ bemerkt[199]. Damit erhebt sich die Frage nach der literarischen Zuordnung von v.15a bzw. v.15b. Wenden wir uns zunächst v.15a zu: כי אל קנא יהוה אלהיך בקרבך. Der Begründungssatz paßt zwar im Numerus der Anrede zu 6,13, von der Sache her unterstreicht er warnend das Verbot von 6,14. Die Prädikation אל קנא erscheint im gesamten A.T. nur 5x, davon 2x im Dekalog (Ex. 20,5/Dtn. 5,9), in Dtn. 4,24 deutlich als Rückbezug auf denselben[200] und - ausgelöst durch das Stichwort אלהים אחריחם (vgl. Dtn. 5,7 und 6,14) vermutlich nun

---

198 Schichten, S.140.

199 RB 85,1978,S.169f.

200 ZIMMERLI, Das Zweite Gebot, FS Bertholet, Tübingen 1950, S.550-563 (=Ges. Aufsätze, ThB 19, München (2.Aufl.) 1963, S.234-248), S.556.562f.; BEGG, The Literary Criticism of Deut. 4,1-40, BEThL 56, 1980, S.10-55, S.37f.; KNAPP, Deuteronomium 4, S.80f.

auch hier in Dtn. 6,15a[201]. Auch für den Beleg in Ex.34,14b gilt wie für alle übrigen Stellen, daß "alle diese...um das Problem Jahweverehrung - Götzendienst kreisen. Sie alle gehören ein und derselben dt/dtr Interessenlage an" (PERLITT)[202].

Daneben sind noch zu nennen Jos. 24,19 (הוא קנא אל הוא קדשים אלהים כי) und Nah. 1,2 (יהוה ונקם קנא אל). Die hymnische Prädikation von Nah.1,2 gehört in ein schwer datierbares Semiakrostichon, welches in keinem literarhistorischen Zusammenhang mit den bisher genannten Stellen stehen dürfte, vielleicht auch erst spät an den Anfang des Nahumbuches geraten ist[203]. Was Jos. 24,19b angeht, so ist die vor-dtr. Abfassung seit jeher unsicher[204]. PERLITT hat für das gesamte Kapitel dtr. Abfassung wahrscheinlich gemacht und auch für v.19b angenommen, daß der hier vorgetragene Einwand "garnicht so übel in Kontext paßt"[205], aber dies gilt vorwiegend für v.19a: *Ihr könnt Jahwe nicht dienen, denn Jahwe ist heilig!"* - das impliziert: ihr aber seid unheilig. V.19b verhält sich hierzu wie eine Erläuterung, die sich zudem in eine sachliche Spannung zu v.15 begibt, indem auf die Unvergebbarkeit und also Strafwürdigkeit jeglichen Frevels gegen Jahwe hingewiesen wird, nachdem soeben die Wahl der Verehrung "freigestellt" worden ist. Der Vers erinnert an die Verschärfung der Dekalogaussage von Dtn. 5,9b.10 in 7,9f., ist vor-dtr. nicht belegt[206], Jos.24,19b.ist (zusammen mit v.20) also frühestens dtr., d.h. steht im Zusammenhang der formgebenden Schichten des dtr.G, oder aber ist jünger. -

Mit dem Hinweis auf בקרבך in Dtn. 6,15a wird ein charakteristisches Stichwort dtn./dtr. Denkens über Israel aufgenommen: Jahwe ist in seiner Mitte, darum ist diese rein zu hal-

---

201 LOHFINK, Hauptgebot, S.155ff.. Das heißt nicht, daß der Text insgesamt Kommentar zum Dekalog ist.

202 PERLITT, Bundestheologie, S.85; BRONGERS, Der Eifer des Herrn Zebaoth, VT 13, 1963, S.269-284, S.280; BERG, Die Eifersucht Gottes-ein problematischer Zug des alttestamentlichen Gottesbildes?, BZ NF 23,1979,S.197-211(bes.S.198-202) - gegen HALBE, Privilegrecht, S.134-140 (Lit.).

203 JEREMIAS, Kultprophetie, S.16ff.; ELLIGER, ATD 25, 1975, S.2-5; die Form ist erst in babylonischer Zeit belegt (vgl.Threni).

204 WELLHAUSEN, Composition, S.133 hielt den Vers für "Zutat des Jehovisten" (i.e. redaktionell), NOTH, Das Buch Josua, HAT I,7, Tübingen (3.Aufl.) 1971, S.136, sah in v.19-24 einen dtr. Zusatz (vgl.a.G.SCHMITT, Landtag in Sichem, AzTh I,15, Stuttgart 1964, S.12f.(Lit.); dagegen GRAY, Josh.-Judges-Ruth, CB, London-Edinburgh 1967, S.196f.; HALBE, Privilegrecht, S.139f.).

205 PERLITT, Bundestheologie, S.260A1.

206 Gen. 50,17 ist ein Nachtrag zur Josephsgeschichte (GUNKEL, Genesis, S.490; WESTER-MANN,Genesis 37-50, BK I,3, 1982, S.230ff.); 1.Sam.25,28 nach VEIJOLA, Die ewige Dynastie, S.132, "dtrH", Ex.23,21 ist spät-dtr.(s.u.Kap.III,2.3.a), vgl.auch Jes.63,9f. (nachexilisch).

ten[207], vermutlich ist es durch die Wendung בסביבותיך angeregt. Die Mehrzahl der Belege deutet darauf hin, daß mit dem Verweis auf die Eiferheiligkeit Jahwes in Dtn. 6,15 der Gedankenkreis, aus dem der Dekalog entstammt, und auch der Dekalog selbst schon vorgelegen hat. Unter dieser Voraussetzung erscheint v.15a als erläuternder Einschub, welcher durch das Stichwort אלהים אחרים in v.14 an den Dekalog (Dtn. 5,7.9b) erinnert wird und die Untergangsdrohung nicht nur heilsgeschichtlich (v.15b), sondern in der Heiligkeit Jahwes selbst begründet sieht (vgl. Jos. 24,19b).

V.15b knüpft sachlich besser an v.14 an als an v.13. In welchen literarischen Zusammenhang die Androhung des Zornes Jahwes und des Landverlustes gehört, zeigt ein Blick in die Konkordanz: die Wendung ויחר אף=יהוה בישראל ist Leitwort dtr. Geschichtsperiodisierung, welches zu Erklärung es Landverlustes 587 v.Chr. dient (vgl.neben Dtn. 6,15; 7,4; 11,17; 29,26; 31,17 Jos. 23,16; Ri. 2,14.20; 3,8; 10,7; 1.Sam. 15,11; 2.Sam. 24,1; 2.Kön. 13,3; 23,26 u.ö.)[208]. Die Untergangsdrohung mit שמד entspricht gleichfalls der einschlägigen dtr. und spät-dtr. Diktion (Dtn. 1,27; 4,26b; 9,8.14.19.25; 28,63 - pluralisch; Jos. 23,15 ; und Dtn. 6,15b; 7,4; 28,20.24.45.51.61 (singularisch)[209]. Die Abfolge von Verurteilung des Götzendienstes (עבד ל= אלהים אחרים / =הלך אחרי), Zornes-, Verichtungs- bzw. Landverlustdrohung ent-spricht dtr. Schematik (Dtn. 16,16f.; 31,16f.; Jos. 23,16; Ri. 2,11.14.19f.; 3,7f.; 10,6f.; 2.Kön. 13,2f.)[210].

In Dtn. 6,15a und b liegen somit zwei selbständige assoziative Fortschreibungen von 6,14 (dtr.) vor, von denen v.15a wahrscheinlich eine gegenüber 15b jüngere Glosse ist. Beide Verse führen die dtr. Gebotskommentierung von v.14 lehrhaft (singularisch) aus.

So wie an den Rändern des Dtn. in Kap. 4 und 29f. in einer Phase stetig fortschreibender Interpretation in spät-dtr. Zeit Schicht um Schicht mit Erweiterungen und Durcharbeitungen der Texte zu rechnen ist, so auch hier innerhalb der dtn. Rahmung im Gefolge des dtn. Hauptgebots 6,13. Die Kette von v.14f. setzt sich in v.16-19 fort, wobei an den erneuten Numeruswechseln und den assoziativen Reihungen erkennbar wird, daß die Verse nicht

---

207 Dtn. 1,42; 2,14ff.; 4,3.5; 7,21;11,6; 13,2.6.12.14.15; 15,11; 16,11; 17,2.7.15.20; 18,15.18; 19,10.19f.; 21,8f.21; 22,21.24; 23,15.17; 24,7; 26,11; 28,43; 29,10.15; 31,16f. -anders deutet GARCIA-LOPEZ, RB 85, S.170f.

208 Die gleiche Beobachtung macht GARCIA-LOPEZ, RB 85,1978, S.169f.weitere Belege s.dort S.169A.38; HOSSFELD, Dekalog, S.274A.225 (allerdings hält H. versehentlich v.15b für pluralisch).

209 GARCIA-LOPEZ, a.a.O., S.170.

210 Innerhalb dieses Schemas ist nirgends von Jahwe als אל קנא die Rede (GARCIA-LOPEZ, a.a.O.), was wiederum auch für die Spätansetzung von Dtn. 6,15a spricht.

aus einem Guß sind. Eine schichtenmäßige Zuordnung solcher Stücke wird wohl kaum je überzeugend gelingen können. Daß die Verse insgesamt späten dtr. Bearbeitungsphasen zugehören, wird neuerdings sogar von LOHFINK eingestanden[211]. Der Wechsel in v.16 zur 2.Pers.pl. signalisiert wieder eine bewußte Abhebung der Aussage vom Vorhergehenden i.S. eines didaktischen Hinweises. Dieser ist vermutlich durch das Stichwort בקרבך in v.15a angeregt worden, welches den Verfasser an Ex.17,7 erinnert haben dürfte[212]. Die Stelle bietet den einzigen literarischen Anhaltspunkt für Dtn. 6,16; sie ist schon wegen ihrer künstlich anmutenden und eher theologisch als geographisch interessierten Namensätiologie für Massa und Meriba ihrerseits ein junges Gebilde. Es ist zu vermuten, daß hier eine späte Hand "der alten Meriba-Geschichte den Namen Massa hinzugefügt und mit dem Stichwort `versuchen' (נסה) in V.2 und 7 auf diesen Namen angespielt" hat (NOTH)[213]. "Da der Name Massa nicht mehr im Exodus- und Numeribuch, wohl aber im Deuteronomium (6,16; 9,22; vgl.32,8)...vorkommt, ist es geraten, eine dem Deuteronomium nahestehende, deuteronomistische Redaktion" schon in Ex.17,7 anzunehmen, die "vielleicht gleichzeitig mit dem Stichwort "versuchen" Ex.15,25b und dem Namen Horeb 17,6 - die Hinweise auf Massa eintrug." (W.H.SCHMIDT)[214]. So kann man im Blick auf Dtn. 6,16 insgesamt wohl bestensfalls soviel sagen, daß allen genannten Stellen in der spät- bzw. nachexilischen Deuteronomistik eine gemeinsame Erzähltradition zugrundelag, nach der mit dem Orte "Massa" die Ätiologie einer "Versuchungsgeschichte" verbunden war, deren Kernaussage gegen den Zweifel an der vollmächtigen Gegenwart Jahwes בקרב ישראל gerichtet war (Ex.17,7b). Dtn. 6,16 zielt im Gefolge der Untergangsdrohung von v.15b auf die Vermeidung einer Wiederholung dieser exemplarisch mit der Massa-Tradition verknüpften Ur-sünde, positiv gesprochen: Israel soll stets mit Jahwes Gegenwart rechnen und deshalb - v.17a seine Gebote beachten!

---

211 LOHFINK, Kerygmata, S.90ff.

212 So GARCIA-LOPEZ, RB 85, S.170, der allerdings ohne zureichenden Grund annimmt, schon Dtn. 6,15a sei durch Ex.17,7 motiviert, da sich dieser Zusammenhang erst durch die Verbindung von v.15a/16 erschließt. Damit wird aber die Annahme G.-L.s hinfällig, v.15a.16 bildeten ein redaktionelles Verbindungsstück zwischen den großen (meist singularischen) paränetischen (6,4-9,7*;10,12-11,17*) und den (pluralischen)"historischen Blöcken (5;9,7-10,11*) (a.a.O.,S.171).

213 ATD 5, S.110-112(111); Überlieferungsgeschichte des Pentateuch, Stuttgart 1948, S.32A.111; ähnlich LEHMING, Massa und Meriba, ZAW 73,1961, S.71-77(S.71); COATS, Rebellion in the Wilderness. The Murmuring Motif in the Wilderness Traditions of the Old Testament, Nashville 1968,S.55.62f.

214 W.H.SCHMIDT, Exodus, Sinai und Mose, EdF 191, Darmstadt 1983, S.100f. Zu vergleichen ist in diesem Zusammenhang auch Ps. 95,8; Dtn. 33,8 (beide spät- bzw. nach-dtr.), wo die Orte nicht miteinander identifiziert werden (anders - vielleicht? - als in Ex. 17,7).

V. 17b wechselt die Anrede erneut in den Singular, die Reihe der Gesetzestermini, die hier zu מצות hinzutreten, ist in dieser Form singulär (ועדתיו וחקיו אשר צוך) und gehört sicherlich nicht den strukturierenden redaktionellen Schichten an, sondern ist nicht älter als der Nachtrag in v.16.17a.

Auch v.18f. ist in singularischer Rede formuliert und enthält die für die nomistischen Fortschreibungen im Dtn. charakteristischen bedingten Segensverheißungen: Israel wird das Land nur einnehmen und Jahwe wird seine Feinde nur vertreiben, wenn es tut, "was recht und gut ist in den Augen Jahwes". Damit spielt v.18 ebenso wie v.15b mit der Untergangsdrohung an die Leitmotive des dtr.G an, innerhalb derer die Formulierung הישר והטוב vorwiegend an spät-dtr. Stellen oder später (d.h. Dtn. 12,28 (vgl. 12,25; 13,19 LXX); 2.Chr.14,1; 31,20) belegt ist[215]. Die Dtn. 6,18b sprachlich verwandten Bedingungssätze mit למען gehören weitgehend sowohl im Dtn. als auch im dtr.G in den Kontext nomistisch paränetischer Fortschreibungen[216]. Es besteht eine gewisse gedankliche Nähe zwischen 6,18f. und 6,2f..So in dem Gedanken der Bedingung der Landverheißung bzw. der Lebensverheißung (mit למען (ימיך יאריכון 6,2 / 6,18 למען ייטב לך) durch den Gesetzesgehorsam; die Berührung ist auch in einzelnen Formulierungen sichtbar:

---

215 עשה הישר בעיני יהוה   Dtn. 12,25; 19,19; 21,9;

+ והטוב   Dtn. 6,18; 12,28; 2.Chr.14,1;31,20.

Die einfache Formel ist belegt in Ex. 15,26 (D*, vgl. NOTH, ATD 5, S.102f.); dtr.: 1.Kön. 11,33.38; 14,8; 15,5.11; 22,43 (=2.Chr.20,32); 2.Kön. 10,30; 12,3 (=2.Chr.24,2); 14,3 (= 2.Chr.25,2); 15,3 (=2.Chr.26,4). 34 (=2.Chr.27,2); 22,2(=2.Chr.34,2); Jer.34,15 (D, Thiel, WMANT 52, S.27.42f., vgl.auch Dtn. 12,8; Ri.176;21,25; Jos.9,25; Jer.26,14 - dtr./spät-dtr.).

Diese Form steht in der dtr. Literatur als Pendant zu der Wendung

עשה הרע בעיני יהוה   Num.32,13 (D*, dtr. Zusammenarbeitung von Pentateuch u. dtr.G,

NOTH, Das vierte Buch Mose. Numeri, ATD 7, Göttingen
          (2.Aufl.) 1973, ,S.204ff.); Dtn. 4,25; 9,18; 31,9 (spät-dtr.; sowie Dtn. 17,2
(dtr.; MERENDINO, Das deuteronomische Gesetz, S.172 "dtn.Redaktor"; NEBELING, Schichten,S.121f."D2"; dtr.: Ri.2,11; 3,7.12bis; 4,1; 6,1; 10,6; 13,1; 1.Kön.11,6; 14,22; 15,26 u.ö. (1.Sam.15,19;2.Sam.12,9 vor-dtr.?); Jer.7,30; 18,10; 32,30 (D; THIEL, WMANT 41, S.128f.215; WMANT 52,S.37) , nach-dtr.: Jes.65,12; 66,4 (Mal.2,17).

216 STEUERNAGEL, Deuteronomium (1923), S.43,no.38a; ähnlich HEMPEL, Schichten, S.160.197. W.DIETRICH, Prophetie, S.35A.51;38; 69A.7 und 82A.62 ordnet eine Vielzahl der למען=Sätze im dtr.G "dtrN" zu. -

‎6,18 למען ייטב לך / 6,3 לעשות אשר ייטב לך
‎6,19 כאשר דבר יהוה / 6,3 כאשר דבר יהוה אלהי אבתיך לך

Anders als in Dtn. 6,3 ist der ‎כאשר=Satz hier jedoch auf die Vertreibung der Feinde bezogen (so wie auch in Dtn. 9,3; 11,25, spät-dtr.)[217]. Auch dort, wo das relativ seltene
Verb ‎הדף von den Deuteronomisten verwendet wird, stoßen wir auf sek.-dtr. Ergänzungsschichten (neben Dtn. 6,19; 9,4 in Jos.23,5 u.ö.[218]).

TABELLE VII: Der ‎למען= Satz in der Paränese
EX.   20,12; 33,13 (dtr.)

DTN. 2,30; (3,26 (‎למענכם));
      4,1.40; 5,14.16bis.27.30; 6,2bis.18.23;
      8,1.2bis.3.16bis.18; 9,5; 11,9.18.21;
      20,18; 22,7; 23,21; 24,19; 25,15;
      27,3; 29,5.8.12.18; 30,6.19;
      31,12bis.19.

JOS. 1,7.8; 4,4.6.24bis; 11,20bis.

RI.   2,22; 3,2; 13,5.

1.KÖN. 2,3.4; 8,40.(41 ‎למען שמך).43.60;
      ‎(למען ירשלים); 11,36 (13.32 ‎למען דודי :39)13.34.12.11 ;
      13,23 (‎למען בריח) ; 15,4 (‎למען דוד).
2.KÖN. 8,19 (‎למען דוד); 10,19; 12,17;
      13,24; 19,34; 20,6 (‎למען דוד עבדי ; 19,34 (‎למעני).

---

217 S.u.Kap.V. PLÖGER, Untersuchungen, S.64 (‎כאשר דבר bzgl. der Landverheißung: Dtn.. 9,28;
     19,8; 27,3; bzgl. der Väterverheißung: Dtn. 6,3.19; 9,3; 11,25; 12,20; 15,6.) Die Vertreibung der Völker
     ist für die Spätschichten des dtr.G nicht mehr selbstverständliche Voraussetzung der
     Geschichtsschreibung, sondern wird - in Korrespondenz zum Vorhandensein fremder Völker im Lande -
     immer mehr zu einem "bedrängenden Problem der eigenen Zeit" (SMEND, Das Gesetz und die Völker,
     S.136, über "DtrN").

218 Jos.23,5 "dtr.N", SMEND, a.a.O.S.130ff.; weiterhin: Num.35,20.22 - nach-dtr., NOTH, ATD 7
     ,S.218f.; 2.Kön.4,27 (vor-dtr.); Jes.22,19 (sek., DUHM, Jesaja, S.164); Jer.46,15 (nach-dtr.;THIEL,
     WMANT 52,S.85); Ez.34,21; Hi.18,18; Prv.10,3. -insgesamt vorwiegend nach-dtr. Belege.

Versucht man den Fortschreibungsprozeß von Dtn.6,14-19 zu rekonstruieren, so ergibt sich insgesamt ein relativ unsicheres Bild. Vorausgesetzt, v.14 war der erste Kommentar zu v.13, welcher in v.15b eine sekundäre (singularische) Erweiterung erfahren hat, späterhin eine singularische und eine pluralische Glossierung (v.15a/16), so kann man annehmen, daß v.17a (wie v.14 pluralisch) ursprünglich einmal die Fortsetzung von v.14 gebildet hat, während v.18f. mit seiner vom dtr.G her geschulten Sichtweise zusammen mit v.15b später hinzugetreten ist. Dies entspricht der Beobachtung von GARCIA-LOPEZ, daß die bedingten Segensverheißungen mit ‎יטב / טוב‎ + ‎למען‎ (v.18b) im Dtn. immer im Kontext der generellen Observanzforderung gegenüber den Geboten stehen[219].

Die literarkritische Analyse ergibt für die Entstehungsgeschichte von Dtn. 6,10-19 folgendes Bild: Am Anfang steht die dtn. Grundschicht v.10-13; sie erfährt eine pluralische Fortschreibung in v.14.17a (frühestens mit Einführung von Dtn. 5), diese wiederum eine singularische, lehrhafte Erweiterung in v.15b.18f. Es folgen eine Reihe späterer Glossen in v.15a/17b (singularisch) und v.16 (spät-dtr. oder jünger). V.14.17a ist dann in einer literarischen Linie mit 6,1 zu sehen, v.15b.18f. mit 6,2(f.), und v.15a,16,17b sind jüngere Reflexionen über die Heiligkeit und die Eifersucht Jahwes und über seine ‎עדת‎, den Dekalog (vgl. Dtn. 5,9f.).-

Die Uneinheitlichkeit von Dtn. 6,10-19 ist mehrfach bestritten worden. So behauptete LOHFINK, der Text sei Teil eines gattungsmäßig einheitlichen Stückes von v.10-25, einer sog. "Großen Gebotsumrahmung"[220]. Gemeint ist, daß hier "von Haus aus "apodiktisches" Recht"[221], (gemeint ist in diesem Falle v.13) unter den (fiktiven) Bedingungen vor der Landnahme formuliert, "quasikonditional" umrahmt (LOHFINK: sog. "Kleine Gebotsumrahmung) und sodann mit einer Anweisung über die "Weitergabe des Bundeswissens" (gemeint ist z.B.6,20-25) versehen wird (LOHFINK: "Große Gebotsumrahmung")[222]. Abgesehen davon, daß der Begriff "Umrahmung" insofern unglücklich ist, als er das "Gerahmte", d.h. die Gebote, mit umfaßt und zudem die Wahl eines Form-begriffes für eine Gattung nur schwer verständlich ist, beansprucht LOHFINK offensichtlich auch, literarkritische Fragestellungen mit seiner begrifflich unklaren formgeschichtlichen Hypothese[223] zu übergehen, sodaß seine gesamte Textanalyse auf ganz zweifelhaften Voraussetzungen beruht: Ein Text, der literarisch gewachsen ist, kann nicht als ganzer Beleg

219 RB 85,S.172.
220 Hauptgebot, S.113-120.
221 A.a.O.,S.114.
222 A.a.O.,S.115f. Belege sind für LOHFINK Ex.12,24-27a; 13,(1f.)11-16; (13,3-10); Dtn. 6,10-25; 7,1-5.17-24 (a.a.O.,S.116f.).
223 Was ist "quasikonditional", "Bundeswissen", "Recht" in v.13 u.s.f.?

für eine einheitliche Gattung sein, besonders dann nicht, wenn er selbst das einzige Exemplar der voll ausgebildeten Form ist! Eben dessen literarische Einheitlichkeit ist aber zu bestreiten. In seiner Einzelanalyse vertritt LOHFINK die Auffassung, v.12-16 sei das Kernstück eines konzentrisch strukturierten Textes und enthalte den Kommentar zum ersten Gebot: Dtn. 6,12 beziehe sich auf 5,6, v.14 auf 5,7, v.15a auf 5,9b, v.13 auf 5,9.11[224]. Aber die in Dtn. 6,12 enthaltene יצא=Formel ist ebenso wie der Hinweis auf בית עבדים Gemeingut und Grundbestanteil der dtn.- dtr. Schulsprache[225]. Eine Beziehung zwischen v.13 und dem Dekalog ist allein aufgrund des Stichwortes עבד nicht nachzuweisen[226]. V.14 bildet gegenüber 5,7 eine sprachliche Variante, ohne daß dabei ein wörtlicher Rückbezug vorliegt (wohl aber existiert ein solcher zum dtr.G, Ri.2,12). Was den Hinweis auf v.15a angeht, so ist es durchaus wahrscheinlich, daß der Verfasser von Dtn. 6,15a den Dekalog schon im Ohr und auch im Auge hat, da wir uns hier, wie gesagt, auf der Ebene sekundärer Fortschreibungen befinden. Das gilt auch für die Warnung vor der Versuchung des eifernden (weil heiligen) Jahwe in v.16 und dann den ausdrücklichen Verweis auf die עדת in v.17b (vgl. 5,9f.). Daß hingegen ein einheitlicher Kommentar zu Dtn. 5,6ff. vorliegt, ist aufgrund der sprachlichen Berührungen allein noch nicht erwiesen.

Daß, so LOHFINK, Dtn. 5 und 6 durch das Stichwort ירא kompositorisch zusammengehalten werden, ist gleichfalls in dieser Form kaum zu behaupten[227], denn erstens befindet

---

224 A.a.O.,S.154-157.

225 PLÖGER, Untersuchungen, S.107-115. PERLITT, Bundestheologie, S.83A.4: "יצא, hi. für die Herausführung aus Ägypten steht 29mal im Dtn; die älteren Schriftpropheten benutzen das Wort nie, sondern (auch relativ selten) עלה, hi.; בית עבדים erscheint außer Dtn 5,6; 6,12; 7,8; 8,14; 13,6.11 überhaupt nur in dt Texten (Ex 13,3.14; Jos.24,17; Ri.6,8; Jer 34,13) sowie Mi 6,4.." (letztere Stelle ist nach H.W.WOLFF, BK XIV,4, S.139ff., dtr.). Das gilt erst recht für die allein im dtr. Schrifttum belegte Wendung מבית עבדים zur Bezeichnung der ägyptischen Gefangenschaft (Belege S.130).

226 Das sieht LOHFINK selbst (a.a.O.,S.155f.); umso weniger ist einsichtig zu machen, daß v.13 ein Kommentar zu einer (nicht näher beschriebenen und also nicht bewiesenen) Vorform des "Grundtextes" des "Dekaloganfangs" sein soll.

227 LOHFINK blendet explizit das literarkritische Problem aus ("das Problem ist nicht ein literarkritisches", a.a.O.S.158); unvermittelt wird bei ihm aus Vermutungen Gewissheit: "Das entscheidende Stichwort der Kommentierung des Hauptgebots in 6,12-16 ist anscheinend (!) ירא. Es kann den ganzen Text vertreten." Eine Begründung verschweigt L. an dieser Stelle. Stattdessen folgen eine Serie von Mutmaßungen: "Schon 5,5 fällt es einmal, noch in anderem Kontext und vorbereitend. Dann steht es ...in in 5,29 und im dazu symmetrischen 6,2. Und in ähnlicher Weise erscheint es wieder in 6,24." L. analysiert den Text, als handele es sich hier um assoziative Sprachspielereien, aus denen dann eine Struktur ablesbar würde.

man sich dort, wo es in Dtn. 5 erscheint, kaum auf literarisch festem Boden, da sowohl Dtn. 5,5 als auch 5,29 parenthetischer Natur sind. In Dtn. 6,2 haben wir ebenfalls eine Fortschreibung beobachtet, und in 6,13 und 24 liegen inhaltlich völlig verschieden gewichtete Aussagen vor, die in der Weise aufeinander bezogen sind, daß v.13 die Jahwefurcht fordert, v.24 die Forderung der Gesetzesobservanz zu dem Zwecke erhoben sieht, Israel die Jahwefurcht zu lehren[228].

G.SEITZ[229] bestreitet durch den redaktionsgeschichtlich motivierten Hinweis, daß die Kinderfrage in 6,20 sich nicht auf v.10-19, sondern auf den Dekalog und die im Dtn. gesammelten Gesetzes bezieht[230], die Annahme einer einheitlichen "Gattung" in 6,10-25. Er sieht vielmehr in Dtn. 6,10-18 (v.19 ist "vielleicht von späterer Hand nachgetragen")[231] einen redaktionellen Einschub in die "ursprüngliche Redeeinheit" v.4-9.20-24*[232]. Diesen aber hält SEITZ in sich für einheitlich, und zwar aufgrund seiner "chiastischen Form": "A= v.10a, Väterschwur; B= v.10b.11, Landbeschreibung; C= v.12f., Warnung und Gebot; D= v.14, Prohibitiv (pluralisch); E = v.15, Begründung; D'= v.16, Prohibitiv (pluralisch); C'= v.17f., Gebotsparänese; B'= v.18b, Hinweis auf das Land; A'= v.18f, Hinweis auf den Väterschwur. Das Ganze sei als Kommentar zum Dekalog bei der redaktionellen Verbindung mit Dtn. 5 eingefügt worden[233].

Aber von einer einheitlichen Form kann hier kaum die Rede sein. Die sogenannte "chiastische" Struktur, die SEITZ zu finden meint, ist in sich unausgewogen: v.19 fällt völlig aus dem Schema heraus, v.15 enthält eine doppelte Begründung und daß ausgerechnet hier der Schwerpunkt der Aussage des Abschnitts sein soll, wird nur jemand entdecken, der vorher weiß, daß er hier einen Chiasmus suchen soll. Auch wird sich die Annahme einer ursprünglich selbständigen Abfassung von 6,4-9 zusammen mit v.20-25 nach unseren bisherigen Überlegungen nicht halten lassen[234].

So ist denn GARCIA-LOPEZ in seiner Analyse[235] zu der traditionellen Ansicht zurückgekehrt, daß Dtn. 6,10-13 eine eigene, auf das Hauptgebot bezogene Einheit sei, während v.14.15b und v.17a.18-19 mit bedingter Strafandrohung und bedingter Segensverheißung

---

228   Zur literarischen Einordnung s.u.S.S.189f..

229   Redaktionsgeschichtliche Studien, S.70-74.

230   A.a.O.,S.72

231   A.a.O., S.73.

232   Ebd.

233   Ebd.

234   Vgl. hierzu die Einzeluntersuchung der Abschnitte.

235   RB 85,1978,S.167-173.

So ist denn GARCIA-LOPEZ in seiner Analyse[236] zu der traditionellen Ansicht zurückgekehrt, daß Dtn. 6,10-13 eine eigene, auf das Hauptgebot bezogene Einheit sei, während v.14.15b und v.17a.18-19 mit bedingter Strafandrohung und bedingter Segensverheißung erst im Verlauf der Wachstums- bzw. Kompositionsgeschichte des Textes zueinander gekommen seien. Dabei unterstellt er den fortschreibenden Schichten von Anfang an einen kaum motivierbaren Numeruswechsel in der Anrede, sog. Numerusmischung. Diese ist aber erst im Anschluß an in sich geschlossene pluralische Fortschreibungen, welche ihrerseits singularische Ergänzungen gefunden haben, zu beobachten. Abgesehen davon wird die Fragmentarisierung des Textes im Ansatz nicht literarkritisch, sondern rein formkritisch begründet, was zu relativ willkürlichen Rekonstruktionen von "vor-dtn." und "dtn." "ursprünglichen" Textzusammenhängen führt. Hierzu ist in Einleitung zu dieser Arbeit das wichtigste schon gesagt worden. Die dtn. Verfasser waren weniger "Kompositeure" als Schreiber, die Neues aus den Brunnen der Tradition zu schöpfen verstanden, oder aber die fortschrieben und strukturierten, was ihnen vorgegeben war. -

Ausgehend von der literarkritischen Analyse des Abschnitts wenden wir uns nun der Frage nach dem literarhistorischen Ort der als Grundschicht erkannten Verse 10-13 zu.

3.2   Deuteronomium 6,10-13

3.2.1 Die Form der historisierenden Gebotseinleitung

Die historisierende Einkleidung der Gebote in Dtn. 6,10-13 stellt eine charakteristische Eigentümlichkeit des dtn. Stils dar. Die Verse erinnern in ihrer Bildung aus Vordersatz (v.10f.) und asyndetisch angeschlossenem Nachsatz (v.12f.) an den kasuistischen Rechtssatz. Von diesem unterscheiden sie sich jedoch durch die Formulierung in der 2.sg. der Anrede, sowie dadurch, daß im Nachsatz nicht eine Rechtsfolgebestimmung, sondern eine Reihe von apodiktischen Forderungen ergeht, vor allem aber durch die Fiktion einer Anrede Gesamt-Israels vor dem Eintritt in das Verheißungsland durch Mose.

Aber auch das, was nach der Auffassung der späteren Redaktoren Mose zu sagen hat, ist מצוה, das Gebot (Dtn. 6,1), nicht "Predigt". Angestrebt wird Gehorsam, nicht allein Überzeugung, wobei die historische Fiktion die Möglichkeit, argumentative Elemente einzuflechten, bietet, hier durch den appositionellen Hinweis auf die Fülle der Segensgaben v.10b.11, auf den Schwursatz v.10aβ im Vordersatz und durch die Herausführungsformel im Nachsatz. Was in v.4f. gleichsam zeitlos in Proklamation und apodiktischer Forderung aufeinander bezogen wird, wird nun - angeschlossen

---

236   RB 85,1978, S.167-173.

durch das auf die "Aktualisierung" hinführende והיה כי noch einmal unter den Bedingungen der Heilsgeschichte formuliert.

Die Wendung "Wenn Jahwe, dein Gott, dich in das Land bringt..." setzt die Mosefiktion voraus. Insofern liegt also in jedem Fall ein künstliches, und kein unmittelbar rhetorisches Gebilde vor, mit andern Worten: Dtn. 6,10-13 ist ebenso wie v.4f. von Anfang an l i t e r a r i s c h e Schöpfung. Dafür, daß wir uns diesen Text von "kultischen Sprechern " vorgetragen denken müssen, "die in persona Moysi dem Volke die wichtigsten Gebote in besonders feierlicher Form vortrugen" (LOHFINK)[237], gibt es keinen vor-deuteronomischen Hinweis.

Die Belege für die historisierenden Gebotseinleitungen sind innerhalb des dtn. Teiles Dtn. 6,10; 7,1; 8,7; 11,29;26,1, innerhalb des Gesetzesteiles (DT.) Dtn. 12,20.29; 17,14; 18,9; 19,1.8.(vgl.TABELLE VIII).

TABELLE VIII: Die historisierenden Gebotseinleitungen im Pentateuch

Deuteronomium

6,10	והיה כי יביאך יהוה אלהיך אל=הארץ
	אשר נשבע לאבתיך לאברהם ליצחק וליעקב לתת לך...
7,1	כי יביאך יהוה אלהיך אל=הארץ
	אשר אתה בא שמה לרשתה...
8,7	כי יהוה אלהיך מביאך אל=ארץ טובה...
11,29	והיה כי יביאך יהוה אלהיך אל=הארץ
	אשר אתה בא שמה לרשתה...
12,20	כי=ירחיב יהוה אלהיך את=גבולך
	כאשר דבר לך
12,29	כי=יכרא יהוה אלהיך את=הגוים
	אשר אתה בא שמה לרשת אותם מפניך...
19,1	כי=יכרת יהוה אלהיך את=הגוים
	אשר יהוה אלהיך נתן לך את=ארצם...
19,8	ואם=ירחיב יהוה אלהיך את=גבולך

---

237 LOHFINK, Hauptgebot, S.118, ähnlich v.RAD, Das formgeschichtliche Problem des Hexateuch, S.25ff (= ThB 8,S.35ff.). Eine andere Frage ist, ob sich in der literarischen Gestaltung eine gewisse Anschauung widerspiegelt. Erst insofern erscheint der Gedanke an levitische Sprecher nicht ganz unplausibel, zumal vom Deuteronomismus her eine entsprechende Verankerung in der spät- und nachexilischen Zeit erkennbar ist (Dtn. 31,9-13; Neh. 8,7f.).

כאשר נשבע לאבתיך ונאן לך את=כל=הארץ אשר דבר לתת לאבתיך

Subjekt - Israel

17,14 כי=תבא אל=הארץ
אשר יהוה אלהיך נתן לך...
18,9 כי אתה בא אל=הארץ
אשר יהוה אלהיך נתן לך...
26,1 והיה כי=תבוא אל=הארץ
אשר יהוה אלהיך נתן לך נחלה...

Exodus

12,25 והיה כי=תבאו אל=הארץ
אשר יתן יהוה לכם כאשר דבר
13,5 והיה כי=יביאך יהוה אל=ארץ הכנעני...
אשר נשבע לאבתיך לתת לך...
13,11 והיה כי=יביאך יהוה אל=ארץ הכנעני
כאשר נשבע לך ולאבתיך...

Leviticus

14,34 כי תבאו אל=ארץ כנען
אשר אני מתן לכם לאחזה
19,23 וכי=תבאו אל=הארץ...
23,10 כי=תבאו אל=הארץ
אשר אתם נתן לכם
25,2 כי תבאו אל=הארץ
אשר אני נתן לכם

Numeri

15,2 כי תבאו אל=ארץ מושבתיכם אשר אני נתן לכם
15,18 בבאכם אל=הארץ אשר אני מביא אתכם שמה
33,51 כי=אתם עברים את=הירדן אל=ארץ כנען...
34,2 כי=אתם באים אל=הארץ כנען
35,10 כי אתם עברים את=הירדן ארצה כנען

Charakteristischerweise leiten sie Gebote prinzipieller Natur ein, die mit einem recht schematischen, theologisch-idealisch bestimmten Geschichtsbild die für Israel längst verlorengegangenen bzw. verloren geglaubten Voraussetzungen seiner Existenz neu definieren wollen: Israel soll nach Einnahme des Landes über den Gaben den Geber nicht vergessen (6,10-13;8,7-18), es soll alle Völker im Lande dem Bann unterwerfen (7,1ff.), es soll bei Eintritt in das Land ein Segens- und Fluchritual vollziehen (11,29f.)[238], es soll im Lande die Gesetze befolgen (11,31f.; pluralisch!)[239], Israel soll auf keinen Fall die religiösen Bräuche der ausgerotteten bzw. vertriebenen Völker wieder aufnehmen (12,29ff.; 18,9), wenn es einmal einen König wählt, so soll dieser von Jahwe selbst erkoren sein (17,14f.), wenn Jahwe das Land gemäß seinen Verheißungen erweitert, darf es auch unabhängig von der kultischen Schlachtung in Jerusalem freie Schlachtungen vollziehen (12,20) und soll neben dem von Jahwe erwählten Kultort weitere Asylstädte einrichten (19,1.8). Schließlich soll Israel, wenn es in das Land kommt, die Erstlinge seiner ersten Ernte nach einem bestimmten Ritus darbringen (26,1ff.).

An diesem Befund fällt zunächst auf, daß der Einleitungssatz einerseits mit den Kerngeboten der dtn. Reden im vorderen Rahmen fest verbunden ist, d.h. mit 6,10ff.; 7,1ff.; 8,7ff. (11,29f.31f. sind höchstwahrscheinlich redaktionelle Nachträge, die an die vorgegebene Form anknüpfen)[240], ebenso mit dem sog. "liturgischen Anhang" Dtn. 26[241]. In Dtn. 26 werden Landthematik und Zentralisationsthematik miteinander verknüpft. Die Sprache und die Anrede in der 2.Sg. entspricht der der singularischen Hinführung zum DT. in Dtn. 6ff., die Bundesformel am Ende bildet eine Pendant zum Schema< am Anfang. Es gibt somit Anzeichen, die vermuten lassen, daß Dtn. 26 mit Dtn. 6ff. zusammmengehört und eine Rahmung des Gesetzes bildet[242].

Dort, wo die historisierenden Gebotseinleitungen in Dtn. 12-25 vorkommen, sind sie als Teile hinzugewachsenen Materials deutlich zu erkennen: Dtn. 12,20 wurde schon von STEUERNAGEL als sekundäre Vorwegnahme von v.21 und als Dublette gegen-

---

238 Dtn. 11,29f. ist vermutlich nach-dtr. und gehört in die Zeit der jüdisch-samaritanischen Auseinandersetzungen (FABRY, Noch ein Dekalog! Die Thora des lebendigen Gottes in ihrer Wirkungsgeschichte. Ein Versuch zu Deuteronomium 27, FS W.Breuning, Düsseldorf 1985, S.75-96.S.94f.).

239 Dtn. 11,31f. gehört zur redaktionellen Überleitung zwischen Paränesen und DT und ist im Gefolge von Dtn 5 entstanden; vgl. SEITZ, Redaktionsgeschichtliche Studien, S.40f.; s.u.S. 393f...

240 11,31f. steht mit 5,31/6,1 und 11,31/12,1 in Zusammenhang, v.29f. ist jünger (STEUERNAGEL, z.St.).

241 Der Vordersatz ist nicht von v.2 abzulösen; dagegen spricht schon, daß in Dtn. 26 die Landthematik von Dtn. 6ff. neu aufgenommen wird, und daß 26 thematisch gegenüber 20-25 neu ansetzt.

242 Vgl.oben zum Zusammenhang von Dtn. 6,4f./26,17f., S. 85f..

über v.15f. erkannt[243]. Der Vordersatz geht nicht wie v.21 schlicht von der Möglichkeit aus, daß der zentrale Kultort zu weit vom Wohnort entfernt ist, sondern von einer noch ausstehenden Erweiterung des Verheißungslandes durch Jahwe. Damit nimmt der Vers die Perspektive vor der Landnahme ein, nicht die der Zentralisationsgesetze der josianischen Zeit. Seine Sicht unterscheidet sich jedoch auch von der des dtr.G, welches die Eroberung des gesamten Landes unter Josua betont, und entspricht der Theorie jüngerer dtr. Ergänzer, die von einem Verbleib der Restvölker im Lande aufgrund des Ungehorsams Israels ausgehen (vgl. Ri. 2,20-3,6*). Nach diesen Spätschichten ist die Eroberung wie die Vertreibung der Völker abhängig vom Gehorsam Israels gegen das Gesetz. Dementsprechend ist auch Dtn. 19,8 formuliert, ein Text, den MERENDINO in einer Linie mit den paränetischen Versen in Dtn. 13,4b.5; 15,4ff. zurecht für "dtr." erklärt[244].

Auch Dtn. 12,29-31, worin vor der Übernahme der kultischen Praktiken der Völker gewarnt wird, ist von MERENDINO, SMEND, SEITZ als dtr. Zusatz erwiesen worden[245]. Für eine dtr. Schicht, die sowohl Dtn. 6ff.* als auch das dtr.G* voraussetzt, spricht abgesehen von der auch hier zugrundegelegten Fiktion der bevorstehenden Landnahme die z.T. wörtliche Verwandtschaft mit Dtn. 7,1 (9,1) im Vordersatz von v.29, andererseits die Verschiebung in der Aussage gegenüber Dtn. 7,1 (Israel wird die Völker bannen) i.S. des sek. dtr. Textes Jos. 23,4 (Jahwe selbst wird die Völker ausrotten (כרת, hif., nur hier u. Dtn. 19,1). Die Aufstellungen von MERENDINO[246] zeigen, daß sich der Text gedanklich und sprachlich aus verschiedenen dtn./dtr. Schichten speist. Dtr. ist sicherlich auch das Königsgesetz in Dtn. 17,14ff.[247] und mit ihm die historisierende Einleitungsformel. Dtn. 18,9 ist zusammen mit 18,12b als sekundäre

243 STEUERNAGEL, Deuteronomium, 1923, S.97f.; MERENDINO, Gesetz, S.37, hält v.20a für sekundär, NEBELING, Schichten, S.45 ordnet ihn "D2" zu, hält ihn also für dtr.:"Dieselbe Formel findet sich bei D2 in 19,8."

244 A.a.O., S.205f.; vgl. auch o. S.97f.. Der Dtn. 12,20; 19,8 sachlich und sprachlich nahestehende Beleg Ex. 34,24b dürfte gleichfalls von spät-dtr. Hand stammen (s.u. Kap. III,2, S.282; anders HALBE, Privilegrecht, S.163). Ansonsten gibt es nur noch zwei Belege für רחב (hi.), Subj. Jahwe, Obj. גבול=ישראל, Gen. 26,22; Dtn. 33,20.

245 SMEND, Die Entstehung des Alten Testaments, ThW 1, Stuttgart u.a. (3.Aufl.) 1986, S.72f., ordnet den Text "dtrN" zu; MERENDINO, a.a.O., S.40f. zeigt, daß er gegenüber v.21-27 sek. u.dtr. ist, vgl.auch NEBELING, a.a.O.,S.49 (D2); SEITZ, a.a.O.,S.152f. "dtn. Sammlung".

246 A.a.O., S.40f..

247 PREUSS, Deuteronomium, S.137; BEN-BARAK, The Law of the King in Deuteronomy, Shnaton 1,1975, S.33-44 (neu-hebr.); CAQUOT, Remarques sur la "loi royale" du Deutéronome 17,14-20, Semitica 9,1959, S.21-33; GALLING, Das Königsgesetz im Deuteronomium, ThLZ 76,1951,Sp.133-138.

(dtr.) Rahmung von 18,10f. anzusehen (MERENDINO)[248], und Dtn. 19,1 ist zusammen mit dem Nachtrag v.8f. gleichfalls als dtr. Zusatz erkennbar (MERENDINO u.a.)[249]. - Die mit einer historisierenden Gebotseinleitung versehenen Gebote sind somit für den Bestand der Gebotssätze in Dtn. 6ff.(und 26) konstitutiv, nicht jedoch für die Gesetze von Dtn. 12-25*.

Im Bundesbuch fehlt die Form der historisierenden Gebotseinleitung. Sie ist belegt im Heiligkeitsgesetz (Lev. 19,23; 23,10; 25,2) und bei P (Lev.14,34; Num. 15,2.18), sowie in den nach-dtr. Schichten des Tetrateuch (Num. 33,51; 34,2; 35,10)[250].

Hinsichtlich ihrer Ansetzung umstritten sind Ex.12,24-27; 13,5-10.11-16, die somit allein für eine vor-dtn. Zuordnung der historisierenden Gebotseinleitung infrage kommen. Indes sind auch hier Zweifel angebracht. Bedenkt man, daß diese Stücke als Zusätze in ihrem Kontext deutlich erkennbar sind, bedenkt man weiter, daß sie konkrete Beispiele liefern für die allgemeine Anleitung der "Musterkatechese" in Dtn. 6,20-25, und daß weiter in Ex.12f. Elemente beieinanderstehen, deren Zusammenwachsen wir literarkritisch in Dtn. 6 erst beobachten, nämlich historisierende Gebotseinleitung, Katechese und Zeichengebot (6,10; 6,21-24; 6,8f.)(s.hierzu ausführlich, Kap.II,5.), so dürften wohl diejenigen im Recht sein, die für die Annahme einer nach-dtn. Abfassung von Ex. 12,24-27; 13,5-16* eintreten[251].

So bleibt festzustellen, daß die historisierende Gebotseinleitung ihren literarischen Ursprungsort in Dtn. 6,ff., und d.h. in der dtn. Rahmung des Dt. hat, von wo aus sie zunächst in das Korpus eingedrungen ist. Eine vor-dtn. Ausprägung der fiktiven Redeform ist nicht nachweisbar.

248 MERENDINO, a.a.O., S.192ff.:"dtn.Redaktor", NEBELING, a.a.O.: "D1".Formal ist der Text von der dtn. Rahmung her bestimmt, inhaltlich weist er in die Richtung von 12,29ff.; auch widerspricht die Vorstellung, Israel habe die Möglichkeit, zu "lernen" כתועבת הגוים לעשות strenggenommen der Theorie der Ausrottung der Völker von 7,1, und steht der Theorie späterer dtr. Verfasser näher (Jos.23,6f.; Ri.3,1-5; Dtn. 7,25f.)

249 NEBELING, a.a.O., S.151 "D2"; MERENDINO, a.a.O., S.202.205ff. (v.1-dtn. Redaktor; v.8f.-dtr.). Das Schwanken zwischen einer dtn. und einer dtr. Zuordnung hängt mit dem Problem der Bestimmung des Verhältnisses zu Dtn. 6ff. zusammen. Generell läßt sich jedoch sagen, daß Dtn. 12,20.29ff; 17,14ff.; 18,9.12b; 19,1.8f. die historisierenden Gebotsformulierungen in Dtn. 6,10-13; 7,1ff. , (9,1ff.?) und die weiteren paränetischen Stücke, vor allem 7,17-26* im Rücken haben und als gestaltgebende Rahmung des DT voraussetzen.

250 Vgl.zur Ansetzung dieser Texte NOTH, Numeri, ATD 7, S.213-222.

251 Vgl. im einzelnen u.S. S.197-209.

3.2.2 Das "Credo" von Dtn. 6,10-13

So sehr die Form der historisierenden Gebotseinleitung auf eigenständiger Entwicklung der Deuteronomiker beruht, so sehr läßt doch andererseits der freie Umgang mit Elementen eines traditionellen "Credos" Israels eine starke Verankerung in heilsgeschichtlichen Traditionen erkennen. Die crux interpretum bildet dabei, daß die formelhaft konzentrierte literarische Ausformung desselben zusammenfällt mit der Ausformung der dtn./dtr. Literatur selbst. Vor-dtn. literarische Anknüpfungspunkte sind nur sehr schwer auszumachen. So ergibt sich in der neueren Diskussion zuweilen die Neigung, vieles, was etwa noch in den Theologien G.v.RADs oder W.ZIMMERLIs als konstitutiv für den altisraelitischen Glauben erschien, als "dtn./dtr." zu erklären. Die gegenwärtige Problematik wird sichtbar, bei einem Durchgang durch die einzelnen Elemente der Aussagen von Dtn. 6,10-13[252].

Das Geschichtsbild von Dtn.6,10-13 beinhaltet seinerseits schon eine schematisierende Zusammenfassung: Jahwe hat sich mit der Landverheißung eidlich gegenüber den Vätern Israels verpflichtet,

נשבע יהוה אלהיך לאבתיך

לאברהם ליעקב וליצחק את=הארץ לתת=לך

er hat Israel aus Ägypten herausgeführt -

הוציאך יהוה מארץ מצרים

sodann hat er es in das Land hineingeführt -

ויביאך יהוה אל=הארץ

und ihm dessen Segensgaben gegeben -

---

252 Aus der Fülle der Literatur zum sog. "kleinen geschichtlichen Credo" sei hier verwiesen auf die grundlegende Arbeit von v.RAD, Das formgeschichtliche Problem des Hexteuch, BWANT 4.F.26, Stuttgart 1938 (=ThB 8,S.9-86). V.RADs Auffassung, daß die atl. heilsgeschichtliche Überlieferung imgrunde eine erzählerische Ausdeutung der Grundtatsachen sei, ist später umgekehrt worden: das - ohnehin vielgestaltige - "Credo" resümiert Traditionen und ist nicht Ausgangspunkt für ihre literarische Ausbildung: ROST, Das kleine geschichtliche Credo, in: Das kleine Credo und andere Studien zum Alten Testament, Heidelberg 1965, S.11-25; RICHTER, Beobachtungen zur theologischen Systembildung in der alttestamentlichen Literatur anhand des "kleinen geschichtlichen Credo", in L.Scheffczyk/W.Detthoff/R.Heinzmann (Hrsg.), Wahrheit und Verkündigung (I), FS Michael Schmaus, München-Paderborn-Wien 1967, S.175-212; WALLIS, Die geschichtliche Erfahrung und das Bekenntnis zu Jahwe im Alten Testament, ThLZ 101,1976, Sp.801-816; weitere Literatur s. PREUSS, Deuteronomium, S.236. - Eine umfangreiche Auflistung des Materials zu den Einzelteilen (Formeln) findet sich bei WIJNGAARDS, The Formulas of the Deuteronomic Creed (Dt6/20-23:26/5-9), Tilburg 1963; HUMBERT, Dieu fait sortir. Hiphil de יצא avec Dieu comme sujet, ThZ 18,1962,S.357-361; ders., "Dieu fait sortir." Note complémentaire, ThZ 18,1962,S.433-436. Zu den einzelnen Formeln vgl. die Einzeluntersuchung.

253‏.‏עָרים, בְּחים, בְּרֹת חֲצוּבים, כְּרָמים וזיתים

Aber sodann hat Israel Jahwe vergessen obwohl - und das impliziert die dtn. Aussage - schon Mose es davor gewarnt hatte (v.12).

a) Jahwes Eid an die Väter

Die Ausbildung der sog. Landschwur-Überlieferung ist ein Spezifikum der dtn./dtr. Schule. Das zeigt schon die Kette der Belegstellen:
a) deuteronomisch und in Fortschreibungen im dtn. Zusammenhang: Dtn. 4,31; 6,(3)10.18.23; 7,8a.9a.12b.13; 8,1.18; 9,5; 10,11; 11,9.21; 13,18b; 19,8; 26,3.15; 28,11; 29,12; 30,20.
b) im Kontext des dtr.G und dessen Fortschreibungen: Dtn. 1,8.(11).35; 31,7.20.21.23; 34,4; Jos.1,6; 5,6; 21,43.44; Ri. 2,1.
c) weitere dtr. und nach-dtr. Belege: Jer.11,5; 32,22; Mi.7,20. (negativ im Kontext der Androhung des Landverlustes: Ri.2,15; Jer.22,5. (vgl.auch Jer. 44,26; 49,13; 51,14; Am. 8,7(sek.)).
Angesichts der Massivität der Belege im dtn./dtr. Bereich dürfte der erstaunliche Umstand, daß diese nahezu ausnahmslos in Relativsätzen zu אֲדמה / ארץ (seltener zu ברית / שבועה) erscheinen, wohl allein dadurch zu erklären sein, daß weder die Gesetzesmaterie noch auch die dtr. Geschichtsdarstellung eine explizite Wiederholung der Vätererzählungen nötig machte. Die dtn/dtr. Schule interpretierte eine Tradition, die sie weder im Dtn. noch im dtr.G selbst verarbeitete, auch nicht in dem exemplarischen Bekenntnistext Dtn. 26,5, einem - nach dtn. Forderung - sogleich nach der Landnahme zu sprechenden Bekenntnis (Dtn. 26,1.10).

Die Materialien sind mehrfach aufgelistet und diskutiert worden[254]. Die crux interpretum besteht bei diesem Theologumenon darin, daß einerseits die dtn. Schule den Gedanken des Eides Jahwes an die Väter schwerlich gleichsam ex nihilo geschaffen haben kann, insofern sie sich stets lediglich auf die Gegebenheit desselben bezieht, daß andererseits aber die wenigen Stellen, die einen Vätereid Jahwes als solchen explizit erwähnen, sämtlich in ihrer Ansetzung im Gefälle der dtn./dtr. Schultätigkeit anzusiedeln und

---

253 Zum Ausdruck "Segens-gaben" vgl.u.S.150-154.
254 Die wichtigsten Auflistungen zur Väterverheißung mit שבע (Nif.), Subjekt Jahwe, findet man bei: PLÖGER, Untersuchungen, S.63-79 (dort auch zur Landgabe-Formel mit ntn, S.65); WEIMAR, Untersuchungen zur Redaktionsgeschichte des Pentateuch, BZWAW 146, Berlin-New York 1977; GIESEN, Die Wurzel שבע "schwören", BBB 56, Bonn 1981, S.228-301, bes. S.231; BLUM, Die Komposition der Vätergeschichte, WMANT 57, Neukirchen-Vluyn 1984. KÖKKERT, Vätergott und Väterverheißungen. FRLANT 142, Göttingen 1988, S.169 u.ö. (Lit.). Ansonsten s. zum Thema "Väterverheißungen" die kaum mehr zu überschauende Literaturfülle bei WESTERMANN, BK I,2,S.91-94 bzw. (sub voce "Verheißung/Bund") S.128f.135-138.

innerhalb ihres jeweiligen Kontextes deutlich als redaktionell erkennbar sind[255]. Das Anwachsen der Landschwur-Überlieferung kann bei J noch nicht nachgewiesen werden[256], im Dtn. tritt es jedoch voll zutage, der "Prozeß..." scheint hier "abgeschlossen, wie die ...Selbstverständlichkeit der Wendung" (PERLITT) zeigt[257]. PERLITT hat aus diesem Umstand geschlossen: "Also liegt die kreative Epoche dieser Formel auf dem Wege zu Dt hin; und wegen der sprachlichen und gedanklichen Nähe zu Dt eben mehr bei Dt als bei J..."[258]. Diese Aussagen gründen sich neben einer eingehenden Analyse von Gen. 15 und 26,3; 24,7[259] auf die Untersuchung von PLÖGER[260]. Dieser kommt zu dem Ergebnis, erstens: "daß die Stellen, die einen Rückverweis auf die Väterverheißung enthalten, höchstwahrscheinlich einer der deuteronomischen "Schule" eng verwandten und ihr vorhergehenden Schicht der Predigt angehören"[261] und zweitens - und damit bestätigt er die eingangs erwähnte Aporie: "Mit Sicherheit läßt sich sagen, daß der Rückverweis mit נשבע in allen sekundären Ergänzungen kein Bezugsobjekt in den ältesten, literarisch vorliegenden Quellen hat, von denen die protodeuteronomische Schicht abhängig sein könnte."[262] Die Sachlage ist nun seit einiger Zeit aber wieder offen und der Rückschluß PERLITTs auf eine der dtn. Tradition vorgegebene Ausformung keineswegs mehr zwingend, da zahlreiche neuere Untersuchungen zu dem Schluß kommen, daß die von PLÖGER angeführten stilistischen Argumente für eine vor-dtn. Ansetzung der Aussage ebenso gut für eine dtr./spät-dtr. veranschlagt werden können (so BLUM, KÖCKERT, GIESEN)[263]. Dies nötigt zu einer erneuten Durchsicht der Belege. Dabei ist es von vornherein unwahrscheinlich, daß die Rede vom Väterschwur völlig ohne literarische Anhaltspunkte gewesen sein soll[264]. Als solcher bietet sich die Landzusage-Überlieferung an, die "einfach von נתן geprägt ist (Gen 12,7; 13,15.17; 28,13)" und die von der Rede von der "Gabe als Schwur נשבע)" "strikt zu unterscheiden" ist (PERLITT)[265]. Rechnet man Gen. 26,3bα* in einer vermuteten Vorform

255 Jahwes Schwur wird erwähnt in Gen. 15,18 als Berit, Gen. 22,16a; 24,7 an Abraham; 26,3b an Isaak, 50,24 im Rückverweis auf die Vätertrias, im Pentateuch weiterhin als Rückverweis in Ex.13,5.11;32,11;33,1; Num.11,12; 14,16.23; 32,11.22 (31,20f.23; 34,,4).

256 PERLITT, Bundestheologie, S.68.

257 A.a.O.

258 A.a.O.

259 A.a.O., S.66f.68-77.

260 Untersuchungen, S.63-79.

261 A.a.O.,S.78.

262 Ebd.

263 BLUM, Komposition, S.373-399; M.KÖCKERT, Vätergott, S.313-323; GIESEN, Wurzel שבע, S.236f.; van SETERS, Confessional Reformulation in the Exilic Period, VT 22,1972, S.448-459.

264 Gegen KÖCKERT, für den mit der Väterschwur- und der Väter-Bund-Überlieferung zugleich der gesamte Komplex der Väterverheißungen in das Gefälle dtr./nach-dtr. "nachexilischer" Konzeptionen gerät.

265 A.a.O.,S.66.

(ohne den sicherlich sekundären Rückverweis auf die שבועה (PERLITT)[266]) zum vor-
dtn. Textbestand hinzu, wobei anstelle des nach-dtr. כל=הארצות האלה (BHS*)[267]
eine schlichtere, singularische Form anzunehmen wäre, so wäre für alle drei in Dtn.
6,10 u.ö. erwähnten Erzväter ein literarischer Beleg für eine Landverheißung Jahwes
gegeben, deren Ausprägung - wie früh oder spät auch immer die Stellen angesiedelt
werden - nicht der dtn./dtr. Schule zuzuschreiben sind, sondern vielmehr für diese
Anlaß zur vertieften Interpretation geboten haben[268]. Das besondere Interesse der
dtn/dtr. Theologie an der Landverheißung (wie auch das der exilischen Prophetie Dt.-
Jesajas) ist wohl der Grund dafür, daß die uns überkommenen literarischen Zeugnisse
für die Väterverheißungen weitgehend als "a response to the need of the late exilic
period" (van SETERS)[269] und als "basic components of an exilic religion of homeless
exiles"[270] zu verstehen sind, aber gerade darum bedürfen sie eines Anhalts in der
älteren jahwistischen, vor-exilischen Überlieferung[271].

Wenden wir uns nun ein wenig genauer den Stellen in der Genesis zu, an denen von einem Schwur
Jahwes an die Väter die Rede ist. Explizit geschieht dies zum ersten Male in Gen. 22,16, allerdings
ohne Erwähnung der Landverheißung. Der Text führt sich selbst als Nachtrag ein (v.15
שנית מן=השמים...ויקרא מלאך). V.15-18 sind - folgt man der traditionellen Anschauung der
Entstehung des Pentateuch - jedenfalls jünger als "E", den dieser Text unter Rückgriff auf die

---

266 A.a.O.,S.66f.
267 Diese Wendung ist ansonsten nur in chronistischer Literatur bekannt, vgl. 1.Chr.13,2; 2.Chr.11,23
     (C.WESTERMANN, BK I,2, S.518).
268 Unabhängig davon, ob man Gen. 12,7; 13,14-17 als vor-dtr. Zusätze (für Gen. 12,7: WE-
     STERMANN, BK I,2, S.179; zu Gen. 13,14-17 GUNKEL, Genesis, S.160f.), als vor-jahwistisch
     (KILIAN, Die vorpriesterlichen Abrahamsüberlieferungen, BBB 24, Bonn 1966, S.35.106), oder
     einer literarischen Quelle zugehörig (A.de PURY , Promesse divine de légende cultuelle dans le
     cycle de Jacob. Genèse 28 et les traditions patriarcales, Etuces Bibliques (2 Bde.), Paris 1975,
     S.473-518) ansieht, die vor-dtr. Herkunft, d.h. wohl auch die Zugehörigkeit zu einem festen litera-
     rischen Komplex und insofern Quellenhaftigkeit ist "wohl unbestreitbar" - PERLITT, a.a.O.,S.68
     A. ; KÖCKERT, a.a.O.,S.252ff. - gegen BLUM, a.a.O.,S.382f., der Gen. 12,7 "D" zuweisen
     möchte mit dem Argument, לזרעך als Dativobjekt der Landverheißung sei ausschließlich bei "D"
     belegt, wofür er die Argumente aber schuldig bleibt und lediglich auf Gen. 17 (P) verweist; auch aus
     inhaltlichen Gründen ist seine Vermutung nicht sehr wahrscheinlich: das Interesse an der
     Landverheißung an die Väter ist mit dem Anspruch der Nachkommen auf das Land sicherlich schon
     in früher Zeit verbunden gewesen und dürfte mit dem Interesse an der Vätertradition als solcher
     genuin verbunden sein.
269 Abraham in History and Tradition, London/New Haven 1975, S.278.
270 Ders., Confessional Reformulation in the Exilic Period, VT 22, 1972, S.448-459, S.459.
271 V.SETERS, Abraham, S.271, sieht daher in Gen. 12,7 ein "older level of the written tradition", ja
     sogar "a Pre-Yahwistic first stage" (S.313).

Diktion von "J" mit diesem und mit Gen. 15* verbindet (ZIMMERLI)[272]. Überhaupt ist der Text ein Mischgebilde, das Traditionen aus verschiedenen literarischen Bereichen aufnimmt: die Segensverheißung aus Gen. 12,2 u.ö., die Mehrungsverheißung (Gen. 12,2; 16,10), das Motiv von der Mehrung nach der Sternenzahl (Gen. 15,5) oder der Zahl der Sandkörner (Gen. 32,13), das der Überlegenheit über die Feinde (Gen. 24,60). Die Besonderheit besteht in der Aussage, daß Jahwe hier bei sich selbst schwört בי נשבעתי (v.16); sie ist in der Genesis singulär[273]! Die Hitpael-Form von ברך in v.18 erscheint jünger als die Nifal-Form in Gen. 12,3[274]. Daß der Verfasser auch - und nicht zuletzt - durch die Sprache der dtr. Schule geprägt war, verrät neben der Verbindung mit Gen. 26,3b-5 (s.u.)[275] die Begründung für die überschwengliche Segenszusage in v.18b: עקב אשר שמעת בקלי das "Hören auf Jahwes Stimme" ist zentrales Leitwort der dtn und dtr. Gebots-Paränese, in Verbindung mit der ungewöhnlichen präpositionalen Fügung עקב אשר ist sie außer in der abhängigen Parallelstelle Gen. 26,5 nicht mehr im A.T. anzutreffen, in der spät-dtr. Fortschreibung Dtn. 8,20, wo Israel angedroht wird, es werde dem Untergang entgegengehen wie die Völker, die Jahwe vor Israel vernichten werde, lautet die Begründung עקב לא תשמעון בקול יהוה אלהיכם[276]. Wo die Dtr.n die Segens- und Landverheißung bzw. deren Erfüllung vom Gehorsam Israels bedingt sahen, macht Gen. 22,18b den Gehorsam des Vaters Abraham zur Bedingung für das Heil Israels vor allen Völkern, eine Vorstellung, den weder das Dtn. noch das dtr.G in dieser Weise formuliert haben: dort war stets allein der Schwur Jahwes der Garant für alle Segenserwartung (vgl. Dtn. 9,4f..oder das Gedenken an die Väter, 9,27). Erst als diese durch dtr. Spätschichten an den Gesetzesgehorsam Israels angebunden wird, kann Abraham als der beispielhafte Gerechte an den Anfang einer Darstellung der Heilsgeschichte treten, deren Anliegen die Beschreibung des wechselseitigen Verhältnisses von Gehorsam und Segen ist (Gen. 15,6 etc.). KILIAN[277] und WEIMAR[278] weisen mit Recht Gen. 22,16 einer nach-dtr. Penta-teuchredaktion zu, wobei wir unter "nach-dtr." zunächst lediglich eine Überlieferungsstufe bezeichnen, die frühestens auf einer Stufe mit Dtn. 4.29f., evtl. gleichzeitig zu P, und darüber hinaus im Gefälle der dtr. Schule anzusiedeln ist.

---

272 1.Mose 12-25. Abraham, ZBk AT 1,2, Zürich 1976, S.114f.; KILIAN, Isaaks Opferung, SBS 44, Stuttgart 1970, S.27-31.

273 V.RAD, Das erste Buch Moses. Genesis, ATD 2-4, Göttingen (9.) 1972, S.207: "Die Steigerung ist hier fast ins Übermäßige geraten." - Der Zusatz נאם יהוה ist an dieser Stelle notwendig geworden, weil v.15 auf die מלאך=Gestalt, v.11, zurückgreift.

274 RENDTTORF, Das überlieferungsgeschichtliche Problem des Pentateuch, BZAW 147,Berlin-New-York 1977, S.43f.(zu Gen. 22,15-18 S.59f.).

275 Hierzu KILIAN, Abrahamsüberlieferungen, S.278.

276 Zu עקב אשר vgl. auch noch 2.Sam.12,6, nach GRESSMANN, SAT II,1, Göttingen (2.Aufl.) 1921, S.152, ein Nachtrag, nach DIETRICH, Prophetie und Geschichte, S.130.132 sekundär dtr. ("dtrP"). Zu Dtn. 8,20 s.die Einzelanalyse, Kap. IV,1, S.311.

277 Abrahamsüberlieferungen, S.277f.

278 Untersuchungen, S.82ff.

Im gleichen Zusammenhang steht auch Gen. 26,3bβ-5[279]. V.3bβ bezieht sich auf Gen. 22,16a, v.4 auf 22,17[280]. V.5a bezieht sich auf Gen.22,18b, die Rede vom beispielhaften Gehorsam Abrahams wird in v.5b dazu noch ausgeweitet auf die Gesetze, wobei die Termini denen spät-dtr. Texte entsprechen (משמרת vgl. Dtn. 11,1; תרות Jer.32,23(D), חקות + מצות s.o.Kap.I)[281]. "Daß die Verheißung kraft des Verdienstes Abrahams nun auf Isaak übergehen und ihrer Erfüllung entgegengehen muß, das ist ein in den Vätererzählungen ganz neuer Gedanke. Nicht einmal die Priesterschrift hat ein besonderes Interesse an der Ausmalung des Abrahambildes nach der Seite eines exemplarischen Gehorsams allen "Geboten, Satzungen und Weisungen" gegenüber gezeigt." (v.RAD)[282] Dabei ist bemerkenswert, daß v.5b nur an dem Bild von Gen. 22,15-18 weitermalt. Die "literarische Produktivität der Deuteronomisten" ist mit dem Auftreten von P, daneben und auch danach, und d.h. auch "zu Beginn der persischen Periode nicht...erloschen oder auch nur eingedämmt..."[283]. Was nach diesen Worten PERLITTs für das Dtn. gilt, ist auch für den Tetrateuch zu sagen: es ist in dessen Spätschichten eine "literarische Gemengelage" zu beobachen, "in der zwar die Einflüsse der beiden zeitgenössischen Schulen hier und da noch säuberlich auseinandersortiert werden können, in der aber die theologische Energie der Deuteronomisten nicht nur nicht erloschen, sondern in oft erstaunlicher Eindeutigkeit als führende Kraft identifizierbar ist."[284]

---

279 KILIAN, a.a.O., S.204-209.270-278; WEIMAR, a.a.O., S.82ff.; BLUM, a.a.O., S.362f.. Ähnlich urteilten schon SKINNER, Genesis, ICC, Edinburgh (2.Aufl.) 1956, S.364; NOTH, ÜP, S.30; v.RAD, ATD 2-4, S.216f.; SCHMITT, Die nichtpriesterliche Josephsgeschichte, BZAW 157, Berlin-New-York 1980, S.102,A.41; COLENSO, A Critical Analysis of the Book of Genesis etc., V, London 1985, S.117f. (vgl.BLUM, S.362A5, Lit.).

280 הרבה זרעך : vgl.Dtn. 7,13; 13,18; Jos.24,3; ככוכבי השמים : vgl.Dtn. 1,10;10,22;28,62; zur hitpael-Form von ברך : Rendttorf, Das überlieferungsgeschichtl.Problem des Pentateuch, S.43.

281 BLUM, a.a.O., S.363 (gegen WEINFELD,The Covenant of Grant in the Old Testament and in the Ancient Near East, JAOS 90,1970, S.184-203, S.185f.; Deuteronomy and the Deuteronomic School, S.75 A.4, der den dtr. Charakter von Gen.26,5 bestreitet).

282 Genesis, ATD 2-4, S.235f.

283 PERLITT, Priesterschrift im Deuteronomium? in: ZAW 100,Suppl.,1988, S.65-88, S.87.

284 Ebd.- Im übrigen zeigt auch ein Blick auf das Dtn. selbst, daß etwa der Ergänzer in Dtn. 7,12a (vgl. die Einzelanalyse) noch keinen Anhalt gesehen hat, die Verheißung, deren Erfüllung er vom Gesetzesgehorsam Israels abhängig sieht, anders als allein im souveränen Willen Jahwes begründet sein zu lassen. Nicht um Abrahams willen, erst recht nicht um Israels willen, sondern um seines eigenen Schwures und d.h. um seiner selbst willen erfüllt Jahwe seine Zusagen (Dtn. 7,9.12b;9,5). Das Bild, das Dtn. vom Verhältnis Israels gegenüber den Völkern zeichnet, ist in wesentlich stärkerem Maße durch Abgrenzung bestimmt als das von Gen. 22,18. Erst in den nachexilischen Schichten tritt hier eine andere Perspektive ein (vgl.Dtn. 4,5-8; KNAPP, Deuteronomium 4, S.31f.). Die Einsicht, daß Israel von dem Verdienst der Erzväter, allen voran Abrahams, lebt, ist für das Dtn., das nicht einmal Mose eine so weitreichende Dignität zumißt, noch nicht in dieser Weise aussagbar. In exilischer Zeit konnte man in Abraham bestenfalls den erwählten Geringen sehen

Es verbleiben innerhalb der Genesis noch Gen. 24,7 und 50,24. Schon PROCKSCH hat an der Doppelung von Zusage- und Schwursatz in Gen. 24,7 Anstoß genommen, und letzteren für "deuteronomisch" und "von R stammend" erklärt[285]. NOTH[286] hat den gesamten Vers als "frommen Zusatz" erkannt, der den Zusammenhang zwischen v.6 und v.8 unterbricht[287].

Keine der Stellen in der Genesis, welche von einem Schwur Jahwes gegenüber den Vätern erzählen, ist also vor-dtr.; ein literarischer Bezugsrahmen für die dtn. Tradition ist nicht nachweisbar. Es besteht dementsprechend auch kein Grund zu der Annahme, die entsprechende Kette der Rückverweise - angefangen bei Gen.50,24 sei vor-dtn. oder vor-dtr. (i.e. Ex. 13,5.11; 32,13; 33,1; Num. 11,12; 14,16.23; 32,11).

Gen. 50,24 gehört zu dem spätesten von drei Nachträgen zur Josephsgeschichte (50,15-21.22f.;24ff.) (WESTERMANN)[288], welcher Vätergeschichte, Exodus und Landnahme- und das heißt Tetrateuch und dtr.G übergreifend miteinander verklammert (vgl. v.25/Jos. 24,32)[289]. Schon in früheren Arbeiten ist der dtn./dtr Einfluß an der Stelle gesehen worden[290], und auch heute wird die Annahme dtr. Abfassung relativ häufig vertreten[291]. Insofern diese aber erst die Genesis-Traditionsreihe zusammenzufassen sucht, ist sie kaum vor-dtn.

(Jes.51,1f.; Dtn. 7,7f.; 4,37), ganz zu schweigen von dem Väterbild, welches das dtn. Credo in Dtn. 26,5b vermittelt. -

285 Die Genesis, KAT I,2, Leipzig (3.Aufl.) 1924, S.149.
286 ÜP, S.30A.90; PERLITT, Bundestheologie, S.67.
287 Ähnlich wie PROCKSCH urteilte schon KRAETZSCHMAR, Bundesvorstellung, S.62, wie NOTH KILIAN, Abrahamsüberlieferungen, S.205; WEIMAR, Untersuchungen,S.45.83; HOFTIJZER, Die Verheißungen an die drei Erzväter, Leiden 1956, S.17; BLUM, Komposition, S.385. Ob man das gesamte Kapitel als Beispielerzählung zum Konnubiumsverbot (vgl.24,3/Dtn. 7,3f.) sehen muß (so KÖCKERT, a.a.O., S.186-190), kann an dieser Stelle offenbleiben.
288 BK I,3, S.234ff.
289 BLUM, a.a.O., S.254ff.
290 PROCKSCH, a.a.O., S.430; PERLITT, a.a.O., S.66f."früh-dt"; GUNKEL, Genesis, S.491 "vom Red."; LOHFINK, Landverheißung, S.23 A.43 (Lit.).
291 SEEBASS, Geschichtliche Zeit und theonome Tradition in der Joseph-Erzählung, Gütersloh 1978, S.62A.116; WESTERMANN, a.a.O., S.236; RENDTORFF, Das überlieferungsgeschichtl. Problem,S.75ff.163ff; SKWERES, Die Rückverweise im Buche Deuteronomium, AnBibl.79, Rom 1979, S.206 u.ö.; BLUM, a.a.O., S.254ff.: KÖCKERT, a.a.O., S.322. GIESEN, a.a.O., S.236f. Anders: H.C.SCHMITT, Literarkritische Studien zur vorpriesterlichen Josephsgeschichte, Diss. Marburg, 1975, S.327: nur v.27bß ist dtr.; ähnlich RUPPERT, Die Josephserzählungen der Genesis, StANT 11, 1965, S.200f.; REDFORD, A Study of the Biblical Story of Joseph (Gen. 37-50), VTS 20,1970, S.25: vor-dtn.; NOTH, ÜP, S.38, und v.RAD, ATD 2-4, S.354: "E".

Auch in Ex.13,3f.5-11.13-16 ist nach-dtn./dtr. Bearbeitung zu erkennen; an ihr haben v.5 und v.11 Anteil. Die Texte werden im Vergleich zu Dtn. 6,20-25 ausführlicher behandelt werden[292].Für dtr. Abfassung von Ex.32,13 (hierzu vgl. Kap.V) plädieren gleichfalls eine Vielzahl von Exegeten[293]. Ex.33,1 leitet eine Serie von Reflexionen ein, die Kap. 32 voraussetzen; das Kapitel ist in seinem Einleitungsteil "durchsetzt mit deuteronomistischen Wendungen" (NOTH)[294]. Neben der sonst jeweils nur an prominenten Positionen anzutreffenden Nennung der drei Erzväternamen (am Ende der Vätergeschichte, Gen. 50,24; zu Beginn und am Ende der dtn. Gesetzesrahmung (Dtn. 6,10; 30,20) und zu Beginn und Ende der dtr.G-Einbindung des Gesetzes (Dtn. 1,8; 34,4) sowie in Num. 32,11 (Beginn der Einnahme des Ostjordanlandes), ist die wörtliche Entsprechung des Selbstzitates Jahwes zu Dtn. 34,4 das auffälligste Argument für die dtr. Abfassung des Verses[295].

Der Landschwursatz in Num. 11,12 steht im Rahmen einer Klage des Mose (v.11-15), die AURELIUS in die Reihe nach-jeremianischer und nach-exilischer Reflexionen über die Last des עבד יהוה eingeordnet hat[296]. NOTH[297] hält lediglich den Landschwursatz für sekundär. Der Abschnitt ist dtr.n Ursprungs[298]. Die Fürbittenszene in Num.14,11-25 und damit v.16.23a* wird nahezu allgemein als Einschub mehr oder weniger dtr. Provenzienz angesehen[299]. Ein eingehender

---

292 Für dtr. Abfassung plädieren: FOHRER, Überlieferung und Geschichte des Exodus, BZAW 91, 1964, S.86f.; LAAF, Die Pascha-Feier Israels, BBB 36, Bonn 1970, S.28-32; FUSS, Die deuteronomistische Pentateuchredaktion in Exodu 3-17, BZAW 126, 1972, S.289f.402; SCHMITT, Exodus und Passah, OBO 7, Fribourg-Göttingen 1975, S.21; NOTH, ATD 5,S.72.79f.; B.S.CHILDS, The Book of Exodus, OTL, London 1974, S.203f.; HYATT, Exodus, NCBC, London 1971, S.141-144. dagegen: CLEMENTS, Exodus, CBC, Cambridge 1972, S.78:"J"; BREKELMANS, Rech.Bibl.8,1967, S.77-91.82ff.; M.CALOZ, Exode XIII,3-16, et son rapport au Deuteronome, RB 75,1968,S.5-62 (bes.S.40-43.61f.); OTTO, Mazzotfest, S.182; HALBE, Privilegrecht, S.184: (z.T.weit) vor-dtn. -

293 NOTH, ATD 5,S.280; CHILDS, Exodus, S.558f.; HYATT, a.a.O., S.300-303.306f.; ZENGER, Sinaitheophanie, S.82f.117f.183-185; DAVENPORT, A Study of the Golden Calf Tradition in Exodus 32, Diss, Princeton, USA, 1973, S.33-36; COATS, Rebellion, S.186.188; anders BEYERLIN, Herkunft und Geschichte der ältesten Sinaitradition, Tübingen 1961, S.27f.:E; SEITZ,a.a.O., S.52f., JEREMIAS, Die Reue Gottes, BSt 65, Neukirchen/Vl. 1975, S.61f., LOZA, Ex.xxxii et la rédaction JE, VT 23,1973, S.31-55,S.37f.50-55. - Für dtr. Abfassung vgl.neuerdings AURELIUS, Der Fürbitter Israels, CB OTS 27, Stockholm 1988, S.41-44.97-100. Zum Vergleich zwischen Dtn. 9,7-29 und Ex.32 s.u. Kap. V, 350ff., zu Ex.32,13 S.356.

294 ATD 5, S.208f.; vgl.auch HYATT, Exodus, S.312f.; CLEMENTS, Exodus, S.211; ZENGER, Sinaitheophanie, S.87f.; COATS, Rebellion, S.188; dagegen BEYERLIN, Herkunft, S.28ff."J".

295 BLUM, a.a.O., S.371.

296 A.a.O., S.183-186; vgl. auch H.H.SCHMID, 1976, S.72.

297 ATD 7,S.173; vgl.ÜP 34, A.119.

298 FRITZ, Israel in der Wüste, MThSt 7, Marburg 1970, S.16; SEEBASS, Num.XI,XII und die Hypothese des Jahwisten, VT 28, 1978, S.214-233 (bes.S.217A.14).

299 Vgl. GRAY, Genesis, 1903, S.155; GRESSMANN, 1913, S.291f.A.1; SIMPSON, The Early Traditions of Israel, Oxford 1948, S.233 für v.11-24; für v.11b-23a: NOTH, ÜP, S34; ATD

Vergleich mit dem ansonsten auf Num.14 rekurrierenden Kapitel Dtn. 1,24-30* zeigt, daß die vv.11-25 erst im Anschluß an die dtr. Rezeption entstanden sein dürften (AURELIUS)[300].

Num.32,11 steht - wie u.a. auch hier die Nennung der drei Erzvaternamen zeigt - im Zusammenhang eines späten Stückes (v.5-15), welches "in das Stadium der Zusammenarbeitung von Pentateucherzählung und deuteronomistischem Geschichtswerk" gehört (NOTH)[301].

Alle bisher dargestellten Belege des Landschwursatzes sind in den Bereich der dtn./dtr. Schule einzuordnen und gehören nicht in den der Vorgeschichte des Dtn.s, sondern in den der Wirkungsgeschichte. Ob und in wiefern innerhalb dieser Reihe eine literarhistorische Differenzierung möglich ist, wie etwa WEIMAR zu zeigen sucht[302] kann und muß hier offenbleiben[303]. Die "kreative Epoche" (PERLITT) der Ausbildung der Landschwurüberlieferung führt literarisch gesehen nicht auf das Dtn. hin, sondern sie geht von ihm aus.

Dies gilt auch für die intensivierte Verarbeitung des Motivs in Gen. 15,18-21. Namentlich PERLITT hat gegenüber einer Frühansetzung von Gen. 15 und hier vornehmlich der Rede von der Berit, v.18-21, eine dtn./dtr. Abfassung nachgewiesen[304]. Seinerzeit scheint er jedoch ein nur scheinbar unbedeutendes Detail nicht zutreffend gedeutet zu haben, nämlich v.18bα. Nach PERLITT "wiederholt Gn 15,18b lediglich, was der Sache nach schon Gn 12,7a steht..."[305], aber dem ist nicht so: so wie die Deuteronomisten hier die Landverheißung als eidliche Verpflichtung und darüber hinaus als in einem Berit-Akt begründet deuten, so haben sie auch die Vorstellung von den Grenzen des Verheißungslandes in einem selbst über den Horizont des dtr.G - zumindest in dessen grundlegenden Schichten - hinausgehenden Maß. Das könnte PERLITT der Einfachheit halber in Anwendung der von ihm selbst anderweitig geäußerten Beobachtung ersehen: " הארץ im Sinne dieses Stranges" (i.e. der Rahmung des dtn. Gesetzbuches durch die dtr. Landnahmeerzählung Dtn. 1,8; Jos. 1,2 u.ö.; A.d.V.) "ist eindeutig und ausschließlich das westjordanische Land, auf das damit alle Schwur und Gabeformeln des Dtn bezogen sind. Zur `Ruhe' kommt Israel demnach

---

7,S.96; COATS, 1968,S.138f.; für v.16: FRITZ, a.a.O., S.23; MITTMANN, Deuteronomium 1,1-6,3, S.49f.53ff. (anders LOZA,a.a.O., S.39-55: v.11-24 gehört zu JE (vor-dtn.Red.).

300   S.133f. Er sieht in Num.14,11-25 "nicht die Vorlage, sondern im ganzen eine angereicherte und vertiefende Weiterbildung von Dt 1,34-40*" (S.134).

301   NOTH,ATD 7,S.206; vgl.auch SiMPSON, Traditions, S.271f.; PERLITT, ZAW 100(Suppl.), S.65 A.6; de VAULX, Le Nombres, Sources Bibliques, Paris 1972, S.369). Das schließt nicht aus, daß die Verse (nach MITTMANN, a.a.O., S.97.104) einer nachpriesterlichen Bearbeitung zugehören. (STURDY, Numbers, Cambridge 1976, S.221f.:P; anders HOFTIJZER,Verheissungen, S.37f.A.36:vor-dtn.?).

302   A.a.O., S.83A.253.

303   WEIMAR bestimmt Gen.24,7;50,24; Num.11,12; 14,23 als jehovistisch, Ex.13,5.11; 32,11; 33,1; Num.14,16; 32,11 als redaktionell. Die Grenzen zwischen "JE" und "D" sind allenthalben unklar.

304   Bundestheologie, S.68-77(S.76), gegen LOHFINK, Die Landverheißung als Eid, BBS 28, Stuttgart 1967; zustimmend zu PERLITT WESTERMANN, BK I,2,S.254.271ff.

305   Bundestheologie, S.76.

westlich des Jordans...Das heißt zugleich: alle übrigen damit unvereinbaren territorialen Vorstellungen gehören dieser formgebenden dtr Schicht nicht an...Das gilt allemal für jene territoriale Idee, derzufolge Israel aus allen Nähten platzen und bis an den Euphrat reichen soll... Diese "euphratische" Idee ist zudem nur in Dtn. 1,7; 11,24 und Jos 1,4 bezeugt, danach nicht mehr..."(PERLITT)306 - außer in dem dtr. Text Gen. 15,18a.ba, wobei zunächst dahingestellt bleiben kann, in wiefern v.18bβ.19-21 noch hierzu zu zählen sind oder nicht. Gen. 15,18 verbindet also die Interpretation der Landverheißung an die Väter als Berit mit der spät-dtr. sog. "euphratischen" Idee". Die formgebende Schicht des dtr.G hat auf Gen.15,18 genauso wenig zurück-gegriffen wie das Dtn., die dtr. Bearbeitungen des Tetrateuch setzen beide Schriftkomplexe voraus.

Der Landschwursatz hat somit im dtr.G und im Dtn. seinen primären literarischen Ort. Für die formgebenden Schichten des dtr.G liegt der Schwerpunkt bei der Verheißung an die Väter, indem das Objekt des mit dem Schwursatz verbundenen (meist infinitivischen) Landgabesatzes eben die Väter sind: הארץ אשר נשבע יהוה לאבת לתת להם - so am Anfang und am Ende der Moserede (Dtn. 1,8[307].35; 31,7; 34,4) und zu Beginn und am Abschluß der dtr. Landnahmeerzählung (Jos. 1,6; 21,43! (auch Ri. 2,1)). Das Interesse des dtr.G an der Landschwur-Vorstellung richtet sich auf den betonten Nachweis der Erfüllung der Zusagen Jahwes: er hat das Land den Vätern zugeschworen und befiehlt, es einzunehmen (Dtn. 1,8), Josua soll es verteilen (Dtn. 31,7; Jos. 1,6) und tut dies, und damit ist der Schwur Jahwes erfüllt und dessen Vollmacht bestätigt (Jos. 21,43ff.). Rechnet man mit einer exilischen Ansetzung des dtrG, so ist zu sagen, daß die Landschwurtradition literarisch um 560 v. Chr. ein festes Element der dtr. Geschichtsvorstellungen war. Die Deuteronomisten bekräftigen die überkommene Tradition von einer Landzusage Jahwes an die Väter Israels und stellen deren Erfüllung zu Beginn der Geschichte Israels fest, welche ansonsten als eine Geschichte der Untreue und des Abfalls zu anderen Göttern zu kennzeichnen ist.

Die formgebenden dtn. Schichten in Dtn. 6ff.und 26 nehmen die Formel auf, verschieben aber die Aussage. Inhalt des Schwures war hiernach die Verheißung der Landgabe vor allem an die Nachkommen: (!) הארץ אשר נשבע יהוה לאבותך לתת לך -

---

306 Motive und Schichten der Landtheologie im Dtn., in: G.Strecker (Hrsg.), Das Land Israel in biblischer Zeit, GTA 25, Göttingen 1983, S.46-58, S.51.

307 Der Hinweis auf die Geltung des Väterschwurs auch für die Nachkommen (ולזרעם אחריהם) in 1,8 fehlt im Landnahmeresumée Jos. 21,43 und an den übrigen Eck-Stellen der dtr.G-Landnahmedarstellung und ist vermutlich sekundär hinzugefügt zum Ausgleich mit der dtn. Schicht (er fehlt im Samaritanus (absichtlich oder aufgrund älterer Vorlage?) und bei Kennicott, vgl. BHS). Der Wechsel von der 1.Pers. in die 3.Pers. geht möglicherweise darauf zurück, daß das dtr.G hier auf einen in Num. durch die P-Bearbeitung verlorengegangenen Landnahmebefehl in der Art von Dtn. 10,11* Bezug nimmt und ihn (sek.) mit dem Landschwursatz verknüpft (Sam. gleicht die Spannung aus und wandelt in die 1.Sg.).

* vgl. Sam. —v/ytm 11g; b20.23 u.ö. (BK V,1,36)

143

(Dtn. 6,10; 7,13; 25,3.15; 28,11 (vgl.auch 6,18.23; 8,1). Es sind auch die dtn. Schichten, die die Aussage ausweiten i.S. einer Bundes-Verpflichtung: Dtn.7,12b: - [308]. ושמר יהוה אלהיך לך את=הברית אשר נשבע לאבתיך

Für das dtr.G ist diese Ausformung der Tradition nicht bestimmend, in dessen formgebenden Schichten fehlt sie ganz! Sie wird überhaupt nur einmal und eher en passant in 1.Kön. 13,23 erwähnt: Gott erbarmt sich der Israeliten nicht um ihrer Gerechtigkeit, sondern um seines Bundes mit den Vätern willen (vgl. auch Dtn. 9,26), die Stelle steht dem Denken von Lev. 26,42 (H) und P (Ex.2,24) nahe. Nach WÜRTHWEIN kommt in ihr "dtr.N" zu Wort[309]. Wir stoßen hier auf eines von vielen Indizien dafür, daß für die Entstehung des dtr.G das Dtn. in seiner dtn. gerahmten Gestalt noch nicht bestimmend war bzw. noch nicht vorlag; man vergleiche in diesem Zusammenhang nur das oben zu Dtn. 6,4f. Gesagte. Auch in Jos. 24 fehlt die Landschwur-Überlieferung ebenso wie die Väterbund-Vorstellung.

Schon bald ergeben sich Mischformen, vor allem in solchen Schichten, die beide Textkomplexe im Rücken haben und die teils mehr auf diese, teils mehr auf jene Ausformung rekurrieren; in ihnen wird sowohl im Dtn. als auch im dtr.G die Erfüllung der Landverheißung abhängig gemacht vom Gehorsam Israels gegen Jahwe und sein Gesetz: vgl. Dtn. 6,18; 8,1; 11,9.21; 13,18; 30,20 (31,20.22.23); Jos. 5,6; Ri. 2,1[310]. In spät-exilischer und nachexilischer Zeit wird das Landschwurmotiv auf die Vorstellung von einem neuen Exodus übertragen (vgl. Dtn. 30,1-5; Ez. 20,33f.42).

b) Die Landgabeformel

Komplementär zur Landschwurformel steht die Landgabeformel:
הארץ / האדמה אשר יהוה אלהיך נתן / יתן לך / לכם
אשר נשבע לתת לך /לאבתיך

Sie ist dermaßen allgemein und schichtenübergreifend belegt, daß für sie keine entsprechende Unterscheidung getroffen werden kann[311]. So gilt hier die schlichte Feststellung GIESENs: "Diese einfache Formulierung ist innerhalb des Pentateuch und im dtr Geschichtswerk insgesamt 60mal belegt und auch hier finden sich die ältesten Vorkommen

---

308 PERLITT, Bundestheologie, S. 61-65; im Unterschied zu Dtn. 5,2f. besteht "die theologische Eigen-Art von Dtn 7 ...darin, den `Bund' gerade nicht vom Gesetz, sondern von den Verheißungen leben zu lassen."(S.63).

309 ATD 11,2, S. 369. Zu Dtn. 7,12b. s.u. Kap. III,1 S.232f..

310 S. auch Ex.13,5, dtr.; Jer. 32,22D. Insgesamt s.die tabellarische Aufführung bei GIESEN, Die Wurzel שבע, S.231 und die Einzelanalyse S.230ff.

311 GIESEN, a.a.O., S.237; eine Durchsicht der Belege bietet CLARK, The Origin and Development of the Land Promise Theme in the Old Testament, Diss., Yale 1964 (vgl.S.42f.).

erst in den 19 Belegen der deut Teile des Deuteronomiums. Die 14 Tetrateuchstellen sind ebenfalls alle der exilischen Zeit (P; Dtr) zuzuordnen, wie auch die 12 Belege der dtr Abschnitte des Deuteronomiums und die 15 Vorkommen aus Josua - 1.2.Könige."[312]

Folgende Stellen sind zu nennen:

Dtn.	1,25; 2,29;3,20;
	4,1.21.40; 5,16.31;
	(6,10); 8,10; 9,23;11,17.31;
	12,1; 15,4.7; 16,20; 17,14; 18,9; 19,2.10.14;
	21,1.23; 25,15.19; 26,1.2.10;
	27,2.3; 28,8.
Jos.	1,2.11.14.15; 18,3; 22,4; 23,13.15.16.
	Vgl.Jos.24,13.
1.Kön.	8,34.40.48; 9,7; 14,15; 2.Kön.21,8.

Im Tetrateuch:

dtr./nach-dtr.:	Ex. 12,25; 20,12b; Num.32,7.9[313]
P :	Gen.28,4; 35,12; Num.13,2; 20,12.24; 27,12;
	(Lev.14,34; Num.15,2)[314]
H:	Lev. 23,10; 25,2[315].

Traditionsgeschichtlich hat man den Ursprung der sog. Landgabe-Formeln aus dem juristischen Bereich der Landschenkungen her zu verstehen gesucht, und zwar unter Hinweis sowohl auf alttestamentliche wie außer-alttestamentliche, altorientalische Parallelen (vor allem WEINFELD)[316], doch ergibt sich hierbei lediglich eine Assoziation ganz

---

312   A.a.O.,S.237f.

313   Zur Ansetzung von Ex. 12,25 vgl.u. S.297ff.; Ex. 20,12b ist Teil des (D)-Dekaloges; zur Ansetzung insgesamt vgl. GIESEN, a.a.O., S.238 A.614.

314   NOTH, ÜP, S.18f.

315   KILIAN, Literarkritische und formgeschichtliche Untersuchung des Heiligkeitsgesetzes, BBB 19, Bonn 1963, S.109.122.168-171.

316   Vgl. Gen.23,11; 48,22; 1.Sam.8,14; 22,7; 27,6; 1.Kön.9,11.18;21,7. WEINFELD, The Covenant of Grant in the Old Testament and in the Ancient Near East, JAOS 90, 1970, S.184-203,S.184f. verweist auf babylonische sog. "Kudurru-Steine" und auf assyrische Urkunden; vgl. auch SCHWERTNER, Das verheißene Land, Diss. Heidelberg, 1966, S.165-168; LOEWENSTAMM, The Divine Grants of Land to the Patriarchs, JAOS 91, 1971, S.509f.; POSTGATE, Neo-Assyrian Royal Grants and Decrees, StP SM 1, 1969, S.2-5; KOHLER/UNGNAD, Assyrische Rechtsurkunden, Leipzig 1913, Nr. 1-30. Die Behauptung, die dtn. Theologie sei von derlei abhängig, geht sicherlich zu weit, denn erstens ist das Phänomen der Landschenkung im A.O zu allgemein verbreitet und zweitens ist die Ausformung der dtn. Landgabetheologie hinsichtlich ihres Kontextes zu spezifisch, als daß man aus solchen Parallelen mehr als Beobachtungen allgemeiner Plausibilität gewinnen könnte, etwa derart, daß ein Hoheitsträger, dem man Land und Lebensraum

allgemeiner Art, in der Weise, daß ein Hoheitsträger, dem man Land und Lebensraum verdankt, einen gewissen Loyalitätsanspruch erhebt. Daneben fällt auch die Beziehung zwischen der Sprache der Landnahmeüberlieferung im dtrG auf, einschließlich der Varianten der נתן= Formel in der sog. "Übereignungsformel" (נתן ביד) und der "Preisgabeformel (נתן לפני)[317], sodaß eine Reihe von Forschern die Herkunft der relativisch formulierten Landverheißungen auf den Bereich der Kampf- und Kriegsorakel" zurückführt[318]. Haben die dtn. Belege einerseits an dem Hintergrund der Landnahmeüberlieferung des dtr.G Anteil, so tritt in ihnen jedoch andererseits eine Verschiebung des Gewichts der Aussage in Richtung auf eine Übereignung ein. Mit dem Eintritt in das Land tritt Israel nach der dtn. Anschauung das Erbe der Väterverheißung an und nimmt die Gabe des Landes von Jahwe entgegen (Dtn. 6,10ff; 7,1f.9f.12b.13 u.ö.). In den dtn. Schichten verbinden sich somit beide Aspekte und möglichen Traditionshintergründe zu einem eigenen und eigentümlichen Gebilde[319]. Insbesondere Dtn. 7,12b.13 verbinden die Landschwurüberlieferung mit der Anschauung der Väter-Berit und führen damit über die dtr. Interpretation der (vor-dtr.) Landverheißung (Gen. 12,7 u.ö.) als Eid Jahwes (Dtn. 1,8;31,7 u.ö.) noch einmal hinaus: dieser Eid hat die Gültigkeit einer bindenden Selbstverpflichtung, einer Berit Jahwes!

---

verdankt Anspruch auf Loyalität erhebt, so wie dies mit Jahwe eine Gottheit über Israel tut. Formgeschichtlich trägt der Verweis auf solche Schenkungsurkunden wenig aus. (Zur Behauptung der Abhängigkeit der dt. Theologie vgl. WIJNGARDS, The Dramatization of Salvific History in the Deuteronomic Schools, OTS 16, Leiden 1969, S.78f.; McCARTHY, Old Testament Covenant, Oxford 1972f.,S.53f. u.a. (GIESEN, a.a.O.,S.240A.624, Lit.).

317 RICHTER, Traditionsgeschichtliche Untersuchungen zum Richterbuch, BBB 18, 1963, S.21-25; PLÖGER, Untersuchungen, S.61ff.- Zur Verankerung im Landnahmekontext vgl. Dtn. 1,8; 2,29ff; 3,20; 4,1.21ff.; 5,31; 11,31; 8,7-10; 9,23; 7,1f; 12,1 u.ö.; Jos.1,6.11.15; 18,3 etc. -

318 GIESEN, a.a.O., S.241; CLARK, Origin, S.192-206; SCHWERTNER, a.a.O., S.186-20; v.RAD, Der Heilige Krieg, S.68-78.

319 Vgl. WIJNGAARDS, Dramatization, S.78-82: er findet in Dtn. 5-28 den rechtlichen Aspekt der Schenkung bzw. Übereignung stärker betont; in Dtn. 1-4.29-34; Jos.-2.Kön. den militärischen. - Ganz unwahrscheinlich ist die Herleitung der נתן-Formeln durch LOHFINK, Hauptgebot, S.86, aus "kultischen Gebetstexten"; diese sind vielmehr Reflex auf die dtn. bzw. dtr. Anschauungen (vgl. Ex.32,13; Num.1,12.14.16;Dt. 26,3.15 u.ö.).

c) Die Herausführung aus Ägypten
   (Exodus- oder Herausführungsformel)

"Die Kombination der Wendungen ‏הוציא‎ + ‏יהוה (ואלהיך)‎ (+ Suff.) + ‏מארץ מצרים‎ ist als ganze dt Ursprungs." (PERLITT)[320] Daß Jahwe in Dtn. 6,12 nicht wie kurz darauf in v.13 und wie fast überall an den entsprechenden Belegstellen als ‏אלהיך‎ bezeichnet wird, dürfte durch die Einbindung des Verses in den Kontext zwischen 6,4 und 6,13 zu erklären sein; zahlreiche Handschriften sind an dieser Stelle dem sonst üblichen dtn. Gebrauch gefolgt (vgl.BHS)[321]. Das Verbum ‏יצא‎ (hif.) für die Herausführung Israels aus Ägypten wird von den älteren Schriftpropheten nicht verwendet[322]. Im Dtn. ist die

---

320 Bundestheologie, S.83.

321 Pl.Mss, Sam., LXX, Pesch. fügen ‏אלהיך‎ hinzu. ‏יהוה אלהיך‎ -" "210mal im Deuteronomium " (H.SCHMIDT, Mose und der Dekalog, S.85A.3). "Früher als Hos 12,10;13,4 (14,2) ist die Formel nicht belegt" (PERLITT, Bundestheologie, S.83A3), daneben Ex.20,2; Dtn. 5,6 (dtr.) und Ex.34,26 (dtr, s.S.256). -

322 Ausführliche Darstellungen des Materials bieten HUMBERT, LUBSCZYK, PLÖGER, CHILDS, WIJNGAARDS, JENNI (THAT I,Sp. 755-761), PREUSS, ThWAT III, s.v. ‏יצא‎, Sp.795-822, bes. 809ff.. An den nicht-priesterschriftlichen Penateuchbelegen ist teils mit dtn./dtr. Einfluß zu rechnen (Ex.13,3.9.14.16; 20,2;32,11f., in Ex.18,1b liegt ein schwer zuzuordnender Zusatz vor (NOTH, ATD 5,S.119); Num.20,16 gehört einer nach JE Sondertradition an (NOTH, ATD 7,131), ebenso Num. 23,22;24,8 (NOTH, a.a.O. jew.zur Stelle). Aus dem Kanon der weiteren Belege bleibt: Jos. 24,5.6 (dtr.); Ri.2,12; 6,8;1.Kön.8,16.21.53 (dtr.G), Jer.7,22;10,13; 11,4; 31,32; 32,21; 34,13 (D) (LEVIN, Verheißung, S.48f.), die übrigen Belege bei Ez. und P sind gleich alt oder jünger (HUMBERT, Dieu fait sortir, ThZ 18, S.357ff.). LEVIN, Verheißung, S.48ff., will die ältesten literarischen Belege für das Exoduscredo mit ‏עלה‎ vor allem im Jeremiabuch finden, muß jedoch aufgrund der "vollkommenen Unerfindlichkeit" des Motivs doch annehmen, daß es dem "Aufriß des deuteronomistischen Geschichtswerks", den "Quellen des Jahwisten und Ex 1-14" nach zu schließen einen "heilsgeschichlichen Grundbestand der vorexilischen Jahwe-Religion Israel/Judas" gegeben hat."(S.49f.) "Einen frühen Beleg für das Exoduscredo mit ‏יצא‎ hi."sieht er in Jer. 7,22f. (S.49A.50), wobei immerhin verwunderlich bleibt, daß "dieser deuteronomischste aller jeremianischen Texte erstaunlicherweise eine antideuteronomische Pointe hat." (S.80). - Dies ist indes nicht eindeutig und darf bezweifelt werden. Wie LEVIN richtig sieht, scheint v.22f. im Anschluß an eine "spätvorexilisches" Prophetenwort (v.21b) entstanden zu sein (S.81), welches sich - soweit können wir ihm folgen - gegen die (auch und gerade in josianischer Zeit virulente) Synthese von Religion und Patriotismus gewendet hat. V.22f. rückt allem Anschein nach nun eine Auffassung der dtn. Verkündigung zurecht, welche diese vor allem i.S. einer priesterlichen Thora verstanden sehen möchte und korrigiert diese in einer für die spät-dtr. nomistische Zeit charakteristischen Konzentration der Auslegung auf den ‏דבר יהוה‎ im Sinne der Forderung einer grundsätzlichen Ausrichtung auf Jahwe (‏שמע בקול, הלך בדרך‎), welches sogar zur Grundbedingung der Bundes-

יצא= Formel fester Bestandteil sowohl des dtn. Rahmens (Dtn. 6,12.21.23; 7,8.19; 8,14f.; 26,8) als auch der dtn./dtr. Weiterungen im DT. (13,6.11; 16,1)[323] und der weiterführenden dtr. Rahmenschichten. Im Dekalog (Dtn. 5,6(15)) und im dtr.G: Dtn. 1,27; Ri. 2,12 steht sie an prominenter Stelle. Spät-dtr. Belege sind Dt. 4,20.37; 9,26.28.29; 29,14[324]. Vor allem aber ist die Verbindung der יצא=Formel mit מבית עבדים literarisch erst durch die dtn./dtr. Literatur belegt[325]. Der Auszug aus Ägypten (Ex. 14,8 (vor-dtr.) wird im Dtn. betont als "Herausführung" aus der Sklaverei dargestellt[326]. In den älteren Quellen findet sich der Ausdruck מבית עבדים noch nicht. Dem Sklavenhaus im Ägyptenland steht das Land der Väterverheißung gegenüber. Dabei fällt auf, daß die Wendung in den zu den formgebenden Schichten des dtr.G gehörenden Belegen der Exodus-Formel in Dtn. 1,27 und 2,12 fehlt! Sie ist lediglich belegt in Jos. 24,17 und sodann im dtn. Rahmen des DT. (6,12; 7,8; 8,14), im Dekalog (5,6) und in jüngeren Schichten[327]. Charakteristisch für diese dtn. Interpretation des Exodus ist auch die Rede vom Loskauf Israels (פדה) durch Jahwe[328]. Erneut gehen also die Deutungen der dtn. Schicht weiter als die der Grundschicht des dtr.G., wobei Jos.24 wiederum durch den Aufweis verwandter

---

formel wird (so wie auch in den späten Ergänzungen der dtn. Schichten im Dtn., vgl. nur Dtn. 26,17-19; Tabelle S.61f.). In Jer.7,22f. entsteht also nicht "die alttestamentliche Bundestheologie" (LEVIN, S.82), sondern der Text setzt - wie Levin selbst beobachtet - die Historisierung des dtn. Gesetzes längst voraus (S.87). Daß aber die "Eintragung des Ausschließlichkeitsanspruches Jahwes" dieser erst sekundär gefolgt sein sollte, ist deshalb unwahrscheinlich, weil beides - Historisierung und Anspruch - in den dtn. Schichten von Anfang an miteinander verbunden sind. Das "Ur-Dt." hat indes den in Jer. 7,22 scheinbar bestrittenen Anspruch noch nicht erhoben. Der vehementen Reduzierung des "dtn." Dtn.s auf 6,4-6; 26,16ff.* (LEVIN, S.9ff.) kann ich aus Gründen literarhistorischer Plausibilität nicht folgen. -

323 Zur Ansetzung als literarisch sekundär vgl. MERENDINO, Gesetz, S.65ff.;127f.

324 Zu Dtn. 9,26-29, S.365-368.

325 Dtn. 5,6par.; 6,12; 7,8; 8,14; 13,6.11; Jos. 24,17; Ri. 6,8 (sek.-dtr., "dtr.N", DIETRICH, Prophetie u. Geschichte, S.133(A.)); Jer.34,13(D); Ex.13,3.14 dtr.; Mi. 6,4 (dtr., WOLFF, BK XIV,4,S.143-149).

326 Zur Begrifflichkeit von יצא / בוא vgl. in diesem Zusammenhang auch Ex.21,2-4; יצא entspricht akk. "asù" (HORST, Privilegrecht, S.95f.; vgl. LOHFINK, Hauptgebot, S.161f.; DAUBE, Studies in Biblical Law, New York (2.Aufl.) 1969, S.39-55). - עלה , hi., "hinaufführen" statt יצא , hi., "herausführen" braucht die deuteronomisch-deuteronomistische Literatur für das Exodus-Geschehen dann, wenn sie es mit der Landgabe zusammensieht (Dtn 20,1; Jos 24,17; Ri 6,8.13; 1 Sam 12,6.)." (WOLFF, BK XIV,4, S.148).

327 S.o., Kap. I,3.1..

328 Dtn. 7,8b; 9,26; 13,6;15,15;21,8;24,8; u. 2.Sam. 7,23 (sek.-dtr., VEIJOLA, Dynastie, S.74.77; Königtum,S.90); vgl. Jer. 31,11; Mi.6,4 (spät-, nach-dtr.).

Ausdrucksweisen eine Sonderstellung einnimmt. - LUBSCZYK[329] und PLÖGER[330] haben beobachtet, daß sich innerhalb des Dtn.s die Neigung zu einer gewissen Verfestigung der Ausdrucksweise erkennen läßt: bezieht sich יצא (hi.) auf מבית עבדים so steht neben dem Jahwenamen (fast) ausnahmslos אלהיך (außer Dtn. 6,12, s.o.) und neben מארץ מצרים (Dtn. 5,6; 6,12*; 8,14; 13,6.11; 24,18*)[331], während die Betonung אלהיך und ארץ wegfallen, wenn von der Art und Weise der Herausführung die Rede ist (z.B. ביד חזקה, בכח הגדלה etc., vgl. Dtn. 4,37.(35); 6,21.22f.; 7,8a; 9,26; 26,8). Die Annahme LUBSCZYKs, es handle sich hier um eine Auswirkung verschiedener überlieferungsgeschichtlicher Hintergründe, bei ersteren um eine prophetische, bei letzteren um eine priesterliche Schicht, geht wohl zu weit[332]. Vielmehr scheinen inhaltliche Gründe für die jeweilige Verwendung vorzuliegen. הוציא...יהוה אלהיך מראץ מצרים מבית עבדים steht an den aufgeführten Stellen stets im Kontext von Geboten, der Hinweis auf Jahwes Wundertaten stets in bekenntnishaften, hymnisierenden Texten (Dtn. 4,37; 7,8a), in Credo-Texten (6,21ff; 26,8) bzw. in Gebeten (9,26). Jene heben den fundamentalen existenziellen und rechtlichen neuen Status Israels hervor, diese sind Teil eines bewußten religiösen Reflexes auf die diesen Status begründende Wundermacht Jahwes. Indes, die Tatsache, daß neben den "eindeutigen" Belegen auch "Mischformen" in den verschiedenen literarischen Schichten belegt sind, widerrät einer weitergehenden schematischen Zuordnung (vgl. neben Dt. 5,15; 7,8b; 16,1b; Jos.24,17; Ex.13,14; 32,11). Die Texte, die vom Handeln Jahwes an Ägypten reden (עשה), beziehen sich natürlich ebenfalls auf מצרים und nicht auf ארץ מצרים (vgl. Dtn. 1,30; 4,34;7,18; 11,3f.) und sind naturgemäß konfessorischer Art[333].

Der Kern des dtn. Exoduscredos kommt zur Sprache im Eingang des dtn. Rahmens (Dtn. 6,12) und im Schluß-Bekenntnis (26,8): Jahwe hat sich durch die Herausführung als Gott Israels erwiesen und macht als solcher seinen Anspruch auf Israel geltend (Dtn. 6,4.13), das Land Ägypten steht im Kontrast zum Verheißungsland. Als Hauptsatz des Credos gehört es zunächst in den Kontext des dtr.G; dort bildet seine Leugnung den Angelpunkt der dtr. Erklärung für die gescheiterte Landnahme (Dtn. 1,27), und seine Verankerung im Bewußtsein Israels ist Grundbedingung seiner Geschichte (Ri.2,12). In der dtn. DT.-Rahmung ist das Exodus-Credo theologisches Axiom, die Forderung ungeteilter Jahwetreue hat in ihm ihren Grund und Anhalt (Dtn. 6,12); für die dtn./dtr. Schule ist die Herausführung aus Ägypten (aus dem "Sklavenhaus", wie die Deutero-

---

329 Der Auszug Israels aus Ägypten, Erfurter Theol. Studien 11, Leipzig 1963, S.79-111.178f.
330 Untersuchungen , S.107-112.
331 PLÖGER, a.a.O., S.111.
332 Ders., S.112.
333 PLÖGER, a.a.O., S.112.

nomiker sagen) die Grunddefinition Jahwes und rückt in die alles Gebot begründende Formulierung der Selbstvorstellung Jahwes im Dekalog ein.

d) Die Hineinführung in das Land (mit בוא , hif.)

Überblickt man in diesem Zusammenhang einmal die Belege für בוא (hif.) bzgl. der Hineinführungs Israels ins Verheißungsland durch Jahwe (v.10), so ergibt sich ein zur יצא=Formel komplementäres Bild: außer dtn. und dtr. Belegen findet sich kein vor-dtn. Hinweis. Zu nennen sind: Dtn. 6,10.23; 7,1; 8,7; 9,4.28; 11,29; 26,9; 30,5; 31,20f. und 4,28; wiederum Jos. 24,8; (Ri.2,1). In Genesis - Numeri stoßen wir lediglich auf Ex. 13,5.11(dtr.) und mehrere Belege bei P und H (Ex. 6,8; Lev. 15,18; 18,3; 20,22; 26,41). Zu P sind wohl auch Num.14,3.8 zu rechnen (NOTH)[334], v.16 gehört zu einem dtr. beeinflußten "umfangreichen späteren Zuwachs zur J-Erzählung" (NOTH)[335]. Hierbei fällt zusätzlich auf, daß das Stichwort in den Rahmenschichten des dtr.G zwar verwendet wird (vgl. Dtn. 1,27/Num. 14,3), jedoch nicht zum Landgabe-Credo gehört. Jos. 24,8 bezieht sich das Verbum nur auf einen Teil des Weges aus Ägypten heraus, Ri. 2,1 liegt eine Sonderüberlieferung vor, in welcher der מלאך zwischen Jahwe und Volk tritt, die das dtr.G so ansonsten nicht kennt[336].

Innerhalb der dtn. Schichten jedoch ergibt sich für die Vorstellung ein im dtr.G so nicht bekannter Skopus. Die Hineinführung, Jahwes "Hineinbringen" in das Land gipfelt im Dtn. in dem Bekenntnis Israels:

ויציאנו יהוה ממצרים...

ויביאנו אל=המקום הזה

ויתן לנו את=הארץ הזאת:

(Dtn. 26,8f.).

Welcher Ort hier gemeint ist, das sollte nach Dtn. 26,2 nicht mehr zweifelhaft sein, nämlich המקום אשר יבחר יהוה אלהיך לשכן שמו שם ! Als Ziel des Exodus deutet der Text auf Jerusalem[337]. Die dtn. Historisierung des Gesetzes ist also freier als das dtr.G, welches erst die Geschichtsschreibung auf Salomo hinführen muß (1.Kön.

---

334 NOTH, ATD 7, S.95f.

335 A.a.O., S.96.

336 Vgl. aber Ex. 23,20; 33,2; Num.20,16. Sie ist keiner der traditionellen Quellen mit Gewißheit zuzuschreiben.

337 SMEND, Entstehung, S.79f.; die מקום=Formel muß zunächst nicht erläutert werden, insofern die Trägerschaft der josianischen Reformen Jerusalem als den erwählten Ort in den Mittelpunkt ihrer Aktivitäten gestellt hat, späterhin bei Einbindung in die Historisierung der Mosefiktion muß sie aus "historischen" Gründen noch im allgemeinen verharren.

8,16), während Dtn. 26 so tun kann, als habe der Exodus unmittelbar auf den Tempelgottesdienst hin gezielt.

Angesichts des Gewichtes, welches beiden Aussageelementen des Exodus-Credos in der dtn. Rahmung zukommt (und zwar vornehmlich hier![338]) ist es bemerkenswert, daß beide hier beinahe beiläufig in Nebensätzen eingeführt werden, so als seien sie an sich nicht neu. Abgesehen davon, daß sachlich die Annahme mehr als wahrscheinlich ist, daß das Exodus-Credo als solches wesentlich älter als die dtn. Überlieferung ist, so erweist sich doch an dieser Stelle als bedeutsam, wenn die hier vorfindliche Ausformung in absoluten Sätzen vor-dtn. wahrscheinlich nur an einer Stelle im Alten Testament erscheint, nämlich in Jos. 24,5.6(17) die Exodusformel (einschließlich מבית עבדים, v.17) und in 24,8f. die Hineinführungsformel mit בוא (hif.). Dies weckt umso mehr unsere Aufmerksamkeit, als wir auch für Dtn. 6,4 Bezüge zu diesem prominenten Text erkennen konnten[339]. Jos. 24 scheint somit in mehrfacher Hinsicht ein Vorläufer der dtn. Rahmung des DT.-Gesetzes zu sein.

e) Die Segensgaben im Lande

Die Apposition des Landgabesatzes in Dtn. 6,10b.11a illustriert, was Israel zu erwarten hat. Die Charakterisierung der Gaben betont, daß deren Nießbrauch Israel ohne eigenes Mühen zufällt. Dies entspricht der Sprache von Segen- und (in der Umkehrung mehr belegt) von Fluch, wie ein vergleichender Blick auf ein negatives Pendant unseres Textes in Dtn. 28,30ff. zeigt.

Dtn. 28,30ff.: *"Eine Frau verlobst du dir, aber ein anderer beschläft sie.*
Du baust ein Haus,wirst aber nicht darin wohnen.
Du pflanzt einen Weinberg, aber du wirst ihn nicht in Benutzung nehmen.
Deine Rinder werden vor deinen Augen geschlachtet, ohne daß du davon zu essen bekommst."[340]
Vergleichbar ist auch Dt. 28,38ff., wo wir auf die Reihung כרמים וזיתים stoßen (vgl.6,11a):

"Reichhaltige Aussaat wirst du auf das Feld hinausbringen, aber wenig einheimsen, denn Heuschrecken fressen es ab.
Weinberge wirst du bepflanzen und bearbeiten,aber Wein wirst du nicht trinken...
Ölbäume wirst du überall in deinem Gebiet haben, aber du wirst dich nicht mit Öl salben..." -
All diese Motive werden in Dtn. 28 in Umkehrung bzw. als Gegenbild zur Segensverheißung aufgeführt. Vergleichbare Texte finden sich auch in außerisraelitischen Fluchsprüchen, z.B. im Vertrag Asarhaddons mit medischen Fürsten:
(Wenn ihr den Eid verletzt...)

---

338 Die יצא= Formel fehlt abgesehen von Dtn. 1,27 in Dtn. 1-3 und 31-34 und erscheint erst wieder im Dekalog und in spät-dtr. Schichten; das gleiche gilt für בוא , hi., spät-dtr. Dtn. 4,28; 11,29; 30,5; 31,20f.).

339 S.o.S. 85.

340 Übersetzung nach v.RAD, ATD 8, S.122.

"so möge Venus...vor euren Augen eure Gattinnen im Schoße eures Feindes liegen lassen, eure Söhne mögen euer Haus nicht besitzen[341], *ein fremder Feind möge euer Gut verteilen."* (VTE 42,428-430)[342].

In einem anderen Vertrag (mit Baal von Tyrus) heißt es :

"ein fremder Feind möge euer Gut verteilen" (VTE IV,19)[343],

im alttestamentlichen Heiligkeitsgesetz:

"...eure Feinde werden die Saat verzehren." (Lev. 26,16b).

An positiven Parallelstellen mangelt es, wohl schon aufgrund der Besonderheit der in Dtn. 6,10ff. angesprochenen Situation, was sich auch sprachlich bemerkbar macht in einer relativ geringen Zahl von vergleichbaren Belegen. Die Reihe ארץ + ערים erscheint nur in Jos. 24,13/Dtn. 6,10 und Neh. 9,24f. (erweitert durch אדמה / בית); ברת / בית nur in Dtn. 6,10/Neh.9,25; כרמים וזיתים in Jos. 24,13/Dtn. 6,11/Neh.9,25 sowie in dem Fluchwort Dtn. 28,39f., in Ex. 23,11b (Sabbatruhe wird hier auch für das Land gefordert) sowie in einem Hinweis auf drohende Gottesstrafe Am. 4,9 - alles von der Segensthematik direkt oder indirekt berührte Texte. Auffällig ist die enge Berührung zwischen Jos. 24,13 und Dtn. 6,10f., denn Josua 24 steht zeitlich näher an dem dtn. Text als das jüngere, durchweg von dtn./dtr. Sprache lebende Kapitel Neh. 9[344].

Auch die Verheißung אכלת ושבעת entspricht der Segenssprache. So sollen nach Dtn. 26,12 auch die personae miserae an den Zehnten Anteil haben , "essen und satt werden". Wer hierfür sorgt, dem ist seinerseits Segen verheißen (Dtn. 14,29)[345]. Anschaulich beschreibt diesen Zusammenhang 2.Chr.31,10:

מהחל התרומה לביא בית=יהוה אכול ושבוע והותר עד=לרוב

כי יהוה ברך את=עמו...

Das Motiv des Segens steht in engem systematischen Zusammenhang mit dem dtn. Credo wie mit der dtn. Gesamtkonzeption. Das zeigt neben weiteren Dtn. 6,10f. nahestehenden Texten wie Dtn. 7,13ff; 8,7-17 die Forderung am Ende der Gesetzesverkün-

---

341 Vgl. Dtn. 28,32f.41.

342 Übersetzung R.BORGER, TUAT I,2,S.170.

343 Übers. R.BORGER, a.a.O., S.179.

344 Zum Vergleich zw. Jos. 24 und Dtn. 6 s.u.; zu Neh. 9 vgl. GALLING, Die Bücher der Chronik, Esra, Nehemia,ATD 12, Göttingen 1954, S.235-239. Vergleichbare Reihungen begegnen naturgemäß auch in zahlreichen königlichen Schenkungsurkunden, u.a. aus Ugarit (vgl. PRU II.15.155, 16.204; 16.138; 16,139; 16,269;16,160; 16,353; 15,222 - BALTZER, Bundesformular, S.30; WEINFELD, Deuteronomy and the Deuteronomic School, S.71 A.7; WEINFELD führt weitere hethitische und assyrische Parallelen an (ebd.,S.71A.6.8)). An die Segens- bzw. Fluchthematik führt abgesehen von dem religiösen Bezug der Hinweis auf die Unverdientheit der Gaben im Unterschied zu den Schenkungsurkunden. -

345 Das Dtn. bietet literarisch wohl die ältesten Belege für die Reihe, sie steht in: Dtn. 8,10.12; 11,15; 14,29; 26,12; 31,20; Jo.2,26; Ps.22,27 u. 78,29 (beide nach-dtn./dtr.); Ru.2,14; Neh.9,25.

digung in 26,1f., wo die Darbringung der Erstlingsfrüchte in Korrespondenz zur Gabe des Verheißungslandes genannt wird:

Dtn.26,2 ולקחת מראשית כל=פרי האדמה אשר תביא מארצך
אשר יהוה אלהיך נתן לך...

und das Kapitel schließt vor v.16ff. ab mit der für die Darbringung des Zehnten formulierten Bitte um den Segen über Israel (Dtn. 26,15). Insofern entsteht in 26,1-15 eine gewisse Korrespondenz zu der Landtheologie von Dtn. 6,10ff./7,12b-16*, so wie auch eine Beziehung zwischen 6,4f. und 26,16.17f* erkennbar ist.

Die Reihe von Dtn. 6,10f. ist auffällig einerseits wegen ihrer Seltenheit, andererseits wegen ihrer sprachlichen Nähe zu Jos. 24,13 und Neh. 9,25[346]. In der Regel sieht man in Jos. 24 eine Abhängigkeit sek. dtn./dtr. Überarbeitung vom Dtn.[347], so etwa STEUERNAGEL: "Jos.24,13 nimmt 6,10f. interpretierend auf"[348], ohne jedoch zu sagen, warum Jos. 24 Dtn. 6 "interpretiert" und ohne Rücksicht auf die textlichen Überschüsse in Dtn. 6 gegenüber Jos. 24. Diese läßt ein Blick auf die Synopse leicht erkennen:

Josua 24,13	Deuteronomium 6,10f.
	והיה כי יביאך יהוה אלהיך
ואתן לכם ארץ	אל=הארץ אשר נשבע לאבתיך...לתת לך
וערים אשר לא בניתם	ערים גדלת וטבת אשר לא בנית
ותשבו בהם	
	ובתים מלאים כל=טוב אשר לא מלאת
	וברת חצובים אשר לא חצבת
כרמים וזיתים אשר לא נטעתם	כרמים וזיתים אשר לא נטעת
אתם אכלים	ואכלת ושבעת

Die Anschauung von der Väterverheißung als Schwur fehlt in Jos. 24, während sie für die dtn. Darstellung bestimmend ist (einschließlich der daraus abgeleiteten Segensverheißungen vgl. 7,12b.13; 6,10f.). Das Land ist nach Jos. 24,13a unverdiente Gabe - und eben dies führt (nach der an die Schwurformel gebundenen Landgabeformel, die Jos. 24,13a hier alteniert) Dtn. 6 weiter aus: die zu erobernden Städte werden nun betont als גדלת וטבת beschrieben, auch sie werden Israel unverdient zuteil אשר לא בנית . Dtn. 6,10b weist auf die Wohnmöglichkeiten und Brunnen besonders hin und führt so die knappere Formulierung ותשבו בהם weiter aus. Der Überfluß wird

---

346 BALTZER, a.a.O.,S.30; NOTH, Josua, S.135f.; HOSSFELD, Dekalog, S.113. Zu Neh. 9,25 s.u.S.153.

347 STEUERNAGEL, Josua, S.300; HOSSFELD, a.a.O., S.113.

348 STEUERNAGEL, a.a.O.; vgl. NOTH, Josua, S. 105.

greifbar vor Augen gestellt in dem Hinweis auf כרמים וזיתים - hier stimmt die
Formulierung wörtlich überein (außer im Numerus der Anrede). Israel wird nach Dtn. 6
nicht nur "essen", sondern mehr als genug haben (ושבעת). Die engen sprachlichen
Berührungen lassen darauf schließen, daß der Verfasser von Dtn. 6,10f. Jos. 24
kannte, die Unterschiede sind teils auf eine Verlagerung der Aussage, teils auf eine
Weiterführung zurückzuführen. Die umgekehrte Annahme einer verkürzenden assoziativen Aufnahme von Dtn. 6,10f. in Jos. 24 bleibt die Erklärung schuldig, warum
Jos. 24 ausgerechnet hier Dtn. 6 assoziieren sollte, während es das Gebot von 6,13 so
nicht aufnimmt und auch keine Verbindung zu einem Jahweschwur an die Väter kennt.
Zudem gibt es - wie wir noch sehen werden - gute Gründe für die Ansicht, daß die dtn.
Gesetzesrahmung Jos. 24 bewußt alterniert, sodaß die sprachlichen Berührungen nicht
nur aus dem gemeinsamen Fundus der dtn. Schulsprache zu erklären sind, sondern
tatsächlich aus textlicher Assoziation[349].

Freie Reminiszenz an die dtn. Formulierung indes enthält die Beschreibung der Landeroberung in
Neh. 9,25:

וילכדו ערים בצרות ואדמה שמנה ויירשו בתים מלאים-כל-טוב
ברות חצובים כרמים וזיתים ועץ מאכל לרב
ויכלו ושבעו ויתעדנו בטובך הגדול: .

An die Erwähnung der Landnahme schließt sich eine ausführliche Parenthese über die Demütigung
der kanaanäischen Bevölkerung an (v.24 - Ausdruck des Segens für Israel), dann folgt die Aufzählung, die an Dtn. 6,10f. erinnert: ערים (sie erscheinen als בצרות vgl. Num. 13,28; Dtn. 3,5),
das Land ist אדמה שמנה (nur Num. 13,20; Neh. 9,35), בתים מלאים (wie Dtn. 6,11) und
ברות...כרמים וזיתים (ebenfalls Dtn. 6,11), dazu עץ מאכל לרב (vgl. Dtn. 20,20; Lev. 19,23
und Ez. 47,12 - nur hier), die Reihe "essen und satt werden" ist erweitert durch וישמינו("wohl
genährt sein") (von שמן , hi., singulär, vgl. aber Dt. 32,15; Ri. 3,29), Neh. 9,25bβ ist gleichfalls
singulär in seiner Ausdrucksweise. Der Vers ist also deutlich jünger als Num. 13* und Dtn. 6*.

Das Credo von Dtn. 6,10ff. ist in seinen Gründzügen verwandt mit dem (älteren) Text
Jos. 24, in welchem wir die ältesten Belege der dasselbe bestimmenden Formulierungen
haben (יצא-Formel, בוא, hif., Landgabe(formel), Aufzählung der Segensgaben).
Darüber hinausgehend wird die Vorstellung von der Landverheißung als Schwur
Jahwes bestimmend, die ihre ältesten literarischen Belege in der Rahmung der dtr.
Landnahmeerzählung hat, wobei die dtn. Schichten gegenüber diesen das Gewicht der
Aussage noch einmal verschieben, insofern sie die Landverheißung an die Väter schon
auf die kommende Generation hin gesprochen sehen (לחת לך / לכם) und dieselbe
geradezu als "Berit" Jahwes interpretieren (7,12b). Gegenüber den formgebenden

---

349 Es geht hier nicht nur um die Einbringung einer Aufzählung der Landesgüter (die muß selbst noch
      nicht einmal dtr. Sprache entstammen, PERLITT, Bundestheologie, S.256 A.2), sondern um deren
      Verbindung mit der dtn. Landtheologie.

Rahmenschichten der dtr.G-Landnahmeerzählung, für welche Jos. 24 den Abschluß bildet, heben die dtn. Schichten besonders den Kontrast zwischen Ägypten als dem Land des עבדים בית und dem Land der Verheißung hervor und sehen das Ziel der Führungen Jahwes (בוא hi.) darin, daß Israel ihm die Erstlingsgaben darbringt und sich zu seiner Führung an dem Ort bekennt, der als der erwählte das Ziel des Exodus war (Dtn. 26,8).

3.2.3 Die Warnung, Jahwe zu vergessen

Durch die Historisierung in die Voraussetzungen des dtn. Credos eingebunden erscheinen in Dtn. 6,12f. nun die Gebote. Die Warnung לך השמר weist häufig auf eine recht unbestimmte, numinose Bedrohung an Leib und Leben hin (z.B.Gen. 24,6f.; 31,24.29; Ex. 19,12; 23,13.21; 34,12; Ri. 13,4.13 (profan: Ex. 10,28; 1.Sam. 19,2). Eine gewisse Vorliebe läßt sich in der dtn/dtr. Paränese erkennen[350]. In der Dtn. 6,12 vorliegenden sachlichen Ausdehnung erscheint der Warnruf sonst im A.T. nicht, außer in dem spät-dtr. Text Jos.23,11[351].

Durch das Vergessen Jahwes entsteht nach dtn./dtr. Ansschauung die Gefahr des Verlustes nationaler Identität und Existenz (vgl. Ri. 2,12;3,7)[352].

Exkurs: Die Kritik an der Jahwevergessenheit bei den Propheten

Angeprangert wird die Jahwevergessenheit schon in der hoseanischen Prophetie, später von Jeremia und Ezechiel. Das Motiv begegnet zunächst in Hos. 2,10.15):
"Aber sie (Israel) weiß nicht, daß ich es bin, der ihr Korn und Wein und Öl gegeben und der ihr Silber in Mengen geschenkt hat und Gold, das sie zum Baalsbild gemacht haben... Ich ziehe sie zur Verantwortung für die Baalsfesttage, da sie ihnen Rauchopfer aufsteigen läßt, Ring und Schmuck anlegt und ihren Liebhabern nachläuft, mich aber vergessen hat, " spricht Jahwe.-

Wir befinden uns hier an einer Stelle, wo die Deuteronomiker offensichtlich selbst "zur Schule gegangen" sind. Die Konsequenz aus der aktuellen Kritik Hoseas besteht in der Forderung, Jahwe allein zu verehren anstelle der אהבים , ihn nicht zu vergessen, und dessen gegenwärtig zu sein, daß "Korn, Wein, Öl " und alle Gaben des Landes ihm und nicht anderen Gottheiten zu verdanken sind. Was hier zeitbezogene Forderung ist, wird im Dtn. zum geschichtsübergreifenden, prinzipiellen Gebot erhoben. Der sachliche Zusammenhang besteht in der bleibend populären Verehrung der

---

350 Dtn. 4,9.15.23; 6,12; 8,11; 11,16; 12,13!19.30; 15,9; 23,10; 24,8 und Jos. 23,11; Jer.17,21 D (THIEL,W MANT 41,S.203ff.).

351 Dieser Vers greift erkennbar auf Dtn. 6,5 zurück:
נשמרתם מאד לנפשתיכם לאהבה את=יהוה אלהיכם :

352 S.o.S. 116ff..

Vegetationsgottheiten und dem Zurücktreten der spezifisch jahwistischen kultischen Bräuche, wie sie
etwa Hos. 4,4ff. erkennen läßt:
"Weil du (Priester) die Erkenntnis verworfen hast, verwerfe ich dich* als meinen Priester, weil du
die Weisungen deines Gottes vergessen hast, bin ich es nun, der deine Söhne vergißt."[353]

Das Dtn. greift somit einen Topos auf, der schon in der hoseanischen Polemik gegen die Ver-
nachlässigung des Jahwekultes im Nordreich des ausgehenden 8.Jhs. erscheint. In wieweit auch die
weiteren Belegstellen für שכח , Hos. 8,11-14 und 13,4-8 dem Propheten zuzuschreiben sind, ist
unsicher. So wird in Hos. 8,11-14 aus der Kritik an der Vielzahl der Opferstellen, an welchen gegen
die jahwistischen Torot verstoßen wird (v.11-13) eine generelle Kritik daran, daß Israel seinen
"Schöpfer" vergessen und sich der Prunksucht hingegeben habe (v.14). Die Ausdehnung auf Juda in
diesem Zusammenhang entspringt nicht unmittelbar hoseanischem Interesse, עשה nennt Jahwe
sonst vorzüglich Dt.-Jes.(44,2; 51,13), v.14b erinnert an die späten Völkersprüche im Amosbuch
(Am. 1,4.10.14; 2,2). Aus der Aktualisierung ursprünglich auf das Nordreich gehender Aussagen
für Juda hat man auf eine judäische Redaktion geschlossen[354]; ihre zeitliche Ansetzung ist ungewiß.

Auch was die Komposition von Hos. 13,4-8 angeht, ist die hoseanische Verfasserschaft mei-
neserachtens nicht so sicher, wie oft angenommen wird. Das Beieinander von Bilderkritik (v.2 +
Strafansage v.3) und Selbstvorstellungsformel mit dem dtn/dtr. אלהיך erinnert an den dtr.
Dekalog sowie an exilische Texte wie Jes. 45,5.21; 26,13 und an jüngere wie 1.Chr.17,20
(אין אלהים זלתי). V. 6 enthält einen gedanklichen Bruch: die Metapher vom "Weiden Israels in
der Wüste"(v.5) wird ganz im Sinne von Dtn. 8,14ff. weitergeführt und gegen die Überheblichkeit
und das Vergessen Jahwes durch die Übersättigung im Lande gewendet. So scheinen hier dtr.
beeinflußte Bearbeiter am Werke zu sein[355].

Das Thema Jahwevergessenheit ist aber angesichts der hartnäckig sich haltenden Verehrung
kanaanäischer Gottheiten und des mehr oder weniger massiven religionspolitischen Drucks der
assyrischen Zeit auch nach Hosea ständig virulent geblieben. Das zeigt etwa die jesajanische Polemik
gegen die Adonis-Verehrung, Jes. 17,10f.:
*"Denn du hast den Gott deiner Hilfe vergessen und nicht an den Fels deiner Zuflucht gedacht, darum
magst du Pflanzungen der Lieblichen pflanzen...Fort ist die Ernte am Tage des Siechtums und des
unheilbaren Schmerzes!"*[356]
Die Beurteilung der Belege im Jeremiabuch ist insofern nicht einfach, weil trotz der eingehenden
Studie von THIEL immer noch nicht klar ist, wie weit der Eingriff redaktioneller Bearbeitungen

---

353   Übersetzung nach J.JEREMIAS, Hosea, ATD 24,1, S.63.
354   JEREMIAS, ATD 24,1,S.112; anders H.W.WOLFF, BK XIV,1, S.188f., der nur v.14b für se-
       kundär hält.
355   Zweifel an der Ursprünglichkeit von Hos.13,4 hat auch LEVIN, Verheißung, S.49, angemeldet.
356   Die Stelle ist allerdings textlich (vgl. DUHM, Jesaja, S.134f.) wie herkunfts- und altersmäßig
       unsicher (O.KAISER, Das Buch des Propheten Jesaja. Kap.13-39, ATD 18, Göttingen (2.Aufl.)
       1976, S.68f.).

tatsächlich reicht[357]. Jedenfalls ist etwa in Jer. 2,23 erkennbar, daß die Jahwevergessenheit in jeremianischer Zeit schon beinahe sprichwörtlich geworden ist:
"Vergißt eine Jungfrau ihres Schmuckes, eine Braut ihres Gürtels? -Aber mein Volk hat meiner vergessen so lange Zeit!"

Deutlich Bestandteil späterer Komposition ist Jer. 3,21. Der Passus Jer. 3,19-4,4 stellt eine stilisierte Bußliturgie dar, deren Aufbau in Anlehnung an prophetische Redemuster erfolgt ist, und die vermutlich in exilischen Gottesdiensten wurzelt. Am Anfang steht ein Scheltwort (v.19f., anknüpfend an die Adoptionsmetaphorik[358]). Es folgt ein exemplarisches Sündenbekenntnis Israels, stilisiert als prophetische Audition : *"Horch, auf den Höhen hört man flehentliches Weinen der Kinder Israels, daß sie verkehrte Wege gewandelt sind und Jahwe, ihren Gott, vergessen haben."* Sodann ergeht "aus dem Munde Jahwes" der Umkehrruf (v.22a), es folgen Bußbekenntnis und Abrenuntiation (v.22b-24), Bußhandlung und Selbstdemütigung (v.25), schließlich die Gnaden- und Heilszusage, Jer. 4,1[359]. Die prophetische Liturgie endet mit dem Aufruf, sich dieselbe zueigen zu machen (v.3-5), und ermöglicht es so diesem Wort, in den aktuellen Vollzug der (exilischen) Gottesdienstgemeinde einzumünden. Die Nähe zur dtn. Topik (Jahwevergessenheit erscheint als Hauptsünde, vgl. Dtn. 6,12; 8,11a.14; die Aufnahme der Bundesformel im Bekenntnis der umkehrenden Gemeinde v.22b (vgl. Dtn. 6,4: יהוה אלהינו) und das Insistieren auf dem Schwören beim Jahwenamen in 4,2 (vgl. Dtn. 6,13; 10,20; Jos. 24,14) läßt deutlich das Werk dtr. beeinflußter Redaktoren erkennen, und dies nicht nur bei dem Abschluß des Stückes in v.3f., welches den Zweck desselben in dtr. Sprache formuliert. Nach THIEL knüpft der Text in 3,19f. und in 4,3aβ.b* an jeremianische Worte an[360], aber schon STADE hat gesehen, daß die Komposition als solche jünger als diese Worte ist[361]. V.4aα knüpft an Jer. 21,12 an[362] und interpretiert die Buße als "Herzensbeschneidung" - ein beliebter Topos der spät-dtr. Literatur (vgl. Jer. 4,4; 9,25; (vgl. 31,33; 32,39f.); Dtn. 10,16; 30,6).

---

357 Einerseits ist der Grad der vor-dtr. Jeremiabearbeitung unklar (KAISER, Einleitung (5.Aufl.), S.248ff.), sodann die Frage der inneren Schichtung der dtr. Bearbeitungen (hierzu VERMEYLEN, La rédaction de Jérémie 1,4-19, BEThL 58,1982,S.252ff.), bzw. in wieweit "jeremianisches Gut in dtr-redaktioneller Gestaltung vorliegt (ROSE, Ausschließlichkeitsanspruch Jahwes, S.213ff.). - Belege für שכח (את־יהוה=יהוה) in Jer.: 2,23; 3,21; 13,25; 18,15; 23,27.(40).

358 Vgl. Hos. 11,1; Dtn. 14,1; Jer. 3,4; ansonsten vorwiegend spät- und nachexilisch:Jer. 31,9 (D?, THIEL, WMANT 52,S.21 post-dtr.); Ex. 4,22 (Rp, W.H.SCHMIDT, Exodus 1-6, BK II,1,S.212); Jes. 63,16; Mal. 1,6. -

359 Vgl. hierzu Dtn. 10.16.20; 30,2.6 (zu 4,2 s.a. Dtn. 6,13; Jos.24,14). Spätestens unter dem Eindruck der spät-dtr. Stellen wird deutlich, daß Jer. 3,4-4,4 darstellt, wovon Dtn. 30 redet: den Vorgang einer Umkehr aus der Exilszeit, eingebunden in die von prophetischer Sprache getränkter Darstellung einer Bußliturgie.

360 WMANT 41, S.94ff.

361 STADE, Streiflichter auf die Entstehung der jetzigen Gestalt der alttestamentlichen Prophetenschriften, ZAW 23, 1903, S.153-171, bes.S.156ff.

362 THIEL, a.a.O.,S.95f.

Der Spruch in Jer. 18,14f. steht in seiner sprichworthaften Art 2,32 (s.o.) nahe:
"Schwindet wohl je vom Feld der Sirjon der weiße Schnee? Oder versiegen die Wasser des Ostens, die klaren, immerströmenden? Mich aber hat mein Volk vergessen, dem Nichtigen opfern sie!..."-
Wie in Jer. 13,25 wird die Zerschlagung des Königreichs als Strafe für die Jahwevergessenheit angesehen. In der nachjosianischen Zeit bis in die Exilszeit hinein ist somit das "Vergessen Jahwes" als Ursache für die gegenwärtige desparate Situation angesehen worden. Die Auseinandersetzungen darüber, wer für solches Vergessen verantwortlich zu machen ist, spiegelt sich in dem Wort wider die Lügenpropheten in Jer. 23,26ff., dessen Einfluß auf Dtn. 13,2-6;18,20ff. (Jer.23,32D) deutlich spürbar ist. Der Vorwurf lautet hier dahin, die Propheten seien החשבים להשכיח את=עמי את=שמי (Jer. 23,27). Hier wird ausgesprochen, was Dtn. 6 nur implizit sagt: Baal steht als Toponym für die nichtjahwistische Gottheit, Jahwe vergessen heißt, den Baalen zu dienen; in der dtn. Mose-Fiktion, die ja noch keine Götternamen "kennt" , heißt das übertragen: נלכה אחרי אלהים אחרים אשר לא=ידעתן ונעבדם (Dtn. 13,3b).

MERENDINO[363] weist zurecht darauf hin, daß - ähnlich wie bei dem Motiv des Vergessens Jahwes - "bei Jeremias es sich um die Sendung des Propheten in einer bestimmten politischen Situation handelt, in Dt 13,2-6 ist aber von etwas Grundsätzlichem die Rede..."[364]. Aus der je und dann aktuellen Kritik an der Jahwevergessenheit Israels wird im Dtn. eine grundsätzliche historische Warnung. -

In die Zeit noch vor dem endgültigen Zusammenbruch von 587 verweist das Gerichtswort EZE-CHIELS wieder die sittlich-religiöse und rechtliche Entartung in Jerusalem, Ez. 22,1-16*, worin in v.12 ein ganzer Katalog von Verfehlungen beschlossen wird mit dem lapidaren Satz: ואתי שכחת [365]. Jerusalem wird mit Samaria verglichen, seine Anlehnung an Ägypten mit Buhlerei. In einem Nachtrag zu Ez. 23,1-27 heißt es (23,35):

יען שכחת אותי ותשליכי אותי אחרי גוך
ונם=את שאי זמתך ואת=תזנותיך

---

363 Das deuteronomische Gesetz, S.76f.
364 Zur näheren Analyse von Jer.23,25-32 vgl. THIEL, WMANT 41, S.252f.
365 Die ezechielische Abfassung des Kapitels, besonders der Verse 6-13* ist umstritten: vgl. B.LANG, Ezechiel. Der Prophet und das Buch, EdF 153, Darmstadt 1981, S.4f.17f.(Lit.).

Auch hier wird der nationale Untergang als Folge des Vergessens Jahwes beschrieben[366]. Die Nachwirkungen des Motivs sind schließlich in spät- und nachexilischen Texten zu beobachten (Jes. 51,13; Ps. 44,18.21; 50,22; 78,7)[367].

Insgesamt machen die Belege deutlich, daß immer dann die Frage, wie Israel zu Jahwe stehe und ob es ihn nicht vergessen habe, erscheint, wenn seine Existenz und seine Identität in hohem Maße bedroht ist. Die Polemik ist zunächst im prophetischen Bereich belegt. Allein das Zustandekommen von Worten wie Jer. 23,26ff. zeigt, daß die dtn. Ideale wie Dtn. 13,2-6 nie ernstlich Rechtskraft erlangt haben. Auch die Beschreibung von Ez.22,1-12 ist kaum vorstellbar für ein Gemeinwesen, welches nach deuteronomischen Maßgaben und Normen geordnet sein soll. So ergibt sich aus der Durchsicht der Belege für die Polemik gegen die Jahwevergessenheit in Israel lediglich, daß sie in jeremianischer und ezechielischer Zeit aktuell war und aktuell geübt wurde. Wann sie als Gebot Mose in den Mund gelegt wurde, läßt sich daran noch nicht erkennen. So stark das Problem im ausgehenden 7. und im beginnenden 6.Jh. bewußt gewesen sein mag, so sehr zeigen doch gerade die jeremianischen Stellen, daß die wie immer geartete Rückbesinnung auf die nationalen religiösen Werte unter Josia auch Raum gegriffen haben mag, die bleibende politische und religiöse Verunsicherung auch eine religiöse Hinwendung gerade zu den Göttern des Landes wachhielt. Das Dtn. greift nicht umsonst den Topos vom Vergessen Jahwes gleich zu Beginn seiner Gebotsverkündigung auf und zwar unter bewußtem Hinweis auf die Segensgaben, die Israel niemand anderem als Jahwe verdanken soll. Dementsprechend emphatisch ist die Forderung in v.13.

Auf die Besonderheit von Dtn. 6,12 im Vergleich mit Ri. 2,12 und 3,7 - den einzigen Stellen im dtr.G, die die Jahwevergessenheit indirekt bzw. direkt thematisieren, wurde schon oben hingewiesen[368]. Während in Ri. 2,12 das Vergessen (ohne שכח !) der Jahwetradition auf den Generationenwechsel zurückgeführt wird, geht das Dtn. geht noch einen Schritt weiter, indem es Mose noch vor Beginn derselben schon vor der Jahwevergessenheit warnen läßt. Vor diesem Hintergrund erscheint das Vergessen Jahwes in der (sekundären) dtr. Beispielerzählung als ein Verstoß gegen das mosaische Gebot (Ri. 3,7).-

---

366   Zum Nachtragscharakter der Stelle ZIMMERLI, Ezechiel 1-24, BK XIII,1,S.536f.553. Möglicherweise liegt in v.12bβ ein Zusatz vor. "Die gewichtige Schlußqualifikation "Mich hast du vergessen!"... ist für das Ezechielbuch fast singulär, denn Ez. 23,35 dürfte als spätere Redaktion eher von 22,12b abhängig sein..." (F.L.HOSSFELD, Untersuchungen zur Komposition und Theologie des Ezechielbuches, fzb 20,Würzburg 1977, S.121) .

367   Zur exilischen Abfassung von Ps. 44 E.JANSSEN, Juda in der Exilszeit, FRLANT N.F.51, Göttingen 1956, S.19; von Ps. 50 MOWINKEL, Psalm-Studien,II, S.156; JEREMIAS, Kultprophetie, S.127; von Ps. 78 (dtr. geprägt) KRAUS, Psalmen 60-150, BK XV,2, S.704f..

368   S.o.S. 116ff..

Welche Bedeutung hat die Warnung vor der Jahwevergessenheit im weiteren Verlauf des Dtn.s und des dtr.G?

Zunächst finden wir eine eigenständige Neuaufnahme des Gebotes in Dtn. 8,11a.14ff. (vgl. hierzu Kap.IV z.St.). Jahwe vergessen, das bedeutet in Dtn. 6,12f., nicht ihn zu fürchten, sondern andere Götter, nicht ihm zu dienen, sondern anderen Göttern, den Eid nicht unter seine Gewalt zu stellen, sondern unter die anderer Götter. Ihn zu vergessen, das bedeutet aber auch Verlust der Kontinuität mit der eigenen Heilsgeschichte (Dtn. 6,12b) und Verlust des Landes samt dem auf ihm ruhenden Segen (Dtn. 8,7ff.). Eine nachträgliche pluralische Interpretation expliziert dies in Dtn. 8,19f.; sie steht, wie ein synoptischer Überblick zeigt, nicht nur bei dem vorgegebenen dtn. Gebot 6,12f. nahe, sondern auch dessen Kommentierung in 6,14.15b:

Deuteronomium 6,12-15	Deuteronomium 8,19
12 השמר לך פן=תשכח	והיה אם=שכח תשכחו
את=יהוה...	את=יהוה אלהיך
14 לא תלכו אחרי אלהים אחרים	והלכת אחרי אלהים אחרים
13 את=יהוה אלהיך תירא ואתו תעבד...	ועבדתם והשתחוית להם
(Vgl. 6,15b)	(V. 20)

Blicken wir auf die Belege im dtr.G. Interessanterweise erscheint die Rede vom Vergessen Jahwes hier nur zweimal, neben Ri.3,7 lediglich noch in 1.Sam. 12,9f., einer nicht weniger beispielhaften Notiz, nach welcher die Israeliten, als sie "Jahwe, ihren Gott vergaßen, in die Hand Siseras...verkauft" wurden, also in einer Rekapitulation von Ri. 4,2; 10,7 und 3,12. "Das Vergessen Jahwes führt nach dem dtr Pragmatismus dazu, daß man in Feindeshände gerät, was wiederum den Hilfeschrei zu Jahwe hervorruft (1Sam. 12,10). In diesem Fall wird der Hilfeschrei des Volkes mit seinem Sündenbekenntis verbunden - eine Erscheinung, die im A.T. sonst nur ein einzige Mal vorkommt, und zwar bei DtrN in Ri 10,10." (VEIJOLA)[369] Von daher wird auch dieser Text einer sekundär dtr. Bearbeitung zuzuschreiben sein.

Ri. 3,7-11 stellt die beispielhafte Anwendung des dtr. Schemas der Richterzeit aus Ri. 2,10-16 dar, wobei allerdings eine interessante Verschiebung erkennbar wird. In Ri. 2,10 heißt es, daß nach Josua und der Landnahmegeneration ein anderes Geschlecht erstand, אשר לא ידעו את=יהוה וגם את=המעשה אשר עשה לישראל.

Die Folge: "und die Israeliten taten, was übel war in den Augen Jahwes, indem sie den Baalen dienten." (v.11). Ri.3,7 knüpft an die Formulierungen dieses Textes an, vermittelt aber eine andere Nuance:

ויעשו בני=ישראל את=הרע בעיני יהוה

---

369 Königtum, S.86f.

וישכחו את=יהוה אלהיהם
ויעבדו את=הבעלים ואת האשרת.

Während für Ri. 2,10 das Vergessen Folge des Generationenwechsels ist, erscheint es dem Verfasser der Beispielerzählung selbst schon als Verschuldung und tritt gleichsam als Synonym für עזב , v.12, ein[370].

Der Gedanke, die Jahwevergessenheit zum Grundelement der Geschichtsdarstellung und Erklärung zu machen, scheint also im dtr.G erst in einem sekundären Impuls von dem Vergessensverbot her motiviert worden zu sein. Was zunächst im Rahmen eines Ablaufes erklärt werden kann, das stellt sich erst im weiteren Verlauf als Schuld, als Verstoß gegen ein Gebot dar. Eine unmittelbare Einwirkung von Dtn. 6,10ff. auf die Grundschicht der dtr.G-Darstellung ist nicht erkennbar. Das merkwürdige Nebeneinander von dtr.G und dtn. Gebot bzw. das Einwirken des letzteren erst auf sekundären Ergänzungsstufen des Geschichtswerkes ist auch hier wie schon für 6,4f. und für das dtn. Credo auffällig.

3.2.4 Die Gebotsreihe in v.13

Die Warnung von v.12 wird in drei programmatischen apodiktischen Geboten entfaltet (Dtn. 6,13):

את=יהוה אלהיך תירא ואתו תעבד ובשמו תשבע .

Sowohl ihrer Gestalt wie ihrer Stellung nach nimmt diese Reihe eine Sonderstellung im Dtn. wie im gesamten dtn.-dtr. Bereich ein. Das ist zunächst für die einzelnen Gebote der Reihe nachzuweisen, da ihre Besonderheit mit beachtlicher Stetigkeit in den Einzeluntersuchungen zu den Begriffen ירא, עבד und שבע nif.) übergangen wird[371].

a) "Du sollst Jahwe, deinen Gott, fürchten!"

Das Gebot erscheint in dieser Form im gesamten Tetrateuch sonst nicht. Ist dort von der

---

370 Darauf hat FLOSS, Jahwe dienen - Göttern dienen, S.383f., hingewiesen; es ist somit gut möglich, daß Ri. 3,7 einer jüngeren Hand entstammt als 2,20ff. (gegen RICHTER, Bearbeitungen, S.28.50-62).

371 Zu ירא : BECKER, Gottesfurcht im Alten Testament, Anal.Bib 25, Rom 1965; DEROUSSEAUX, La crainte de Dieu dans l'Ancien Testament. Royauté, Alliance, Sagesse dans les royaumes d'Israel et de Juda. Recherches d'exégèse et d'histoire sur la racine y^aré, Paris 1970 (bes.S.205-232); FUHS, Art. ירא /jare, ThWAT III,869-893. Zu עבד : FLOSS, Jahwe dienen-Göttern dienen, BBB 45, Bonn 1975; zu שבע : GIESEN, G., Die Wurzel שבע "schwören", BBB 56, Bonn 1981, bes.S.178ff..

Jahwefurcht die Rede, so zumeist im Sinne der Ehrfurcht oder der Furcht vor dem Numinosen und seiner Erscheinung, nicht aber als Forderung zur ausschließlichen Verehrung. Die יראת אלהים ist charakteristisches Thema des sog. "Elohisten"[372] bzw. der entsprechenden vor-dtr. Schichten: "Gottesfurcht ist der Glaubensgehorsam Abrahams (Gn 22,12), zeichnet aber auch Nichtisraeliten aus (Gn 20,11; vgl. 42,18) und deutet damit ein Ethos - "Ehrfurcht und Achtung vor den elementarsten sittlichen Normen" (G.v.RAD...) an, das trotz seiner Bindung an Gott nicht nur für Israel, sondern für alle Menschen verpflichtend ist..."(W.H.SCHMIDT)[373]. Insofern sind die Aussagen dieser Theologie allgemeiner als die deuteronomischen. In der prophetische Literatur finden sich nur wenige vor-dtn. Belege für die Rede von der Jahwefucht, nämlich Hos. 10,3 (der Mangel an Ehrfurcht vor Jahwe ist hiernach die tiefere Ursache dafür, daß das Nordreich aufgrund falscher Bündnispolitik (v.4) den Niedergang des eigenen Königtums beklagen muß) und Jer. 5,22.24 (beklagt den Mangel an Jahwefurcht, der selbst in Zeiten der Dürre nicht dazu führt, daß die Menschen mit der Bitte um Hilfe zu Jahwe umkehren)[374]. Die Forderung nach Jahwefurcht wurzelt also in der Grundforderung sittlich-religiösen Lebens, die in der prophetischen Verkündigung eine betont jahwistische und anti-baalistische Nuancierung erhält. Als "mosaisches Gebot" von nationalem Rang ist sie indes vor-dtn/dtr. (bzw. vor-exilisch) nirgends belegt[375]. Ein anschauliches

---

372 BECKER, Gottesfurcht, S.193ff.; WOLFF, Zur Thematik der elohistischen Fragmente im Pentateuch, Ev.Th 29,1969,S.59-72 (=Ges.St. ThB 22, München (2.Aufl.) 1973, S.402-417).

373 SCHMIDT, BK II,1, S.43. Diese Texte stehen in ihrem Denken der Weisheitsliteratur nahe (H.P.STÄHLI, Art. ירא , fürchten, THAT I,Sp.765-778, Sp.777).

374 Ein weiterer Beleg Im Jer.-Buch, Jer.26,19, ist dtr. oder nach-dtr. Bearbeitung zuzurechnen (HOSSFELD/MEYER, Prophet gegen Prophet. Eine Analyse der alttestamentlichen Texte zum Thema: Wahre und falsche Propheten, BiBe9, Fribourg 1973, S.85-90; Während in Jer. 26,1-16 dtr. Eingriffe zu erkennen sind, liegt "der Abschnitt 17-24...terminologisch wie inhaltlich nicht auf derselben Ebene wie die vorher genannten Vers..."(THIEL, WMANT 52, S.4A.8) und ist daher vermutlich noch jünger; nach-dtr. ist auch Jer.44,10 (THIEL, WMANT 52, S.72f.).

375 Gen. 20,11; 22,12 "E". Ex.14,31: nach NOTH, ATD 5,84, J; dagegen SMEND, Entstehung, S.66: "Die Auszugsgeschichte schließt in Ex.14,31 mit einem redaktionellen Resumée, das in den Anfangsworten `Jahwe sah' den J-Schlußsatz V.30b aufnimmt und in den Motiven von der göttlichen `Hand'...und von Mose als dem Knecht Jahwes...dtr Sprachgut verwendet; die Rede vom Glauben knüpft an Ex 4,1.5.8.31 an" (ähnlich FS Baumgartner, VTS 16,1967, S.287.289 (vgl. SCHMIDT, EdF 191,S.62). -
Ex.20,20 - nach NOTH ATD 5,135: E, vgl. ZENGER, Sinaitheophanie, S.150f.-
Dtn./dtr.:
Dtn. 4,10; 5,29; 6,2.13.24; 8,6; 10,12.20; 13,5.12; 14,23b; 17,19; (25,18); 28,58; 31,12f.
Jos. 4,24; 22,25; 24,14.
Ri. 6,10 (bzgl. אלהים אחרים , vgl.auch 2.K.17,7).
1.Sam.12,14.24.
1.Kön.8,40.43;

Zeugnis für die Verankerung der Forderung nach Jahwefurcht im religiösen Leben Israels bietet indes Jes. 29,13f., ein Wort noch aus der Zeit Sanheribs[376], worin Jesaja dem Volk vorhält, das Bekenntnis zu Jahwe erfolge nur als geistlose Erfüllung einer nichtigen, weil zu nichts verpflichtenden Norm. Jesaja fügt dem die Drohung an, Jahwe werde die Einsichten und Ansichten der חכמים und נבנים ad absurdum führen. - Der Text zeigt, daß יראת יהוה von jeher in Israel als Norm religiösen und sittlichen Lebens galt, sie war der Kernbegriff für die Jahwebindung Israels überhaupt. Auch in der späten Königszeit verstummte die Forderung nach verstärkter Jahwefurcht nicht, wie Zephanja 3,7 erkennen läßt, ein spätes Zephanjawort, in welchem gefordert wird, Israel bzw. Jerusalem solle aus den unter den Assyrern erfolgten Zerstörungen von Städten , Festungen und Straßen seine Lehre ziehen [377]:

אמרתי אך=תיראי אותי תקחי מוסר
ולא=יכרת מעונה כל אשר פקדתי עליה.

Man wüßte gerne mehr über die Jahwe-Unterweisung an dieser Stelle. Davon, daß sich Israel unter Josia eben in dem von Zephanja geforderten Sinne zur Jahwefurcht verpflichtet hätte, indem es sich unter eine Forderung wie Dtn. 6,13 stellt, scheint Zephanja nichts zu wissen. -

Im Dtn. sind die schon für 6,5 beobachteten schichtenmäßigen Unterschiede auch für 6,13 zu erkennen. Folgende Stellen sind zu nennen: Dtn. 4,10; 5,29; 6,2.13.24; 8,6; 10,12.24; 13,5; 14,23b; (28,58); 31,12f..

Innerhalb dieser Reihe nimmt Dtn. 6,13 eine Sonderstellung ein, insofern das Gebot der Jahwefurcht hier absolut in einer Kette von ausschließlich auf die Verehrung Jahwes bezogenen Forderungen absolut, während es ansonsten stets neben oder als Teil und Ziel der Forderungen nach Gesetzesobservanz erscheint! Dies gilt zunächst für Dtn. 4,9f., wo wir auf eine Variierung des Gedankens von 6,12f. im Blick auf die Horebereignisse stoßen.

2.Kön.17,28.32.33.34.35(36).37.38.39.
(von einzelnen Personen: David - 2.Sam.6,9; Obadja 1.K.18,2.12; עבד : 2.K.4,1).

Jes. 29,13f.(O.KAISER, ATD 18,S.217f.);
Jes.57,11.
Jer.5,22.24 (vor-dtn.) (26,19;44,10 - nach-dtr.)
Ez. - (!)
Hos.10,3;
Zeph.3,7; Hag.1,12;Mal.2,5.
div. Belege in den Psalmen und Proverbien (vgl. hierzu die einschlägigen Monographien). -

376 DUHM, Jesaja, S.211; KAISER, ATD 18, S.217f.: zwischen 703 und 701.
377 Zur zeitl. Ansetzung vgl. Elliger, ATD 25, S. 77f. .

Deuteronomium 6,12f.   Deuteronomium 4,9f.

12 השמר לך   9 רק השמר לך ושמר נפשך מאד

פן=תשכח את=יהוה...   פן=תשכח את=הדברים

אשר ראו עיניך...

10...בחרב באמר יהוה אלי יקהל=לי את=העם

ואשמיעם את=דברי אשר ילמדו

13 את=יהוה...תירא...   ליראה אתי...

Die Einprägung des Gesetzes dient hiernach als Voraussetzung für die rechte Praxis der in Dtn. 6,13 geforderten Jahwefurcht. Dtn. 4,9f. setzt Dtn. 6 wie Dtn. 5 voraus. Für Dtn. 5,29 hatten wir noch das umgekehrte Verhältnis beobachtet, daß nämlich die Jahwefurcht zur Gesetzesobservanz motivieren soll[378]. Dtn. 5,29 steht also schichtenmäßig wie gedanklich zwischen Dtn. 4 und 6. Für Dtn. 6,2 haben wir die jüngere Ausprägung schon deutlich gemacht (s.o.Kap.I). Auch hier soll das Erlernen der Gesetz dazu dienen למען תירא את=יהוה ; wie auch in 4,10 wird das Interesse an der Weitergabe des Gesetzes an die kommenden Generationen betont. In der gleichen Linie steht auch Dtn. 6,24: die Befolgung von כל=החקים דיכ dient dazu, ליראה את=יהוה אלהינו . Auch in Dtn. 8,6 ist das Gebot der Jahwefurcht schon Teil der Forderung nach Erfüllung des Gesetzes und somit als Bestandteil desselben schon vorausgesetzt; der Vers gehört also einer jüngeren Ergänzungsschicht an[379]. Für Dtn. 10,12.20; 13,5 haben wir die spät-dtr. Abfassung schon aufgezeigt[380]. Die Verkündigung der Gesetze wird in den jüngeren dtr. Schichten zunehmend im Sinne einer Belehrung verstanden, die Jahwefurcht erwirken soll. In Dt. 14,23b wie in 17,19 stoßen wir wieder auf die Verbindung von ירא + למד (inf.), welche wir den nach Dtn. 5 einsetzenden Fortschreibungsschichten zurechnen müssen[381].

---

378   Vgl.o.S. 49f..

379   S.u.zur Stelle, S. 311f..

380   S.o.S. 92ff,97f..

381   MERENDINO, Das deuteronomische Gesetz, S.98.181f. weist auf diesen Zusammenhang hin; er erkennt auch die Beziehung zwischen Dtn. 17,20a und Dtn. 5,32f. Gegen MERENDINO ist hier jedoch nicht von dtn., sondern von dtr. Bearbeitung zu sprechen, insofern dieselbe nicht von Dtn. 6ff., sondern von 5 her motiviert ist. Zur sekundären Abfassung von Dtn. 14,23b vgl. HORST, Privilegrecht, S.76 (T=hB 12,S.53); NEBELING, Schichten, S.77; zur sek. Herkunft von Dtn. 17,19f. s. NIEMANN, a.a.O., S.137ff., zur dtr. Abfassung des Königsgesetzes insgesamt vgl. PREUSS, Deuteronomium, S.137 (Lit.). -

Dtn. 28,58 sieht geradezu in der Observanz der Tora -

שמר לעשות את"כל"דברי התורה הזאת

- die Substanz der Jahwefurcht, wenn sie für diese einsetzt

ליראה את=השם הנכבד והנורא .

Die Kenntnis einer Torah als Gesamtheit der Gesetzesbelehrung wie auch der inhaltliche Zusammenhang zur Diasporasituation im folgenden Text (58-68) signalisiert, daß der Vers einem spät-dtr. Kontext angehört[382]. In Dtn. 31,12f. stoßen wir auf eine Dtn. 4,9f. durchaus nahestehende Konzeption: die Horebversammlung soll als vorbildhaft angesehen und das Gesetz regelmäßig verlesen werden, למען ילמדו ויראו את=יהוה .

Fazit: Das Gebot der Jahwefurcht in Dtn. 6,13 steht im Dtn. als einziges absolut und wird an allen anderen Stellen als Gesetz und als "Lernziel" vorausgesetzt!

Die gleiche Beobachtung läßt sich auch für die beiden anderen Elemente der Reihe anführen. Die Forderung, Jahwe zu dienen, erscheint in Dtn. 10,12.20; 13,5, den schon besprochenen spät-dtr. Stellen, daneben in Dtn. 11,13 (plural.), wo die Forderung, Jahwe zu lieben und שמע אל=מצותו das Gebot לעבדו בכל=לבבך ובכל=נפשך explizert, welches - in Umkehrung von Dtn. 6,10-13 - zur Vorbedingung des Segens gemacht wird. Dtn. 11 steht gedanklich also nahe bei Dtn. 4, vgl. auch 11,16 mit Dtn. 4,9, die Warnung vor der Abwendung des Herzens[383]. Die Androhung der Strafe für den Verstoß gegen das Gebot von Dtn. 6,13 enthält der dtr. Vers 28,47. Der Text ist Reflex auf die Erfahrungen der frühen babylonischen Zeit; formal ist er Teil eines (ersten) Anhangs an die Grundschicht des dtn. Segen- und Fluchkapitels in 28 (STEUERNAGEL)[384]. Die - auch im Rahmen der dtr. Diktion - auffälligste Forderung von Dtn. 6,13 - ובשמו תשבע - erscheint nur noch einmal in einem zitierenden Rückverweis in dem spät-dtr. Vers 10,20.

Damit ist die Besonderheit und Signifikanz von Dtn. 6,13 im Bereich der gesamten dtn.-dtr. Paränese belegt. Was für Dtn. 6,5 gilt und für das Gebot der Jahwefurcht, das kann für die gesamte Reihe gesagt werden: sie stellt schon für die Verfasser der diversen Schichten im Dtn. selbst eine Besonderheit dar. Die Behauptung von STÄHLI[385], die "Gottes-Furcht-Stellen in der dtn.-dtr. Literatur" seien "einheitlich sowohl hinsichtlich der Bedeutung wie auch hinsichtlich der sprachlichen Form, ist unzutreffend. Auch der durchgängige Bezug zur Forderung einer "am deuteronomischen Gesetz orientierten

---

382 STEUERNAGEL, Kommentar, 1923, S.154, sah in Dtn. 28,58-61 einen spätexilischen Anhang, ähnlich BRAULIK, Das Testament des Mose. Das Buch Deuteronomium, Stuttgarter Kleiner Kommentar zum AT, 4, 1976, S.70f.; PREUSS, EdF 164, S.157(Lit.) weist auf inhaltliche Verbindungen zu Dtn. 4,25-31; 30,1-10; 1.Kön.8,46-53 (spät-dtr.) hin.

383 Zur spät-dtr. Abfassung von Dtn. 11 insgesamt vgl. u. Kap.V; PREUSS, a.a.O.,S.103.

384 Deuteronomium, 1923, S.153.

385 Art. ירא, THAT I, Sp.774

Frömmigkeit" (WANKE)[386] ist in Dt. 6,13 noch nicht erkennbar, wohl aber in den sek.-dtr. Texten wie 6,24 u.ö. Die immer noch in Lexikonartikeln und Monographien verbreitete Neigung, den Sprachgebrauch des Dtn.s von einem durch die Bundesformularhypothese herkommenden Einheitsbegriff her zu beschreiben, ist literarkritisch fragwürdig. So rekurriert z.B. BECKER in seiner Untersuchung zu ירא [387] auf LOHFINKs Idee, in Dtn. 6,13 habe man es mit einer Kommentierung des Dekaloges zu tun, und faßt also die Stellen, welche den Dekalog und damit dessen Voranstellung durch Dtn. 5 im Rücken haben und mit ihnen verbunden infolgedessen diverse Bedeutungsschichten (u.a. Dtn. 6,13.24) zusammen. Wenn Dtn. 5 aber noch nicht vorlag, als Dtn. 6,4f.10-13 entstanden, dann können diese Verse auch keinen Kommentar zum Dekalog darstellen. Das führt auf die Frage nach dem Verhältnis der Stellen zueinander und nach dem literarhistorischen Ort der Forderung von Dtn. 6,13.

b) Zum literarhistorischen Ort des Gebotes der Jahwefurcht

Das Bewußtsein, daß mit der Jahwefurcht auch die nationale Existenz zusammenhängt, wurzelt in den Reflexionen um den Niedergang des Nordreiches, bei Hosea. Hier ist jedenfalls der älteste Beleg für ירא mit kollektivem Subjekt Israel zu finden, nämlich in Hos. 10,3 ("Ja, dann werden sie sagen: Wir haben keinen König, weil wir Jahwe nicht fürchteten. Aber auch der König- was könnte er für uns tun?")[388] Aber wie auch sonst fehlen die Verbindungslinien zwischen den hoseanischen und den dtn. Stellen, die es ermöglichten, das zeitliche Verhältnis genauer zu bestimmen.

Erst bei Jeremia stoßen wir auf einen Beleg, der massiv zur Jahwefurcht auffordert: Jer. 5,22-24.
"Hört doch dies, ihr törichtes und unverständiges Volk,...solltet ihr mich nicht fürchten - Spruch Jahwes - oder vor mir nicht erzittern...?! Dies Volk aber hat ein störrisches Herz,...sie haben nicht bei sich selbst gesprochen: `Laßt uns doch Jahwe, unseren Gott, fürchten, ...'"
Die jeremianische Verfasserschaft läßt sich nicht ausschließen, obwohl die Stellung und der historische Ort nicht sicher bestimmbar sind. Offenbar wird eine Dürrezeit als Strafe Gottes angesehen und als Anruf interpretiert, zu ihm umzukehren und ihn und seine

---

386 WANKE, Art. φόβος und φοβέομαι im Alten Testament, ThWNT 9,S.194-201, S.197f.
387 BECKER, a.a.O., S.85-95, bes.S.91ff.. DEROUSSEAUX, a.a.O., S.207.219ff. findet unterschiedliche Gewichtungen bei Dt. und Dtr. (228ff.), der Befund bleibt aber letztlich unklar, da er im Gefolge von CAZELLES, DBS VII, Sp.815, Dtn. 5-30 als "dtn." zusammenfaßt.
388 JEREMIAS, ATD 24,1, S.129; es ist dies zugleich der einzige Beleg. Die Ansetzung von E ist ganz unsicher.

Strafen "zu fürchten"; dabei fließt der Hinweis auf die Bundesformel ein[389]. Ein Beispiel, daß in jeremianischer Zeit solche Umkehrforderungen virulent sind, zeigt auch die
Erinnerung Jer.26,19[390]. Daß eine Volksbekehrung im Sinne des dtn. Programms
stattgefunden habe, kann man im Spiegel der jeremianischen Prophetie kaum erkennen[391].

Im dtr.G, das den Untergang des Nationalstaates zu verarbeiten sucht, stoßen wir auf
folgende Belege für ירא (Subj. Israel, Obj. Jahwe):
Jos. 4,24*; 22,25; 24,14; 1.Sam.12,14.15.18.20.24; 1.Kön. 8,40; 2.Kön.
17,7.25.28.32.33f.36.39 (bzgl. אלהים אחרים : 17,7.35.37.38, vgl.v.41).

Der Aufruf, Jahwe zu fürchten, ist für Jos. 24,14 als programmatischem Text im Anschluß an die dtr.G-Landnahmeerzählung konstitutiv. An allen weiteren Stellen muß mit
der Einwirkung sekundär-dtr. Bearbeitung gerechnet werden. Die programmatische
Forderung Jos. 24,14 ist indes deutlich mit Dtn. 6,13 verwandt. Das Gebot, Jahwe zu
fürchten und ihm (allein) zu dienen, steht hier explizit im Kontrast zur Verehrung anderer Götter, die Entscheidung für Jahwe ist gleichzeitig Abrenuntiation gegenüber anderen Göttern. Der Nähe zu Dtn. 6,13 hinsichtlich der Stichwortfolge
(ועתה יראו את=יהוה ועבדו אתו בתמים ובאמת) steht eine deutliche Distanz des Ge-
schichtsbildes gegenüber, denn was für "Mose" undenkbar sein muß, wird in Jos.24

---

389 Zweifel an der jeremianischen Verfasserschaft hat H.SCHMIDT geäußert in Die großen Propheten,
SAT 2,2, Göttingen (2.)1923, S.273; anders. CORNILL, Das Buch Jeremia übersetzt und erklärt,
Leipzig 1905, S.64; RUDOLPH, Jeremia, HAT I/12, Tübingen(3.) 1968,S.41. Die Diktion in 5,24
erinnert an den spät-dtr. Vers Dtn. 11,14, die merkwürdig kurze Floskel in v.23b läßt unwillkürlich
die Frage aufkommen, was mit סרו וילכו gemeint ist: abweichen - wovon?, gehen - wohin? -
und verleitet zu der stillschweigenden Ergänzung
סור מן=הדרך ויהוה והלכו אחרי אלהים אחרים
(vgl. Dtn. 5,32f.; 9,12 u.ö., dtr.). Auch die Metaphorik der Herzenszwiesprache erinnert an dtn.
Stellen wie Dtn. 7,17 u.ö..

390 Der Vers ist ein Vaticinium ex eventu, nach-jeremianisch, fehlt in LXX. (Vgl. Rudolph, Jeremia,
S.175ff.).

391 Das alte Problem, daß sich bei Jeremia nur ein sehr schwaches Echo auf die josianischen Reformen
findet, wird wohl kaum je befriedigend lösbar sein. Festzustellen bleibt lediglich, daß Jeremia von
der Zentralisation des Kultus weiß, aber nichts von der Durchführung von Geboten wie Dtn. 13
oder gar der Etablierung einer Gesetzesfrömmigkeit wie Dtn. 6,6-9.20-25. Auch die Bundestheologie von Dtn. 5,2f. scheint er noch nicht zu kennen. Schwer zu beurteilen ist, in wieweit ihm
der dtn. Entwurf von Dtn. 6 bekannt war. - Die Einsicht spät-dtr. Bearbeiter, daß Jahwe selbst die
Bereitschaft zur Jahwefurcht in Israel werde bewirken müssen (Jer.32,39f., D, THIEL, WMANT
52,S.31f.) , zeigt jedenfalls, daß das Ausschließlichkeitsgebot von Dtn. 6,4f. nie ganz gegriffen hat.
Reflexe auf eine nationale Verpflichtung im Sinne der dtn. Hauptgebote (6,4f.13; 7,1ff.) sind bei
Jer. nicht zu erkennen.

noch angenommen, nämlich daß Israel noch vor der nun endgültigen Inbesitznahme des Landes an den Göttern der alten Zeit hängt (v.14b!). Auch an dieser Stelle liegt also ein Indiz dafür vor, daß Jos.24* Anzeichen einer früheren Abfassung gegenüber Dtn. 6 (Grundschicht) aufweist.

Will man in Jos.4 ,24b nicht von vornherein eine Konjektur vornehmen (vgl.BHS, STEUERNAGEL)[392] und die Aussage gegen die Auffassung der Masoreten auf die Ehrfurcht der Völker angesichts der Machttaten Jahwes beziehen, so steht der Satz am Abschluß einer exemplarischen sog. Kinderkatechese, deren Ziel er ganz im Sinne von Dtn. 6,24 formuliert: alle Taten und alle Ordnungen Jahwes haben ihren tieferen Sinn darin, daß Israel Jahwe fürchten (lernen) soll. Der gesamte Passus steht also ebenso im Dienste der "Lehre" wie die späten Schichten im Dtn. und ist schon von STEUERNAGEL der Hand eines (oder mehrerer) dtr. Redaktoren zugeschrieben worden, die bestrebt sind, "die erbauliche Wirkung des Einzelnen zu steigern"[393].

Jos. 22,25 gehört in den Komplex von v.9-34, welcher nach NOTH einem späten Ergänzer zuzuschreiben ist, der eine gewisse Nähe in "Sprache und Vorstellungswelt von P aufweist"[394].

Die einzige Stelle im Richterbuch, die das Thema Jahwefurcht aufgreift, ist eindeutig dtr. und bietet eine freie Variante des ersten Gebotes

אני יהוה אלהיך לא תיראו את=אלהי האמרי (Ri.6,10).

Sie weist auf gegebenes "Gesetz" zurück. Es handelt sich in Ri. 6,10 vermutlich um eine Element narrativer Predigt der Exilszeit, stilisiert als Rede eines Nabi. Schon WELLHAUSEN sah hinter dem plötzlichen Auftreten und abrupten Verschwinden des anonymen Propheten den "Einsatz der letzten Bearbeitung des Richterbuches"[395].

Dies gilt (mutatis mutandis) auch, wie VEIJOLA gezeigt hat[396], für 1.Sam. 12,14f.. Hier tritt die Forderung der Jahwefucht und -verehrung (dby) neben die für die nomistischen Schichten im Dtn. charakteristische Gehorsamsforderung, שמע בקול יהוה[397].

---

392 Josua, S.222.

393 Ebd., D2 bzw. R (=Redaktoren).

394 Josua, S.133.

395 WELLHAUSEN, Prolegomena zur Geschichte Israels, Berlin-Leipzig (6.) 1927 (Nachdr. 1981), S.230. RICHTER, Bearbeitungen, S.98ff. hat eine enge sprachliche Verwandtschaft mit 1.Sam.10,17ff. gesehen; VEIJOLA, Königtum, S.43ff., und DIETRICH, Prophetie, S.132f.A.95, haben hierin redaktionelle Verbindungen erkannt und den Text "DtrN" zugeordnet.

396 Königtum, S.97-91 bzgl. 1.Sam.12,14f.16-20.22-25.

397 VEIJOLA, Königtum, S.88f.; zur Ansetzung der Belege von שמע בקול als sek.-dtr. THIEL, 1973, S.86.

Die Alternative, vor welche die Verfasser Israel hier gestellt sehen, ist die gleiche wie in den pluralischen Gesetzesparänesen des Dtn.s:

אם=תיראו את=יהוה ואעבדתם אתו ושמעתם בקלו

ולא תמרו את=פי יהוה ויהיתם....(1.Sam. 12,14).

Das Leben Israels und seines Königs hängt vom Gehorsam gegenüber Jahwes Gebot ab. Die abschließende Mahnung in 1.Sam. 12,24a bietet textlich geradezu eine Mischung aus Dtn. 6,5.13 und Jos. 24,14[398].

In 1.Kön. 8,40 wird die Forderung auf כל=בני אדם ausgedehnt. V.39b.40 sind eine Erweiterung innerhalb des spät-dtr.Komplexes von v.31-51 (WÜRTHWEIN)[399]. Abgesehen von 1.Kön. 18,3.12; 2.Kön. 4,1, wo von der Gottesfurcht Obadjas bzw. eines Knechts die Rede ist, also von der Haltung eines einzelnen, geht es um die grundsätzliche Forderung an Israel in dem Resümee über den Untergang des Nordreiches in 2.Kön. 17. Dieser wird begründet damit, daß Israel andere Götter gefürchtet habe (v.17, vgl.Ri. 6,10). Ab v.24 geht es um den für jeden dtr. denkenden Verfasser als Greuel empfundenen Sachverhalt des Schismas, (v.28. 32. 33. 34. 35. 37. 38. 41), welcher zusammenfassend in v.41 beschrieben wird:

ויהיו הגוים האלה יראים את=יהוה ואת=פסיליהם היו עבדים :

Ohne im einzelnen auf die Schichtung des durchweg spät- oder nachexilischen Textes einzugehen[400], sei hier lediglich auf die Variante der dtn. Ausdrucksweise unter der Voraussetzung der von Dtn. 5 her entfalteten Bundestheologie in der Zusammenfassung v.34b.35-40 hingewiesen. Jahwefurcht und Gesetzesgehorsam treten hier nebeneinander (v.35), das Hauptgebot der Jahwe-Berit wird in v.35ff. in der Alternative zusammengefaßt:

35 ויכרת יהוה אתם ברית ויצום לאמר

לא תיראו אלהים אחרים ולא תשתחוו להם

ולא תעבדום ולא תזבחו להם

36 .. כי אם=את=יהוה אשר העלה אתכם מארץ מצרים.

אתו תיראו ולו תשתחוו ולו תזבחו

37 ואת=החקים והמשפטים והתורה והמצוה...אשמרון לעשות כל=הימים

ולא תיראו אלהים אחרים :

Auffällig ist die Reihung der Forderungen, die stilistisch einerseits an Dtn. 6,13, andererseits an den Dekalog (השתחוה) erinnert, an die dtr. Gebotsparänese in Dtn. 12,1

---

398 באמת : ansonsten in jungen dtr. Schichten: 1.Kön.2,4; 3,6; 2.Kön.20,2(=Jes.38,3) - nach VEIJOLA, Königtum, S.90.

399 1.Kön.8,39b.40 -sek.dtr. Erweiterung, WÜRTHWEIN, ATD 11,1, S.99; DIETRICH, Prophetie, 1972, S.74A.39: jünger als "DtrN".

400 NOTH, ÜSt.(3.),S.85; VEIJOLA, Königtum, S.89; WÜRTHWEIN, ATD 11,2, S.397-403.

und dazu, dem Zusammenhang entsprechend, an die spezielle kultische Verehrung (זבח).

An dem hier geschilderten Befund ist beachtlich, daß wir es außer in Jos. 24,14 wiederum mit Stellen zu tun haben, die in der neuern Exegese zumeist in den Bereich sekundärer dtr. Bearbeitungen verwiesen werden (Jos. 22,25 (NOTH); 1.Sam. 12,14f.; 2.Kön. 17,24ff. "dtr.N" nach VEIJOLA, WÜRTHWEIN). An diesen Stellen ist eine assoziative Anlehnung an die dtn. Reihe von Dtn. 6,13 ebenso wie in den sekundären Stellen im Dtn. erkennbar, wobei diese ständig variieren. Das Grundmotiv bleibt gleich: überall, wo von der Jahwefurcht Israels die Rede ist, geht es um die Grundentscheidung, welche Jos. 24 und auch Dtn. 6 anvisieren, Jahwe oder אלהים אחרים.-

Wir übergehen an dieser Stelle das weitere exilische und nachexilische Material[401] und stellen fest, daß es literarisch keinen festen Anhaltspunkt für die historische Eingrenzung der Forderung von Dt. 6,13 gibt. Es ist aber festzuhalten, daß die Forderung der grundsätzlichen Entscheidung zur alleinigen Verehrung Jahwes - zur Jahwefurcht - in Israel noch in jeremianischer Zeit virulent war und daß sie nicht allein von der dtn. Schule erhoben worden zu sein scheint. Im dtr.G wird sie zur Hauptforderung auch im Blick auf eine mögliche Umkehr und Erneuerung Israels. Die dtr. Stellen, die das Gebot von 6,13 aufgreifen, gehören dabei dtr. Ergänzungsschichten an.

c) "Du sollst Jahwe dienen!"

Es wurde schon darauf hingewiesen, daß auch im Blick auf die kategorische Forderung des Jahwedienstes Dtn. 6,13 eine Sonderstellung im Dtn. einnimmt, insofern sie den Anlaß für eine Reihe von Rückverweisen bietet[402].

---

401 In H.: Lev.19,14.32; 25,17.36.43 (vgl.19,30; 26,7); Jes.57,11; Zeph.3,15.19; Hag.1,12; Mal.2,5; 3,5. Ps.33,8; 34,10; 40,4; 52,8; 55,20; 72,5 u.ö. Neh. 7,2etc.

402 Kernbeleg: Dtn. 6,13 -> 10,12.20; 11,13; 13,5; 28,47 (vgl.hierzu FLOSS,Jahwe dienen - Göttern dienen, S.35-41). Gegen eine zeitliche Gleichsetzung von 6,13 und 10,12 durch die frühen Literarkritiker (STEUERNAGEL, Deuteronomium, S.88f.; HEMPEL, Schichten, S.140f.) oder gar eine frühere Ansetzung von 10,12 (LOHFINK, Hauptgebot, S.230) spricht auch für FLOSS, a.a.O., S.323f. die hypotaktische Auslegung der Elemente in 10,12. FLOSS (ebd.) stellt fest, daß עבד bzgl. יהוה "innerhalb des Deuteronomiums in Dt 6,13 und 10,12 seine früheste literarische Belegung hat, wobei (will man den Vorgang abgestuft denken) Dtn 6,13 die erste Stufe der begrifflichen Bewältigung ...darstellt, der sich eine zweite, entfaltetere in Dtn 10,12f. anschließt." (S.324; s. auch v.RAD, ATD 8,S.59f.). Komplementär zum Gebot von Dtn. 6,13 steht die Warnung vor Götzendienst Dtn. 13,7b.14b, dtr./spät-dtr. tritt das Verbot der Verehrung anderer Götter in einer breiten Belegreihe auf (4,19.28; 7,4.16; 8,19; 11,16; 12,2.30; 17,3; 28,14.36.64; 29,17.20.25.30.31) und deren wichtigster ist der Dekalog (Dtn. 5,7ff.par.)!

In Gen-Num. wird der Jahwe-Dienst lediglich im Kontext der Exoduserzählung als Ziel des Auszuges angesprochen[403]. Das Verbot, andere Göttern zu verehren, und das dementsprechende Gebot, Jahwe (allein) zu dienen, erscheint ansonsten nur einmal innerhalb der Rahmung des Bundesbuches (Ex.23,25), deren vor-dtr. Abfassung zumindest zweifelhaft ist[404]. V.24f. verbindet das dtn./dtr. Verbot, sich die kultischen Praktiken der gebannten Völker anzueignen (Dtn. 12,29ff., v.31: כן תעשה לא), mit dem (dtr.) ersten Gebot (v.24) -

כמעשיהם תעשה ולא תעבדם ולא לאלהיהם תשתחוה לא (vgl. Dtn. 12,3; 7,5) - und dem pluralisch gewendeten dtn. Gebot des Jahwedienens (v.25a vgl. Dtn. 6,13; v.25b vgl.Dtn. 7,13, s.auch Hos. 2,7). Auch für die Warnung vor der Verführung zum Götzendienst durch andere Völker in v.33b ist der späteren Fortschreibung der dtr. Landnahmeerzählung folgend spät-dtr. Abfassung anzunehmen[405]. Hinzu kommt der Beleg aus dem Dekalog, Ex. 20,5/Dtn. 5,9. FLOSS bezieht עבד hier auf die Bilder und rechnet folglich mit einer sekundären Kommentierung "in der sekundär-deuteronomistischen Phase, d.h. also nicht vor DtrG"[406]. Auch wenn man FLOSS hierin nicht folgt und die Datierung nicht von einer inneren Wachstumsgeschichte des Gebotes abhängig macht, wird man in der Kombination der Reihe עבד + חוה aufgrund der durchweg dtr. Belege für dieselbe auf dtr. Abfassung des Textes schließen, abgesehen von der literarischen Position im Dtn. und der Singularität des Belegs im Tetrateuch außerhalb des Dekaloges[407].

Weder im Bundesbuch, noch im Heiligkeitsgesetz, noch auch bei P ist das Gebot "Du sollst Jahwe dienen!" in der apodiktischen Form von Dtn. 6,13 anzutreffen, auch das ein Zeichen für die Originalität und Besonderheit der dtn. Formulierung.

---

403 FLOSS hat die verschiedenen semantichen Funktionen und die begrifflichen Enwicklungsstufen in der Exoduserzählung unterteilt in a) eine vor-dtr. Verwendung in der Entlaß-Forderung der Plagenerzählung (Ex.7,16.26; 8,16; 9,1.13; 10,3 (jünger 4,23) (FLOSS, a.a.O., S.183ff.); b) eine dtr. Entfaltung in Ex.10,7-11 (S.216-221) und schließlich c) eine Verengung des Begriffs in Richtung auf eine kultische Bedeutung in der Priesterschrift bzw. in jüngeren redaktionellen Schichten (S.230). Folgende Belege sind zu nennen: Ex.3,12b (R(JE), nach W.H.SCHMIDT, Exodus, S.130; FLOSS, S.226f.); 4,23 (Rp?, SCHMIDT, a.a.O., S.212; anders BAENTSCH, Ex.-Lev.-Num.,S.33 Rd; RUDOLPH, Elohist, S.8, NOTH,Exodus,S.33, später Zusatz (vgl.FLOSS, S.191-200 (192,Lit.). ; Ex.7,16.26; 8,16; 9,1.13; 10,3; 12,31:J - FLOSS, S.183-191; SCHMIDT, a.a.O.,S.212; Ex.10,7-11 dtr.:FLOSS,S.216-221.

404 S. hierzu u. S. 265f..

405 Vgl. Dtn. 7,4f.; 12,2ff.29-31. Zur Stelle BAENTSCH, a.a.O., S.212; NOTH, ATD 5,156f.; FLOSS, a.a.O., S.274f.

406 A.a.O., S.245f., gegen ZIMMERLI, Das zweite Gebot, S.236-238.

407 HOSSFELD, Dekalog, S.24f.A.20 u. S.21-26 (Lit.).

Im dtr.G stoßen wir auf die Forderung in der Dtn. 10,12f. nahestehenden spät-dtr. Stelle Jos. 22,5[408]. Der Text entspricht der spät-dtr. Gebotsparänetik.

In Jos. 24 ist עבד geradezu zum Leitwort geworden (FLOSS): auf Jahwe gerichtet v.14^2.15^2.18^2.21.22.24.31, auf die anderen Götter v.2.14.15.16.20. "Was Jahwedienst konkret heißt, wird als bekannt vorausgesetzt...In Frage steht nicht die Art des עבד, sondern sein Objekt." (PERLITT)[409]. Israel sieht sich hier vor die Entscheidung gestellt, welche nach Dtn. 6,13 kategorisch ausgeschlossen sein sollte:

בחרו לכם היום את=מי תעבדום (Jos. 24,15).

Die Situationsschilderung führt exemplarisch eine historische Hinwendung zu Jahwe vor Augen (אנחנו נעבד את=יהוה אלהינו)(v.18), die, hätte der Verfasser Dtn. 6,4.13 gelesen, schon längst hätte als überholt gelten müssen.

Für die formgebende Schicht der dtr. Schichtserzählung ist die Frage, ob das Volk Jahwe diente, von Jos. 24 herkommend Teil der Exposition für die folgende Gesamtdarstellung der Geschichte Israels (Ri. 2,7.8.11.13). Bemerkenswert an dieser Darstellung ist, daß sie mit keinem Wort darauf Bezug nimmt, daß Israel es aufgrund des mosaischen Gebotes eigentlich hätte besser wissen müssen! Von diesem weiß aber Ri. 2,7-10.11-16 nichts zu sagen (s.auch v.19) - erst ein späterer Nachtrag (nach SMEND "dtrN") verweist in v.20 auf die mosaische Berit[410]. Ri. 3,6f. bilden gleichfalls jüngere Anknüpfungen an das vorgegebene dtr. Darstellungsschema. - Die Abrenuntiation, die als Forderung hinter all diesen Texten an das Volk der Exilszeit ergeht, hat in Jos. 24 als einem exemplarischen Geschehen ihr Vorbild.

Der Leser von Jos.24 mag sich sogleich an die oben erwähnte Jeremiastelle erinnert fühlen (Jer. 5,24)[411], die gerade das Ausbleiben eines Jos.24,18 entsprechenden Bekenntnisses in jeremianischer Zeit beklagt:

. לא אמרו בלבבם נירא נא את=יהוה אלהינו

Ein exemplarisches Bußgeschehen stellt auch die Jos. 24 in manchem verwandte Stelle Ri. 10,6-16 dar, welche in dem Bekenntnis Israels gipfelt:

חטאנו לך (ו)כי עזבנו את=יהוה אלהינו ונעבד את=הבעלים (v.10).

Es folgt die Zurückweisung durch Jahwe (v.14, vgl.zu בחר , Jos. 24,15), worauf das Volk mit einer umfassenden Abrenuntiation reagiert (v.16). Daß es sich hier um eine fiktive Schilderung handelt, hat RICHTER hinreichend deutlich gemacht[412]. Entschei-

---

408 Zur spät- bzw. nach-dtr. Ansetzung vgl.NOTH, Josua, S.133f.
409 PERLITT, Bundestheologie, S.257.
410 Das Gesetz und die Völker, S.134.
411 S.o.S.165f..
412 Bearbeitungen, S.88f.

dender noch als dies scheint mir die Beobachtung zu sein, daß die Deuteronomisten durch die Schaffung einer solchen Szene ein Beispiel gegeben haben, wie in der Zeit der Bedrückung durch Feinde Israel durch Umkehr zu Jahwe Erbarmen und Befreiung erfahren soll. Es ist sicherlich auch kein Zufall, daß gerade im Kontext der Erzählung vom Verlust der Lade in 1.Sam. 7,3f. ein Bekehrungsruf ganz im Stile von Ri. 10,6ff. ergeht. Der dtr. Redaktor, der hier zur Sprache kommt, ist nach VEIJOLA[413] "offensichtlich jünger als DtrG, wie die Anknüpfung an den fertigen " (dtr.) "Grundbestand des Kapitels sowie seine bereits traditionell gewordene dtr Terminologie zeigen."[414]. Das gleiche gilt für den Text Ri. 10,6-16*, welcher stark von "dtr.N" bearbeitet ist (VEIJOLA)[415].

Die einzige vor-dtr. Stelle (2.Sam. 15,8) thematisiert bezeichnenderweise das Motiv des Jahwedienens auch im Kontext von Gelübde und Hinwendung zu Jahwe in einer Notsituation.

Im vorexilischen Schrifttum treffen wir ansonsten nur noch auf eine einen weiteren Beleg, Jer. 2,20, wo Jeremia die fortgesetzte Verehrung der Vegetationsgottheiten angreift und die Weigerung, Jahwe zu dienen. Freilich, wie v.20b zeigt, ist hier dtr. Ausdrucksweise so stark eingeflossen (vgl. Dtn. 12,2; 1.Kön. 14,23; 2.Kön. 17,10; (Hos. 4,13, vor-dtr.?), daß die vor-dtr. Gestalt des Verses vor allem aufgrund des Bruches in seiner Metaphorik nur noch sehr unsicher zugänglich ist (THIEL)[416].

Damit bleibt auch im Blick auf die hier untersuchte Formulierung von Dtn. 6,13b zu konstatieren: eine vor-dtn. Ausprägung derselben ist literarisch nicht mehr zugänglich, die Wirkungen von Dtn. 6,13 liegen vornehmlich im spät-dtr. (exilischen) Bereich, auch wenn die Forderung selbst schon in vor-exilischer Zeit virulent war (Jer.). In ihrem Vorfeld ist jedoch Jos. 24 anzusiedeln.

d) "Bei dem Namen Jahwes sollst du schwören!"

"Wer bei einem Gott schwört, bekennt sich zu ihm. Er ruft diesen Gott als Zeugen an; als der wissende Gott bleibt er der wachende und richtende. So unterstellt sich der Schwörende der Macht des Gottes als des lebendigen..." (WOLFF)[417].

Kritik daran, daß in Israel auch bei dem Namen anderer Götter geschworen wurde, finden wir schon in dem Gerichtswort Am. 8,14:

---

413 VEIJOLA, Königtum, S.30-34.
414 VEIJOLA, a.a.O.S.38. Zur Terminologie S.30ff.
415 Königtum, S.43-48.
416 WMANT 42, S.81ff.
417 BK XIV,2,381.

הנשבים באשמת שמרון ואמרו חי אלהיך דן וחי דרך באר=שבע
ונפלו ולא=יקומו עוד :

Einer Ausdehnung dieser Kritik auf Juda begegnen wir in dem (vermutlich redaktionellen) Vers Hos. 4,15[418]:

אם=זנה אתה ישראל אל=יאשם יהודה
ואל=תבאו הגלגל ואל=תעלו בית און ואל תשבעו חי=יהוה :

Offensichtlich wurde an den verschiedenen Kultorten der Eid nicht nur Jahwe unterstellt, sondern auch anderen Göttern. Das ist auch an dem Drohwort Zeph. 1,4f. erkennbar:

ונטיתי ידי על=יהודה ועל כל=ישבי ירושלים
ויכרתי מן=המקום הזה את=שאר הבעל...
ואת=המשתחוים הנשבעים ליהוה והנשבעים במלכם :

Das Wort gibt ein eindrückliches Beispiel aus josianischer Zeit für eine greifbare Kritik an dem unter assyrischem Einfluß in Juda und Jerusalem sich entfaltenden extensiven Polytheismus[419], welchem sich Josia entgegenzustellen suchte (2.Kön.23,12f.). Die Beseitigung nicht nur der Altäre auf dem Dach des Jerusalemer Tempels, an welchen das "Himmelsheer" verehrt wurde, sondern auch der Milkom-Stätte (2.Kön. 23,13; vgl.2.Sam. 12,30; 1.Kön. 11,2.7; Jer. 49,3; Zeph. 1,5*)[420], weist auf einen Zusammenhang zwischen nationaler, jahwistischer Kultkritik und josianischer Reform. Die Forderung, allein im Namen Jahwes Eide zu schwören entspricht dem Rigorismus der josianischen Maßnahmen[421]. Der Eid bei anderen Gottheiten wird so zum Zeichen von Apostasie (F.HORST)[422]. Damit ist aber noch keine Festlegung der Ansetzung von Dtn. 6,13 möglich. Auch Jeremia wendet sich gegen die bigotte Eidespraxis (Jer. 5,2.7). Hier wird auch der Zusammenhang zwischen dem Anspruch Jahwes auf alleinige Verehrung als Lebensspender ("ich habe sie satt gemacht") und dem Anspruch, alleiniger Garant des Eides in Israel zu sein ("deine Kinder verlassen mich...") deutlich.

---

418 WOLFF, BK XIV,1,S.11f. hält nur den Hinweis auf hdwhj für sek., JEREMIAS, ATD 24,1,S.71 den ganzen Vers.

419 שאר הבעל ist "eine idiomatische Wendung, mit der er (Zephanja, A.d.V.) ankündigt, daß Jahwe den "Baal restlos" vertilgen will. Baal wird hier von Zephanja nicht anders als von Jeremia gebraucht, nämlich als Chiffre für alle möglichen Arten des Fremdgötterdienstes, weshalb WELLHAUSEN hier בעל frei...mit "Götzendienst" übersetzt." (SPIECKERMANN, Juda unter Assur, S.204, vgl.auch S.215, mit Hinweis auf WELLHAUSEN, Die kleinen Propheten übersetzt und erklärt, Berlin (4.Aufl.) 1963, S.27.151).

420 SPIECKERMANN, a.a.O., S.223.293f.

421 Vgl.hierzu SPIECKERMANN, S.79-120.

422 Der Eid im Alten Testament, Ev.Th 17,1957, S.366-383, S.370(=Gottes Recht, ThB 12,1961, S.292-314(297) - unter Hinweis auf Dtn. 6,12f.; 10,20 und Ps. 63,12; Jer. 12,6; Jos. 23,7; Am. 8,14; Zeph. 1,5; Jer. 5,7).

Was Umkehr in diesem Falle bedeutet, sagt unmißverständlich Jer. 4,2 (D?)423:
ונשבעת חי-יהוה באצת והמשפט ובצדקה .

Damit sind für alle drei Elemente der dtn. Forderung Entsprechungen in der Verkündigung des Jeremia(-buches) erkennbar: für die Forderung der Jahwefurcht Jer. 5,22.24,
für die der ausschließlichen kultischen Verehrung Jer. 2,20a (unsicher), und schließlich
für die Forderung der ausschließlichen Rückbindung des Eides im rechtlichen und politischen Leben an Jahwe in Jer. 5,2.7 (4,2?). Andererseits weiß Jeremia nichts von einer
umfassenden sakralrechtlichen Umsetzung seiner Forderungen durch die josianische
Reform, etwa im Sinne einer rechtlichen Verpflichtung des gesamten Volkes auf einen
Satz wie Dtn. 6,13 in der von 2.Kön. 23,1ff. dargestellten Weise. Wie kam es, daß
Jeremia Anlaß hatte, etwas einzufordern, was doch - vorausgesetzt Dtn. 6 sei Bestandteil der josianischen Verpflichtungsurkunde gewesen - allgemein rechtlich verbind-
lich war? Und warum kann er sich nicht auf diese Urkunde beziehen? An dieser Stelle
können wir nur feststellen, daß Jeremia dies nicht tut, obwohl die Existenz einer solchen
Verpflichtung seinem Anliegen besonderes Gewicht hätte verleihen können.

Was die Nachgeschichte von Dtn. 6,13c angeht, so treffen wir im dtr.G wiederum nur
auf sekundäre dtr. Bezüge, und zwar lediglich in Jos. 23,6f., worin das Schwören bei
andern Göttern schon als Verstoß gegen das mosaische Gesetz angesehen wird. Der
Text steht in der Reihe der exilischen Zeugnisse, die für die Erneuerung Israels von
Grund auf durch das mittlerweile etablierte "mosaische" Gesetz kämpfen (SMEND)[424].
Der Schwur beim Namen Jahwes ist sicherlich so alt wie der Jahweglaube selbst, das
(ausschließliche) Schwören bei seinem Namen als Kennzeichen der Zugehörigkeit zu
Israel ist als programmatische Forderung erst vom Deuteronomium formuliert und von
solchen, die ihm folgten nachgesprochen worden[425].

e) Zwischenergebnis

Dtn. 6,10-13 gehört zusammen mit v.4f. zur Grundschicht von Dtn.6. Die Verse 14-19
bilden einen mehrschichtigen Fortschreibungskopmlex, welcher insgesamt die Voranstellung von Dtn. 5 vor das dtn. Gesetz voraussetzt und und dieses als Bedingung der
Existenz und der Geschichte Israels, wie sie das dtr.G darstellt, begreift. Im Zuge der
Fortschreibungsgeschichte kommt es zu einer Bearbeitung in v.6-9, die eine neue, am

---

423   Vgl.auch oben zur Stelle, S.139f..
424   Das Gesetz und die Völker, S.130ff.
425   Die weiteren Belege für die Wendung נשבע בשם יהוה : Lev.19,12 (H); Dtn. 6,13; 10,20;
       1.Sam.20,42 (Jonathans Schwur an David unter der Zeugenschaft Jahwes, vor-dtr.); Jes.48,1: das
       Schwören beim Namen Jahwes ist Kennzeichen der Zugehörigkeit zu Israel(!), ähnlich Jer. 12,16D.
       Sach. 5,3f. kritisiert den Meineid im Namen Jahwes.

mosaischen Gesetz orientierte Frömmigkeitspraxis lehren will, für die das dtn. Gesetz schon zum Gegenstand des Lernens und Lehrens geworden ist. Läßt sich für vv.6-9.14-19 insgesamt spät-dtr. und zugleich exilisch- spät-exilische Abfassung vermuten, so bleibt die Ansetzung der Grundschicht bisher unsicher.

Die Grundschicht setzt im Anschluß an das seiner Form nach einmalige Schema< ein mit einem in der 2.sg. formulierten historisierten Gebot, welches das Gesetz als Moserede erscheinen läßt. Die gleiche Form der Historisierung begegnet in einer Reihe von Geboten in Dtn. 6ff. und am Ende der Gesetzesverkündigung in Dtn. 26, dessen Höhepunkt, die sog. Bundesformel, Dtn. 26,16-19*, dem Beginn in 6,4f. korrespondiert. Sie hat aber auch auf die Gestaltung einer Reihe von Geboten im DT eingewirkt und ist vermutlich von späteren Schichten nachgeahmt worden. Charakteristisch für Dtn. 6,10-13, dessen Hauptanliegen in einer historisierenden Ausführung des Hauptgebotes von v.5 besteht (nicht in einer Kommentierung des noch nicht vorliegenden Dekaloges!), ist der Rückgriff auf ein in eigenen, systematisierenden und formelhaften Wendungen geronnenes jahwistisches, heilsgeschichtliches "Credo", welches zur inneren Begründung der Forderung ausschließlicher Verehrung Jahwes an Israel dient. Eine unmittelbare Vorgeschichte der einzelnen, für die dtn. und dtr. Literatur im weiteren typischen Wendungen ist sprachlich nicht greifbar außer in einer Vorform in Jos.24. Für die Forderungen von v.5.13 fällt auf, daß sich wohl vorbereitende Motive in der Verkündigung Hoseas erkennen lassen, ebenso eine Virulenz der berührten Thematik in spät-vorexilischer (jeremianischer) Zeit, eine unmittelbare, literarisch fixierte Wirkungsgeschichte ist aber erst in sekundären dtr. Ergänzungsschichten des dtr.G zu erkennen bzw. in (spät-)dtr. Fortschreibungen innerhalb des Dtn.s, welche das Gesetz als eine von Mose vom Horeb her mitgebrachte Tora ansehen und gleichzeitig die dtr. Darstellung des Unterganges Israels schon in einer Grundschicht voraussetzen. Auffällig ist auch hier, daß als ein nicht explizit auf das Dtn. zurückgreifender Text, der in seiner Ausrichtung vergleichbare Forderungen und wörtliche Verbindungen zu Dtn. 6 aufweist, Jos.24 unsere Aufmerksamkeit auf sich zieht. Das Verhältnis zwischen der Grundschicht von Dtn. 6 und Jos.24 näher zu beleuchten, wird daher unsere nächste Aufgabe sein, bevor wir uns der Analyse von Dtn. 6,20-25 zuwenden.

4   Josua 24,1-28 und Deuteronomium 6,4-5.10-13

Parallelen zwischen zwei exemplarischen
Verpflichtungstexten

Jos. 24,1-28 schildert eine "fiktive...Verpflichtungsszene"[425], in der Israel vor die
Entscheidung gestellt wird, ob es Jahwe allein verehren soll (v.14) oder aber die Götter
des mesopotamischen Raumes, denen die Väter dienten (בעבר הנהר), oder gar den
Landesgöttern des eroberten Verheißungslandes (אלהי האמרי) (v.15)[426]. Entscheidet
es sich für Jahwe, so muß es von den mesopotamischen bzw. ägyptischen (v.14/15)
sich radikal trennen (סור, hif.) und ihnen abschwören.

Der Text ist in seiner Programmatik so gewichtig gewesen, daß die Verfasser des dtr.G,
denen wohl schon allein der Gedanke, Israel hätte sich nach der ausschließlichen
Führung und Landnahme durch Jahwe überhaupt noch für andere Götter interessieren
können, Schwindel bereiten mußte, ihn wohl gerade deshalb und im Blick auf die folgende Geschichte des Abfalls Israels gerade hierhin als Abschluß ihrer
Landnahmedarstellung eingesetzt haben, so daß er jetzt als ein "integral part of DtrG"
erscheint[427]. Daß, wie LEVIN neuerdings vermutet hat, Jos. 24 erst nach Jos. 23 Eingang in das dtr.G gefunden haben sollte[428], ist schon angesichts des Umstandes, daß
Jos.23 Vorstellungen aus dem Dtn. integriert, welche Jos.24 noch nicht kennt, unwahrscheinlich.

Die Einheitlichkeit wie die deuteronomistische Prägung von Jos.24 hat PERLITT eindrucksvoll beschrieben[429]. Unsere Untersuchung zu Dt. 6,4f.10-13 hat ergeben, daß
die Forderungen und die sog. Bundesformel in Dtn. 6,5.13 bzw. in v.4 ihre ältesten literarischen Parallelen in Jos. 24 haben. Damit stellt sich die Frage nach der literarhistorischen Ansetzung beider Kapitel. Man darf dabei davon ausgehen, daß im ausgehenden 7. und beginnenden 6.Jh. Israel durch die Bedrohung seiner Existenz und seiner

---

425   PERLITT, Bundestheologie, S.239-284. V.29-31 sind als Abschlußbemerkung bei der Abtrennung
      des Jos.-Buches von Ri. aus Ri. 2,6-10 übernommen worden, v.32f. sind späterer Anhang (NOTH,
      ÜSt, S.8f.(A.3)).

426   In "Konkurrenz zu Jahwe" stehen nicht nur "die Götter Mesopotamiens und Palästinas" (PERLITT,
      a.a.O., S.257, der במצרים v.14b aufgrund der fehlenden Vor- bzw. Nachgeschichte des
      Ausdrucks im Text streicht), sondern auch die der ägyptischen Großmacht. Eine Streichung ist allein
      mit der Singularität der Wendung kaum zu begründen. - Nachwirkungen hat der Text in Ri. 6,7-10;
      10,16; 1.Sam. 12 (PERLITT, S.255ff.), die Wendung אלהי האמרי kommt nur in Ri.6,10 vor
      (sek.-dtr.). -

427   AULD, Joshua, Moses and the Land, Edinburgh 1980, S.54.

428   Verheißung, S.116ff.

429   Bundestheologie, S.247-270.

religiösen Identität vor eine Grundsatzentscheidung gestellt war, zu deren Bewältigung das Wirken Josias und namentlich seine Kultuszentralisation entscheidendes beigetragen haben. Das sagt allerdings noch nichts Genaues über den literarischenEntstehungsort der fraglichen Texte aus. Hier ist zunächst einmal ihr Verhältnis zueinander zu klären.

4.1 Zur Einheit von Josua 24,1-28

PERLITT hat für Jos.24 "eine ganz und gar dt Form und Sprache" konstatiert, "die das Herauslösen einer alten Überlieferung verbietet, weil man damit das Ganze zerstört"[430]. Auch "den drängenden paränetischen Ton, die Redeform teilt Jos 24 mit vielen Stücken der dt Predigt"[431].

Gegen diese Auffassung hat sich in neuerer Zeit FLOSS gewandt[432]. Er isoliert zunächst eine Reihe von seiner Ansicht nach in sich geschlossenen Einheiten[433]: den vor-dtn. Grundstock bilden hiernach v.1abβ.25.26b.28aα. Dabei entsteht ein Bericht von einem Bundesschluß ohne Inhalt, und man fragt sich, worauf Israel denn in dieser Grundschicht verpflichtet werden soll, leider ohne Antwort. Was hier von Jos.24

---

430 PERLITT, a.a.O.,S.240; W.H. SCHMIDT, Alttestamentlicher Glaube in seiner Geschichte, Neukirchen/Vl. (4.Aufl.) 1979, S.102. Literarisch sek. ist (vielleicht) die Nennung der Repräsentanten Israels in v.1bα (WELLHAUSEN, Composition, S.133; LOHFINK, Die Sicherung der Wirksamkeit des Gotteswortes durch das Prinzip der Schriftlichkeit der Tora und durch das Prinzip der Gewaltenteilung nach den Ämtergesetzen des Buches Deuteronomium (Dt 16,18-18,22), in: FS W.Kempf, Frankfurt/M. 1971, S.143-155, S.152; anders BUCHHOLZ, Die Ältesten im Deuteronomium, S.22), sodann die Verbindung des Verpflichtungsgeschehens als einer Berit mit der Verkündung von חק ומשפט und deren Fixierung im ספר תורת אלהים und dessen Deponierung (v.25b.26a) -hierzu ausführlich PERLITT, S.263-270), unsicher ist der Text in v.5-7 (vgl.hierzu die Kommentare).

431 PERLITT, a.a.O.,S.244. Für dtr. Abfassung von Jos.24 sprechen sich weiter aus: AUERBACH, Die große Überarbeitung der biblischen Bücher, VTS 1, 1953, S.1-10,S.3 (ohne ältere Traditionen); NIELSEN, Shechem. A Tradition-Historical Investigation, Kopenhagen 1955, S.86ff. (mit einem geringen Anteil an älteren Traditionen); L'HOUR, L'alliance de Sichem, in RB 69,1962,S.34-36 (Werk eines nach-dtr. Redaktors aufgrund alter Tradition eines Sichembundes); MOWINCKEL, Tetrateuch-Pentateuch-Hexateuch. Die Berichte über die Landnahme in den drei altisraelitischen Geschichtswerken, BZAW 90, Berlin-New-York 1964, S.47f.; G.SCHMITT, Der Landtag von Sichem, AzTh 15,1964, S.23 sieht das Kapitel "zeitlich in der Nähe des Deuteronomiums"; OTTOSSON, Josuaboken - en deuteronomistisk programskrift, Religion och Bibel 40,1981,S.3-13; AULD, Joshua, Moses and the Land, Edinburgh 1980 (sieht in Jos.24* den Abschluß der dtr.H Landnahmeerzählung) (vgl.KAISER, Einleitung, 5.Aufl.,S.144).

432 FLOSS, Jahwe dienen - Göttern dienen, S.334-371.

433 A.a.O., S.358.

übrigbleibt, sind - mit PERLITT zu reden - "Satzfetzen zu nichts mehr brauchbar..., am wenigsten für die Rekonstruktion vorstaatlicher Ereignisse."[434] - Mehr als fragwürdig ist auch die Herauslösung von v.2-13* als einem "heilsgeschichtlichen Abriß in Form einer Jahwerede" (FLOSS)[435]. Traditionen in der hier vorfindlichen reihenhaften Ausführung gehen zwar wohl auf eine Art "schuleinheitlicher Ausprägung" (RICHTER) zurück[436], sind aber - abgesehen von einer auch im Dtn. noch erheblichen Variationsbreite - nicht anders als in literarischen Anwendungen greifbar. Jos. 24,2-13 ist auch in seinem Selbstverständnis nicht Zitat, sondern - wenn auch in geprägter Sprache - für den bestehenden Kontext abgefaßt, außerhalb desselben der Text ohne Halt wäre. Daß eine Einheit aus v.1-13*.25.26b.28aα selbständig bestanden haben sollte, bevor dann v.14-18.22 als "nach-dtn."Einheit hinzutrat (FLOSS)[437], ist aus dem gleichen Grunde unwahrscheinlich wie die Isolierung von v.1.25f.28*: auch in v.2-13 wird noch kein Verpflichtungsinhalt formuliert. Außerdem wird die vor-dtn. Abfassung von v.2-13 nicht begründet. Die Begründung für die nach-dtn. Ansetzung von v.14-18 besteht in FLOSS' Kontrastierung von עבד = Jahwe dienen und עבד = andern Göttern dienen, die er auf zwei verschiedene Schichten verteilt[438]. "Die dtn Überarbeitung (i.e.des Dtn. nach SEITZ, A.d.V.) kannte nicht die Kontrastierung von עבד (6) und עבד (7); diese fand sich vielmehr erst in Dtn. 11,13-16."[439]. Das Gebot, Jahwe zu dienen impliziert doch aber immer den Ausschluß des Gegenteils, von daher reicht das semantische Argument für eine stratigraphische Bestimmung nicht aus. Die Zerteilung von Jos.24, welche die konstitutiven Elemente der Komposition verschiedenen Händen zuweist, geht also von konstruierten, nicht textimmanenten Voraussetzungen aus.

Eine gewisse Schwierigkeit besteht allerdings in der Abtrennung einer Urfassung, welche vor der Integration des Kapitels in das dtr.G bestanden haben könnte, da abgesehen von den spät-dtr. Fortschreibungen in v.1b.25b.26a. eine sprachliche Abhebung der dtr. von den vor-dtr. Elementen kaum noch möglich ist. Deutlich ist wohl lediglich, daß die kaum noch verschlüsselte Aufforderung, sich sowohl von den Göttern Mesopotamiens als auch von denen Ägyptens, denen "die Väter" gedient haben, zu trennen, in eine Zeit gehört, wo solche Entscheidung für Israel noch denkmöglich war. Will man einen engeren Bezug herstellen, so scheint der Text eine Warnung zu enthalten vor einem Anschluß an Ägypten wie auch an das aufsteigende Babylon, ebenso wie die

---

434 PERLITT, a.a.O.,S.240; ders. S.241: "V.1.25f.28 ergibt keine Erzählung und will es auch nicht...Jos 24 ist also zumindest in seiner vorliegenden Gestalt als eine Einheit von Redestücken mit einem äußerst schmalen erzählerischen Rahmen zu sehen."

435 FLOSS, a.a.O., S.361f. (dagegen schon PERLITT, S.242f.).

436 Beobachtungen zur theologischen Systembildung, FS Schmaus, S.175-212.

437 A.a.O., S.369f.

438 Ebd.

439 A.a.O., S.369.

Begründungsgeschichte in v.2-13 den Anspruch anderer Götter ausschließen will. Der Gedanke an die josianische Zeit liegt nahe, insofern es hier galt, Israel gegen all dies zu mobilisieren. Die Option für Ägypten ist dabei von vornherein ausgeschlossen (v.14), die für Mesopotamien nicht, auch nicht die für die Götter der "Amoriter" (v.15), ihnen gegenüber muß Israel "wählen"[440]. Denkbar ist aber auch eine noch spätere Abfassung. Für den Leser des dtr.G dürfte bei der Suche nach Neuorientierung die Alternative noch schärfer aktuell gewesen sein nämlich in der Frage: sollte man sich den nichtisraelitischen Volksgruppen im Lande anpassen (dagegen erinnerte das dtr.G an die totale Eroberung des Landes) oder sollte man sich den neuen Machthabern aus dem Osten auch religiös unterordnen (dagegen steht nun die Erzählung von Jos. 24), nachdem die Orientierung nach Ägypten durch das Scheitern der zedekianischen Bündnispolitik (vgl. 2.Kön.24,17ff.; Ez. 17,13-24!) ausgeschlossen war.

Die "Bundestheologie" der zedekianischen Zeit kennt übrigens wohl die Verpflichtung der Bevölkerung auf bestimmte Verordnungen durch die Berit (vgl. Jer. 34,8ff.)[441], die - weil auf den Namen Jahwes beschworen - Jahwe (ohne jeglichen Hinweis darauf, daß es eine diesbezügliche "Berit"-Bindung prinzipieller Art i.S.v. 2.Kön.23,2f. oder Dtn. 5,2f./28,69 für Israel gegeben haben soll) als "seinen Bund" (בריתי) ansprechen kann! Die zedekianische Zeit kennt ebenfalls das Eingehen von ברית=Verpflichtungen im Namen Jahwes gegenüber fremden (politischen) Machthabern, deren Mißachtung Jahwe gleichfalls als Mißachtung "seiner " Berit ahnden kann (Ez. 17,19!). Die Kenntnis einer fundamentalen Berit in der Art von Josua 24 wie erst recht einer mosaischen i.S. des Dtn.s ist außerhalb des dtn./dtr. Schrifttums nicht nachweisbar. So ist durchaus denkbar, daß Jos.24 als programmatische Verpflichtungsszene Israel bewußt nach dem Untergang an einen Neuanfang "erinnern" soll, der am Ende der vollzogenen (vollständigen) Landnahme (mit einem Sieg über die Amoriter, deren Götter anscheinend aber immer noch "zur Wahl" stehen - ein ganz polemischer Zug) eine nationale Grundentscheidung fordert: weg von den Göttern Ägyptens (die ja selbst nach dem Zusammenbruch ihre Attraktivität nicht verloren hatten, vgl. Jer.44!), weg auch von den Göttern Mesopotamiens, die Mitte der 50er Jahre des 6.Jh.s v.Chr. ihre Macht einzubüßen begannen - hin zu Jahwe als dem Gott, dem Israel dereinst seine Freiheit verdankte. Ein solcher "Bundes" - Text ist also nicht nur im 7.Jh. möglich, sondern auch im 6. Jh., auch vor dem Hintergrund und als Bestandteil des dtr.G. -

---

440 PERLITT meint, daß die josianische Zeit "spätestens denkbar und sinnvoll" ist (a.a.O.,S.278), aber auch Ende des 8. und Mitte des 7.Jh.s, jedenfalls bevor das Dtn. im Gefilde Moabs verumständet worden ist (S.273) - aber dies ist nach allem, was bisher vorgetragen wurde, erst in relativ später - exilischer - Zeit geschehen.

441 Der Bezug zum dtn. Sklavengesetz ist in diesem Zusammenhang sekundär eingetragen, THIEL, WMANT 52, S.38-43!

Die legendäre Verortung in Sichem (noch nicht in Jerusalem sondern an einem alt-ehr-würdigen, heiligen Ort[442]) unterstreicht die Würde und das nationale Gewicht der Entscheidung. Ob man hier, wie LEVIN meint, an eine Königswahl Jahwes zu denken hat, mag dahingestellt bleiben[443]. Israel mußte für die Reformgedanken gewonnen werden, und der Hinweis auf die Grundsatzentscheidung zur Zeit Josuas sollte verdeut-lichen, daß man sich schon zu Beginn der Geschichte gegen die Unterwerfung unter אלהים אחרים entschieden hatte, weil Jahwe allein Israel aus der Knechtschaft geführt und die feindlichen Völker vor Israel vertrieben hatte (v.17f.). Die feierliche Begehung der Verpflichtung auf Jahwe (כרת ברית, V. 25) unterstellt Israel zugleich der Drohung des Fluches: wenn es nicht mehr Jahwe fürchtet und ihm dient, verliert es seine Existenz. Der Satz יהוה אלהינו wird zum Bekenntnis. Interesssanterweise fehlt in Jos. 24 jeder Hinweis darauf, daß es sich bei der Erfüllung dieser Verpflichtung um den Gehorsam gegen ein mosaisches Gesetz handelt. Dieses scheint bei der Abfassung zumindest in seiner dtn. Rahmung durch Dtn. 6 noch nicht vorgelegen zu haben. Daß Dtn. 6,4f.10-13 jünger ist als Jos. 24, wird nach einer Reihe von Einzelbeobachtungen nun ein synoptischer Vergleich zeigen.

4.2   Josua 24 und Deuteronomium 6

Josua 24	Deuteronomium 6,4-5. 10-13
2 כה אמר יהוה אלהי ישראל...	4 שמע ישראל
17 כי יהוה אלהינו...	יהוה אלהינו
(vgl. v.18b)	
	יהוה אחד
23b והטו את=לבבכם	5 ואהבת את=יהוה אלהיך
אל=יהוה אלהי ישראל	בכל=לבבך...
8 ואביא אתכם אל=ארץ האמרי	10 והיה כי יביאך יהוה אלהיך אל=הארץ
	אשר נשבע לאבתיך
3 ואקח את=אביכם	
את=אברהם מעבר הנהר...	לאברהם
ואתן לו את=יצחק	ליצחק
4 ואתן ליצחק את=יעקב...	וליעקב

---

442   Vgl. Gen.12,6; 33,20; 35,4; Ri. 9,6. Zum historisch-archäologischen Hintergrund H.WEIPPERT, Art. Sichem, BRL(2.), Sp.294-296. Zur Auslegung PERLITT, a.a.O. ,S.266f. "...die gesamte Verpflichtungsszene partizipiert an der legitimierenden Kraft aller Heiligtumstheophanien" (S.267).

443   Verheißung, S.114-119. Weder das Dtn. noch das dtr.G führt die Vorstellung von Jahwe als מלך explizit aus.

<table>
<tr><td align="right">(v.11ab.b.12)</td><td align="right">(vgl. 7,1b.20)</td></tr>
</table>

13 ואתן לכם ארץ	לתת לך
אשר לא=יגעתם* בה	
וערים אשר לא בניתם	ערים גדולת וטבת אשר לא בנית
ותשבו בהם	11 ובתים מלאים כל=טוב אשר לא מלאת
	וברת חצובים אשר לא=חצבת
כרמים וזיתים אשר לא=נטעתם	כרמים וזיתים אשר לא נטעת
אתם אכלים	ואכלת ושבעת
16 ...חלילה לנו מעזב את=יהוה...	12 השמר לך פן=תשכח את=יהוה
17 כי יהוה אלהינו	(6,4b)
הוא המעלה אתנו ואת=אבאינו	אשר הוציאך
מארץ מצרים מבית עבדים...	מארץ מצרים מבית עבדים
14 ועתה יראו את=יהוה	13 את=יהוה אלהיך תירא
ועבדו אתו בתמים ובאמת	ואתו תעבד
(vgl. v.14b)	ובשמו תשבע
(vgl. Jos. 24,15.19a)	(Dtn. 7,6)

Zunächst ist zu berücksichtigen, daß Jos. 24 eine in sich relativ geschlossene Einheit darstellt, Dtn. 6,4f.10-13 lediglich am Beginn einer Gesetzessammlung stehen soll. Entsprechend den gewählten Personen ist auch die anvisierte Situation eine andere: Josua spricht zu Israel als Bote Gottes (Botenformel, 24,2) nach der Eroberung des Verheißungslandes, Mose spricht mit unmittelbarer Autorität ("Höre Israel!") vor Beginn der Landnahme. Was in Josua 24 Ziel der Aussage ist, das Bekenntnis "Jahwe ist unser Gott!", das bildet in Dtn. 6,4 den Einsatzpunkt und Begründung alles weiteren. Was Jos. als Verpflichtung anstrebt, davon geht Dtn. 6 aus, wobei durch den kategorischen Satz יהוה אחד zugleich ausgeschlossen ist, wovon Jos. erst überzeugen muß:

הסירו את=אלהים אשר עבדו אבותיכם בעבר הנהר ובמצרים (v.14b).

Dtn. 6,4 enthält somit einen gedanklichen Überhang gegenüber Jos. 24, welcher durch das Liebesgebot noch eindrücklich betont wird: Dtn. 6 will im Rahmen der Mosefiktion schon ausgeschlossen sehen, daß eine Entscheidungssituation wie Jos.24 sie schildert, überhaupt infrage kommt, wohl wissend, daß Israel längst in solchen Situationen gestanden hat und noch steht. Israel soll Jahwe garnicht erst "vergessen" (v.12).

Übereinstimmung besteht in dem Bekenntnis יהוה אלהינו, Jos. 24,17ff. und Dtn. 6,4 sind, wie wir gesehen haben, die einzigen Stellen, an denen dieser Satz als Nominalsatz in vergleichbarer prominenter Stellung anzutreffen ist. Übereinstimmung besteht weiterhin in der Herleitung der Forderungen aus dem Anspruch des Credos (Jos. 24,3-12; Dtn. 6,10f.), allerdings auch hier mit einer unterschiedlichen Gewichtung: Jos.24

betont die Aussonderung der Väter unter der Mehrungsverheißung[444], Dtn. 6 unterstreicht die Verbindlichkeit der Landverheißung durch das Landschwurmotiv[445], welches bekanntlich in den schon durch G.v.RAD als älter veranschlagten Credoformulierungen in Jos.24 (und Dtn. 26) wie in den älteren Pentateuchquellen fehlt, im dtr.G und im Dtn. aber eine zentrale Stellung einnimmt[446].

Man hat aus den wörtlichen Beziehungen zwischen der Segensgabenreihe in Dtn. 6,10f. und Jos. 24,13 auf Einwirkungen von seiten des Dtn.s geschlossen[447], indes scheint es sich hier wohl schlicht um verwandte Texte aus der gleichen Schultradition zu handeln[448]. Dabei ist - wie oben schon gezeigt - durchaus auch der umgekehrte Fall wahrscheinlich, daß nämlich Jos.24 assoziativ auf Dtn. 6 eingewirkt hat. Dabei ist der Landsatz, dessen zweite Hälfte in Jos.24,13 aufgrund des unvermittelten Numeruswechsels in die 2.sg. ohnehin nicht mit Sicherheit als ursprünglich angesehen werden kann[449], ersetzt worden durch den Landschwursatz, die Reihe כרמים וזיתים / ערים (Jos. 2,13) wurde erweitert

(ערים / בתים / ברת / כרמים וזיתים),

wobei die Nutzungsnotiz (ותשבו בם 24,13) entfallen konnte, zusätzlich wurden die Einzelelemente ausgemalt. Die Gleichförmigkeit von Jos. 24,13b wurde durch die Ausweitung der Motive aufgehoben mit dem Ziel, dem Landschwursatz durch den Hinweis auf die Segensfülle des Landes mehr Gewicht zu verleihen. Daß dabei die Polemik gegen die Landesgötter gleichfalls mehr betont wird, zeigt auch die Einfügung der Warnung vor der Jahwevergessenheit; שכח steht in Dtn. 6,12 anstelle des - in spä-

---

444 V.3b.4 - allerdings nicht i.S. einer Verheißung, sondern in Form der Darstellung: Jahwe mehrte das Geschlecht Abrahams.

445 Dtn. 26,5b schildert die Vermehrung, die eigenliche Verheißung gilt in der dtn. Schicht für das Land, vgl. Dtn. 7,13f., anders das dtr.G in Dtn. 1,10 (s.a.10,22).

446 S.o.S. 134-143.

447 NOTH, Josua, S.135f. findet eine dtr. Bearbeitung in v.4 (לרשת אותו). 8b.9b.10a.bα. (vgl. Dtn. 23,5; Neh.13,2). 12a (vgl.Ex.23,28; Dtn. 7,20). 13aβ.b (Dtn. 6,10f.). 17 (מבית עבדים).19-24 u. div. Glossen in v.1bα (von 23,2a), v.2 (תרח אבי אברהם ואבי נחור , vgl. Gen. 11,26f.*), v.11 (Völkerliste). 12b (Gn.48,22), v.14 (ובמצרים), v.22b. - Aber der Rest ergibt keinen in sich zusammenhängenden Text. Daher ist wohl eher eine insgesamt dtr. Abfassung anzunehmen. Lediglich in einigen Versen ist sek. Fortschreibung anzunehmen: in v.1bα die Ergänzung der Repräsentanten (WELLHAUSEN, Composition, S.133; LOHFINK, Sicherung, S.152.), in v.25b.26-27* die Interpretation der Verpflichtungsszene als Akt der BRJT und der Kodifizierung und Deponierung eines Gesetzeskodex (von sek.-dtr. Hand) (PERLITT, a.a.O., S.263-270), in v.5ff. ist der Text unsicher (vgl.die Kommentare).

448 S.o.S.151ff..

449 Oder es ist schlicht ein מ zu konjizieren, vgl. die meisten Versionen (BHS, zur Stelle); für sek. hält den Vers STEUERNAGEL, Josua, S.300.

teren Schichten synonymen - עזב Jos. 24,16[450]; diese Synonymität beweist ein Vergleich zwischen Ri. 2,11f. und 3,7 - Ri. 2,11f. heißt es:

ויעשׂו בני=ישׂראל את=הרע בעיני יהוה ויעבדו את=הבעלים
ויעזבו את=יהוה אלהי אבתם המוֹציא אוֹתם מארץ מצרים...

und in einer Parallele, Ri. 3,7:

ויעשׂו בני=ישׂראל את=הרע בעיני יהוה
וישׁכחו את=יהוה אלהיהם ויעבדו אתהבעלים...[451].

Die Fortsetzung des Verbotes in Dtn. 6,12 entspricht der Begründung von Jos. 24,17. Dabei tritt in Dtn. 6,12 anstelle von עלה (Jos. 24), welches aus der Perspektive des Landes heraus formuliert ist, das typisch dtn. יצא[452]. Die Grundforderung beider Texte entspricht sich in ihren beiden ersten, vornehmlichen Elementen: Israel soll Jahwe fürchten und ihm dienen: Jos. 24,14 unterstreicht בתמים ובאמת, Dtn. 6,13 hat stattdessen schon die weitergreifende Formulierung v.5 im Rücken (und verstärkt die religiöse Abwehr anderweitiger politisch-religiöser Loyalitäten). Fordert Jos.24 die Reinheit (תמים) und Beständigkeit (אמת) der Jahweverehrung und des damit verbundenen Kultes (עבד)[453], so betont Dtn. 6 zusätzlich die ganzheitliche Hinwendung, die Bindung auch des politischen und rechtlichen Bereiches (ובשׁמו תשׁבע).

Dtn. 6 stellt gegenüber Jos. 24 in mehrfacher Hinsicht eine Radikalisierung dar. Dies beginnt in der Situierung der Verpflichtungssituation schon vor der Erfüllung der Verheißungen Jahwes. Das Bekenntnis יהוה אלהינו ist nicht Forderung sondern

---

450   עזב את=יהוה ist typisch dtr. Leitbegriff des dtr.G: Ri.2,12.13; 10,6.10.13; 1.Sam.8,8;12,10;
1.Kön.9,9; 11,33; 2.Kön.22,17. Vgl. auch D. 28,20; Jos.24,16.20. (bzgl.   את=ברית יהוה   :
Dtn. 29,24;31,16; 1.Kön.19,10.14; bzgl. מצות יהוה : 1.Kön.18,18; 2.Kön.17,16). (Außerhalb
des Dtn.s bzw. des dtr.G erscheint das Thema in Jes.1,4b (KAISER, ATD 17,33: Zusatz, Anklang
an Dtn. 28,51; Lev.26,33); Hos.4,10 (nach JEREMIAS, ATD 24,1, S.68: Zusatz); bei Jer.
2,13.17.19 und in Jer. D (1,16; 5,19; 16,11; 19,4; 22,9 (THIEL, WMANT 41, S.74f.; 98f.; 198;
224f.; 240f.).
451   Zur Ansetzung von Ri. 3,7 s.o. S. 116ff..
452   Zur עלה= bzw. יצא= Formel s.o.S. 146-149.
453   "Was Jahwedienst konkret heißt, wird als bekannt vorausgesetzt. In Frage steht nicht die Art des
עבד , sondern sein Objekt. עבד את=יהוה wird durch den Text selbst, d.h. durch seine Korre-
spondenzbegriffe vollständig ausgelegt: הסיר את=אלהי הנכר (v.23a und v.14b) einerseits,
verneintes עזב את=יהוה (v.16a.20a) andererseits."(PERLITT, a.a.O.,S.257).

Voraussetzung für alle weiteren Forderungen und wird ergänzt durch יהוה אחד, das Gebot der reinen und zuverlässigen Jahweverehrung wird noch prinzipieller gefaßt durch den Ausschließlichkeitsanspruch Jahwes (6,4f.) und auf den rechtlichen und politischen Bereich ausgedehnt (6,13). Die Begründung der Gebote wird noch grundsätzlicher formuliert durch die Zurückführung der Heilsgeschichte wie der Segensgaben (Jos. 24,2-13) auf den Eid Jahwes an die Väter (6,10f.12).

In Vorwegnahme der weiteren Untersuchung ist in diesem Zusammenhang darauf hinzuweisen, daß sich auch in der Grundschicht von Dtn. 7 eine Reihe von Berührungspunkten zu Jos. 24 findet, so die Völkerliste, die in der Ausprägung mit 7 Völkern nur dort und hier belegt ist[454], und die Umkehrung des Erwählungsgedankens in 7,6 / Jos. 24,15.19: nicht Israel entscheidet sich, Jahwe, den Heiligen, zu seinem Gott zu erwählen, sondern Jahwe erwählt Israel zu seinem heiligen Volk! Schließlich lassen die Deuteronomiker Mose die Deklaration der ausschließlichen Jahwebindung Israels schon am Tage der Verkündung des dtn. Gesetzes vor der Erfüllung der Verheißungen Jahwes erfolgt sein (Dtn. 26,17f.).

Wir haben somit gute Gründe, anzunehmen, daß die Grundschicht der dtn. Rahmung des Dt. erstens jünger ist als Jos. 24 und zweitens Jos. 24 als Verpflichtungsgeschehen am Ende der Landnahmeerzählung des dtr.G - gegenüber welchem die Elemente der Aussage von Dtn. 6,4f.10-13 gleichermaßen später sind - bewußt kontrapunktisch alterniert und radikalisiert.

Daß diese dtn. Schicht gleichzeitig älter ist als Jos. 23, ist unbestritten. Die spät-dtr. Abfassung von Jos. 23 sah schon STEUERNAGEL, der die Möglichkeit sekundär-dtr. Verfasserschaft erwog, indem er einen Bearbeiter des sog. "D2" annahm[455]. Den Nachweis dieser These hat SMEND geführt[456]. Hinsichtlich der Beziehung zu Dtn. 6,12f. ist vor allem Jos. 23,7b.8a zu vergleichen, wo eine freie Neuformulierung der dtn. Forderung in Form der Negation vorliegt. Anstelle des dtn. אהב steht hier das spät-dtr. דבק, vgl. Dtn. 10,20[457]. Das Wortpaar עבד / השתחוה ist vom Dekalog

---

454 Dtn.7,1b / Jos.24,11 (dazu Jos.3,10, dtr.).

455 STEUERNAGEL, Josua, S.296: "Man könnte an D2 als Verfasser denken...aber ebensowohl an einen andern Dtnstn, der das Werk des D2 bearbeitete. Für das Letztere spricht die Vorstellung, dass noch Völker in Kanaan übrig sind (gegen 11,16f.)..." Die Einsichten SMENDs (Das Gesetz und die Völker, S.130ff.) sind also nicht so ganz neu, wie man sieht; sie gehen bei STEUERNAGEL zum Teil zurück auf Beobachtungen von E.ALBERS, Die Quellenberichte in Jos I-XII, Bonn 1891, der in Jos. einen älteren (mit Dtn. 31,1-8 zusammenhängenden) "D.a" und einen jüngeren (mit Dtn. 4.29f. verbundenen) "D.b" entdeckt hat (u.a. in Jos.1,7f., vgl.a.a.O.,S.23-28.34 mit SMEND, a.a.O., S.124ff.) - also in der neueren Terminologie "dtrH" und "dtrN".

456 A.a.O.

457 Z.St.s.u.S.383.

herkommend gleichfalls vornehmlich spät-dtr. bezeugt und steht gegenüber dem grundsätzlicheren עבד / ירא, Jos. 24; Dtn. 6,13[458]. זכר hif. (von זכר, nennen, ins Gedächtnis rufen) erinnert an das verwandte akk. zakarum und meint schlicht ständige Verehrung[459].

Zusammenfassend ist hier zunächst festzustellen, daß die Schilderung einer Verpflichtung Israels auf die ausschließliche Verehrung Jahwes in Jos. 24 die dtn. Rahmung von Dt. noch nicht voraussetzt, daß vielmehr umgekehrt diese Rahmung einen Verpflichtungstext ergibt, der durch kategorische Feststellungen und Gebote Jos. 24 in Gestalt einer Rede des Mose alternierend radikalisiert. Über den literarhistorischen Ort dieser Alternierung kann erst im Anschluß an die Besprechung von Dtn. 7 gehandelt werden.

5 Eine musterhafte Katechese (Dtn. 6,20-25)

5.1 Die literarische Einheit

Entgegen den Analysen der letzten Jahre hat sich bei unserer Untersuchung gezeigt, daß die Grundschicht von Dtn. 6 nicht in 6,4-9, sondern in v.4f.10-13 zu suchen ist. Die Mahnung zur auschließlichen Hinwendung zu Jahwe bildet den Kristallisationspunkt einerseits für Fortschreibungen im Blick auf die Geschichte des Unterganges Israels (v.14-19), welche das dtr.G und seine Beurteilung desselben ebenso wie ein Gesetzeskorpus unter dem Vorzeichen der Ätiologie von Dtn. 5 voraussetzen, andererseits für die Einschärfung eines neuen, ganz durch das dtn. Gesetz bestimmten Lebenswandels des einzelnen Israeliten (6,6-9). Die Perspektive der Gesetzesbelehrung fließt zunächst ein durch die Voranstellung von Dtn. 5, besonders v.29-31(32f.) und 6,1; während sich die mit diesen Schichten verbundene pluralisch formulierte Volksrede an die Gemeinde ganz Israels als Kollektiv richtet und schließlich in Dtn. 31,9-11.12-13 mündet, wo die Tradierung des Gesetzes zunächst durch die Ältesten, sodann durch das mittlerweile (rein?) "levitische" Priestertum gefordert wird[460], wenden sich die hieran - d.h. zunächst an die von 5 ausgehende dtr. Schicht, später auch an die spät-dtr. pluralischen Schichten -anknüpfenden singularischen Verse verstärkt an den einzel-

458 FLOSS, Jahwe dienen, S.108ff. (mit den Belegen).

459 Ges.B., S.197f.

460 BUCHHOLZ, Die Ältesten im Deuteronomium, S.17ff., hat die besondere Stellung der Ältesten in der Frühzeit des (exilischen) Deuteronomismus an dieser Stelle herausgearbeitet. Die Ältesten erscheinen zunächst als Träger der dtr. Tradition und als Garanten der Gesetzestreue in Israel. Erst später tritt mehr und mehr das levitische Priestertum in diese Funktion ein (vgl. u., Kap. V.3, S.374-378).

nen Frommen, den Familienvater (Dtn. 6,2.6-9.20-25); zumindest diese Verse schließen wohl noch an die erste Gruppe an[461].

Die Sohnesfrage von v.20 knüpft nicht an v.4f. oder an v.10-13 an, etwa in der Weise, daß gefragt würde, warum man Jahwe allein dienen solle oder was denn an den Göttern der Völker so verwerflich sei, vielmehr greift sie zurück auf die (redaktionelle) Überschrift von Dtn. 4,45:

אלה העדת והחקים והמשפטים אשר דבר משה אל בני ישראל

6,20:

כח חשאלך בנך מהר לאמר מה העדת והחקים והמשפטים
אשר צוה יהוה אלהינו אתכם

(nach 5,31;6,1). Es wurde schon gesagt, daß die Reihe der Gesetzesbezeichnungen in dieser Form nur an den beiden genannten Stellen im Dtn. erscheint[462]. Das Wortpaar חקים ומשפטים bezeichnet im Referenzsystem der diversen Bearbeitungen die Kapitel 12-26* (26,16; 12,1), religiöse Ordnungen und Rechtssätze, der Ausdruck עדת bezieht sich auf den Dekalog[463]. Die Kinderfrage setzt also die Voranstellung des Dekalogkapitels voraus, sie ist nicht auf die Hintergründe des Hauptgebotes, sondern auf die der Gesetzesobservanz ausgerichtet und bildet somit eine Fiktion innerhalb der Fiktion. Sie führt hin auf einen exemplarischen Anspruch für das Folgende: wenn ein Kind nach dem Sinn der Gesetzesbeobachtung fragt, dann soll man so und so antworten. Die Frage bezieht dabei sich wie den Vater in die heilsgeschichtliche Einheit Israel ein, wenn sie von Jahwe als "unser Gott" und von den Geboten als "euch" geboten spricht. Insofern entspricht der Text der Aktualisierungsforderung von Dtn. 5,3 bzw. 11,2-7. Die Ansicht MERENDINOs, v.4 und v.20-24 gehörten einer Schicht an, weil hier wie dort in der 1.pl. geredet werde, übersieht, daß in 6,4 und v.20ff. verschiedene Bezugsgruppen vorausgesetzt werden[464]. SEITZ, der die redaktionelle Beziehung zwischen 4,45 und 6,20 erkennt, möchte die Reihe der Gesetzestermini für sekundär halten[465]. Dabei übersieht er, daß bei einer Aussparung derselben völlig offen

---

461 Ein gänzlich befriedigendes Bild wird man für die zeitlich und gedanklich nicht weit voneinander entfernten spät-dtr. Schichten ansonsten kaum gewinnen, da diese - wie an v.14-19 demonstriert - ständig kommentierend ineinander greifen. Da sie diesen Prozeß der inneren Schichtung weithin übergeht, ist die Studie von ALBERTZ, Persönliche Frömmigkeit und offizielle Religion. Religionsinterner Pluralismus in Israel und Babylon, CThM 9, Stuttgart 1978, leider in diesem Zusammenhang nur von äußerst begrenztem Wert.

462 S.o.S.28f..

463 S.o.S.28f.,55f.

464 Gegen MERENDINO, Die Zeugnisse, die Satzungen und die Rechte. FS G.J.Botterweck, BBB 50, 1977, S.185-206 (S.185ff.)).

465 SEITZ, Redaktionsgeschichtliche Studien, S.71f.

bleibt, wonach der Sohn hier fragen soll; zudem lehnt sich der אשר=Satz an entsprechende Promulgationssätze in 5,32.33; 6,1 deutlich an, wo davon die Rede ist, was die Väter lernen (למד) sollten (אתכם אלהיכם יהוה צוה כאשר לעשות) (vgl. 6,20). Die Frage nach den Geboten gehört aber konstitutiv zum Folgenden hinzu[466].

Die Annahme von PREUSS u.a., daß v.4-9.20-25 ursprünglich die Grundschicht des Kapitels gebildet haben[467], erscheint schon aus dem Grunde fragwürdig, daß die Verse dann grundsätzlich von der Situation im Verheißungslande ausgehen würden, während das ganze Umfeld in der Fiktion vor der Landnahme angesiedelt wäre. Zudem macht der Kontrast zwischen dem היום des Promulgationssatzes von v.6 und dem מחר der Frage von v.20 deutlich, daß in den bewußten Abschnitten die Mosefiktion präsent und damit die Situation vor der Landnahme bewußt ist; wie soll sie das aber sein, wenn der ganze Rest des Kapitels sekundär ist? Abgesehen davon ist der Gedanke, jemand könnte einen Text, welcher den israelitischen Familienvater friedlich in seinem Hause sitzen und das Gesetz lehren sieht, umgearbeitet haben zu einer Rede an Israel vor der Landnahme mit dem Gebot, zunächst überhaupt einmal ausschließlich Jahwe zu verehren, um sodann mit dem Banngebot fortzufahren, ganz unwahrscheinlich. Der Fortschreibungsprozeß und auch die Ideenentwicklung verläuft vielmehr umgekehrt: erst der Historisierung der Gesetzesurkunde zum Dokument einer einmaligen Verpflichtung (6,4f.10-13/26,16-19*) folgt dessen Verwendung als Lehrbuch, nicht umgekehrt[468]. Das Gedenken an Jahwe (6,12) geschieht hier als Erinnerung an die Begründungsgeschichte des Gesetzes[469]. Wir haben es im übrigen bei unserem Text kaum

---

466 STEUERNAGEL, Deuteronomim, S.77: " מה fragt nicht nach dem Inhalt, sondern nach der Bedeutung der Gesetze, wie die Antwort ergibt."

467 PREUSS, Deuteronomium, S.100f.; vgl.auch SEITZ, GARCIA-LOPEZ und LEVIN z.St.

468 PERLITT, Der Vater im Alten Testament, in: H.Tellenbach (Hrsg.), Das Vaterbild in Mythos und Geschichte, Stuttgart 1976, S.50-121, S.69, denkt in diesem Zusammenhang eher an die Wirkungen des Deuteronomismus als "einer Art Predigtbewegung, auf deren Wirkung der synagogale Wortgottesdienst zurückgeht. Die Übergänge zwischen `Hausgemeinde' und öffentlicher Versammlung mögen da fließend geworden sein... Inhalt der religiösen Unterweisung durch den Vaters ist...Gottes vielfältige Wohltat an Israel. Damit wird dem Vater zugemutet, was früher und andernorts den Professionellen zukam. "WENN dich dein Sohn fragt": Der Fall ist hypothetisch, das Ganze eine Redefigur...das Überindividuelle des Vorganges ist evident." Viel mehr läßt sich über den Sitz im Leben des Textes kaum sagen.

469 HEMPEL, Schichten, S.129, spricht Dtn. 6,20-25 aus vergleichbaren Gründen der singularischen Grundschicht des Kapitels ab und beobachtet zugleich einen Zusmmenhang zu 6,6-9 (v.7/v.20): "Es muß...angenommen werden, daß der Verfasser von 6,20-25 sowohl 6,4-5 als auch die Gesetze von 12-26 vor sich gehabt ...hat. 6,20-25 sind...dem Sg.a auf jeden Fall abzusprechen; sie verraten zudem den Einfluß des Pl.c" (aufgrund des Zusammenhangs von v.20 mit 4,45, so schon H.G.MITCHELL, The Use of the Second Person in Deuteronomy, JBL XVIII,1899, S.61-109, S.88).

mit einer "Gattung im üblichen Sinne" zu tun, sondern mit einem "literarischen Konstrukt, das - in der vorliegenden Form - eine literarische Fiktion ist."(FABRY)[470]

Wie steht es nun mit der inneren literarischen Einheitlichkeit von v.20-25? Zunächst fehlt in dem gesamten Abschnitt - und das fällt besonders im Vergleich zu v.14-19 auf - jeglicher Numeruswechsel in der Anrede. Alles ist in der 2.sg. formuliert. Zudem ist - wie man etwa an Gebilden wie Dtn. 11,2-7 oder 10,12-13 sehen kann - in den späten Schichten ein gewisser Hang zur plerophorischen Verschachtelung der Sätze und Ausdrücke zu beobachten, sodaß man sich hüten muß, dem zuweilen bei literarkritisch arbeitenden Exegeten zu beobachtenden Hang zur Reduktion auf die kleinsten, dafür syntaktisch spannungsfreien - und damit oft auch spannungslosen - Einheiten zu folgen. Konzentriert man die Aussagen auf ihren syntaktischen Kern, so lassen sich am ehesten v.22.23a wegen der Doppelung des Herausführungsmotivs (v.22b/23a) gegenüber v.21b, ausklammern, dann v.25, der als ein sentenzartiger Nachtrag wirkt und einen von v.20.24 abweichenden Ausdruck für das Gesetz verwendet (מצוה)[471], schließlich v.24bβ (לחיתנו כהים הזה) wegen der Durchbrechung des fiktiven Stils[472].

Die Ausmalung des Credos in v.22 ist andererseits gerade hinsichtlich der hier anvisierten Kinderbelehrung nicht fehl am Platze, zumal sie, wie ein Vergleich mit Jos. 24,6f. und Dtn. 26,8 zeigt, eine formelhafte Bezugnahme auf das Schilfmeerwunder andeutet, welche in den genannten Fällen gleichfalls auf die יצא=Formel folgt. In der Anwendung auf die Ägyptenwunder ist die Wendung אתת ומפתים vor-dtn nicht belegt, im Dtn. : 4,34; (7,19); 26,8; 29,2; 34,(7).11; vgl.11,3)[473], aber sie macht auch hier nicht den Eindruck einer originellen Bildung (vgl.schon die prophetische Reihung Jes. 8,18; 20,3). Die Wendung ist ausgerichtet auf den Aspekt der Zeugenschaft Israels

470 FABRY, Spuren des Pentateuchredaktors in Jos 4,21ff., Anmerkungen zur Deuteronomismus-Rezeption, BEThL 68,1985,S.351-356, S.351 (anders: A.SOGGIN, Kultätiologische Sagen und Katechese im Hexateuch, VT 10,1960, S.341-347; J.LOZA, Les catéchèses étiologiques dans l`Ancien Testament, RB 78,1971,S.481-500; E.OTTO, Das Mazzotfest in Gilgal, BWANT 107, Stuttgart 1975,S.131ff., die als Hintergrund eine "kultisch-ätiologische Belehrungsrezitation" (OTTO) vermuten).

471 Zu v.22-23a vgl. GARCIA-LOPEZ, RB84, S.505f.; HÖLSCHER, Komposition, S.171,A., hält v.25 (möglicherweise) für sek., da 6,24 abgeschlossen wirkt, der Begriff für "Gesetz" wechselt und צדקה singulär ist, vgl.auch GARCIA-LOPEZ, RB 84, S.504A.50, für den v.25 über das in v.20 erfragte hinausgehend antwortet.

472 GARCIA-LOPEZ, RB 85,S.175f.

473 Vgl. hierzu STOLZ, Art. אות , THAT I, Sp.91-95 (93f.). אות neben מופת :vor-dtr. in Jes.8,18;20,3; Ex.7,3 (P, NOTH, ATD 5,S.45); Jer.32,20f. (D, THIEL, WMANT 51, S.32f.); Ps.78,43; 105,27 u. Neh. 9,10 (nach-dtr.).

(לעינענו) und schließt im Credo die künftigen Generationen mit der Vätergeneration zusammen, in ständiger Verwendung der 1.pl.:

עבדים היינו...ויוציאנו... ויתן...אתת ומפטים...לעינינו ואתנו הוציא מֹשֹם

לתת לנו את=הראץ... ויצונו...:

Die Dublette der Herausführungsformel muß nicht als literarkritisches Scheidungskriterium gewertet werden, sondern kann auch als Wiederaufnahme zur Unterstreichung von v.12b gelten, wo das zentrale Credo von der Herausführung aus Ägypten (6,12) zugespitzt wird in der finalen Aussage: ...למען[474]. Die Belehrung greift auf die Credoformulierungen aus 6,10.12 zurück, ebenso auf die Grundforderung in 6,13, in v.24ab. In der Forderung der Jahwefurcht besteht für sie geradezu der Kern der mosaischen Gebote, לעשות את=כל=החקים האלה das ist ליראה את=יהוה (6,13), את=יהוה אלהינו (6,4).

Es fällt auf, daß die Antwort des Vaters in v.24 aus der Reihe von v.20 nur einen Ausdruck aufgreift, החקים, v.25 noch einmal einen anderen (מצוה, vgl. 6,1). Wer hier die literarkritische Schere ansetzt und etwa die Reihe von v.20 auf חקים reduziert oder v.25 als Zusatz streicht, muß erklären, warum die Vielfalt der Ausdrücke und die mit ihnen verbundenen Begriffsverwirrungen nachträglich an einen "klaren" Texten herangetragen worden sein sollen[475]. Wahrscheinlicher ist die Annahme, daß es sich in v.24.25 um bewußte Nuancierungen handelt. (ה)חקים) steht allein nur in Dtn. 4,6; 6,24; 16,12. Der Kontext von 16,12, die Festgesetze, legt die Annahme nahe, daß mit חקים religiöse Ordnungen gemeint sind im Unterschied zu den מֹשֹפֹטים, den Ordnungen des zivilen Rechts[476]. Im familiären Bereich wird man es in der Praxis, auf welche Dtn. 6,20-25 zugeht, im wesentlichen mit der Observanz religiöser Ordnungen zu tun haben, welche zum Gegenstand der Belehrung durch den Vater werden sollen. Das zeigt auch die Anwendung der Katechesemuster in Ex. 12,24-27; 13,8.14f.: 12,24 bezieht sich auf Passahbräuche (לחק=לך ולבניך עד=עולם,) 13,8 auf die חקה des Mazzotfestes (v.10: ושמרת את=החקה הזאת למועדה), 13,14 auf die Auslösung der Erstgeburt. Die Befolgung des weiteren Gesetzes wird nur insofern Anlaß häuslicher Belehrung, als dessen Einhaltung selbst auch schon im Kern religiös motiviert ist. כל=החקים spricht somit die Gesamtheit des Gesetzes als religiöser Lebens-Ordnung an. Insofern ist der Sprachgebrauch identisch mit dem des spät-dtr. Textes Dtn. 4,6:

כי הוא חכמתכם...לעיני כל=העמים אשר ישמעון את=כל=החקים האלה

---

474 בוא hif. wird dabei aufgenommen aus 6,10

475 Eine solche Erklärung vermißt man bei GARCIA-LOPEZ, a.a.O., S.542f.

476 S.o.S. 55f..

- nämlich, wenn ihr die Gesetze beachtet (שמרתם ועשיתם)[477]. Die Annahme eines religiösen Sitzes im Leben wird zusätzlich dadurch gestützt, daß צוה mit Subj.Jahwe + עשה (inf.) im Dtn. stets im Kontext von Geboten religiöser Observanz anzutreffen ist: Dtn. 4,13 bzgl. der Einhaltung des Dekaloges, in 5,15 bzgl. des Sabbats, in 24,22 im Blick auf die Einhaltung gewisser Tabus bei der Ernte zugunsten der personae miserae, ähnlich in 24,18, wo vor der Bedrückung derselben gewarnt wird. Alle diese Gebote betreffen den familiären Bereich unmittelbar.

Generell soll die Einhaltung der Gebote der Anleitung zur Jahwefurcht dienen (v.24). Die Infinitivreihung entspricht einer stilistischen Vorliebe spät-dtr. Schichten, sachlich steht der Vers der Fortschreibung in Dtn. 6,2 nahe, und zwar sowohl in der Zweckbestimmung der Observanz wie im Interesse an der Generationenfolge. Gemeinsam mit den spät-dtr. singularischen Fortschreibungen ist 6,20-25 auch der Gedanke, daß das weitere Wohlergehen und Überleben im Lande von der Einhaltung der Gebote abhängt (6,2.18.24).

Die Infinitivform von לחיתונה היום erscheint im A.T. nur noch in Gen. 7,2; Jos. 9,14; Ez. 13,18f.; Ps. 33,19. Überall ist eine akute Bedrohung des Lebens spürbar, sodaß zu übersetzen ist: "am Leben lassen" bzw. "am Leben bleiben"[478]. Die Einhaltung des Gesetzes ist Grundbedingung des Überlebens geworden (Dtn. 5,33; 16,20; 30,6; alle spät-dtr.[479]). Daß das "am Leben bleiben" keine Selbverständlichkeit ist, wird durch die Fortführung כהיום הזה deutlich: diese erscheint im A.T. nur noch in den beiden ätiologischen Notizen Jer. 44,22 und Esr. 9,7, die beide vom Untergang des Landes reden, sowie in Neh. 9,15(chron.)[480]. Um das Überleben im Lande muß täglich neu gerungen werden.

Auf den Begriff gebracht wird die Haltung, welche Dtn.6,6-9.20-24 intendieren, in v.25:

וצדקה תהיה לנו כח נשמר לעשות אל=כל=המצוה הזאת
לפני יהוה אלהינו ערשר צונו :

---

477 Der Vers ist vermutlich Teil eines späten Einschubs, vgl. KNAPP, Deuteronomium 4, S.64f. Zur Bedeutung von חקה / חק vgl. LIEDKE, Gestalt u. Bezeichnung atl. Rechtssätze, WMANT 39,S.154-186.

478 Ähnlich STEUERNAGEL, Deuteronomium, S.77.

479 Zur Spätansetzung von 5,33 s.o.z.St.; von 16,20 MERENDINO, Das deuteronomische Gesetz, S.154f.(mit Hinweis auf die Anspielung von v.20b an Dtn. 4,1), NEBELING, Schichten, S.114, 16,20 stellt den Landbesitz unter die Bedingungen des Gesetzesgehorsams wie Dtn. 4,1; 6,18; 11,8.22f., das Stichwort צדק erinnert an Dtn. 6,25 (vgl.auch SEITZ, a.a.O., S.201 A.312).

480 Eigentümlich ist Gen. 39,11 (als Einleitung), vgl. GUNKEL, Genesis, S.424 "ist wohl ein neuer Anfang", WESTERMANN, BK I,3,S.63 übersetzt: "an einem Tag wie diesem".

Nirgendwo sonst im Dtn. oder im dtr.G wird der Zusammenhang zwischen Gesetz, צדקה und Leben so explizit und deutlich hergestellt wie hier[481]. Eine echte gedankliche Parallele finden wir hingegen bei Ezechiel. Zu denken ist hier vornehmlich an Ez.18, sodann an Ez.3,16-21;14,1-11;33,1-20[482]. ZIMMERLI hat den sakralrechtlichen Hintergrund dieser Texte nachgewiesen und in diesem Zusammenhang die priesterliche Deklaration

צדיק הוא חיה יחיה (Ez.18,9)

angesiedelt[483]. Die Argumentation in Ez.18 5-9 geht der von Dtn. 6,25 parallel:

‏5 ואיש כי יהיה צדיק ועשה משפט וצדקה...

‏9 בחקתי יהלך ובמשפטי שמר לעשות אמת

צדיק הוא חיה יחיה :

Den Deuteronomisten war diese priesterliche Deklaration sichtlich bekannt (vgl.auch Dtn. 20,10-13). Der Vater soll den Sohn darauf hinweisen, daß die Einhaltung des Gesetzes zur Anerkenntnis vor Jahwe führt und Leben ermöglicht, und dabei erinnert er an die priesterliche Gerechtigkeitsdeklaration. Wenn Dtn. 30,19b.20 in der Beachtung des Gesetzes die Wahl, zu leben, sieht, so entspricht das dem hier angesprochenen Zusammenhang und signalisiert zugleich eine Verwandtschaft von Dtn. 6,25 mit den Verfassern des spät-dtr. Textes von Dtn. 30. Auf den sakralen Kontext verweist auch die Wendung לפני יהוה אלהינו. Daß sie in den rituellen Bereich gehört, belegt schon das Dtn. selbst: vor Jahwe ißt die Kultgemeinde (Dtn. 12,7.18; 14,23.26; 15,20), vor ihm erlebt sie die Festfreude (12,12; 16,11; 27,7), vor ihm steht die Gemeinde (4,10; 29,9.14) und vollziehen die Priester den Dienst (10,8; 18,7), vor ihm klagt das

---

481   צדק ist im Dtn. belegt a) im juristischen Sinne: Dtn. 1,16; 16,18-20; 25,1; b) technisch (rechtes Gewicht) 25,15; c) spät- und nach-dtr.: 32,4 -Jahwe ist צדיק (vgl.33,21: צדקת יהוה), und 33,19 - זבחי צדק.

Spezifisch für das Dtn. sind vor allem Dtn. 4,8; 6,25; 9,4-6; 24,13 (H.H.SCHMID, Gerechtigkeit als Weltordnung, Beiträge zur Historischen Theologie 40, Tübingen 1968, S.123f.): "Im Rahmen eines ganzheitlichen Ordnungsdenkens sind Tat, Qualifikation und Ergehen eins. Rechtes Verhalten besteht nach deuteronomischer Auffassung im Halten der Gebote, Inhalt rechten Ergehens ist das Leben (...v.24). So können Gebote, weil sie solches gewähren, als חקים ומשפטים צדקים bezeichnet werden (Dt 4,8)." (SCHMID, S.124) Gleichzeitig wird die Verknüpfung von Landeroberung und Verdienst - gerade vor dem Hintergrund der dtr. Forderungen nach Gesetzesgehorsam - nicht als Ergebnis der Zedaqah Israels, sondern allein als Folge der Bundestreue Jahwes angesehen (9,4ff.). Es ist übrigens zu bezweifeln, ob an dieser Stelle ein "gesetzliches Lohndenken" abgewiesen wird.- In Jos.-2.Kön., und d.h. im gesamten dtr.G fehlt jeglicher Bezug zu der in Dtn. 6,25 vorfindlichen Rede von צדקה (vgl.die Belege bei SCHMID, a.a.O., S.125).

482   Hierzu ZIMMERLI, Die Eigenart der prophetischen Rede des Ezechiel. Ein Beitrag zum Problem an Hand von Ez. 14,1-11, ZAW 66, 1954, S.1-26 (ThB 19, S. 148-177).

483   Ders., a.a.O., S.23.

bußfertige Volk (1,45) und fällt der fürbittende Mose nieder (9,8.25), vor Jahwe stellen die Priester die heiligen Abgaben nieder (26,4.10) und dort spricht man das Credo (26,5). Die Entsprechung zur מצוה, zum Gesetz, dient zur Voraussetzung der Anerkennung der צדקה vor ihm; das Mosegesetz ist in Dtn. 6,25 integraler Bestandteil des gesamten religiösen Denkens geworden.

SEITZ u.a. haben im Wechsel des Ausdrucks für das Gesetz ein Argument für die Ausscheidung des Verses als sekundär gesehen[484]. Aber die Begriffe מצוה (v.25) und חקים (v.24) müssen einander nicht ausschließen, denn כל-המצוה umfaßt כל-החקים und stellt das Gesetz in seiner Gesamtheit vor[485]. Der allgemeinen Verwendung des Ausdrucks begegenen wir in den spät-dtr. Stellen Dtn. 8,1; 11,8.22.; 27,1; 30,11; 31,5[486].

Es spricht somit vieles dafür, Dtn. 6,20-25 als einheitliches Muster für eine familiäre Katechese zu betrachten, welches zusammen mit Dtn. 6,2(f.?).6-9.(17b.18f.?) in eine Spätphase der Fortschreibungen in Dtn. 5-11 gehört, in welcher das Gesetz als Ganzes (כל-המצוה, כל-החקים) zum Gegenstand permanenter Observanz und Lehre werden soll.

Nun gibt es bekanntlich Parallelen, Durchführungsmuster gleichsam, in Ex.12,25-27; 13,5-10.11-16, welche oft als vor-dtn. eingestuft worden sind. Dies gilt es nun zu überprüfen.

5.2 Die Parallelen und die Anwendungsmuster der Instruktion von Dtn. 6,20-25

(Zu Jos. 4,6-7.21-24; Ex. 12,25-27; 13,5-10.11-16 und Dtn. 11,13-21)

Dtn. 6,20-25 gibt eine musterhafte Katechese sozusagen für "alle Fälle", כל-החקים, כל-המצוה. Eine exemplarische Anwendung derselben suchen wir hingegen innerhalb des Dtn.s vergebens. Lediglich in dem spät-dtr. Text von Dtn. 29,21-27 finden wir etwas Vergleichbares, eine Ätiologie des Unterganges Israels, welche so ähnlich auch in 1.Kön. 9,8f.; Jer. 22,8f.D, beides gleichfalls spät-dtr.

---

484 SEITZ, Redaktionsgeschichtliche Studien, S. 73.

485 S.o.zu מצוה , S. S.57ff..

486 Besonders 30,11 (die Nähe und Begreiflichkeit des Gesetzes בפיך) entspricht dem Geiste von 6,25.

Texte[487], zu lesen ist. Deren Kernaussage lautet: Wenn die Nachkommen oder die Völker angesichts des verwüsteten Landes (Dtn. 29,23), des zerstörten Jerusalem (Jer.22,8) und des Tempels (1.Kön. 9,8) dereinst fragen, על מה עשה יהוה ככה (Jer. 22,8) so soll man antworten:

על=אשר עזבו את=ברית יהוה אלהיהם

וישתחוו לרלהים אחרים ועבדום : (Jer.22,9)

Offenbar hat sich hier ein festes ätiologisches Muster ergeben, welches auch in anderen Kontexten Anwendung finden konnte, so z.B. in Jos. 4,6-7.21-24. Der Nachtragscharakter dieser Notizen ist unbestritten[488]. Für die dtr. Abfassung der Kinderfrage in 4,6b.7 spricht zunächst die durchweg dtr. und spät-dtr. Bezeugung der Vorstellung vom ארון הברית, die ihrerseits Dtn. 5,2f. und 10,1-5 voraussetzt[489].

נכרתו מי הירדן knüpft an den dtr. Vers Jos. 3,13 an (OTTO)[490], ebenfalls dtr. (und jünger) ist die "Anwendung von זכר und זכרון auf Festtage und kultische Einrichtungen, die dadurch historisiert und der Aktualisierung bestimmter heilsgeschichtlicher Traditionen dienstbar gemacht werden." (W. SCHOTTROFF)[491].

Jos. 4,21-24 weist Anzeichen für eine gegenüber v.6f. jüngere Abfassung auf, wie schon STEUERNAGEL festgestellt hat[492]; auch ALBERS hat seinerzeit einerseits Übereinstimmungen, die auf gleichen Ursprung schließen lassen, "andererseits aber ...auch Abweichungen" gefunden, "so dass man nicht denselben Verfasser annehmen kann."[493] "Diese Abweichungen aber...sind gerade deuteronomistisch."[494]. Zu ihnen

---

487 Zu Ansetzung von 1.Kön.9,8b.9 vgl. WÜRTHWEIN, ATD 11,1, S.106; Jer.22,8f., THIEL, WMANT 41,S.240 (zur Verwandtschaft beider Texte mit Dtn. 29,23-27 vgl. ebd. Tabelle 10, THIEL, S.297, s.a.S.296 (Tabelle 6, Frage Israels).

488 Für dtr. Redaktion plädieren schon ALBERS, a.a.O., S.55f.69f. (v.7.21-24); STEUERNAGEL, Josua, S.216f.220ff. (v.6-7a.21-24) u.a. (vgl.den Forschungsüberblick bei LANGLAMET, Gilgal et les récits de la traversée du Jourdain (Jos.III-IV), Cahiers de la Revue Biblique 11, Paris 1969, S.30-37; zuletzt FABRY, Spuren des Pentateuchredaktors, BEThL 68, 1985, S.352ff.).

489 Dtn. 10,8; 31;9.25f.; Jos.3,3.6.8.13.14.15 u.ö.; 1.Sam.4,3ff.; 1.Kön.6,19; Jer.3,16; 1.Chr.15,25 u.ö. (vgl.H.J.ZOBEL, Art. ארון , ThWAT I, Sp.400).

490 OTTO, Das Mazzotfest in Gilgal, S.131ff.

491 Art. זכר , THAT I, Sp.507-518,517: außer Jos. 4,7; Ex. 13,3.9; bei P: Ex.12,14; Num. 17,5; Lev. 23,24, jünger: Neh. 2.20; Est.9,28. Über den Einfluß der Vorstellung von ao. Stifterinschriften auf den Begriff vgl. SCHOTTROFF, a.a.O., Sp.516 (Einfluß auf Sach. 6,14; und P (Ex.28,12.29; 30,16 u.ö.), priesterlich ist auch Jes.57,8 (SCHOTTROFF, Gedenken, S.341; ThWAT Sp.589). (vgl.auch HOSSFELD, Dekalog, S.42,A.93).

492 Josua, S.216.

493 A.a.O., S.69f.

494 A.a.O., S.70.

sind zu rechnen: a) die Abwandlung der Vordersatzeinleitung כי ישאלון בניך durch
„אשר..." v.21b, unter Verweis auf Dtn. 11,27; 18,22 (spät-dtr)[495] und Lev. 4,22(P)[496];
b) statt בחרבה (Jos. 3,17; 4,18) steht ביבשה (vgl. הוביש יהוה את-מי הירדן),
v.22, wie in Jos.2,10 bzgl. des Schilfmeeres (dtr.)[497],
c) יד חזקה (v.24) ist klassische dtr. Metapher[498],
d) ידע (hif.), v.22 (vgl. Dtn. 4,9; 8,3) mit Subjekt Jahwe kommt im Pentateuch
vornehmlich in Texten vor, die im Grenzbereich zwischen P und D anzusiedeln sind[499],
e) למען דעת (v.24) ist im A.T. vornehmlich an spät- bzw. sekundären dtr. Stellen
belegt, in Ri. 3,2; 1.Kön. 8,60; Jer.9,5; Mi.6,5[500] und einem Nachtrag im Ez.-Buch
(Ez.38,16)[501]. Die Vermutung FABRYs, daß wir es hier mit einer "nachpriesterlichen
Diktion" zu tun haben[502], gilt nur insofern, als diese Texte möglicherweise gleichzeitig

---

495 Zu 11,27 s.u.z.St.Kp.V, S.391f.; zu 18,22 MERENDINO, a.a.O., S.198; NEBELING,
a.a.O.S.148; PREUSS, Deuteronomium, S.55; SEITZ, a.a.O.,S.242f..

496 Vgl. FABRY, a.a.O., S.352A.13. Eine gewisse sprachliche Nähe zu P ist erkennbar in den
Wendungen עבר ביבישה (Jos .4,7; E.15,16 dtr?)/ בוא ביבישה : Ex.14,16.22.29P
(FABRY, S.353 A.21(Lit.).

497 ALBERS, a.a.O., S.70.

498 Dtn. 3,24; 4,34; 5,15; 6,21; 7,8.19; 9,26; 11,2; 26,8;34,12; 1.Kön.8,42; Jer.21,5 (D, THIEL,
WMANT 41,S.233f.), Jer.32,21 (D, THIEL, WMANT 52, S.31ff) sowie Ex.3,19 (dtr.,
W.H.SCHMIDT, BK II,1,S.142), Ex.6,2 (dtr., SCHMIDT, a.a.O., S.247, ebenso Ex.
13,9;32,11).

499 FABRY, a.a.O., S.353: "hodi<a...mit Subj. Jahwe begegnet im Pentateuch fast ausschließlich in
redaktionellen Stellen und gehört am ehesten zum P-Vokabular" - verweist u.a. auf Ex.33,12f.
(quellenmäßig kaum einzuordnen, jünger als Ex.32.34*, v.13 erinnert an Jer.11,18; 16,21D
(PERLITT, Wovon der Mensch lebt (Dtn. 8,3b), FS H.W.Wolff, S.412)), auf Num.16,5 (NOTH,
ATD 7,S.108ff: "etwa in die Zeit von P"), Dtn. 4,9; 8,3b (spät-dtr.; vgl.u.zu 8,3,S.287ff.).
Hinzuzurechnen sind noch Gen. 41,39 (?); Ex.18,16.20 (nach KNIERIM, Exodus 18 und die
Neuordnung der mosaischen Gerichtsbarkeit, ZAW 73,1961, S.146-171; BUCHHOLZ, Die
Ältesten im Deuteronomium, S.98f. spät- bzw. nach-dtr.). Im übrigen führen "die Beobachtunen zu
...dem im Dtn. singulären ידע hif. mit Jahwe als Subjekt ...von den Kernschichten des Dtn weg
und zu den Psalmen, Propheten und (außer-dtn) Rechts- und Kulttraditionen hin. Das Verbum steht
in dieser Weise...für Aussagen von `Offenbarungs'-Dignität..." (PERLITT, a.a.O., S.413). (ידע
hif. mit Subjekt Jahwe: Hos. 5,9; Hab. 3,2; 1.Sam.16,3; Jes.40,13; Jer. 11,18; 16,21 (D);
Ez.20,11 u.ö.; Ps.16,11; 25,4 etc.).

500 Zu Ri. 3,2 RICHTER, Bearbeitungen, S.38f.142; zu 1.Kön.8,60 WÜRTHWEIN, ATD 11,1, S.96
(beide Stellen haben den Charakter von Zusätzen). Mi. 6,5 ist dtr. geprägt und setzt Jos. 4 in dtr.
Bearbeitung voraus (WOLFF, BK XIV,4, S.143f.149f.); Jer.9,5 ist der Erkenntnissatz
nachgetragen (LEVIN, Verheißung, S.34f.A.6).

501 ZIMMERLI, BK XIII,2, S.935.957f.

502 A.a.O., S.535.

oder jünger als P sind und die sog. Erkenntnisformel auch in P eine Reihe von Belegen aufweist[503];

f) למען יראתם את=יהוה ist im Dtn. wie überhaupt meist sek. dtr. Ergänzungsschichten zuzuweisen (FUHS)[504],

g) כל=הימים ist typisch dtn./dtr.Formel (ALBERS)[505] und

h) כל=הימים כל=עמי הארץ geraten erst in jüngeren Schichten in den Blick der dtn./dtr. und der alttestamentlichen Theologie[506]. Die Deuteronomisten äußern hier die Hoffnung, "alle Völker der Erde" könnten durch die Erinnerung an das Jordanwunder zur Jahwefurcht (6,24!) bekehrt werden[507]. Die Verwandtschaft der beiden Passagen mit Dtn. 6,20-25 ist erkennbar an der sprachlichen und formalen Nähe zwischen Dtn. 6,20f. und Jos. 4,6b.7 einerseits, wie zwischen Dtn. 6,20/Jos. 4,21; Dtn. 6,21/Jos. 4,22.23a (vgl.auch Dtn. 6,22/Jos. 4,23b) und Dtn. 6,24/Jos. 4,24 (Zweck der Belehrung: Jahwefurcht).

Ist hier im Jos.-Buch von ätiologischen Belehrungen zu reden, die sich auf bestimmte heilsgeschichtliche bzw. un-heilsgeschichtliche Taten Jahwes beziehen, so in 6,20-25 auf eine ätiologische Belehrung über den Sinn der Gesetzesobservanz.

---

503 Hierzu ZIMMERLI, Erkenntnis Gottes nach dem Buche Ezechiel, AThANT 27, Zürich 1954 (=ThB 19, 1963, S.41-119).

504 H.F.FUHS, Art. ירא , ThWAT III,Sp.870-894,Sp.886; FABRY, a.a.O., S.354 (vgl.oben zu ירא).

505 ALBERS, a.a.O.,S.70.

506 Vgl. die Belegreihe für den Ausdruck: Dtn. 28,10; 1.Kön.8,43.53; Zeph.3,20; 31,12; 2.Chr. 6,33 (עמי הארץ: 1.Chr. 5,25; 2.Chr. 32,19; Neh. 10,32; Esr. 9,2 u.ö.).

507 BECKER, Gottesfurcht im Alten Testament, S.112f., der gleichfalls dtr. Abfassung von v.21-24 annimmt, bestreitet die gängige Konjektur von jera>tem nach jera>tam (v.24b.); vgl. STEUERNAGEL, HOLZINGER, NOTH, HERTZBERG u.a. zur Stelle), und hat dabei sowohl den masoretischen Text als auch die alten Übersetzungen auf seiner Seite. Kein Argument ist jedoch, daß "der Gedanke des Jahwe-Fürchtens durch die Heidenvölker dem dt-stischen Gedankengut ...an sich fremd" sei (S.113) - wie eine Reihe von (spät-dtr.) "Ausnahmen" zeigt (vgl.1.Kön.8,41ff.; Dtn. 4,5-8).

Ausgelöst durch die Studien von SOGGIN, BREKELMANS und LOHFINK[508], vertieft durch die Untersuchungen von PLÖGER, CALOZ und LOZA[509] gibt es z.Zt. ein starkes Plädoyer für die vor-dtn. Abfassung der Parallelen in Ex. 12,25-27; 13,5-10.11-16, d.h., diese Texte seien älter als Dtn. 6,20-25. Dabei wird in den entsprechenden Einzeluntersuchungen die literarkritische Frage nach dem Ort dieser Texte als solcher zumeist übergangen[510]. Diese Zuweisung ist mit weitreichenden Konsequenzen verbunden, denn neben einer geistigen Vorgeschichte des Dtn.s findet hier man auch Anzeichen für eine Nähe zu "E" und eine Herleitung des Dtn.s aus dem Nordreich, so BREKELMANS: "...ce code n`apparaitrait plus comme le témoignan d`une totale innovation"..."nous serions peut-etre en présence d`une nouvelle indication en faveur l`origine septentrionale du Deutéronome"[511]. LOHFINK gewinnt gar durch entsprechende Verallgemeinerungen aus der Behauptung vor-dtn. Vorbilder ein Argument für die Annahme der Einheitlichkeit der Komposition von Dtn. 6[512].

Nun ist gegen diese Annahmen zunächst ein grundsätzlicher Einwand vorzutragen. Wenn die Vorschriften bei der Passah-Schlachtung, beim Mazzotfest und beim Erstlingsopfer, welche sich in Ex. an die Passaherzählung angliedern, vor-dtn. sind, so ist doch verwunderlich, daß das Dtn. sie weder in ihrer Reihenfolge übernimmt (Ex.12f.: Passah - Mazzot - Erstlingsopfer // Dtn.15f.: Erstlingsopfer - Passah - Mazzot), noch in ihrem Wortlaut[513]. Auch bleibt dann unerklärlich, daß die Katechesen für die "klassischen" Familienfeste Israels, an denen dem Dtn. doch nach 6,20-25 so viel liegen müßte, in Dtn. 15f. gleichfalls fehlen! Andererseits haben sie auch im

---

508 SOGGIN, Kultätiologische Sagen und Kateches im Hexateuch, VT 10,1960,S.341-347; BREKELMANS, Eléments deutéronomiques dans le Pentateuque, in: Aux grandes carrefours de la révelation et de lexégèse de l`Ancien Testament (hrsg. Ch.Hauret u.a.), Rech.bibl. VIII, Louvain 1967, S.77-91; ders., Die sogenannten deuteronomischen Elemente in Gen.-Num. Ein Beitrag zur Vorgeschichte des Deuteronomiums, VTS XV, 1966, S.90-96; LOHFINK, Hauptgebot, S.115f.121ff. -

509 PLÖGER, Literarkritische...Untersuchungen, S. 73-77 (zu Ex.13,5.11); CALOZ, Exode XIII,3-16 et son rapport au Deutéronome, RB 75, 1968,S.5-62; LOZA, Les catéchèses étiologiques dans l`Ancien Testament, RB LXXVIII, 1971, S.481-500; auch E.OTTO, Das Mazzotfest in Gilgal, BWANT 107, 1975, S.176.182; J.HALBE, Das Privilegrecht Jahwes, S.184.

510 Die sog. "quellenkritische Zuordnung" etwa bei LOHFINK, a.a.O., S.121, beschränkt sich schlicht auf die Bezeichnung "proto-deuteronomisch", und steht insofern den von ihm monierten (zu) "allgemeinen" Einordnungen von WELLHAUSEN (Composition, S.74: "deuteronomische Studie"), BAENTSCH, Exodus, HK I,2, Göttingen 1903, und BEER, Exodus, HAT I,3, Tübingen 1939, jew. zur Stelle: "Rd", HEMPEL (Schichten, S.130f.: abhängig von Dtn. 6,20ff.) und NOTH (ÜP,S.32A.106: "Zusätze deuteronomischer Art") in nichts nach.

511 Rech.bibl. VIII, S.90.

512 A.a.O.,S.115f.

513 Auf die komplizierten Bedingungen der einzelnen Überlieferungen kann im Zusammenhang dieser Arbeit nicht näher eingegangen werden. Vgl. hierzu MERENDINO, a.a.O., S.125-152.

Tetrateuch eine Sonderstellung, denn weder in B noch H noch bei P sind sie anzutreffen, wohl aber, wie wir gesehen haben, an prominenter Stelle im Dtn. und in abgewandelter Form im dtr.G.

Weiter führt der synoptische Vergleich von Dtn. 6 mit den einzelnen Abschnitten, wobei wir uns hier auf die infrage stehenden Katechesen beschränken und die Diskussion
um die Überlieferungsgeschichte der Kernvorschriften von Ex.12f. beiseite lassen[514].

a) Ex.12,21-28

Davon, daß ausgerechnet die "Ältesten Israels" (כל=זקני ישראל,   v.21) die
Passahschlachtung stellvertretend für die Familien übernehmen sollen, weiß Dtn. 16
noch nichts. Daß ihnen die Durchführung obliegt, wäre im Rahmen des Dtn.s erst infolge der dtr. Fiktion der Übergabe des Gesetzes אל כל=זקני ישראל in Dtn. 31,9b zu
denken. Die Ältesten übernehmen in Ex.12 somit eine Aufgabe, die ihnen von Dtn.
31,9b. als Wahrem der Gesetzes her zukommt, die ihnen das (dtn.) DT. selbst jedoch
noch nicht zuschreibt. Man wird somit mit BUCHHOLZ für Ex. 12,21a frühestens
exilische Abfassung annehmen können, zumal die Rahmung des Passahgebotes in Ex.
12,21a.24 gewisse sprachliche Parallelen zu dem dtr. Text Dtn. 5,1.31 bietet
(vgl.Synopse)[515].

Deuteronomium 5f.	Exodus 12,21-27
5,1 ויקרא משה אל=כל=שראל...	21 ויקרא משה לכל=זקני ישראל
	ויאמר אלהם...
5,32 ושמרתם לעשות כאשר צוה יהוה...	24 ושמרתם את=הדבר הזה
	לחק=לך ולבניך עד=עולם
6,10 והיה כי=יביאך יהוה אל=הארץ	25 והיה כי=תבוא אל=הראץ
אשר נשבע...לתח לך...	אשר יתן יהוה לכם לאשר דבר
6,17 שמר תשמרון את=מצות יהוה...	ושמרתם את=העבדה הזאת
6,20 כי ישאלך בנך מהר לאמר	26 והיה כי=יאמרו אליכם בניכם
מה העדת והחקים והמשפטים...	מה העבדה הזאת לכם
6,21 ואמרת לבנך	27 ואמרתם
	זבח=פסח הוא ליהוה

---

514   D.h. Ex.12,21b-23.27b.29ff.; 13,3b.6-7.12f. Hierzu vgl. allgemein W.H.SCHMIDT, Exodus,
       Sinai und Mose, EdF 191, Darmstadt 1983, S.55-60 (Lit.).

515   Zu den Zweifeln an dem vor-dtr. Ort der Wendung כל=זקני ישראל vgl. BUCHHOLZ, a.a.O.,
       S.47.53f., zu Dtn. 31,9f. ebd. S.19ff., bzw. zum dtr. Interesse an den Ältesten Israels S.23-28. B.
       schreibt allerdings Ex.12,21 "frühestens J" zu, wogegen die ansonsten zu beobachtende Nähe zu
       Dtn. 5,1 spricht.

אשר פסח על=בני=ישראל

עבדים היינו במצרים...   במצרים

(vgl. 6,22)   בננפו את=מצרים

6,23 ואתנו הוציא משם...   ואת=בתינו הציל...

Für den sprachlichen Vergleich mit dem Dtn. ergeben sich außer Dtn. 6,20-25 zunächst verwandte Passagen aus Dtn. 5. Hier wie in Ex.12 muß כל=ישראל zugegen sein, in Ex. 12,21 kann es vertreten werden durch die Ältesten (s.o.), ansonsten entspricht 12,21 Dtn. 5,1a außer im Gebrauch der Präpositionen (אל, ל) wörtlich. Daß שמר (12,24) ein "terme fréquent dans les exhortations de D pour inviter à l`observation de la Loi" ist, hat BREKELMANS zutreffende konstatiert[516]. Nicht zutreffend ist jedoch seine Behauptung, das Dtn. kenne den Terminus הדבר הזה im Sinne von Gebot nicht[517]: er erscheint im Dtn. 15,15; 24,18.22 im Kontext von Geboten der Rücksichtnahme gegen die personae miserae aus Erinnerung an die eigene Knechtschaft Israels, sodann in der spät-dtr. Kanonformel (4,2; 13,1) und als Gesamtbezeichnung für die Gebote Jahwes, ebenfalls spät-dtr. (5,5; 30,14). Vor-dtn. ist hingegen der Begriff im genannten Sinne nicht belegt, wohl aber gehäuft bei P (Ex. 16,16.32; 35,1.4; Lev. 8,5; 9,6; Num. 30,2; 36,6; vgl.H: Lev. 17,2). Die Verbindung des gleichfalls vorzugsweise bei P belegten Begriffes לחק=עולם (Ex. 12,24b vgl. 29,28; 30,21; Lev. 6,11.15; 7,34;10,15; Num. 18,8.11.19) in Verbindung mit dem - dabei in den typisch dtn./dtr. Numeruswechsel hinübergleitenden - Einschub לך ולבניך עד=עולם, welcher den Vorstellungen von Dtn. 6,2 durchaus nahekommt, läßt die Passage stilistisch wie inhaltlich eher zwischen D und P ansiedeln, als in einem vor-dtn. Bereich[518]. Schon angesichts dieses Befundes wird man nicht mehr verwundert sein, festzustellen, daß die historisierende Gebotseinleitung in 12,25 außer in den verwandten Stellen in 13,5.11 im vor-dtr. Tetrateuch nicht mehr vorkommt, wohl aber zahlreich in Dtn. und P[519], wobei verschiedene Varianten belegt sind, auch die Abwandlung der Landschwurformel durch das schlichtere כאשר דבר יהוה לך/לכם (vgl. Dtn. 6,19; 10,9; 11,24; 12,20; 15,6; 26,18.19 u.ö., alle spät-dtr.)[520].

---

516 Rech.bibl. VIII, S.80.

517 A.a.O.

518 Damit bestätigt sich der Eindruck, den wir für Jos.4,21-24 gewonnen haben, auch hier. Aus vergleichbaren Gründen hält auch LOZA, a.a.O., S.486f., v.24f. für redaktionell.

519 Vgl. hierzu o.S. 127-132.

520 Vgl. die ausführliche Liste bei LOZA, a.a.O.,S.485f. - In v.24f. findet auch BREKELMANS, a.a.O., S.80f., vorwiegend dtr. Vokabular.

Von der עבדה ist außer in dem spät- bzw. nach-dtr. Vers Jos.22,27 weder vor-dtn. noch dtr., sondern erst bei P und dort in charakteristischer Häufung die Rede, wobei die Anwendung auf einen "einzelnen kultischen Gebrauch" relativ selten ist[521].

Gibt es schon für den Gebotsrahmen von Ex.12,21.24f. keinen Grund für die Annahme vor-dtn. Abfassung, wo gilt dies erst recht für die mit ihm verknüpfte Kinderbelehrung (v.26ff.). In ihr ist formal miteinander verbunden, was in Dtn. 6 erst im Zuge der Fortschreibungsgeschichte zusammengewachsen ist, nämlich die historisierende Gebotseinleitung (12,25 / Dtn. 6,10) mit der katechetischen Anweisung (12,26 / Dtn. 6,20). Das Gebot selbst (v.22f.) ist nur noch in dem Rückverweis enthalten (anders in Dtn. 6,10ff., wo es mit der historisierenden Einleitung verknüpft ist). Die Gebotsformulierung besteht schlicht in der Katechese selbst (v.26ff.). Ebenso wie in 6,20 wird nicht nach dem Inhalt, sondern nach dem Hintergrund des Gebotenen gefragt (...מה העדה / ! מה העבדה הזאת לכם) , die Schematik von Frage und Antwort wird dabei übernommen. Während in Dtn. 6 die Kinder aber nicht nach dem fragen, was das historisierte Gebot fordert, sondern nach den Gesetzen überhaupt, ist in Ex.12,25ff. ein direkter Zusammenhang zwischen beidem hergestellt. Dtn. 6,20-25 ist nicht eine (weitere) Anwendung des Schemas von Ex.12,25ff., sondern umgekehrt. Die Verbindung des (jungen) Ausdrucks עבדה mit dem dtr. שׁמר ist sprachlich kaum vor-dtr..

Die Antwort des Vaters in v.27a "fordert die Weitererzählung der Auszugsgeschichte bei den jährlich zu wiederholenden Passah-Opfern und setzt damit eben diesen Brauch voraus" (NOTH)[522] Zeugnis hiervon gibt aber erst der (spät-dtr.) Autor von 2.Kön. 23,21-23 indirekt, wenn er von einem neu eingerichteten Passahfest unter Josia berichtet, dabei deutlich inspiriert von Dtn. 16 (SPIECKERMANN)[523], welches seinerseits von der Vorschrift von Ex. 12,24-27a noch nichts weiß. Im übrigen zwingt auch die Sprache von v.27 nicht gerade zur Annahme eines hohen Alters. Die Verbindung von זבח + פסח in Ex. 12,27 und - dtn. - in Dtn. 16,2 ist sprachlich jünger als die Wendung זבח הג הפסח (Ex. 34,25) (gegen LOZA)[524], jedenfalls weist letztere die sprachliche Abschleifung und die Identifikation von Passahopfer und Passahfest noch nicht auf.

521 Ges.B., S.557 (Belege). Die Verwendung von עבדה für einen kultisch/rituellen Vorgang findet sich vorwiegend bei P (BREKELMANS, a.a.O.,S.81), nicht im Dtn., andererseits schwingt in Ex.12,25f.; 13,5 die Bedeutung "coutume, usage cultuel" mit, die sich von P, "culte sous toutes ses formes: emploi abondant et exclusif" (auch chronistisch) abhebt (LOZA, a.a.O.,S.86; anders MILGROM, Studies in Levitical Theology I: The Encroacher and the Levite, Berkeley-Los Angeles-London 1970, darin: The Term <Aboda, S.60-87, bes. S.82; ders.: The Levitical <ABODA, JQR LXI,1970f., S.132-155).

522 NOTH, ATD 5,S.76.
523 Juda unter Assur, S.130-138 weist den Text "dtrN" zu.
524 A.a.O., S.486.

Die Wendung פסח על= bzgl. der בני ישראל findet sich direkt erst bei P (Ex. 12,13)[525]. In der Beschreibung des Exoduserereignisses knüpft der Text an die Quellen an, in die er eingearbeitet ist (נגף vgl. Ex. 7,27; 12,23; J; 12,13 P; הציל : Ex.3,8; 5,23; 18,4.8.9 J; 6,6 P (18,10 E?). In der formgebenden Rahmung gibt es keine Anzeichen dafür, daß er älter ist als Dtn. 6,20-25, und so wird man Ex.12,24-27a insgesamt als jünger und als Anwendung der im Dtn. formulierten Vorstellungen ansehen müssen. Der Hinweis darauf, daß es solche Art der Kinderbelehrung im alten Orient schon gab, bevor der hier erkennbare Versuch einer literarisch fixierten Institutionalisierung derselben eintrat, sagt über das Alter der Texte als solcher nichts aus und kann nicht zur Datierung derselben angeführt werden[526], auch wenn der Vorgang der Belehrung der Kinder durch die Väter über die Ätiologien religiöser Bräuche natürlich nichts neues, sondern ein allgemein anzunehmendes Phänomen ist. Schließlich ist in diesem Zusammenhang auch daran zu erinnern, daß es vor allem eben das dtn./dtr. Credo ist, welches zur Begründung der familiären Riten herangezogen wird, und welches - so ist zu vermuten - so manches andere Material verdrängt hat.

b) Ex.13,3-4.5-11

Auf die komplizierte Überlieferungsgeschichte der Vorschriften von Ex.13,3f.6f., wie sie allein an einem Vergleich mit Dtn. 16,1.3*.4*.8* erkennbar ist, soll hier nicht näher eingegangen werden[527]. Die Spannungen, welche durch die Verschmelzung von Passah und Mazzot einerseits und deren Rückbindung an die Exodustradition andererseits entstanden sind und die beide Texte teilen, weswegen man sie entstehungsgeschichtlich kaum allzu sehr auseinanderdividieren kann, sind wohl nie wirklich befriedigend lösbar. Verschmelzung und Verbindung diverser Traditionen ist jedenfalls in Ex.13 in jedem Satz zu erkennen.

Schon v.3f. erweckt kaum den Eindruck einer vor-dtn. Abfassung. Der Text ist in pluralischer Anrede formuliert, nur in v.3b wird in einem singularischen Einwurf an das Gebot, am Tage des Exodus-Gedenkens Mazzen zu essen, erinnert. Wir treffen also in der Disposition des - von v.5 an wie die dtn. historisierten Gebote singularisch formulierten Textes - auf das von der dtr. Bearbeitung des Dtn.s her bekannte Phänomen des Numeruswechsels[528]. זכור (im imperativisch gebrauchten Inf.abs.) entspricht im Un-

---

525   Zur Diskussion des - sicherlich sekundären - etymologischen Zusammenhangs vgl. die bei LOZA, a.a.O., S.486A.20 angegebene Literatur.

526   LOZA, a.a.O, S.483, verweist in diesem Zusammenhang auf VTE 283-301 (Wiseman).

527   Zum vor-dtn. Material vgl. LAAF, Die Pascha-Feier Israels, S.29f.

528   Uneinheitlichkeit vermutet daher nicht zu unrecht SMEND, Entstehung, S.66.

terschied zu Dtn. 16,1 (שמור) der Variante von Ex. 20,8/Dtn. 5,12[529]. Die dagegen von CALOZ zum Nachweis vor-dtn. Abfassung angeführten Stellen finden sich einerseits im Dtn. (24,9; 25,17), andererseits im dtr.G (Jos.1,13)[530]. Für die יצא=Formel bzw. deren Verbindung mit מבית עבדים wurde schon gezeigt, daß die Belege in Ex. 13 gegenüber der ansonsten ausschließlich dtn/dtr. Reihe singulär wären, wollte man hier - ohne zwingenden Grund - vor-dtn. Abfassung vermuten[531]. Das gleiche gilt für die Wendung ביד חזקה[532]. V.3b, יאכל (אכל, nif.), ist außer in B (Ex.21,28, ohne Zusammenhang zu unserer Stelle) neben Ex.13,3.7 in einer vergleichbaren Verwendung einmal im Dtn. (12,22) und achtzehnmal bei P belegt (CALOZ)[533]. V.4 bringt schließlich das Gedenken an den Tag des Auszugs mit der (alten) Ansetzung des Mazzot-Festes im Monat Abjb zusammen (vgl. auch Dtn. 16,1.3*) und ist kaum origineller als v.3. Die partizipiale Ausdrucksweise an dieser Stelle (אתם יצאים היום) erinnert an vergleichbare dtr. Rede (vgl. Dtn. 4,4; 5,3; 29,9). Es spricht also einiges dafür, schon in Ex. 13,3f. (aufgrund der pluralischen Anredeform womöglich sek.) dtr. Abfassung anzunehmen[534].

Das gilt auch für die katechetischen Muster in v.5ff.[535]. Wieder ist eine synoptische Gegenüberstellung mit Dtn. 6,20-25 und einer Reihe weiterer deuteronomischer Parallelen angebracht.

Deuteronomium	Exodus 13,3-4.5-10
	3 ויאמר משה אל-העם
16,1 שמור את-חדש האביב	זכור את-היום הזה
כי בחדש האביב	
הוציאך יהוה ממצרים לילה	אשר יצאתם ממצרים מבית עבדים

---

529 HOSSFELD, Dekalog, S.40ff.,hat immerhin auf die Möglichkeit aufmerksam gemacht, daß Ex.20 die jüngere Variante bietet: "Der Autor ...greift einen Terminus auf, der den Aspekt kultischen Gedächtnisses mit dem permanenter Observanz verbindet."(S.42) S.aber o. z.St.

530 Gegen CALOZ, a.a.O., S.10; Jos.1,13 ist dtr. (NOTH, Josua, S.29).

531 S.o.S.146ff..

532 S.o.S. 148.

533 A.a.O., S.11f.

534 So auch J.HALBE, Passa-Massot im deuteronomischen Festkalender. Komposition, Entstehung und Programm von Dtn. 16,1-8, ZAW 87,1975, S.147-168, S.158f..

535 Für dtr. halten Ex. 13,5-10.11-16*: WELLHAUSEN, Composition, S.125; HOLZINGER, Exodus, KHC II, Tübingen 1900, S.35; BAENTSCH, Exodus, S.109; BEER, Exodus, S.12; NOTH, ATD 5, S.79; ÜP, 1948, S.32A.106; DHORME, La Bible.L`Ancien Testament I, Paris 1956, S.39; FOHRER, Überlieferung und Geschichte des Exodus, S.80A1; W.SCHOTTROFF, "Gedenken", S.125; SMEND, Entstehung, S.65f.

כי בחזק יד הוציא יהוה אתכם מזה

ולא יאכל חמץ

4 היום אתם יצאים בחדש האביב

5 והיה כי-יביאך יהוה אל-ארץ

הכנעני והחתי והאמרי והחוי והיבוסי

אשר נשבע לאבתיך לתת לך

ארץ זבת חלב ודבש

ועבדת את-העבדה הזאת בחדש הזה

6 שבעת ימים תאכל מצת

וביום השביעי חג ליהוה

7 מצות יאכל את שבעת הימים

ולא-יראה לך חמץ

ולא-יראה לך שאר בכל-גבלך

8 והגדת לבנך ביום ההוא לאמר

בעבור זה עשה יהוה לי בצאתי ממצרים

9 והיו לך

לאות על-ידיך

ולזכרון בין עיניך

למען תהיה תורת יהוה בפיך

10 ושמרת את-החקה הזאת

למועדה מימים ימימה

6,21 ויוציאנו...ביד חזקה...

16,3 ולא=תאכל עליו חמץ

6,10 והיה כי יביאך יהוה...אל=הארץ
(vgl. 7,1b)

אשר נשבע לאבתיך...לתת לך
(vgl. 6,3b.10b.11)

16,3 ...שבעת ימים תאכל עליו מצת...

16,8b ובּיום השביעי עצרת ליהוה

16,4 ולא=יראה לך שאר בכל=גבלך
שבעת ימים

6,21 ואמרת לבנך...
(vgl. 6,21-23a)

6,6 והיו הדברים האלה...על=לבבך...

6,8 וקשרתם לאות על=ידיך

והיו לטטפת בין עיניך

6,7 ושננתם לבניך ודברת בם...
(vgl. Dtn. 30,14)

(6,21b u.a.)

6,24 ויוצונו...לעשות

את=כל=החקים האלה

Auch hier erkennen wir wieder die Verbindung von Gebotshistorisierung und Katechesemuster, wie wir sie in Dtn. 6 heranwachsen sahen. Der Vordersatz entspricht einer Mischung von Elementen aus Dtn. 6,10 (בוא hif.- Formel ohne אלהיך ; Schwurformel ohne Väteraufzählung) und 7,1 (5-gliedrige Völkerliste wie auch 1.Kön.9,20 (spät-dtr.)[536], allerdings statt des vornehmlich dtn./dtr. Ausdrucks für die vorisraelitische Bevölkerung אמרי steht das (später bei P bevorzugte) כנעני[537]. Die Landbeschreibung wird durch die (dtr.) Kurzformel זבת חלב ודבש angedeutet (Dtn.

---

536 Zur sek.-dtr. Ansetzung von 1.Kön.9,20ff. VEIJOLA, Königtum, S.66 A.98 (anders NOTH, BK IX,1, S.217f.). Zur dtr. Herkunft der Völkerlisten s.u.zu Dtn. 7,1f.

537 Vgl.u.S. 245f..

6,3b u.ö.)[538]. Die Verbindung von Landschwurformel und Völkerliste ist singulär im A.T. Der allgemeine Rückverweis in der Gebotsformulierung (עבדת את־העבדה) ist im gleichen Stil verfaßt wie der von 12,25b, wiederum unter Verwendung des ungewöhnlichen Begriffs עבדה (s.o.). Insgesamt stellt v.5 ein junges Mischgebilde dar.

V.6f. bietet die aus traditionellen Elementen bestehende eigentliche Gebotsformulierung (vgl. Ex. 23,15; 34,18; Dtn. 16,3f.8b). Die dtn. Polemik gegen die nicht-zentrale Passahfeier in Dtn. 16,2.5ff.11b teilt der Text nicht, ob nicht mehr oder noch nicht ist nicht sicher zu sagen. Die von PLÖGER an dieser Stelle vermißte Verbindung zum Passah ergibt sich aus dem Zusammenhang der Perikope und kann insofern nicht für eine vor-dtn. Ansetzung und gegen Dtn. 16 ausgespielt werden[539]. Im übrigen wird das Mazzenessen hier wie dort vom eigentlichen "Fest" (הג / עצרת ליהוה, Dtn. 16,8b) abgesetzt, m.a.W.: selbst die Gebotsformulierung von v.6f. ist nicht mit Sicherheit vor-dtn. anzusetzen!

Daß für die Katechisierung des Sohnes in v.8 das Verbum נגד (hif.) gebraucht wird, ist kein Zeichen einer vor-dtn. Abfassung, denn wo in diesem Zusammenhang das Wort im A.T. überhaupt erscheint, befinden wir uns wiederum in spät-dtr. Bereichen, nämlich Dtn. 32,7[540]. Ansonsten sind die Belege durchgängig dtr. oder spät-dtr. (Dtn. 4,13; 5,5; 17,19f..; und Ex.19,3.9)[541].

Die zusammengeraffte Form, in der in Ex.12,8 auf das Exoduskerygma als Begründung verwiesen wird, zeugt gleichfalls kaum für eine vor-dtn. Verfasserschaft, einmal abgesehen davon, daß die syntaktische Gewagtheit der Wendung בעבור זה עשה לי יהוה eine glossierende Hand vermuten läßt[542].

Die Zusammenraffung der Exodusnotiz durch die infinitivische Formulierung ist vor-dtr. sonst nicht anzutreffen (ohne Suffix: Ex. 19,1*; Num. 33,38; 1.Kön. 6,1; Ps.

---

538 Ex.3,8.17 (dtr.,W.H.SCHMIDT, BK II,1,S.137ff.); Ex.33,3 (NOTH, ATD 5, S.208f.); Num.13,27 (Zusatz?, SCHMIDT, ebd.; anders NOTH, ATD 7,S.91ff.); Num.14,8 (P, NOTH, ATD 7,S.90); 16,40 (dtr., SCHMIDT, ebd.; NOTH, ATD 7,S.111f.:J); Dtn. 6,3; 11,9; 26,9.15; 27,3; 31,20; Jos.5,6; Jer. 11,5; 32,22 (D); Ez. 20,6.15; Lev. 20,24, P. Außer an zwei unsicheren Stellen (Num.13,27; 16,15) ist die Wendung dtr. oder später belegt.

539 PLÖGER, a.a.O., S.74f.

540 BREKELMANS, Eléments deuteronomiques, S.83. Zur Spätdatierung von Dtn. 32 vgl. PREUSS, Deuteronomium, S.165-169.

541 Zu Dtn. 17,19f. s.o.S.148; Ex.19,3.9 vgl. PERLITT, Bundestheologie, S.167-180.

542 בעבור זה ist singulär im A.T., בעבור זאת erscheint in Ex.9,16 (nicht quellenhafter Zusatz: CHILDS, Exodus, S.131.141; NOTH, ATD 5,S.62) und Hi.20,2 (Belege nach KBL, S.674).

114,1; mit Suffix der 1.sg.: Ex. 13,8; 2.sg.: Dtn. 16,3.6; Mi. 7,15 (dtr.); 2.pl. Dtn.23,5; 24,9; 25,17; Jos. 2,10; Hag. 2,5; 3.pl. Dtn. 4,45.46; Jos. 5,4.f; 1.Kön. 8,9)[543].

Die Einhaltung des Mazzot-Gebotes soll nach Ex.13,9f. Israel in gleicher Weise gegenwärtig sein wie nach Dtn. 6,6-9 das gesamte mosaische Gesetz. Dabei bildet es im Verein mit dem Gebot der Erstlingsopfer im Rahmen des Tetrateuch eine Ausnahme. Das Subjekt von והיה in Ex. 12,9 ist keineswegs syntaktisch so deutlich wie in Dtn. 6,6, sodaß man damit rechnen muß, daß hier eine Anspielung an eine bekannte Form der Gebots vorliegt. Die Variierung des dtn. טטפת durch das allgemeinere זכרון ist außer hier auch in Jos. 4,7 belegt[544]. Außer dem unsicheren Beleg in Ex.17,14 treffen wir wieder vorwiegend auf priesterschriftliche und exilisch/nachexilische Belege[545]. Die Verwendung einer stärker auf die Funktion hin gerichteten Bezeichnung (Erinnerungszeichen) spricht zudem dafür, daß Ex.13,9 ein jüngerer Sprachgebrauch gegenüber Dtn. 6,6 vorliegt. Ein wichtiges Indiz für die gegenüber Dtn. 6 spätere Abfassung von Ex.13,8f. ist die Verbindung von Aussageelementen, welche in Dtn. 6 einander noch nicht unmittelbar zugeordnet sind. In Dtn. 6,24 ist es schlicht die Jawefurcht, in Ex.12,9 sollen die "Merkzeichen" die ständige Präsenz des Mazzotgebotes signalisieren, damit der Israelit die Weisung Jahwes auch stets rezitieren kann (למען תהיה תורת יהוה בפיך).

Das Idealbild von 6,7 wird hier mit der Katechese verknüpft. Die Belege füt תורת יהוה lassen ein deutliches Schwergewicht in der spät- und nachexilischen Literatur erkennen (vor-dtr. Jes. 5,24?; 2.Kön. 10,31 dtr., Am. 2,4; Jer. 8,8D?; Esr. 7,10; Neh. 9,3; 1.Chr. 16,40; 22,12; 2.Chr. 12,1 u.ö...)[546], und davon, daß man sie immer im Munde führen soll, ist einmal hinsichtlich der Leviten die Rede (Mal. 2,6: תורות אמת היתה בפיך), ansonsten hinsichtlich des am Gesetz orientierten Frommen (Ps. 119,13: בשפתי ספרתי לך משפטי פיך; vgl.auch Ps. 37,31f.), auch dies Anzeichen einer späten, möglicherweise nach-exilischen Abfassung unseres Textes.

---

543 בצאת : Ex.19,1 (P, ZENGER, Sinaitheophanie, S.207); Num.33,38 (Zusatz zur Pentateuch-Red., NOTH, ATD 7,S.211); 1.Kön.6,1 (dtr., NOTH, ÜSt.S.18-27); Ps.114,1 (nachexilisch). בצאתי: Ex.13,8; בצאתך : Ex.16,3.6; Mi.7,15 (nachexilisch, WOLFF, BK XIV,4, S.193f.201f.); בצאתכם : Dtn. 23,5;24,9; 25,17; Jos.2,10; und Hag. 2,5; בצאתם : Dtn. 4,45.46; Jos.5,4f. dtr..; 1.Kön.8,9 (sekundär-dtr., WÜRTHWEIN, ATD 11,1, S.88). -

544 Spät-dtr., s.o.; außerdem Ex.17,14 (unsicher).

545 Zum sachlichen Hintergrund vgl. O.KEEL, Zeichen der Verbundenheit, OBO 38, 1981, S.161-240, bes.S.193ff.; der Verweis von CALOZ zu בין עיניך auf Dtn. 6,8; 11,18; 24,1 (a.a.O.,S.16) geht auf dtn./dtr. Stellen.

546 Weiter: 2.Chron. 17,9; 31,3.4; 34,14; 35,26; Ps.1,2; 119,1 gegen PLÖGER,a.a.O., S.75.

Über die dtr. Prägung der Exodusformel kann man nicht gut hinwegsehen (13,9b)[547].
Daß חקה (sgl.) im Dtn. nicht vorkommt, dafür aber wiederum gehäuft in P (Ex.
12,14.17.43; 27,21; 28,43 u.ö.), die Pluralform andererseits in den späten Schichten
des Dtn.s das ältere חקים verdrängt (vgl. gegenüber Dtn. 6,1 6,2; gegenüber 8,11b;
10,13; 11,1; 28,15.45; 30,10.16), deutet gleichfalls auf eine spät-dtr. Abfassung von
Ex.13,10[548]. Daß hier auf die zeitliche Exaktheit der Observanz wert gelegt wird[549],
deutet zugleich darauf hin, daß wir mit einer stark vom Nomismus der dtn.-dtr. Schule
geprägten Zeit zu tun haben. Es gibt somit keinerlei Anlaß, die dtr. Ansetzung von
Ex.13,3-10 ernsthaft in Zweifel zu ziehen.

c) Ex.13,11-16

Für Ex.13,11-16 gilt mutatis mutandis das gleiche wie für die vorherigen Abschnitte.
Auch hier sei wieder eine Synopse vorangestellt.

Deuteronomium 6	Exodus 13,11-16
10 והיה כי יביאך יהוה אליך	11 והיה כי=יביאך יהוה אלהיך
אל=הארץ	אל=ארץ הכנעני
אשר נשבע לאבתיך...	כאשר נשבע לך ולאבתיך
לתת לך...	ונתנה לך
(vgl. Dtn. 15,19-23)	(v.12-13)
20 כי=ישאלך בנך מחר לאמר	14 והיה כח=חשאלך בנך מחר לאמר
מה העדת...	מה זאת
21 ואמרת לבנך...	ואמרת אליו
ויוציאנו יהוה ממצרים ביד חזקה	בחזר יד הוציאנו יהוה ממצרים
(עבדים היינו לפרעה..)	מבית עבדים
(vgl. Ex.12,29)	(v.15)
9 (והיו..) ...לאות על=ידך	16 והיה לאות על=ידיכה
והיו לטטפת בין עיניך	ולטטפת בין עיניך
	כי בחזק יד הוציאנו יהוה ממצרים

---

547 PLÖGER, a.a.O.,S.75f. verweist selbst auf Dtn. 6,11; 7,8a; 9,26; 26,8.

548 Belege CALOZ, a.a.O.,S.17.

549 Zu למועדה vgl. Ex.34,18 dtr.(vgl. S. 279ff.); Ex.23,15: למועד חדש האביב. Ansonsten ist
die Form singulär. Zu מימה ימים vgl. die Streuung der Belege bei CALOZ, a.a.O.,S.18.

Die Ausdehnung der Landschwurformel von den Vätern auf die Generation der Nachkommen (13,11 לך ולאבתך) entspricht dem Hang der spät- und nach-dtr. Verfasser zu kompilierten Aussagen[550]. Ungewöhnlich ist die Beschränkung der Landbezeichnung auf die Nennung nur der Kananiter[551]. V.14.f. ist in keinem Wort originell (vgl. die Synopse), ungewöhnlich ist in v.15 die Verwendung des Verbums קשה (hif.) + Inf., welche nur noch in 2.Kön.2,10 begegnet[552], sowie הרג (Subj. Jahwe, bzgl. der Erstgeburt, was nur noch Ex.4,23(sek.) begegnet[553]. Ebenso wenig originell ist v.16, der Teilen von Dtn. 6,9 entspricht. Die Wiederholung der Herausführungsformel in v.16b gegenüber v.14b stellt den ungeschickten Versuch dar, die Anweisung von v.16a in die Aussage von v.14f. zu integrieren.

Alles in allem bleibt also festzustellen, daß es für die Annahme, Dtn. 6 sei durch Ex.12,25-27a; 13,5-10.11-16* formal und ausdrucksmäßig geprägt worden oder diese Stellen seien älter als Dtn. 6,6-9.20-25 keinerlei Grund besteht. Vielmehr haben wir umgekehrt mit einer Einwirkung der in 6,20-25 musterhaft gegebenen Katechese auf die Ausgestaltung der für die spät- bzw. nachexilische Praxis offenbar zentralen familiären und kultischen Begehungen gedachten Anweisungen für Passah, Mazzot und Erstlingsopfer zu rechnen. Im Dtn. selbst fehlen diese Anwendungen noch.

Zusammenfassend kann daher an die Beurteilung WELLHAUSENs erinnert werden: "Eine unschicklichere Stelle für die Predigt, welche Mose 13,3-16 hält...lässt sich nicht denken, zumal wenn der Auszug wirklich in der Verwirrung und Eile vor sich gegangen ist, wie vorher und nachher berichtet wird...Man beachte ausserdem...den predigenden Ton, der den Älteren völlig fremd ist; endlich die Stufe der Religiosität...Es ist ungefähr die deuteronomische, auf der jedenfalls die Autoren, welche uns von den Patriarchen erzählen, wie sie Steine und Altäre aufrichten, heilige Bäume pflanzen und Brunnen graben, nicht stehn. An das Deuteronomium (Deut. 6.7. Jos. 4) erinnern auch die Ausdrücke und Wendungen."[554]

d) Dtn. 11,13-21

Für die assoziativ-kompilatorische Verfahrensweise der spät-dtr. Gesetzesparänese bietet das Dtn. selbst in einer an Dtn. 6 orientierten Parallele ein anschauliches Beispiel, nämlich Dtn. 11,13-21. Hier eine Synopse:

550   Gegen PLÖGER, a.a.O., S.76.
551   Ex.13,11; Dtn. 1,7; Ez. 16,3*
552   Vgl.schon WELLHAUSEN, Composition, S.74; CALOZ, a.a.O.,S.19.
553   Vgl.W.H.SCHMIDT, BK II,1,S.214. Ansonsten ist der Vers Ex.34,19f. vergleichbar.
554   Composition, S.74.

Deuteronomium 6	Deuteronomium 11,13-21
4 שמע ישראל...	13 והיה אם=שמע תשמע את=מצוחי...
5 ואהבת את=יהוה אלהיך	לאהבה את=יהוה אלהיך
13...ואתו תעבד...	ולעבדו
5 ...בכל=לבבך ובכל=נפשך...	בכל=לבבכם ובכל=נפשכם
(vgl. v.10.11a)	(v.14-15a)
11 ...ואכלת ושבעת	ואכלת ושבעת
12 השמר לך פן=תשכח את=יהוה...	16 השמרו לכם פן יפתה לבבכם וסרתם
14 לא תלכו אחרי אלהים אחרים...	ועבדתם אלהים אחרים והשתחויתם להם
15b ופן=יחרה אף=יהוה אלהיך בך	17 וחרה אף=יהוה בכם...
והשמידך מעל פני האדמה	ואבדתם מהרה מעל הארץ הטובה...
6 והיו הדברים האלה...על=לבבך...	18 ושמתם את=דברי אלה על=לבבכם
	ועל=נפשכם
8 וקשרתם לאות על=ידך	וקשרתם אתם לאות על=ידכם
והיו לטטפת בין עיניך	והיו לטוטפת הין עיניכם
7 ושננתם לבניך ודברת בם	19 ולמדתם אתם את=בניכם לדבר בם
בשבתך בביתך ובלכתך בדרך	בשבתך בביתך ובלכתך בדרך
ובשכבך ובקומך	ובשכבך ובקומך
9 וכתבתם על=מזוזת ביתך ובשעריך	20 וכתבתם על=מזוזות ביתך ובשעריך
	21 למען ירבו ימיכם וימי בניכם
	אל=האדמה אשר נשבע יהוה לאבתיך
	לתת להם כימי השמים על=הארץ

Wie schon vielfach beobachtet, ist in den späteren Schichten des Dtn.s die Segensverheißung unter die Bedingung des Gebotsgehorsams gestellt worden. Der Bedingungssatz in 11,13 ist dabei deutlich an Dtn. 6 orientiert: Am Beginn steht die floskelhafte Überleitung והיה (6,10), das Gehorsamsgebot wird mit שמע formuliert (vgl.6,4), sein Inhalt besteht in einer Zusammenfassung von 6,5.13 mit infinitivischem Anschluß. Gegenüber der weitreichenden Landverheißung 6,10 sind die Erwartungen bescheidener geworden: Jahwe wird dem Land zur rechten Zeit seinen Regen geben (11,14f.). Das Ziel aber ist das gleiche: Israel soll essen und satt werden (6,11b - 11,15b)[555]. Das Umschlagen von der Anrede in 2.pl. in die 2.sg. in v.14b.15 läßt diese Verse als Anspielung an Vorgegebenes erscheinen, wobei für v.14b auch traditionelle Reihungen von Segensgütern im Dtn. zu finden sind (vgl.7,13; 12,17; 14,23; 18,4; 28,5). In v.16 wird die pluralische Anrede wieder aufgegriffen, die Formulierung

---

555   8,10.12; 14,29; 26,12; 31,20.

erinnert nun an den Nachsatz von Dtn. 6,12 mit der Warnung ("Hüte dich, daß nicht..."). Die Variante zu שכח (6,12) bildet hier פן=יפתה לבבכם וסרתם, sie entspricht der Ausdrucksweise späterer Schichten wie Dtn. 17,17; 29,17; 30,17, vgl. Hi.31,9.27[556], ansonsten ist 11,16 die einzige Stelle, wo in dieser Weise von der Betörung des Herzens gesprochen wird. Das Verbot, fremden Göttern zu dienen, wird in Dtn. 6 erst in der pluralischen Fortschreibung v.14 formuliert, in 11,16 gehört es zur Grundschicht. Das Wortpaar השתחוה / עבד erscheint außer in dem dtn. Vers Dtn. 17,3 vorwiegend in jüngeren Texten (5,9par.; 8,19; 11,16; 29,25; 30,17). In Dtn. 11,17 treffen wir weiter eine Parallele zu der Fortschreibung in 6,15b und zwar in exakt dem gleichen Zusammenhang (6,15bβ/11,17b). Zwischen Vernichtungs- und Zornesdrohung tritt hier allerdings noch die kontextbedingte Androhung des Segensentzuges (17aβ). Die Varianten zwischen 6,15bβ und 11,17b bestehen in synonymen Ausdrücken, das Stichwort von der baldigen Vernichtung (מהרה) erscheint im dtr. Bereich in Jos. 23,16b, mhr in sekundären Schichten im Dt. (4,26; 28,20; 7,4pl.; vgl. Ex.32,8; Dtn. 9,12.16). Die schichtenübergreifende Parallelität zwischen Dtn. 11,13ff. und Dtn. 6 setzt sich bezeichnenderweise auch für den von uns als jung angesehenen Abschnitt Dtn. 6,6-9 in 11,18-21 fort, nur daß die Forderung hier im Anschluß an die von 6,4f.10-13.14f. herkommenden Motive erfolgt (ähnlich wie ja auch in 13,10.16 das Motiv nachgeordnet wurde). Daß Dtn. 6,6-9 die Priorität zukommt, ist nicht nur an der Glättung bzw. Vereinfachung des Ausdrucks zu erkennen (statt היה steht שׂים , zu לבב wird nach Dtn. 6,5 נפש hinzugefügt, statt des ungewöhnlichen שנן steht למד (pi.), sondern auch daran, daß v.19 offenbar in seinem singularischen Teil von Dtn. 6,7.9 her ergänzt worden ist[557]. Die Auslassungen im pluralischen Teil entsprechen denen in Ex.13,9.16 (dort fehlt der Hinweis auf die Unablässigkeit der Kinderbelehrung und die Beschriftung der מזוזות) . Die Verheißung in 11,21 wird nach all dem bisher Gesagten als formelhafte Abrundung des im Ganzen spät-dtr. Abschnittes zu gelten haben.

Aus der vorgetragenen Analyse wird hinreichend deutlich, daß die exemplarischen Katechesen in Ex. 12,24ff.; 13,5-10.11-16 ebenso wie die paränetische Mahnung in 11,13-21 spät-dtr. bzw. nach-dtr. Adaptationen eines in Dtn. 6 herangewachsenen Zusammenhanges von Gebot und Katecheseforderung darstellen. Diese Texte gehören insgesamt nicht der Vor-, sondern der Nachgeschichte der dtn. Einleitung zum Gesetz an, wodurch sich auch das Fehlen entsprechender Passagen sowohl in B als auch in DT sowie ihre Singularität im Tetrateuch erklärt. Die teilweise wörtliche Orientierung an vorgegebenen Texten und Sprachmustern weist hin auf die an der literarisch fixierten Tradition orientierte Arbeit eines Schul- und Schreibbetriebes, für den zunächst das

---

556 Art. פתה, Ges.B., S.667.

557 So schon STEUERNAGEL, Deuteronomium, S.92.

Dtn., späterhin schlechthin alle "mosaische" Überlieferung zum Lehrbuch geworden war.

6   ZUSAMMENFASSUNG

1. Dtn. 6 ist ein in mehreren literarischen Schichten entstandener Text. Die Grundschicht umfaßt Dtn. 6,4-5.10-13. An diese schließen sich zunächst eine Reihe von Fortschreibungen in v.14.(pl) und 15b an. Die pluralische Schicht setzt das dtr.G in einem gewissen Grundbestand schon voraus, ebenso wie die Strukturierung durch Dtn. 5,31; 6,1(pl), welche mit der Ätiologie des dtn. Gesetzes von Dtn. 5 verbunden ist. V.15b knüpft als Fortschreibung hier an, und hat ebenso wie 6,2 als Fortschreibung von 6,1 sowohl Dtn. 6* als auch Dtn. 5 im Rücken. Zu dieser singularischen, katechetisch interessierten Schicht gehören Dtn. 6,6-9.20-25, die die Forderung des Ausschließlichkeitsanspruches Jahwes in 6,4f.10-13 nicht nur in der Weise der Mahnrede des Mose kommentieren wie 6,14, sondern ihn auf das Gesetz Jahwes ausdehnen, dessen ständiges Memorieren sie empfehlen. Sie kennen die schmerzliche Erfahrung des Landverlustes (v.15b). Als weitere, späteste Fortschreibungen sind v.16.17a (pluralisch) und v.(3?).15a.17b-19 anzusehen (singularisch), die weniger an großen Zusammenhängen als an der gebotsparänetischen Glossierung einzelner Stoffe interessiert sind.

2. Der Grundtext Dtn. 6,4-5.10-13 ist eine eigentümliche, literarische Bildung. Sowohl formgeschichtlich als auch traditionsgeschichtlich handelt es sich um eigene Prägungen von epochaler systematisierender Bedeutung. Die Verse bilden den Beginn einer rahmenden und bearbeitenden Ausformung des überkommenen Dt.-Gesetzes (12-25*), welche dasselbe als Dokument einer grundlegenden, verfassungsartigen Bundesverpflichtung auf Jahwe aus dem Munde des Mose erscheinen läßt (6,4f.;26,16-19*). Die damit verbundene Historisierung der Gebotsformulierungen und deren heilsgeschichtliche Rückbindung ermöglicht das Eindringen paränetischer Wendungen und einzelner rhetorischer Elemente, ohne daß deshalb schon von "Predigten" die Rede sein kann. Vielmehr handelt es sich gemäß der Überschrift von 6,1 um מצוה , Gesetz, zunächst als apodiktische Loyalitäts-Forderung (6,5), sodann als eine Kette apodiktischer Forderungen (6,13) im Anschluß an einen diese begründenden historisierenden Vordersatz (6,10f.(12), in welchem Exodus, Landgabe und Segensgabe als Erfüllung des Eides Jahwes an die Väter dargestellt werden. So sehr aufgrund des Rückgriffs auf die Tradition offensichtlich ist, daß bei der Formulierung dieses jahwistischen Credos Vorgegebenes fruchtbar gemacht wird, so schwierig bzw. unmöglich ist doch im einzelnen der Nachweis vor-dtn. bzw. vor-dtr. Belege für dasselbe. Dies gilt insbesondere für die im dtn./dtr. Kontext höchst bedeutsame Landschwurformel, ebenso auch für die sog. יצא=Formel.

Eine Vorgeschichte der sog. "Bundesformel" in Dtn. 6,4 ist vor allem in Jos.24 zu erkennen. Die Forderungen von Dtn. 6,5.12.13 haben im einzelnen eine Vorgeschichte in
der Verkündigung Hoseas und erweisen sich als virulent in der Zeit Jeremias, ohne daß
dort jedoch eine unmittelbare Wirkung des Dtn.s sei es in den jeremianischen
Formulierungen, sei es in der sie bedingenden Situationsanalyse erkennbar wäre. Damit
fehlen bisher sichere Anhaltspunkte für eine literarhistorische Einordnung.

Der Vergleich mit Jos.24 führt indes auf das grundliegende Anliegen. Dtn. 6,4f.10-13
erweist sich gegenüber der programmatischen Schilderung einer israelitischen
Verpflichtung, Jahwe allein dienen zu wollen, als jünger und in mehrfacher Hinsicht als
weitergehender: zum einen dadurch, daß die Hauptforderung von Jos.24,14 Mose in
den Mund gelegt wird, zum andern dadurch, daß Dtn. 6,4 das Bekenntnis, zu welchem
Israel in Jos.24 kommen soll, schon zum Ausgangspunkt seiner Forderungen macht
und beides ins Unüberbietbare steigert, die Bundesformel durch den Zusatz יהוה אחד,
die Gebote durch Liebesgebot (v.5) und durch das Gebot, allein beim Namen Jahwes
zu schwören (6,13). Auch die heilsgeschichtliche Begründung wird gegenüber Jos.24
durch die Einführung der Väterschwurtradition verstärkt und überboten. Auf der
anderen Seite zeigen einzelne sprachliche Verbindungen etwa in der Aufzählung der
Segensgüter, daß Jos.24 bei der Formulierung von Dtn. 6 Pate gestanden hat (Dtn.
6,10f.; Jos. 24,13).

Erstaunlich erscheint der Umstand, daß eine Wirkungsgeschichte der dtn. Forderungen,
die doch immerhin programmatischer Natur sind, im dtr.G erst in sekundären dtr.
Schichten greifbar wird. Dies gilt für die Forderung der Jahweliebe (6,5; vgl. Jos.
22,5; 23,14; 1.Kön. 2,3f.; 3,3; 2.Kön. 23,3aß.) ebenso wie für das Motiv des
Jahwevergessens (unausgesprochen Ri. 2,12; als Verstoß gegen ein Gebot Ri. 3,7), vor
allem aber für die Forderung der Jahwefurcht (Jos. 22,25; 1.Sam. 12,14f.18.20.24;
1.Kön. 8,40; 2.Kön. 17,7u.ö.) und des Jahwedienens (vgl. die oben genannten
Belege). Auch im Zusammenhang mit dem für die dtn. Schichten grundlegenden Credo
lassen sich Verschiebungen beobachten, deren Gefälle vom dtr.G zum dtn. Rahmen hin
verläuft und nicht umgekehrt, so bei der Väter-Schwur-Formel - sie wird von den dtn.
Schichten auf die Nachkommengeneration bezogen (לתת לך / לתת להם) und
verstärkend als Berit interpretiert, in der Ausdeutung des Exodusgeschehens (
יצא=Formel) durch מבית עבדים und komplementär dazu in der Anreicherung der
Landverheißung durch von Segenssprache geprägte Elemente.

Innerhalb des Dtn.s läßt sich eine weitere Verarbeitung der Gedanken von 6,4f.10-13
gleichfalls erst in jenen spät-dtr. Schichten beobachten, die die Ätiologisierung durch
Dtn. 5 und das dtr.G schon im Rücken haben und deren paränetisch ausgerichtete Mahnungen Geschichte und Leben Israels und des Frommen von der Einhaltung des
Gesetzes abhängig sehen.

3. Dtn. 5 ist als Ätiologie des dtn. Gesetzes sekundär vor Dtn. 6 gestellt worden. Von diesem Kapitel geht eine Rahmung (6,1) aber auch eine gewisse Kommentierung (v.14) des Gesetzes aus. Diese findet ihre Fortsetzung in lehrhaften Fortschreibungen (singularisch/pluralisch und wieder singularisch, vgl. 6,14-19).

4. Durch diese Schichten wird eine neue, ganz am dtn. Gesetz orientierte Volksfrömmigkeit angestrebt, wie sie idealisch Dtn. 6,6-9.20-25 vor Augen steht. Sie heben sich von der Grundschicht in Sprache und Denkungsart deutlich ab, insofern sie das Gesetz schon als Lehrgegenstand für folgende Generationen bedenken. Ihre Wirkungsgeschichte ist dementsprechend in spät- und nachexilischen spät- bzw. nach-dtr. Texten zu erkennen (Ex.12f.). Sie haben nicht mehr nur ein Israel des Exils im Blick, sondern schon das Israel der Umkehr und Erneuerung durch die Tora (vgl.Dtn.30).

5. Schwierig ist die zeitliche Ansetzung der Grundschicht, da eine (vor-dtn.) Vorgeschichte der einzelnen Credoaussagen und Gebotsformulierungen literarisch nur andeutungsweise erkennbar, die Ausformung der Aussagen weitgehend originell ist. In der Beziehung zum dtr.G erweist sich, daß dessen Darstellung in den formgebenden Schichten eher vor-dtn. als nach-dtn. zu sein scheint, während sek.-dtr. Ergänzungsschichten auf der Ebene der Dtn. 5 voraussetzenden gebotsparänetischen Texte im Dtn. anzusiedeln sind. Somit scheint die dtn. Rahmung des DT., wie sie in Dtn. 6 erkennbar ist, jünger zu sein als die formgebenden Schichten des dtr.G einschließlich der mit Jos. 24 abgeschlossenen dtr. Landnahmeerzählung, älter aber als Dtn. 5. Wenn der Grundbestand von Josua 24 dem dtr.G zuzurechnen ist, so kann man mit einer Abfassung der dtn. Texte erst in der Mitte des 6. Jh.s rechnen.

III Israel und die Völker

Untersuchungen zu Deuteronomium 7

1 Literarkritische Analyse

Deuteronomium 7 nimmt für die Analyse der Entstehungsgeschichte von Dtn. 5-11 eine Schlüsselstellung ein. Es scheint daher unvermeidlich, daß gerade bei diesem Kapitel die Beurteilungen der Entstehungsgeschichte in ihren Ergebnissen in kaum überbietbarer Weise auseinandergehen[1]. Unklar ist also so ziemlich alles: das literarische Verhältnis zwischen den auf Jahwekrieg und Landnahme blickenden Außenstücken (7,1-5.17-26) und dem auf Erwählung und Verheißung ausgerichteten Mittelteil (v.6-16), die innere Wachstumsgeschichte des Textes (d.h. einerseits die Frage nach dem Verhältnis zwischen singularischen und pluralischen Schichten, andererseits nach dem zwischen der mit v.RAD zu sprechen ersten und zweiten "Predigt" (i.e. 7,1-11.12-26),

[1] Vgl. Tabelle I u. II, S.7.14f.. Hier eine Auswahl aus dem Strauß der Meinungen (G steht für Grundschicht bzw. sgl. Quelle):
STEUERNAGEL, Rahmen, 1894 u. Deuteronomium, 1923: G= 7,1-4a.6.8.9?.12b-16a.17- 21.23-24; Pl = 7,5.7.9f.11-12a.16b; redaktionell: v.22.25f..
PUUKKO, Das Deuteronomium, 1910: G (singularisch)= 7,1-3.6.8b.9-11.12b-16a.17-21.23f.;
HEMPEL, Schichten, 1914: G= 7,6.9*.12b-16a.17-21.23-24a; HÖLSCHER, Komposition, ZAW 40, 1922: G= 7,1*.2.6.9.11.12b-16a.17-19.21.23f. (exilisch, vgl. Komposition, S.176);
WELCH, Deuteronomy. The Framework to the Code, London 1932, G= 7,1-4a.6.8b-11.12b-24 (sek.4b.5.7-8a.12a.25f.); v.RAD, ATD 8, 1964: Predigt a) 7,1-11*.12-16; b) 7,17-26 (beide mit pluralischen Zusätzen; MINETTE de TILLESSE, Sections "tu" et sections "vous"..., VT 12, 1962: G= 7,1-3.6.8b-11.12b-21.23f..
LOHFINK, Hauptgebot, 1963: vor-dt. Texte sind in 7,1-5.13-16.20.22-24 verarbeitet ("Gilgalbundestext") der Rest ist in Anlehnung an das sog. "paränetische Schema" u.andere Formen Bearbeitungszusatz, der Text ist literarisch einheitlich (außer v.25f.)! (ihm folgt G.SCHMITT, Du sollst keinen Frieden schließen, 1970 (S.131ff.)); SEITZ, Redaktionsgeschichtl. Studien, 1971: vor-dtn. Kriegsansprache in 7,1-3.17-26*, dtn. Überarbeitung in 7,6-16; ROSE, Ausschließlichkeitsanspruch, 1975: dtn. Schule: 7,2a.3.4a.6b.8b.9a; dtr.I: 4bα.6a.7.8aα.9b-11; dtr.II: 1,2b.4bβ.5.8aβ (!); GARCIA-LOPEZ, "Un peuple consacré". Analyse critique de Deutéronome VII, VT 32, 1982, S.438-463: vor-dtn.: 7,1-3*.5f.; vor-dtn. Bearbeitung: 7,17-19.21; dtn. Bearbeitung: 7,8b-11.12b; 2.dtn.Bearbeitung: 7,4.12a.13-16.20.22f.; Zusätze: 1bβ.2a*bα.7-8a.25f..
PECKHAM, The Composition of Deuteronomy 5-11, FS Freedman, 1983, S.217-240, hält den Text im ganzen für dtr.: Dtr I (entspricht dtrH): 7,1-3.5.17-18.21.23-24; DtrII: 7,4.6-16.19-20;22.25-26;
PREUSS, Deuteronomium, 1982: G - ; dtn. Ergänzer: 7,1-2.6*.17-24 (Einschub 7-15.16); dtr.: 4b.5.6?.7.8aβ.12a.25a; späte Zusätze: 3.4a?.22.25bc.26.

schließlich das Verhältnis zwischen vor-literarischer, literarischer und redaktioneller (dtr.) Überlieferung. Je nach methodischer Ausrichtung divergieren die Ergebnisse der in Anm. 1 als Beispiel angeführten Arbeiten. Es empfiehlt sich daher zu Beginn der Analyse eine literarkritische Untersuchung des Aufbaus.

Dtn. 7,1ff. bildet gegenüber der Musterkatechese in Dtn. 6,20-25 formal wie inhaltlich einen Neueinsatz. Wie in 6,10ff. wird durch die historisierende Gebotseinleitung in 7,1 Israel in dem Idealzustand vor der Landnahme angesprochen. Wiederum stoßen wir auf ein komplexes Satzgefüge, bestehend aus einem verschachtelten Vordersatz (v.1-2a) und einem Nachsatz, der sich aus dem apodiktischen Banngebot und fünf daran anschließenden Prohibitiven zusammensetzt, deren letzter mit einem Begründungssatz verbunden ist (v.2b.βγ.3.4), hieran ist in v.5 adversativisch angefügt eine Reihe von vier weiteren apodiktischen Geboten in pluralischer Anrede.

Hier der Text im Überblick:

2bα	החרם תחרים אתם
2bβ	לא תכרת להם ברית
2bγ	ולא תחנם
3a	ולא תתחתן בם
3bα	בתך לא תתן לבנו
3bβ	ובתו לא תקח לבנך
4aα	כי=יסיר את=בנך מאחרי
4aβ	ועבדו אלהים אחרים
4b	וחרה אף=יהוה בכם והשמידך מהר
5aα	כי=אם=כה תעשו להם
5aβ	מזבחתיהם תתצו
5aγ	מצבתם תשברו
5bα	ואשריהם תגדעון
5bβ	ופסיליהם תשרפון באש

Es sind drei Gruppen erkennbar: Banngebot mit 3 Erläuterungen in Prohibitiv-Form, Connubiumsverbot mit Begründung und Strafandrohung, schließlich die "Bildersturm"-Gebote, v.5. Die erste Gruppe richtet sich an Israel als Gottesvolk und findet ihre Begründung in Dtn. 7,6, umgekehrt: Dtn. 7,6 läßt sich nach v.2.(3a?) syntaktisch an keiner Stelle mehr direkt anschließen. Die zweite Reihe betrifft den einzelnen Israeliten, die dritte (pluralisch) wendet sich wieder an das Volk als Gesamtheit.

In v.6 folgt mit der Zusage der Aussonderung (עַם קָדוֹשׁ אַתָּה) und der Erwählung Israels durch Jahwe (v.6b) in singularischer Anrede ein zweiteiliger Begründungssatz,
der die Periode abschließt. Die Setumot hinter 6,25 und 7,6 zeigen an, daß auch die
masoretische Tradition jeweils eine sachliche Zusammengehörigkeit gesehen hat, die
der neuerdings zuweilen anzutreffenden Abtrennung des Begründungssatzes 7,6 von
v.1-5 entgegensteht[2]; gleichzeitig nimmt sie die Eigenart der auf v.6 folgenden
(pluralischen) Auslegung des dort eingeführten Erwählungsgedankens in v.7f. wahr.
Angeredet ist in Dtn. 7,1 nicht mehr der einzelne Israelit wie in 6,20-25, sondern - wie
in 6,4f.10-13 - Israel als Gottesvolk.

Die Nachordnung der Thematik von der Absonderung Israels von den Völkern des Verheißungslandes durch Bann und Erwählung gegenüber der des Verhältnisses zu Jahwe
in Dtn. 6 und zum Land in Dtn. 8 hat manche Exegeten veranlaßt, Dtn. 7 für eine unabhängig von Dtn. 6 gewachsene Einheit zu halten, da die Rede von der Eroberung des
Verheißungslandes sachlich gegenüber der Anweisung zum Verhalten im Besitze desselben gleichsam zu spät kommt[3]. Aber dieser Schluß ist nicht zwingend, weil er unter-

---

2   Vgl. PREUSS, a.a.O., z.St. und dessen Unsicherheit, was die Zuordnung von 7,6 angeht. Als
merkwürdig untergewichtig erscheint die Aussage auch bei LOHFINK, Hauptgebot, S.181-188.
Literarkritisch hat schon HEMPEL, Schichten, S.139f., Schwierigkeiten, v.1-5 und v.6 zu-
sammenzubringen: nachdem er den Text auf seine singularische Grundschicht reduziert hat (7,1-
2.6.9a.bα.12b-16a.17-21.23f.) schaltet er v.1f. aus mit der Begründung, v.1 enthalte eine
Doppelung gegenüber der Gebotseinleitung von 6,10 und die Verwendung von נשׁל und ירשׁ
(qal) (vgl.ansonsten: Dtn. 9,1; hif.7,17; 9,3.5) sei ungewöhnlich, 7,6 schließe sachlich und syntaktisch gut an 6,15b an. Merkwürdig inkonsequent wirkt diese Analyse, wenn H. gleichzeitig
meint, inhaltlich seien die Aussagen von v.1f. wohl älter als die von v.6. Überhaupt: die Originalität
des Vokabulars ist nicht zwingend Anzeichen sekundärer Abfassung, die Doppelung der Form der
Gebotseinleitung angesichts der Neigung der dtn. Schule zu Wiederholungen ebenfalls nicht, die
Meinung, die Erwählungszusage füge sich gut zur Vernichtungsdrohung von 6,15b unterstellt den
Deuteronomikern einen Paradoxismus, der sonst so bei ihnen nicht auftritt. LOHFINK, Hauptgebot,
S.181-188, der letztlich zwei unterschiedliche Entstehungsmodelle anbietet, weist Dtn. 7,1-5 einer
älteren "Gilgalbundestradition" zu, v.6-12 einem "dtn. Überarbeiter". SEITZ,
Redaktionsgeschichtliche Studien, S.74ff., folgt ihm im Grundsatz, ordnet jedoch v.6 v.1-3 zu;
hieraus resultiert vermutlich die Unsicherheit in der Tabelle von PREUSS,a.a.O., S.49ff.
(vgl.o.A.1). Nun hebt sich 7,6 thematisch und syntaktisch vom Vorhergehenden ab, während es zu
v.1-5 zahlreiche Parallelen gibt (u.a. in Ex.23,20ff.; 34), fehlt in deren Zusammenhang ein Hinweis
auf die Erwählungszusage, trotzdem wird man nicht voreilig aus diesem Umstand die literarkritische
Frage nach der Entstehung von Dtn. 7 präjudizieren dürfen (gegen G.SCHMITT, Du sollst keinen
Frieden schließen, S.13-24.131-143, der aus dem Vergleich mit den Ex.-Parallelen (vor allem
Ex.23,20-33) heraus die innere Entstehungsgeschichte von Dtn. 7 zu erklären sucht).

3   KLOSTERMANN, Pentateuch, N.F., S.227ff.; dagegen ausführlich schon HEMPEL, a.a.O.,
S.134ff. v.RAD ATD 8,S.48f., folgt KLOSTERMANN in der inneren Aufteilung des Kapitels in

stellt, die Gebotsreihe müsse sich der sachlogischen Abfolge von Eroberung und Landbesitz unterwerfen. Hingegen zeigt gerade die bestehende Reihe, daß ihr offensichtlich
andere Kriterien zugrundeliegen als die der geschichtlichen Folge; sachlogisch scheint
vielmehr der Gedanke der exklusiven Zuwendung Israels zu Jahwe den einer kategorischen Absonderung von den Völkern geradezu herauszufordern.

Hierzu passen auch die folgenden Beobachtungen. Wie in Dtn. 6,10ff. erscheint nämlich das für die historisierende Gestalt[4] kennzeichnende Material aus der Tradition vorgegeben. Der Vordersatz steuert sogleich auf die Völkerthematik zu. Der von 6,10 her
geläufige Eingangssatz wird nicht mit der gewöhnlicheren Landgabe- oder Landschwurformel fortgesetzt, sondern mit der selteneren Eroberungsnotiz
אשר אתה בא שמה לרשתה[5], der zweite Teil des Vordersatzes betont nun die Aktivität
Jahwes bei der Unterwerfung der Völker (v.1ba), welche in einer Reihe von 7 Namen
aufgezählt werden, die außer in Jos. 24,11 (vor-dtr.?) nur noch in Jos. 3,10 (sek. dtr.
Zusatz) erscheint[6]. Betont wird die Zahl und Überlegenheit der Völker
(גוים רבים ועצומים ממך)[7]. Außer dem seltenen Verbum lvn ist in diesem Zusammenhang keine einzige Vokabel oder Wendung singulär oder originell.

נשל, qal, ist wohl in Anlehnung an Ex. 3,5; Jos. 5,15 (Abstreifen der Sandalen) mit
"abstreifen" -> "hinwegfegen" zu übertragen; gemeint ist "wehrlos machen", vgl. Dtn.

---

zwei Predigten, und d.h. in literarisch vor der Verbindung mit Dtn. 6 unabhängigen Texten. Bei
LOHFINK, Hauptgebot, S.290, erscheint die These modifiziert erneut: Dtn. 7 sei durch einen
Überarbeiter zusammen mit Dtn. 8. 9,1-8.22-24; 11,18-25 zu Dtn. 5-6. 9,9-11,17 hinzugekommen.
Ungetrübt von literarkritischen Überlegungen behauptet W.CRUMP, Deuteronomy7: A Covenant
Sermon, Restoration Quarterly (RestQ) 17,1974, S.222-235, der Text sei eine "Bundespredigt" aus
dem Nordreich; über das literarische Verhältnis zum Umfeld äußert er sich nicht weiter.

4   Zu den sog. historisierenden Gebotsformulierungen s.o.zu Dtn.6,10, Kap. II, S.127-132.

5   Dtn. 4,5; 11,9.10.29 (Objekt הגוים); 23,11; 28,21.63.

6   Zu den Völkerlisten vgl. HALBE, Privilegrecht, S.140-146 (Lit.). Eine systematische Darstellung
des Befundes bietet ISHIDA, The Structure and Historical Implications of the Lists of Pre-Israelite
Nations, Bib. 60, 1979, S.461-490, S.461f. - Zur dtr. Ansetzung von Jos.24,11 s.auch NOTH,
Josua, S.137f.; zu Jos. 3,10 NOTH, a.a.O., S.35; STEUERNAGEL, Josua, S.218, läßt offen, ob
der Vers von "D2" oder von "Rd" stammt.

7   Es handelt sich bei dem Ausdruck um eine geprägte Wendung, vgl. Jes. 8,7
(מי הנהר העצובים והרבים vom Euphrat); Ex. 1,9: von Israel   עם רב ועצום (vgl. Gen.
12,2; 18,18: גוי גדול ועצום), s.auch Gen. 26,16; Ex. 32,10; Num.14,12;22,6; Dtn.9,14; 26,5.
Ras Shamra Parallels I, ed. L.R.FISCHER, 1972, II,516 (W.H.SCHMIDT, BK II,2, S.32f.).
Bzgl. der גוים , die stärker als Israel sind, ist zu verweisen auf Dtn. 4,38; 7,1.(17); 9,1; 11,23;
Jos. 23,9; und in nachexilisch, eschatologischer Deutung Mi. 4,3.7 (WOLFF, BK XIV,4,
S.88ff.91-95), Sach. 8,22.

28,40, נשל intrans., "herabfallen" von Oliven: Jahwe fegt über die Völker hinweg, daß sie umfallen.

Der Vordersatz wird im Anschluß an die doppelte Apposition in v.1b fortgesetzt mit der Auslieferungsnotiz v.2a, ונתנם יהוה אלהיך לפניך, und mündet in der kurzen Siegesnotiz והכיתם, er Subjektwechsel erst hier, am Ende des Vordersatzes, unterstreicht den leitenden Grundgedanken, daß die Landeroberung letztlich das alleinige Verdienst und Werk Jahwes ist. Außer dem Wechsel der semantischen Bedeutung von רבים in v.1b - einerseits ist die Rede von vielen Völkern, andererseits von Völkern, die Israel zahlenmäßig überlegen sind, gibt es keine Anzeichen für einen Bruch innerhalb des Vordersatzes; die leichte Schwankung des Ausdrucks erscheint für einen literarkritischen Eingriff an dieser Stelle keine hinreichende Begründung zu geben. Zudem fordert das folgende Banngebot eine Explikation der Bezugsgröße geradezu heraus[8]. Dieses ist durch die ungewöhnliche (weil in dieser Form einmalige) Formulierung im Inf. abs. besonders betont und hervorgehoben. Auf seine Bedeutung ist im einzelnen noch einzugehen.

Es wird an dieser Stelle zunächst durch einen dreifachen Prohibitiv expliziert, der alles ausschließen will, was die konsequente Scheidung Israels von den Völkern verhindert: Vertragsschluß, Erbarmen, Connubium (v.2bβ.3a). So wie in 6,12f. der Prohibitiv durch drei apodiktische Gebote erläutert wird, so hier der Imperativ durch drei Verbote. Die Begründung der kategorischen Forderungen folgt erst in v.6. Vorher geht in v.3b eine Erläuterung des Verschwägerungsverbotes ad personam (des jeweils betroffenen Familienvaters), wobei wir ähnlich wie zwischen Dtn. 6,5 und 6,6 bzw. zwischen 6,9 und 6,10-13 einen "stillen Subjektwechsel" vom kollektiven zum individuellen hin und umgekehrt zu verzeichnen haben. Nicht-Verschwägerung soll sowohl die Verheiratung der Tochter an den (heidnischen) Schwiegersohn ausschließen als auch die des eigenen Sohnes an die heidnische Schwiegertochter (v.3b). Das Bezugswort des Suffixes der 3.sg. in לבנו ist - unausgesprochen - vermutlich der Vater des חותן, der in dem Verbum von v.3a indirekt anvisiert ist (ולא תתחתן בם). Die Explikation von v.3b erfährt in v.4 wiederum eine Erläuterung, und zwar nur bezogen auf den zweiten genannten

---

8   GARCIA-LOPEZ, "Un peuple consacré", VT 32,1982, S.440ff., schaltet zunächst das Banngebot als dtr. aus, in dessen Gefolge die Völkerliste v.1bα*, sodann als sek. Wiederaufnahme von גוים רבים מפניך die Wendung שבעה גוים zusammen mit והכיתם in v.2bα.β und reduziert die Aussage auf Vertrags- und Connubiumsverbot (v.3). Das Verfahren ist rein reduktionistisch und man gewinnt den Eindruck, als müsse der Text solange zurcht gestutzt werden, bis er einen für G.-L. plausiblen Sinn ergibt; aber weder syntaktisch noch gedanklich ist eine dieser Streichungen zwingend. (Ähnlich reduktionistisch verfährt ROSE, Ausschließlichkeitsanspruch, S.118f.).

Fall der Verheiratung des Sohnes![9] Die Gefahr der Verführung zum Abfall von Jahwe im Zuge von Hochzeitsriten (vermutlich im Hause des Schwiegervaters) erscheint so als der konkrete Hintergrund des Mischehenverbotes. Obwohl das Phänomen eines unvermittelten Hinübergleitens von der Mose- in die Jahwerede im Dtn. öfter begegnet[10], so auch hier in dem מאחרי, wird man dasselbe schwerlich den primären Schichten im Dtn. zuschreiben können: Dtn. 7,4 hebt sich durch die Anknüpfung an die erweiternde Erklärung des Mischehengebotes vom Kontext ab; Dtn. 11,14 ist eine spät-dtr., pluralische Stelle, Dtn. 17,3b bietet eine singularische, nachklappende Erläuterung zu אלהים אחרים (v.3a, vgl. Dtn. 5,7.9), Dtn. 28,20, nach STEUERNAGEL ein sek. Zusatz, steht textlich Dtn. 7,4 nahe[11], Dtn. 29,5 enthält eine spät-dtr. Anspielung an Dtn. 8,2f.und ist also sicher nach-dtn.. Der Wechsel ist erst dort möglich, wo die Grenze zwischen Moserede und Jahwewort verschwimmt, d.h., wo das Dtn. als von Mose übermittelte Jahwerede begriffen wird, und dies ist erst mit der Anbindung an die Horebtheophanie geschehen (5,31).

Auch die pluralische Form von v.4aβ ועבדו... hat Verwirrung erzeugt, wie die Korrektur zur 3.sg. in Sam., LXX und Vulgata erkennen läßt[12]. Als logische Subjekte

---

9   Das hängt möglicherweise mit den Hochzeitsriten zusammen, welche im Hause der Braut vollzogen wurden. Eine Illustration bietet der Atra-Ḫasis-Hymnus (CT 46.1(2).299-304), wo es im Anschluß an Vorschriften für Geburtsriten im Hinblick auf den Hochzeitsritus heißt:

i-na [....]x na-de-e e-ersj

li-ʾiʾ-ti-[lu aš-ša]-tum ù mu-sà

i-nu-ma! <a-na> aš-š[u-ti] ù mu-tu-ti

i-na bi-it [e-mi rabé]-ʾeʾ i-ta->i-du iš-tar

9u4-mi [li-is-s]a-ki-in hi-du-tum

iš-tar [li-it-ta-a]b-bu-ú diš-ḫa-ra.

(CT 46.1(2).299-304 (nach W.G.LAMBERT/A.R.MILLARD, Atra-Ḫasis. The Babylonian Story of the Flood, Oxford 1969, S.64f.):

Übers.: *"When.....the bed is laid*

Let the wife and her husband lie together.

When, to institute marriage,

The heed Iš tar in the house of (the father-in-law),

Let there be rejoicing for nine days,

let them call Ištar Išḫara.-"

10   Dtn. 11,14f.; 17,3; 28,20; 29,4f.

11   STEUERNAGEL, Deuteronomium, S.102. Der Relativsatz in v.3bβ (אשר לא צויתי) ist belegt bei Jer 7,31b; 19,5b; 32,35a, "im Deuteronomim kommt er nur hier vor und ist deuteronomistisch." (MERENDINO, Das deuteronomische Gesetz, S.173). Zu 28,20bβ (אשר עזבתני) vgl.

PLÖGER, Literarkritische...Untersuchungen, S.158: der Relativsatz ist "sicher Zusatz" wegen der 1.sg., V.20bα steht im Widerspruch gegenüber v.43, der ganze Vers wirkt also sekundär. -

12   Vgl. BHS, BHK zur Stelle.

kommen hier der Sohn und die Schwiegertochter infrage, sodaß sich für die Pluralform durchaus eine plausible Erklärung ergibt, die nicht dazu nötigt, hier einen späteren Einschub anzunehmen.

Die Androhung des Zornes Jahwes in v.4b ist in typisch dtr. Floskeln formuliert[13]. Der Übergang in die 2.pl. (בכם) irritiert besonders aufgrund des sofortigen Wechsels in die 2.sg. im folgenden Teilsatz (והשמידך מהר). Andererseits schließt der enge Zusammenhang zwischen Warnung und Strafandrohung, also zwischen v.4a und 4b eine Ausschaltung von v.4b allein aufgrund des Numeruswechsels aus[14]. So ist eine andere Möglichkeit vorzuziehen, die das Phänomen aus dem wechselnden Inhalt der Bezugsgrößen erklärt: der Zorn Jahwes wird sowohl den Sohn treffen, der sich dem Götzendienst hingibt als auch den Vater, der dem Sohn eine nicht-israelitische Tochter gegeben hat. Von daher erklärt sich die 2.pl., v.4bβ wendet sich dann mit der Vernichtungsdrohung an den primär in v.3b angesprochenen Familienvater und fällt damit in die 2.sg. zurück. V.3b.4 bilden also eine literarisch einheitliche, durchgängige parenthetische Erläuterung zu v.3a.

V. 5 bietet einen dezidierten Neueinsatz der Gebotsreihe und setzt in der 2.pl. an. Die feierliche adversative Einleitung knüpft an das mit v.4a gegebene Stichwort des Götzendienstes an, in v.1-3 war von anderen Kulten ja garnicht die Rede. Die Forderung nach der Vernichtung der heidnischen Kultstätten schon bei der Landnahme ist also deutlich nachgetragen, sowohl gegenüber dem Banngebot und seinen Erläuterungen als auch gegenüber dem Mischehenverbot und dessen Erläuterung in v.3b.4. Der synoptische Vergleich zeigt, daß Dtn. 7,5 von 12,3a her geprägt ist[15].

Dtn. 7,5	Dtn. 12,2f.
	אבד תאבדון את=כל=המקומת
	אשר עבדו שם הגוים...את אלהיהם
	על=ההרים ועל=הגבעות ותחת כל=עץ רענן
כי=אם=כה תעשו להם	
מזבחתיהם תתצו	ונתצתם את=מזבחתם
ומצבתם תשברו	ושברתם את=מצבתם

---

13 וחרה אף=יהוה (mit der Untergangsdrohung an Israel): Dtn. 6,15b; 7,4b; 11,17; 29,26; (31,17); Jos. 7,1; 23,16; Ri. 2,14.20; 3,8; 10,7; 2.Kön. 13,3; 23,26 u.ö.; הוריש מהר האביד, אבד : Dtn. 4,26; 7,4 (22); 9,3; 11,17; 28,20; Jos. 23,16; Ri. 2,23 (WEINFELD, Deuteronomy and the Deuteronomic School, S.247).

14 Im Kontext der thematisch und formal verwandten Verse 6,15b, 7,4b, 11,17 treffen wir- wohl nicht zufällig an Schichtgrenzen gleichfalls auf Variationen des Numerus' in der Anrede.

15 Die Texte entstammen dem gleichen schulischen Zusammenhang, vgl. auch Ex.23,24; 34,13.

ופסיליהם תשרפון באש   ופסילי אלהיהם תגדעון
(vgl. 7,24b)   ואבדתם את-שמם מן-המקום ההוא

Der kürzere Vers Dtn. 7,5 ist als Reminiszenz an 12,3 zu verstehen und nicht umgekehrt. Kult und Religion ist Thema von Dtn. 12, während es in Dtn. 7 um das Verhältnis zwischen Israel und den Völkern geht, sachlich hat der Vers also zunächst in
Kap. 12 seinen Ort. Die Varianten sind geringfügig. Das Zitat läßt dem Zusammenhang
entsprechend die Erwähnung der nationalen Kultstätten (Dtn. 12,2) unberücksichtigt
und beschränkt sich auf die Anweisung zur Vernichtung der Kultgegenstände, die - so
ist zu schließen - im familiären Kult eine Rolle spielten: Altar, Massebe, Aschere und
Kultbilder[16]. Das Interesse am Sohn in v.3b.4 bzw. an den Kindern, d.h. den folgenden Generationen, und die Individualisierung der Bannforderung von v.2b läßt darauf
schließen, daß in v.3b.4 eine Schicht anzutreffen ist, welche der von Dtn. 6,2.6-
9.15.20-25 nahesteht. V.5 ist als eine spätere Fortschreibung anzusehen und den jüngsten Schichten des Dtn.s zuzuordnen[17].

GARCIA-LOPEZ[18] hält v.5 für zur Grundschicht gehörig, weil die vier Gebote mit
einleitendem generellem Gebot dem Vertrags-Verbot mit vier Folgeverboten entspreche
und weil Dt. 7,5 älter sei als 12,3[19] und jünger als Ex. 34,13; 23,24; Ri. 2,2
(pluralisch). Aber die Zählung stimmt nur, wenn man GARCIA-LOPEZ' Abtrennung
des Banngebotes mitvollzieht, das Fehlen eines Bezuges zu den מקומות הגוים in 7,5
gegenüber 12,3 ist dadurch zu erklären, daß Dtn. 7 das Interesse an dem erwählten Ort
in Kap. 12 vertreten weiß und sich daher in diesem Zusammenhang auf eine nötige Notiz beschränkt. Der Hinweis in 12,3, daß es sich bei den פסילים um Götterbilder
(אלהיהם) handelt, fehlt in Dtn. 7,5, weil es hier vornehmlich um den Kontrast zwischen גוים und עם קדוש geht und weil klar ist, daß mit פסיל ein Götterbild gemeint
ist - eben von 12,3 her. Die Wahl des Verbums שרף anstelle von גדע in 7,5 kürzt
die längere Wendung von 12,3 ab. Ein weiteres wichtiges Argument für die sekundäre
dtr. Abfassung von Dtn. 7,5 ist der Umstand, daß die Forderung nach dem Abbruch
der heidnischen Kultgegenstände zwar in Dtn. 12,3; 7,5.25 erscheint, eine dem
korrespondierende Vollzugsnotiz aber im dtr.G fehlt. Im übrigen spricht für die dtr.

---

16   SPIECKERMANN, Juda unter Assur, S.217A.123, hat darauf hingewiesen, daß Dtn. 7,5; 12,3
      der dtr. Wirkungsgeschichte von Dtn. 16,21 zuzuweisen sind. Die Ausweitung der Reihe von 16,21
      (Verbot der Errichtung fremder Kultgegenstände) begegnet auch in Jer. 17,2 (D, THIEL, WMANT
      41, S.202) und in Ex.34,13 (dtr., pluralischer Zusatz (NOTH, ATD 5,S.214f.; DOHMEN,
      Bilderverbot, S.257A.63 gegen HALBE, Privilegrecht, S.117f.).
17   Gegen LOHFINK, Hauptgebot, S.240; vgl. PERLITT, Bundestheologie, S.56A.3.
18   A.a.O., S.443f.
19   Vgl. auch LANGLAMET, RB 76, S.484ff.

Abfassung auch die Vokabelstatistik: "Die Polemik des Dtr. gegen die Altäre beginnt erst mit 1.K.3,2f., von hier an gibt es nur noch einen legitimen Altarbau, den des Salomo im Jerusalemer Tempel (1K 6,20)."(HOFFMANN)[20], das Zerbrechen der Masseben (מצבת + שבר) fordern Dtn. 7,5; 12,3; 2.Kön. 18,4; 23,14; Jer. 43,13 (Ex. 23,24; 2.Chron. 14,2), פסיל + שרף ist nur in Dtn. 7,5.25 (גדע + nur Dtn. 12,3) bezeugt[21].

Der Begründungssatz in v.6 ist wieder in der 2.sg. abgefaßt. Banngebot und Absonderung von den Völkern werden begründet in der besonderen Zuordnung Israels zu Jahwe -

כי עם קדוש אתה ליהוה

und in der Aussonderung Israels aus den Völkern der Erde -

בך בחר יהוה אלהיך להיות לו לעם סגלה
מכל העמים אשר על=פני האדמה :

Die Einheitlichkeit des Satzes bestreitet ROSE[22], allerdings mit zweifelhaften Argumenten. Aufgrund der Beziehung zur Bundesformel in 26,17f.* rechnet er v.6b zur Grundschicht, während er v.6a mit dem Hinweis, ein entsprechender Bezug in 26,19 sei erst sekundär entstanden, einer jüngeren "dtr." Schicht zuweist. Aber v.19b gibt sich als Rückverweis, der 7,6 von Dtn. 5 her als Jahwerede interpretiert, der Hinweis auf die Heiligkeit Israels aber korrespondiert der Grundforderung des Bannes in v.2. Syntaktisch nötigt nichts zu einer Zerteilung von v.6. Entsprechend der universalen Reichweite der Aussage wechselt hier die Bezeichnung für "Volk" von dem spezifischeren גוי / גוים zu dem weiteren Ausdruck עם / עמים[23].

Theologisch gerät der Satz gegenüber dem historisierenden Zusammenhang der Gebotsreihen ähnlich wie Dtn. 6,4 gegenüber 6,5.10-13 in eine herausragende

---

20 Vgl. HOFFMANN, Reform und Reformen, AThANT 66, Zürich 1980, S.354ff., Zitat S.354.
21 Mit anderen Verben: Jes. 21,9; Mi. 1,7; 5,12; 2.Chon. 34,3.4.7.
22 Ausschließlichkeitsanspruch, S.116f.
23 גוי, גוים : bezeichnet das Volk im Sinne einer ethnischen, sprachlichen, religiösen und auch geographischen Einheit, im Dtn. liegt das Gewicht der Aussagen auf der Abgrenzung Israels gegenüber den גוים und ihren תועבות (Dtn. 4,38; 7,1.17; 8,20; 9,1.5; 11,23; 12,2; 18,9.14; 17,14; 29,17).
עם, עמים bezeichnet das Volk im Sinne einer "Völkerschaft", auch eine Bürgerschaft, eine Volksgruppe oder -menge, pluralisch "Völkerschaften". Semantisch korrespondiert der Unterschied zwischen beiden Begriffen der inneren Differenzierung von ארץ (= Erde, Land i.S.d. geographischen Einheit) und אדמה (= Erdboden, Erdreich) ; vgl. ROST, Die Bezeichnungen für Land und Volk im Alten Testament, in FS O.Procksch, Leipzig 1934, S.125-148; BÄCHLI, Israel und die Völker, AThANT 41, Zürich 1962, S.32ff..

Stellung, der Topos der Erwählung Israels wird von Dtn. 7 her zu einem selbständigen Thema der Theologie des Alten Testaments[24]. Literarisch gesehen hat Dtn. 7,6 weder in v.5 noch in v.4b, v.4a oder v.3b einen syntaktischen Anknüpfungspunkt, erst in v.2b.3a, wo die Anrede sich an das Volk Jahwes richtet, besteht ein Zusammenhang. Sachlich entspricht die Bannforderung der Tabuisierung des Unheiligen und dem Schutz des Heiligen; insofern korrespondiert v.6 dem Banngebot.

Die Wurzeln der Bannvorstellung liegen im kultisch-sakralen Bereich, wie BREKELMANS in seiner maßgeblichen Studie "De HEREM in het Oude Testament"[25], gezeigt hat (vgl. Num. 21,2f.; Dtn. 13,17; Jos. 6,17; Mi. 4,13). Gegenüber dem Bereich des von Jahwe huldvoll Angenommenen (קדוש הוא ליהוה) beschreibt der Ausdruck חרם ליהוה das vom Heiligen im *modus negationis* Betroffene, das von Jahwe schlechthin Ausgeschlossene und - sofern es heilig für Jahwe ist - das damit für den Menschen radikal zum Tabu Erklärte. Eine klassische Beispielgeschichte gibt die Erzählung von Achans Diebstahl, Jos. 7. Achan hat in zweifacher Hinsicht gegen das Banngebot verstoßen: einerseits hat er sich gegen die Anordnung Josuas versündigt, daß die Stadt Jericho "mit allem, was darin ist" חרם ליהוה sein soll (Jos.6,17), indem er einen besonders schönen "babylonischen Mantel" daraus für sich zurückbehielt, andererseits indem er Gold und Silber nahm, welches Josua als Jahwe geheiligt erklärt hatte (קדוש הוא ליהוה , Jos. 6,19; vgl. Jos. 7,21). Dadurch verfällt er selbst dem Bann und zieht Israel in Mitleidenschaft, das sich nun einer besonderen Heiligung unterziehen muß, damit der Infektionsherd des Verstoßes gegen das Tabu ermittelt und ausgeschaltet werden kann (Jos. 7,13-15.25). Die Geschichte zeigt eindrücklich den Zusammenhang zwischen חרם= und קדוש= Vorstellung. Indes, der Erwählungsgedanke als solcher entstammt auch in Dtn. 7,6 nicht dem Kreis der Banntheorie, sondern einer darüber hinausgehenden dtn. Programmatik, welche die aus der Tradition der Davididen-Erwählung

---

24 VRIEZEN, Die Erwählung Israels nach dem Alten Testament, AThANT 24, Zürich 1953; ders., De Verkiezing van Israel volgens het Oude Testament, Amsterdam 1974 (überarbeitete Fassung). Der entgegengesetzte Versuch von WILDBERGER, Jahwes Eigentumsvolk. Eine Studie zur Traditionsgeschichte und Theologie des Erwählungsgedankens, AThANT 37, Zürich 1960, Ex.19,3b-8 als vor-dtn. Ausgangspunkt der atl. Erwählungstheologie zu erweisen, ist durch PERLITT, Bundestheologie, S.167-181 mit dem Nachweis der dtn/dtr. Abfassung dieses Textes widerlegt worden. Aus dem עם קדוש des Dtn.s wird hier גוי קדוש und gar eine ממלכת כהנים - doch wohl erst, als die Vorstellung einer Erneuerung der davidischen Monarchie gänzlich den nachexilischen theokratischen Vorstellungen gewichen war, unter denen dem "König" vor allem eine Aufgabe zukam: die Tora zu studieren (Dtn. 17,19f.). Allein daß Ex. 19,5 die Erwählungszusage von Dtn. 7,6 (והייתם לי סגלה) abhängig macht von dem Gehorsam gegen die Bundesvorschriften

(אם=שמוע תשמעו בקלי ושמרתם את-בריתי)

zeigt schon, daß das Denken der Verfasser von Ex.19,3b-8* im Gefälle der deuteronomistischen Gebotsparänetik anzusiedeln ist und also keinesfalls vor Dtn. 7,6!

25 Diss., Nijmegen, 1959, S.150ff.

stammende Vorstellung vom Königtum auf das Volk überträgt[26]. Dies erklärt ihre vom Banngebot abgehobene Behandlung in den alttestamentlichen Theologien[27] ebenso wie die literarkritische Schwierigkeit, v.6 dem "kriegerischen" Abschnitt 7,1ff. zuzuordnen. Das sollte aber nicht darüber hinwegtäuschen, daß die Erwählungszusage an ihrem "locus classicus" dem Banngebot korrespondierend zugeordnet ist, allerdings nur hier, was wiederum auf die Besonderheit des dtn. Entwurfes schließen läßt.

In V.7 treffen wir auf die Verbindung von Numeruswechsel in der Anrede und Kommentierung der Erwählungszusage in v.6b, woraus die meisten Exegeten mit Recht darauf geschlossen haben, daß hier eine sekundäre Fortschreibung vorliegt[28]. Mit ihr ist eine Eingrenzung der Aussage von v.6 verbunden, indem hinter das Faktum der Erwählung Israels durch Jahwe zurückgefragt wird: der innere Grund hierfür war nicht die zahlenmäßige, äußere Größe Israels, sondern die Liebe Jahwes. Das Motiv der Erwählung des Geringen ist ein charakteristisches Kennzeichen des Gedankenkreises von Erwählung überhaupt[29]. Einen weiteren Grund sehen die Fortschreibenden in der Treue Jahwes zum Vätereid, der hier nicht wie in v.9.12b ברית, sondern שבועה genannt wird[30]. Der Exodus wird dabei als historisches Grunddatum und Beleg des als solchem übergeschichtlichen, sich vor dem Hintergrund einer Universalgeschichte er-

---

26 CLEMENTS, Deuteronomy and the Jerusalem Cult Tradition, VT 15, S.300-312; PERLITT, a.a.O.,S.57; LOHFINK, Das Privilegrecht Jahwes im Buch Deuteronomium, S.184ff.; anders KOCH, Zur Geschichte der Erwählungsvorstellung in Israel, ZAW 67,1955, S.205-226, der die Vorstellung von der Erwählung Israels als Volk für jünger hält als die von der Erwählung der Erzväter (und von daher des Volkes) in Ps. 105,4ff.42ff.; 135,4f.12; 47,3ff.; 33,12; (bzw. Davids: 78,67ff.; 89,3ff) aber im Dtn. ist die Fortschreibungsgeschichte umgekehrt: die die Bundesformel interpretierende Erwählungszusage (7,6 vgl. 26,17f.) wird erst in 7,7f. (pluralisch) und 10,15; 4,37 auf die Väter zurückprojiziert - abgesehen von der Schwierigkeit der Datierung der erwähnten Psalmen (LOHFINK, a.a.O.,S.185). Wie die dt.-jesajanischen Belege für בחר stellen sie die Erwählung Israels schon in der Vorzeit der Väter in einen hymnischen Kontext, sie erscheint als das, was sie ist - ein heilsgeschichtlich nicht verrechenbarer (d.h. im strengen Sinne "datierbarer") Hoheitsakt. Der Exodus (Dtn. 7,8) ist nur Zeichen der Erwählung, nicht der Erwählungsakt selbst.

27 V.RAD, Theologie des Alten Testaments I., Die Theologie der geschichtlichen Überlieferungen Israels, München (6.Aufl.) 1969, S.191f.; ZIMMERLI, Grundriß der alttestamentlichen Theologie, ThW 3, Stuttgart u.a. (3.Aufl.) 1978, S.36; W.H. SCHMIDT, Alttestamentlicher Glaube in seiner Geschichte, Neukirchen/Vl., (3.Aufl.) 1979, S.100f. etc..

28 STEUERNAGEL, HEMPEL, PUUKKO, STAERK, HÖLSCHER, V.RAD u.a. jew. z.St.; vgl. MINETTE de TILLESSE, VT 12,S.36; VRIEZEN, Verkiezing, S.44f.; GARCIA-LOPEZ, VT 32,S.444f..

29 BÄCHLI, Die Erwählung des Geringen im Alten Testament, ThZ 22, 1966, S.385-395, S.392f.

30 שבועה (Jahwes): Gen. 26,3D*; Dtn. 7,8; Jer. 11,5D; Ps. 105,9; 1.Chr. 16,16 (nach-dtr.).

eignenden, Vorgangs angesehen, der Exodus ist die heilsgeschichtliche Bewährung des Hoheitsaktes der Erwählung (...יהוה מאהבת כי 8 ...מרבכם לא 7)[31].

Stilistisch gesehen ist v.7f. umständlich formuliert. Die Einführung mit מן (kausal) + לא ist selten belegt. Sie läßt erkennen, daß der Text sich selbst als Parenthese begreift. מן in einem kausativen Sinne erscheint negiert mit לא nur in Dtn. 7,8; Ez. 16,60f.; Koh. 7,10[32]. Es handelt sich somit um eine in vorwiegend exilischen Texten belegte Ausdrucksweise. Aus dem Selbstverständnis des erklärenden Einwurfs heraus dürfte sich auch der Hang zur Reihenbildung mit inf.cons. erklären, jeweils verbunden mit מן-causale, so in משמרו ,מאהבת ,מרבכם . Tautologisch wirkt die Aussage zudem durch die Synonymität von חשק (v.7) und אהבה (v.8a), sowie durch die Vorziehung der Stichwortanknüpfung an בחר in den Vordersatz, wodurch in v.8a beinahe ein Anakoluth entsteht[33].

Der erneute Numeruswechsel der Anrede in v.8b erscheint völlig unmotiviert, zumal die Aussage mit dem geläufigen Formelgut des Credo die Exodusnotiz in v.8a synonym wiederholt; dabei betont sie durch den Aspekt der Loskaufung aus der Knechtschaft (עבדים מבית פדה) den mit der Befreiung aus Ägypten verbundenen besonderen Herrschaftsanspruch Jahwes auf Israel[34]. Der Numeruswechsel weist wohl entweder auf eine mehr oder weniger automatische Fortführung der Aussage von glossierender Hand, oder er steht im Zusammenhang mit der in v.9ff. sich anschließenden Passage, welche in der 2.sg. formuliert ist. Wir entscheiden uns für die letztere Möglichkeit aus mehreren Gründen.

---

31 PERLITT, Bundestheologie, S.58f.. Die ältere Tradition kennt diese Kombination noch nicht. - Die Etikettierung dieser Gedanken als "nationalistischen Partikularismus" durch ALTMANN, Erwählungstheologie und Universalismus im Alten Testament, BZAW 92, 1964, S.16ff., schon wegen ihrer modernen Begrifflichkeit schwerlich zutreffend, erst recht dann nicht, wenn man bedenkt, daß der Erwählungsgedanke für Israel in einer Zeit aufgetreten ist, die für "nationale" Euphorie wenig Anlaß bot und aus einer Schule kommt, die selbst für (rechte) Relativierung desselben zu sorgen weiß (7,7f.; 9,4f.).

32 Belege vgl. KBL, S.536. DRIVER, Deuteronomy, S.100, verweist für das kausative מן noch auf Dtn. 9,28; Ez.35,11.

33 חשק mit Subj. Jahwe ist nur in Dtn. 7,7; 10,15 (vgl. 4,37) und Jes. 38,17 (nach-dtr., vgl. 2.Kön. 20,1-11) belegt.

34 פדה (Subj. Jahwe -> Obj. Israel) ist ein typisch dtn/dtr. Begriff: Dtn. 7,8; 9,26; 13,6; 15,15; 21,8; 24,18; 2.Sam.7,23 = 1.Chr. 17,21; und nach-dtr. : Mi. 6,4; Ps.78,42; 111,9; Neh. 1,10. Die Metaphorik erscheint schon in Hos. 13,14 (JEREMIAS, ATD 24,1,S.99f.), auch in Hos.7,13 (sek.) und in den Psalmen (vgl. J.J.STAMM, פדה -auslösen, befreien, THAT II, Sp. 389-406, bes. 398ff.; zur Metapher des "Sklavenhauses" vgl. o. S. 131f..

Der Numeruswechsel erfährt eine Erklärung, wenn mit v.8b auf eine eigene kerygmatische Einheit hingeführt wird. Die Wendung ‏וידעת כי‎... in v.9 hat so (ebenso wie in Dtn. 8,5; 9,6 (11,2 pluralisch, freie Anknüpfung)) eine Vorgabe, von der sich die geforderte Erkenntnis ableiten läßt[35]. Die Erfüllung der ‏שבועה‎ bildet auch den Kerngedanken von v.9-11, für die Bezeichnung der Selbstverpflichtung Jahwes tritt nun der terminus ‏ברית‎ ein. So wie Israel aufgrund des Schwures Jahwes und in Inkraftsetzung seiner Erwählung aus Ägypten herausgeführt worden ist, so soll es auch gewiß sein, daß Jahwe ihm auch in Zukunft als einer gegenübersteht, der seine Verpflichtungen und Verheißungen einlöst. V.9f. nimmt das Stichwort ‏ברית‎ und ‏חסד‎ von v.12b dabei vorweg, allerdings mit einer gewichtigen Akzentverschiebung: wird dort Israel generell zugesagt, Jahwe werde die ‏ברית‎ bewahren, wird in v.9f. unterschieden: Jahwe hält die ‏ברית‎ ein gegenüber denen, die "ihn lieben und seine Gebote beachten". Im Stile der Hoheitsaussage erscheint dabei zugleich das Pendant: Jahwe wird an denen Vergeltung üben, die ihn hassen (v.10a). Plötzlich steht nicht mehr das Völkerthema zur Debatte, sondern die Frage, wem die Erfüllung der Verheißungen gilt und wem nicht. Sie wird am Verhältnis zu Jahwe selbst entschieden. Insofern wird die unumschränkte Zusage von v.6 hier wieder eingeschränkt. Konkret muß an dieser Stelle die Forderung der Gesetzestreue stehen (v.9b) und sie ergibt sich auch als Konsequenz aus der Fortschreibung von v.8b.9f. in v.11. Die Reihe ‏מצוה חקים ומשפטים‎ bildet einen wörtlichen Rückbezug zu Dtn. 6,1, wobei die Promulgationsformel nicht wie in 5,31 und 6,1 Jahwe als Subjekt hat, sondern wie in 6,6 Mose. Dtn. 7,8b.9-11 bildet somit eine katechetische Belehrung, die in eine Gebotsparänese mündet. Wir treffen zudem auf einen Abschnitt, welcher wirklich Paränese im eigentlichen Sinne des Wortes genannt werden kann: aus dem Geschichtshandeln Jahwes ist eine bestimmte Lehre hinsichtlich seiner Gottheit und seines Verhaltens zu ziehen (‏וידעת כי‎...) und infolge derselben ist das Einhalten seiner Gebote besonders anzumahnen. Die singularische Anrede und der Kontrast zwischen ‏אהבים‎ und ‏שנאים‎ haben zudem den Effekt der individuellen Zuspitzung der Aussagen. Die ganze Argumentation verlagert sich von v.6 her zunehmend in Bereiche, die mit dem unmittelbaren Zusammenhang von Exodus und Landnahme nur indirekt noch etwas zu tun haben, die Historisierung ist gleichsam nur noch das äußere Gewand der Argumente. Aus dem Satz, Israel sei ein heiliges, von Jahwe erwähltes Volk, wird zunächst die Aussage gewonnen, Jahwe habe Israel allein um seiner selbst willen erwählt und aus Ägypten herausgeführt, aus dieser wiederum, daran sei zu erkennen, daß Jahwe gegenüber denjenigen zu seinen Verheißungen stehe, die seine Gesetze einhalten, die Bösen hingegen unmittelbar zur Rechenschaft ziehe. Mit dem Banngebot und dem Verhältnis Israels zu den Völkern hat dies nur noch in einem sehr entfernten Sinne zu tun.

---

35 Hierzu ZIMMERLI, Erkenntnis Gottes nach dem Buche Ezechiel. Eine theologische Studie, AThANT 27, 1954 = ThB 19, 1969, S.41-119; zu den dtn. u. dtr. Passagen: ThB 19, S.66-69.

Daß Dtn. 7,8b.9-11 nicht auf der primären Ebene des Textes von Dtn. 7 anzusiedeln ist, wird auch dadurch deutlich, daß zum Teil wörtliche Anklänge an den Dekalog vorliegen. Die Beziehung zwischen dem Dekalog, genauer gesagt zwischen Dtn. 5,6.9f., und Dtn. 7,8b.9f. vergegenwärtigen wir uns am besten noch einmal anhand einer Synopse.

Dtn. 5,6.9f.	Dtn. 7,8.9f.
6 אנכי יהוה אלהיך	8 כי מאהבת יהוה אתכם...
אשר הוציאך מארץ מצרים	הוציא יהוה אתכם מארץ מצרים
מבית עבדים	ויפדך מבית עבדים
	מיד פרעה מלך מצרים
9 וידעת כח יהוה אלהיך הוא האלהים	9b כי אנכי יהוה אלהיך אל קנא...
	האל הנאמן
10 ועשה חסד לאלפים לאהבי	שמר הברית והחסד לאהביו
ולשמרי מצותו	ולשמרי מצותו לאלף דור
9bb פקד עון אבות על=בנים	10ומשלם לשנאיו אל=פניו להאבידו
ועל=שלשים ועל=רבעים לשנאי	לא יאחר לשנאיו אל=פניו ישלם לו

Dtn. 7,8ff. geht in mehrfacher Hinsicht über die Formulierungen des Dekaloges hinaus. Die Hoheitsaussage ist eine indirekte Wiedergabe der Selbstvorstellungsformel, besser: der Text verbindet das dtn. יהוה אלהיך, welches von der Bundesformel her zu verstehen ist (Dtn. 6,4f.; 26,17f.), und die vom Dekalog her bekannte Selbstvorstellungsformel (Dtn. 5,6) mit der hymnischen Ausschließlichkeitsaussage הוא האלהים. Die Betonung der Treue Jahwes (5,10: ועשה חסד) wird in Anlehnung an die Prädikation אל קנא (5,9b) dem Zusammenhang entsprechend erweitert (האל הנאמן) und der Hinweis auf die חסד durch den auf den Gesamtzusammenhang der Verpflichtung ergänzt: שמר הברית.

Die Prädikation אל für Jahwe kommt im DT. nicht vor, in Dtn. 5-11 einerseits im Dekalog (5,9 אל קנא) und von daher in 6,15[36], sodann außer in 7,9 und 21 in spät-dtr. Stellen (4,24.31; 10,17; 32,4.12.18.21; 33,26) und vereinzelt im dtr.G[37]. Auch von

---

36 S. hierzu oben S. 105f..
37 Auch hier vorwiegend an sek.-dtr. Stellen: Jos. 3,10f. verknüpft die Aussagen von Dtn. 7,1f. und die Erkenntnisaussage (vgl.7,9) und setzt Dtn. 10,1-5 voraus (ladetragende Priester) und damit Dtn. 5; Jos.22,22 ist Teil eines (nach-priesterschriftlichen?) späten Textes (STEUERNAGEL, Josua, S.292ff.); 2.Sam.22,31.32.33.48 (sek. -dtr., nach VEIJOLA, Dynastie, S.120-123), Jer.32,18 (D,

Jahwes Bundestreue ist vor allem in solchen exilischen und nachexilischen Texten die Rede, die im nachhinein das davidische Königtum idealisieren oder die den Gedanken der Huldigung der Völker und ihrer Herrscher vor Jahwe verkünden (Jes.49,7b). Die Rede von Jahwes Bundestreue gegen die Davididen erscheint in jüngeren Partien des dtr.G (1.Kön. 8,23f.) und später (vgl. 1.Chron. 17,23f.; 2.Chr. 1,9; 6,9), die Subsumierung der Treue Jahwes unter dem Begriff der Berit ist gegenüber dem zentralen dtr. Davididen-Verheißungstext 2.Sam. 7 sekundär und nur am Rande des dtr.G wichtig geworden (2.Sam.23,5; später: Jes. 55,3; Jer. 33,21D; 2.Chr. 13,5; 21,7 und Ps. 89,29)[38]. Spät- bzw. nach-exilisch sind auch die meisten Belege für die Wendung שמר הברית והחסד (außer Dtn. 7,12b. Dtn. 7,9; 1.Kön.8,23; Neh. 1,5; 9,32; Dan. 1,9; bzgl. חסד: 1.Kön.3,6; Ps.89,29)[39]. - Daß Jahwe "treu" sei (אמן, ni.), sagt außer Dtn. 7,9 Jes. 49,7 (gleichfalls in Verbindung mit einer Erwählungsaussage), ansonsten erscheint diese Treuezusage vor allem in Verbindung mit den Hoffnungen auf die davidische Monastie (vgl. 1.Kön.8,26 u.ö.)[40].

Gedanklich gibt es für Dtn. 7,9f. keine vor-exilischen Parallelen, wohl aber einige spät- und nachexilische. Das gilt auch im Vergleich zu Dtn. 7,12b.13. Die dtn. Schicht verheißt Israel die Liebe Jahwes (7,13), in 7,8 erscheint die Liebe Jahwes schon zu den Vätern (!) als Ursache der Erwählung. Die Wirkungsgeschichte dieses Gedankens reicht einerseits in spät-dtr. Schichten (Dtn. 4,37; vgl. 10,16f.), andererseits findet er sich bezogen auf Abraham bei Dt.-Jes. (41,8) und in der nachexilischen Literatur (vgl. Ps.146,5.8; Neh. 13,26; vgl. Prv. 3,12; 8,17.21; 15,9)[41]. Auch das Stratum für אהבים (את-יהוה) weist kaum ältere Elemente auf[42].

Gehen wir weiter im Vergleich mit dem Dekalog-Text. Statt לאלפים steht לאלף דור, wodurch der Aspekt der individuellen Geltung etwas stärker unterstrichen wird. Dieser wird auch gegenüber der Androhung der Wirkung der Vergeltung Jahwes über die Generationen hinweg in Dtn. 5,9 in 7,10a(b) besonders betont: derjenige, der Jahwe

---

vgl. Dtn. 10,17) und Jer. 51,56, sodann häufig bei Dt.-Jes. und in den Psalmen. Die ältesten Belege im dtr.G sind vermutlich Jos. 24,19 (Hinweis auf die Heiligkeit und dementsprechenden "Eifer" Jahwes) und 1.Sam.2,3 (gleichfalls bzgl. der Heiligkeit Jahwes).

38 VEIJOLA, Verheißung in der Krise, Studien zur Literatur und Theologie der Exilszeit anhand des 89. Psalms, AASF 220, 1982, hat gezeigt,daß Ps. 89 ein spät-dtr., nachexilisch bearbeiteter Text ist.

39 Zu 1.Kön.3,6; 8,23 s. WÜRTHWEIN, ATD 11,1, S.30-35;95ff.

40 1.Chr. 17,23f.; 2.Chr. 1,9; 6,9; Jes. 55,3; Ps.89,29.

41 Vgl. WALLIS, Art. אהב , THAT I, Sp.108-128, Sp.121.

42 Neben dem Dekalog (Ex.20,6/Dtn. 5,10) und Dtn. 7,9 ist zu verweisen auf Dt. Jes. 41,8; Ps. 97,10; 119,132.165 (nachexilisch) und auf Ri. 5,31 (Zusatz, vgl. WINTER, ZAW 9, 223ff.).

ablehnt (שׂנא)[43], hat mit der unmittelbaren Vergeltung (שׁלם) zu rechnen. V.10b unterstreicht dies durch den emphatischen Zusatz: לא יאחר , um sodann die Aussage von v.10a noch einmal zu wiederholen. Der Halbvers wirkt aufgrund der Voranstellung des Objektes לשׂנאו , welches unvermittelt in den Singular hinübergleitet (v.10a: לשׂנאיו!), wie ein nachträglicher Kommentar, der noch einmal den Aspekt der individuellen Ausrichtung der Vergeltung betont.

Schon Amos 3,2 kennt den Gedanken der Vergeltungsdrohung. Vermutlich aus der Exilserfahrung heraus entwickelt sich die Anschauung von der Übertragung der Schuldenlast von den Vätern auf die kommenden Generationen (Dtn. 5,5-10; Ex. 34,6f.; Num.34,18; vgl. Thr. 5,7; Lev. 26,39f.; Jes. 65,7). Vom dtn. Gesetz her (Dtn. 24,16 -> 2.Kön.14,6 ("dtr.N") wie aus der Bestreitung der Sippenhaftung durch die Prophetie (Ez. 18,2ff.; Jer.31,19f.) entsteht eine gegenläufige Strömung, die neben Dtn. 7,9ff. auch ein exilisch/nachexilisches Echo findet (Neh. 1,5; Dan. 9,4; 1.Kön.8,23 // 2.Chr. 6,14). Während einerseits in hymnisierenden Texten (Jer. 32,18) die alte Formel aufrecht erhalten bleibt, kommt so neben ihr (Jer. 31,19f.- Dt. 7,9ff.) deren jüngere Relativierung zu stehen. Beides war in der dtr. Schule offensichtlich zu seiner Zeit aussagbar: kollektives Versagen und Aussetzung der kollektiven Haftung zugunsten der Individual-Vergeltung[44]. Abgesehen davon, daß wir es sowohl im Dekalog als auch in Dtn. 7,9f. mit Anklängen an hymnische Prädikationen zu tun haben, die Bezeichnung der Sprache als "Dekalogsprache" durch LOHFINK hier also zu eng ist[45], so lassen die Berührungen wie die spezifischen Weiterführungen der Formulierungen hier eine gewisse Vertrautheit mit dem Dekalog erkennen. Die Einbindung in eine paränetische Struktur, die auf Erkenntnis und Anerkenntnis und auf Gehorsam gegen das Gesetz von seiten des Individuums hin zielt, stellt den Text in die Reihe der katechetischen Abschnitte im dtn. Gesetzesrahmen, welche wie Dtn. 6,2.6-9.20-25;7,3b.4 einer sekundären singularischen Schicht angehören. Eines ihrer Kernthemen ist die Frage nach der Erfüllung der Verheißungen Jahwes überhaupt, welche unter die Bedingung des Gesetzesgehorsams Israels gestellt werden. Der

---

43   שׂנאי את=יהוה : Ex.20,5/Dtn. 5,9; 7,10; 2.Chr. 19,2 (part. pi.:Num.10,35; Dtn.,32,41; Ps.68,2; 81,16; 83,32 (vgl. JENNI, Art. שׂנא = hassen, THAT II, Sp.835-837) weist innerhalb der dtr. Predigt eine sehr dünne Belegkette auf, die meisten anderen Stellen sind wohl jünger (außer Num.10,35, Ladelied). Das persönliche Verhältnis zu Jahwe (אהב / שׂנא) tritt zurück hinter das persönliche Verhältnis zu seinem Gesetz: ihn zu lieben ist synonym mit שׁמר מצות (Dt. 7,9).

44   Vgl. HOSSFELD, Dekalog, S.28ff.. Vom שׁלם (pi.) Jahwes reden prinzipiell Dtn. 7,10; 32,41, individuell Ri. 1,7; 1.Sam. 24,20; 2. Sam. 3,39; 2. Kön. 9,26; Jer.D: 16,18; 25,14; 32,18 und 50,29; 51,6.24.56 (gegen die Feinde Israels); Trito-Jes. 57,18; 59,18ʼ; 65,6ʼ; 66,6. Eine zeitliche Entwicklung läßt sich nur schwer nachzeichnen, weil die Diskussionslage in diesem Punkte, gerade was die exilische Zeit angeht, vielschichtig gewesen sein dürfte (HOSSFELD, a.a.O., S.275).

45   Gegen LOHFINK, a.a.O., S.98-101.180f.

Jahweliebe entspricht das שמר מצות (v.9). Der Abschnitt mündet in die Forderung
des Gesetzesgehorsams in v.11. Diese steht ihrerseits unter dem Vorzeichen der Horeb-
Berit (5,1 u.2;6,1), nach welcher Israel Jahwes Geboten unterstellt ist, und der die
(dtn.) Rede von der Selbstverpflichtung Jahwes in der Väter-Berit (Dtn. 7,12b) nun zur
Seite tritt (7,9ff.).

Dtn. 7,8b.9-11 weist gewisse strukturelle Gemeinsamkeiten mit anderen paränetischen Texten des
Dtn.s auf (vgl. 8,2-6; 9,1-6; 11,2-7), insofern hier Aussagen über Jahwes Heilshandeln (7,8b /
8,2a.3a.4 / 9,1f.4 / 11,2b-6) mit der Erkenntnisforderung bzw. -zusage verbunden werden
(וידעתם כי...), an welche sich in 7,11; 8,6 und 11,8 die Aufforderung zur Gesetzesobservanz anschließt. Ohne eine literarkritische Prüfung der jeweiligen Einheit dieser Texte vermutet LOHFINK
hier eine geprägte Gattung forensischen Ursprungs, ein sog. "Beweisführungsschema"[46]. Dagegen
spricht zunächst schon die Variabilität der Texte, zudem geht es in ihnen um die lehrhafte
Vermittlung von Erkenntnis durch Anerkenntnis von Gotteserweisen, wofür der Ausdruck "Beweis"
schwerlich am Platze ist. Der paränetische Zugriff auf die Erkenntnisaussagen im Dtn. ist
eigentümlich[47]. ZIMMERLI hat gezeigt, daß "auf dem religiösen Boden die Erkenntnisaussage wohl
schon früh besonderes Gewicht im Zusammenhang der Befragung Gottes bekommt."[48] Die
Verbindung mit der Ausschließlichkeitsaussage bzgl. Jahwes bzw. mit der sog.
Selbstvorstellungsformel ("Ihr sollt erkennen, daß ich Jahwe bin!") bei Ezechiel, H und P verweist
in Bereich kultischer prädikatorischer Redeweisen und einer von hierher abgeleiteten Lehrweise.
Dtn. 7,8b.-11 weist zudem gegenüber den verwandten Passagen einige Besonderheiten auf.
Zunächst bezieht sich die Erkenntnisaussage nicht auf die durch Jahwe gewandelte Existenz Israels
(wie in 8,5; 9,3.5f.; 11,2-7), sondern wie in 4,35ff.39f. streng auf Jahwe selbst. Die Kombination
von Erkenntnisaussage und Ausschließlichkeitsformel erscheint nur noch in Dtn. 4,39 (spät-dtr.)[49],
1.Kön.8,60 (abhängig hiervon)[50], 1.Kön.8,36 (sekundär dtr. Dublette zu v.37a)[51]. Überhaupt tritt
uns die Ausschließlichkeitsformel יהוה הוא האלהים außer in der (vor-dtr.) Eliaerzählung
1.Kön.18,39, wo sie die Huldigung Israels vor Jahwe zum Ausdruck bringt, nur noch in dtr., spät-
dtr. und nachexilischen Texten entgegen: a) in Gebeten, die die idealisierte Frömmigkeit großer

---

46 Hauptgebot, S.125-131.
47 ZIMMERLI, Erkenntnis Gottes nach dem Buche Ezechiel, S.27-30(= ThB 19,S.66-69).
48 A.a.O., S.56 (98)
49 KNAPP, Deuteronomium 4, S.109
50 BRAULIK, Spuren einer Neubearbeitung des deuteronomistischen Geschichtswerkes in 1 Kön.
    8,52-53.59.-60, Bibl. 52, 1971, S.20-33 (=Studien zur Theologie des Deuteronomiums, Stuttgarter
    Bibl. Aufsatzbände 2, Stuttgart 1988, S.39-52 (S.46-49).
51 SMEND, Das Wort Jahwes an Elia, VT 25, S.527 = Ges.ST.1,S.139f.; VEIJOLA, Dynastie, S.138
    "DtrP". Die Bezeichnung "dein Knecht" u. die Vorstellung, daß Elia auf Jahwes Wort (das nirgends
    erwähnt ist) all dies getan habe, ist dem dtr.Prophetenbild nachgestaltet (WÜRTHWEIN, ATD 11,2,
    S.216). Die Wendung "Jahwe, Gott Abrahams, Isaaks und Israels" findet sich nur noch nach-dtr.
    1.Chr. 29,18; 2.Chr. 30,6 (WÜRTHWEIN, ebd.,A.38) und Neh. 9,6f.

229

Führungspersönlichkeiten illustrieren (2.Sam. 7,22[52], 2.Kön.19,15.19[53] und in Esr.1,3; Neh. 9,7; 2.Chr. 20,6.), b) in liturgischen Texten (Dtn. 32,39*; Ps.46,11; 100,3[54]) und in c) in anderen jungen Texten konfessorischer Art (Jos. 2,11, dtr.[55]; Jos.22,22.34 - setzt vermutlich P voraus-[56], Jes. 45,18; Jer. 10,10[57]).

Für die späte Ansetzung von Dtn. 7,8b.9-11 spricht schließlich, daß der Topos von der Wahrung von ברית und חסד durch Jahwe außer in Dtn. 7,12b vornehmlich in spät-dtr. (1.Kön.3,6; 8,23) und nach-dtr. Texten erscheint (Ps. 89,29; Neh. 1,5; 9,32; 1.Chr. 29,18; 2.Chr. 6,14; Dan.1,9). Alle diese Texte ringen um die Frage, in wiefern Jahwe auch nach dem Versagen Israels und seines Königtums an seinen Verheißungen festhält[58].

Die Tendenz, die Verheißungen Jahwes an die Bedingung des Gesetzesgehorsams zu binden, setzt sich in dem pluralischen Vers 12a fort, welcher die folgenden (singularisch formulierten) Segenszusagen vom Gehorsam Israels abhängig macht[59]. Der Halbvers wird zu Recht von den meisten Exegeten als sekundär angesehen[60]. Er ist jedenfalls jünger als der vorhergehende seinerseits junge Abschnitt v.8b.9-11[61]. Für die Spätansetzung von v.12a sprechen neben dem Numeruswechsel in die 2.pl., durch die sich die Konditionierung der folgenden Segenszusagen von diesen abhebt[62],und auch von der vorhergehenden Paränese, die der Vers auf das Gesetz hin noch mehr zuspitzt,

---

52 VEIJOLA, Dynastie, S.78ff. : dtr.N).
53 -"nicht vor Deuterojesaja" - WÜRTHWEIN, ATD 11,2, S.428.
54 Ps. 46,11 ist nach GUNKEL, "nachprophetisch", "eschatologischer Hymnus" (Psalmen, S.197-201, S.198f. gegen KRAUS, BK XV,1, S.494ff.). Ps. 100,3 ist nachexilisch, vgl. KRAUS, BK XV,2 (5.),S.855ff.; ZIMMERLI, a.a.O.,S.29. Zu Dtn. 32,39 vgl. Deutero-Jes. (41,4; 43,10f.13; und Dtn. 4,35.39).
55 STEUERNAGEL, Josua, S.214, Rd.
56 Ders., S.292ff..
57 Nach-jeremianisch, vgl. ROTHSTEIN, Das Buch Jeremia, HSAT I, S.703 "R"; LEVIN, Ver-heißung, S.69f.(fehlt in 4QJer.b; LXX; vgl. auch 1.Chr. 17,26; 2.Chr. 33,13b).
58 Zu Dtn. 7,12b vgl.u.S. 232ff..
59 PERLITT, a.a.O.,S.59; PLÖGER, a.a.O.,S.324.
60 S.A.59; vgl. schon STEUERNAGEL, PUUKKO, HEMPEL u.a. z.St.
61 PERLITT sieht hinter v.11 noch keine Konditionalisierung; v.12a hebe den Schwebezustand auf, in welchem v.11 noch stehe (S.59). - Der Einwand gegen v.RAD, der hinter v.11 eine Zäsur sehen wollte, ist berechtigt: "Dtn. 7 zielt nicht auf die Verlesung von Gesetzen, die es nicht selber enthält, und die genannte Zäsur ergibt sich nur, wenn man der späteren Auffüllung des Textes in v.12 Gewicht für die Grundstruktur beimißt und damit den Segen enger auf die Leistung Israels bezieht, als ihm per definitionem gut tut." (PERLITT, S.59)
62 Gegen eine 7,1ff. von der Segenszusage in v.12b.13ff. abtrennende Zäsur an dieser Stelle (v.RAD, Das formgeschichtl. Problem des Hexateuch, S.39f.) vgl.auch die von PERLITT, a.a.O., S.59f. an-geführten Gründe.

auch sprachliche Gründe: עקב erscheint im Dtn. nur noch in dem spät-dtr. Vers 8,20 (pluralisch), die Wendung שמע + את-המשפטים i.S.v. "Gesetzesgehorsam" steht so nur noch hier. Gegenüber v.11 bildet der Vers eine verallgemeinernde Beschränkung der Gesetzesbezeichnungen auf nur einen Begriff aus.

Wir stellen somit in Dtn. 7,7-12a einen Komplex sukzessiver Fortschreibungen fest, welche frühestens mit der Voranstellung von Dtn. 5 (pluralische Anrede, vgl. 7,7.8a) einsetzen. Ausgangspunkt des Prozesses war v.6, an ihn schlossen sich v.7,8a an (pluralisch), sodann folgte der katechisierende singularische Abschnitt v.8b.9-10a.11 (v.10b?) und die spät-dtr. Vorschaltung von v.12a vor 12b.13ff. Dieses Bild steht im Widerspruch zu der Annahme einer bewußten kompositionellen Fügung des Kapitels. Sie ist in neuerer Zeit besonders von LOHFINK vertreten worden, der seine Annahmen auf die Beobachtung von sog. chiastischen Stichwortverknüpfungen stützt. Wie wenig stichhaltig diese Wahrnehmungen sind, soll in einem Exkurs gezeigt werden.

EXKURS: Chiastische Stichwortverknüpfungen?

LOHFINK versucht in seiner Analyse von Dtn. 7 die kompositorische Einheitlichkeit des Kapitels nachzuweisen[63]. Dabei ergibt sich jedoch schon von Anfang an das Problem, daß eine einheitliche Form des Textes nicht auszumachen ist, sondern vielmehr wie auch in Dtn. 6 eine Reihe von unterschiedlichen kerygmatischen Einheiten vorliegt[64]. Die vielerorts beobachteten motivischen Berührungen mit außer-dtn. Texten wie Ex.23,20-33;34,10-16 finden sich in verschiedenen dieser Einheiten, sodaß auch von außen her - etwa auf überlieferungsgeschichtlichem Wege - sich kein einheitliches Bild ergibt[65]. So dient die Beobachtung, daß bestimmte Stichworte wiederholt im Text erscheinen als Hauptargument für eine "planvolle Durchgestaltung" des Kapitels durch "chiastische Stichwortverknüpfung" bzw. "Stichwortkomposition"[66]. Diese ist jedoch weder für den Leser noch für einen etwaigen Hörer so klar einsichtig, daß sie vor LOHFINK jemand bemerkt hätte. Folgende Struktur will LOHFINK erkannt haben:

In v.6-14: A (6) מכל-העמים B + על=פני האדמה C (7) + מרבכם D (8) + מאהבת יהוה
E + אשר נשבע לאבתיכם F (9) + שמר הברית והחסד G (11) + ושמרתם

---

63 LOHFINK, Hauptgebot, S. 181-183.

64 Im Unterschied zu LOHFINK, der diese mit rein stilistischen und formkritischen Kategorien zu erheben versucht, gehen wir von den bestehenden literarischen Abstufungen aus; Lohfink berücksichtigt diese literarische Disposition zunächst nicht, was sich verhängnisvoll auswirkt. Hier die Abgrenzung: 7,1-3a(3b.4/5)6/7-8a.8b.9-11.12a/12b-16*/17-24/25f..

65 Die Überlegungen Lohfinks zu einer sog."Gilgalbundestradition" bleiben literarisch gesehen äußerst vage (vgl. Hauptgebot, S. 176-180). Ebenso wenig wie sie hat sich HALBEs These von einem vor-dtn. "Privilegrecht" (Ex. 34,10-26 -> vor.-dtn. Bundesworte, in Ri. 2,1-5; Ex. 20,22-23,33*) durchsetzen können. Zu diesen Texten vgl. im einzelnen u.S. 232-262.

66 Hauptgebot, S.181ff.

+H ואת=המשפטים

/ H' (12) ואת=המשפטים + "G ושמרתם + F' ושמר את=הברית ואת=החסד + E'

A'14 מכל=העמים ; (v.12b.13!) + D'(13) ואהבך + C' והרבך + B' על האדמה + אשר נשבע לאבתיך

in v.2-5.25f.: A (2) החרים תחרים אתם + B (3) לא תקח לבנך + C (5)

B'(25) + פסילי אלהיהם תשרפון באש + C'(25) / ופסיליהם תשרפון באש

חרם...חרם (26)A' + לא...ולקחת לך .

(Die Großbuchstaben signalisieren Entsprechungsverhältnisse.)

Zunächst ist aus dieser Auflistung nur zu entnehmen, daß bestimmte Stichworte an mehreren Stellen im Text erscheinen, jedoch zum Teil mit unterschiedlichem Subjekt und in unterschiedlicher Funktion. Eine chiastische Struktur ist in keinem Falle zu erkennen, da eine eindeutige Beziehung zwischen denselben nicht in jedem Falle besteht, erst recht keine chiastische[67]. Zudem ist LOH-FINK selbst keineswegs konsequent in seiner Darstellung. So fehlt in dem Schema von v.6-14 v.10 ohne irgend eine Erklärung[68]. Die Stellung der einzelnen Stichworte ist keineswegs so angelegt, daß ihre Entsprechung im Sinne der behaupteten Komposition ins Auge fällt. So entspricht zwar כל=העמים in v.6 als Raum der Erwählung Israels sachlich der Verwendung des Ausdrucks in v.14a, wo die Völker als Hintergrund des Segensvorzuges Israels erscheinen, doch vermißt man den für einen Chiasmus erforderlichen formalen syntaktischen Bezug. In v.6 steht das Element gegen Ende der Phrase, dazu noch näher bestimmt durch den אשר=Satz, in v.14 am Beginn einer Reihe von Bewahrungszusagen. Zudem erscheint der Ausdruck in v.16 gleich noch einmal, ohne daß LOHFINK dies erwähnt. Die Unregelmäßigkeit der Stellung ist auch bei den anderen Stichworten zu registrieren. eine innere Korrespondenz ist nicht immer nachweisbar. So meint על=פני האדמה in v.6 den Erdkreis, האדמה in v.13 das Verheißungsland. Andererseits übergeht LOHFINK die Wiederholung von Stichworten, so etwa das dreifache מכל=העמים in v.6f., das doppelte בחר in v.6f., doppeltes שמר in v.9b (wodurch seine Konstruktion empfindlich gestört wird). Die Numeruswechsel spielen für ihn in diesem Zusammenhang überhaupt keine Rolle. Dort aber, wo man tatsächlich chiastische Rückbezüge finden könnte, nämlich zwischen v.6 und v.7, übersieht

---

67 Der Chiasmus besteht entweder in der"Überkreuzstellung einander entsprechender Wörter in einander entsprechenden Wortgruppen" oder "in der Überkreuzstellung semantisch aufeinander bezogener...Sätze innerhalb einer Satzgruppe oder einer Periode" (LAUSBERG, Elemente der literarischen Rhetorik. Eine Einführung für Studierende der klassischen, romanischen, englischen und deutschen Philologie, München (3.Aufl.) 1967, §392, S.127.132). Beides ist in Dtn. 7 nicht erkennbar. Dementsprechend sollte man schon die Bezeichnung "chiastisch" in diesem Zusammenhang meiden. Die Rede von einem "Chiasmus" von "nichtgliedernden Leitmotiven und Leitwörtern" (BRAULIK, Die Mittel deuteronomischer Rhetorik, S.91-100) erscheint mir eher als formkritisches Vorurteil, denn daß die mit ihr implizierte Behauptung der Einheitlichkeit an den Texten selbst erkennbar würde.

68 SEITZ, Redaktionsgeschichtliche Studien, S.76.

LOHFINK dies! Alle genannten Beispiele sind bestenfalls Hinweise auf Sichwortaufnahmen. Von einer Komposition mit Hilfe dieser Stichworte kann in keinem Fall die Rede sein.

Dies gilt auch für die Beziehung zwischen v.2f.5 und v.25f. Abgesehen davon, daß in v.25 ein deutlich jüngerer Zusatz vorliegt, ebenso in v.5, beide vermutlich spät-dtr., steht die Bestrafung eines Israeliten, der sich am Gebannten vergreift in keinem unmittelbaren Zusammenhang mit dem Gebot des Bannes über den גוים in v.2. Zwischen den Stichworten לקח in v.25 und v.3 gibt es überhaupt keinen Zusammenhang, und die Berührungen zwischen v.5 und v.25 erklären sich vermutlich durch gleiche schichtenmäßige Zugehörigkeit[69]. Die vorhandenen Stichwortberührungen können die literarische Mehrschichtigkeit des Textes nicht verdecken. Sie sind auf keinen Fall Indizien für einen stringenten Kompositionsvorgang.

Im Anschluß an den Fortschreibungskomplex von v.7-12a stoßen wir in v.12b wiederum auf die singularische Anredeform. Beschreibt v.6 das die Aussonderung Israels bestimmende Faktum der Erwählung, so v.12b die Folgerungen: Israel wird das Erbe der Väterverheißungen antreten. Sowohl in v.6b als auch in v.12b ist das Subjekt der Aussage Jahwe, in v.12b setzt eine Reihe von Perfecta consecutiva ein, in welchen die Konsequenzen der Erwählungstat in den Segenstaten Jahwes zum Ausdruck gebracht werden (v.12b.13-14a)[70]. Was in Dtn. 6,10f. im Vordersatz des Gebotes ausschließlicher Jahweverehrung als Voraussetzung steht, dient hier der Begründung des Gebotes der Absonderung Israels von den Völkern, denn, daß Israel ein heiliges Volk für Jahwe ist, bedeutet, daß es Erbe der Segensverheißungen wird.

Die Verpflichtung wird von der anderen Seite her unterstrichen durch die Bezeichnung des Jahweschwures als Berit. Die dtn./dtr. Aufhöhung der Landverheißung als Eid wird hier zum ersten Male im Alten Testament auf diesen Begriff gebracht[71]. Gen. 15,18 entspricht der "dt Interessenlage" und ist keinesfalls älter (PERLITT)[72]. Anknüpfungen an den Begriff finden wir in Dtn. 8,18 (dtn.), 7,9 und 4,31 (spät-dtr.), in einem sek.-dtr. Rückbezug in 2.Kön.13,23[73] sowie in nachexilischen Texten bei H (Lev. 26,42)

---

69 Vgl.u.zur Stelle, S. 238.

70 An dieser Stelle paßt die Beschreibung des Perf. cons. als Fortsetzung des sog. "Kontraktsperfekts" in NYBERGs Grammatik recht gut: Das Perf. steht zum Ausdruck von Handlungen, welche sich in der Gegenwart ereignen, jedoch in der Weise vorgestellt werden, daß sie so gut wie schon geschehen erscheinen; dies gilt bei juridisch verbindlichen Zusagen...Eiden oder Eidesgesten und überhaupt dort, wo der definitive Charakter einer Handlung betont werden soll." (NHG, S.265; vgl.a. NHG S.274, Übers.d.A.)

71 PERLITT, Bundestheologie, S.61-65; er rechnet allerdings Dtn. 7,9 noch zu der gleichen Schicht wie 7,12b.

72 A.a.O., S.69-77; s.o. S. S.135f..

73 WÜRTHWEIN, ATD 11,2, S.369, dtr.N; (vgl. Dtn. 9,26+10,9; Lev.26,42).

und P (Gen. 17,7; Ex. 2,24; 6,4f.; Ps.105,8-11 = 1.Chr. 16,15-18; Neh. 9,8)[74]. Vordtn. und vor-exilisch ist im theologischen Bezug von einer Väter-Berit nicht die Rede. Hier beschränkt sich die Bedeutung Jahwes darauf, daß ihm die Schirmherrschaft über den Berit-Akt zukommt: er wird "vor ihm" vollzogen, sei es als politische Verpflichtung (Ez.17), sei es als religiöse Selbstverpflichtung (2.Kön. 23,3*) oder als religiös motivierte soziale Selbstverpflichtung des Volkes (Jer. 34*)[75]. Ansonsten ist ein "Bundesschweigen" in der vor-dtr. prophetischen wie weiteren Literatur zu konstatieren, das bis in die Prophetie Jeremias und Ezechiels hineinreicht[76]. Auf ältere Traditionen geht indes die Vorstellung von der Königs-Berit in 2.Kön.11,4.17 zurück, die in ihrer Struktur möglicherweise ideengeschichtlicher Vorläufer einer Berit i.S. der Verpflichtung des Volkes durch Jahwe zur Loyalität und auf sein Gesetz entsprechend Dtn. 5,2f. sein könnte; aber ihre Bezeugung ist zu ungenau, als daß man an dieser Stelle über Vermutungen hinauskommen könnte[77].

Mit dem Bundesbegriff von Dtn. 5,2 hat Dtn. 7,12b nichts im Sinn. "Die theologische Eigen-Art von Dtn 7 besteht darin, den Bund gerade nicht vom Gesetz, sondern von den Verheißungen leben zu lassen."(PERLITT)[78] Selbstverpflichtung und huldvolle

---

74 Hierzu KUTSCH, Verheißung und Gesetz, BZAW 131, S.104ff.

75 In Jer. 34 ist der Bezug zum Dtn. erst sek. durch D hergestellt worden (THIEL, WMANT 52, S.38-42), d.h.aber: zur Zeit Zedekias war nicht bekannt, daß unter Josia eine Verpflichtung des Volkes auf eine Dtn. 15,12 entsprechende Regelung im Rahmen einer josianischen ברית erfolgt war.

   Wenn das dtn. "Bruder-Recht" noch nicht der Dt.-Grundschicht, sondern erst der "dtn." Bearbeitung zuzuschreiben ist, so liegt hier ein weiteres Indiz dafür vor, daß die josianische ברית sich im wesentlichen auf die Zentralisationsgesetze bezogen hat, nicht auf das "dtn.Deuteronomium". Auch Ez. 17 (vor 587) weiß nichts von einem dtn. "Vertragsverbot".

76 PERLITT, a.a.O., S.129-155 für die vor-exilische Prophetie.

77 Vgl. hierzu FOHRER, Der Vertrag zwischen König und Volk in Israel, ZAW 71, 1959, S.1-22; modifiziert bei LEVIN, Der Sturz der Königin Atalja, SBS 105, S.93f. Er sieht in Jos. 24 das Modell einer "Königswahl" auf Jahwe angewendet, denn "Sichem ist der Ort, wo Könige gemacht werden." (vgl. Ri.9; 1.Kön.12) (Verheißung, S.117). Aber warum fehlt dann ein expliziter Hinweis, etwa in der Form des Ausrufes מלך יהוה ? -

78 A.a.O.,S.63. Die Verbindung von Horeb/Dekalog/Bund und in einem weiteren Schritt dtn. Gesetz ist literarisch jünger (PERLITT, S.77-102). Sie hat von Dtn. 5,2f. herkommend auf das Gesetz selbst (17,2), auf dessen Ausbau in der Rahmenerzählung (vgl. die Rede von den לחות הברית 9,9.11.15; ארון הברית : 10,8 u.ö) und von daher auch in die spätere Bearbeitung des äußeren Rahmens eingewirkt, einerseits in die spät-dtr. Bestimmung von Dtn. 5-11 als "Moab-Bundestext (28,69; 29,8.1.13.24.20) wie überhaupt in den sek.-dtr. Schichten (vgl. 4,13.23.31; 31,9.16.20.25f.; 33,9). Die weiteren entsprechenden Stellen im dtr.G setzen die bundestheologische Interpretation des Gesetzes von Dtn. 5 deutlich voraus: עבר את=הברית : Jos. 7,11.15; 23,16; Ri. 2,20 (vgl. 2,1: הפר); שמר הברית : 1.Kön.8,21; 11,11; עזב : 1.Kön. 19,10.14; מאס: 2.Kön. 17,15; שכח : 1.Kön. 17,38; כרת: 2.Kön. 17,35;

Zuwendung Jahwes bilden zwei Seiten des gleichen Vorgangs der unumschränkten Entscheidung Jahwes für Israel[79]. Jahwe neigt sich Israel ausschließlich zu, so wie er von Israel ausschließliche Zuneigung verlangt (6,5)[80]. Die Segensverheißung ist Ausdruck der חסד, in der folgenden Mehrungsverheißung erfüllt sich die Väterverheißung[81]. Die Reihe in v.13a entspricht stilistisch einer Vorliebe der Deuteronomiker, wie etwa in 6,5.13;7,2bβ.3a zu erkennen ist, wo ein Topos durch eine Serie von drei einander ergänzenden Aspekten ausgedeutet wird: Jahwe nicht zu vergessen bedeutet, ihn zu fürchten, ihm zu dienen, bei seinem Namen zu schwören.... Den Bann zu vollstrecken bedeutet, keine Bindungen einzugehen, kein Erbarmen zu haben und keine Verschwägerungen zuzulassen. Jahwes Treue zur Väterverheißung bedeutet, daß er Israel lieben, segnen und mehren wird.

Die in v.13b folgenden Segensbeschreibungen beruhen auf traditionellen Prägungen[82]. Die Reihenbildung ist für sie ebenso typisch wie für Dtn. 6,10b.11[83]. Auch hier ist der

---

ארון הברית : Jos. 3,3.6˝.8.11.14.17; 4,7.9.18; 6,6.8; 8,33; Ri. 20,27; 1.Sam. 4,3.4bis.5; 2.Sam. 15,15.

Vgl. bei JerD: ארון : 3,16; דברי= : 11,2.3.6.8; 34,18; בעולם : 32,40; 50,4; כרת : 31,31-33; 34,13; הפר : 11,10; 14,21; 31,32; 33,20; עזב : 22,9; עבר : 34,18 bzgl. Davids: Jer.33,21.25 (vgl. hierzu ausführlich LEVIN, Verheißung).

Der Ausdruck שמר ברית ist bezeugt in Gen. 17,9.10 P, Ex.19,5 (dtr.); Ps. 78,10; 103,18; 132,12 (nach-dtr.) und vorexilisch nur einmal in einem politischen Zusammenhang, Ez. 17,16. Von Jahwe: Dtn. 7,9.12; 1.Kön. 8,23; Neh. 1,5; 9,32; Dan. 1,9 (dtr./nach-dtr.).

79 Zur Bedeutung von ברית als Selbstverpflichtung vgl. KUTSCH, Verheißung und Gesetz, S.6-27); zu חסד (= "Güte, Huld") vgl. STOEBE, Art. חסד , Güte, THAT I, 600-621.

80 Die Reihe ואהבך וברכך והרבך ist insgesamt singulär und originell. Von der Liebe Gottes zu Israel ist relativ selten im A.T. die Rede: Dtn. 4,1; 7,8.13; 10,15; 23,6; (vgl. auch 10,18 bzgl. des גר); ansonsten 1.Kön.10,9 bzgl. Salomo, u. Jer. 31,3D. Außer-dtn. sind zu nennen Hos. 3,1; 9,15; 11,1.4; 11,1.4; 14,4f. - bei Hosea ist die Rede von der Liebe Jahwes zu Israel grundlegendes Motiv seiner Verkündigung.

81 Segen und Segensverheißung Jahwes sind Grundbestandteil der dtn. Verkündigung. Das zeigt allein schon die Häufigkeit, mit der im Dtn. vom Segen die Rede ist : ברך (pi.): Dtn. 1,11; 2,7; 7,13; 12,7; 14,24.29; 15,4.6.10.14.18; 16,10.15; (21,5); 23,21; 24,19;26,15; (27,12); 28,8; 30,11 (vgl.auch 6,10b.11). Die Anknüpfung an die Mehrungsverheißung Gen. 22,17; 26,3f.24 ist in dem gleichfalls häufigen רבה erkennbar (Dtn. 1,10; 7,13; 13,18; 28,63; 30,5 (vgl. Jos. 24,30). Die Verbindung von ברך und רבה begegnet sonst nur noch bei Dt.-Jes. (51,2). - Dtn. 7,13ff. weist zahlreiche Bezüge zu dem Segens- und Fluchkapitel 28 auf (GARCIA-LOPEZ, RB 84,1977, S.515ff.; vgl. zu Dtn. 28 auch PLÖGER, a.a.O.,S.130-225).

82 Auffällig ist die Parallele zu Dtn. 28:

Dtn. 7,13b

וברך פרי=בטנך ופרי=אדמתך

dtn. Hang zur reihenförmigen Entfaltung der Systematik zu erkennen. Ein wenig automatisch fügt sich die Schwurformel in v.13b an das Stichwort אדמה an[84]. In V.14 wird an das zweite von v.6b her vorgegebene Stichwort angeknüpft, und gesagt, was die Segensverheißung im Blick auf Israels Stellung gegenüber den Völkern bedeutet: ברוך תהיה מכל=העמים. Der Segensvorzug besteht vor allem in der Abwendung der Unfruchtbarkeit und der Krankheit (v.14b.15)[85]. V.16a steigert schließlich die Zusage

---

דגנך ותירשך ויצהרך

שגר=אלפיך ועשתרת צאנך על=האדמה...

Dtn.28,4

ברוך פרי=בטנך ופרי אדמתך ופרי בהמתך

שגר אלפיך ועשתרת צאנך

In den Bereich des Segens und der Fruchtbarkeit verweisen auch die Belegtexte für die übrigen Elemente der Segensverheißung:

פרי בטנך : vgl. Dtn. 28,4.11.18.51.53; 30,9; s. auch Gen. 30,2; Mi.6,7; Jes. 13,8; Ps. 127,3; 132,11. פרי האדמה : Dtn. 7,13; 26,2.10; 28,4.11.18.23.42.51; 30,9.

דגנך ואירשך ויצהרך : vgl. Hos. 2,10.24; (8,22); Dtn. 11,14; 12,17; 14,23; 18,4; 28,51; Jer. 31,12. Die Wortgruppe ist möglicherweise ziemlich alt (KÖHLER, Archäologisches. Nr.22.23, ZAW 46,1928, S.213-220 (218f.: "eine arachaistische Wortgruppe"); s.a. PLÖGER, Untersuchungen, S.172; WOLFF, BK XIV, 1, S.44; RINGGREN, Art. דגן : , ThWAT II, Sp. 148-151).

Die Ableitung der ungewöhnlichen Bezeichnungen עשתרת צאנך und שגר אלפיך (vgl.auch Ex.13,12: שגר בהמתך) von Götternamen liegt verführerisch nahe, ist aber unsicher. Man hat עשתרת in Verbindung gebracht mit der ugaritischen "<ttrt", rgv mit dem ug. "sgr", beide als Fruchtbarkeitsgottheiten bekannt und nebeneinander belegt in RS 24.643 (Ugaritica V, Ch.Virolleaud, Paris 1968, S.584; vgl. CTA 5 III:16f.) Die Ableitung vertrat schon DRIVER, Deuteronomy, ICC, S.103; SMITH, Lectures on the Religion of the Semites. The Fundamental Institutions, 3.Aufl. London 1927, S.310; ebenso RSP III, An.Or. 51, Rom 1981, IV,23j; IV,27a-d (Lit.). Dagegen hat auf die ethymologischen Unsicherheiten DELCOR hingewiesen (Astarte et la fécondité des troupeaux en Deut. 7,13 et paralleles, UF 6, Neukirchen Vl./Kevelaer 1974, S.7-14).

83 S.o.S. 150ff..

84 Die Schwurformel erscheint mit אדמה nur in Dtn. 11,9.21; 28,11; 30,20; 31,20 - alle spät-dtr. außer 28,11 (dtn.).

85 Zu v.14 kann wieder auf eine Parallele in Dtn. 28,10 verwiesen werden:

7,14: ברוך תהיה מכל=העמים

28,10: וראו כל=עמי הארץ כי שם יהוה נקרא עליך ;

zu v.14b.15 liegen keine direkten Parallelen vor, vgl. jedoch im einzelnen GARCIA-LOPEZ, RB 84, S.516. Daß hier wie im übrigen auf einen gemeinsamen Fundus an Ausdrucksmöglichkeiten und Aspekten zurückgegriffen wird, ist wahrscheinlich.

der Mehrungsverheißung ins schier Unermeßliche: Israel wird verschlingen (אכל) כל=העמים אשר יהוה אלהיך נתן לך.

Die Abweichung in der Begrifflichkeit von der des Banngebotes deutet an, daß hier der Rahmen der historisierenden Vorgabe gesprengt wird: gemeint ist die wachsende Macht Israels über das Verheißungsland hinaus. Indes entsteht, was die Frage der literarischen Einheitlichkeit angeht, an dieser Stelle eine gewisse Unsicherheit, da unmittelbar an diese letzte Verheißung eine Variante des Erbarmensverbotes (v.16a β) und ein dezidiertes Verbot, den Göttern der anderen Völker zu dienen, sich anschließen, welche gedanklich v.2bβ einerseits und v.5.25f. andererseits nahezustehen scheinen. V.16aβ.b fügen sich somit nicht ohne weiteres in den Begründungszusammenhang von v.12b-16aα und die Annahme einer sekundären Abfassung liegt nahe[86]. Daß v.16a auf v.17ff. hinführt, kann man nicht ohne weiteres sagen, insofern v.17ff. wieder wie v.1f. auf die גוים רבים im Verheißungslande schaut, während in v.16a wie in v.14 und v.6 der Blick unter dem Eindruck der großen Segenshoffnungen in die weitere Völkerwelt gerichtet ist[87]. Die Segensthematik kommt in v.16aα zu einem vorläufigen Abschluß, sodaß wir an dieser Stelle zunächst eine textliche Kohärenz von Dtn. 7,1-2.3a.6.12b-16aα konstatieren können.

Der folgende Abschnitt des Kapitels knüpft an das eingangs angeschlagene Thema der Gebote über die Behandlung der Völker im Verheißungslande an. Das verbindende Stichwort ist der Hinweis auf die Gojjim: הגוים האלה ממני (v.17, vgl.v.1). Man hat daher gerne in v.17ff. die literarische Fortsetzung der Grundschicht des Kapitels gesehen[88]. Andererseits ist aber doch deutlich, daß in v.17-24 ein neuer Ton angeschlagen wird. Es ergehen nicht mehr Gebote, deren Voraussetzung eine exemplarische historische Situation ist, sondern der Vordersatz nimmt - wohl im Rahmen der Landnahmefiktion - fiktive Fragen und Einwände auf. G.v.RAD hat von einer eigenen "Kriegspredigt" gesprochen[89], und so versucht, dem Wechsel in Form und Thematik Rechnung zu tragen. Es tritt nun ein stärker argumentativ verfahrender Stil und ein auf die innere Haltung Israels ausgerichteter Ton in den Vordergrund, dessen Leitmotiv zu

---

86   STEUERNAGEL, Deuteronomium, S.79f.

87   Von einer äußeren Überlegenheit Israels über die Völker wagt so nur noch der dtr. Segenstext 28,9f. zu träumen. Für v.10 belegt die dtr. Abfassung STEUERNAGEL, a.a.O.,S.150; MARTI, Das fünfte Buch Mose oder Deuteronomium, HSAT I, Tübingen (3.Aufl.) 1909,. S.237-306.310; HÖLSCHER, Komposition, S.221ff.; NOTH, "Die mit des Gesetzes Werken umgehen, die sind unter dem Fluch" (1938), Ges.St., ThB 6, München (3.Aufl.) 1966, S.155-171, S.159; SEITZ a.a.O.,S.273-276: "V.7-12a späte kompilatorische Arbeit" (gegen PLÖGER, a.a.O., S.145-149); vgl. PREUSS, a.a.O., S.155f..

88   Vgl. oben Tabelle I und II; PREUSS, Deuteronomium, S.49, formuliert diese Annahme sogar als "Ertrag der Forschung".

89   V.RAD, Deuteronomium-Studien, S.37ff. (=139ff.); Der Heilige Krieg, S.71ff.; ATD 8,S.48f..

erkennen gibt, worum es hier und im Folgenden geht, nämlich um Israels לבב. Auf
das "Herz" Israels zielen die folgenden kerygmatischen Einheiten:

7,17 כי תאמר בלבבך רבים הגוים ממני...

8,5 וידעת אם=לבבך כי כאשר ייסר איש את=בנו יהוה...מיסרך

8,11.14 השמר לך פן תשכח את=יהוה... ורום לבבך...

8,17 ואמרת בלבבך כחי ועצם ידי עשה לי את=החיל הזה

9,4 אל=תאמר בלבבך...בצדקתי הביאני יהוה לרשת את=הארץ הזאת.

Die Verwendung von לבב ist hier eigentümlich sowohl gegenüber Dtn. 6,5 als auch
gegenüber den Gebotsparänesen wo es um die Befolgung des Gesetzes aus ganzem
Herzen geht[90]. Im Kontext all dieser genannten Stellen spielt die Erinnerung an die
heilsgeschichtliche Initiative Jahwes in Exodus, Wüstenzug, Landeroberung und Vertreibung der Völker parallel zur Erinnerung an Israels Versagen und Geringheit eine
wichtige Rolle, זכר ist imgrunde das Leitwort der mit ihnen verknüpften
Gebotsformulierungen:

7,18 זכר תזכר את=אשר עשה יהוה אלהיך לפרעה ולכל=מצרים

8,2 וזכרת את=כל=הדרך אשר הליכך יהוה אלהיך ...במדבר

8,18 וזכרת את=יהוה אלהיך כי הוא הנתן לך כח לעשות חיל

9,7 זכר את=תשכח את=אשר הקצפת את=יהוה אלהיך המדבר

Als Leitwort hat זכר auch in die Gebotsparänetik hineingewirkt (vgl. Dtn. 5,15; 7,18;
9,7; 15,15; 26,3.12; 24,9.18.22; 25,17)[91]. -

Ausdrucksmäßig geht Dtn. 7,17ff. in mancher Hinsicht parallel mit den sog. dtr.
"Kriegsansprachen", kann als solcher jedoch kaum den Anforderungen dieses Genres
erfüllen (s.u. Kap. III,3.). Hinsichtlich der Form ist zunächst schlicht ein Vordersatz zu
erkennen (v.17), welcher nicht eine Situation schildert, sondern eine "Frage", die der
Nachsatz zunächst mit einem Prohibitiv beantwortet: לא תירא מהם (nämlich vor den
Völkern (v.18)), um diesen in dem sodann folgenden Erinnerungsgebot zu entfalten
(v.18b.19a), dessen Anwendung zu dem Schluß führt, der aus der heilvollen Vergangenheit für die Zukunft zu ziehen ist: wie Jahwe damals geholfen hat, so kann und wird

---

90   i.e. Dtn. 4,9.29; 6,6; 8,2b; 10,12.16; 11,13.18; 13,4; (15,9); 26,16; 29,18; 30,1.2.6.10.14.

91   Vgl. BLAIR, An Appeal to Remembrance. The Memory Motif in Deuteronomy, Interpr. 16, 1961,
    S.41-47. S.45.

er auch künftig handeln (v.19b-24). So wie v.19a mit Hilfe traditioneller Formulierungen das Handeln in der Vergangenheit ausmalt, so v.20-24 mit kaum weniger traditionellen Wendungen das Handeln der (fiktionalen) Zukunft. Dabei ist die Abfolge der Aussagen zumindest in den Versen 20-22 kaum stringent. Besonders v.22 schränkt die überschwenglichen Aussagen von v.20f.23f. in widersprüchlicher Weise ein. Dieser Vers ist denn auch mit großer Wahrscheinlichkeit als späte Glosse auszuscheiden[92].

Der erneute Numeruswechsel in die 2.pl., verbunden mit einer apodiktischen Anweisung, welche v.5c nochmals aufgreift und auf den neuen Kontext bezieht (v.5: פסיליהם תשרפון באש / v.25: פסילי אלהיהם תשרפון באש), deutet an, daß an dieser Stelle ein Zusatz erfolgt ist. Er hat in der singularischen katechisierenden Ausführung in v.25b.26, welche an Jos.6,17ff. erinnert, eine späte Erweiterung erfahren[93].

Damit haben wir einen ersten Eindruck von der komplizierten Entstehungsgeschichte des Kapitels gewonnen. Dtn. 7 besteht aus mehreren sukzessive entstandenen kerygmatischen Einheiten von literarisch unterschiedlicher Herkunft. Die Grundschicht von v.1-3a.6.12b-16aα steht in einem stilistischen und sachlichen Zusammenhang mit der Grundschicht von Dtn. 6,4f.10-13. Wie diese hat sie diverse Fortschreibungen erfahren (v.3b-4.5;v.7-8a.8b-11*.12a.v.16aβ.b). In V.17-21.23f. scheint der Beginn einer Gruppe von Einheiten vorzuliegen, welche das Grundanliegen von Dtn. 6,4f.10-13; 7,1-3a.6.12b-16aα aufnehmen und von dieser Schicht ausgehend eine paränetischen Vertiefung anstreben. Diese läßt noch keine Berührungen mit den äußeren Rahmenschichten in Dtn.5 oder 4 erkennen. Anders die beobachteten Fortschreibungen. Eine kompositorische Einheitlichkeit des Kapitels ist nicht festzustellen. Der nähere Entstehungsprozeß der vorliegenden Einheiten ist nun im Rahmen einer detaillierten Analyse ins Auge zu fassen. Dabei wird das Augenmerk auf den literarhistorischen Ort des Banngebotes und seiner Folgebestimmungen zu richten sein, sodann auf die Frage, ob und in wieweit in Dtn. 7 der Einfluß von sog. "Kriegsansprachen" zu erkennen ist, schließlich wird nach dem literarhistorischen Zusammenhang der hier zur Entfaltung kommenden Erwählungs- und Segenstheologie gefragt werden.

---

92   Gegen LOHFINK, Hauptgebot, S.185, GARCIA-LOPEZ, VT 32, S.449, die die Verse 22-24 beieinanderlassen und damit den Widerspruch zwischen v.22 und v.23 übergehen (mit SEITZ, a.a.O. S.77; vgl.die Kommentare). Die Parallele in Ex.23,30 kann in diesem Zusammenhang nichts über die literarische Einheitlichkeit sagen.

93   Dies wird auch von den meisten Exegeten angenommen, vgl. die Kommentare.

2 Das Banngebot und seine Folgebestimmungen

Die historisierende Gebotsformulierung etabliert von Anbeginn des Kapitels an eine Situation, die geschichtlich gesehen in jedem Falle der Vergangenheit Israels angehört. Es ist von daher schon immer in der Gebotsaussage die Frage impliziert, in wieweit Israel dieser in der Vergangenheit gerecht geworden ist und in wiefern sie in die Gegenwart hineinreicht. Während die Gebote von Dtn. 6,5 und 6,13 fundamental und grundsätzlich zeitlos sind, ist zumindest das Banngebot zunächst explizit mit der Epoche der Landnahme verbunden und ohne weiteres kaum im wörtlichen Sinne auf andere Epochen übertragbar. Jedenfalls haben wir aus den Zeiten, in denen das Dtn. in welcher Gestalt auch immer virulent geworden sein dürfte, also etwa aus der Josiazeit, keine Hinweise darauf, daß es zu entsprechenden Übergriffen auf die nichtisraelitische Bevölkerung im Land gekommen ist. Ebenso gibt es keine Spur einer Auseinandersetzung um die Mischehenfrage in der späten Königszeit, obwohl das Connubiumsverbot die einzig wirklich praktikable Umsetzung der Bannidee auch nach der Epoche der Landnahme darstellt; jedenfalls hat das die dtr. Schule so gesehen, wie Jos. 23 beweist. Daß das Banngebot im Sinne des Mischehenverbots erst in einem fortgeschrittenen Stadium der Entstehungsgeschichte des Dtn.s interpretiert wurde, läßt sich an dem Bedürfnis nach Kommentierung in Dtn. 7,3b.4 erkennen. Das DT. kennt das Mischehenverbot noch nicht, weder in Dtn. 13 noch in Dtn. 20, und es sieht sich auch nicht genötigt, das Gesetz über die Ehelichung kriegsgefangener Frauen entsprechend zu kommentieren. So bleibt das Mischehenverbot zunächst auf den (fiktiven) Bereich der Landnahme-Gebote beschränkt. Es ist sicher jünger als der Kern des DT.[94].

So wird man denn in dem einleitenden Vordersatz

כי יביאך יהוה אלהיך אל=הארץ

auch eine geschichtliche Eingrenzung des Gebotes erkennen müssen. Davon, daß Jahwe Israel in das Verheißungsland bringt (בוא , hif.), reden außer den dtn. Texten Dtn. 6,10; 7,1; 8,7; 9,4 nur noch spät-dtr. (Dtn. 4,38; 6,23; 11,29; 30,5) und dtr. beeinflußte bzw. nach-dtr. Texte (Ex.13,5.11; Num.14,3.8.16.31 u.ö.)[95]. Im dtr.G vermissen wir den entsprechenden Ausdruck, innerhalb der dtn. Schichten ist nur noch Dtn. 26,9 zu nennen[96]. Die Variante des Landsatzes ist außer in Dtn. 7,1 gleichfalls nur noch in jüngeren Texten belegt[97]. Während das Motiv der Auslieferung der Feinde

---

94 Schon HÖLSCHER, Komposition, S.171 A. war der Meinung: "das Mischehenverbot atmet schon den Geist der Zeit Nehemias." - Auch wenn dies für die zeitliche Ansetzung des Textes nicht zu veranschlagen ist, Zeugnisse über faktische Umsetzungsversuche gibt es aus der vor-exilischen und exilischen Zeit nicht.

95 S. hierzu ausführlich zu Dtn. 6,10, S.114ff..

96 Zu בוא , hif., s.o.S.132f..

97 אשר אתה בא שמה לרשתה : Dtn. 4,5.14; 11,9.10f.29; 12,29; 23,11; 28,21.63; 30,16; Jos.1,11;18,3; Ri.18,9; vgl.auch Neh. 9,24; Lev. 14,34; 23,10; 25,2.

durch Jahwe mit der Wendung נתן ביד bzw. נתן לפני ebenso wie die Wendung
נכה (hif.) zum Grundbestand der formelhaften Sprache im dtr.G gehört[98], bildet das
Verbum נשל eine Besonderheit[99], ebenso die Rede von der Landnahme als eines
Jahwe-Sieges über die גוים ; in der hier vorliegenden Form spiegelt sie das Ergebnis
einer Entwicklung, die sich in der eigentlichen dtr. Darstellung der Landnahme im
Josuabuch erst in einer übergreifenden, systematisierenden Zusammenraffung der
Stoffe entwickelt hat[100].

2.1 Bann und Banngebot

Die Vollstreckung des Bannes im Kriege durch vollständige Vernichtung des Feindes
einschließlich der gesamten Bevölkerung gehört nach Ausweis der vor-dtr. Retterge-
schichten im Richterbuch, einzelner Kriegserzählungen in Sam. bis Kön. und auch des
Gesetzes über die Eroberung von Städten in Dtn. 20,10-14 nicht konstitutiv zur Kriegs-
führung Israels hinzu[101]. Auch ist der Bann kein exklusiv mit dem Jahwismus ver-
knüpftes Phänomen, wie etwa die MESA-Stele belegt, wo vom Bannen für אשתר כמש
in Moab die Rede ist[102], und wie auch das Alte Testament selbst weiß, wenn es in

---

98   הכה : Dtn. 1,4; 2,3; 3,3; 7,2; 29,6; Jos. 7,3.5;8,21f.24;(9,18); 10,4.10.20.26.28.30.32u.ö.; Ri.
      1,4.5.8.10.12.17.25; 6,16 u.ö. Auflistungen des dtn/dtr. Jahwe-Kriegs-Vokabulars bieten STOLZ,
      Jahwes und Israels Kriege. Kriegstheorien und Kriegserfahrungen im Glauben des alten Israels,
      AThANT 60, 1972, S.17ff.; v.RAD, Der Heilige Krieg, S.6-14; S.SIWIEC, La guerre de
      conqu^ete de Canaan dans le Deutéronome (Teil I), Rom 1976. Das "Erschlagen der Feinde" konnte
      im A.O. rituelle Funktion haben, wie aus der Darstellungdes Vorganges in Ägypten erkennbar, wo
      sich ein fester ikonotraphischer Typus erntwickelt hat (LdÄ II, 1977, S.14-17).
99   Vgl.o.S.195.
100   Zur Forschungslage KAISER, Einleitung (5.Aufl.), 1984, S.138-145. Die formgebende dtr.
      Schicht in Josua läßt ihr Interesse in Jos. 1,1f. und 21,43ff. erkennen (SMEND, Das Gesetz und die
      Völker, S.130, "dtr.H"; anders NOTH, ÜSt.S.46 zu Jos. 21,43ff.): die vollständige Eroberung
      illustriert die vollständige Erfüllung der Zusagen Jahwes an die Väter und damit die Zuverlässigkeit
      Jahwes, der sodann das vollständige Versagen Israels und der totale Verlust des Landes
      gegenübergestellt werden kann (Ri. 2,11ff.) - dazwischen tritt die feierliche Selbstverpflichtung in
      Jos. 24,1-28*.
101   BREKELMANS, De herem in het Oude Testament, 1959; STOLZ, Jahwes und Israels Kriege,
      S.154f.; GOTTWALD, "Holy War" in Deuteronomy, Analysis and Critique, in: Review and Ex-
      positor 19, Louisville 1964, S.296-310; WEINFELD, Deuteronomy and the Deuteronomic School,
      S.166f.; LOHFINK, Art. חרם, ThWAT III, Sp.192-213 (Lit.).
102   KAI 181,16ff.(17).

2.Kön.19,11 von der Vollstreckung des Bannes durch die Assyrer erzählt[103]. Insofern beschreibt WEINFELD die Besonderheit der dtn.-dtr. Anschauung zutreffend, wenn er meint:

> "The ban was...practised by Israelites in eyrlier times..., but in the earlier documents and so among the surrounding peoples it figures only as an ad hoc measure and ist characterized by a vow taken before battle was engaged (Num.21,1-3), whereas in Deuteronomy it takes the form of an automatic decree applying to the inhabitants of a whole land, wheather engaged in war or not. This formulations could only have been created at the writing-desk and does not reflect any real circumstances."[104]

Die dtr. Kriegserzählungen weisen eine Reihe stereotyper Elemente auf, die in Jos. 10f. und später auch in Ri. 1 bis zu einer listenhaften Aufzählung reichen, vorzugsweise bei Eroberungsnotizen[105]. Sie reden nach einer jeweils mehr oder weniger spezifischen Exposition davon, daß Jahwe den Feind an Israel ausgeliefert habe (נתן ביד / לפני), daß Israel sodann den Feind vernichtend geschlagen (הכה , הכה לפי חרב), darauf die feindliche Stadt erobert (לכד את=הערים) bzw. die Feinde in die Flucht getrieben (רדף), verfolgt und vernichtet und sodann den Bann vollstreckt habe (חרם, הכה לפי חרם mitunter habe es sogar Beute gemacht (שלל / בזז), bevor es die eroberten Städte angezündet habe (שרף באש) (vgl.TABELLE VIII). Dem vorgegebenen Material entsprechend kann das dtr.G nicht den Sieg über ein Volk nach dem anderen berichten, sondern nur von Städteeroberungen und Siegen über einzelne Königtümer. Die Aufzählung von besiegten Völkern stellt somit den Versuch nachträglicher summarischer Zusammenfassung der Stoffe dar. Auf die Völkerlisten ist noch näher einzugehen, hier zunächst ein tabellarischer Überblick über die stereotypen Grundbegriffe der dtr. Eroberungsberichte:

---

103 Zum altorientalischen Hintergrund des Bannes vgl. BREKELMANS, a.a.O.,S.17-36 (philologisch).128-145 (historisch); LOHFINK, a.a.O.,Sp.202ff. und allgemein zum Jahwekrieg: M.WEIPPERT, "Heiliger Krieg" in Israel und Assyrien. Kritische Anmerkungen zu Gerhard von Rads Konzept des "Heiligen Krieges im alten Israel", ZAW 84,1972, S.460-493; auch für die Vorstellung vom göttlichen Eingreifen gibt es - natürlich - Parallelen im weiteren altorientalischen Bereich: WEINFELD, Divine Intervention in War in Ancient Israel and in the Ancient Near East, in: History, Historiography and Interpretation. Studies in biblical and Cuneiform Literatures, H.Tadmor/M.Weinfeld (Hrsg.), Jerusalem 1983, S.121-147.

104 WEINFELD, Deuteronomy and the Deuteronomic School, S.166f.

105 Ri. 1 ist sekundär in das dtr.G eingefügt worden (vgl. AULD, Judges 1 and History: A Reconsideration, VT 25,1975, S.261-285). Der Text ist (nach AULD einschließlich des sog. "negativen Besitzverzeichnisses" v.1.19.21.27-35) redaktionell und wohl erst nach der Abtrennung des Ri. vom Josuabuch entstanden. Möglicherweise haben sich jedoch einzelne (z.T.sehr) alte Überlieferungen erhalten.

TABELLE IX: Leitworte der dtr. Eroberungsberichte

Dtn	נתן ביד	הכה	לכד	חרם	שלל / בזז	שרף באש
Dtn						
2,33ff.	x	x	x	x	x	
3,3ff.	x	x	x	x	x	
7,1ff.	x		x			
20,13ff.	x	x	x		x	
20,15ff.		x	x	x		
Jos.						
6.15-22	x		x	x		x
7,14f.						x
8,18-29			x	x		x
10,28		x	x	x		
10,29f.	x		x	x		
10,31	x		x	x		
10,34f.		x	x	x		
10,36f.		x	x			
10,38f.		x	x			
10,40		x		x		
10,41		x	x			
11,1-9	x		x		x	x
11,10-15		x	x	x		x
11,16f.		x	x			
11,19f.		x	x			
11,21ff.		x	x			
15,16f.	x	x				
19,47	x	x	x			
Ri.						
1,8			x	x		x
1,17		x		x		
1,18			x			

Die Stereotypie der Vernichtungs- bzw. Bann-Notizen belegt, daß wir es hier mit der Durchführung einer dtr. Idee zu tun haben, nach welcher die lückenlose Einnahme des Verheißungslandes und hierin die uneingeschränkte Erfüllung der Zusagen Jahwes dargestellt werden soll[106]. Daß Dtn. 7,1f. hierzu gleichsam als Disposition wirkt, gleichzeitig aber für einen völlig anderen Zusammenhang entworfen sein soll, ist in hohem Maße unwahrscheinlich. Ein expliziter Rückbezug auf ein Banngebot ist im Josuabuch allerdings nicht bei der Durcharbeitung des vorgegebenen Materials, sondern erst in dem dtr. Summarium Jos.11,16-23 (in v.20) anzutreffen, wobei der vorhergehende Vers 19 mit ausdrücklicher Berücksichtigung von Dtn. 20,10-14 verfaßt ist[107], d.h. die dtr.G - Darstellung der Landnahme bedarf des Gesetzes nicht, denn für sie ist der Hinweis auf den Bannvollzug Zeichen des Sieges und der Totalität des Anspruches auf das verheißene Land. Das Banngebot im Dtn. bedarf jedoch seinerseits des Bezuges zur Geschichte, mehr noch als die Warnung vor dem Jahwevergessen in Dtn. 6 (Ri. 2,10ff.).

In Dtn. 7 ist nun besonders auffällig die Verbindung von Völkerliste und Banngebot. Sie ist in dieser Form im Josuabuch nicht belegt. Bemerkenswert an der Liste ist die betonte Aufzählung von 7 Völkern, die wir außer in Jos. 24,11 nur noch in Jos. 3,10 (dtr.) antreffen, also zum Beginn und nach Abschluß der dtr. Landnahmedarstellung.

---

106 LOHFINK, Art. חרם : "Die ḥeraem-Theorie des ... DtrG diente dazu, verschiedenartige Traditionen über die Landnahme zu systematisieren.." (a.a.O.,Sp.211; LOHFINK hält aber den entsprechenden Abschnitt des dtr.G für eine vor-exilische Landnahmeerzählung.) Die Völkerliste in Dtn. 7,1 fehlt indes in der Disposition des dtrG.(Grundschicht) wie im Abschluß des Landnahmeberichts.

107 Jos. 11,19f. ist entweder "unmöglich deuteronomistisch" (so ALBERS, Quellenberichte, S.146), weil hier etwas in Betracht gezogen wird, was für das Verheißungsland in Dtn. 20,15-18 generell ausgeschlossen sein sollte, dann ist aber zumindest der Rückverweis auf das Gesetz, v.20b, dtr. (NOTH, Josua, S.70), oder aber - und das ist doch wahrscheinlicher - der Text ist spät-dtr., denn es wird hier nicht nur der Ausgleich zwischen Banngebot und DT. in Dtn. 20,15ff. vorausgesetzt, sondern auch, daß entgegen der Erzählung von Jos. 9 und in weiterführender Reflexion gegenüber Dtn. 7,1ff. mit explizitem Verweis auf das Banngebot (כאשר צוה יהוה את־משה , nach Dtn.5!) eine Überbietung sowohl der dtr. Landnahmeerzählung als auch der dtn. Vorstellungen erfolgt, dahingehend, daß Jahwe selbst die Einhaltung seiner Gebote ermöglicht, also nicht mehr Israel von sich aus den Bann vollzieht, weil es seinen Geboten entspricht. Imgrunde versuchen die Verse dann eine Erklärung zu geben für die Widersprüche in der dtn/dtr. Tradition zwischen Dtn. 20, Dtn. 7 und Jos. 9. Der למען= Satz in v.20aβ spielt deutlich an Dtn. 7 an, anders als der Dtr. von Dtn. 2,30 verwendet der Verf. die umständliche Redewendung היתה לחזק את־לבם für den Verstockungsgedanken (dagegen J: כבד , vgl. Ex.7,14; 9,7; hi.8,11.28; 9,34 vgl.10,1), das Verbum חזק erscheint in Ex.4,21 (nach P, SCHMIDT, BK II,1,S.211), vgl.auch 9,35; 10,20.27) und bei P (qal:Ex.7,13.22;8,15; pi.9,12; 14,4.8.17). Jos.11,19 ist also sachlich u. sprachlich nicht vor-dtr., sondern spät-dtr..

TABELLE X: Die Auflistungen der Völker im Verheißungsland

(Mit den jeweiligen Anfangsbuchstaben werden die Namen "Kanaanäer, Amoriter, Hethiter, Pherisiter, Jebusiter, Girgasiter" abgekürzt, Heviter=Hv. Das Zeichen > markiert die in der Liste fehlenden Namen.)

1. Gen. 10,15-18a	Kanaan-> Sidon, Heth, J,A,Hv,		
	Arkiter, Siniter, Arwaditer,		
	Zamariter, Hamathiter	>P	11
2. Gen. 13,7	K,P		2
3. Gen. 15,19-21	Keniter, Kenissiter, Kadmoniter,		
	H,P, Rephaiter, A,K,G,J,		10
4. Gen. 34,30	K,P		2
5. Ex. 3,8	K,H,A,P,Hv,J	>G	6
6. Ex. 3,17	K,H,A,P,Hv,J,	>G	6
7. Ex. 13,5	K,H,A,Hv,J	>P,G	5
8. Ex. 23,23	A,H,P,K,Hv,J,	>G	6
9. Ex. 23,28	Hv,K,H (=Rest im Lande) >A,P,J,G		3
10.Ex. 33,2	K,A,H,P,Hv,J	>G	6
11.Ex. 34,11	A,K,H,P,Hv,J	>G	6
12.Num. 13,29	Amalek, H,J,A,K, >P,Hv,G		4
13.Dtn. 7,1	H,G,A,K,P,Hv,J		7
14.Dtn. 20,17	H,A,K,P,Hv,J	>G	6
15.Jos. 3,10	K,H,Hv,P,G,A,J		7
16.Jos. 5,1	A,K, >P,Hv,G,J,K		2
17.Jos. 9,1	H,A,K,P,Hv,J	>G	6
18.Jos. 11,3	K,A,H,P,J,Hv	>G	6
19.Jos.12,8	H,A,K,P,J,Hv	>G	6
20.Jos.24,1	A,P,K,H,G,Hv,J		7
21.Ri.1,4f.	K,P (vgl.Gen.13,7; 34,30)		2
22.Ri.3,5	K,H,A,P,Hv,J	>G	6
23.1.Kön. 9,20	A,H,P,Hv,J	>G,K	5
24.Esr. 9,1	K,H,P,J,Ammoniter,Moabiter,		
	Ägypter, A	>G,Hv	8
25.Neh. 9,8	K,H,A,P,J,G	>Hv	6
26.1.Chron.1,13-16	= Gen.10,15-18a + ein Volk		12
27.2.Chron.8,7	= 1.Kön.9,20		5

Die Liste wirkt an keiner Stelle als das System der Darstellung bestimmend. Ihr summarischer und kompilatorischer Charakter läßt trotz beherzter Versuche keine fixierbare

Ordnung oder ein festes System erkennen[108]. Das Schwergewicht der Belege liegt in der dtn./dtr. Literatur[109]. Die alte Landnahmeüberlieferung nennt האמרי (vgl. Jos.7,7; 10,5f.; 24,15*)[110], daneben einzelne andere Gruppen (Kanaaniter, vgl. Jos.5,1; Kanaaniter und Pherisiter, Ri.1,4f.*; Gen. 13,7; 34,30). Nach-dtr. sind Gen. 3,8.17[111], Gen. 15,19-21[112], und Num.13,29[113]. Vielleicht liegen in Gen. 10,15-18a Bruchstücke älterer Überlieferung vor[114], nach-dtr. sind jedenfalls Ex.9,1; Neh. 9,8; 1.Chr. 1,13-16; 2.Chr. 8,7.

Deutlich sekundär ist die Nennung von 6 dieser Völker in der Disposition von Jos. 9,1 sowie in Jos.11,3 und in 12,8, wo sie die Feldzüge Josuas zusammenfaßt[115]. Das Fehlen der Girgasiter in der häufiger verwendeten 6er-Liste dürfte auf Lokalisierungsschwierigkeiten zurückzuführen sein. Während die 6er-Liste in Jos.9,1 einer Beschreibung des Verheißungslandes vom Mittelmeer bis zum Jordan und hinauf bis zum Libanon entspricht, erscheinen die Girgasiter außer in Dtn. 7,1; Jos. 3,10b; 24,11 nur noch in der sicherlich dtr. Liste von Gen. 15,19-21[116] im Zusammenhang einer Landbeschreibung, die über den Libanon hinaus das Land bis zum Euphrat hin ausgedehnt sein läßt und so einem idealischen Bild des davidischen Reiches entspricht, in dessen Süden Volksstämme angesiedelt werden, deren Siedlungsgebiete bis nach

---

108 Vgl. solche Versuche bei ISHIDA, The Structure and Historical Implications of the List of Pre-Israelite Nations, Bib.60, 1979, S.461-490; LANGLAMET, Israel et "l'habitant du pays". Vocabulaire et formules d'Ex., XXXIV,11-16, RB 76, 1969, S.321-350.481-507; CALOZ, Exode XIII,3-16 et son rapport au Deutéronome, RB 75, 1968, S.5-62; HALBE, Privilegrecht, S.142,A.177 (Lit.).

109 RICHTER, Bearbeitungen, S. 42ff.

110 PERLITT, Bundestheologie, S.254.

111 W.H.SCHMIDT, BK II,1, S.140f..

112 PERLITT, a.a.O., S.72ff.; WESTERMANN, BK I,2, S. 273.

113 NOTH, ATD 7, S.94.

114 V.RAD, ATD 2, S.121f.

115 Jos. 9,1f. steht in LXX vor 8,30ff. und ist eine (nach?) dtr. Gliederungsnotiz: NOTH, Josua, S.57; STEUERNAGEL, Josua, S.242; DILLMANN, Josua (KeH 13), S.480: Rd, vgl. Dtn. 1,7*; הים הגדול Jos.1,4; אל=מול=הלבנון vgl.Jos.8,33. Auch Jos.11,3 ist sek.-dtr.: STEUERNAGEL, Josua S.251. NOTH Josua, S.68, verweist auf die ungewöhnliche Ansiedlung der Kanaaniter, die der Hiwiter ist ohne Ortskenntnisse entstanden (vgl. Ri.3,3). Ebenso sek.-dtr. ist die spekulative Verbindung von Liste und Geographie in Jos. 12,8 (NOTH, S.71).

116 Die hier vertretene "euphratische Idee" von der Ausdehnung des Verheißungslandes ist sekundär-dtr., vgl. Dtn. 1,7b; Jos.1,4 (PERLITT, Motive und Schichten der Landtheologie im Deuteronomium, S.50ff.; zur Spätansetzung von Gen. 15,18ff. vgl. BLUM, Komposition, S.382, A.137. (s.a.DIEPOLD, Israels Land, BWANT 95, Stuttgart u.a. 1972, S.29ff.56ff.).

Ägypten reichen[117]. Daß die 7er-Liste eine solche Vorstellung schon impliziert, in welcher das Land in seiner größten, "euphratischen" Ausdehnung erscheint und wie sie in einem spät-dtr. Zusatz im Dtn., Kap. 1,7b, einem fortgeschrittenen Stadium der Landtheologie[118], belegt ist, ist nicht erkennbar, wohl aber ein Bestreben nach Vollständigkeit, die auf diese Vorstellung zugeht. In diesem Zusammenhang ist auffällig, daß die 7-Zahl der Völker (einschließlich der Girgasiter) neben Jos.3,10 nur noch in Jos. 24,11 belegt ist, und es ist nicht auszuschließen, daß Dtn. 7 von dieser Stelle mit beeinflußt ist.

Die Zusammensetzung der Völkerliste stellt eine Verbindung traditioneller Überlieferungen über die vorisraelitische Bevölkerung Palästinas dar. Im Kern der Überlieferung ist zunächst von Amoritern und Kanaanäern die Rede[119]. Die kleineren Volksgruppen werden aufgrund von Einzelüberlieferungen hinzugefügt[120]: die Heviter, weil sie in der Gegend nordwestlich von Jerusalem anzutreffen waren (Jos. 9,7; vgl. Num. 13,29; Gen. 34,2), die Pheresiter und Hethiter, weil sie als verstreut im Lande lebende Gruppen bekannt waren (Gen. 21,6; 13,7; 34,30; Jos. 17,15; Ri. 1,4f.; 2.Sam. 11,3), die Jebusiter galten als Urbevölkerung Jerusalems (Jos. 15,8.63; 18,28; Ri. 1,21; 19,10; 2.Sam. 5,6.8; 24,28.43). Die sonst nicht auffindbaren Girgasiter schließlich sind von Gen. 15,19ff. her vermutlich im Norden anzusiedeln[121]. Genaue Vorstellungen über

---

117 Keniter: um Arad (Ri. 1,16; 1.Sam. 15,6;27,10;30,29), Nachbarn der Amalekiter (1.Sam. 15,6; Num. 24,21), zuweilen nomadisierend (Ri. 4,11; 17,5.24), Kenisiter: um Debir (Jos. 15,17; Ri. 1,13), Kadmoniter: (fraglich), vermutlich im Süden neben den Amalekitern (Ri. 6,3.33; 7,12; 8,10), Philistern und Edomitern (Jes. 11,14) (vgl. hierzu LOHFINK, Landverheißung, S.69f.).

118 Diese Vorstellung unterscheidet sich von der der formgebenden Schichten des dtr.G, wie PERLITT, a.a.O, (s.o.A.117) gezeigt hat.

119 Amoriter: die Bezeichnung ist vermutlich verwandt mit der babylonischen Bez. "Amurru" (West-Land), Sammelname für die vorisraelitische Bevölkerung (vgl. Am. 2,9f.; Gen. 15,16; Jos. 24,8ff.) im Ost-Jordanland (Num. 21,23.21ff.) und auch im Westjordanland (Jos. 7,7; 10,5f.12; Gen. 48,22; Num. 13,29) (Vgl. W.H.SCHMIDT, BK II,1, S.166f. (Lit.).
Kanaanäer: Bewohner des Küstenlandes und im Jordangraben (Num. 13,29; Jos. 5,1; 11,3), später allgemein für vorisraelitische Bewohner des West-Jordanlandes (Gen. 10,15ff.; 12,5f.; 13,12; 24,3; Ex.15,15; Num.35,10 u.ö.) (vgl. de VAUX, Histoire I, 1971, S.123-135; VEENHOF, Art. jnynk, ThWAT IV, 1982ff., S.224-243(Lit.).

120 Hinsichtlich Reichweite und Bedeutung der einzelnen Völkerbezeichnungen vgl. W.H.SCHMIDT, Exodus, BK II,1, S.165-167 und die dort angegebene Literatur.

121 Diese Annahme findet möglicherweise eine Bestätigung in einem mit dem hebr. גרגשי verwandten Namen in ugaritischen Texten (vgl. C.H.GORDON, Ugaritic Textbook, Anal.Orient. 39,Rom 1965: bn grgs: 64,29; 327,9; 2048,64; 328,14; 1035,21*; 1042,3;1048 ,1 u.ö.). In den Bereich nördlich Israels verweist auch die Vermutung von MAISLER, Zur Götterwelt des alten Palästina, ZAW 50,1932, S.86f., der in גרגשי einen theophoren Namen (von gr gs) vermutet: "Klient des Ges", einer syr.-pal.Gottheit.

Ort und Geschichte dieser Völker haben weder das dtr.G noch Dtn. 7, was allein die summarische und wechselhafte Verwendung der Listen erkennen läßt[122].

Wenn nun einerseits zu konstatieren ist, daß die ausnahmslose Durchführung des Bannes über die einzelnen Städte und Stadtkönigtümer der dtr.G- Theorie von der lückenlosen Erfüllung der Väterverheißung entspricht, so ist andererseits merkwürdig, daß an keiner Stelle im dtr.G außer in sekundär-dtr. Zusammenfassungen ein Verweis auf das Banngebot vorliegt (d.h. Jos. 11,20), erst recht nicht in Verbindung mit der Völkerliste! D.h. für die Gebote von Dtn. 7,1-5* gibt es im dtr.G keine Erfüllungsnotiz.

GARCIA-LOPEZ hat indes einen Zusammenhang der Völkerlistenbelege für die Ebene sekundärer Bearbeitung konstatiert und zwar in Dtn. 7,1/20,17; Jos.3,10; 9,1; 12,8; 24,11), welcher "nous porte à croire naturellement qu'il n'existe qu`un seul rédacteur...probablement le rédacteur deutéronomiste"[123]. Gleichzeitig sieht er in Dtn. 7,1b eine Ergänzung[124]. Abgesehen davon, daß es sicherlich mehr als einen "rédacteur deutéronomiste" gegeben hat, wirkt die Völkerliste als Aufzählung immer parenthetisch, das ist aber kein Grund dafür, sie stets für sekundären Einschub zu halten. Streicht man sie etwa in Jos. 24,11, so bleiben für die Resümierung der Landnahme nur die בעלי יריחו und in v.12 שני מלכי האמרי übrig. Auch die Doppelung des Hinweises auf die Menge, רבים , in Dtn. 7,1b ist kein Grund für eine Streichung der Völkerliste, denn dieser bezieht sich einerseits auf die Vielzahl der Völkerschaften, während er beim zweiten Mal sich in Verbindung mit עצמים die jeweilige innere, zahlenmäßige Stärke meint[125]. Ist also in Jos. 24 aufgrund der Stellung des Kapitels am Ende der dtr.G-Landnahmedarstellung mit einer ursprünglichen Verankerung der Aufzählung im Text zu rechnen, ebenso im Kontext des Banngebotes von Dtn. 7,1f.,

---

122 Versuche, hinter den Listen ein System und gar eine literarhistorische Abfolge zu entdecken (CALOZ, ISHIDA, LANGLAMET), sind wenig überzeugend, da sie die Listen aus ihrem jeweiligen literarischen Zusammenhang und Bezugsrahmen isolieren, ohne einen weiteren sicheren Anhaltspunkt zu haben. Schon MEYER, Kritik der Berichte über die Erboberung Palästinas (Num. 20,14 bis Jud.2,5), ZATW I,1881,S.117-150, S.124f., stellt fest: "Die Liste ist historisch sinnlos....Die Stellen...geben sich...durchweg deutlich als Interpolationen zu erkennen, oder gehören den spätesten Partien des jehovistisch-deuteronomistischen Geschichtswerks an." Auch ist nicht völlig sicher, daß die 6er-Liste ein älteres Stadium darstellt gegenüber der 7er-Liste, denn Dtn. 20,17 ist jünger als Dtn. 7,1f., ebenso Ri. 3,5, Jos. 9,1; 11,3; 12,8 sind ihrer Zuordnung nach unsicher. Insgesamt ist die Tendenz zu sekundärer Auffüllung und Ergänzung bis in die LXX und den sam. Pentateuch hinein zu verfolgen (vgl. Ex.3,8.17; 13,5; 23,23; 33,2; 34,11; Dtn. 20,17; Jos.,9,1;11,3;12,8; 1.Kön.9,20; Neh.9,8).

123 "Un peuple consacré", VT 32,1982, S.440f.

124 Ebd.; vgl. HEMPEL, Schichten, S.139f.; HÖLSCHER, Komposition, S.171A.; SEITZ, Redaktionsgeschichtl. Studien, S.75; ROSE, Ausschließlichkeitsanspruch, S.118f..

125 Gegen die Streichung von Jos. 24,11bβ PERLITT, Bundestheologie, S. 254 .

so ist doch andererseits schon von STEUERNAGEL gesehen worden, daß sich die Völkerlisten zu ihrem jeweiligen literarischen (auch zu ihrem dtr.) Kontext sperrig verhalten und wie sekundäre Auffüllungen wirken, zwar wohl nicht im sek.-dtr. Zusammenhang von Jos. 3,10, wo die Vertreibung der Völker als Allmachtserweis Jahwes gilt (er ist das Subjekt ihrer Vertreibung[126]) aber in Jos. 9,1b, wo die Völkerliste (übrigens in Korrespondenz zwar nicht zur euphratischen, aber zu der weniger weit reichenden Idee אל-=מול הלבנון) in einer nachträglichen Raffung und Untergliederung der Stoffe ihre Hauptfunktion erhält[127], ähnlich in 11,3 und 12,8, wo sie gleichfalls deutlich sekundär ist[128] und nichts mit dem unmittelbaren Erzählzusammenhang zu tun hat.

Hinzu kommt: wenn die Völkerliste als traditionsübergreifendes Element in den Kontext dtr. Bearbeitung gehört, so ist die Zusammenbindung von Völkerliste und Banngebot in Dtn. 7,1f., welche ganz im Sinne dieses redaktionellen Zugriffs verfährt, kaum vor-dtr. zu nennen, zumal sie außerhalb des historisierenden Bezuges zwischen Dtn. und dtr.G keinen aktuellen historischen Ort hat, oder wo anders wäre von einer Vernichtung der nichtisraelitischen Bevölkerung zu reden gewesen?! Der Umstand, daß das dtr.G in seiner Disposition weder in Dtn. 1,7f. noch in Jos.1 die Völkerliste anführt, ebensowenig im Landnahmeresumée von Jos.11,16-23 und Jos.22,43-45, sondern diese erst dort einbringt, wo auch von der Gesetzeslade Jahwes die Rede ist (Jos.3,6ff.9ff.) und somit das Konzept von Dtn. 5 und 10,1-8* hierbei zugrundelegt, verdeutlicht zudem, daß die Völkerliste erst sekundär Eingang in die Darstellung des dtr.G gefunden hat, vermutlich auch rückwirkend von der Zusammenfassung in Jos.24,11 her. Dieser Stelle korrespondiert auch das Banngebot in Dtn. 7,1f.. Die weitere - uneinheitliche, und darum nicht planmäßiger Redaktion zuzuschreibende - Verwendung beschränkt sich auf die Ränder der Überlieferung. Daß auch das Banngebot als solches im Kontext der jeweiligen Bannaktionen im Jos.-Buch keine Erwähnung findet, zeigt, daß die Verbindung von Völkerliste und Banngebot für die Darstellung des dtr.G in ihren Grundzügen nicht bestimmend war, sondern daß umgekehrt das dtn. Gebot einer fortgeschrittenen Zusammenschau der dtr.G-Überlieferung entspricht.

Das gilt übrigens vermutlich auch gegenüber der dtr. Erzählung in 1.Sam. 15. FORESTI[129] hat gezeigt, daß die Erzählung von der Verweigerung Sauls gegen eine totale Vollstreckung eines ad hoc von Jahwe ergangenen Banngebotes wohl das dtr.G in einem Grundbestand voraussetzt, aber selbst hier fehlt ein Hinweis auf das prinzipielle Banngebot von Dtn. 7,2.

---

126 STEUERNAGEL, Josua, 1923, S.218.
127 Ders., S.242.
128 Ders., S.251.253.
129 The Rejection of Saul in the Perspective of the Deuteronomistic School, Rom 1984.

Das Banngebot in Dtn. 7 ist nicht als "dtr." aus einem "dtn." Kontext herauszulösen, sondern es ist mitsamt seinem Kontext selbst Reflex auf die "dtr." Darstellung. Dies gilt auch im Blick auf die Folgebestimmungen in v.2bβ.3a.

2.2 Das Vertragsverbot

Die Nachordnung des Erbarmensverbotes gegenüber dem Vertragsverbot in Dtn. 7,2bβ zeigt deutlich, daß letzteres vom Banngedanken her motiviert ist: das Schließen eines Vertrages würde die Durchführung des Bannes verhindern. Eben dieser Zusammenhang bestimmt die Darstellung in Jos.9, der Erzählung vom Vertragsschluß mit den Gibeoniten, und es liegt durchaus nahe, Dt. 7,2 im Horizont derselben zu verstehen[130]. Umgekehrt gilt aber auch die Beobachtung von GARCIA-LOPEZ, daß "la formule כרת ברית ל= ne réapparait jamais dans l'A.T. en connexion avec le herem"[131]. Dtn. 7,1f. bildet einen inhaltlichen Reflex auf die Landnahmedarstellung des dtr.G und ist sekundär gegenüber dem "DT.". Dem entspricht auch, daß in Dtn. 20,14-18 zwar das Banngebot ausdrücklich als Ergänzung zum dtn. Kriegsgesetz eingebracht wird, wobei ein wörtlicher Bezug zu Jos.9 zu erkennen ist[132], nicht aber das Vertragsverbot!

Das Connubiumsverbot, welches in der dtr. Darstellung der Landnahme zunächst keinen Ort hat, bildet in Dtn. 7,1ff. einen Überhang, der erst infolge der späteren, sekundären dtr. Einschränkung der Landnahmetradition auch im dtr.G Berücksichtigung findet (חתן Jos. 23,13)[133].

Wenden wir uns zunächst dem Vertragsverbot näher zu. Sucht man nach Anhaltspunkten für dasselbe im dtn./dtr. Literaturbereich, so kommt nur die Erzählung vom Vertrag mit den Gibeoniten in Jos. 9,1-27 infrage. Ri. 2,1-5, worin beklagt wird, daß Israel gegen das Vertragsverbot verstoßen habe und zugleich gegen das Verbot von Dtn. 7,5 (ומזבחתיהם תתצון) bzw. Dtn. 12,3, vgl. Ri. 2,2a, setzt als einziger weiterer Bezugs-

---

130 Überhaupt bietet Jos. 9,6.15 den einzigen Anhaltspunkt, der ein Vertragsverbot erklären kann bzw. als Reflex für Dtn. 7,2b infrage kommt. Die andere (mögliche) Bezugsstelle, Gen. 34 setzt in den Teilen, die sich mit Dtn. 7,2ff. berühren (Gen.34,8f.) den dtn. Text voraus und ist also seinerseits jünger (WESTERMANN, BK I,2, S.651-664).

131 GARCIA-LOPEZ, a.a.O.,S.440A.5; Belege: Ex. 33,32; 34,12.15; Jos. 9,6.7.11.15.16.24.25; Ri. 2,2; 1.Sam. 11,1; 2.Sam. 5,3; 1.Kön. 20,34; 2.Kön. 11,4; Jes. 55,3; Jer. 32,30; 34,18; Ez. 34,25; 37,26; Hos. 2,20; Ps.89,4; Hi. 31,1; Esr. 10,3; 1.Chron. 11,2; 2.Chron. 21,7; 29,10.

132 Dtn. 20,15.16 gleichen v.10-13 mit Jos. 9,3-15* aus und entlasten den Gottesknecht Josua. Dtn. 20,17 wiederum gleicht Dtn. 20 mit 7 aus. Die Tatsache, daß ein solcher Ausgleich nötig wurde, zeigt, daß Dtn. 7,1f. die Disposition des DT. nicht von Anbeginn an bestimmt haben kann.

133 Zur sek.-dtr. Abfassung von Jos. 23 SMEND, Das Gesetz und die Völker, S.130ff.; vgl.a. Gen. 34,9 (Rd*); Ex. 34,16 (dtr.); Ri. 2,2f.*. Ausführlich zum Connubiumsverbot s.u.Abs.2.3.

punkt Jos. 9 also ebenso voraus wie Dtn. 7 in einem fortgeschrittenen Stadium seiner Entstehung[134]. In Jos. 9 läßt sich eine von NOTH vermutete Schicht, nach welcher die Erzählung erst nur von einem Hiwiter und einem אִישׁ יִשְׂרָאֵל gehandelt habe, kaum noch glaubhaft wiederherstellen[135]. Die Basis für solche Annahmen ist mit v.6b.7 zu schmal. Die Verse bilden eine Dublette zu v.8ff. und nehmen deren Aussage letztlich vorweg. Die fragmentarische Erwähnung des אִישׁ יִשְׂרָאֵל nur hier - in v.14 ist von אֲנָשִׁים (LXX: נְשִׂיאִים?) die Rede- läßt kaum weitergehende Schlüsse zu; vielleicht ist hier nur ein allgemeiner Begriff für die Männer im מַחֲנֶה הַגִּלְגָּל (v.6a) gegeben (vgl. die revidierte Luther-Übersetzung z.St.)[136].

Es ist mit einem weiterreichenden Grundbestand zu rechnen. Er dürfte etwa 9,3-5.6a.8.9a.(9b.-10?).11-14*.15a.16.22-23.26.27* umfaßt haben. V.1f. ist stark dtr. geprägt (vgl. die Ortsangabe in Dtn. 1,7, הַיָּם הַגָּדוֹל, Jos. 1,4, אֶל מוּל הַלְּבָנוֹן in Jos. 8,33), und es ist unsicher, wohin die Verse ursprünglich gehören, LXX ordnet sie vor Jos. 8,30-35 ein. - Die eigentliche Erzählung beginnt also in v.3 - und sie setzt Jos. 6f. und 8 voraus. Damit ergibt sich in v.4 die Disposition. Erklärt werden soll in der folgenden Geschichte, wie es den Gibeoniten durch eine List gelang, vor dem Vernichtungsfeldzug des Josua verschont zu bleiben, und d.h.: wie nichtisraelitische Bevölkerungsgruppen im Gebiet um Gibeon überleben konnten. Die List besteht darin, vorzugeben, man komme aus einem fernen Land (v.9a), um so deutlich zu machen, daß man dem zu erwartenden Eroberungsfeldzug weiter nicht im Wege stehe, andererseits aber einen verbindlichen Friedensvertrag zu erwirken (בְּרִית, vgl. v.15). Der Text setzt zunächst weder ein generelles "Banngebot" voraus, noch ein "Vertragsverbot", sondern lediglich die Erzählungen vom Bannvollzug Josuas und die daraus resultierende - berechtigte - Furcht der Gibeoniten. Die abschließende Ätiologie in v.27

וַיִּתְּנֵם יְהוֹשֻׁעַ בַּיּוֹם הַהוּא חֹטְבֵי עֵצִים וְשֹׁאֲבֵי מַיִם לָעֵדָה
וּלְמִזְבַּח יְהוָה עַד הַיּוֹם הַזֶּה...:

ebenso wie die gleichsam beiläufige Erwähnung des לְבֵית אֱלֹהָי (v.23) stehen in Spannung zur dt./dtr. Zentralisationsforderung und haben eine dementsprechende dtr.

---

134 Denn das Bildersturmgebot von Dtn. 7,5 ist ja - wie oben gesehen - vermutlich sekundär.

135 Der dahingehende Versuch NOTHs, Josua, S.55-59, ergibt nur fragmentarische Stücke. Zur Forschungslage vgl. ROSE, Deuteronomist u. Jahwist. Untersuchungen zu den Berührungspunkten beider Literaturwerke, AThANT 67, Zürich 1981, S.173-192.

136 Erst recht läßt sich von hieraus keine durchgängige Fassung erheben. Gegen SCHMITT, Du sollst keinen Frieden schließen, S.30-35, der die Zusammenarbeit zweier "Quellen" vermutet, die sich aber nur noch fragmentarisch rekonstruieren lassen, vgl. HALBE, Privilegrecht, S.618ff.; HALBEs Versuch, die zweite Hälfte der Erzählung (v.16-27) von der ersten abzulösen, beraubt diese ihres Grundmotivs, nämlich erklären zu wollen, warum nichtisraelitische Bevölkerungsgruppen im Lande ansässig und gar im Tempeldienst tätig waren (ROSE, a.a.O., S.181ff.).

Kommentierung geradezu provoziert: nach v.27bβ müssen die Gibeoniten zum Dienst bestimmt werden אל=המקום אשר יבחר (יהוה!)[137].

Vorausgesetzt wird also das Verbleiben einer (hivitischen?) Volksgruppe im näheren Umkreis Jerusalems, welches im Zusammenhang der Erzählung vom josuanischen Landnahmezug einer Erklärung bedurfte - auch für die Verfasser des dtr.G, denn für sie stand damit der Glaube an die Erfüllung der Verheißung Jahwes auf der Probe. Von diesem Zusammenhang deutlich abzuheben ist ein völlig anderes Bild der Israeliten in v.15b.18-21 (27: לעדה), denn hier wird Israel plötzlich als עדה geschildert, und es treten נשׂיאי העדה auf, Führer, deren Aufgabe nichts anderes ist als Josua von der Last des ברית= Eides zu entbinden (v.15b) und auf die der - nicht unanstößige - Vorschlag zurückgeführt wird, ausgerechnet die Gibeoniten zum niederen zwar, aber doch zum Altardienst zu bestimmen (v.21), wonach sie genauso plötzlich wie die ganze עדה-Vorstellung wieder verschwinden. Diese entspricht nach-exilischen Vorstellungen (vgl. Ez. 44,7f.9ff.)[138].

Nicht so leicht fällt hingegen die Ausgrenzung der weiteren dtr. Übermalung. Der Anschluß von v.9bβ an 9bα (כי שׁמענו שׁמעו) ist unglücklich[139]. Eingefügt ist ein dtr. Credo: ואת=כל=אשר עשׂה יהוה במצרים (vgl. Dtn. 4,34; 6,21f.; 7,18f.; 11,2ff.; Ri. 2,7 u.ö.). Das Nebeneinander der Könige Sihon und Og (v.10) ist typisch dtr. (vgl. Dtn. 1,4; 2,24; 3,17; 4,46; 29,6; 31,4 etc.)[140]. Daß die Gibeoniten Josua mit dem Bekenntnis zum "Namen Jahwes" täuschen, ist wohl auch eher eine dtr. (Wunsch-) Vorstellung exilischer oder späterer Zeit. Gleichfalls den Verdacht dtr. Interesses erweckt v.11 darin, daß - über die Disposition von v.3f. hinausgehend - hier von den Gibeoniten gezielt ein Friedensvertrag (כרת ברית) angestrebt wird (NOTH, z.St.), doch andererseits legt das Sujet einen solchen Zug nahe, und dieser bedarf einer Begründung in der Art von v.9f., sodaß Vorlage und dtr. Übermalung an dieser Stelle literarisch jedenfalls nicht mehr gut zu trennen sind.

Deutlich späteren dtr. Ursprungs und nachhinkend gegenüber der Disposition ist hingegen der Hinweis auf ein mosaisches Vernichtungsverbot im Munde der "Heiden" am Ende der Geschichte (v.24, vgl. auch Jos. 2,9ff.), der Satz

השׁמיד את=כל=ישׁבי הארץ מפניך

---

137 NOTH, Josua, S.53.

138 HALBE, Gibeon und Israel. Art, Veranlassung und Ort der Deutung ihres Verhältnisses in Jos. IX, VT 25,1975, S.613-641, S.513ff..

139 NOTH, a.a.O., S.57.

140 Dazu BARTLETT, Sihon and Og, Kings of the Amorites, VT 20,1970, S.257-277(275ff.).

ist dtr., vgl. Dtn. 2,12.21.22; 7,1f.23.24; 9,3; 12,30;31,3f.; Jos. 11,14.20[141]. V.26 schließt an v.23 an, der Unterwerfungsgestus in v.24f. reagiert auf etwas, was Josua von sich aus nicht angesprochen hat[142]. Der Umstand, daß der Hinweis auf ein mosaisches Jahwegebot nicht in der Disposition erscheint, ist auffällig und läßt vermuten, daß wir es in v.24f. mit einer zweiten dtr. Bearbeitungsschicht zu tun haben. M.a.W. ein Zusammenhang von Banngebot und Jos. 9 in dem Sinne, daß Jos. 9 Dtn. 7 voraussetzt, ist in der für den Zusammenhang des dtr.G (Grundschicht) bestimmenden Darstellung nicht nachweisbar, sondern erst in sek. dtr. Ergänzungsschichten.

Das Vorhandensein einer Überlieferung von dem Verbleiben nicht-israelitischer Volksgruppen im Verheißungslande bedurfte angesichts der dtr.G wie der in Dtn. 7,1f. anzutreffenden Theorie von der Landnahme einer Vertiefung auch im Blick auf das Gesetz. Diesem Bedürfnis ist zunächst vermutlich Dtn. 20,15f. zu verdanken, worin die Geltung der Vorschrift über Friedensschlüsse mit feindlichen Städten explizit auf entfernt gelegene Sätdte bezogen wird:

כן תעשה לכל־הערים הרחקות ממך
אשר לא מערי הגוים האלה:

Dieses Motiv scheint schon in der vor-dtr. Erzählung von Jos.9 eine Rolle gespielt zu haben (v.9aα: מארץ רחקה באו עבדיך). Ein späterer dtr. Ausgleichsversuch ist in Jos.9,6f. zu erkennen, wo der Zusammenhang zwischen dem Leitmotiv und dem Vertragsverbot hergestellt wird. V.6b.7 macht vor v.8.9a...15a kaum Sinn: die Stichworte כרת ברית sind einerseits aus der Erzählung herausgewonnen (v.15a), andererseits erinnern sie eben an das dtn. Gesetz, v.7a ordnet die ישבי גבעון denHiwitern zu, v.7b hat überhaupt nur Sinn, wenn man Dtn. 20,15ff. kennt[143]. Nicht ein älterer Kern, sondern eine jüngere Digression ist in Jos. 9,6b.7 zu erkennen. Wollte man umgekehrt Jos.9 schon in seinem Grundbestand als durch Dtn. 20,15ff. und 7,2 geleitete Erzählung sehen, so entstünde die Frage, wieso die Dtr. eine Schwierigkeit innerhalb ihrer eigenen Darstellung selbst erzeugen. Die Abzweckung des Fluches, der die Gibeoniten zum niederen kultischen Dienst in einem noch nicht vorhandenen Gotteshause bestimmt, steht in einer deutlichen Spannung zur Zentralisationsidee, wie das Nachklappen der Zentralisationsformel in Dtn. 9,27bβ, welche sicherlich nachträglich eingefügt ist[144], signalisiert. Das Bestreben, Josuas Handeln nachträglich durch das Gesetz zu legitimieren, erscheint jünger als die dtr.G-Rezeption der Darstellung selbst. Jos.9 vermeidet selbst jeden expliziten Hinweis auf das Gesetz, erst spätere Schichten schreiben den entscheidenden Eid nicht mehr Josua, sondern den

---

141 Schon ALBERS (a.a.O., S.132f.) hält im Einverständnis mit älteren Exegeten v.24 für sekundäre dtr. Angleichung an Dtn. 20,10-18 und verweist auf Jos. 2,9b-11.

142 NOTH, a.a.O., zur Stelle.

143 Für sek. Abfassung plädiert daher auch W.RUDOLPH, Der "Elohist", S.200f..

144 So schon ALBERS, a.a.O.,S.133; HALBE,a.a.O., S.616.

נשׂיאי העדה zu. Daß das Vertragsverbot im Kontext des Banngebotes in Dtn. 7,1f. auf die schon vorausgesetzte dtr. Darstellung hin entworfen ist, erscheint also insgesamt wahrscheinlicher als der umgekehrte Weg, nach welchem Jos. 9 als Beispielgeschichte für einen Verstoß gegen ein in seinem Zusammenhang nicht einmal erwähntes Verbot zu erklären wäre, für welches es ansonsten keinen plausiblen literarhistorischen Hintergrund gibt. Konkret: Dtn. 7,2 und 20,15 ergänzen das DT. um Formulierungen, welche auf die (dtr. bearbeitete) Landnahmedarstellung im dtr.G (Jos.9) hin zielen.

Das Vertragsverbot von Dtn. 7 ist also nicht älter als das Banngebot und ist von Jos. 9 her als auf das Banngebot bezogen zu verstehen: ein Vertragsschluß verhindert den Bannvollzug an den Völkern und damit die völlige Einnahme des Verheißungslandes, dazu stellt der Verbleib nicht-jahwegebundener Gruppen eine ständige Gefährdung der Jahwetreue Israels und seiner Heiligkeit (d.h. seiner ausschließlichen Jahwe-Bindung) dar. Der gesamte Zusammenhang ist in hohem Maße theoretisch .Das Vertragsverbot in Dtn. 7,2 reflektiert Jos. 9,6.15a. Es ist deutlich, daß Dtn. 7,2 etwas durch ein explizites Gebot ausschließen will, was Jos.9 nur impliziert. Dtn. 20,15 nimmt unter dem Vorzeichen dieses Ausgleiches zum Banngebot das Stichwort der רחקה aus Jos. 9,6.9 auf, Dtn. 20,17 betont die Beziehung des Banngebotes ausschließlich auf die Völker des Verheißungslandes. Dtn. 20,18 ist eine spät-dtr. Weiterung im Geiste von Dtn. 12,29ff[145].

Daß auch das Erbarmensverbot in Jos. 9 eine eindrückliche Illustration durch die (vorgetäuschte) Armut der Gibeoniten hat, ist ebenso deutlich wie die Tatsache, daß es sich von dem vorhergehenden Banngebot sachlich nicht lösen läßt. Außer in Dtn. 7,16, wo statt des Verbums חנן die Umschreibung לא תחום עיניך עליהם steht (ebenso Dtn. 13,9;19,13.21; 25,12)[146], gibt es für das Erbarmensverbot keine weiteren Belege im Dtn. oder im dtr.G. Es unterstreicht verschärfend das Banngebot und bindet es sachlich mit dem Vertragsverbot zusammen. Erbarmens- und Vertragsverbot sind somit vom Banngebot nicht ablösbar und umgekehrt, das Banngebot läßt sich nicht als isoliertes "dtr." Element aus dem "dtn." Kontext herauslösen, ohne daß der Sinn der folgenden Gebote zerfällt[147].

---

145 MERENDINO, Gesetz, S.226f.; MIINETTE de TILLESSE, Sections "tu"..., S.42f.; ROSE, a.a.O., S.114. Zu Dtn. 20,15-17 vgl. FORESTI, The Rejection of Saul, S.120ff., schreibt die Verse "dtrH" zu mit dem Hinweis, daß der Text auf eine Situation reagiert, die nur aus der Verbindung von dtr.G und Gesetz verständlich wird.

146 Im Dt. gehören die Texten in den Kreis des ius talionis, aus ihm heraus ist auch die Formulierung hier gewonnen (MERENDINO, S.68A.42).

147 Gegen GARCIA-LOPEZ, VT 32,S.440; ROSE, S.115; SEITZ, S.75.
      חנן (qal): Dt. 7,2; 28,50; Ri. 21,22; hitp. Dtn. 3,23; 1.Kön.8,33.47.59; 9,3; 2.Kön.1,13
      - in der dtn/dtr. Literatur geläufig. Wenn das Berit-Verbot ein Reflex auf Jos. 9 ist, dann wird auch GARCIA-LOPEZ' Argument, daß aus dem Fehlen einer wörtlichen Verbindung von חרם und

Das Verschwägerungsverbot findet im dtn. Gesetz keinen Reflex, obwohl ein solcher hinter Dtn. 21,10-14 durchaus denkbar gewesen wäre. Es gehört also nicht ursprünglich in einen DT-Zusammenhang, sondern in einen dtr., er wird entwickelt aus der konsequenten dtr. Landnahmedarstellung und steht nicht in deren Exposition, sondern ergibt sich als deren Konsequenz (vgl. Ri.3,5f.). Ist das Verschwägerungsverbot in Dtn. 7,3a zunächst nur berührt, so folgt wohl bald schon eine breitere Ausführung in v.3b.4. Erst im Anschluß an die Durchführung der dtr.-G Konzeption ergibt sich eine enge Verbindung zwischen Vertrags- und Connubiumsvorbehalt, insofern als ersterer vornehmlich im Blick auf eine Verhinderung der Mischehen ausgerichtet verstanden wird, jedoch weniger im dtr.G selbst als in den dtr. Bearbeitungsschichten des Tetrateuch (Ex.23,32f.; 34,15f.; Num.33,55f.). Auf dem Wege zu dieser Entwicklung spielt Dtn. 7 eine entscheidende Rolle, weswegen wir uns den genannten Texten in einem breiter angelegten Abschnitt genauer zuwenden müssen.

In den Tetrateuchtexten läßt sich beobachten, daß das Vertragsverbot im Kontext des Connubiumsverbotes ausgelegt wird, und nicht - wie Jos. 9 - aus einer landtheologischen Perspektive heraus. Übrigens: Daß der Ausdruck ברית auch auf Eheverpflichtungen angewandt werden konnte, belegt innerhalb des A.T. immerhin Mal. 2,14 (אשת בריתך - die Frau deiner Berit, gegenüber der du eine "Schutz- und Treueverpflichtung" eingegangen bist[148]). Die Perspektive der Verbotstexte auf die Landnahme hin, von welcher sich auch Ex.23,20-33; 34,10-16; Num.33,51-56 nicht lösen, zeigt, daß sich in dem hier fraglichen Bereich von Dtn. 7 das Connubiumsverbot literarhistorisch nicht aus dem Begründungszusammenhang von Landverheißung und Eroberung isolieren läßt. Die Verbindung von Vertrags- und Connubiumsverbot setzt die dtr. Aufhöhung der Bannvorstellung schon voraus. Vor-dtr. ist eine entsprechende

---

ברית im dtr.G auf zwei verschiedene Autoren in 7,1f. zu schließen ist (S.440), hinfällig. Die einzige Stelle im dtr.G, wo Banngebot und Erbarmensverbot miteinander verknüpft sind, ist der Reflex auf Dtn.7,1f. in Jos. 11,20 (sek.-dtr.). Der Vers setzt das Beieinander von Dtn. 7,2 und dtr.G deutlich voraus und geht über Dtn. 7,2 noch hinaus: Jahwe sorgt selbst dafür, daß seine Gebote durchhaltbar werden.

148 KUTSCH, Verheißung und Gesetz, S.93f. Schriftliche Ehe-Verträge sind bekannt aus Elephantine - und sie enthalten die Formulierungen, die Dtn. 7,3b recht gut illustrieren, etwa folgendermaßen: אנה ואנ<tחית ביתך למנתן לי ולברתך מפטיה לאנתו

הי אנחתי ואנה בעלה מן יומא זנה ועד עלם:

Zitiert nach COWLEY, Aramaic Papyri of the Fifth Century B.C., 1923, aus: NEUFELD, Ancient Hebrew Marriage Laws. With special references to General Semitic Laws and Customs, London u.a. 1944, S.156: "I came to your house that you might give me your daughter Miphtaiah in marriage. She is my wife and I her husband from this day for ever." (Vgl. zum schriftlichen Ehevertrag auch Tob. 7,12-14; NEUFELD, S.155-162).

Verknüpfung nicht nachweisbar[150]. In Dtn. 7,1-3a(3b4) sind Banngebot, Vertrags- und Connubiumsverbot also gleichsam als Reflex zum dtr.G auseinander hervorgewachsen. Das Mischehenverbot ist dabei für eine vom Dtn. her bestimmte religiöse Praxis am ehesten durchführbar, und es nimmt dementsprechend dann in der weiteren Geschichte der dtr. Gesetzesformulierungen eine bedeutende Stellung ein - nicht innerhalb des Dtn.s, sondern in der dtr. Bearbeitung der Sinaiperikope, des Bundesbuches und der Spätschichten des dtr.G.

2.3   Das Connubiumsverbot

Die Anweisungen über das Verhalten Israels gegenüber den Bewohnern des
Verheißungslandes in Dtn. 7 und in Ex.23,20-33; 34,11-16; Num.33,51-56; Jos.23

R.SMEND hat in seinem Aufsatz "Das Gesetz und die Völker" gezeigt, daß die Grundschicht des dtr.G, wegen ihrer primären Ausrichtung auf die Geschichtsdarstellung "dtr.H" (Historiker) genannt, das Bild einer lückenlosen Eroberung des Verheißungslandes (mit Ausnahme der Gibeonitengebiete) vermittelt; demgegenüber rechnen spätere Schichten mit dem Verbleiben von Völkern im Lande, hierzu zählen zunächst Ri.2,17.19-23;3,1-6* und daneben Jos.1,7ff. und Jos.23[151]. Der Verbleib der Völker wird als Strafe für das Abfallen von Jahwe angesehen. Ri.3,5f. formuliert als Resumée, was nach Dtn. 7,3a(b.4) nicht hätte passieren dürfen und was nach Meinung der Verfasser von Ri.3,5f.[152] mit Sicherheit zum Untergang Israels beigetragen hat: das Connubium mit den Volksgruppen aus dem Umkreis Israels.

Was hier als Folge einer Strafe Jahwes in erneuter Versündigung Israels mündet, das soll nach dtn. Lesart das Gesetz von Dtn. 7,3a verhindert haben. Die katechetische Weiterführung in Dtn. 7,3b.4 berührt sich wörtlich mit Ri.3,6 und gerade in der Verbindung mit der Völkerliste wird man hier eine Bestätigung dafür sehen, daß das, was Ri.3,5f. schildert, im dtn. Gesetz hier seinen Reflex findet.

Hier eine synoptische Gegenüberstellung der Texte, die zeigt, daß beide wörtlich aufeinander bezogen sind:

---

150   Zu Gen. 34 vgl. WESTERMANN, BK I,2, S.651-664: Gen. 34 ist in den mit Dtn. 7 verwandten Schichten deutlich jünger!

151   SMEND, Das Gesetz und die Völker, S.124-134.

152   Zur dtr. Abfassung des Textes s. RICHTER, Bearbeitungen, S. 40-44.

Richter 3,5-6	Deuteronomium 7,1ff.

כי יביאך יהוה...אל=יארץ...ונשל גוים... 1   5 ובני ישראל ישבו בקרב
החתי והגרגשי והאמרי והכנעני   הכנעני החתי והאמרי
והפרזי והחוי והיבוסי ...   והפרזי והחוי והיבוסי ...
ולא תתחתן בם בתך לא תתן לבנו 3   6 ויקחו את=בנותיהם להם לנשים
ובתו לא=תקח לבנך   ובנותיהן נתנו לבניהם
כי=יסיר את=בנך מאחרי 4
ויעבדו אלהים אחרים   ויעבדו את=אלהיהם

Zu Ri. 3,7 hatten wir schon gesehen, daß der Text Dtn. 6,12f. im Rücken hat, Dtn. 7,3b.4 ist Zusatz zur dtn. Schicht, die Verbote fordern ein, was Ri. 3,5f. als Verfehlung darstellen. Zeitlich und sachlich sind beide Texte kaum weit voneinander entfernt.

Wir vermuten also, daß Dtn. 7,1-3a entstehungsgeschichtlich jünger ist als "dtr.H" (nach SMEND), und daß die Vorstellung vom Verbleiben der Völker im Lande (sek.-dtr.) dem Mischehenverbot korrespondiert. Dtn. 7,3b.4 wurden oben als erklärende Weiterführung von v.3a beschrieben. Vertragsverbot und Mischehenverbot sind nicht prägende Elemente der dtr.G (H)-Disposition, sondern ihre Verbindung mit dem Banngebot stellt ein Ergebnis dtr. Reflexion dar, welche aus dem Versagen Israels trotz der großen Verheißungen Jahwes und ihrer Erfüllung nun neu versucht, die gesetzesgemäßen Bedingungen der Existenz des Jahwevolkes neu und grundsätzlich zu bestimmen. Das Mischehenverbot zieht Konsequenzen aus der Erfahrung der Geschichte, wie sie das dtr.G formuliert; es ist die konkrete Fortführung des programmatischen dtn. Gebotes der Abgrenzung von den Völkern und ist eine Hauptforderung der dtr. Schule in spät-exilischer und früh-nachexilischer Zeit.

Nun haben in der Diskussion um die Zuordnung von Dtn. 7 vor allem Ex.23,20-33 und 34,11-16 eine wichtige Rolle gespielt, besonders seit man gegenüber der alten Quellentheorie, welche Ex.34* gerne J, Ex.23,20-33* E zuordnete, verstärkt auf den Einfluß dtr. Bundestheologie auf die Entstehung der Sinaiperikope im Ex.-Buch aufmerksam wurde[153], und hier auch im Rahmen des Bundesbuches und in Ex.34[154]. Demgegenüber fehlt es nicht an Versuchen, einen älteren, vorstaatlichen Traditionshintergrund für die genannten Texte zu entdecken. Zu nennen sind hier vor allem die These LOHFINKs von einer in Gilgal beheimateten Bundestradition und HALBEs von einem sog. "Privilegrecht Jahwes", dessen ältesten literarischen Niederschlag er in Ex.34,10-26

---

153   Zu den Schwankungen in der Forschung vgl. KAISER, Einleitung, S.69f..

154   NOTH, ATD 5, S.156f.; zu Ex.32.34 PERLITT, a.a.O.,S.203-232. ZENGER, Sinaitheophanie, S.68-72.164f. vermutet eine sek.-dtr. Bundesbuchschicht.

findet[155]. G.SCHMITT nimmt an, daß zumindest das Vertragsverbot aus der Landnahmezeit stammt, während er das Mischehenverbot für dtn. Ursprungs hält[156] Dtn. 7 sind nach diesen Theorien jünger als die genannten Texte und diese literarisch vom Deuteronomismus als "vor-dtn." abzugrenzen[157]. Deuteronomistisch wäre dann lediglich das Banngebot, welches nur in Dtn. 7, nicht aber in Ex. 23,20-33; Ex. 34,10-16; Ri. 2,1-5 belegt ist[158]. Als typisch "deuteronomisch" erscheint unter diesen Voraussetzungen die Erwählungstheologie. Literarkritische Einwände (etwa gegen die rhetorische Interpretation des Numeruswechsels in diesem Zusammenhang) werden von den Vertretern der vor-dtn. Abfassung von Ex.23,20-33; Ex.34 mit traditionsgeschichtlichen Argumenten und mit formkritischen Hypothesen, wie etwa der oben besprochenen Theorie einer "chiastischen Komposition" umgangen[159]. Berücksichtigt man jedoch in einem synop-

---

155 LOHFINK, Hauptgebot, S.176ff.; problematisch an dieser These ist vor allem, daß ein solcher Gilgalbundestext nicht existent ist, sondern "wir nur literarische Verarbeitungen und Anspielungen" haben (S.180), weswegen es "natürlich schwer ist, im einzelnen genau anzugeben, was noch alles wirklich zur ursprünglichen Gilgaltradition gehörte" (ebd.). Auch die Nennung von Gilgal - sie geht auf Ri. 2,1ff. zurück (S.178) ist "reiner Arbeitsname". Empfiehlt es sich dann nicht aber doch mehr, auf die Annahme eines Ex.23;34 Ri.2,1-5 u. Dtn. 7 gemeinsam zugrundeliegenden "Textes" zu verzichten und schlicht von dem Verhältnis der bestehenden Texte zueinander und ihrem literarischen Kontext auszugehen, ein Vergleich, dessen detaillierte Durchführung bei LOHFINK in formkritischen Vorurteilen stecken bleibt, wie der Feststellung, daß Parallelen nur in bestimmten Textbereichen erkennbar sind (S.172-176)? Ähnlich allgemein bleiben letztlich auch HALBEs Vorstellungen von einem "Privilegrecht Jahwes" (HALBE, Privilegrecht, FRLANT 114, 1975): Es bezeichnet eine "Tradition, die im Zentrum um die Frage kreist, wie sich das Leben der Jahwegemeinschaft unter den Bedingungen des Kulturlands als Leben im Hoheits- und Schutzbereich Jahwes verwirklichen kann".(S.506) Dieser Fragestellung läßt sich so ziemlich die gesamte alttestamentliche Tradition unterordnen. Literarisch ergibt sich dabei für die Rahmung der "privilegrechtlichen Bestimmungen" von Ex. 34,18-26, dem Schlüsseltext für HALBEs Interpretation, unter dem Aspekt des Connubiumsverbotes in 34,11b-15a (v.15b-16 ist eine "Nachinterpretation")(S.147-160) lediglich, daß man sie "der im Deuteronomium bereits vielschichtig aufgefangenen`Predigt' zeitlich nicht zu nahe rücken" darf (S.147), was angesichts der durchgängigen Affinität von Ex.34 zum dtn./dtr. Denken wie zu der aus diesem Bereich geläufigen Sprache (trotz HALBEs umfangreichen diesebezüglichen Darlegungen) schwerfällt.

156 G.SCHMITT, Du sollst keinen Frieden schließen, S.29f.

157 BREKELMANS, Die sog. dtn. Elemente, VTS 15, 1966, S.90-96. Die Ansetzungen reichen z.T. zurück bis in die Richterzeit, vgl. HALBE, a.a.O., S.506ff.. Auch LOHFINK, a.a.O., S.172-180; SCHMITT,a.a.O., S.15ff.; SEITZ, Redaktionsgeschichtl. Studien, S.77ff.. OTTO, Mazzotfest, S.292f. u.a. setzen den Text zum Teil zeitlich weit vor Dtn. 7 an, was angesichts der verwandten Sprache und gedanklichen Strukturen verwundert.

158 LOHFINK, Art. חרם , Sp. 209-212.

159 Exemplarisch sei hier genannt die Analyse HALBEs zu Ex.23,20-33, Privilegrecht, S.486ff.. Er behauptet einen "konzentrischen Aufbau" (A=v.20-22; B=v.23-24; C= v.25-26; B'=v.27, A`=v.31b-33) und hält v.28-31b für einen Nachtrag (S.483ff.); der Grundtext soll aus "davidisch-

258

tischen Vergleich die jeweilige literarische Uneinheitlichkeit der diversen Texte, so ergibt sich ein durchaus differenzierteres Bild von der komplexen Entstehungsgeschichte der fraglichen Texte, als es in den genannten Studien der Fall ist.

2.3.1 Exodus 23,20-33

Deuteronomium 7 u.a.	Exodus 23,20-33
	20 הנה אנכי שלח מלאך לפניך
	לשמרך בדרך
	ולהביאך אל=המקום אשר הכינתי
	21 השמר מפניו ושמע בקלו אל=תמר בו
	כי לא ישא לפשעכם כי שמי בקרבו
	22 כי אם=שמע תשמע בקלו
	ועשית כל=אשר אדבר
	ואיבתי את=איביך וצרתי את=צרריך
	23 כי ילך מלאכי לפניך
7,1 כי יביאך יהוה אלהיך את=הארץ	והביאך
...החתי והגרגשי והאמרי	את=האמרי והחתי והפרזי
והכנעני והפרזי והחוי	והכנעני והחוי והיבוסי
7,2 ...והביתם...	והכחדתיו
5,9 לא=תשתחוה להם	24 לא תשתחוה לאלהיהם
ולא תעבדם...	ולא תעבדם
5,8 לא=תעשה לך פסל ...	ולא תעשה כמעשיהם
(vgl. 12,30f.)	
7,5 ...מצבתם תשברו...	כי הרס תהרסם ושבר תשבר מצבתיהם
6,13 ...ואתו תעבד...	25 ועבדתם את=יהוה אלהיכם
(vgl. 7,13, Hos.2,7)	וברך את=לחמך ואת=מימך
7,15 והסיר יהוה ממך כל=חלי	והסרתי מחלה מקרבך
7,14 ...ולא=יהיה בך עקר ועקרה...	26 ולא תהיה משכלה ועקרה בארצך
	את=מספר ימיך אמלא
7,23 ונתנם יהוה...לפניך	27 ואת=אמתי אשלח לפניך

salomonischer Zeit" stammen. Aber dieser Aufbau ist genauso wenig plausibel wie LOHFINKs Vorstellungen über die chiastischen Strukturen in Dtn. 7, denn die "Logik des Aufbaus" erschließt sich nur dann, wenn man ihr die gliedernde Begrifflichkeit HALBES zugrundelegt- "Jahwes Beistand und Anspruch/Heil des Jahwedienstes/Jahwes Beistand und Anspruch"(S.486) - und die ist nichtssagend, weil zu allgemein.

והמם מהומה גדלה עד=השמדם	והמתי את=כל=העם אשר תבא בם
7,16 ואכלת את=כל=העמים אשר יהוה נתן לך...	ונתתי את=כל=איביך אליך ערף
7,20 וגם את=הצרעה ישלח יהוה...בם	28 ושלחתי את=הצרעה לפניך
עד=אבד הנשארים והנסתרים מפניך	וכרשה את=החוי ואת=הכנעני
	ואת=החתי מלפניך
7,22 ונשל...את=הגוים האל מפניך מעט מעט	29 לא אגשנו מפניך בשנה אחד
לא תוכל כלתם מהר	פן=תהיה הארץ שממה
פן=תרבה עליך חית השדה	ורבה עליך חית השדה
	30מעט מעט אגרשנו מפניך
	עד אשר תפרה ונחלת את=הארץ
	31 ושתי את=גבלך מים=סוף ועד=ים פלשתים
	וממדבר עד=הנהר
7,2 ונתנם...לפניך והכיתם	כי אתן בידכם את=ישבי הארץ
	וגרשתמו מפניך
החרם תחרים אתם	
לא תכרת להם ברית ולא תחנם	32 לא=תכרת להם ולאלהיהם ברית
	33 לא ישבו בארצך
7,4 כי=יסיר את=בנך מאחרי	פן=יחטיאו אתך לי
ועבדו אלהים אחרים	כי תעבד את=אלהיהם
7,16b ...כי מוקש הוא לך	כי יהיה לך למוקש

Zunächst ist im Blick auf Ex.23,20-33 festzustellen, daß es sich hier zwar der äußeren Stellung nach um einen Anhang zum sog. Bundesbuch handelt, daß der Text aber mit der Gesetzessammlung als solcher nichts zu tun hat. Dementsprechend wird der Rahmen auch in der Regel gesondert behandelt[160]. Auch in den weiteren Erzählungszusammenhang der Sinaiperikope lassen sich die Verheißungen und Anweisungen nicht recht einordnen, denn sie zielen über diesen hinaus. Insgesamt schauen sie auf die Landnahme und den Umgang mit den Völkern im Verheißungsland

---

160   BOECKER, Recht und Gesetz im Alten Testament und im Alten Orient, Neukirchen/Vl. 1976, S.117. B.BAENTSCH, Das Bundesbuch Ex XX,22-XXIII,33, Halle, 1892,S.58. PERLITT, Bundestheologie, S.157A.6: "nicht das Gesetz, sondern die Sorge um das Land der Verheißung brachte diese Verse zum Leben. Das aber ist eine Sorge, die der Kern der Sinaiperikope nicht hat." Folgt man aus diesem Grunde NOTHs Auffassung (ATD 5,S.140), so ist zu konstatieren, daß der Anhang dem Bundesbuch bei seiner Einfügung in die Sinaiperikope zugewachsen ist und den Interessen der Verfasser von Ex.34 und Dtn. 7 (auch zeitlich) nicht fernsteht.

voraus, aber in der Schilderung der Landnahme erfahren wir von dem מלאך , von welchem v.20ff. reden, nur in einem Anhang zur dtr. Darstellung in Ri.2,1-5[161], die literarische Verbindung ist also denkbar locker. Zudem erweist sich das gesamte Textgefüge als alles andere als einheitlich.

a)   V.20-22

V.20 setzt ein mit einer Zusage Jahwes (an Israel?), er werde seinen Boten senden, welcher es auf dem Weg bewahren und in das Land geleiten werde. Das Motiv stammt aus den Vorstellungen des Jahwekrieges, wo der Bote zum Schutz (Ex. 14,19a.20a) wie zum Fluch (2.Sam. 24,17f.; 2.Kön. 19,35) ausgesandt werden kann[162]. Insofern legt sich die Annahme nahe, daß der Text in der Verheißung, Jahwe werde אמה und צרעה vor Israel hersenden (v.27.28), gleichfalls legendarische Motive der Kriegserzählungen aufnimmt, die Verse also mit zu dem Grundgerüst des Textes gehören. Dennoch empfiehlt es sich, der Reihe nach vorzugehen.

Zunächst ist die Vorstellung eines himmlischen Mittlers bei der Führung durch die Wüste und nicht nur bei Machttaten Jahwes im Kriege als eine legendarische Transzendierung der (dtn./dtr.) Anschauung von der Bewahrung und Führung durch Jahwe selbst anzusehen; בוא (hif.) erscheint ansonsten nur mit Jahwe als Subjekt (vgl. aber Ri. 2,1). Da das Motiv in alten wie in jungen Schichten des A.T. erscheint, lassen sich aus traditionsgeschichtlichen Erwägungen allein keine Rückschlüsse auf das Alter von Ex.23,20f. ingesamt schließen. Die Empfindung, daß die Repräsentanz der Gegenwart Jahwes durch den מלאך "undeuteronomisch" sei (HALBE)[163], kann jedenfalls nach-dtn., spät- oder nach-dtr. Abfassung nicht ausschließen. Denkbar ist auch, daß infolge einer stärker vom Bilderverbot her denken Generation Jahwe stärker entrückt erscheint (W.H.SCHMIDT)[164].Das Boten-Motiv verbindet sich im Zusammenhang der Landnahmeverheißungen gut mit der Vorstellung, Jahwe werde אמה und צרעה vor Israel hersenden (v.27f.) und läßt im Verein hiermit ein Grundgerüst des Textes erkennen, verbunden durch das Stichwort שלח לפניך (v.20.27). Vergleichbare "Hoheitsboten" sind sowohl im alten

---

161   Zum Anhangscharakter dieser Stelle vgl. SMEND, Das Gesetz und die Völker, S.134f.. Der literarische Zusammenhang zwischen Jos. 24,28-31 und Ri. 2,6-9.10 wird durch Jos. 24,32f. und Ri. 1,1-2,5 unterbrochen und steht in inhaltlicher Spannung hierzu. Die formgebenden Schichten des dtr.G integrieren also diesen Text nicht.

162   Der מלאך vertritt Gott im Bereich des Sichtbaren (vgl. Gen.16,7.13; 22,11f.14; 21,17f.; Ex.3,2a; Ri.13,3.21f.) und kündet dessen Gegenwart. Das Motiv erscheint in alten wie jungen Bereichen des A.T. Lit.: HIRTH, Gottes Boten im A.T., Berlin 1975; NÖTSCHER, "Das Angesicht Gottes schauen", Würzburg 1924(= Darmstadt 1969), S.220ff.; W.H.SCHMIDT, Ausprägungen des Bilderverbots? FS G.Friedrich, 1973, S.25-34; RÖTTGER, Mal>ak Jahwe - Bote von Gott. Die Vorstellung von Gottes Boten im hebräischen Alten Testament, Regensburger Studien zur Theologie 13, Frankfurt u.a. 1978.

163   Privilegrecht, S.493f., auch SCHMITT, Du sollst keinen Frieden schliessen, S.15.360ff., ROETTGER, a.a.O., S.282f..

164   A.a.O.

Orient bekannt[165], aber auch im Alten Testament, sowohl für den König (Prv. 20,2), als auch für Jahwe (Gen. 15,12?; Ex. 15,16; 23,27; Dtn. 32,25; 33,18; Jos.2,9; Esr. 3,3; Hi. 9,34;13,21; 33,7 und öfter). Das Fehlen des Ausdrucks אמה (mit gen.subj.:Jahwe) im Dtn. sagt angesichts der Seltenheit und der breiten Streuung des Motivs nichts über eine dtn. oder nicht-dtn. Abfassung aus[166].

Daß als Ziel der Führung ein von Jahwe festgesetzter Ort angegeben wird, ist doch wohl nur dahingehend zu verstehen, daß die dtn. Anschauung von dem Ort, den Jahwe erwählt und als Ziel der Landnahme vorgibt hier schon vorausgesetzt wird (vgl. Dtn. 26,2.8f.!). Die Wahl des ungewöhnlichen Ausdrucks כון (hif.) erinnert an Texte, welche davon reden, daß Jahwe Himmel und Erde, ein Königtum, seinen Thron "gründe". Bzgl. Jerusalems ist die Wendung im Hitpael in Jes.54,15 belegt (bzgl. Zion: Ps. 48,9; 87,5)[167]. Der bestimmte Artikel in המקום zeigt an, daß nur ein einziger Ort gemeint ist, belegt somit, daß die dtn. Maqom-Formel im Hintergrund steht, welche durch den Ausdruck כון eine feierliche Aufhöhung erfährt[168].

Insgesamt ist in v.20-22 nicht der Eindruck einer besonders alten (wohl einer altertümelnden) Sprache zu gewinnen. So ist wohl die Wendung לשמרך בדרך (Subj. Jahwe) im Dtn. so nicht belegt, indes bieten die von BREKELMANS für den Beleg vor-dtn. Abfassung angeführten Stellen kaum überzeugende Argumente[169]: er nennt Gen. 28,15.20 und Jos. 24,17, erstere gehören in den Bereich hinzugefügter Beistandsverheißungen an Jakob (WESTERMANN)[170], letztere enthält ein exemplarisches Bekenntnis der dtn/dtr. Schule: וישמרנו בכל=הדרך[171]. Der Gedanke der Führung (בוא, hif.) und die Abwandlung der dtn. Maqom-Formel weisen gleichfalls eine dtn. Vorgeschichte auf. Die Warnung ...השמר לך (v.21) ist aus der dtn. Paränese bekannt (vgl. Dtn. 6,12 u.ö.), in Verbindung mit jnpm aber ist sie singulär im A.T. Das Gebot, auf die Stimme des מלאך , und d.h. Jahwes, zu hören (שמע בקלו , mit inf.abs.) ist belegt in Ex.15,26 und 19,5, beides sicher dtr. Stellen[172], sodann in Dtn. 11,13; 15,15; 28,1 und Sach. 6,15 - keine einzige dieser Stellen ist vor-dtn. oder vor-dtr.[173].

---

165 Vgl. hierzu MORENZ, Der Schrecken Pharaos, in: FS C.J.Bleeker, Numen Suppl.17, Leiden 1969, S.113-125.

166 Gegen HALBE, a.a.O., S.495f.

167 Vgl. GERSTENBERGER, Art. כון , ni. -feststehen, THAT I,Sp.812-817.

168 Die Maqom-Formel steht sonst nicht mit כון , s.Dtn. 12,5.11;13.18.21.26; 14,23.24 etc.

169 Vgl. BREKELMANS, Eléments deutéronomiques, S.85.

170 BK I,1, S. 555.559.

171 Ansonsten ist die Wendung breit gestreut, vgl. SAUER, Art. שמר , THAT II, Sp. 982-987, 986f., besonders natürlich in Psalmen und Gebeten.

172 Zu Ex.15,26: FUSS, Die deuteronomistische Pentateuchredaktion in Exodus 3-17, BZAW 126, S.330f.; zu Ex.19,5 PERLITT, Bundestheologie, S.171f..

173 Abgesehen davon ist שמע בקול dtn./dtr. Leitwort.

V.21b fällt auf durch den Numeruswechsel in der Anrede. Es scheint, als erinnere hier ein anderer als der Verfasser von v.20.21a an die göttliche Strafandrohung, wie sie etwa der Dekalog (Ex.20,7par.) dem Ungehorsamen entgegenhält. נשא לפשע - so spricht über die Sündenvergebung (Subjekt Jahwe, Objekt Israel) im gesamten A.T. nur noch Jos. 24,19: אל קנוא הוא לא ישא לפשעכם - die Prädikation war somit in der dtr. Schule geläufig[174]. Der zweite Teil (v.21bβ) ist durch einen erneuten Numeruswechsel gekennzeichnet und wirkt wie eine nachträgliche warnende Verstärkung der vorhergehenden Aussage. Die Begründung der Autorität des Boten (כי שמי בקרבו) ist ganz ungewöhnlich: er wird unmittelbar mit dem Jahwenamen behaftet, mit ihm ist der Name Jahwes präsent "wie der König in seinem Gesandten..."[175]. Der Bezug zur ersten Aussage legt nahe, daß es hier weniger um die Vollmacht des מלאך als solchem geht, als vielmehr darum, zu erklären, woher die Befähigung, Sünden heimzusuchen kommt.

Ex. 20,21b dürfte eine Ergänzung eines Verfassers sein, der sich an dieser Stelle an Ex. 20,7par. erinnert fühlte. Die pluralische Doppelung der Begründung , die die Bestrafung des Murrens gegen den Boten als פשע und als Versündigung gegen Jahwe selbst ansieht, wirkt als nachträgliche Verstärkung. Die Aussage steht nicht in ausdrücklicher Spannung zu einer dtn. Namenstheologie, sondern scheint vielmehr von ihr her zu leben: der Name Jahwes gewährleistet seine Ansprechbarkeit und also seine Gegenwart.

Zu v.22: Daß in Israel zu tun sei צוה יהוה, אמר דבר, כל=אשר - das ist ein Topos der dtr. Gesetzesparänese: vgl. Dtn. 5,27; 12,11.14b (18,18); Jos. 22,2; 1.Kön. 11,38; 2.Kön. 18,3 (vgl. auch Dtn. 2,37). Auch die weiteren atl. Belege der Wendung sind dem dtr. Bereich zuzurechnen[176]. V.22b ist sprachlich eigentümlich: איבתי ist hapax legomenen, צרתי mit Subjekt Jahwe ist nur hier bezeugt[177], der צרר als Feind Israels erscheint nur hier im A.T.[178]. Daß v.22 die Erfüllung der Verheißungen Jahwes gar an den Gehorsam gegenüber dem Boten bindet, wirkt wie eine

---

174 Zur dtr. Abfassung vgl. PERLITT, a.a.O., S.243f.260A.

175 BEER, HAT 3,S.121. Der Text sollte nicht gegen die Maqom-Formel mit ihrer "Namenstheologie" ausgespielt werden (gegen HALBE, S.370.494), denn diese gehört in eine andere Situation, abgesehen davon, daß ohnehin umstritten ist, ob es eine "spezifisch dtn. Namenstheologie" gibt, die den Gedanken einer Nennung des Jahwenamens über einem Boten ausschließt (van der WOUDE, Art. שם , THAT II,Sp.935-953, Sp.954f.) .

176 Ex.19,8 (D, PERLITT, Bundestheologie, S.175f.) Ex.24,3.7 (ders., S.193ff.; vgl. Dtn. 5,27); Jer. 1,7 D (vgl.Dtn. 18,18 ; THIEL, WMANT 41, S.65ff.76f.); 32,23 D (THIEL, WMANT 52, S.33f.); nach-dtr.: Ez. 44,5; 2.Chr. 33,8 und bei P: Ex. 7,2; 25,22; 34,32; 35,10; 38,22; Lev. 9,10; Num. 15,23. Nur drei vor-dtr. Stellen sind zu nennen: Gen. 31,16b (an Jakob); Num. 22,17; 23,26 (E?, an Bileam).

177 BREKELMANS, Eléments deutéronomiques, S.86.

178 Vgl. aber צרר als Feind des Beters in den Psalmen (Ps. 6,8; 7,5.7; 23,5; 31,12; 42,11; 69,20; 143,12) bzw. Jahwes (Ps. 8,3; 74,4.23) bzw. des רשע : Ps.10,5; Est.8,1; 9,10.24; vgl.Jes.11,13).

Aufnahme spät-dtr. Denkens in einem neuen Gewand. Neben dem Element der Transzendierung treffen wir hier auf eine Reihe von Wendungen, die deutlich an die dtr. Redeweise anklingen:

v.20: לשמרך בדרך - vgl.Dtn. 8,2; בוא hif. vgl.Dtn. 6,10; 7,1; 8,7; 26,9 u.ö.;

המקים אשר הכינתי - vgl. המקום אשר יבחר יהוה , Dtn. 12,4.11.14 u.ö.;

v.21: השמר לך פן=. - vgl. השמר מפניו , Dtn. 4,9;6,12;8,11 u.ö.; שמע בקלו - vgl. bzgl.

Jahwe: Dtn. 13,19;28,2;30,10 u.ö.;

מרה hif. mit prp. =ב - sonst nur noch in exilisch/nachexilischen Texten: Ez. 20,8.13.21; Neh. 9,26; Ps. 106,43 (hrm hif.: Dtn. 1,26.43; 9,7.23.24; 31,27; Jos. 1,18; 1.Sam. 12,14)[179].

Insgesamt machen v.20-22 also nicht den Eindruck eines alten Textes. V.21b ist vermutlich eine sek. Fortschreibung. -

b)   V.23-24

Mit v.23 wird der Vorblick auf die Einnahme des Verheißungslandes abgebrochen und ein Gebot setzt ein im historisierenden Stil der dtn. Gebote, nur daß nun anstelle Jahwes der Bote leitendes Subjekt des Vordersatzes ist. Hier liegen die Berührungen mit Dtn. 7,1f. auf der Hand. Die Völkerliste ist anstelle des Landsatzes getreten, die Girgasiter fehlen wie auch sonst zuweilen in gegenüber Dtn. 7,1 jüngeren Texten (vgl.Dtn. 20,17). Anstelle der Dahingabe der Feinde an Israel tritt hier Jahwe durch seinen Boten in Aktion, welcher die Völker "verschwinden" läßt (כחדתיו/ם)[180]. Das Verbum כחד begegnet in vergleichbarem Zusammenhang nur noch in 2.Chr. 32,21 (der Bote vernichtet die assyrischen Krieger), vor-dtr. ist es garnicht belegt, lediglich noch in dem dtr.Vers 1.Kön. 13,34 (bzgl. Jerobeams) und nach-dtr. in Ps. 83,5; Sach. 11,8[181]. Im Unterschied zu Dtn. 7,1f. wird hier nicht mehr geboten, die feindlichen Völker zu vernichten, dies ist vielmehr ganz Sache Jahwes und seiner himmlischen Macht geworden. Es geht für Israel allein darum, gegenüber der Versuchung anderer Religionen am ersten Gebot festzuhalten, an welches v.24 deutliche Anspielungen enthält, wie die Synopse zeigt. Für das Bilderverbot steht der allgemeinere Hinweis auf nichtjahwistische Kultpraktiken. Dabei erinnert die Form לא תעשה כמעשיהם an Dtn. 12,29ff.(dtr.), die Polemik gegen מעשה הגוים ist sicherlich erst dtr.[182]. Übereinstimmend ist auch die Reihenfolge der Verben עבד und השתחוה . Das Verbot der Verehrung fremder Götter entspricht sowohl dem Dekalog (Ex. 20,5/Dtn. 5,9) als auch der dtr.

---

179   Belege bei KNIERIM, Art. מרה , THAT I, Sp.928ff.

180   Zur Bedeutung vgl. Ges.B., S.340f.

181   2.Kön.19,35 (ויצא מלאך יהוה ויך במחנה אשור מאה שמונים)

hat eine jüngere Parallele in 2.Chr. 32,21, die das Verbum כחד verwendet:

וישלח יהוה מלאך ויכחד כל-גבור חיל במחנה .

sek.-dtr. Abfassung von 1.Kön.13,34 vgl. WÜRTHWEIN, ATD 11,1, S.168; zur nachexilischen Herkunft von Ps. 83 vgl. GUNKEL, Psalmen, S.364f. (gegen KRAUS, BK XV,2, S.741f.).

182   מעשה הגוים : Ps.105,35, dtr.; und Lev. 18,3 (H) belegt. Im Dtn. ist das vergleichbar der Polemik gegen die Kultgegenstände und Bilder als מעשה ידים (Dtn. 4,28; 27,15; 31,29).

Hauptforderung (vgl. Dtn. 4,19; 8,19; 11,16; 17,3; 29,25)[183]. V.24b - כי הרס תהרסם -
schließlich birgt einen deutlichen Anklang an Dtn. 12,3;7,5; das Verbum הרס (pi.) erscheint im
A.T. ansonsten nur noch bei Dt.-Jes. (Jes.49,17)[184]. Die Tatsache, daß zu Ex.23,23f. Parallelen zu
verschiedenen Schichten aufweist, welche in Dtn. 7 erst im Zuge eines längeren
Fortschreibungsprozesses zueinandergekommen sind, belegt, daß Dtn. 7,1f.5 nicht den Exodustext
zur Voraussetzung hat, sondern daß umgekehrt Ex.23,23f. aus dtr. Tradition heraus erwachsen ist.

c)   V.25-26

Nach dem Einschub in v.21b stoßen wir mit v.25 zum zweiten Male auf das Phänomen des Numeruswechsels: auf das (singularische) Gebot der Zerstörung nichtjahwistischer Kultgegenstände bei
der Landnahme folgt (pluralisch) das Gebot, Jahwe (allein) zu dienen
(ועבדתם את-יהוה אלהיכם), v.25a. Interessanterweise treffen wir hier auf den umgekehrten Fall
wie in Dtn. 6,13f.: als Pendant der dtn. Zentralforderung, Jahwe allein zu dienen (singularisch) erscheint dort (pluralisch) das Verbot, andere Götter zu verehren (v.14). Die typisch dtn./dtr.
Verbindung יהוה אלהיך /=כם zeigt, daß wir es auch in dieser Fortschreibung in Ex. 23,25 mit
dtr. geschulten Verfassern zu tun haben. Interessanterweise bildet auch die durch v.25a bedingte
Segensverheißung, die wieder singularisch abgefaßt ist, eine gewisse Parallele zu Dtn. 7,14f. (s.
Synopse). Man hat den Eindruck, daß die Verfasser zumindest Hörer der in Dtn. 7 entstandenen
Botschaft waren, denn ihre Denkbewegungen verlaufen parallel zu den dortigen, wobei ihre
Wortwahl teils altertümlich, teils "jung" anmutet. So erinnert die Reihe der Segensgaben
(לחם + מים) in v.25 an Hos. 2,7 (Israel sagt von den Fruchtbarkeitsgöttern: נתני לחמי ומימי),
das Perf.cons., 3.sg.m., von ברך erinnert an Dtn. 7,13b, wie andererseits der unvermittelte
Wechsel von der 3. in die 1.Pers. an Dtn. 7,4. V.25bβ ist Dtn. 7,15a vergleichbar, neben der
Variante der 1.sg. wird hier jedoch anstelle des vielfach belegten חלי allgemeiner von מחלה
gesprochen, ein Ausdruck, der außer in der dtr. Glosse Ex.15,26 nur noch in dem dtr. Vers
1.Kön.8,37 (par.2.Chr.6,28) belegt ist[185]. Die im Dtn. häufig belegte Wendung מקרבך bzw.
קרב bzgl. Israels (vgl.Dtn. 7,21) erscheint auch in Ex.23,25[186], ein weiterer Beleg für die Nähe
des Textes zum Deuteronomismus.

---

183   Nur das Verbot des השתחוה עבד : Ex.34,14; von dby: Jos. 24,2.14.15.16.18; Dtn. 7,4.16.

184   Wiederum ist die Form (Inf.abs.) singulär, ansonsten ist neben Dtn. 12,3; 7,5.15 zu verweisen auf
      Parallelen in Ex.34,14 und 2.Kön.18,4;23,14 - keine ist vor-dtr. (zu Ex.34,14 s.u.).

185   FUSS, Die deuteronomistische Pentateuchredaktion in Exodus 3-17, BZAW 126, S.330f.; zur spät-
      dtr. Abfassung von 1.Kön.8,37 WÜRTHWEIN, ATD 11,1, S.95f.98. חלי im Kontext von
      Segen und Fluch: Dtn. 7,15; 28,59.61.

186   Vgl. Dtn. 4,3; 6,15; 13,6.14; 17,7; 18,15; 19,19; 21,9; 21,21 u.ö.; mit הסיר außer Dtn. 7,15 Ri.
      10,16(dtr.) und Zeph. 3,11.

Die Wendung, Jahwe werde vollmachen אֶת=מִסְפַּר יָמֶיךָ (pi.) מלא ist im A.T. singulär. Die Variante von v.26a gegenüber Dtn. 7,14b enthält über die Zusage, es werde in Israel keine Unfruchtbarkeit geben, hinaus die Versicherung, es werde auch keine Fehlgeburten geben[187]. Insgesamt erinnert die Verheißung an die dtr. bedingten Segensverheißungen, auch der Hinweis auf die Vielzahl der Lebetage (vgl. die Belege bei BREKELMANS[188]). Dort, wo sich in Ex.23,23-26 also verstärkt Berührungen in Ausdruck, Aufbau und Aussage zum Dtn. zeigen, ist eine spätere Abfassung als die der dtn. Parallelen durchweg eher wahrscheinlich. Die singularische Fortführung der Segensverheißung (v.25b.26) im Anschluß an das pluralische Gebot, Jahwe zu dienen (v.25a) ist ohne dasselbe nicht gut in den Kontext zu integrieren, wird durch dieses gleichzeitig als sek. Einschub mit dem Kontext herausgehoben. V.25-26 ist sekundäre Fortschreibung[189].

d)   V.27-31a

In v.27-33 liegt eine ganze Reihe von Verbindungen zu Dtn. 7,16.17-24 einerseits und Dtn. 7,1f. andererseits vor. Das eingangs angeschnittene Thema der Landnahme wird wieder aufgenommen. Die Ankündigung, Jahwe werde sich, wenn Israel dem מלאך gehorsam sei, gegen die Feinde wenden, wird nun weitergeführt: Jahwe will auch אֵימָה und צִרְעָה über die Völker kommen lassen. V.27a ist eine vollmundige Parallele zu Dtn. 7,23, wobei die Dtn.-Stelle ohne weitere unmittelbare Seitenbelege ist, was das Verbum הום, qal, angeht, während הָמַם (Ex. 23,27) aus der Sprache der Jahwekriegsschilderungen geläufig (Ex. 14,24, J) und vornehmlich im dtr.G anzutreffen ist (Dtn. 2,15; Jos. 10,10; Ri. 4,15; 1.Sam. 7,10; 2.Sam. 22,15 Q), ansonsten in zumeist nach-dtr. Belegen[190]. Außer in Ex. 15,16 erscheint die Vorstellung von der אֵימָה nur noch in Dtn. 32,25 und Jos. 2,9; sie ist also in alten, vor-dtr., dtr. und spät-dtr. Texten belegt, sodaß über das Alter des Belegs von hier aus nichts gesagt werden kann[191].

Die Bezeichnung der Völker des Landes als כָל=הָעָם ist singulär. Die Wendung נָתַן אֹיְבִים עֹרֶף in v.27 erscheint ebenso wie das Verbum הָמַם in Ps. 18,41 (par. 2.Sam. 22,41) und in der Umkehrung gegen Israel in Jos. 7,8 (dtr. mit dem Verbum הפך). Die Motive des

---

187   מְשַׁכֵּלָה   (nach Ges.B.,S.826) in dem hier belegten Sinne vor-dtr. Gen. 31,38; nach-dtr. Mal. 3,11; Hi.21,10.

188   Eléments, S.87.; dtr. vgl. Dtn. 6,2: לְמַעַן יַאֲרִיכֻן יָמֶיךָ etc.

189   Anders HALBE, a.a.O., S.484f.; SCHMITT, a.a.O., S.17; sie gehen auf die literarischen Spannungen im Text hier wie auch an anderen Stellen nicht ein, sondern suchen nur nach Argumenten, die die Berührungen zu Dtn. 7 zugunsten eines höheren Alters der Exodusvorlage auslegen.

190   Ps. 18,15; 144,6; Est. 9,24; 2.Chr. 15,6 mit Subjekt Jahwe. הום bzgl. der Bevölkerung des Verheißungslandes verwendet Dtn. 7,23 (vgl.auch Jos. 10,10) -zum Begriff vgl. STOLZ, Jahwes Kriege, S.20f.

191   Was Ex. 15,1-18 angeht, so ist in jüngerer Zeit u.a. von JEREMIAS die Vermutung später Abfassung geäußert worden (vgl. JEREMIAS, Das Königtum Gottes in den Psalmen, FRLANT 141, Göttingen 1987, S.93ff.103-106).

Jahweschreckens wird man einerseits von altisraelitischen Theophanievorstellungen her am ehesten verstehen (המם Ex. 14,24; Ps. 18,15 , נתן ערף Ps. 18,41), in deren Zusammenhang wohl auch die מלאך-Vorstellung wurzelt (vgl. Ex. 14,19). Andererseits zeigt gerade die Variante gegenüber Dtn. 7,23 in der Vermeidung eines expliziten Hinweises auf die Vernichtung der Völker (שמד, hif.) und das Fehlen jeglicher Reflexion auf die Beteiligung Israels wie des Banngebotes zugunsten von Verben, die lediglich vom Erschrecken und von der Vertreibung der Völker reden (גרש , Ex. 23,28 gegenüber Dtn. 7,1.20.22 נשל , ביד / נתן לפני Dtn. 7,2), daß Ex. 23,27f. auf einer späteren Stufe anzusiedeln ist, für welche die zunehmende Transzendierung der Landnahme- und Jahwekriegsidee charakteristisch ist[192]. Die Worte v.RADs von der "Vergeistlichung des heiligen Krieges"[193] werden somit auf Ex.23,20-28 (und auch 29-33) insgesamt anzuwenden sein, wobei auffällig ist, daß in der Zeit, da es solche heiligen Kriege nicht mehr gab, in der "epischen Darstellung der Heilsgeschichte...die Zeit der großen Kriegstaten Jahwes die Zeit der Wüstenwanderung und Landnahme ist, während die Richterzeit, d.h. die Zeit der eigentlichen heiligen Kriege demgegenüber ganz zurücktritt."[194].

Dies gilt auch für das Motiv der צרעה . Folgt man den alten Übersetzungen, so ist mangels anderer Parallelen und überzeugender etymologischer Anhaltspunkte hier die Übertragung "Hornisse" am Platze[195]. Der Ausdruck ist an allen Stellen bildhaft, eine historische Deutung ist aus den Texten selbst nicht zu entnehmen[196]. Es begegnet außer in Ex.23,28 (Jahwe sendet die צרעה gegen Hiwiter, Kanaaniter, Hethiter) in Dtn. 7,20 (Jahwe sendet sie gegen die, die sich bei dem ersten Eroberungssturm verbergen konnten und übrigblieben) und Jos.24,12 (Jahwe sendet sie gegen die Amoriterkönige). Der traditionsmäßige Anhalt von Jos.24,12 ist unklar, da das Motiv ansonsten im Jos.-Buch nicht erscheint. Ähnliches gilt für Dtn. 7,20, wo man sich fragt, wer denn mit den נשארים ונסתרים , den "Übriggebliebenen" und den "Versteckten" gemeint sein könnte, die es infolge der Vollstreckung des Banngebotes nicht geben dürfte, es sei denn, Dtn. 7,17-24 ist insgesamt in einem anderen Kontext anzusiedeln, in welchem der Verbleib von Restvölkern im Verheißungsland gleichnishaft für das Problem der Fremdvölker im Lande überhaupt steht. Ein

---

192 Das Verbum גרש (= vertreiben) bleibt hinter der Bannvorstellung des Dtn.s zurück.

193 V.RAD, Heiliger Krieg, S.80

194 A.a.O., S.82; vgl. Ps. 105; 135; Ex. 15.

195 Gegen die Übertragung KÖHLERs (KBL,S.817) "Niedergeschlagenheit, Entmutigung" (von צרע*) sprechen die alten Übersetzungen: Targ.Onk. ערעיתה , LXX σφηκία , Vulg. "crabro" (=vespa orientalis) und die alt-jüdische Tradition (vgl. LEVY, Wörterbuch über die Talmudium und Midraschim, 2.Aufl. 1924, Bd.4, S.220; BOROWSKI, The Identity of the Biblical צרעה , in: C.L.Meyers/M.O`Connor, Hrsg.: The Word of the Lord Shall Go Forth, FS D.N.Friedman, ASOR (Sp.Vol.Ser.)1, Winona Lake (Ind.), 1983, S.315-319 (S.315, Lit.); SCHMITT, Du sollst keinen Frieden schließen, S.19f.

196 Vermutungen in dieser Richtung äußert J.GARSTANG, Joshua and Judges, London 1931, S.259f.: צרעה erinnere an Feldzüge der Ägypter vor der Landnahme durch die Israeliten (ähnlich BOROWSKI).

solcher Gedanke scheint auch Ex.23,28 zugrunde zu liegen, denn auch hier werden ja nicht alle Völker der "vorisraelitischen" Zeit aufgezählt, sondern nur drei: die Hiwiter, von deren Verbleib Jos.9 berichtet, die Kanaaniter, welche später fronpflichtig wurden (Jos. 16,10f.; 17,12f. u.ö.), und die Hethiter, von denen 1.Sam. 26,6; 2.Sam. 11,3ff. zu erzählen wissen[197]. Vom Verbleib der übrigen Völker berichten lediglich die sekundären summarischen Listen in Ri. 3,5; 1.Kön. 9,20. Es ist somit denkbar, daß die Beschränkung der Völkerliste in Ex. 23,28 mit der Vorstellung des Verbleibs von bestimmten Restgruppen zusammenhängt, die auch in Dtn. 7,20 angedeutet wird. Der Widerspruch zwischen der heftigen Wirkung des "Hornissen-Überfalls" und dessen Androhung gegenüber Völkern, die nachweislich lange nach der Landnahme im Lande verblieben sind, ist schon in Ex.23 angelegt. Er wird abgemildert in 23,29f., worin Jahwe (man beachte den Subjektwechsel in גרש !) zusagt, er werde die Völker (dennoch) nach und nach vertreiben, damit Israel sich in Ruhe so sehr vermehren kann, daß es das ganze Land auch zu besetzen und zu bearbeiten imstande ist. Daß hier nachträglich eine Erklärung für die Nichterfüllung einer Verheißung gesucht wird, auf deren Eintreffen man auch in späterer Zeit nicht zu warten aufgehört hat, ist offensichtlich. Ebenso ist deutlich, daß sowohl Ex. 23,29f. als auch Dtn. 7,22 den Duktus ihres jeweiligen Kontextes unterbrechen. Dabei vermeidet Ex. 23,30 zu sagen, was Dtn. 7,22 behauptet, daß Israel nämlich garnicht in der Lage sein wird, die Völker schnell, מהר , zu besiegen. In der Nuance verschieden, in der Ausrichtung wie im Ausdruck sind beide Stellen miteinander verwandt; man wird beide nach-dtn./dtr. Glossatoren zuschreiben müssen[198]. Die Überdehnung der Landverheißung schließlich auf ein Gebiet welches vom Schilfmeer - gedacht ist wohl an die Grenze Ägyptens - bis zum Euphrat reicht, gehört innerhalb des dtr.G zu den Vorstellungen spät-dtr. Ergänzungsschichten und dürfte in Ex.23,31a zumal angesichts der Verwendung der sonst nicht geläufigen Bezeichnung ים פלשתים kaum älter sein als die dtr. Anschauung[199].

Der Text erweist sich also bisher weder in seinem Grundgerüst (i.e.Ex. 23,20-22.27-28.31a) noch in dessen Erweiterungen (v.23-24; 25-26; 29f.) als älter gegenüber Dtn. 7 oder als vor-dtr.!

e)   V.31b-33

Dies gilt auch für die Erinnerung an das Vertragsverbot in Ex.23,31b-33. Zunächst ist festzustellen, daß die Berührungen mit Dtn. 7 verschiedene Schichten dieses Kapitels übergreifen (vgl. die in der Synopse aufgeführten Berührungen mit Dtn. 7,1-2.4.16b). Wie v.25a hebt sich v.31bα durch einen Numeruswechsel vom Vorhergehenden ab. Daß das Thema nicht schon im Anschluß an die Nennung der Völker in v.23 berührt worden ist, wird man sich am besten dadurch erklären, daß v.31b.32f. ebenso wie v.25f. als spätere Ergänzungen anzusehen sind. Gegenüber der konkreteren Völkerliste

---

197   Vgl. oben zur Völkerliste, S.244ff..
198   So die meisten Kommentare. Zum besonderen Sprachgebrauch vgl. BREKELMANS, a.a.O.,S.87.
199   Vgl. Dtn. 1,7b;11,24; Jos. 1,4, PERLITT, Motive und Schichten der Landtheologie im Deuteronomium, S.51.

wird einfach von ישבי הארץ gesprochen. Strukturmäßig ist der Satz v.23f. oder auch Dtn. 7,1f. vergleichbar, was die historisierende Gebotseinführung angeht. Daß es sich um eine jüngere Form des Vertragsverbots handelt als in Dtn. 7,2 wird an der Ausdehnung desselben auf die Gottheiten sichtbar (ולאלהיהם), zu dem Gedanken der Gefahr einer Verführung zum Gottesdienst tritt hier vermutlich - historisch undifferenziert - der einer Alternierung des Horeb- bzw. Sinaibundes. Dabei ist sowohl das Beieinander von Vertragsverbot und Bilderverbot in Dtn. 7,2.5 wie das Beieinander von Bilderverbot (Dekalog) und dessen Deutung als Berit-Text (Dtn. 5,2f.) vorausgesetzt. Die Verbindung mit v.33a (לא ישבו בארצך) läßt deutlich den dtr.. Hintergrund erkennen, der durch Jos. 9 gegeben ist und Dtn. 7,2 gegeben ist: eine Berit mit den Völkern eingehen bedeutet, diese im Verheißungsland wohnen zu lassen. In Ex.22,33 wird das Vertreibungsverbot auch auf die Götter ausgedehnt, der Bezug des Bannes auf die Kultstätten, wie ihn Dtn. 7,4; 12,2 und Ex.23,24 fordern, ist dabei impliziert.

Das Verbum חטא , hif., i.S. von "zur Sünde wider Jahwe verleiten", v.32b, entspricht einer Intensivierung des dtn./dtr. סור (hif.) (Dtn. 7,4 u.ö.). Subjekt sind die ישבי הארץ, auch dies ein Hinweis darauf, daß die Erwähnung der Gottheiten in v.31b parenthetisch ist. Im übrigen ist חטא (hif.) ein klassisches dtr. Leitwort[200], seine allgemeine Anwendung hier setzt seine spezifische Ausprägung dort voraus[201]. Die Warnung, Götzendienst könne eine Falle für Israel sein (מוקש), ist aus dem Duktus dtr. Theorien heraus erklärbar: Götzendienst löst den Zorn Jahwes aus, Jahwe wird Israel bestrafen und Israel das Land nicht erben[202]. Als Vorstufe des Landverlustes erscheint der Umstand, daß die Restvölker nicht vertrieben werden und so zu einer permanenten Gefahr für Israel darstellen (Jos. 23,13; Ri. 2,3). Dort, wo dieser Zusammenhang im A.T. ansonsten noch erwähnt wird, ist dtr. Einfluß meist deutlich erkennbar (Ri. 8,27; Ps.106,36) bzw. nicht auszuschließen (Ex. 34,12).

Fazit: Die Dtn. 7 und Ex.23,20-33 zugrundeliegenden Traditionen sind, sofern ihre Motive nicht auf die Jahwekriegs- und Theophanievorstellungen alter Zeiten zurückgehen, wie die Rede vom Gottesboten, vom Jahweschrecken, von צרעה, הם, אמה in ihrer jetzigen literarischen Ausformung nicht aus dem Überlieferungszusammenhang der dtr. Schule und ihrer Literatur herauszulösen. Eine unabhängige Tradition, die die heterogenen Elemente in sich vereinigte, ist nicht auszumachen. Zudem ist Ex. 23,20-33 durchweg gegenüber dem mehrschichtigen Komplex von Dtn. 7 als der jüngere Text

---

200 Vgl.1.Kön. 14,16; 15,26.30.34; 16,2.13.19.26; 21,22; 22,53; 2.Kön. 3,3; 10,20.31; 13,2.6.11; 14,24; 15,9.18.24.28; 17,21; 21,11.16; 23,15; Jer. 32,35Q (D); nach-dtr.: Koh. 5,5; Neh. 13,26.
201 Gegen BREKELMANS, a.a.O., S.88.
202 Vgl. das zu Dtn. 6,15b; 7,4 Gesagte. מקום : Dtn. 7,17; bezgl. der Gefährdung Israels auch Ri. 8,27; Ps. 106,36 (nach-dtr.).

anzusehen, in dessen kerygmatischen Einheiten jeweils Motive aus verschiedenen dtn. Schichten ineinander verwoben sind. Ex. 23,20-33 ist selbst mehrschichtig, eine Grundschicht zeigt sich in v.23,20-22.27-28.31a, Ergänzungen bzw. Fortschreibungen haben sich in v.23-24, in v.25-26.31b.32-33 und in v.29-31a angelagert[203].

2.3.2 Exodus 34,11b-16

Das Verbot des Connubiums im Rahmen der
Bundeserneuerung am Sinai (Ex. 34,1-28)

In Ex. 34,11b-16 stoßen wir im Rahmen der Bundeserneuerungsszene nach der großen Versündigung Israels am Sinai (Ex.32) auf einen Gebotstext, der im Kern um nichts anderes kreist als um das Vertragsverbot. Alter und Schichtung sind höchst umstritten, die Ansetzungen schwanken um Jahrhunderte[204]. Nun sind wir in der selten glücklichen Lage, daß sowohl für den "Bundestext" (v.11-16.17.18-26) als auch für dessen Rahmen (v.1-10.27ff.) alttestamentliche Paralleltexte vorliegen, für letzteren in Dtn. 10,1-11*, für ersteren in Dtn. 7 und Ex. 23,20-33 bzw. v.18-26 in B und DT.[205]. Es ist dies ein Vorzug, der aufgrund einer Vielzahl sprachlicher Unterschiede im Detail bisher wohl kaum hinreichend gewürdigt worden ist. Wir wenden uns zunächst dem Rahmen zu, um sodann den hier interessierenden Text v.11-16 näher ins Auge zu fassen.

---

203 Außer dem Hinweis auf die formale und kompositionelle Einheitlichkeit bringt HALBE in seiner Analyse des Textes (a.a.O., S.485f.) keine Argumente für die ursprüngliche Zugehörigkeit von v.31b-33 zum Text. Der Umstand, daß manche Motive altertümlich erscheinen und im dtn./dtr. Schrifttum selten oder nicht wörtlich so vorkommen wie in Ex. 23,20-33 (HALBE, S.495f.), ändert nichts daran, daß die spezifische Verbindung der Motive noch dazu am Ende eines Gesetzeskorpus`in ihren Hauptzügen die dtn./dtr. Schultätigkeit voraussetzen bzw. aus ihr heraus verstehbar sind: es geht im Kern um das Problem der Vertreibung der גוים aus dem Verheißungsland und die Absetzung von ihren religiösen Praktiken. ZENGER, Sinaitheophanie, S.165, hat hier eine "zweite deuteronomistische Redaktion" " der frühnachexilischen Zeit, welche die Rückkehr in die Idealzeit des Anfangs proklamiert" gesehen, wie wir sehen, nicht zu unrecht.

204 Während HALBE, Privilegrecht, ihren Ursprung im Kern in vorstaatlicher Zeit annimmt, vermutet PERLITT, Bundestheologie, S.203-232, "daß der ganze Zusammenhang Ex32-34 ein vielseitiges und theologisch kunstvoll angereichertes Lehrstück bietet, das im Umkreis der dt Bewegung und spätestens in der Zeit Josias seine Heimat hat" (S.228), wobei der von ihm angegebene terminus ante quem von eher allgemeinen Überlegungen ausgeht, "...ob mit Sicherheit "spätestens" wird man wohl noch diskutieren" (SMEND, Entstehung, S.68).

205 Die eigentliche Gebotsteil setzt erst in v.18 ein. Die Festgesetze sollen hier nur am Rande behandelt werden.

a)   Der Rahmen

<u>Synopse zu Ex.34,1-4...28f.par.</u>

Deuteronomium 10	Exodus 34
1 בעת ההוא אמר יהוה אלי	ויאמר יהוה אל=משה 1
כראשנים	פסל=לך שני לחת אבנים
ועלה אלי ההרה	
ועשית לך ארון עץ	
2 ואכתב עת=הלחת את=הדברים	וכתבתי על=הלחת את=הדברים
אשר על=הלחת הראשנים	אשר היו על=הלחת הראשנים
אשר שברת	אשר שהרת
	והיה מכון לבקר ועלית בבקר אל=הר סיני 2
	ונצבת לי שם על=ראש ההר
	ואיש לא=יעלה עמך... 3
3 ואעש ארון עצי שטים	
4 ואפסל שני=לחת אבנים כראשנים	ויפסל שני=לחת אבנים כראשנים 4
	וישכם משה בבקר
ואעל ההרה	ויעל אל=הר סיני כרשר צוה יהוה אתו
ושני הלחת בידי	ויקח בידו שני לחת אבנים
	...
	ויהי=שם עם=יהוה 28
	ארבעים יום וארבעים לחלה
	לחם לא אכל ומים לא שתה
(vgl. 10,10)	ויכתב על=הלחת את=דברי הברית
4 ויכתב על=הלחת כמכתב הראשון	עשרת הדברים
את=עשרת הדברים	
אשר דבר יהוה אלהיכם בהר	
מתוך האש ביום הקהל	
ויתנם יהוה אלי	
5 ואפן וארד מן=ההר	והיה ברדת משה מהר סיני 29
	ושני לחת העדת ביד משה ברדתו מן=ההר
ואשם את=הלחת בארון אשר עשיתי	
ויהיו שם כאשר צוני יהוה	

Der Rahmen von Ex. 34 ist in Dtn. 10,1-11 aufgenommen worden, und zwar in der
Weise, daß in der Form der nacherzählenden Moserede zum Teil wörtlich wiederholt
wird, was in Ex. 34 steht. Im Anschluß an die redaktionelle Überleitung בעת ההוא in

Dtn. 10,1[206] wiederholt der Text Ex.34,1 in wörtlicher Rede: Jahwe gibt Mose den Befehl, sich wiederum zwei steinerne Tafeln zurechtzuschneiden, die wie die ersten beschaffen sind. Vorausgesetzt wird hier die Dekalogübergabe und die Fixierung des Dekaloges auf zwei Tafeln, sowie die Erzählung von deren Zerbrechen Ex. 32 (vgl.Dtn. 9); beide Themen werden jedenfalls nicht unabhängig voneinander überliefert[207].

> Sowohl in Ex.34,1 als auch erst recht in der Parallele in Dtn. 10,1 ist somit ein Stadium der Überlieferung vorausgesetzt, in dem der Dekalog in Verbindung mit dem Tafelmotiv zum festen Bestandteil der Sinai/Horeb-Tradition geworden ist. In Dtn. 10,1 folgt der Aufstiegsbefehl, danach - der Reihenfolge nach recht unpassend - der Befehl, die Lade anzufertigen, darauf in v.2 die Ankündigung, Jahwe werde die Tafeln eigenhändig neu beschriften, Dtn. 10,2 lehnt sich wiederum wörtlich an Ex. 34, an (vgl. Synopse)[208]. Während der Aufstiegsbefehl in Ex. 34,2 nachgeordnet ist, steht er in einer Kurzform in Dtn. 10,1 vor der Ankündigung der Tafelerneuerung. Diese ist eingerahmt in den Auftrag, die Lade anzufertigen, und, nach der Zusicherung der Neubeschriftung, die Tafeln darin zu deponieren. Bedenkt man, daß Dtn. 10,1f. bis auf die beiden Elemente Aufstiegsbefehl und Ladeanfertigung wörtlich mit Ex. 34,1 übereinstimmt, so liegt die Annahme nicht fern, daß der Aufstiegsbefehl im Blick auf die Ausmalung der Theophanieszene erst späterhin erfolgt ist und daß die Ladegeschichte bei der Einarbeitung des gesamten Komplexes in P in Ex.34 entfallen ist (vgl. Ex. 25,10.16P)[209]. Die Anfertigung der Lade berichtet P in Ex.37,1ff. Zu dieser Theorie paßt, daß Dtn.10,3 wieder wörtlich auf Ex.34,4 Bezug nimmt, jedoch die feierlichen, liturgisch anmutenden Momente der Darstellung von Aufstiegsbefehl und Ausführung nicht aufweist[210]. Auch von dem Bundesschluß, den die Darstellung in Ex.34,5-27 anführt, scheint Dtn. 10,1-5 noch nichts zu wissen: die Bundeserneuerung stellt sich hier als die Erneuerung der zerbrochenen Tafeln dar. PERLITT stellt die Bezüge von Ex. 34,2.5 zu Ex. 19,11.18 fest[211]: "in

---

206 "L'expression בעת ההוא est typique de la rédaction dtr." (GARCIA-LOPEZ, RB 85,1978, S.11). Vgl. Dtn. 1,9.16.18; 2,34; 3,4.8.12.18.21.23; 4,14; 5,5; 9,20; 10,1.8; Jos. 5,2; 6,26; 11,10.21; Ri.3,29; 4,4; 11,26; 12,6; 14,4; 21,14.24; 1.Kön. 8,65; 11,29; 14,1; 2.Kön.8,22; 16,6; 18,16; 20,12; 24,10. (s.weiter: LOEWENSTAMM, the Formula בעת ההיא in Deuteronomy, Tarbiz 28,1968/69, S.99-104; PLÖGER, Untersuchungen, S.218ff.).

207 PERLITT, Dekalog, TRE 8, S.409, behauptet, das Zwei-Tafel-Motiv sei unabhängig vom "Zehn-Wort" entstanden und nur in Dtn. 5,22 "direkt auf 5,6-21" bezogen, im Kontext von Ex. 20 erscheine es nicht. Aber welchen Sinn sollte eine Tafelerzählung haben, bei der nicht klar ist, was auf diesen Tafeln gestanden hat? Ex. 31,18* wird jedenfalls wie auch in Dtn. 10,4/Ex. 34,28* (v.1b!) der Inhalt in dem "Zehn-Wort" gesehen, eine Alternative entsteht erst durch das Hinzutreten einer zweiten Reihe von Bundesworten in Ex. 34, die aber soll Mose gesondert für sich aufschreiben (! כתב לך) (v.27).

208 DRIVER, Deuteronomy, ICC, S.117f.

209 Ebd.

210 Vgl. Synopse. Der Text Ex. 34 erinnert an Ex.19,16f.12f. und enthält eine neuerliche Ausmalung der (zweiten) Gottesbegegnung, sozusagen nach dem "Sündenfall" Israels.

211 Vgl. im folgenden PERLITT, a.a.O., S.213ff.

Wahrheit beweisen sie nur, daß der Verfasser die alte Theophanieschilderung kannte...in v.5aβ ist schon wieder das Subjekt unsicher; ist Jahwe gemeint, dann beweist der Gegensatz zu v.6aα (ויעבר / יתיצב) nur wieder die unanschauliche Traditionsmischung, die selten am Anfang steht...

Die Mose in den Mund gelegte Jahweprädikation in v.6aβ.7 ist keine Epiphanieformel,...sondern die Epiklese, die sich im Kontext von Ex 32, und d.h. im Kontext von Schuld und Vergebung ihren Platz erobert hat."[212] - Die Parallelen zu v.6aβ.b und 7 lassen erkennen, daß der Text die Tradition der dtn./dtr. Schule kennt[213], ebenso das die Bitte des (zu spät) anbetenden Mose (v.8) in v.9 tragende ...וסלחת לעוננו[214], jedenfalls nicht älter ist als diese.

Dort, wo der Erzählfaden wieder aufgegriffen wird, in Ex.34,28, finden wir auch wieder wörtliche Berührungen mit Dtn. 10,4.10. Dabei legt das Dtn. das Gewicht auf die Wiederholung der Umstände (כימים הראשנים , v.10). Dtn. 10,4a entspricht wörtlich Ex.34,28a, v.4b malt die Umstände nach der Vorgabe der Theophanieschilderung in Dtn. 5,4.22a aus[215]. Die Tafelübergabe erscheint als ein in Ex. 34 verlorengegangenes Detail wieder in Dtn. 10,4b, der Verbleib auf dem Berg wird in 10,10 unter Rückverweis auf Dtn. 9,9 in wörtlicher Entsprechung als Fastenzeit Moses beschrieben. In Dtn. 10,10 steht - wohl im Blick auf das Eintreten des Mose, welches an dieser Stelle noch einmal betont wird, und welches in Ex. 34 durch die feierliche Darstellung des Aufstiegs (vgl. Verben wie נצב, כון (v.2), die Ausgrenzung des Volks v.3, die Begegnung v.5ff., die Anbetung v.8 (...נקד ארצה) aufgefangen wird[216]. Die Abstiegsnotiz ist durch die nach-dtr. Episode in Ex. 34,29ff. aufgehoben, die Deponierung der Tafeln in der Lade bei P (Ex.40,20), ebenso die Einsetzung der Leviten in Num.8[217]. Die vorgeschobene Notiz über den Tod Aarons in Dtn. 10,6f. schafft einen gewissen Ausgleich gegenüber der Tetrateuchtradition, indem hier die be-

---

212 Zum Nachweis dtr. Überarbeitung von Ex.32 vgl. PERLITT, S.203-216 (bes. Ex.32,9-14(15b.16).18.19b.20 mit der Einarbeitung des Tafelmotivs. "Die Tafeln haben hier keinen anderen Sinn und keine andere Funktion als die, zerbrochen zu werden." Andererseits ist aber Ex.34 überhaupt nur "durch die Zerschlagung der Tafeln...nötig geworden" (v.RAD, Theologie des A.T. I,S.190).

213 V.6aβ: vgl. Joel 2,13; Jon.4,2; Ps.86,15; 103,8; Neh.8,17; zu v.7: Dtn. 5,9f.; 7,9f.; Jer.32,18.

214 Vgl. Num.14,19f.; Dtn. 29,19; 1.Kön.8,30ff.; Jer.31,34; Am. 7,2 (PERLITT, a.a.O.,S.215f.).

215 מחוך האש : Dtn. 4,12.15.33.36; 5,4.22.24.26; 9,10; 10,4 vgl. Ez. 1,4. - Die Deutung der Volksversammlung (vgl. Ex. 19,11ff.) als קהל entspricht Dtn. 5,22f. -> Dtn. 10,4; 9,10. Der Qahal ist später als Institution bekannt (vgl. Dtn. 18,16; 23,2ff.; 31,30; und Lev. 4,13.21; 16,17.33; Num. 14,5; 15,15; 16,3.33; 17,12 u.ö.); dtr. Jos. 8,35; 21,5.8; 20,2?; 1.Kön. 8,14.22.55.65; 1.Kön. 12,3*; Jer.26,17D; 31,18D, 44,15D. (vgl.zur Begriffsgeschichte MÜLLER, Art. קהל , THAT II, Sp. 609-619, Sp.615ff.

216 Anstelle des blasseren היה in Ex. 34,28 steht hier עמד.

217 DRIVER, Deuteronomy, S.121.

sondere Macht der Leviten erst nach dessen Tod ihren Anfang nimmt[218]. Der allseits als rätselhaft, weil ohne Fortsetzung und Zusammenhang, empfundene Aufbruchsbefehl in Dtn. 10,11 erklärt sich wiederum am besten dadurch, daß die Interpolatoren der Episode hier den Abschluß bzw. Einschnitt einer vorgegebenen Einheit wiedergeben. Die Aufbruchsnotiz in Num. 10,10f. ist ihrerseits P zuzuschreiben[219], dort, wo dieser Aufbruch in vorpriesterschriftlicher Fassung berichtet wird, nämlich in Num.10,33, ist der ארון als ארון ברית gegenwärtig vorgestellt und somit dtr. Einfluß erkennbar[220].

Wo wir also im Tetrateuch auf vor-priesterschriftliche Materialien stoßen, fügen diese sich zu der im Dtn. überkommenen Texttradition aufs beste[221]. Die Theophanieszene mit ihrer umständlichen Vorbereitung (also Ex. 34,2-3.4*.5.6-9) knüpft zumindest teilweise an die Problematisierung der Hineinführung ins Land durch Jahwe in Ex. 33,12-23 an[222]. Diese setzt ebenfalls die Schilderung des Bundesbruches in Ex. 32 und die Notwendigkeit einer erneuten Vergewisserung des Mittlers voraus: Mose erbittet ein Zeichen, um zu erkennen, daß er Gnade in Jahwes Augen gefunden habe, und auf das Versprechen Jahwes hin, daß dessen Angesicht vor Israel vorangehen werde (Ex. 33,14-17) erbittet Mose, Jahwe möge sich ihm zeigen. Ex. 34,6f. berichtet die Erfüllung diese Versprechens, worauf Mose -ein bißchen verspätet gegenüber der Erscheinung - niederfällt und an den Erweis der Gnade Jahwes die Fürbitte für sein Volk als dessen Mittler anschließt (v.9aβ.)[223]. Es ist angesichts der Massivität der Erzählung

---

218 Die komplizierte Frage des Verhältnisses zwischen Levitismus und dem Anspruch nicht-levitischer Priestergruppen in der nachexilischen Zeit kann hier nicht in extenso behandelt werden. Zum Problem vgl. den Versuch von GUNNEWEG, Priester und Leviten, FRLANT 89, Göttingen 1965. Zum Vergleich zwischen Dtn. 10,6f. und Num. 33,31-33.37-41 s. DRIVER, a.a.O., S.119f. (s.u.Kap.V, S.340f.).

219 NOTH, ATD 7, s.68f.:v.10 ist Zusatz, v.11f. P.

220 Ders. a.a.O., S.71.

221 Ein vor-dtr. Überlieferungselement ist in Num.10,29-32 erkennbar (NOTH, a.a.O.,S.70f.).

222 Das Kapitel ist im ganzen als literarisch sekundäre Weiterbildung zu Ex.32 zu erklären (NOTH, ÜP, S.33A.114; 159;414; ders., ATD 5, S.208-212). AURELIUS, Der Fürbitter Israels, S.100-104, hat gezeigt, daß Ex.34,10 in Zusammenhang mit 33,17 steht (vgl. aber auch v.9 (gegen Aurelius)), allerdings daraus den Schluß gezogen, Ex.34,10-27 bilde die ursprüngliche Fortsetzung von 33,12-17 (ebd.). Dabei wird die Parallelität zwischen Ex.34 und Dtn. 10 übergangen (vgl. hierzu ausführlich Kap.V d.A.). Der Vergleich mit Dtn. 9f. legt nahe, daß Dtn. auf einen Grundtext rekurriert, der nur eine Grundschicht von Ex.32.34 voraussetzt, spätere Überarbeitungen in Ex.32.34* wiederum können mit Ex.33 zusammenhängen.

223 Daß Ex. 34,6-9 ganz oder teilweise sekundär seien, nahm schon WELLHAUSEN, Composition, S.85, an; s.auch HOLZINGER, Exodus, KHC II, Tübingen 1900, S.116; DRIVER, The Book of Exodus, Cambridge 1911, S.346; NOTH, ATD 5, S.215; CHILDS, Exodus, S.612. HALBE, a.a.O., S.282f., sieht in v.6f.9 "kompositionelle" Weiterungen von v.5.8.10. Dagegen ist einzuwenden: kompositionell ist die Einheit, insofern kein literarischer Bruch zwischen v.9 und v.10 zwingend anzunehmen ist (PERLITT, a.a.O.,S.230); vielmehr scheint die ganze Aufhöhung

mehr als erstaunlich, daß das Dtn. gerade an dieser Stelle die Fürbitten und die Theophanietradition übergeht, ebenso die hieran anschließende Erzählung von der Bundeserneuerung, besser die hier vorgetragene "neue" Bundestradition. Die "alte", mit dem Dekalog und den Tafeln verbundene, ist in der Erneuerung derselben aufgehoben[224]. Die Zusicherung in v.10 enthält die Bekräftigung der Vergebung in Form einer Selbstverpflichtung Jahwes, in der er erneut sein wunderbares Handeln an Israel zusagt, בכל=הארץ ובכל=הגוים. V.11-26 beschreiben sodann die Bedingungen, die diese Berit für Mose und Israel beinhaltet.

Die Wendung על=פי הדברים האלה כרתי ברית אתך ואת=ישראל (Ex.34,27b) ist in ihrer Art einmalig (vgl. nur noch Gen. 43,7: על=פי הדברים האלה -"dem Wort-laut gemäß"); ansonsten erscheint על=פי fast immer mit personalem Gen. subj., außer in Dtn. 17,10f. (על=פי הדבר, על=פי התורה), einem spät-dtr. Nachtrag, welcher in einem gegenüber v.8-10a völlig veränderten Horizont steht, wo im levitischen Priestertum eine eigene Institution neben der rechtlichen am "erwählten Ort" vorausgesetzt wird (הכהנים הלוים והשפם)[225]. Daß im gesamten A.T. von der Befolgung von Worten על=פי nur in Ex.34,27 und Dtn. 17,10f. gesprochen wird, ist zumindest auffällig. Im übrigen unterscheidet der Text, was spätere nicht mehr so deutlich zu unterscheiden wußten: die Worte, für die gilt, daß Jahwe aufgrund derselben seinen Bund schließt, diese schreibt Mose auf (כתב=לך , v.11a.27), und auf der anderen Seite die דברי הברית , welche als עשרת הדברים zu bezeichnen sind, welche Jahwe selbst niederschreibt (ויכתב=לך על=הלחת, v.28)! In v.10aβ.b.11a sieht HALBE einen "predigthaften Vorspruch"[226], den er nicht zum Grundbestand des Textes hinzurechnet. Aber gerade im Anschluß an die großartige Hinführung in v.6-9 unterstreicht dieser Text, daß es sich bei dem neuerlichen "Bund" um "Gottes gnädige Heilszusage" handelt[227], deren Inhalt darin besteht, daß Jahwe נגד כל=העם Wunder tun wird, die die Welt noch nicht gesehen hat. Die Aussage übersteigert hier Texte wie Dtn. 11,2-7 oder Dtn. 7,21ff. Mose steht (v.10b) inmitten des Volkes als dessen Mittler und wird zum Zeugen des Tuns Jahwes (anders noch in Dtn. 7,21b: Jahwe selbst steht in der Mitte seines Volkes als אל=גדול ונורא)[228].

---

der Tafelerneuerungsgeschichte Dtn. 10/Ex. 34* in Ex. 34,2f.6-27* inklusive der Übermittlung eines neuen "Bundestextes" en bloc sekundär zu sein.

224 Die alte These Wellhausens, Composition, S.332ff., hier liege die bewußte Verlagerung eines alten, "jahwistischen " Dekaloges vor, setzt voraus, daß Ex.34,11-27 ein in sich konsistenter Text ist, dessen Alter bewußt von späteren Verfassern hinter das des Dekaloges gerückt wurde; dies ist keineswegs zwingend.

225 BUCHHOLZ, Die Ältesten, S.92.

226 Privilegrecht, S299f.

227 JEPSEN, Berith, S.168A.10

228 Zur weiteren Interpretation der Stelle vgl. PERLITT, a.a.O.,S.217ff.

Auch wenn in v.11a die spezielle Ausformung des Gehorsams-Gebotes singulär ist -
שמר=לך את=אשר אנכי מצוך היום (imp.qal + prp. ל + suff. mit Promulgationssatz anstelle
der Gesetzesbezeichnung)[229], so erinnert doch das Verbum שמר ebenso wie der אשר= Satz an
die dtr. Gebotsparänese[230]. Die Ins-Werk-Setzung der Vertreibung der Völker aus der Völkerliste
ist hier abhängig vom Gehorsam gegen die Worte der neuerlich von Jahwe ermöglichten Berit
(v.10f.).

Von all dem weiß Dtn. 10 offenbar nichts! Mose soll - wie in Dtn. 5,31 - auch bei den
kommenden Geboten Mittler sein und muß sich dieselben merken und aufschreiben
(Ex. 34,11a.27a). Dies entspricht der Manier, in welcher auch andere dtn./dtr. Stücke
wie das Moselied in einen vorgegebenen literarischen Kontext eingebaut werden[231].
Auf die Stellung von Dtn. 10,1-11 im Rahmen des Dtn.s werden wir noch einmal bei
der Besprechung des gesamten Rekurses von Dtn. 9,7b-10,11 in Kapitel V eingehen.
Daß dort Dtn. 34 einerseits zitiert wird, die Gebote des neuen Bundes, die doch dem
Geist des Dtn.s in vielem nahestehen, aber nicht, läßt den Schluß zu, daß diese zu ihrer
Form und Stellung in Ex.34 erst zu einem relativ späten Zeitpunkt gekommen sind. Das
läßt sich auch im Blick auf Inhalt und Sprache der Reihe selbst sagen, zumindest für das
"erste Gebot", keine Verträge und Bindungen zu den Völkern im Verheißungslande einzugehen (v.11b-16).

b)   V.11b-16

Die Gebote in Ex. 34,11-28 sind thematisch keineswegs in der gleichen Breite angelegt
wie im Dekalog. V.11b-16 sind strikt auf die Landnahmesituation bezogen
(Vertragsverbot, Gebot der Ausrottung fremder Kultstätten), als Begründung werden
das Götzendienstverbot und die Gefahren des Konnubiums angegeben. Das anschließende Verbot, Gußbilder herzustellen, und die Festgesetze in v.18-26 bieten sachlich
gegenüber dem Dtn. nichts, was eine zeitliche Distanzierung um Jahrhunderte rechtfer-
tigen könnte[232]. Vergleichen wir zunächst Dtn. 7,1-5.16 und v.11b-16.

---

229 LANGLAMET, RB 76,S.329.
230 Zu שמר : Dtn. 4,2.40; 5,10.29; 6,2.17; 7,9 u.ö.; אשר -Satz: Dtn. 11,13.27.28; 27,1.4; 28,14.
      (PERLITT, a.a.O.,S.220.)
231 Vgl. Dtn. 31,19-22; auch die Tora selbst muß aufgeschrieben werden, Dtn. 31,9.24ff.
232 PERLITT, a.a.O.,S.223-228 (gegen HALBE, Privilegrecht). P.,S.223: "Der vorliegende Text 34
      (14)17-26 bietet mehr als עשרת הדברים ,ist also zumindest nicht offensichtlich und eindeutig ein
      Dekalog..." (S.225:) "Ex. 34,18-26 ordnet an, was die Priester (schon) wissen, wendet sich also an
      die Laien; dem entspricht daher die prinzipielle "paränetische Auflockerung" der Verse im ganzen,
      ohne die die Kultbelehrung der Laien nicht gut denkbar ist." (226) "Das Alter der parallelen
      Überlieferungen wird dadurch angedeutet, daß sich Ex 34 zum jahwistischen Sinaibericht verhält
      wie Ex 23,13-19.20-33 zum Bundesbuch."

Synopse zu Ex.34,11-16 par.

Deuteronomium 7 u.a.	Exodus 34,11-16
	11 שמר-לך את=אשר אנכי מצוך היום
7,1 ...ונשל גוים=רבים מפניך	הנני ערש
החתי והגרגשי והאמרי והכנעני	את=האמרי והכנעני והחתי
והפרזי והחוי והיבוסי...	והפרזי והחוי והיבוסי
	12 השמר לך פן=
7,2 ...לא תכרת להם ברית	תכרת ברית לישבי הארץ
	אשר אתה בא עליה
(Ex.23,33b,Dtn.7,16b,Jos.23,13)	פן=יהיה למוקש בקרבך
7,5 כי...מזבחתיהם תחצו	13 כי את=מזבחתם תחצון
ומצבתם תשברו	ואת=מצבתם אשברון
ואשריהם תגדעון...	ואת=אשריו תברתון
5,9 לא תשתחוה להם...	14 כי לא תשתחוה לאל נכר
כי אנכי יהוה אלהיך	כי יהוה קנא שמו
אל קנא...	אל קנא הוא
	15 פן=תכרת ברית לישבי הארץ
	וזנו אחרי אלהיהם וזבחו לאלהיהם
	וקרא לך ואכלת מזבחו
7,3 ...ובתו לא=תקח לבנך	16 ולקחת הבנתיו לבניך
7,4 כי=יסיר את=בנך מאחרי	וזנו בנתיו אחרי אלהיהן
ועבדו אלהים אחרים	והזנו את=בנך אחרי אלהיהן

An die Stelle der Formulierung des Vordersatzes in der 3.sg. ist in Ex. 34,11b die Selbstaussage Jahwes getreten. Israel ist nicht mehr unmittelbar Subjekt der Landnahme (vgl.dagegen Dtn. 7,2 והכיתם), sondern Jahwe (...הנני). Der Ausdruck גרש (qal) mit Subjekt Jahwe ist singulär[233] (pi. vgl.Ex.23,28ff.). Die 6-gliedrige Völkerliste entspricht in ihrer Reihenfolge wörtlich Dtn. 20,17[234]. Die Verdrängung der Perspektive einer aktiven Beteiligung Israels macht sich auch an dem Fehlen des Banngebotes be-

---

233 Für גרש (pi.) gibt es keinen vor-dtr. Beleg: Ex. 23,29f.; 33,2 (nach-dtr.); Dtn. 33,27; Jos. 24,12.18; Ri. 2,3; 6,9; Ps. 78,55; 80,9; Vgl. 1.Chr. 17,21 gegenüber 2.Sam. 7,23).

234 S.o. Tabelle IX. Die 6-gliedrige Liste muß nicht älter sein als die 7-gliedrige, wie Dtn. 20,17 (jünger als Dtn. 7,1f.) beweist; offenbar konnte auf die Nennung der Girgasiter als einer peripheren Gruppierung auch verzichtet werden, zumal man über sie kaum mehr zu sagen wußte als ihren Namen.

merkbar. Wie in Ex.23,20-33 ist eine Tendenz zur Transzendierung der Jahwekriegs-vorstellungen zu beobachten. So wird die Landnahme vor allem unter dem Aspekt der Wundertaten Jahwes gesehen (נפלאת, v.10)[235].

Auch in den folgenden Versen finden wir die paränetischen Formmerkmale und Ausdrücke des Dtn.s wieder: 1.) v.12 - השמר לך פן= - vgl. Dtn. 6,12; 8,11; 12,13.19; 15,9; 2.) das Vertragsverbot, vgl. Dtn. 7,2b, eine Umwandlung von Verbot in eine Warnung ist auch in Dtn. 6,10-12 und 8,11.14 zu erkennen; 3.) die Völker als Objekt der Landnahme im אשר=Satz erscheinen u.a. in Dtn. 7,1;12,29[236]. Ex. 34,12 hat die ungewöhnliche Version בוא עליה, die sonst nirgends im Landsatz erscheint[237]. Die מוקש=Metapher (v.12b) ergibt sich erst im Duktus des dtr. Denkens (vgl. Jos. 23,13; Ri. 2,3; Dtn. 7,3f.16), sonst begegnet sie in dem hier gebrauchten Sinne nicht mehr. Der Text macht an dieser Stelle den Eindruck konzentrierter Zusammenraffung. Wofür Dtn. 7,3f. noch mehrere Einzelaussagen benötigt, das läßt sich hier als Chiffre andeuten: das Connubium ist eine Falle für Israel! Worin die Gefahr besteht, das hat Dtn. 7,3f. erläutert, Ex.34,14ff. bildet einen weiteren Versuch in der gleichen Richtung. Hier konzentriert sich das Interesse der Laienbelehrung in einem für dieselben aus der dtn./dtr. Lehre schon bekannten Bild. Das Bestreben, den קרב Israels rein zu erhalten, ist typisch für die Deuteronomisten (vgl. Dtn. 13,2.12.15; 16,11; 17,2; 19,20; 23,17; 26,11; 28,43 s.auch 6,15; 7,21; Jos. 7,13)[238].

Die Wendung der Aussage in Ex.34,13 mit adversativem כי berührt sich wörtlich mit Dtn. 7,5, was auch LXX empfunden hat, wenn hier Ergänzungen nach Dtn. 7,5 eingeführt werden[239]. Die Übereinstimmung umfaßt sogar den Numeruswechsel in der Anrede, welcher ansonsten ganz unmotiviert ist. Der Zusammenhang zwischen Vertragsverbot, stichwortartig angedeutetem Connubiumsverbot und dem hier erhobenen Befehl der Vernichtung heidnischer Kultstätten entspringt in Dtn. 7 einem Vorgang suk-

---

235 נפלאות für das Rettungshandeln und die Wundertaten Jahwes ist ein Topos der dtr. und nach-dtr. Zeit: Ex. 3,20 (Nachtrag, SCHMIDT, BK II,1, S.181); Ex. 34,10; Jos. 3,5 (vor-dtr.?); Ri. 6,13 (DIETRICH, Prophetie, S.74:"dtr.N"); Jer. 21,2 (D, THIEL, WMANT 41,S.239); Mi. 7,15 (früh-nachexilisch, WOLFF, BK XIV,4, s.194.203) und in den Psalmen (Ps. 9,2; 26,7; 40,6; 71,17; 72,18; 74,2.; 78,4.11.32; 106,7.22 u.ö.).

236 הארץ אשר אתה בא שמה לרשתה : Dtn. 11,10.29; 23,21; 30,16; mit אדמה Dtn. 28,21.63.

237 Die Wendung בוא על= ist weit gestreut (Gen. 34,27; Ex. 18,23; 1.Sam. 12,12; 2.Chron. 20,24). Aus der Singularität des Befundes läßt sich kein Rückschluß auf höheres Alter gegenüber den dtn. Landsätzen gewinnen (gegen LANGLAMET, RB 76, S.342f.).

238 Vgl. schon früher Am. 5,17; Hos. 11,9b (sek?).

239 Am auffälligsten ist die Hinzufügung von καὶ τὰ γλυπτὰ τῶν θεῶν αὐτῶν κατακαύσετε ἐν πυρί = Dtn. 12,3: פסילי אלהיהם , 7,5: ופסיליהם תשרפון באש .

zessiver Fortschreibung, der sich in Ex.34,12f. nur noch spiegelt. Hier wird das auf das Vertragsverbot reduzierte Banngebot selbst zum Gegenstand einer Berit gemacht.

V.14-16 dienen der Ausführung von v.11-13 und sind schon insofern nicht älter als diese Verse anzusehen. V.14 erinnert an das dekalogische Verbot des Götzendienstes, allerdings findet sich hier die ungewöhnliche singularische Wendung des sonst geläufigeren dtn./dtr. אלהים אחרים[240]. Mit dem Dekalog verbindet den Vers auch der Hinweis auf die Eifersucht Jahwes (vgl.Dtn. 5,9par.; 6,15). Beides gehört in der dtn.-dtr. Tradition eng zusammen (vgl. Ex.20,3a.5; Dtn. 5,7.9; 6,14f.; 4,23f; 29,17.19). V.15f. legt das Vertragsverbot i.S. von Dtn. 7,3f. aus, schließt aber die Gefahr der Verführung durch Einladungen zu Opfermahlen (v.15) mit ein. Angesprochen ist nicht mehr nur die Generation der "Väter" (Dtn.7,3b.4), die nicht so sehr in Gefahr steht, Mischehen einzugehen, als die der "Söhne". Ansonsten entspricht V.16 sachlich Dtn. 7,3bβ.4, wobei statt des dtn. "Abbringen vom Wege Jahwe" (מאחרי spielt an die Wendung ...הלך אחרי an) das jüngere und seltenere זנה steht (vgl. Lev. 20,5; Dtn. 31,16; Ri. 2,17; 8,33; Ez. 6,9; זנה hif. Ex. 23,33; חטא hif. Dtn. 7,4 - סור hif.)[241].

Die sprachlichen Besonderheiten des Textes sind unter den gegebenen Voraussetzungen eher als Anzeichen einer späten, denn als einer frühen Abfassung anzusehen. Die Mischehenfrage ist so sehr in den Vordergrund getreten, daß neben die Erneuerung der Gebotstafeln mit den 10 Geboten ein neuer "Bundestext" in die Sinaiperikope Eingang findet, dessen Hauptanliegen es ist, der Gefährdung der Einhaltung des ersten Gebotes durch die Ehen mit den Völkern im Lande vorzubeugen. Das dtn. Vertragsverbot wird in v.15f. einseitig auf das Mischehenverbot hin interpretiert. Der Kampf der dtr. Schule, wie er in dem dtn. Entwurf von Dtn. 7 erkennbar ist, hat gerade was die Frage

---

240 אלהים אחרים : Ex. 20,3; 23,13(dtr.); Dtn. 5,7; 6,14; 7,4; 8,19; 11,16.28; 13,3.7.14; 17,3; 18,2; 28,14.36.64; 29,25; 31,18.20; Jos. 23,16; 24,2.16; Ri.2,12.17.19; 10,13 etc.; dagegen ist אל אחר singulär: Ex. 34,14. Weitere Synonyme: אל נכר : Dtn. 21,12; Mal. 2,11; Ps. 81,10; אל זר : Ps.44,21; 81,10; אלהי נכר: Gen. 35,2; Jos. 24,20.23; Dtn. 31,16; Ri. 10,16; 1.Sam. 7,3. Kaum eine dieser Stellen ist vor-dtr. (vgl. WESTERMANN, BK I,2 zu Gen. 35,2). Der von LANGLAMET, RB 76, S.490f., und HALBE, Privilegrecht, S.119f., eingebrachte Hinweis auf eine Ähnlichkeit von אל אחר mit Ps. 81,10

(לא יהיה בך אל זר ולא תשתחוה לאל נכר),

beweist nicht das hohe Alter der Wendung, sondern im Gegenteil deren relativ späte Ansetzung, denn Ps. 81 weist seinerseits die Diktion und die Vorstellungen spät-dtr. Schichten auf (JEREMIAS, Kultprophetie, S.126).

241 Bei HOSEA, wo die Polemik gegen das זנה eine wichtige Rolle spielt, kommt der Ausdruck זנה אחרי nicht vor, (vgl. die Auflistung der Belege bei LANGLAMET, RB 76,S.498 A.204f.)!

des Connubiums angeht, in Ex. 34 an Schärfe zugenommen. Von v.11b-16 her sollen nun auch die Festgesetze Israels verstanden und neu eingeprägt werden.

c)   Ex. 34,17-26par.

Exodus 23,15-19 / Dtn. 16,16 u.a.	Exodus 34,17-26
Dtn.5,8 לא=תעשה=לך פסל...	17 אלהי מסכה לא תעשה לך
Dtn.9,12 ...עשו להם מסכה	
Ex.23,15 את=הג המצות תשמר	18 את=הג המצות תשמר
שבעת ימים תאכל מצות	שבעת ימים תאכל מצות
כאשר צויתך (Ex.13,6f.)	אשר צויתיך
למועד חדש האביב	למועד חדש האביב
כי=בו יצאת ממצרים	כי בחדש האביב יצאת ממצרים
(vgl.Dtn.16,3f.)	
Ex.13,12 והעברת כל=פטר=רחם	19 כל=פטר רחם לי
ליהוה	
	וכל=מקנך תזכר
	פטר שור ושה
וכל=פטא שגר בהמה...	
וכל=פטר חמר תפדה בשה	20 ופטר חמור תפדה בשה
ואם=לא תפדה וערפתו	ואם=לא תפדה וערפתו
וכל=בכור אדם בבניך תפדה	כל בכור בניך תפדה
Ex.23,15 ולא יראו פני ריקם	ולא חראו פני ריקם
Dtn.5,13 ששת ימים תעבד	21 ששת ימים תעבד
Dtn.5,14 ויום השביעי שבת ליהוה	וביום משביעי תשבת
	בחריש ובקציר תשבת
Dtn.16,16 ועשית חג שבעות...	22 וחג שבעת תעשה לך
Ex.23,16 וחג הקציר	
בכורי מעשיך אשר תזרע בשדה	בכורי קציר חטים
וחג האסיף	וחג האסיף
	תקופת השדה
בצאת השנה באספך את=מעשיך	23 שלש פעמים בשנה
(Dtn. 16,16 / Ex.23,17)	יראה כל=זכורך את=פני
	24 כי=אוריש גוים מפניך
	והרחבתי את=גבולך
	לא=יחמד איש ארצך

v.24b

בעלתך לראות את=פני יהוה אלהיך
שלש פעמים בשנה

לא=תזבח על=חמץ דם=זבחי Ex.23,18	25 לא=תשחט על=חמץ דם=זבחי
ולא=ילין חלב חני עד=בקר	לא=ילין לבקר זבח חג הפסח
ראשית בכורי אדמתך Ex.23,19	26 ראשית בכורי אדמתך
תביא בית יהוה אלהיך	תביא בית יהוה אלהיך
לא=תבשל גדי בחלב אמו	לא=תבשל גדי בחלב אמו

Schon der Umstand, daß es für beinahe jeden Satz dieser Gebotsreihe wörtliche Parallelen entweder im Bundesbuch oder im Deuteronomium gibt, wobei sich "alte" Gebote mit für den Text insgesamt strukturbildendem dtn./dtr. Gedankengut verbinden, widerrät einer allzu frühen Ansetzung ihrer Entstehungszeit.

Die Polemik gegen die Folgen des Connubiums setzt sich nun fort in einer Reihe von konkreten Anweisungen, allen voran das Verbot der Herstellung von אלהי מסכה , v.17. Diese Bezeichnung der Kult-Bilder setzt ein fortgeschrittenes Stadium der Bilderpolemik voraus, denn wie etwa bei Dt.-Jes. wird hier mit dem Bild auch die Gottheit der anderen Götter gleichgesetzt und diese somit negiert: "Gußbild-Götter", sind "Götzen" die mit Händen gemacht sind. "Die einzige echte Parallele bietet Lev. 19,4. Diese Stelle zeigt, daß der Prohibitiv in der von Ex. 20*/Dtn. 5* ausgehenden Dekalogtradition Heimatrecht erhalten hat."(HALBE)[242] Das Verbot ist somit nicht älter, sondern jünger als der Dekalog[243].

Eine detaillierte Analyse des Festkalenders würde den Rahmen dieser Untersuchung sprengen. Wie die Synopse zwischen Ex. 23,14-19; 34,18-23; (vgl.auch Dtn. 16,1.4.10.13.16) zeigt, haben die Ex.-Texte gegenüber dem Dtn. eine ältere Version desselben erhalten[244]. Die Doppelung des

---

242 Privilegrecht, S.218.

243 Auch HOSSFELD, Dekalog, S.209f. betrachet den Vers als dtr., ebenso DOHMEN, Bilderverbot, S.182ff., der hier Spuren einer Ex. 20,23/32,31/34,17 verbindenden dtr. Redaktion der Sinaiperikope findet. Aber eben nicht nur v.17, sondern auch der Kontext ist dtr. geprägt. Allein daß מסכה = "Gußbilder" hier für Kultgegenstände schlechthin stehen kann, spricht angesichts der ansonsten dtr. Belegreihe für spät-dtr. Abfassung; allein steht מסכה nur noch in Dtn. 9,12; 2.Kön. 17,16 und Hos. 13,2 (sek.(dtr.?), vgl. DOHMEN, a.a.O.,S.148ff.A.243).

244 Für die detaillierte Beschreibung des Textes kann hier nur auf die einschlägigen Monographien verwiesen werden. Zu Dtn. 16,1-17 vgl. MERENDINO, Gesetz, S.126-152; NEBELING, Schichten,S.91-111; SEITZ, Redaktionsgeschichtl. Studien,S.196ff.; PREUSS, Deuteronomium, S.135; die Besonderheit des dtn./dtr. Festkalenders besteht in der Zentralisation, der Verbindung der großen agrarischen Feste mit einer Deutung aus der Heilsgeschichte Israels und in der Herausstellung des Passah. Zu Ex.23,14-19; 34,18-23 vgl.LAAF, Die Pascha-Feier Israels. Eine literarkritische und überlieferungsgeschichtliche Studie, BBB 36, 1970, S.39-53.69-86; OTTO,

Gebotes einer dreifachen Feier und einer dreifachen Wallfahrt in Ex.23,14.17 zeigt an, daß schon in Ex.23 Fortschreibungen vorliegen[245]. Der Kernsatz in Ex.23 besteht aus v.14.15aα.b[246].

Ex.34,18.20b entspricht Ex.23,15 (einschließlich der Verankerung des Mazzot-Festes im Exodusgeschehen. V.19.20a nimmt Ex.13,12f. auf, wodurch erkennbar wird, daß die Verfasser die Verbindung von Passah und Mazzot längst kennen in Form der Verbindung von Mazzenfest und Fest der Erstlingsopfer. V.21 dehnt das Sabbatgebot ausdrücklich auch auf die Zeit von Pflügen und Ernten aus, und zwar gemäß dem 7-Tage-Sabbat, der zum ersten Mal im Dekalog begegnet[247]. Der Vers tritt aus sachlichen Gründen vor die Nennung des שבעות Festes, v.22, das nach der Zählung des Dtn.s und des Heiligkeitsgesetzes (Dtn. 16,9f.; Lev. 23,15f.) sieben Wochen nach Mazzot zu feiern war und - anders noch als in B (Ex.23,16 חג הקציר) - חג שבעות genannt wird. Ansonsten entspricht v.22 in freier Wiedergabe Ex.23,16.

Dtn. 16 spiegelt im ganzen eine spätere Textversion wieder, weshalb die Vermutung, der Festkalender habe ursprünglich für sich bestanden, durchaus wahrscheinlich ist[248]. Das Bemerkenswerte in Ex.34 ist die Verbindung mit dem dtn.-dtr. Vertragsverbot und dessen Fortführungen, denn diese besagt, daß die Rolle des Festkalenders darin besteht, Israel gegenüber den Kulten der anderen Völker eine exakt eingegrenzte Orientierung zu geben; der "urisraelitische" Festkalender steht gleichsam im Kampf gegen die Verführung zu anderen Kulten, er ist ausgerichtet auf die Verehrung Jahwes allein als אלהי ישראל (v.23, anders Ex.23,17; Dtn. 16,16: schlicht יהוה אלהיך). Die Verwendung einer dem Dtn. gegenüber älteren Version des Kalenders, worin das Passahfest als Wallfahrtsfest keine Erwähnung findet, kann nicht zwingend für die Hinaufdatierung von Ex.34 im ganzen angeführt werden, denn einerseits ist die dtr. gefärbte Passahgebotsüberlieferung im weiteren Darstellungszusammenhang der Exodus-Sinai-Perikope in Ex.12f. eingebunden und zweitens war in der Zeit der Diaspora die Durchführung des Passah als Wallfahrtsfest nicht mehr als obligatorisch durchsetzbar, wie die Elephantine-Texte bezeugen[249]. Gemeinsam ist Ex. 23,17/34,23 und Dtn. 16,16 die Betonung einer gesamt-gemeindlichen

---

Mazzotfest in Gilgal, 1975, (Lit.); zum Verhältnis zwischen Passah und Mazzot W.H.SCHMIDT, Exodus, Sinai und Mose, S.55-60 (Lit.)

245 Ex.23,15 enthält einen expliziten Rückverweis auf Ex.13,3f. : כאשר צויתך.

246 V.15b ist vermutlich ebenfalls nachgetragen: als das Mazzotfest zum Wallfahrtsfest wurde, wurde auch ein Opfer erwartet (vgl.Ex. 34,19f.;/Ex. 14,16).

247 Vgl. hierzu o.S. 34.39.

248 MERENDINO, a.a.O.

249 Vgl. den sog. "Oster-Brief" aus Elephantine, 419 v.Chr., TGI, 1., S.73 (Übersetzung: AOT S.453; ANET, S.491). Der Text ist unsicher. HERRMANN, Geschichte Israels in alttestamentlicher Zeit, München 1983, S.397, vermutet, der Brief genehmige lediglich das Mazzotfest, also nur "die zweite Hälfte des Passah", während die Schlachtung des Passahlammes für das Diaspora-Judentum entfiel. Wenn diese Vermutung richtig ist, so erklärt sich das Fehlen des Passah-Hinweises in dem auf כל העם vor dem Horizont von כל=הארץ und unter כל=הגוים (v.10) blickenden Text von Ex.34!

Begehung dreimal im Jahr; nur im Dtn. ist indes die Betonung des allein auserwählten Ortes vorhanden. Der Titel :wdx in Ex. 23,17/34,23 kann ebenso jüngeren (nach-exilischen) Datums sein wie das Fehlen der Apposition אלהיך[250]. Es ist also durchaus möglich, daß trotz des alten Textstückes Ex.34 im Ganzen als spät- bzw. nach-dtr. anzusetzen ist.

V.24-26 bilden eine Reihe von Nachträgen. V.24 enthält die Zusicherung, Jahwe werde das Land so groß machen, daß niemand es in der Wallfahrtszeit ohne weiteres besetzen könne, ein völlig idealischer Gedanke, der zur religiösen Ermutigung der Observanz dient. Es ist deutlich, daß hier der dtn. Zentralisationsgedanke vorausgesetzt wird. V.25f. entspricht wörtlich Ex. 23,18f., was zeigt, daß hier feste Formulierungen für das Verhalten während der Wallfahrtstage gegeben werden, alte Regeln vielleicht, in Ex. 34 werden sie erweitert um den die Zentralisationsgedanken voraussetzenden v.24. Ansonsten ist der Text an dieser Stelle in keiner Weise originell. V.25 verbietet die Vermischung von Opferblut und Sauerteig, v.25b bezieht sich plötzlich auf das Passah und variiert Dtn. 16,4. Beide Sätze stehen nur in losem Zusammenhang zum Vorgegebenen. Ebenso v.26a.b, Nachträge, die sich auf das Erstlingsopfer beziehen. Von einem stringenten Aufbau kann in v.24-26 nicht die Rede sein, eher von einer locker aufzählenden Belehrung.

Ex 34,10.11-26 wird somit - mit A.ALT zu reden - "sowohl durch sein literarisches Verhältnis zum Bundesbuch wie durch seine gattungsmäßige Beschaffenheit als sekundäres Mischgebilde erwiesen, an dessen Aufbau priesterlich formulierte Bestimmungen über die kultischen Pflichten der Laien sehr viel stärker beteiligt sind als die apodiktischen Elemente aus dem Dekalog von Ex.20."[251]. Mit PERLITT läßt sich resümieren: "Weder eine feste Reihe apodiktischer Gebote noch die reine Form der Gottesrede liegt vor, und darum auch kein `kultischer Dekalog'im strengen Sinne. Als Sitz im Leben ist die Laienbelehrung im Rahmen gottesdienstlicher Verkündigung am wahrscheinlichsten."[252] Nimmt die Disposition dieser Belehrung ihren Ausgangspunkt im Connubiums- bzw. Vertragsverbot (v.11f.), welches seinerseits als Ergebnis eines dtn.-dtr. Reflexionsprozesses anzusehen ist, so wird man diese Laienbelehrung insgesamt als dtr. geprägt ansehen müssen.

Dies gilt auch für den hinteren Rahmen in v.27: "In der dt Bundestheologie gehören Formel wie כל=הדברים האלה (Ex. 34,17a.b;24,7b), דברי הברית (Ex. 34,28b;

250 האדון : als Titel ist bezeugt in redaktionellen Stellen des Jesajabuches (Jes. 1,24; 3,1; 10,16.33; 19,4 (KAISER, ATD 17,S.53f.79.227.234; ATD 18,82f.); bei Jer.D (Jer.22,18; 34,5(THIEL, WMANT 41,S.242; WMANT 52,S.38f.); dtr. Jos. 3,11.13 (STEUERNAGEL, Josua,S.218); Mi. 4,13 (um 587v.Chr., WOLFF, BK XIV,4,S.108f.114); Sach. 4,14; 6,5; Mal. 3,1; Ps. 12,5 (nachexilisch, GUNKEL,Psalmen, S.44); Ps. 97,5 (aus hellen. Zeit, vgl. JEREMIAS, Königtum Gottes, S. 136ff.); Ps. 105,21 (nach-dtr., GUNKEL,a.a.O., S.458f.); Ps. 114,7 (nach-dtr., vgl.v.5/Jos. 3,13.16; v.8/Dtn. 8,15; 32,13).

251 A.ALT, Die Ursprünge des israelitischen Rechts, KS I,S.278-332, S.317A.1.
252 PERLITT, Bundestheologie, S.226.

2K 23,3) oder דברי יהוה (Ex 23,3a.4a) zur generellen Nomenklatur für alles Verpflichtungsgut; aber auch die Wendung על-פי הדברים האלה (Ex. 34,27b) hat keinen anderen Sinn und entstammt keiner anderen Zeit als על-הדברים האלה in Ex. 24,8b....Inhalt der Rede kann...schließlich alles (sein), was im ספר הברית (Ex. 24,7; 2.K 23,21) oder ספר התורה (Dtn 28,61;29,20;2 K 22) steht."[253]

In Ex. 34 ist also durchgängig mit dtr. und spät- bis nach-dtr. Abfassung zu rechnen. Hierbei ist eine Grundschicht zu erkennen, deren Gestalt in Dtn. 10,1-11 noch erkennbar ist und die den sog. "kultische Dekalog" möglicherweise mitsamt dem Ausbau der (zweiten) Gottesbegegnunsszene noch nicht beinhaltet hat. Die gesamte Theorie einer Bundeserneuerung auf der Grundlage der "neuen" Gebotsreihe vom Sinai (Ex. 34,10-26) ist in Dtn. 10 noch ohne sichtbare Reflexe. In jedem Falle stehen die Gebote von Ex.34, und hierunter insbesondere v.11b-16, im Gefälle der dtr. Landnahme - und Abgrenzungstheorie und der Gebote von Dtn. 7 und geben grundlegende Anweisungen für ein kultisches und religiöses Verhalten unter der Voraussetzung des Connubiumsverbotes von Dtn. 7,3f., des dekalogischen Bilderverbotes und - schließlich auch der (teils alten, aber jedenfalls auch im Dtn. bekannten) Festgesetze. Diese sind ihn ihrer Kombination wie in ihren Formulierungen nicht originell, sondern entsprechen auch anderorts fixierter Tradition.

---

253 Ders., a.a.O., S.229.

2.3.3 Josua 23,9-13

In Ausdruck wie der Form nach ist Jos.23 ein sekundär-dtr. Gebilde[254]. Dies gilt auch im Blick auf die Anweisungen hinsichtlich des Umgangs mit den Völkern im Verheißungsland, v.9-13. Der Text hat die dtr. Landnahmedarstellung ebenso im Rücken wie das dtn. gerahmte Gesetz. Das zeigen verschiedentliche sprachliche Querverbindungen zu den entsprechenden Schichten.

Deuteronomium 7 etc.	Josua 23,9-13
Dtn.7,1 ...ונשל גוים=רבים מפניך	9 ויורש יהוה מפניכם
...שבעה גוים רבים ועצומים ממך	גוים רבים ועצומים
Dtn.7,24...לא יתיצב איש בפניך...	ואתם לא אמר איש בפניכם
(Jos.21,44b)	
(vgl.Dtn.28,7)	10 איש אחד מכם ירדף אלף
Dtn.3,22b כי יהוה אלהיכם הוא הנלחם	כי יהוה אלהיכם הוא נלחם לכם
לכם (Dtn.1,30+20,4)	כאשר דבר לכם
Dtn.4,15 ונשמרתם מאד לנפשתיכם...	11 ונשמרתם מאד לנפשתיכם
(vgl.Dtn.6,5+12)	לאהבה את=יהוה אלהיכם
	12 כי אם=שוב תשוב
(vgl.1.K. 9,6, Dtn. 10,20)	ודבקת ביתר הגוים האלה
(s.Dtn.7,20)	הנשארים האלה אתכם
Dtn.7,3 ולא תתחתן בם...	והתחתנתם בהם
	ובאתם בהם והם בכם
	13 ידוע תדעו
	כי לא יסיף יהוה אלהיכם להוריש
	את=עכוים האלה מפניכם
	והיו לכם לפח ולמוקש
(vgl. Num.33,55, Dtn.7,16, Ri.2,3)	ולשטט בצדיכם ולצנים בעיניכם
(Dtn. 6,15)	עד=אבדכם מעל האדמה הטובה הזאת
	אשר נתן לכם יהוה אלהיכם

Das Problem, daß nun plötzlich ganz im Gegensatz zur vorausgehenden Darstellung in Jos. vom יתר הגוים die Rede ist (v.12), löst v.9 mit der Feststellung, daß sich die Verheißungen Jahwes עד היום הזה erfüllt haben[255]. Zu v.9 bietet Dtn. 7,1.24b. Par-

---

254 SMEND, Das Gesetz und die Völker, S.130-133.

255 Daß mit עד היום הזה eine Einschränkung der Aussage von Jos.21,44 eintritt, hat SMEND, a.a.O.,S.131, gezeigt.

allelen[256], v.10 unterstreicht nochmals die Feststellung der Erfüllung der Verheißungen Jahwes, wobei v.10a der Segenszusage in Dtn. 28,7 verwandt ist[257], v.10b ist ein dtr. Motiv, welches sich auch in Dtn. 1,30; 3,22 findet[258]. Die Warnung השמר לך wird wie in Dtn. 4,15a (spät-dtr.) abgewandelt in ונשמרתם לנפשתיכם (v.11a). Die Kontrastierung von Jahweliebe (v.11b) und dem דבק ביתר הגוים verbindet das dtn. Hauptgebot (Dtn.6,5) mit dem Verschwägerungsverbot (Dtn. 7,3a) und setzt den Text in Beziehung zur vorausgegangenen dtr. Landnahmeschilderung. Das Verbum דבק erscheint im Dtn. nur noch in spät-dtn./dtr. Schichten[259], die Erläuterung in v.12 entspricht in manchem den Ergänzungsversen in Dtn. 12,29f.. Das Verbleiben fremder Völker im Verheißungsland wird in v.13 als der eigentliche Anlaß für den Niedergang Israels angesehen; motivisch berührt sich der Vers mit Dtn. 7,4b;6,15b[260]. Jos.23 hat in das dtr.G hinein das Motiv der Connubiumsgefahr übernommen und die Absage an die Mischehen zur Kernverpflichtung der Jahwe-Berit hochstilisiert (v.16). Daß hierbei der ספר תורת משה als Berit-Urkunde im Hintergrund steht, wobei die Bezugnahme auf das Hauptgebot in Dtn. 6,5 eine zentrale Stellung einnimmt, läßt erkennen, daß in Jos.23 ein weit fortgeschrittenes entstehungsgeschichtliches Stadium des Dtn.s vorausgesetzt wird, welches auch Dtn.7 in einem annähernd endgültigen Zustand kennt. Wohl nicht zufällig steht die Vernichtungsdrohung für einen Verstoß gegen das Connubiumsverbot wie gegen das 1. Gebot des Dekaloges (Götzendienst) in v.13b/16b parallel. Für Dtn. 7 ergibt sich so eine Ansetzung vor der Einfügung von Jos.23 als Abschluß der dtr. Landnahmeerzählung, die selbst jedoch schon vorlag (Banntheorie) und nach Jos.24. Jos. 23 setzt seinerseits das am Horeb verortete dtn. Gesetz voraus.

2.3.4 Richter 2,1-5

Die Episode in Ri.2,1-5 läßt schon aufgrund ihres rhapsodischen Charakters keine schlüssige Zuordnung zu. Der מלאך erscheint völlig unvermittelt, man kann nur vermuten, daß hier irgendwie ein Zusammenhang berührt wird, welcher mit Ex. 23,20ff. eingesetzt hat, der nun aber verloren ist[261]. Dieser wird jedoch sogleich wieder dadurch

---

256 Wie die Synopse zeigt, ist die Sprache in Jos. 23 nicht unmittelbar und allein von Dtn. 7 her bestimmt, sondern von einer Vielzahl geprägter schultypischer Wendungen der dtr. Literatur.

257 Eigene Prägungen sind nicht ausgeschlossen, die nächsten Parallelen sind in nach-dtr. Texten zu erkennen: Dtn. 32,30; Jes. 30,17; Lev. 26,36f..

258 Zum Vokabular der sog. "Kriegsansprachen",s.u. Abschnitt 3, S.289ff..

259 Dtn. 4,4; 10,20; 11,22; 13,5 (13,18; 28,21.60); 30,20.

260 Vgl. Synopse. Die Ausmalung der Gefahr, in welche Israel durch die Völker gerät, hat neben Dtn. 7,16 ihre nächsten Parallelen in den spät- bzw. nach-dtr. Texten Ri. 2,3 und Num. 33,55.

261 Ex. 23,20ff. ist der einzige Anhaltspunkt für die Vorstellung von der Beteiligung eines מלאך bei der Landnahme neben Ex. 33,2.

verwischt, daß nicht klar ist, wer in v.1b-3 spricht. Wenn man v.4 folgt, so ist die Rede des Boten identisch mit der Rede Jahwes, welcher seinerseits das Subjekt der Zusage von v.1b (לא-אפר בריתי אתכם לעולם)ist. Sachlich kann hier nur die Väterverheißung gemeint sein (Dtn. 7,9.12b), welche zu der das Volk verpflichtenden Horebberit in Beziehung gesetzt wird. Der Umstand, daß Jahwe im Munde des מלאך spricht, ist vermutlich vor dem Hintergrund der in Ex. 23,21bβ formulierten Anschauung zu verstehen (שמי בקרבו)[262]. Da ein Konnex zwischen Väter- und Horebberit hier vorausgesetzt wird und gleichzeitig die Boten-Theorie, welche in der Sinai- wie der Horebperikope sonst keine Rolle spielt[263], ist anzunehmen, daß hier eine Kompilation von Vorstellungen spät- bzw. nach-dtr. Ursprungs vorliegt. Im Kern bindet v.2 jedenfalls das Vertragsverbot mit dem Gebot der Zerstörung der Kulte wiederum nur stichworthaft zusammen. Über die Nichterfüllung des ersteren berichtet nur Jos. 9, die Nichterfüllung des letzteren bleibt unerwähnt, auch dies ein Zeichen später Zufügung. Für die Androhung der Strafe in v.3 gibt es zwar Parallelen in Jos. 23,13; Dtn. 7,16aβ.b, ein unmittelbares Vorbild (wie in Ex. 23) jedoch nicht. Die präsentische Übersetzung, die an dieser Stelle meist bevorzugt wird, läßt die Untergangsdrohung von den verbleibenden Völkern im Lande ausgehen und steht in Spannung zu der folgenden dtr. Darstellung, die diese Drohung erst im Zuge der kommenden Geschichte heranreifen sieht. Ri.2,1-5 ist somit insgesamt als ein spätes, nach-dtr. Stück anzusehen, welches sprachlich und sachlich von Fragmenten dtr. und spät-dtr. Traditionen lebt[264]. Da sich in Ri.2,1ff. Motive aus Ex. 23,20f. (Bote, Führung) finden, aus Ex. 34 (Vertrags-Verbot als Teil einer בריתVerpflichtung, wörtliche Berührung von v.2a mit Ex. 34,12.13 (in Auszügen), Jos.23,13 (Androhung des Abbruchs der Vertreibung, Bedrohung durch die Völker in religiöser Hinsicht) und auch aus Dtn. 7 (Vertrags-Verbot, Warnung vor dem Fallstrick des Götterdienstes) und allgemein der Sprache der spät-dtr. Literatur im Blick auf Bund und Verpflichtung (vgl. v.2b/Ex. 19,5, dtr.), ist die Annahme, daß es sich bei dem Text um ein nach-exilisches Mischgebilde handelt, durchaus wahrscheinlich.

---

262 S.o.S. 261f..

263 Schwerlich wird man 2,1a einfach von v.1b abtrennen können, denn dann hängt die Itinerarnotiz in der Luft.

264 SMEND, a.a.O.,S.135f. Der Text scheint jünger zu sein als Jos. 23 mit dem ihn u.a. die "frappante Übereinstimmung zwischen Jos 23,13b und Ri 2,3b" verbindet (SMEND). Andererseits anzunehmen, daß beide Texte aus der gleichen Schule stammen, da Jos. 23 in Ri. 2,20f.23 (sek.-dtr.) seinen Bezugstext hat (SMEND, S.136).

2.3.5. Num. 33,50-56

Weithin unumstritten ist die spät- bzw. nach-dtr. Abfassung von Num. 33,50-56[265]. Hier wird in Variierung des dtn. Stils in v.51b.52 die Beseitigung der ישבי הארץ und ihrer Kulte befohlen (vgl. Dtn. 7,2.5;12,2f.30f.), wobei im Unterschied zu den bisherigen Stellen ein besonderes Gewicht auf die Kultbilder gelegt wird. Der Ausdruck צלמי מסכחם ist singulär[266]. V.53f. setzt teilweise wörtlich Jos. 18,6b.10 voraus (Verlosung der נחלה), v.55 enthält enge Bezüge zu Jos. 23,13[267]. Das Josuabuch ist in einem fortgeschrittenen Zustand seiner Entstehung bekannt. Num.33,50-56 bindet die dtr. Darstellung an die tetrateuchische Mosetradition. Der Text steht vermutlich im Zusammenhang jenes Prozesses, in welchem beide Komplexe, Gen.-Num. und Dtn-2.Kön. zusammenwachsen[268].

2.3.6 Ergebnis

Der Vergleich von Dtn. 7 mit den übrigen Texten, welche Gebote zum Verhalten gegen die Völker bei und nach der Landnahme enthalten, ergibt, daß Dtn. 7 am Anfang dieser Reihe anzusiedeln ist. Das Kapitel setzt in seiner Grundschicht die dtr. Aufhöhung des Bannes voraus und bringt sie im Sinne einer programmatischen Abgrenzung Israels als des Jahwevolkes in die Disposition des dtn. Gesetzes ein. Die Ausgestaltung des Gebotes zeigt, daß die dtr. Landnahmedarstellung einschließlich Jos.9* und auch der Reflexionsprozeß der dtr. Rahmung des Richterbuchs in einer Grundschicht (nach SMEND) zugrundeliegen. Der nähere Kontext von Dtn. 7 ist also zunächst das dtr.G, aus dem heraus die grundlegenden Gebotsformulierungen gewonnen sind. Jos. 23 steht im Gefälle der späteren nomistischen Bearbeitung des dtr.G, Jos. 24* hingegen setzt die Gebote von Dtn. 7 noch nicht voraus. Die untersuchten Texte in Ex. 23 einerseits und Ex. 34 andererseits gehören zeitlich in die Phase der nomistischen paränetischen Bearbeitungen von dtr.G, Sinaiperikope und Bundesbuch und sind jedenfalls jünger als Dtn. 6f.*. Ri.2,1-5 und Num.33,50-56 sind noch spätere, nachexilische Mischgebilde, die schon im Horizont der Verbindung von Tetrateuch und dtr.G entstanden sein dürften. Insgesamt liegt somit die Annahme nahe, daß das Mischehenverbot und das dar-

---

265 NOTH, ATD 7,S.214f. G.B.GRAY, Numbers, ICC, Edinburgh 1912, S.449-452: nachpriester-schriftlich.

266 Vgl. lediglich noch Ez. 23,14 Q: צלמי כשׂדים , ZIMMERLI, BK XIII,1,S.531.546.

267 Vgl. a.Ez. 28,24; Ri. 2,3. Es liegt auch eine Reihe von Bezügen zu H vor (vgl. v.52: Lev. 26,30; v.53b: Lev. 20,24; 25,46), schon die Disposition scheint an P anzuknüpfen, vgl. v.50.51a/Num. 5,11f.; 22,1; 26,3; 35,1; בערבת מואב , v.51b vgl. Num.35,10, Dtn. 11,31 dtr. (GRAY, z.St.).

268 KAUTZSCH, HSAT I, S.234, ordnet den Text P(s.) bzw. R zu. Zur Möglichkeit einer nach-priesterschriftlichen Weiterarbeit der dtr. Schule PERLITT, Priesterschrift im Deuteronomium?, ZAW loo(Suppl.), 1988, S.87f.

288

aufhin interpretierte Vertragsverbot vor allem in früh-nachexilischer Zeit, bis hin zu seiner programmatischen Durchsetzung unter Esra eine wichtige Rolle gespielt hat, aber kaum vorher.

Die schon innerhalb von Dtn. 7 erkennbaren Fortschreibungen (v.3b.4;v.5) sind Elemente eines dtr. Reflexionsprozesses, dessen Ergebnis die Auslegung des Banngebotes durch Vertrags- und Connubiumsverbot sowie - hierin wieder zurückgehend auf die Bildebene der Landnahmefiktion - das Gebot der Zerstörung heidnischer Kulte (7,5) ist. Diesen Prozeß setzen die verwandten Texte in Jos., Ex., und Num. ihrerseits schon voraus. Sie spiegeln eine Nachgeschichte, in welcher das Banngebot selbst in den Hintergrund rückt zugunsten des vom Mischehenverbot her interpretierten Vertragsverbots. Auf diesem Wege wird das Grundanliegen des Banngebotes perpetuierbar und rückt sogar in die Neuformulierung des "Bundestextes" vom Sinai als Hauptgebot ein. Sowohl im Anhang des Bundesbuches als auch am Ende des Josuafeldzuges wird die Forderung eingebracht, überall ist der dtn.-dtr. Hintergrund mitzubedenken. Seine Einwirkungen bestehen nicht in einliniger Bearbeitung, sondern sie werden je und je akut. Wir haben es nicht mit einem "dtr.D" zu tun, sondern mit einer Vielzahl von Schülern, die das Gelernte immer neu auszusagen wissen, Schülern, die unter dem Gesetz leben und für die die Existenz nicht-jahistischer Volksgruppen im Verheißungsland eine ständige Anfechtung ist, der sie in immer neuen Anläufen eine "mosaische" Forderung der kompromißlosen Abgrenzung entgegenzusetzen suchen, ausgehend von der Geschichtsdarstellung selbst zurück zum mosaischen Wort, sodann im Munde Josuas, schließlich als Jahwewort im Text des (zweiten) Bundes vom Sinai und am Ende des Bundesbuches als dem Gesetzeskodex vom Sinai. Das Mischehenverbot ist die konkrete Umsetzung des dtr. Hauptgebotes in einer Umwelt, in der Israels Identität nurmehr allein religiös und nicht in nationaler Souveränität sich zu behaupten genötigt ist, und das zunächst vor allem im Verheißungslande selbst.

<u>Nachzutragen</u> ist noch eine Bemerkung zu Gen. 34. Das Kapitel wurde von D und von P herkommenden Späteren zu einer exemplarischen Beispielgeschichte für den Schutz und die Befolgung des Connubiumsverbotes. "Der Verfasser der Gesamterzählung setzt Dt 7 voraus und steht der Sprache von P nahe..." (WESTERMANN)[269]. Gen. 34,9 ist in wörtlicher Entsprechung zu Dtn. 7,3 formuliert, die Beschneidungsformel in v.15 erinnert an Gen. 17,10(P)[270]. Nicht nur in Geboten, sondern auch in Geschichten konnten jene späten Nachfahren des exilischen Deuteronomismus ihre Anliegen zur Sprache bringen.

---

269 BK I,2, S.654.
270 Vgl. zu ב= התחתן Dtn. 7,3; Jos. 23,12; Esr. 9,14.

3 Deuteronomium 7 und die sogenannten "Kriegsansprachen"

Die im Eingang des Kapitels eingeführte Thematik der Abgrenzung Israels von den Völkern wird nach Begründung und Segensverheißung in dem Abschnitt v.17-24.25f. neu angegangen. Mit dem Passus erscheinen verstärkt die Elemente einer altertümlich anmutenden, kriegerischen Sprache, die die Exegeten seit den Studien v.RADs über den "Heiligen Krieg in Israel"[271] zu der Bezeichnung "Kriegsansprache" für diesen wie für eine Reihe weiterer, vornehmlich dtr. Texte veranlaßt hat. Zu nennen sind hier Dtn. 1,19-33; 7,(16).17-26; 9,1-6; 20,2ff.; 31,1-6.7f.; Jos. 1,1-9[272]. Abgesehen von Dtn. 20,2ff. handelt es sich hierbei um Texte, die im Zusammenhang mit der dtr. Landnahmedarstellung stehen. In jedem Falle haben wir es hier mit literarischen Produkten zu tun. Ein Rückschluß darauf, ob zur Zeit ihrer Entstehung Reden, die ein israelitisches Heer zum heiligen Krieg anstacheln sollten, so ausgesehen haben, und ob wir es gar mit Spiegelbildern derselben zu tun haben, ist schon angesichts der stilisierten Ausdrucksformen eher unwahrscheinlich. Die Elemente wirken insgesamt künstlich, zumal sie, wo wir sie in den genannten Texten in einer für eine Kriegsansprache einigermaßen vollständigen Gestalt antreffen, immer schon Teil einer fiktiven Darstellung sind, die keinen unmittelbaren Rückschluß auf die Zeitumstände ihrer Entstehung zuläßt.

Am Beginn steht - mitunter nach einem kurzen Aufruf ("Höre, Israel!") - meist eine Art Lagebestimmung, die an die vorgegebene fiktive Situation anknüpft:

Dtn. 1,20 באתם עד=הר האמרי

Dtn. 9,1 (שמע ישראל) אתם עברים היום את=הירדן

Dtn. 20,3 (שמע ישראל) אתם קרבים היום למלחמה על=איביכם

Dtn. 31,2 בן=מאה ועשרים שנה אנכי היום
לא=אוכל עוד לצאת ולבוא

Jos. 1,1 משה עבדי מת...

---

271 V.RAD, Der Heilige Krieg in Israel (5.Aufl.) Göttingen 1969, S.68-78.

272 Die Nomenklatur hält sich durch bis in die neuer Literatur, vorsichtig jedoch äußert sich BRAULIK, Dtn. 1-16,17, S.66: v.18-24 antworten auf den Einwand von v.17 "nach Art einer Kriegsansprache."

Sodann folgt ein <u>Marschbefehl</u>, welcher nur dort noch erkennbar ist, wo eine konkrete Eroberungssituation vorgestellt wird, also in

Dtn. 1,21b   עלה רש כאשר דבר יהוה אלהיך לך

Jos. 1,2   ועתה קום עבר את=הירדן הזה
אתה וכל=העם הזה אל=הארץ...

Mit ihm verbunden sind zumeist <u>Siegeszusicherungen</u>, die versichern, Jahwe habe Israel das Land bzw. die Feinde schon in seine Gewalt gegeben:

Dtn. 1,21   ראה נתן יהוה אלהיך לפניך את=הארץ

Dtn. 7,2   ונתנם יהוה אלהיך דפניך והכיתם

Dtn. 7,16   ואכלת את=כל=העמים...

Dtn. 7,24   ונתן מלכיהם בידיך והאבדת את=שמם מתחת השמים

Dtn. 31,3.5   וירשתם...ונתנם יהוה לפניכם...

Dtn. 31,7   ואתה תנחילנה אותם

Jos.1,5   לא יתיצב איש לפניך

Eng verwandt mit diesen Siegeszusagen sind die <u>Beistandszusagen</u>. Sie werden oft verbunden mit einem situationsgemäßen Vergleich in der Art, daß gesagt wird, Jahwe werde für Israel streiten wie er es zuvor in Ägypten, gegen Sihon u. Og usw. getan habe:

Dtn. 1,29f.   יהוה אלהיכם ההלך לפניכם הוא ילחם לכם
ככל אשר עשה אתכם במצרים לעיניכם

Dtn. 7,18ff.   לא תירא מהם זכר תזכר את=אשר עשה יהוה לפרעה...
לן יעשה...לכל=העמים...

Dtn. 9,3   יהוה אלהיך הוא העבר לפניך אש אכלה
הוא ישמידם והוא יכניעם לפניך

Dtn. 20,1   יהוה אלהיך עמך המעלך מארץ מצרים

Dtn. 20,4 יהוה אלהיכם ההלך עמכם להלחם לכם
עם איביכם להושיא אתכם...

Dtn. 31,3f. יהוה אלהיך הוא עבר לפניך
הוא ישמיד את=הגוים האלה מלפניך
ועשה יהוה להם כאשר עשה לסיחון ולעוג האמרי ולארצם
אשר השמיד אתם

Dtn. 31,6 יהוה אלהיך הוא ההלך עמך לא ירפך ולא=יעזבך

Dtn. 31,8 יהוה הוא ההלך לפניך הוא יהיה עמך לא ירפך ולא יעזבך...

Jos.1,5 ...כאשר יהיתי עם=משה אהיה עמך לא ארפך ולא אעזבך

Sachgemäß verbindet sich mit der Beistandszusage der <u>Appell</u>, stark zu sein und sich
nicht zu fürchten: Dtn. 1,29; 7,18.21; 20,1.3; 31,6.7; Jos. 1,6.(7).9:
. לא תירא ,לא תערץ ולא תחת ,חזק ואמץ

In Dtn. 7 ist zunächst festzustellen, daß keine unmittelbar mit der Landnahmeerzählung
zusammenhängende Ansprache vorliegt, sondern Anweisungen, wie man bei der bevorstehenden Eroberung mit den Völkern verfahren soll (7,1-5) und wie man sich gegen innere Zweifel rüsten kann (7,17-26). Die Elemente der Lagebestimmung und des
Marschbefehls erscheinen nicht unmittelbar, sondern gehen ein in die Formulierungen
der Vordersätze ("Wenn du in das Land kommst ...usf."). Vergleicht man eine
"vollständige", alle genannten Elemente enthaltende "Kriegsansprache" mit Dtn.
7,17ff., so ergibt sich die gesuchte Übereinstimmung im Bereich der Beistandszusagen, während die übrigen Elemente fehlen (vgl. Dtn. 1,20f.26-30 / Dtn. 7,17-19.20-
24). Die Texte verstehen sich selbst somit nicht als Kriegsansprachen, sondern als
Gebote und Anweisungen, wie die Gestalt der Konditionalsätze und Anweisungen
zeigt. Die Materialien hierfür wurzeln in der dtr. Geschichtsdarstellung, nicht in vor-
dtn. Gesetzen, während die Form ihre Parallelen in Texten hat, welche mit der
Kriegsthematik nicht unmittelbar verknüpft sind: Dtn. 7,1-5* entspricht Dtn. 6,10-
13.14-19*, Dtn. 7,17-24(25f.) steht Dtn. 9,1-6;18,21f. nahe[273]. Die äußere Gestalt der
מצוה ist in Dtn. 7,17f. durch den Vordersatz mit כי und den Nachsatz mit
einleitendem Prohibitiv ohne ו cons., v.18, gegeben. Sachlich ist der paränetische

---

273   Insofern sind die formkritischen Beobachtungen GARCIA-LOPEZ zutreffend, als er von inner-dtn.
      Gemeinsamkeiten ausgeht.

Charakter jedoch nicht zu übersehen, denn es geht im Folgenden um die Auseinandersetzung mit einem Einwand gegenüber den großen Worten von v.1-16*, nämlich daß Israel angesichts der Überzahl der genannten Völker machtlos sein müsse. V.18.21 können auch nicht im strengen Sinne als Gebote angesprochen werden, sondern es handelt sich - wie der Vergleich mit den sog. Kriegsansprachen zeigt - um zum Gebot geronnene "Appelle", die Zuspruch und Anspruch zugleich formulieren. Ihr Gebot ist nicht der Kampf gegen die Völker, sondern das Vertrauen zu Jahwe im Gedenken an seine Wundermacht. Dtn. 7,17-24 ist nicht "eine Ansprache an Männer, die mit der Waffe in der Hand grosser göttlicher Heilstaten gewärtig sind"[274], dies ist eben nur die Fiktion der Moserede, sondern es ist ein Text, der für solche Menschen verfaßt ist, denen alle Waffen aus der Hand genommen sind und denen nichts geblieben ist als das Credo als ein Urbild für eine neue, bessere Zukunft, in der Israel von der Bedrängnis durch die fremden Völker im Lande frei sein wird. Die Erinnerung richtet sich nicht ausschließlich auf den Exodus und der Vorausblick nicht allein auf die Landnahme, sondern - wie die weitere Paränese zeigt - auch auf den Kontrast zwischen Wüste und Land (Dtn. 8,2-18) und zwischen eigenem Versagen und Treue Jahwes (9,1-7a). Die kriegerischen Elemente des Textes sind nur Material, ebenso wie das Credo für die Rückbezüge in Dtn. 6 oder die Wüstentraditionen für Dtn. 8. Der in v.17 formulierte "Einwand des Volkes" (vgl.auch Dtn. 1,28) knüpft an das in v.1 vorgegebene Vokabular an[275]. Sprachlich ist hier nichts zu entdecken, was den Text für älter als Dtn. 7,1ff. oder vor-dtr. erweisen würde. Die Wendung אמר בלבב ist außer in Dtn. 7,17; 8,17; 9,4 in der dtr. Passage des sog. Prophetengesetzes belegt (Dtn. 18,21)[276]. Mit der Verschiebung der Perspektive von Gebot und Zusage (Dtn. 6,4-7,16*) in Richtung auf deren paränetische Vertiefung im Ringen um Einwände, Zweifel, Mahnung und neue Erkenntnis (7,17/18b; 8,2.5.17f.) wird hier ein neuer Abschnitt des dtn. DT.-Rahmens eingeleitet, der sprachlich zwischen 6,4-7,16* und noch vor der durch Dtn. 5 initiierten Gebotsparänese steht.

Die "dtn." Sprache ist auch hier "dtr.". Die ansonsten seltene, vom Dtn. jedoch ausschließlich verwendete Fragepartikel איכה erscheint in Dtn. 1,12; 12,30; 18,21 und 32,20, also in dtr. Stel-

---

274 V.RAD, Heiliger Krieg, S.78

275 רבים הגוים könnte als "Lagebestimmung" aufgefaßt werden, איכה אוכל להורישם als Rückbezug auf einen "Marschbefehl".

276 SEITZ, a.a.O., S.241f.; PREUSS, a.a.O., S.138. Dtn. 18,19-22 ist wohl jünger als Dtn. 5,23ff. (PERLITT, Mose als Prophet, Ev.Th.31,1971,S.588-608, S.598f.:) "Die Predigt (v.19-22, A.d.V.) verwässert nolens volens die Theologie vom schlechterdings einzigartigen Mittler Mose (Dt 5,23ff.), indem sie zwecks Legitimierung der "Propheten wie Mose" das Einmalige beinahe zum Grundgesetz einer Wiederholung macht. Weil Mose längst letzte Legitimation verschafft, wird er auch hier als Vater dieser Thorawächter in Anspruch genommen."

len[277]. Vom Vermögen bzw. Unvermögen Israels (יכל , Subj. Israel) ist im sachlichen Sinne hinsichtlich seiner eingegrenzten Möglichkeiten des öfteren im dtr. Bereich die Rede, so im DT. (kultisch: Dtn. 12,17; 14,24; 16,5; politisch: 17,15; privatrechtlich: 21,16; 22,3.19.29; 24,4), im Kontext der Darstellung der (Heils- bzw. Unheils-)Geschichte ist stets das Unvermögen angesprochen[278]. In diesem weiteren, dtr. Kontext hat auch die Frage von Dtn. 7,17(22) ihren Ort. Von גוים רבים ist in unserem Sinne außer in 7,1.17 nur noch in 15,6 (dtr.) und 28,12 die Rede[279]. Neben den Dtn.-Belegen ist noch zu verweisen auf weitere dtr. und nach-dtr. Belege der exilischen und nachexilischen Zeit, in welchen einerseits die Angst vor der Übermacht der Völker, andererseits aber auch die Hoffnung auf deren Überwindung und gar Bekehrung zum Ausdruck kommt[280].

ירש (hif.) mit Subjekt Israel ist außer in Dtn. 7,17; 9,3 nur noch in Jos. 8,7 (dtr.), Ri. 1,28 (spät-dtr.) und Esr. 9,12 anzutreffen. Eine ausführliche Darstellung der Belege bietet LOHFINK[281]. Zu unterscheiden sind ירש qal, "in Besitz nehmen", und ירש 'hif. (= "bewirken, daß in Besitz genommen wird"). LOHFINK interpretiert den Kausativ-Stamm hier weitergehend, i.S.v. "jemanden (als Besitzer) beseitigen"[282], und bestreitet die geläufige Übersetzung "vertreiben", weil in den entsprechenden Texten "sich nirgends Andeutungen für ein impliziertes Element des Weiterlebens an anderem Ort findet."[283] Er folgert aus dem Umstand, daß ירש , hif., gewöhnlich

277 Die ansonsten häufigere Fragepartikel איך fehlt im Dtn. איכה ist außer an den genannten Stellen noch belegt in: Ri. 20,3 (spät- bis nach-dtr.?); 2.Kön. 6,15 (junger Zusatz, WÜRTHWEIN, ATD 11,2, S.307); Thr. 1,1; 2,1; 4,1f. (exilisch). Ansonsten in Jes. 1,21; Jer. 8,8; 48,17; Ps. 73,11; Cant. 1,7, vorwiegend also in exilischen oder jüngeren Texten. Der Ausruf hat stets den Beiklang der Klage und der inneren Erregung.

278 Dtn. 28,27.35; Jos. 7,12.13; 9,19; (15,63; 17,12); Jos. 24,19; Ri. 2,14; 21,18; 1.Kön. 9,21. Auch die Mittler Israels werden so vor die Frage nach den eigenen Grenzen gestellt (Dtn. 1,21; 1.Sam. 6,20; 1.Kön. 3,9).

279 Zu Dtn. 15,6 MERENDINO, Das deuteronomische Gesetz, S.110f.; Dtn. 28,12b steht 15,5f. nahe (PLÖGER, Untersuchungen, S.150:) "Ein Vergleich mit v.15,5f. zeigt, daß die Formulierung ihren "Sitz im Leben" in der Gesetzespredigt hatte, so daß v.12b mit predigtartiger Erweiterung gerechnet werden könnte."

280 Jer.22,8 (D, THIEL, WMANT 41, S.240); 25,14 (nach-dtr.,THIEL, ebd.,S.273f.); 27,7 (D, THIEL, WMANT 52,S.8); Dt.-Jes. 52,15; Ez. 26,3; 31,6; 38,23; 39,27; Mi. 4,2 (nachexilisch, WOLFF, BK XIV,4, s.88f.); 4,11 (redaktionell, ebd., S.112); Sach. 2,15; Ps. 135,10; Neh. 13,26 nach-exilisch) und Threni 1,22.

281 Art. ירש , ThWAT III,1,S.953-985, bes. Sp. 970ff.; ders.: Die Bedeutungen von hebr. ירש qal und hif., BZ 27,1983,S.14-33.

282 BZ 27, S.27.

283 Ebd.

294

mit menschlichem Objekt (‫מפני‬ / ‫ מלפני‬NN)[284] steht und meist im Kontext von Verben der Vernichtung (vgl. 7,17/7,1f.; 7,20-24; 9,3ff; 2.Kön. 21,2.9; Num. 33,55f.) die Bedeutung "vernichten"[285]. Andererseits ist es eben nicht so, daß ‫ ירש‬die Verben ‫(נכה‬hif.), ‫נכה‬ (hif.), ‫ חרם‬und ‫ נשל‬ersetzt. Von seinem Bedeutungsumfang her ist es auch nicht auf die Frage LOHFINKS nach einem "Weiterleben" der Völker ausgerichtet, sondern lediglich auf den Vorgang der Inbesitznahme bzw. (intensiviert durch den Kausativstamm) den der Eroberung. In der Frage von Dtn. 7,17 geht es nicht schwerpunktmäßig um Beseitigung, sondern zunächst einmal um die Überwindung der Völker![286]

V.18-20 und v.21(22) 23f. formulieren in doppeltem Anlauf den Appell, sich nicht vor den Völkern zu fürchten, in Gebotsform, daran schließt sich eine ausführliche Beistandszusage an. Beide Formen haben in den dtr. "Kriegsansprachen" ihre Vorbilder (vgl.zu Dtn. 7,18.21a: Dtn. 1,29; 31,6f.; Jos.1,6; vgl. Dtn. 20,1). Als Gesetz handhabbar sind solche Sätze genausowenig wie etwa die Kriegsgesetze in Dtn. 20,1.2-4[287]. Während die Beistandszusagen in Dtn. 1; 31 und Jos.1 sich auf einen Kern beschränken (Jahwe wird bei dir sein, er wird für dich streiten, wie er gegen die Ägypter ....gestritten hat, er wird bei dir sein, wie er mit Mose war), sind sie in Dtn. 7 stark erweitert. Was in 1,31 mit einem schlichten ‫ ככל‬angedeutet wird, wird nun ausgemalt. Appell und Beistandszusage erscheinen dabei sogar doppelt, einmal stärker unter dem Aspekt des vergleichenden Rückblickes (v.18-20), zum andern unter dem des Ausblicks (v.21.23f.). Originell ist dabei lediglich die Verschmelzung einer großen Fülle von geprägten Elementen unter dem Vorzeichen der "zu Herzen" gehenden Rede.

---

284 ‫ירש‬ , hif., + menschl. Objekt bzw. + ‫מפני‬ (Israel): Ex. 34,24; Num. 32,21; 33,52f.55; Dtn. 4,38; 9,4f.; 18,12; Jos.3,10; 13,6; 23,9; Ri. 2,21; 11,23.24b; 1.Kön. 14,24; 21,26; 2.Kön. 16,3par.; 17,8; 21,2par.; + ‫מלפני‬ : Dtn. 11,23; Jos. 23,5.13; 2.Chr. 20,7 (vgl. Dtn. 9,3; Ri. 2,23; Jos. 8,7; Ps.44,3. Die Belege sind schwerpunktmäßig dtr.

285 A.a.O., S.29ff.

286 Von daher kann ich den literarkritischen Konsequenzen, die LOHFINK (a.a.O.) aus seinen Beobachtungen zieht, nicht ohne weiteres folgen. Lediglich die Verankerung in der dtr. Sprache und Darstellung - und zwar vorwiegend in weiterführenden Schichten - ist anhand der oben genannten Belegkette erkennbar.

287 Die Aufforderung, sich nicht vor den Feinden zu fürchten, hat als Gesetz wie in Dtn. 20,1 nur im Rahmen einer völlig idealischen Konzeption einen Sinn, justiziabel sind derlei Anweisungen nicht. Dtn. 20,2-4 kommt als Vorbild für Dtn. 7,17-24 nicht infrage. Die Verse heben sich als pluralischer Zusatz aus dem Kontext heraus: anstelle des Kriegsanführers tritt hier der Priester, der das Volk zum Vertrauen auf Jahwe mahnt, von einem Kampf des Volkes ist garnicht mehr die Rede, der Krieg wird ganz Jahwe überlassen - eine "Kriegsansprache" in spät-dtr. religiöser Stilisierung. In ihr ist der Appell gleich vierfach variiert (v.3), die Beistandszusage ist hingegen zu einer festen Wendung geronnen (‫יהוה הלחם לכם‬), ein altes dt. Vorbild für Dtn. 7 ist nicht zu erkennen.

Auch hier ist wieder zu beobachten, daß die Motive vor-dtr. kaum oder garnicht in der gegebenen Form belegt sind. So wie hier werden Pharao und Ägypten nur in spät-dtn./dtr. Credotexten erwähnt: Dtn. 6,21.22; 7,8.18; 11,3(pl); 29,3pl.; 31,11)[288], von מסח , "Prüfungen" des Pharao spricht das A.T. nur noch in Dtn. 4,34 und 7,19. Das Versuchungs-Motiv ist bevorzugt Gegenstand der spät-dtr. Theologie, so ist von tsm in Dtn. 4,34; 29,2 die Rede[289], vom נסה durch Jahwe in Dtn. 4,34; 8,2b.16; 13,4 und 33,8[290], indes, der Gedanke der "Prüfungen" Ägyptens beschränkt sich auf die drei genannten Dtn.-Belege für tsm, wobei Dtn. 29,1b.2 deutlich in Anlehnung an Dtn. 7,18b.19 formuliert ist.

Auch die Wendung אתת ומפתים kommt außer Jes.8,18; 20,3 nur Dtn. 26,8 dtn., Dtn. 6,22; 7,19; und spät-dtr. Stellen: 4,34; 29,2; 34,11[291]. Die Wendung היד החזקה והזרעה הנטויה ist typisch dtn./dtr.[292]. Das gilt auch für den Hinweis auf die Augenzeugenschaft der gegenwärtigen Generation (אשר ראו עיניך). Sie hat ihr Gewicht vor dem Hintergrund der Aussage des dtr.G in Ri. 2,10 gewonnen, wo das Verschwinden der Kenntnisse von den Heilstaten Jahwes nach Josua und seiner Generation berichtet wird. Dagegen stellen sich in der dtr. Paränese die Hinweise auf die Augenzeugenschaft: לעיני... : Dtn. 1,30; 4,6.43; 6,22; 28,31; 31,7; 34,12; אשר ראו עיניך/כם: Dtn. 4,9; 7,19; 10,21; 29,2 (vgl. auch 28,34.67; הראת עיניכם.Dtn. 3,21; 4,3; 11,7; 28,32; אתם אריתם : Dtn. 29,2; Jos. 23,3 (vgl.Dtn. 1,19.31).

Die Anwendung des Analogieschlusses, Jahwe werde künftig so handeln wie in der Vergangenheit, ist von Dtn. 1; 31; Jos.1 her bekannt, er wird hier nur ausführlicher vollzogen. Die Verwendung der Bezeichnung כל=העמים für die Völker in v.19 ist vermutlich von v.6.14.16a her inspiriert.

Allein daß der Rückblick auf Ägypten hingeht und somit an der Mosefiktion haftet, läßt erkennen, daß hier nur eine gleichnishafte fiktive Situation vorgestellt wird, nicht aber ein aktueller Sitz im Leben eines Heeres erkennbar ist.

---

288 בפרעה : Ex. 14,4.17f.; Dtn. 6,22; Neh. 9,10; Ps.135,9. לפרעה : Ex. 1,11; 6,1; 7,1; 8,5f.; 18,8; Dtn. 6,21; 7,18; 11,3; 29,1; 34,11 (2.Kön. 23,35).

289 מסה : Ps. 95,8; Hi. 9,21 (nach-dtr.).

290 Ri. 2,22; 3,1.4; und Gen. 22,1; 16,5; Ps. 26,2. Vgl. u.zu Dtn. 9,2.

291 Zu אות ומפתים vgl. STOLZ, Art. אות , THAT I, Sp.91-95 (Sp.94): es handelt sich um eine im wesentlichen dtr. Formel: Dtn. 4,34; 6,22; 7,19; 11,2f; 26,8; 29,2; 34,11 und Jer. 32,20f.; Ps. 78,43; 105,27; 135,9; Neh. 9,10 (bei P: Ex. 7,3; ohne ;jfpwm: Num. 14,22; Jos. 24,17 (Ps.65,9) (aram: Dan.3,32f.; 6,28). Der etymologisch ungeklärte Begriff fpwm betont gegenüber twx stärker das Wunderhafte (parallel zu twxlpn Ps. 105,5=1Chr. 16,12.). Die Wendung bezieht sich auf Machttaten in Ägypten Ex. 4,21 (redaktionell), 7,3.9; 11,9f. P; Dtn. 4,43;6,22 u.ö., allgemein auf die Schreckens - oder Wunderzeichen Gottes: Dtn. 28,46; Jl. 3,3; Ps. 7,17= 1.Chr. 16,12; auf prophetische Beweiszeichen: Dtn. 13,2f.; 1.Kön. 13,3.5; 2.Chr. 32,24.31 und auf prophetische Zeichenhandlung: Jes. 8,18; 20,3; Ez. 4,3; 12,6.11; 24,24.27; Sach. 3,8. (STOLZ, a.a.O., Sp.95).

292 S.o.S.148f..

Die צרעה , was immer damit gemeint ist, hat Jahwe nach Jos.24,12 gesendet, um die zwölf*
(ursprünglich nur zwei?) Amoriterkönige zu vertreiben; nach Dtn. 7,20 soll sie alle Übriggebliebenen
im Lande vertreiben, Ex.23,28 schließlich behauptet, Jahwe habe durch sie einen Teil der 7 Völker
besiegt[293]. Offenbar stehen hier verschiedene Interpretationen des Landnahmegeschehens
nebeneinander. Einen anderen Weg ist Jos.23,4ff. gegangen, indem hier die Vertreibung der
nichtisraelitischen Völker, der גוים הנשארים (vgl.Dtn.7,20) vom Gesetzesgehorsam Israels
abhängig gemacht wird. Auch hier wird deutlich, daß Dtn. 7,17-24* zwischen Jos.24 einerseits und
Jos.23 und Ex.23,20-33* andererseits steht.

Insgesamt steht Dtn. 7,17-20 näher bei den späten paränetischen Sätzen von Jos. 23
(vgl. v.1-3; Dtn. 29,1ff.) als bei Jos. 24 oder vor-dtn. Texten. Die "Kriegsansprachen"
der formgebenden Rahmenschichten des dtr.G werden anscheinend schon vorausgesetzt, wie die Überschüsse in Dtn. 7 gegenüber den knappen Texten von Dtn. 1,29ff.;
31,3; Jos.1,9 zeigen.

Wie die erste Beistandszusage v.18-20 wird auch die zweite, v.21.23-24, mit einem
Appell eingeleitet: לא תערץ מפניהם . Auch für den transitivischen Gebrauch von ערץ
gibt es im A.T. nur noch dtr. (Dtn. 1,29; 20,3; 31,3; Jos.1,9) und nach-dtr. Belege
(Hi.31,34). Nach dem Zusammenhang gilt die zweite Beistandszusage im Blick auf die
"Übriggebliebenen". Gegenüber der einfachen Form in Dtn. 1,30; 20,4; 31,3; Jos.1,9,
die Jahwes Begleitung zusagt (יהוה...ההלך לפניך), wird die Aussage hier erweitert:
כי יהוה אלהיך הקרבך אל-גדול ונורא .
Die Vergewisserung wird so im Blick auf die Gottheit Jahwes und ihre Vollmacht verstärkt[294].

Das Verbum הום , qal, ist im A.T. singulär, vermutlich verwandt mit מהומה , Erschrecken, erläutern neben Dtn. 28,20; 1.Sam. 5,9.11; 14,20; Jes. 7,7; 22,5; Am. 3,9;
Sach. 14,13; 2.Chr. 15,5 hinreichend, was gemeint ist[295]. Es fällt jedoch auf, daß weder Verb noch Substantiv in der dtr. Landnahmeerzählung vorkommen. Auffällig ist
weiterhin, daß der Hinweis auf den Jahweschrecken unmittelbar auf die Aus-
lieferungsformel folgt und so eine Variante zu Dtn. 7,2 entsteht
(7,2:   ונתנם יהוה אלהיך לפניך והכיתם /
v.23: ונתנו יהוה אלהיך לפניך והמם מהומה גדלה עד השמדם).

---

293 Zu צרעה s.o.S. 266f..

294 אל als Epitheton für Jahwe ist im Dtn. ansonsten selten belegt, meist in gehobener, hymnischer
Rede, vgl. o.S. 225f..

295 Ges.B., S.177.402. Verwandt mit המם : vgl. Ex. 14,24; 23,27; Dtn. 2,15; Jos. 10,10; Ri.4,15;
1.Sam. 7,10; 2.Sam. 22,15; Ps. 18,15; 144,6; 2.Chr. 15,6 (Ges.B.,S.184).

Die Vernichtung der Völker ist hier allein Sache Jahwes, für Israel bleibt nur übrig, zu töten, wen Jahwe ihm ausliefert (v.24a entspricht dabei Jos. 10,10ff.; und Jos. 12).

Es ist also in 7,17-24 eine deutliche Akzentverschiebung gegenüber 7,1-16* zu beobachten. Wer Dtn. 7,17-24* hört, soll wissen, daß Jahwe seine Zusagen wahrgemacht hat gerade vor dem Hintergrund von v.6.12b.13-16*. Auch in seiner jeweiligen Gegenwart soll er in dem Glauben bestärkt werden, daß Jahwe בקרב ישראל weilt. Die sog. Kriegsansprache leitet damit einen Textkomplex ein, der das in 6,4-7,16 Gebotene und Verheißene paränetisch vertieft. Die Texte unterstehen noch nicht den normierenden Zugriff der durch Dtn. 5 initiierten pluralischen und jüngeren katechetischen Bearbeitungsschichten. Wie Dtn. 7,17-24* hier aufgenommen wurde, zeigt ein Vergleich mit Dtn. 11,22-25. Die Unterwerfung der Völker ist dort unter die Bedingung des Gesetzesgehorsams gestellt (v.22b). Der Akt der Unterwerfung der Völker (11,23b) ist Folge der Unterwerfung durch Jahwe (v.23a, ירשׁ ,hif.). Die Landbeschreibung klingt an die spät-dtr. euphratische Idee an, deren Verwirklichung (in einem neuen Davidsreich?) immer noch aussteht (vgl.v.24:Jos. 1,3f.). 11,25a variiert Dtn. 7,23.24b und verbindet diese Zusage mit jener weitreichenden Idee[296].

Über den Zusatzcharakter von v.22.25f. wurde oben schon gehandelt. Es handelt sich hier anerkanntermaßen um späte Glossen[297]. Insgesamt ist von 7,17-21.23-24 zu sagen, daß der Text keinerlei Anzeichen für eine außerhalb der dtn. Einleitungsrede stehende selbständige Abfassung aufweist. Zugleich ist deutlich, daß nicht nur Dtn. 7,1-16* eine Grundschicht der dtr. Landnahmeerzählung des Josuabuches kennt, sondern auch 7,17-24* eine solche durchaus voraussetzt. Offenbar besteht ein Anliegen des dtn. Entwurfes in der Zusammenbindung von Verheißung, Gebot und Geschichte. Er findet in der Beantwortung der Existenzfrage Israels von Dtn. 7,17 in 7,18-21.23f. eine paränetische Vertiefung. Der literarhistorische Ort des Entwurfes der dtn. Grundschicht von Dtn. 7 ist nun noch einmal näher zu bestimmen, und zwar von der markantesten Aussage des Textes her, dem Dictum von der Erwählung Israels (v.6).

---

296   Vgl. Dtn. 11,22/ 6,5;5,31ff; 10,20; 11,23: Dtn. 7,17.1f.; 11,24 Dtn. 1,7b; 11,25/ 7,24b.23b (s.a.Jos.23,4-10).

297   S.o.S. 237f..

4 Die Erwählung Israels

So wie Dtn. 6,4 den Brennpunkt des sechsten Kapitels im Dtn. bildet, so Dtn. 7,6 den des siebten. Dtn. 6 erhebt den Ausschließlichkeitsanspruch Jahwes über Israel, Dtn. 7 macht dessen Auswirkungen auf die Existenz Israels selbst deutlich: es ist ein עם קדוש ליהוה und von Jahwe in eminenter Weise und unwiderruflich als sein Volk in Anspruch genommen, sowohl in vehementer Abgrenzung gegenüber den Völkern (v.6a) wie andererseits in der Verheißung überschwenglichen Segens als Ausdruck seiner besonderen Stellung (v.6b.12b.13-16a). Diese Inanspruchnahme beschreibt v.6b mit dem hier zum ersten Male im A.T. auf Israel angewandten Begriff der Erwählung, rcb[298]. Damit strahlt die Erwählung des besonderen Kultortes durch Jahwe im DT. (Dtn. 12,14 u.ö.), zu dem hin auch die dtn. Rahmung Israel als Ziel des Exodus und der Landnahme geführt wissen will (Dtn. 26,1.8) auf Israel aus: es selbst ist der עם קדוש , der sich an diesem Ort sammeln wird und der am Tage der Gesetzespromulgation feierlich als zum עם סגלה ליהוה erklärt gelten soll. Daß damit die Erwählungsterminologie aus der davididischen Tradition auf das Volk übergeht, wurde schon erwähnt[299] - der Erwählung des Königs wird die des Volkes damit übergeordnet. So lassen die Deuteronomiker Israel die stille Erbschaft der niedergegangenen Monarchie antreten und eröffnen eine neue Möglichkeit der Identität Israels, die das dtr.G noch nicht gesehen hat.

Synonyme für בחר begegnen mehr in der Nach- als in der Vorgeschichte des Dtn.s. Als Vorläufer der Erwählungszusage gilt Amos 3,2 (ידע), ansonsten steht für die Aussonderung Israels durch Jahwe das Verbum בדל , hif. (vgl. 1.Kön. 8,53, spät-dtr.; Lev. 20,24.26 H), auch לקח מן (Ex. 6,7 (P; vgl. Dtn. 4,20; Jos. 24,3), קנה Ex. 15,16 (nachexilisch?)[300]; Jes. 11,11; Ps. 74,2, חשף (Jes. 41,9), קרא (Jes.41,8) und die Aussagen über die Liebe Jahwes zu Israel (vgl. אהב / חשק: Dtn. 4,37; 7,7; 10,15; Jes. 41,8). "Erst im Dt. findet sich der Erwählungsgedanke bezüglich des ganzen Volkes in seiner ganzen Irrationalität... Das Verbum rcb (Subjekt Gott - Objekt Volk) ist eine original dt. Prägung." (v.RAD)[301]. Dies zeigt auch die Übersicht über die vorhandenen Belege bei VRIEZEN[302]. Im Dtn. ist zu verweisen auf Dtn. 7,6; 14,1f. und 4,37; 10,15; (vgl. 14,21;26,19), im dtr.G nur auf 1.Kön.3,8[303].

---

298 VRIEZEN, De verkiezing van Israel volgens het Oude Testament, Amsterdam 1974, S.34ff.

299 S.o.S. 199f. ; LOHFINK, Das Privilegrecht im Buch Deuteronomium, S. 184f.(Lit.): "Was bisher von den Königen gegenüber dem Volk galt, gilt nun vom Volk gegenüber den Völkern."

300 JEREMIAS, Königtum, S.105f.

301 Gottesvolk, S.27f.

302 A.a.O.,S.32f.

303 Außerhalb des Dtn.s: Jes.14,1; Dt.-Jes. 41,8f.; 42,1; 43,10.20; 44,1f.; 45,4; 49,7; Trito-Jes. 65,9.15.22; Jer.33,24; Ez. 20,5 und Psalm 33,12; 78,67f.; 105,6.43; 106,5; 135,4; 1.Chr. 16,13; 28,4. Keine dieser Stellen geht zeitlich hinter das Dtn. zurück (VRIEZEN, Verkiezing, S.52-105).

Ausgeführt wird die Erwählungszusage in dem gleichfalls an dieser Stelle (Dtn. 7,6) erstmals ausgesprochenen Gedanken der Bestimmung Israels

‏להיות לו ןליהוה לעם סגלה‎[304].

Mit Erwählungs- und Segenszusage tritt das Dtn. aus der geschichtlichen Fixierung auf die Mosefiktion hinaus in den Bereich der Aussagen über die Akte göttlicher Hoheit Jahwes und gewinnt so eine bisher nicht gekannte "universalistische geschichtliche Überschau"[305]. Ähnlich wie für schon früher untersuchte zentrale dtn. Begriffe ist auch für die Rede von der Erwählung Israels im Dtn. eine deutliche innere Schichtung zu beobachten, sodaß bei der Rekonstruktion einer "dtn.Erwählungslehre" Vorsicht geboten ist[306].

---

304 WILDBERGER, Jahwes Eigentumsvolk, Eine Studie zur Traditionsgeschichte und Theologie des Erwählungsgedankens, AThANT 37, Zürich/Stuttgart 1960, hat versucht, Ex. 19,3b-8, speziell v.5f. als vor-dtr. "Erwählungsproklamation" und Ausgangspunkt der dtn/dtr. Erwählungsvorstellungen zu erklären. Aber dagegen spricht schon, daß es auch für die Bezeichnung ‏עם קדוש‎ wie für ‏סגלה‎ in diesem Zusammenhang keine vor-dtn. Belege gibt (so schon VRIEZEN, Erwählung, 1953, S.62f.):

‏עם קדוש‎ : Dtn. 7,6; 14,2.21; 26,19; 28,9 vgl. Ex. 19,6: ‏גוי קדוש‎ . Lediglich bei Jer. findet der Gedanke eine Vorbereitung in Jer. 2,3: ‏קדש ישראל ליהוה‎. Später begegnet er in Jes. 62,12; Dan. 7,27; Ps.65,5 (vgl.Jes.4,3).

‏סגלה‎ : Dtn. 7,6; 14,2; 26,18 und Ex.19,5; Ps.135,4 hat gleichfalls ein dtn/dtr. Stratum, ebenso ‏נחלה‎: Dtn. 4,20; 9,26.29; Dtn. 32,9; 1.Kön.8,51.53; danach: Jes.47,6; 63,17; Jer. 10,16; Jer.12,7-9; 51,19; Mi. 7,14; Jes. 19,25; Jo. 2,17; 4,2; Ps.33,12; 74,2; 78,62.71; 94,5.14; 106,5.40. VRIEZEN, Erwählung, S.63: "Nur die Jeremia-Stelle 12,7-9 ist sicher vorexilisch." - Zur Auseinandersetzung mit WILDBERGER, vgl. PERLITT, Bundestheologie, S.169-181. Den Wechsel in der Bezeichnung ‏עם‎ zu ‏גוי קדוש‎ kann man im Vergleich mit spät-dtr. Schichten beobachten, bes. Dtn. 4,6-8.33 (PERLITT, S.174). Diese Stellen beweisen, "daß, wenn im Exil der ‏עם‎ zum ‏גוי‎ wird, die Substanz der dt Gottesvolk-Theologie erhalten bleibt, ohne daß der Kontext der Erwählung abgestreift werden muß. Im Gegenteil behauptet Israel auf dieser Stufe des Lebens unter den ‏גוים‎ energischer als früher seinen Sonderstatus von Jahwe her, nun aber mit der einzigartigen Spitze: ein ‏גוי‎ ist erwählt....Ex 19,6a ist...nicht Vor-, sondern Endstufe des Weges von Dtn 7,6 her." (PERLITT, S.174). -

305 V.RAD, a.a.O.

306 Zu allgemein in dieser Hinsicht verfahren ROWLEY,(schon im Titel:) The(!?) Biblical Doctrine of Election, London 1950; DAHL, Das Volk Gottes. Eine Untersuchung zum Kirchenbewusstsein des Urchristentums, Oslo 1941, S.26ff.; KOSCHEL, "Volk Gottes" in der deuteronomischen Paränese. Untersuchungen zum Begriffsfeld von "Volk Gottes" in Dt.7,1-11 (Diss.) Münster 1969, der Dtn. 7,1-11 als einheitlichen Text vom "Bundesformular" und von der sog. "Gilgal-Bundes-Tradition" her erklärt (S.23-39) und nach "der Volk-Gottes-Vorstellung " "des Deuteronomikers" sucht (S.38). Eine theologisch kritische und literarisch differenzierte Auseinandersetzung mit dem Begriff führt

Die Schichtung ist schon innerhalb Dtn. 7 zu beobachten. Dtn. 7,7f. liegt anerkanntermaßen eine sekundäre pluralische Fortschreibung von v.6 vor, worin nach dem inneren Grund der Erwählungstat gefragt wird: Israel hat keine zahlenmäßige Größe oder sonstige Besonderheiten gegenüber anderen Völkern aufzuweisen, im Gegenteil (v.7), der Grund seiner Erwählung ist allein die göttliche Zuneigung und Liebe selbst (אהבה, חשק), die sich in der Herausführung aus Ägypten manifestiert und die in der Treue Jahwes zu sich selbst und seiner Verheißung an die Väter verwurzelt ist[307]. All dies hat Dtn. 7,6 so nicht expliziert; dieser Vers steht primär im Spannungsfeld von Banngebot und Segensverheißung.

Eine Zusammenschau von v.6. und v.7f. lassen erst die spät-dtr. Passagen in Dtn. 10,14f. und 4,37ff. erkennen. Der universalistische Hintergrund der Erwählungszusage wird nun stärker zur Geltung gebracht (10,14: ליהוה השמים ושמי השמים)[308].

Bildet in Dtn. 7,6ff. die Völkerwelt den Hintergrund der Erwählung, so hier die Schöpfung schlechthin, ist es in Dtn. 7 zunächst das Israel des Exodus, dem die Erwählung zugesprochen wird, so hat sie nach Dtn. 10,15; 4,37f. schon den Vätern gegolten (vgl. Dtn. 7,7: חשק יהוה בכם... ;

Dtn. 4,37: ...תחת כי אהב את-אבתיך ויבחר בזרען אחריו ויציאך ,

und 10,15: רק באבתיך חשק יהוה לאהבה אותם ויבחר בזרעם אחריהם).

Heißt es in Dtn. 7,8a, Jahwe erwähle und liebe Israel aus Treue zum Väterschwur, so in 4,38;10,15, daß er Israel aus Liebe zu den Vätern erwähle. In Neh. 9,6f. rückt der Gedanke von der Erwählung und Herausführung zurück auf den Erzvater Abraham. Mit dem Bewußtsein, Anteil am Vätererbe zu haben, wird so auch den nachmosaischen Generationen die Möglichkeit gegeben, sich in der Anrede Moses wiederzuentdecken. Während in 10,15b durch die pluralische Weiterführung des bis dahin singularischen Textes (v.12-15a.bα) ein Bruch eintritt (בכם מכל-העמים כהיום הזה - ist Zusatz, der die aktuelle Interpretation von Dt. 26,17f.* und 7,6 bestätigt)[309], erscheint in 4,37ff. die Anlehnung an 7,8 schichtenmäßig ungebrochen[310].

ALBREKTSON, Mitt folk, min utkorade, in: M. Saeboe (Hrsg.), Israel,kirken och verden, Oslo 1972, S.21-38.

307 Den Zusatzcharakter von v.7.8a haben schon frühere Exegeten erkannt, vgl. die Kommentare; VRIEZEN, Verkiezing, S.35ff.; PERLITT, Bundestheologie, S.58A.4.

308 Die Wendung ist außer in 1.Kön.8,27, spät-dtr., WÜRTHWEIN, S.ATD 11,1, S.97; (par.: 2.Chr. 6,18; 2.Chr. 2,5) nur noch in Ps. 148,2; Neh. 9,6 (nach-exilisch) belegt.

309 STEUERNAGEL, Deuteronomium, S.89.

310 KNAPP, Deuteronomium 4, S.108ff (zu v.36-40).

Damit ist zunächst einmal zu konstatieren, daß die Erwählungsvorstellung im vorderen Rahmen in Dtn. 1-3 fehlt, daß innerhalb des weiteren Rahmens ihre älteste Ausformung in Dtn. 7,6 vorliegt, daß v.7-8a. eine spätere Kommentierung derselben erfolgt ist, die ihrerseits auf spät-dtr. Bezugnahmen in 4,37f. und 10,14f. eingewirkt hat.

Im Gesetzeskern begegnen wir dem Erwählungsgedanken lediglich in Dtn. 14,2.21b, wo in Kommentierung pluralisch formulierter Reinheitsvorschriften (14,1b.21a) zitierend ein Rückverweis auf Dtn. 7,6 erfolgt[311]. Daß Dtn. 14,2.21b hier sekundär sind, zeigt der Numeruswechsel vom Pl. in den Sg. deutlich an. Der Hinweis MERENDINOS[312], 14,1b.2 folge der Erwählungssatz ebenso wie in 7,5f. auf eine pluralische Vorschrift, weswegen man hier keine literarische Schichtung annehmen müsse, übersieht, daß Dtn. 7,5 selbst sekundär und keineswegs "dtn." sondern jünger ist.

Unter den Belegstellen im A.T., die den Brauch bezeugen, welchen Dtn. 14,1 zu verbieten trachtet, fällt auf, daß keine die Ablehnung des Dtn.s zu teilen scheint (vgl. Jer. 16,6; 47,5; Jes. 15,2; Ez. 7,18; 27,31; Am. 8,10; Mi. 1,16). Selbst Jer.D, der in Jer. 16 an mehreren Stellen deutlich in den Text eingreift[313], läßt das Drohwort in seiner jetzigen Form unkommentiert, wo es heißt:

Jer.16,6 : ומתו גדלים וקטנים בארץ הזאת לא יקברו
ולא=יספדו להם ולא יתגדד ולא יקרח להם :

Daß in den spät- bzw. nachexilischen Entwürfen zu einer religiösen Neuordnung Israels den Priestern verboten wird, sich kahlzuscheren (Lev. 21,5f.; Ez. 44,20a), gehört nicht unmittelbar in den gleichen Zusammenhang, nämlich den der Trauerriten, der hier in Dtn. 14 angesprochen wird[314]. Das Stichwort בין עיניכם scheint im Vergleich mit den erwähnten Belegstellen, wo es nicht erscheint, den Schlüssel zum Verständnis von Dtn. 14,1 zu bietet: es erinnert an Dtn. 6,8b;11,18; durch die Ritzungen sehen die Verfasser von Dtn. 14,1f. die rituelle Reinheit und Zugehörigkeit Israels zu Jahwe bedroht. Die Stellung zwischen den radikalen Geboten gegen den Götzendienst in Dtn. 13 und den Reinheitsgeboten von 14,3ff. ist bewußt gewählt und wurde schon von STEUERNAGEL als redaktionell erkannt[315]. Zu der Einfügung von v.2 mag auch das

---

311 Der Versuch von KRAUS, Das heilige Volk. Zur alttestamentlichen Bezeichnung <am qados', (FS de Quervain, München 1966, S.50-61=) Bibl.-theol. Aufsätze, Neukirchen/Vl. 1972, S.37-49, S.42ff., die Erwählungszusage von Dtn. 14,2(21) im Anschluß an sakrale Vorstellungen von der Heiligung und Weihe (z.B. im Jahwekrieg, Ri. 5,11.13; 20,3; Jos.3,5; 1.Sam.21,6; Dtn. 14,21/Ex. 22,30/Lev. 19,2) zu erklären (ähnlich G.v.RAD, ATD 5,S.72.), übergeht den Sondercharakter von Dtn. 14,1-21 im Kontext der Zentralisationsgesetze, einmal ganz abgesehen davon, daß hier ein Numeruswechsel in der Einleitung (14,1f.) wie im Abschluß (v.20.21a) vorliegt, der das Eingreifen späterer Redaktoren signalisiert (STEUERNAGEL, a.a.O., S.104ff.; MERENDINO, a.a.O., S.83-96).

312 A.a.O., S.84

313 THIEL, S.195ff.

314 Gegen MERENDINO, S.84.

315 A.a.O. z.St.

Signalwort חרם in 13,18 beigetragen haben, wo die dtn. Bannidee von Dtn. 7,2 ihrerseits vorausgesetzt wird[316]. Man wird somit v.RAD[317] und in seinem Gefolge KRAUS[318] jedenfalls in literarhistorischer Hinsicht nicht zustimmen können, wenn sie in Dtn. 14,1f. die "noch sehr altertümlich ritualistisch bestimmten" (v.RAD,S.72) Ursprünge von Dtn. 7,6 sehen. Auch die Zusage בני אתם ליהוה אלהיכם in Dtn. 14,1 kann schwerlich als Beleg für eine hinter Dtn. 7,6 zurückreichende Erwählungsvorstellung gelten. Zwar erscheint die Vater-Sohn-Metaphorik für das Verhältnis zwischen Jahwe und Israel zuweilen in der vor-dtn. prophetischen Literatur (Hos. 2,1(?); 11,1; Jes. 1,2; Jer. 3,14.19.22(D?); Jes. 43,6;45,11 vgl.Dtn. 32,5.19f.), die Formulierung von Dtn. 14,1 ist jedoch in ihrer Art zunächst einzigartig[319]. Die Präposition ל verweist einerseits auf die Zusage von Dtn. 7,6 zurück, andererseits auf die Königs-Adoptions-Formel in 2.Sam. 7,14: אני יהיה לו לאב והוא יהיה לי לבן[320].

Eine solche Übertragung des Gedankens der königlichen Adoption zur Erwählung des Volkes ist in der hier vorfindlichen Unmittelbarkeit in der Königszeit nicht belegt. Auch frühere Schichten des Dtn.s, wie Dtn. 8,5, in welchen die Vater-Sohn-Metapher vorkommt, scheinen Dtn. 14,1 noch nicht zu kennen. Insgesamt wird also Dtn. 14,1f. am ehesten jenen spät-dtr. Schichten zuzuordnen sein, für die die dtn. Schichten schon zitable Gebote und Zusagen enthalten.

Dies gilt auch für Dtn. 14,21a β . Während der גר normalerweise im Dtn. unter die fürsorgebedürftigen personae miserae gerechnet wird (Dtn. 14,29; 16,14; 5,14), der נכרי als unreiner, außerhalb der Volksgemeinschaft stehende Ausländer (Dtn. 15,3; 17,15; 23,31) ist die gemeinsame Nennung ganz ungewöhnlich[321]. Schon die Kürze des Erwählungssatzes in 14,21a zeigt an, daß der Erwählungsgedanke hier nicht entwickelt, sondern nur berührt wird.

Erst nach Abschluß der Gesetzespromulgation treffen wir in einer einmaligen Formulierung auf die epochale, dtn. Verbindung der Aussagen von Dtn. 6,4 und 7,6 in der sog. Bundesformel (Dtn. 26,17aα.18aα)[322]. Dem Doppelsatz entspricht die jeweilige Dekla-

---

316 Dt. 13,17f. steht in seinem ganzen Vorstellungsgehalt Jos. 6,26f.; 7,25f. nahe, die Begründung des Ganzen entspricht der Sprache der Gebotsparänesen. Überhaupt entspricht die historisierende Sprache des gesamten Passus' v.13-18 der der dtn. Gebote 6,4-7,16*, so daß hier gemeinsame Verfasserschaft vermutet werden darf (MERENDINO, S.79ff., der außer in v.14a.16 dtn. und dtr. Bearbeiter am Werke sieht (S.82)).

317 ATD 8,S.72.

318 S.o.A.306.

319 Den Zusammenhang zwischen Erwählung und der Bezeichnung Israels als "erstgeborenem" Sohn Jahwes begegnet (in Parallele zu Ephraim) in Jer. 31,9 (nach-dtr., THIEL, WMANT 52, S.21) und Ex.4,22 (Rp oder später, W.H.SCHMIDT, BK II,1, s.212ff.). Zur Sache vgl. QUELL, Der Vaterbegriff im A.T., ThWNT V, S.959-974 (Art. pater).

320 Vgl.1.Chr. 17,13; 22,10; 28,6; Ps. 2,7.

321 DRIVER, S.165.

322 S.hierzu schon S. 51.76f.199.

ration einerseits Israels - יהוה אלהינו (Dtn. 6,4; Jos. 24,18), andererseits Jahwes - אתה עם סגלה לי .

Beide Aussagen stehen hier nicht als protokollarische Feststellung, sondern sind Teil der Moserede, deren "Datum" zugleich für die hier festgestellte Deklaration steht. An dem Tag, an dem Mose Israel unter den Ausschließlichkeitsanspruch Jahwes gestellt hat (Dtn. 6,4f.), tritt Israel das Erbe der Väterverheißung an und wird zum Eigentumsvolk Jahwes, weil dieser es erwählt (Dtn. 7,6). Damit ist ein Zielpunkt der dtn. Einbindung des DT. in die Moserede gegeben. Alle weiteren Erwähnungen des Erwählungsgedankens im Dtn. wie in der weiteren dtn.-dtr. Literatur erreichen die Höhe der in Dtn 6,4f.;7,6 und 26,17f.* getroffenen Aussagen nicht mehr, sondern bilden lediglich Reflexe derselben.

Innerhalb des Dtn.s ist somit durchaus eine Schichtung der Auseinandersetzung mit dem Erwählungsgedanken zu erkennen. Ihr Einsatzpunkt ist die Erwählungszusage in Dtn. 7,6, die die radikale Absonderung von allen nichtisraelitischen Völkern im Verheißungslande und auch im Horizont der weiteren Völkerwelt begründet, und dies aus der einzigartigen Bindung Israels an seinen (einzigen - אחד) Gott (קדוש). Der Text steht in einer Linie mit der das Corpus abschließenden Bundesformel Dtn. 26,17f.* Das Datum der Moserede wird so zum Datum des Eintritts in die Väterverheißung (7,12b.13ff.) und der Einsetzung Israels zum geheiligten Eigentumsvolk Jahwes. Auch der dtn. Text Dtn. 27,9* versteht das so.

Wie in Dtn. 6,4f.10-13 setzt sich auch in Dtn. 7,6 die überbietende Alternierung gegenüber Jos. 24 fort, ja, das Dtn. kehrt das theologische Gefälle dieses Textes geradezu um. Hieß es dort

(v.15) בחרו לכם היום (!!) את=מי תעבדון

und warnend in v.19:

[323] - לא תוכלו לעבד את=יהוה כי אלהים קדוש הוא

so werden diese Aussagen nun in Dtn. 7,6 in Verbindung zum dtn. Gebot (6,13;7,2f.) radikal umgekehrt:

עם קדוש אתה ליהוה אלהיך

und

בך בחר יהוה אלהיך להיות לו לעם סגלה .

Nicht Israel, Jahwe hat die "Wahl" und er hat sie schon getroffen. Dadurch wird eine Wahl zwischen den Gottheiten,

אשר עבדו אבותיכם אשר בעבר הנהר \

(also den Göttern des - babylonischen - Zweistromlandes), oder den

(Jos. 24,15) אלהי האמרי אשר אתם ישבי בארצם

---

323   Gegen eine Streichung von v.19ff. vgl. PERLITT, Bundestheologie, S.259.

kategorisch abgelehnt: in Dtn. 6,4-7,6* gibt es nur noch das apodiktische Gebot:
‏את־יהוה אלהיך תירא ואתו תעבד...‏ (Dtn. 6,13).

Dtn. 7,1ff. zieht nicht nur die Konsequenzen aus der dtr. Landnahmedarstellung des Josuabuches, nimmt nicht allein die in Jos. 24,11 genannte Völkerliste auf, sondern bindet die Lehren der Darstellung zusammen und formuliert die Grundlagen für eine neue Existenz Israels. So wird ein Programmm der Restitution in historisierender Gestalt entworfen: Umkehr und Neuanfang wie am Beginn der Landnahme, zur Zeit Moses, das ist die Forderung der Stunde. Hätte den Verfassern des dtr.G bei ihrer Bilanzierung der Geschichte von Landnahme, Niedergang und Landverlust Israels das dtn. Programm schon vorgelegen, sie hätten ihre Disposition des Übergangs in das Verheißungsland nicht unkommentiert durch Jos. 24,1-28* abschließen und in Ri. 2,6ff. angehen lassen können! Nicht nur die Taten Jahwes, auch sein Hauptgebot und der programmatische Zuspruch wären nach dieser Theorie ja in Vergessenheit geraten, aber sie werden in den formgebenden Schichten des dtr.G nicht einmal erwähnt, obwohl sie doch in ihren Hauptzügen auf dessen Darstellung hinübersehen.

Die Grundschicht von Dtn. 6,4f.10-13; 7,1-3.6.12b.13-16* berücksichtigt in all ihren Phasen, in denen sie sich der Fiktion der Moserede unterwirft, die Darstellung des dtr.G, neu sind die Zusagen (6,4; 7,6.12b) und die Formulierung des Hauptgebotes (6,5.13; 7,2), letztere zum Teil das dtr.G im nachhinein bestimmend (7,2), zum Teil überbietend (6,5.13). Daß nun aber die wichtigsten Zusagen im dtr.G erst in ergänzenden Schichten einen Reflex finden, ebenso wie die Gebote als solche, die vornehmlich in den sek.-dtr. Gebotsparänesen erwähnt werden bis hin zu Jos. 23, das spricht weniger gegen als für die Annahme, daß die Grundschicht von Dtn. 6f. und damit die dtn. Rahmung des DT.- Gesetzes jünger ist als die formgebenden Schichten des dtr.G (im SMEND'schen Sinne: als "dtr.H"). Nimmt man das Gegenteil an, also vor-dtr.G-Abfassung und berücksichtigt man dabei die innerdeuteronomische Fortschreibungsgeschichte der Erwählungszusage und rechnet die Fortschreibungen einerseits nomistischen Schichten zu (7,7.8a fügt sich wohl eher zu der Bestätigung der Demut Israels in Dtn. 5,28f. als zu Dtn. 1-3*), andererseits deren katechetischen Weiterführung (Dtn. 7,8b.9-11) und spät-dtr. Wiederaufnahme (Dtn. 10,14ff., 4,36-40), und d.h. der Mitte und Spätzeit des Exils, dann bleibt Dtn. 7,6 als einziger vor-exilischer Beleg stehen, denn alle übrigen Belege lassen ein Anwachsen der Auseinandersetzung sichtbar werden mit der besonderen Situation Israels gegenüber Jahwe, sprich mit dem Erwählungsgedanken in exilischer und nach-exilischer Zeit, bis hin zu den nachexilischen Träumen von der Größe und Besonderheit der religiösen Volksgemeinschaft Israel unter den Völkern der Welt (Dtn. 26,19a; 28,1b; Dtn. 4,6ff.33; Ex.19,5f.). Das dtr.G erwähnt aber die dtn. Moserede mit keinem Wort, nicht einmal in Jos.24 wird ein entsprechender Hinweis eingefügt. Der Erwählungsgedanke spielt in den formgebenden Schichten des dtr.G keine Rolle. Die Rede von der Erwählung Israels ist hier nur spät bezeugt und zwar in 1.Kön.3,8; 8,53; darüber hinaus ist bei Jer.D ist zu nennen Jer. 33,24.

1.Kön.3,6-9 ist sekundären Ergänzungsschichten zuzurechnen[324]. In v.6 treffen wir unter den dtr. Wendungen (vgl. הלך לפני באמת : 1.Kön.2,4; 8,23.25; 9,4; v.6b ist sek. Übernahme aus 1,48) auch auf solche, die wir speziell von der jüngeren Paränese des Dtn.s her kennen, so בצדקה ובישרת הלבב - s. Dtn. 9,5, שמר חסד - vgl. Dtn. 7,9.12b; 1.Kön.8,23. "In...(v.) 8-9 kommt eine auch in einer jüngeren Schicht von Dtn. 9,6.13 vertretene Auffassung von Israel zum Ausdruck: Es ist einerseits das von Jahwe "erwählte" Volk, andererseits ein "schwieriges" Volk." (WÜRTHWEIN)[325].

1.Kön.8,53 gehört zu den spät-dtr. Fortschreibungsschichten in Kap. 8 (WÜRTHWEIN)[326]; der Text steht gedanklich Dtn. 4,6ff. nahe. Die Erwählungszusage wird ausdrücklich auf die Verkündigung Moses und damit des Dtn.s zurückgeführt. Anstelle des dtn. בחר steht jedoch das (jüngere) בדל (hif.) (mit Subj. Jahwe, vgl. Lev. 20,24ff.; Num. 16,9; (Dtn. 10,8 bzgl. שבט לוי Jes. 56,3).

Die Betonung der bleibenden Gültigkeit von Israels- und Davidserwählung in Jer. 33,23-26 enstammt weit nachexilischer Zeit und stellt einen "post-dtr." Weiterführung des Nachtrags zu Jer. 32 (D) dar (THIEL)[327]; der Nachtrag fehlt (noch) in LXX.

Die Aussaage von Dtn. 7,6 ist somit in gleicher Weise einmalig wie die Formulierung des Ausschließlichkeitsanspruches in 6,4. Die Erwählungszusage betont die ausschließliche Zuordnung Israels zu Jahwe. בחר ist ein einmaliger Hoheitsakt. Allein in der "mosaischen" Formulierung steht das Verb im A.T. in einem relativ selbständigen Verbalsatz. Der von der Davidsdynastie her vertraute Erwählungsgedanke wird nun - nach dem Niedergang dieser Dynastie - auf das Volk Israel als ganzes übertragen. Die jüngere dt.-jes. Heilsprophetie greift die Vorstellung auf, und spricht das gedemütigte, geringe Volk Jakob/Israel als עבדי [328] als den "Erwählten"[329], wobei die Erwählung ganz i.S. von Dtn. 7,7f. als hoheitlicher Gnadenakt erscheint. Ez. 20,5 ist- wie das ganze Kapitel - deutlich durch die Auseinandersetzung mit dtr. Theologie geprägt [330]. Alle weiteren Stellen entstammen der nachexilischen Zeit, die den Erwählungsgedanken

---

324 WÜRTHWEIN, ATD 11,1,S.35.

325 Ebd.

326 A.a.O., S.95ff.

327 WMANT 51,S.37.

328 Jes.41,8f.; 44,1f.21; 45,4; 48,20 ; vgl. auch die Klagelieder des Einzelnen Ps.143,12; 27,9; 31,17; 69,18 u.ö.

329 Jes.41,8; 44,2; 45,4; 43,10.20(497) ELLIGER, Deuterojesaja, BK XI,1,S.137.

330 VRIEZEN, Verkiezing, S.52f.

immer wieder bewegt hat, im Blick auf sie kann auf die ausführliche Darstellung von VRIEZEN verwiesen werden[331].

Der Tag der Promulgation des Mosegesetzes ist also für Israel nach der dtr. Interpretation der entscheidende Tag der Verkündung des Ausschließlichkeitsanspruches Jahwes über Israel, der ausschließlichen Zuordnung Isrels zu Jahwe und des gegenseitigen Bekenntnisses in der Deklaration der Bundesformel, durch die Israel unwiderruflich zum Volk Jahwes wird und dieser unwiderruflich sich zum Gott Israels erklärt (Dtn. 6,4 - 7,6-26,16ff.-27,8*). Das Datum ist gekennzeichnet durch den Antritt der Erbschaft der Väterverheißung mit dem Eintritt in das Verheißungsland (6,10; 7,1.12b). Seine Verheißungen sind verknüpft mit der Verpflichtung zur ausschließlichen Verehrung Jahwes (6,5.13) und zur radikalen Absonderung von den Völkern (7,2f.). diese beiden Hauptgebote werden den Zentralisations- und deren Folgegesetzen (einschließlich der hier nicht näher zu behandelnden dtn. Bearbeitung) vorangestellt. Die Grundschicht von Dtn. 6f. reicht von Dtn. 6,4-5.10-13 über 7,1-3.6.12b-15, endet also mit der großen Segensverheißung. An sie haben sich vermutlich die Anweisungen über den rechten Ort des Opferns (Dtn. 12,13ff.), also die (dtn. eingefaßte) Grundschicht von Dt. 12-25 angeschlossen, an deren Ende noch einmal besondere (dtn.) Anweisungen für die ersten Begehungen im Verheißungslande folgten (Dtn. 26,1-5)[332]. Mit der Verheißung der Gaben konnte die dtn. Rahmung abschließen und überleiten zu den Anweisungen für die Darbringung der Dankopfer und damit für den Kult überhaupt, soweit er Israel als Volk und Laienschar betraf.

Damit ist, was die Untersuchung der dtn. Rahmung des DT. angeht, ein gewisser Einschnitt erreicht. Wir haben schon beobachtet, daß mit Dtn. 7,17-24 ein neuer Block von dtn. Paränesen einsetzt, in dem sich die Deuteronomiker verstärkt um die innere Akzeptanz der "mosaischen" Verheißungen und Gebote mühen. Wir hatten dabei gesehen, daß die Fragestellungen von dem vorgegebenen Text her bestimmt sind, die Paränesen also literarisch. Wir wenden uns nun der Fortsetzung dieses Textbereichs zu mit der Analyse von Dtn. 8.

---

331 A.a.O.,S.72-83: In Ps. 78,67f.; 105,6.43; 106,5; 135,4 und 33,12 ist dtr. bzw. dt-jes.Prägung erkennbar (VRIEZEN, S.83-86).

332 Zur Schichtung von Dtn. 12 s. SMEND, Entstehung, S.72f.; zur dtn. Abfassung des sog. "liturgischen Anhangs" in Dtn. 26 PREUSS,a.a.O., S.144-147 ("dtr." -sprachlich steht der Text weniger mit Dtn. 1-3 in Verbindung (gegen PREUSS) als mit den sog. "historisierenden Gebotsformulierungen" von Dtn. 6f.).

IV Israel zwischen Wüste und Land

Die deuteronomische Paränese in Deuteronomium 8

1 Historisierende Gebotsformulierung und Paränese

Wir haben gesehen, daß sich in Dtn. 7,17-26* an die dtn. historisierenden Gebots-
formulierungen von Dtn. 6f. eine Gruppe von Texten anschließt, die zwar ihrer äußeren
Form nach die Mosefiktion und die Gebotsgestalt beibehalten, dabei aber grundsätzlich
paränetischer Natur sind. Sie fordern die stetige Vergegenwärtigung der Heilstaten
Jahwes und dem gegenüber des eigenen Versagens Israels, um so die Erfüllung der
Hauptgebote (Dtn. 6,4f.13; 7,2f.) zu unterstützen. Was dort die Voraussetzung der
Gebote bildet, ist hier Inhalt der Forderungen des Gedenkens.

Dtn. 7,17-26*; 8*; (9,1-6) bilden so eine Reihe von Paränesen, die abgesehen von
schichtenmäßigen Inkonzinnitäten in der vorfindlichen Reihenfolge an den vorgegebenen Text angewachsen sind. Dtn. 9,1-6 ist von dem Block 7,17-8,18(19f.) insofern zu
unterscheiden, als hier schon in der Einleitung שמע ישראל der Einsatz eines neuen literarischen Abschnitts signalisiert wird. Der Begriff Paränese trifft auf diese Texte
durchaus zu, denn ihr Anliegen ist Belehrung und Ermahnung. Ihr Grundthema ist das
Unvermögen Israels und das überaus große Vermögen Jahwes: Landnahme,
Wüstenwanderung, Sieg über die Völker, Segen im Lande, all dies hat Israel nicht aus
eigenem Vermögen (7,17), eigener Kraft (8,18) oder gar eigener Rechtschaffenheit
(9,6) erlangt, sondern allein aufgrund der Machttaten Jahwes (7,21.23f.;8,5) und seiner
Treue zur Väterverheißung (8,18;9,5). Die Rede geht nicht an den womöglich gar waf-
fenstarrenden עם קדוש , sondern sie geht sozusagen "zu Herzen" einer Bevölkerung,
die zwischen Resignation (7,17) und Selbstüberschätzung (7,14.17f.) hin und her
schwankt.

7,17	כי תאמר בלבבך...
8,5	וידעת עם=לבבך...
8,14.17	ורם לבבך...ואמרת בלבבך...
9,4.5	לא=תאמר בלבבך... לא בצדקתך ובישר לבבך...

Ihr Gebot besteht in der Mahnung, sich zu erinnern, zu gedenken:

7,18	זכר תזכר את=אשר עשה יהוה
8,11.14	ושמר לך פן=תשכח את=יהוה...
8,18	וזכרת את=יהוה אלהיך כי הנתן לך כח...

Das Anliegen der Paränesen ist Vermittlung von Erkenntnis als Anerkenntnis Jahwes und als Selbsterkenntnis:

8,5   וידעת אם=לבבך...

9,3   וידעת היום כי יהוה אלהיך הוא העבר לפניך...

9,6   וידעת כי לא בצדקתך יהוה אלהיך נתן לך את=הארץ...

Der Eindruck, daß es sich hier um Elemente von Predigten handelt[1], beruht wohl darauf, daß sich die kerygmatischen Einheiten auf vorgegebene sprachliche Materialien stützen. Dies hatten wir für Dtn. 7 schon beobachtet: hier haben die dtr. Beistandszusagen der sog."Kriegsansprachen" als Vorbilder gedient. Dtn. 8 greift auf einzelne Traditionen der Wüstenwanderungsschilderungen, auf Segenstexte und - wie wir noch sehen werden - auf Dtn. 6* zurück. Dtn. 9,1-6 ist durch Seitentraditionen der Landnahmeüberlieferung gespeist. Durchweg sind die schon in Dtn. 6f. vorfindlichen credohaften Zusammenfassungen der Heilstaten Jahwes in den dtn./dtr. Schulformulierungen anzutreffen. Die Anrede verbleibt in der Grundschicht in der 2.sg., eine Einwirkung von Dtn. 5 her ist erst in den redaktionellen Fortschreibungen erkennbar. Nicht das Gesetz, Jahwes Handeln selbst ist es, was Israels Demut und Gehorsam herausfordern soll. Eine Verbindung zwischen Horebbund und Väterbund entsteht erst mit dem in seinen Grundzügen pluralischen Abschnitt 9,7-10,11, in welchem sich die paränetische Verwendung literarisch vorgegebener Stoffe mit Händen greifen läßt, zumal entsprechende Paralleltexte in Ex.32-34* vorliegen: das Horebgeschehen wird "umpredigt" als Exempel der Sündhaftigkeit Israels par excellence (9,7f.). Wie alle vorhergehenden Blöcke mündet auch dieser in die Versicherung, daß Jahwe an der Erfüllung der Väterverheißung trotz allem festhält (10,11; vgl. 7,13-16; 8,18; (9,5f.))[2]. Von der Rückschau zum Horeb in Dtn. 5 trennt Dtn. 9,7-10,11 die eigenständige paränetische Abzweckung, die bewußt erst im Anschluß an die Hauptgebote formuliert ist. Alle folgenden Abschnitte in Dtn. 10,12-11,32 mahnen zur Treue gegen die Gebote und setzen somit die dtn. Grundschicht und deren Rahmung voraus.

Wir wenden uns also zunächst der Analyse des im wesentlichen dtn. Textes Dtn. 8 zu, bevor wir mit der Untersuchung von 9-11 auch die Frage der Verbindung zwischen DT. und dtn. Rahmung stellen.

---

1   V.RAD, ATD 8, S.51ff., unterteilt den Abschnitt in drei solcher Predigten: Dtn. 8,1-6.7-20 und 9,1-6.

2   Dies war anscheinend die von Dtn. 7,12b.13ff. her vorgegebene Möglichkeit des Abschlusses der Paränese vor dem Beginn der Gebote von Dtn. 12*. Auch am Ende der dtn. Rahmung mündet diese in die Erinnerung an die Väterverheißung als Abschluß eines singularischen Textblockes (vgl.a.10,22;(11,1)). Später tritt die Bekräftigung der Landzusage in den Überleitungen in den Vordergrund, vgl. 11,24f.31f.; 5,31.6,1).

2 Literarkritische Analyse

Das Kapitel gehört wohl mit zu den schönsten Dokumenten dtn. Paränese. Seiner Struktur nach läßt es sich leicht untergliedern in einen gebotsparänetischen, teils pluralischen, teils singularischen Rahmen (v.1.19f.) und zwei (in sich mehrschichtige) Abschnitte über die Bedeutung der Führung Israels durch die Wüste (v.2-6) und die Gebote angesichts der zu erwartenden reichen Segensgaben im Verheißungsland (v.7-18).

2.1 Der äußere, gebotsparänetische Rahmen (v.1.19f.)

Die Rahmenverse des Kapitels werden mit großer Einmütigkeit sekundärer Bearbeitung zugeschrieben[3]. Sie binden die gesamte Argumentation des Kapitels nachträglich noch einmal an das Gesetz (מצוה) und schärfen ein, daß vom Gehorsam gegen dasselbe alles abhängt, was noch in 2-18* als Grundlage für ein Leben in solchem Gehorsam verheißen worden war: Leben, Nachkommenschaft, Land. In dieser Hinsicht sind die Rahmenverse mit den gleichfalls sekundären Versen Dtn. 6,17ff. und 7,12a. verwandt. Das gilt auch stilistisch, da sie sich durch die Art ihrer unmittelbaren Verknüpfung pluralischer mit singularischer Anrede aus dem Kontext herausheben. Hinzu kommt eine gewisse Vorliebe für die ein wenig umständlichen infinitivischen Formulierungen und für altertümelnde Langformen in der 2.pl. (mit *nun paragogicum*)[4].

V.1 weist zurück auf die Überschrift von Dtn. 6,1. Die Verwendung des Ausdrucks כל-המצוה für die Gesamtheit der Gebote gehört den jungen Schichten des Dtn.s an, wie die Belegreihe zeigt[5]. In welchen schichtenmäßigen Bereich v.1 gehört, zeigt auch die teilweise wörtliche Berührung mit Dtn. 11,8, auf die GARCIA-LOPEZ aufmerksam gemacht hat[6]. Sie wird in der synoptischen Gegenüberstellung rasch deutlich:

---

3   Vgl. die Kommentare. GARCIA-LOPEZ, Yahvé, fuente última de vida: Análisis de Dt 8, Biblica 62, 1982, S.21-54, S.22f. (Lit.).

4   Eine Liste der Belege im A.T. für Verben mit "nun paragogicum" hat DOHMEN, Bilderverbot, S.165f., zusammengestellt. Die in ihr genannten DTN.-Belege lassen erkennen, daß innerhalb von Dtn. 6-11 eine Bevorzugung vor allem in den Ergänzungsschichten zu erkennen ist, i.e. in: Dtn. 6,2.3.14.17; 7,5.12a.25; 8,1bis. 3aβ.19.20; 11,22.

5   Dtn. 6,25; 11,8.22; 15,5; 19,9a; 27,1.

6   Bib. 62, 1982, S.23 A.5.

Dtn. 11,8f.	Dtn. 8,1
ושמרתם =כל=המצוה	כל=המצוה
אשר אנכי מצוך היום	אשר אנכי מצוך היום
למען תחזקו	תשמרון לעשׂות
ובאתם וירשתם את=הארץ	למען תחיון ורביתם
אשר אתם עברים שמה לרשתה	ובאתם וירשתן את=הארץ
ולמען תאריכו ימים על=האדמה	אשר נשבע יהוה לאבתיכם
אשר נשבע יהוה לאבתיכם	
לתת להם ולזרעם...	

Eindrücklich demonstrieren die beiden Sätze die Austauschbarkeit des dtr. geprägten Sprachmaterials. Selbst die Inkonzinnität des Wechsels in der Anrede von 2.sg. zu 2.pl. im Promulgationssatz findet sich in beiden Texten. An dieser Stelle hat die Bezeichnung Numerusmischung durchaus ihren Ort[7]. Die Formalisierung führt nicht nur in der Begrifflichkeit für Gesetze sondern auch bei einzelnen paränetischen Satzteilen zu einer beinahe beliebigen Austauschbarkeit der Sätze: so steht תשמרון לעשׂות statt ושמרתם, למען תאריכו ימים statt למען תחיון[8].

Das Stichwort רבה greift 8,1 aus der Segensverheißung auf (7,13), wendet es aber so, daß die Vielzahl Israels geradezu als Vorbedingung für die Überwindung der Völker anzusehen ist. Damit gibt 8,1 eine eigene Antwort auf die in Dtn. 7,17 gestellte Frage: Wenn Israel das Gesetz beachtet, wird es so gesegnet sein, daß es das Land aufgrund seiner zahlenmäßigen Überlegenheit beherrschen wird. In dem spät-dtr. Vers Dtn. 4,1b begegnet die gleiche Anschauung wörtlich wieder[9]:

Dtn. 4,1b	Dtn. 8,1b
למען תחיון ובאתם וירשתם את=הארץ	למען תחיון ובאתם וירשתם את=הארץ
אשר יהוה אלהי אבתיכם נתן לכם	אשר נשבע יהוה לאבתיך

---

7   KNAPP, Deuteronomium 4, S.22ff.

8   S. Tabelle VII, למען=Sätze, S. 123; GARCIA-LOPEZ,Bib.62,S.22-25.

9   KNAPP, a.a.O., S.44f., schätzt die Stelle zusammen mit Dtn. 5,33; 8,1 gleichermaßen spät-dtr. ein.

Dtn. 8,19f. wurde schon einmal im Vergleich mit Dtn. 6,14f.;7,4 besprochen: unter Anknüpfung an ein vorgegebenes Motiv, in unserem Fall das Verbot, Jahwe zu vergessen (v.11a.14) wird ausgelegt, was dies für den Kommentator bedeutet, nämlich הלך אחרי אלהים אחרים ולעבד להם (vgl. Dtn. 6,14;5,9a). Gegenüber der älteren dtn. Reihe עבד + ירא (Jos. 24,14; Dtn. 6,13) stellt das Wortpaar עבד + השתחוה eine jüngere Bildung dar[10], הלך אחרי אלהים אחרים ist ein typisch dtr. Ausdruck[11]. Die Reihung der Verben ist typisch für die dtr. Gebotsparänesen[12]. Irritierend wirkt der Numeruswechsel zwischen v.19a und 19b, dennoch drängt der Bedingungssatz so sehr auf v.19b hin, daß er an dieser Stelle nicht als Indiz für eine Fortschreibung angesehen werden kann. Vielmehr ist v.19 gleichsam aus dem vorhergehenden Text "herausgeschrieben" worden[13]. Die offensichtliche gedankliche Verwandtschaft des Verses mit den Untergangsdrohungen in Dtn. 4,26; 30,18f.; Jos. 23,13b.16 (vgl.Dtn. 28,20) läßt die spät-dtr. Herkunft erkennen[14]. V. 20 warnt vor einer Umkehrung des Schicksals Israels und verweist dabei auf das der unter dem Fluch stehenden Völker (vgl. 9,5b)[15]. Auch hier ist in der lediglich noch in dem sekundären Vers 7,12a verwendeten Präposition עקב ein sprachliches Signal für die späte Abfassung des Textes zu erkennen,zumal der Vers auch die gleiche Verbform verwendet (7,12a והיה עקב... / 8,19aα.20b ...עקב לא תשמעון / והיה עקב תשמעון...) [16].

---

10 Mit Objekt אלהים אחרים ist die Reihe belegt in Dtn. 8,19; 11,16; 17,3; 29,25; Jos. 23,16; Ri. 2,19; 1.Kön. 9,6 (2.Chr. 7,19); Jer. 13,10; 16,11; 25,6; vgl. Jos. 23,7; 1.Kön. 16,31; 22,54; 2.Kön. 21,21. Keine dieser Stellen ist vor-dtr., eher im Gegenteil. Außer Ri. 2,19 (dtr.G, Grundschicht) gehören die meisten der sek. Gebotsparänese an. Eine Variante bietet die umgekehrte Reihenfolge, עבד + השתחוה : vgl. Ex. 20,5; Dtn. 5,9; Dtn. 30,17; 1.Kön. 9,9 (2.Chr. 7,22); 2.Kön. 17,35; Jer. 22,9 und 2.Kön. 21,3; Ex. 23,24. Die Reihe als solche könnte älter sein (vgl. Gen. 27,29), insgesamt ist sie in ihrer religiösen Abzweckung dtr. Abkunft und frühestens in der Grundschicht des dtr.G belegt, sodann im Dekalog und in der dtr. Gebotsparänese (Vgl. FLOSS, Jahwe dienen, S.168-178; HOSSFELD, Dekalog, S.24-28).

11 Vgl. oben zu Dtn. 6,14, S.116ff..

12 Dtn. 4,3, 6,14, 8,19, 11,28, 13,3, 28,14, Ri.2,12.19, 1.K.11,5.10, 18,18, 21,26, 2.K.13,2, 17,15 etc., vgl. auch o. Tabelle IV, S.54..

13 Für die Einheitlichkeit spricht sich auch GARCIA-LOPEZ, a.a.O., S.22ff., aus (Lit.). Er sieht Dtn. 8 als Endprodukt eines Kompositionsprozesses an: 1. Einheit: 8,7.8.10ba.14bβ*.15.16aα.; 2.Einheit: 9-10a.bβ.11a.12-14bα.17-18; 3.Einheit: 8,2-6. Rahmung: v.1.11b.19f.

14 So auch KNAPP, a.a.O., S.84.

15 Hierzu ausführlich BÄCHLI, Israel und die Völker, S.32ff.

16 DRIVER, Deuteronomy, S.111.

2.2 Dtn. 8,2-6

Auch im Folgenden wird der Gedankenfluß immer wieder durch lehrhafte Mahnungen unterbrochen, die die Hörer bzw. Leser auf die Bedeutung des Textes auch für die nomistischen Observanzforderungen aufmerksam machen wollen (v.2b.6: שמר מצות;
v.11b: שמר מצותיו ומשפטיו וחקתיו), zum andern - in v.3b - auf die lebenswichtige Bedeutung von schlechthin allem Wort, welches aus dem Munde Jahwes ergeht (v.3b)[17]. Sie wird abgeleitet von dem primären Inhalt des Kapitels, welches "nur das eine Ziel hat, Israel seine Abhängigkeit von Jahwe bewußt zu machen..." und "die Arroganz (v.14a: רום לבב) zu bekämpfen, die sich in v.17 ausspricht..."[18]. Strukturierende Leitworte sind זכר (v.2.18), שכח (v.11a.14b), ענה Subjekt Jahwe), v.(2b).3.16, נסה (pi.) v.2.16 und יסר v.5. Sowohl der zunächst in sich selbständige einleitende Abschnitt v.2-6* mit seiner Aufnahme der Wüstentradition (vgl.auch v.15ff.) dient "zur Vorbereitung des zweiten, der zweite der Auslegung des ersten."[19]

Das Motiv der Erinnerung an Jahwes Taten, aus welchen man Lehren und vor allem Hoffnung für die Zukunft gewinnen soll, wurde schon in Dtn. 7,17-24 eingeführt. Dem gegenüber strebt Dtn. 8,2ff. Lehren für die Gegenwart an:

(v.5).וידעת עם=לבבך כי כאשר ייסר איש את=בנו יהוה אלהיך מיסרך

Der Weg dieser "Erziehung" steht unter dem Eindruck des paradigmatisch verstandenen Wüstenzuges Israels

(v.2a: במדבר...וזכרת את=כל=הדרך אשר=הכילך יהוה אלהיך).

Wieder treffen wir für die dtn. Beschreibungen so charakteristische Hifil-Form (vgl. הלך 8,2; יצא6,12; בוא 6,10;7,1)[20]. Der Hinweis auf die vierzigjährige Dauer der Wüstenwanderung in v.2a fehlt in LXX[21]. Er setzt die Vorstellung von der Bestrafung der Exodusgeneration nach Dtn. 1ff. voraus und verbindet die beiden Wüstentraditionen, die des dtr.G und die deuteronomische in Dtn. 8 miteinander.

Letztere ist in sekundären singularischen Glossen in Dtn. 1,31; 2,7 dort nachträglich ausgleichend eingetragen worden[22]. Die Stellen heben sich durch den Wechsel in die singularische Anrede aus dem Kontext deutlich heraus. Der Hinweis auf die Augenzeugenschaft in 1,31 ist ein

---

17 PERLITT, Wovon der Mensch lebt (Dtn 8,3b), FS H.W.Wolff, S.403-426, S.406f.410ff.
18 A.a.O., S.406f.
19 Ebd.
20 הלך , hi., mit Subjekt Jahwe: Dtn. 8,2.15; 28,36 (bzgl. der Exilierung); 29,5 (vgl. 8,2); Jos. 24,3 בכל=ארץ כנעני)); in Verbindung mit במדבר : Jer. 2,6.17; 31,9 (vgl. auch Hos. 2,16; Am. 2,10. Jünger als diese Stellen sind Jes. 42,16; 47,21; 63,12; 63,13; Ez. 36,12; Ps. 106,9; 125,5; 135,16.
21 Vgl. LXX (ed. Wevers) z.St.
22 STEUERNAGEL, Deuteronomium, S.54.56f.

313

Charakteristikum späterer paränetischer Texte (vgl. ראית אשר 1,31; 11,2; 29,1f; Jos. 23,2 u.ö.); כי כאשר ייסר איש את=בנו ist Zitat aus Dtn. 8,5, das Verbum נשא ist Variante der Führungsaussage und auch andernorts belegt (Hos. 11,3; Ex. 19,4 dtr.; Jes. 46,3; Dtn. 32,11). In v.31 - עד=באכם עד=המקום הזה - schlägt die Anrede wieder um in die 2.pl.. Das Sätzchen ist schon aufgrund seiner kurzen Form als sek. hinzugewachsener Teil erkennbar. Dtn. 2,7 ist ein singularischer Kommentar zu dem Eroberungsverbot in 2,4-6, der von den Materialien aus Dtn. 8 her lebt.

Merkwürdigerweise erscheint die ausdrückliche Erwähnung der 40 Jahre außer in der Glosse von Dtn. 2,7 nur noch in der mit STEUERNAGEL u.a. der Endredaktion des Pentateuch zuzuordnenden Erweiterung der dtr. Überschrift in Dtn. 1,3.[23], in dem spät-dtr., Dtn. 8 voraussetzenden Text Dtn. 29,4[24], und in dtr. und nach-dtr. Passagen der tetrateuchischen Wüstenüberlieferung (Ex. 16,35; Num. 14,33 dtr.; Num. 32,13f.; 35,6f. P)[25]. Möglicherweise handelt es sich um eine nach dem Vorbild der Periodisierungen im dtr.G (bes. Ri.) erfolgte Gliederung von spät-dtr. Hand[26]. Ist diese Periodisierung in Dtn. 8,2aβ und parallel dazu auch in v.4b als sekundär anzusehen, so ist damit über die zeitliche Abfolge in der Entstehung von Dtn. 8 zunächst nicht mehr zu sagen als dies, daß Dtn. 1-3 so wenig Bezug nimmt auf Dtn. 8 wie sich Dtn. 8 letzhin um Dtn. 1-3 kümmert, sondern die Wüstenzeit aus einem eigenen Blickwinkel heraus interpretiert[27].

V.2b nimmt das Stichwort hny von v.3 vorweg und interpretiert es eigens. Gegenüber den drei Imp.cons. von v.3a bewirkt der למען=Satz mit seiner Kette von Infinitiven ein Moment der Retardierung, ohne den Hauptduktus völlig zu zerbrechen. Dies geschieht freilich um den Preis des Vorgriffs auf v.5, indem die dort vorgenommene Bestimmung der Wüstenzeit als Zeit der Erziehung durch Jahwe einseitig verschoben wird hinsichtlich des Gesetzesgedankens: Jahwe habe nach Auffassung des Interpreten prüfen wollen, ob Israel die Gesetze halte (שמר מצות). Daß dieser Satz nicht zur Grundschicht von Dtn. 8,2-6* gehört, wird zudem schon dadurch erkennbar, daß offenbleibt, worin denn eigentlich der geforderte Gesetzesgehorsam konkret bestehen soll. Aufschluß über das, was v.2b meint, gibt nicht Dtn. 8, sondern Ex.16,4, wo das Stichwort נסה (Subj. Jahwe) im Kontext der Wüsten-, genauer der Speisungstradition, von der im Folgenden die Rede sein soll (v.3a), seinen Ort hat[28]: geprüft werden soll dort die Einhaltung des Sabbatgebotes (Ex.16,4f.). Damit ist aber die Vertrautheit mit

---

23 Zur dtr. Abfassung vgl. PERLITT, Priesterschrift im Deuteronomium?, ZAW 100 (Suppl.), S.68-72.
24 STEUERNAGEL, Deuteronomium, S. 156. Dtn. 29,4f. zitiert Dtn. 8,2ff.
25 PERLITT, a.a.O.,S.69.
26 Vgl. Ri. 3,11; 5,31; 8,28 u.ö.
27 DRIVER, Deuteronomy, S.35; MITTMANN, Dtn. 1,1-6,3, S.36f.66 (Lit.).
28 PERLITT, Wovon der Mensch lebt, S.407ff.

demselben und also die Einbringung des 7-Tage-Sabbats durch den Dekalog sachlich wie literarisch vorauszusetzen. Der Gesetzesgehorsam wird an der als solcher bestehenden (literarisch einigermaßen fest umrissenen) "Tora" gemessen (v.4bβ). "Man braucht nur Ex.16,4bβ (לא=אם הילך בתורתי אנסנו למען) neben Dtn. 8,2b (לא=אם מצותיו התשמר ...לנסתך...למען) zu stellen, um derselben Sicht und darum wohl auch Schicht gewahr zu werden."[29] - d.h. einer spät-dtr. Bearbeitung. Bezeichnend für sie ist die Verallgemeinerung des einzelnen Vorganges in Ex.16 wie des gesamten Vorganges der Wüstenwanderung und dem Prinzip der einen Forderung: מצות לשמר. In diesem Sinne führt die vom Gesetz herkommende dtr. Tetrateuchredaktion auch ihre Sicht "sogleich dort" ein, "wo das Thema `Wüste' beginnt," in Ex.15,25b.26[30]. Dieser Text "gibt nicht nur Ex.16,4f., sondern der Wüstentradition im ganzen einerseits den Bezug zum Gesetz, der ihr von Hause aus (und so auch in Ex 16) fehlt, und andererseits die Einführung des (dtn/dtr) Theologumenons "Versuchung", das die Bearbeitungsschicht von Ex16 ebenso prägt und trägt wie..." (hier ist mit/gegen PERLITT zu sagen:) nicht die "Grundschicht von Dtn.8", sondern lediglich deren Fortschreibung in 8,2b[31]. In den gleichen Kontext wie v.2b gehört auch v.6. In seiner formelhaften Ausprägung ist er den in Kap. 1 besprochenen sekundären (singularischen) nomistischen Bearbeitungen zuzurechnen[32].

Sieht man von der Sentenz in v.3b.aβ, für welche PERLITT sekundäre Abfassung nachgewiesen hat[33], so schält sich nun eine Grundschicht heraus, welche die Verse Dtn. 8,2a (ohne שנה ארבעים זה).3aα*.4a.5 umfaßt (zu v.3aβ s.u.). Sie besteht aus einem Vordersatz (v.2a.3a*.4a) und einem Nachsatz (v.5), deren Spannungsbogen durch die Verben וזכרת v.2 und וידעת v.5 bestimmt wird. In v.3a schließen sich an das Perf. des אשר=Satzes (הליכך) drei Impf. cons. an:

ויענך וירעבך ויאכלך (v.3a)

Stiltisch erinnert die Konstruktion der sich steigernden Dreierreihe an die von Dtn. 7,12b.13, vgl.auch 6,13. Das jeweils vorgegebene Thema wird durch sie entfaltet, in 6,13 der Kontrast zu, שכח in 7,13 die Durchführung von ברית שמר , in 8,3 die Konkretion von הליכך . Das Verbum ענה hat im A.T. stets die Connotation der Bestrafung mit dem Ziel der Erziehung und Besserung, wenn nicht Subjekt ein Feind bzw. Widersacher ist und es i.S.v. "demütigen" verstanden werden muß; dementsprechend ist hier zu übertragen "zur Demut anleiten". Es ist ein Topos, der wiederum im dtr.G

---

29 Ders., a.a.O.,S.409.

30 Ebd.

31 Ebd. Die Kenntnis der dtr. Pentateuchbearbeitungen und das gemeinsame Thema des נסה , einerseits i.S. der Prüfung durch Jahwe (Dtn. 8,2b), andererseits i.S. der unzulässigen "Versuchung" Jahwes (Dtn. 6,16) gehört anscheinend in die Spätphase der dtr. Interpretationsgeschichte.

32 Gegen GARCIA-LOPEZ, a.a.O.,S.29.

33 A.a.O., s.o. A.17; detailliert s.u.

erst in den Ergänzungsschichten anzutreffen ist: 1.Kön.11,39 (Jahwe demütigt das Geschlecht Davids, indem er die Herrschaft Israels im Nordreich Jerobeam überläßt)[34]; 2.Kön.17,20 (Jahwe gibt Nordisrael den Plünderern preis und demütigt es)[35]. Als Element der Geschichtsdeutung erscheint ענה auch in den exilischen (Thr. 3,33) und jüngeren Bußpsalmen und -gebeten (Ps. 90,15; 102,24; Jes. 64,11; vgl. Thr. 3,33; Ps. 119,75; Nah. 1,12(Zusatz?))[36]. Die Deutung der Wüstenzeit als Strafe (Dtn. 1ff.) erfährt durch den Topos von der göttlichen Absicht, Israel zur Demut zu erziehen, eine innere Weitung, die Zukunft zu erschließen sucht.

Dem dient auch die Beschreibung der Wüstengegenwart durch die ungewöhnliche Form רעב (hif.), die im A.T. nur noch einmal, gleichsam als weisheitlicher Kommentar, belegt ist in Prv. 10,3: לא ירהיב יהוה נפש צדיק (vgl.auch Ps. 37,19). Das dtr. Interesse an der Wüstenüberlieferung als einer Zeit der Strafe aber auch der inneren Erneuerung und Buße gewinnt hier ein neues Deuteelement: Jahwe demütigt Israel und läßt es absichtlich "hungern" um an ihm erzieherisch zu wirken. Die Hif'il -Form von אכל scheint kennzeichnend zu sein für den dtn./dtr. Zugriff auf die Mannatradition, denn auch dort, wo sie in der entsprechenden Überlieferung in Ex. 16,32 erscheint, ist - mit RUPPRECHT - dtr. Abfassung anzunehmen[37]. Der Nebensatz v.3aβ, ...אשר לא־ידעת , könnte auf die Volksetymologie von Ex.16,15 anspielen[38]. In der dtn.-dtr. Paränese, wo er an zahlreichen Stellen in formelhafter Weise wiederverwendet wird, bezieht er sich jedoch zumeist auf einen (heils-) geschichtlichen Wendepunkt, an welchem Israel Jahwes Wirken in einer Weise erfährt, wie es ihm zuvor noch nicht bekannt war (Dtn. 8,3a.16; 11,2.28 -spät-dtr), oder wo es neuen Göttern, die es "noch nicht" kennt und auch nicht kennenlernen soll, begegnet (Dtn. 13,3.7.14; 28,33.36.64; 29,25)[39]. So wird auch Dtn. 8,3a eher diesem theoretisch bestimmten Kontext zuzurechnen sein.

Weder v.3aα noch v.3aβ verweisen mit ידע auf das, was in v.3b folgt. Die Besonderheit dieses Verses hat PERLITT in seiner detaillierten Untersuchung des Diktums ge-

---

34   Sek.-dtr., WÜRTHWEIN, ATD 11,1, S.145.

35   Ders, ATD 11,2, S.396f.: "dtr.N".

36   Zur nachexilischen Ansetzung der Psalmstellen vgl. van den v.d.PLOEG, Psalmen, BOT VII, S.111ff.172ff.302ff.; Nah. 1,12 geht auf spät-exilische oder frühnachexilische Nachinterpretation zurück (JEREMIAS, Kultprophetie, S. 15ff.).

37   RUPRECHT, Stellung und Bedeutung der Erzählung vom Mannawunder (Ex16) im Aufbau der Priesterschrift, ZAW 86, 1974, S.269-307, bes.S.274ff.

38   Ebd.

39   In Dtn. 13,3 liegt ein pluralischer Einwurf vor, 13,7b könnte zum dtn. überarbeiteten Text gehören (vgl.v.8, pluralisch, dtr.). Dtn. 28,33.36.64 und 29,25 gehören in den Bereich spät-dtr. Fortschreibungen.

zeigt[40]. Die Sentenz unterbricht den Zusammenhang zwischen v.3a* und v.4, die unter dem Leitgedanken der Fürsorge für das bedürftige Israel stehen, und zieht ausgehend vom Stichwort מן eine eigene Lehre, wobei der eigentlichen Erkenntnisaussage von v.5 vorausgegriffen wird. Mittel der Einfügung ist - wie auch in v.2b - ein למען=Satz[41]. "Undeuteronomisch"[42] ist dessen Fortführung mit ידע (hif.) und Subj. Jahwe, die im Dtn. nur an dieser Stelle erscheint. Undeuteronomisch ist auch, daß sich die Erkenntnisaussage auf den אדם bezieht, da es doch im ganzen Kontext um Israel geht[43].

Schließlich ist der gesamte Ausdruck חיה על=כל=מוצא פי=יהוה eigentümlich[44]. Die sachliche Parallelität zu den Aussagen von Jes. 45,23a;55,11a macht deutlich, was hier gemeint ist: "Vom Gotteswort als solchem, wie es in seiner Vielfalt und Fülle hörbar wurde, lebt der Mensch."(PERLITT)[45] -

Bei der Ausleuchtung des Raumes, in welchen Dtn. 8,3b literarhistorisch einzuordnen ist, stößt PERLITT auf eine Reihe von erhellenden Belegstellen. Zunächst ist Ez. 20,11 (13.21) zu nennen, wo wir gleichfalls der Hifil-Form von ידע mit Subjekt Jahwe begegnen. Der Satz enthält gegenüber Dtn. 8,3 eine charakteristische Zuspitzung, insofern hier "Leben " als bedingt durch den Gehorsam gegenüber Jawhes Geboten erscheint:

ואתן להם את=חקותי ואת=משפטי הודעתי אותם

אשר יעשה אותם האדם וחי בהם :

Der Text nimmt den dtr. Gedanken einer Konditionierung des Lebens durch den Gesetzesgehorsam auf, allerdings in einer grundsätzlichen Ausweitung auf den Menschen im Sinne von Dtn. 8,3b. Damit rückt der Vers in das Umfeld jener spät-dtr. Schichten, die an den דבר יהוה das Leben schlechthin gebunden sehen, wie Dtn. 30,15.19b.20. Die

---

40 S.o.A.17.

41 Der Satz mit למען + inf. mit ל ist ein typischer Grundbestandteil der jüngeren dtr. Paränese,vgl. auch Dtn. 6,21b.23b. u.ö..

42 PERLITT, a.a.O.,S.414.

43 (ה)אדם wird in Dtn. 4,28.32; 5,24; 8,3b; 20,19 und 32,8 Gegenstand der dtr. Rede. "Die meisten dieser Belege finden sich an den literarischen Rändern des Dtn., die wenigsten von ihnen haben eine herausgehobene theologische Bedeutung in ihrem Kontext; vor allem: alle diese Belege haben keinerlei inneren Bezug zueinander, sondern spiegeln je an ihrer Stelle einen religiösen Sprachgebrauch, der am wenigsten durch den dtn. Kontext bestimmt ist. האדם ist schlechterdings kein Dtn-spezifisches Wort..." (PERLITT, ebd.)

44 Ders.: "Das mit dem Kontext angeredete "du" erscheint nun gleichsam als Spezialfall dessen, was in v.3b vom MENSCHEN gesagt wird."(P.ebd.) חיה על ist nur in Gen. 27,40aα; Ez. 33,19 (Zimmerli: Zusatz) belegt, כל=מוצא bzgl. der Rede Jahwes nur in Ps. 89,35 (exilisch), des Menschen Num. 30,13; Dtn. 23,24); eine gewisse Verwandtschaft besteht mit Jes. 55,11a und Jes. 45,23a (PERLITT, S.421).

45 Ebd.

Assoziation vom דבר als יצא מפי יהוה und Maßstab der צדקה gehören in exilische
und spätere Zeit wie die Belege zeigen (Jes. 45,23a; 48,3a; 55,11a).

Der sentenzenartige Charakter von Dtn. 8,3b erinnert an den oben als spät-dtr. erwiesenen
Text Dtn. 6,25, insofern auch dort die Zedaqah den Inbegriff des Lebens bezeichnet.
Daß wir es hier mit einer der spätesten dtr. Fortschreibungen zu tun haben, zeigt auch der
Umstand, daß in spät-dtr. Anspielung an Dtn. 8,2-5* in Dtn. 11,2; 29,4 jeglicher Reflex
auf v.3b unterbleibt.

Die ursprüngliche Zugehörigkeit von v.4f. zu v.2a.3a* anzuzweifeln und die Verse als
"haggadische Ausschmückung" anzusehen, empfiehlt sich kaum[46]. Die
"stufenweise...emotionale Vertiefung" des in v.3a Gesagten führt zu einer breiteren
Ausschmückung des Führungsmotivs, deren v.5 als Grundlage doch wohl bedarf.
Dabei ist der Umstand, daß v.4a durch die Tradition nicht unmittelbar vorgegeben zu
sein scheint - es finden sich nur spätere Aufnahmen von Dtn. 8 in 29,4 und Neh.
9,21[47] - ist lediglich ein Beleg für die kreative Kraft der dtn. Schule und für ihre Tendenz, aus der Heilsgeschichte eine eigene Dogmatik zu entwickeln. So entsteht der
Schluß: In der Wüste war es Israel nicht möglich, Schuhe und Kleider herzustellen,
folglich war die Bewahrung der Kleidung Jahwes persönlicher, wunderbaren Fürsorge
zu verdanken. Ein Kontrastbild liefert die Erzählung von Jos. 9,12f. Jahwe ist Geber
nicht nur vom Brot, von ihm können die Dtr. sagen:

אהב גר לתת לו לחם ושמלה (Dtn. 10,18).

Nach dem Hinweis auf die Versorgung mit Kleidern und Schuhen, Essen und Trinken
durch Jahwe sogar in der Wüste wird nun als Lehrstück mit der kontrastierenden Beschreibung in der überreichen Versorgung im Lande in v.7b-10a (v.9a:
לא=תחסר כל=בה), sie hat ihre "innere" Entsprechung in der Erkenntnis עם=לבבך
(v.5a). So wie schon damals Israel ganz und gar abhängig war von Jahwes Fürsorge,
so ist es dies auch im Verheißungsland. Die für lehrhafte dtn. Paränese charakteristische
Erkenntnisformel erscheint hier in einer im A.T. einmaligen Konstruktion, die die
Aussage zuspitzt auf den Ort des Erkenntnisvermögens "in deinem Herzen". Die Un-
gewöhnlichkeit besteht in der Verbindung dieser Wendung mit ידע , die singulär
im A.T. ist. Die Präposition עם kann zunächst auch für sich genommen auf das hinweisen, was im "Innern, im Herzen, d.h. von Gesinnung und Empfindung" eines
Menschen vorgeht[48]. In Verbindung mit לב , לבב erscheint sie nur in der dtn. (Dtn.

---

46   PERLITT, S.411 A.27, gegen STEUERNAGEL, Deuteronomium, z.St.
47   בצק ist nur Dtn. 8,4; Neh. 9,21 belegt.
48   GES.-B.,S.595f.

8,3; 15,9), dtr. (Jos. 14,9; 1.Kön. 8,17.18 (=2.Chr.6,7f.); 10,2 (=2.Chr.9,1)[49] und mit einer gewissen Vorliebe in der chronistischen Literatur (1.Chr. 22,7; 28,2 (vgl. 1.K. 8,17f.); 2.Chr.24,4 (vgl. 2.Kön.12,5!); 29,10 (vgl. 2.Kön.18), schließlich einmal in der späten Weisheitsliteratur, Koh. 1,16. Als Subjekt von ידע erscheint לבב ansonsten in Prv. 14,10; Koh. 7,22; 1.Kön. 2,44; an diesen Stellen ist von den verborgenen Gedanken die Rede, die nicht ans Tageslicht kommen sollen. - Dtn. 8,5 zielt also auf die innersten Bereiche menschlicher Einsichten und Empfindungen. Die Erkenntnis der pädagogischen Führung durch Jahwe soll, das אמר בלבב (v.17) bestimmen und dem רום לבב vorbeugen. Dtn 8,2-5* und 7-18* gehören in ihrem Kern literarisch zusammen[50].

Das Motiv der Züchtigung (יסר) bildet analog zu ענה, pi., in v.3a den Schlüssel zum Verständnis des gesamten Abschnitts. Nach Art weisheitlicher Argumentation wird hier nicht ein Begriff, sondern eine Metapher verwendet, die der Parallelismus erläutert: wie ein Vater seinen Sohn so hat Jahwe Israel in der Wüste erzogen. Die Leiden des Wüstenzuges werden verglichen mit denen der Züchtigung des Sohnes durch den Vater.

> Anders als bei Hosea oder Jeremia (Hos. 9,10; 11,1.3f; Jer. 2,1-3) erscheint hier die Führung durch die Wüste nicht nur als ideale Zeit der Fürsorge, sondern darüber hinaus als die Zeit der Demütigung. Damit ist die inspirierende Kraft der hoseanischen Botschaft, wie sie etwa von Hos. 2,16 her zu erkennen ist, nicht bestritten. Man wird jedoch dem ehemals beliebten Versuch, aus der Nähe des Dtn.s zu hoseanischen Vorstellungen auf eine unmittelbare Verwandtschaft des historischen Hintergrundes zu schließen, mittlerweile eher vorsichtig gegenüberstehen müssen[51], denn die hierfür angeführten Belege (Polemik gegen Baalismus und Fruchtbarkeitskulte, Berufung Israels in der Wüstenzeit, Aufruf zur Jahwefurcht und Zeugnis von der Jahweliebe, Warnung vor Jahwevergessenheit etc.) sind ebenso aus einer Kenntnis der hoseanischen Botschaft in den dtn./dtr. Kreisen erklärbar[52]. Zu dem hoseanischen Bild vom liebenden Vater (Hos. 11,1ff.) gesellt sich hier das des gestrengen, der um der Liebe willen züchtigt (Prv. 13,24; 3,11f.).

Der Vergleich zielt nicht auf die Analogisierung von heilsgeschichtlicher Vergangenheit und Zukunft wie Dtn. 7,18f., sondern auf die Gegenwart (Part.: מיסרך). Durch die

---

49 Nach WÜRTHWEIN, ATD 11,1,S.115 etc., sind die Stellen im Königsbuch jeweils Teil junger Ergänzungen; vgl.auch MONTGOMERY, The Books of Kings, ICC, Edinburgh 1951, S.97 (zu 1.Kön. 2,44: duplication); S.195 zu 1.K. 8,17f. ("expanded form" von 2.Sam. 7,12ff.(dtr.)).

50 Gegen GARCIA-LOPEZ, Yahvé fuente última de vida, Bib 62, S.28ff., der die Einheit von der sekundär hinzugewachsenen Gebotsparänese her liest und daher von 8,7-18 abtrennt.

51 Der Befund, auf den sich solche Annahmen stützen, wird dargestellt bei WEINFELD, Deuteronomy and the Deuteronomic School, S.364.366f.; als Vertreter nach ALT, Die Heimat des Deuteronomiums, KS II, 1953, S.270-275, ist besonders WOLFF zu nennen (Hoseas geistige Heimat, ThLZ 81,1956, S.83-94 (= Ges.-St.,1973, S.232-250).

52 SMEND, Entstehung, S.80f.; PREUSS, Deuteronomium, S.30f.

Partizipialkonstruktion wird die fiktive Situation der Moserede ins Grundsätzliche hin aufgebrochen.

Der Subjektwechsel in V.6 zeigt an, daß mit der Sentenz von v.5 ein relativer Abschluß erreicht war. Die anscheinend unvermeidliche Wendung zur Gebotsparänese auch an dieser Stelle hat mit dem Vorhergehenden nicht mehr viel zu tun, der Vers ist sekundär[53]. Die "paränetische Schematik", die im Gefolge LOHFINKs GARCIA-LOPEZ et al. hier erkennen[54], und die das von den Deuteronomikern angemahnte Gedenken und Erkennen auf מצות, דרך und יראת יהוה führen will, ist von den Themen der Rahmenschichten (8,1.19f.) her zu sehen; die "formgebende Schicht" des Kapitels ist das aber nicht. Gegen den Versuch von SEITZ, zwei redaktionelle Schichten zu erheben, eine vor-dtr. in v.2-6.11b und eine dtr. in v.1.19f.[55], wendet sich mit Recht MAYES[56]: "...the connections of thought between these two stages are close, and their common connection to material deriving from the late author in ch.4 favours attributing both to the one late author." - oder zumindest zu der Periode, die durch Dtn. 4 bezeichnet ist, die der spät-dtr. Interpretation. -

Ein Echo hat Dtn. 8,5 in Dtn. 1,31 gefunden. Der Vers ist im Gegensatz zu seiner Umgebung in singularischer Rede formuliert (v.31a) und wird dann pluralisch weitergeführt. Es handelt sich um den Einschub in eine der typisch dtr. Beistandszusagen Dtn. 1,29ff. (vgl. 29,4ff.). Der Verfasser übergeht dabei, daß Israel ja eigentlich erst am Ende der Darstellung verurteilt werden wird, durch die Wüste zu gehen. Er scheint Hos. 11,3 (זרועתו=על קחם ; vgl.auch Ex. 19,4; Dtn. 32,11; Jes. 46,3f.) ebenso zu kennen wie Dtn. 8,5, wobei er anscheinend bewußt die erwähnte Spannung zu meiden sucht, indem er das verbum יסר nicht aufnimmt. Die pluralische Weiterführung knüpft einerseits an Dtn. 8,2 (בכל=דרך...) an, erinnert anderseits an die spät-dtr. Floskel אשר הלכתם עד=באכן עד=המקום הזה , vgl. Dtn. 9,7b; 29,6; der ganze Vers gehört "gewiß zu den spätesten Auffüllungen von Dtn. 1."[57].

Ähnliches dürfte für Dtn. 2,7 gelten, wie schon STEUERNAGEL erkannt hat[58]. Die Wendung כי יהוה ברכך בכל=מעשה ידיך gehört streng genommen nicht in den Zusammenhang des Wüstenzuges, sondern der Segnungen des Landes (vgl. Dtn. 14,29; 16,15; 24,19; 28,12; 30,9), auch die übrigen Stichworte sind - zumeist aus Dtn. 8 - eher zusammengelesen: ידע von Dtn. 8,5

---

53   STEUERNAGEL, a.a.O., S.81; PERLITT, S.411.
54   LOHFINK, Hauptgebot, S. 125ff.; GARCIA-LOPEZ, a.a.O.,S.28f.; MAYES, Deuteronomy, S.190. (vgl. die Komination der Forderungen nach Jahwefurcht, rechtem Wandel und Gehorsam gegen die Gebote in 10,12f. u.ö.).
55   Redaktionsgeschichtliche Studien, S.79ff.
56   Deuteronomy, S.190.
57   PERLITT, a.a.O., S.411, A.26
58   STEUERNAGEL, S.54.56f.

her, ‏את=המדבר לכתך‎ von v.2, ‏הזה הגדל‎ von v.15, ‏שנה ארבעים זה‎ von 8,2.4 her,
‏לא חסרת דבר‎ von 8,9[59].

Daß man später Dtn. 8,5 zwar gekannt, die Aussage in ihrer dortigen Zuspitzung jedoch kaum
aufgenommen hat, zeigt auch der schon erwähnte Reflex in Dtn. 29,5: die Fürsorge in der Wüste
soll Israel die Herrschaft Jahwes ehren lehren. Der Überblick zeigt, daß Dtn. 8 in verschiedenen
spät-dtr. Schichten Eindrücke hinterlassen hat, daß aber der Umgang mit diesem Text in der
Folgezeit eher assoziativ geblieben ist, trotzdem er wohl schon im vorgegebenen "Lehrbuch" stand.

Wir erhalten somit in Dtn. 8,1-6 eine dtn. Grundschicht, welche v.2a*.3a.4f. umfaßt,
welche pluralische (v.1) und singularische spät-dtr. gebotsparänetische Fortschreibungen erfahren hat (v.2b.6) sowie eine sentenzenhafte Kommentierung in v.3b.

2.3 Dtn.8,7-18

Der folgende Teil lebt von dem Kontrast von Wüste und Land, welcher zweimal in Variationen dargestellt wird: V.7-10 enthalten eine üppige Aufzählung der Segnungen des
Landes, denen v.12f. die Errungenschaften im Lande selbst hinzufügen, wobei auf die
Gefahr verwiesen wird, Israel könne seine Abhängigkeit von Jahwe hierüber vergessen.
Auf dessen Wundertaten wird in gehobenen Worten (Partizipialstil, v.14b.15-16) verwiesen. Das Fazit zieht dann v.17f. In seiner Grundstruktur weist der Text eine auffäl-
lige Reihe wörtlicher Übereinstimmungen mit Dtn. 6,10-13 auf, und es zeigt sich, daß
das dort entwickelte Muster der Rede auch hier zugrundegelegt worden ist. LOHFINK
und GARCIA-LOPEZ haben hierauf mit Nachdruck hingewiesen[60]. Man vergegenwärtigt sich die Berührungen am besten mit Hilfe eines synoptischen Überblickes.

Dtn. 6	Dtn.8
‏כי יביאך יהוה אלהיך‎ 10	‏כי יהוה אלהיך מביאך‎ 7
‏אל=הארץ‎ (v.10b-11, 7,13ff.)	‏אל=ארץ טובה‎ (v,7b-9)

---

59 Zu Dtn. 1,31; 2,7 vgl.a. MITTMANN, Dtn. 1,1-6,3, S.63f.66f.

60 LOHFINK, Hauptgebot, S.192f.; ders., Die These vom "deuteronomistischen" Dekaloganfang - ein
fragwürdiges Ergebnis atomistischer Sprachstatistik, in: FS W.Kornfeld, Wien 1977, S.99-109,
S.160f., nennt den Text eine "kommentierende Paraphrase zu Dtn. 6,10-15" und so indirekt eine
Kommentierung des Dekalogs. Ähnlich plädiert GARCIA-LOPEZ, a.a.O., S.35f.38f.; er zertrennt
jedoch den Text aufgrund sprachstatistischer Bezüge zur dtn. Paränese einerseits, zu "poetischen
Texten" (d.h.Dtn. 32.33) andererseits in zwei heterogene Gruppen (v.7f.10bα.14bβ*.15aα ; und
v.9-10a.bβ.11a.12-14bα.14bβ-16aα.17-18a.b; eine dritte Einheit bildet 8,2-6) (S.42-48.50ff.) und
kommt so zu einem Ergebnis, das in dieser Form schwer einleuchtet, zumal die zweite Gruppe
formal wiederum in "Monologteile" und "Ermahnungsteile" zerfällt. Diese Fragmentarisierung wirft
mehr Fragen auf, als sie beantwortet.

11b ואכלת ושבעת	10 ואכלת ושבעת
	וברכת את=יהוה אלהיך...
12 השמר לך פן=תשכח את=יהוה אלהיך	11 השמר לך פן=תשכח את=יהוה אלהיך
	12 פן=תאכל ושבעת...
5 בכל=לבבך ...	14 ורם לבבך
12 ...	ושכחת את=יהוה אלהיך
אשר הוציאך מארץ מצרים	המוציאך מארץ מצרים הבית עבדים
מבית עבדים	

Zunächst zeigt schon die Möglichkeit derartiger Vergleiche, wie stark die dtn.-dtr. Paränese schulisch und literarisch gebunden war. In Dtn. 8,7-14 beobachten wir zunächst, daß der Kernsatz gleichsam als Gerüst dem von Dtn. 6,10ff. weitgehend entspricht einschließlich der nur teilweise übernommenen Gebotsformulierung (6,12a.b/8,11a.14b). Hinzu kommt die Verwendung von - in der Ausführung jedoch unterschiedlichen- Reihen für Segensgüter (vgl.6,10b.11a / 8,7b-9). Unterschiedlich ist der Gebrauch des Partizips von בוא (hif.) in 8,7 gegenüber dem Impf. in 6,10. Das Partizip entspricht dem lehrhaften Ton und dem Hang zur Gleichzeitigkeit in Dtn 8, vgl. v.5 (part.pi.). Die unterschiedliche Fortführung des Landsatzes dürfte durch die jeweilige Thematik motiviert sein, 8,7: ארץ טובה , 6,10: Schwursatz. Wie in 6,10b.11a folgt in 8,7-9 eine Aufzählung der Segensgüter des Landes, hier aber ganz auf die Qualitäten desselben ausgerichtet, emphatisch immer wieder mit dem Leitwort ארץ einsetzend, das hier als Gegenbild zur Wüste mit einer Fülle von appositionellen Ausschmückungen vor Augen geführt wird. Gegenüber der Wüste steht eine allenthalben wasserreiche Landschaft, in deren Gebirgen und Tälern Quellen, Bäche und Ströme fließen. Dtn. 6,10f. betont dagegen stärker den Aspekt der Kulturlandschaft mit ihren Städten, Häusern und Brunnen. Gegenüber Hunger und Manna trifft Israel nach Dtn. 8 im Land darauf, daß hier nicht nur die Grundbedürfnisse befriedigt werden (es gibt Weizen und Gerste), sondern daß darüber hinaus es ein Land blühender Gärten sein wird, wo גפן ותאנה ורמון zu finden sind. Der Verfasser ergeht sich in großartigen Übertreibungen: "ein Land, wo Milch und Honig fließt...wo es dir an nichts mangeln wird" (v.8f.). Auch hier legt Dtn. 8 das Gewicht auf die Naturgüter, während Dtn. 6 die Segnungen der Kultur in den Vordergrund stellt[61]. Daß Dtn. 8 nicht von

---

61 Daß die dtn. Paränese mit dem Gedanken der Landgabe die Sprache des Segens verbindet, daß also der Ausdruck Segens-Gaben an dieser Stelle durchaus angebracht ist, findet bestätigend illustriert, wer sich im Bereich altorientalischer Fluch- und Segenstexte umsieht, sowohl innerhalb als auch außerhalb des A.T. Was hier genannt wird, das erwartete der altorientalische Mensch - und wohl nicht nur er - von seinen Göttern, Israel von den Baalen, oder - bestenfalls - von Jahwe. Wie stark gerade die dtn. Predigt hier entmythologisiert, indem sie so ziemlich alles, was man sich denken konnte, in den heilsgeschichtlichen Zusammenhang der Landnahme einschreibt, wird deutlich,

"historischen" sondern von Segens-Motiven ausgeht, zeigt v.9b: das Land ist hiernach sogar

ארץ אשר אבניה ברזל ומהרריה תחצב נחשת :

In Palästina sind weder Eisenerz noch nennenswerte Kupfervorkommen in größerem Umfang nachzuweisen[62], aber sie zählen zum denkbar Wertvollsten, was ein Land zu bieten hat und was es als Kulturland qualifiziert (vgl.Jos. 6,19.24). Die vergleichenden Wortlisten bei GARCIA-LOPEZ zeigen, daß Dtn. 8,7b-9 wohl durchweg geprägte sprachliche Elemente aufgreift, in der Durchführung aber originell ist[63]. Dabei scheint der Text seinerseits Schule gemacht zu haben: die Wendung ארץ הטובה von v.7 erscheint außer in Dtn. 8,10 nur noch in jüngeren Texten (9,6; dtr.: Dtn. 1,25.35; 3,25; 4,21.22; 6,18; 11,17; Jos. 23,13.15.16; 1.K. 14.15; 1.Chron. 28,8; Ex. 3,8)[64]. V.10a zeigt wieder, daß sich der Verfasser an Vorgegebenem orientiert: die Reihe schließt wie Dtn. 6,11b, wird hier aber in v.10b erweitert um das Element וברכת את=יהוה... . Es hat sich an dieser Stelle für die Exegeten eine Unsicherheit ergeben. Man fände keinen zwingenden Grund, das Verbum im Perf.cons. als eigenes Element von der Reihe ואכלת ושבעת abzutrennen, wenn nicht die folgende Periode in einem selbst für dtn. Verhältnisse ungewöhnlich langen Satz bis v. 17 reichte. v.RAD versucht in seinem Kommentar, dem Herr zu werden, indem er die Periode in mehrere kleinere Elemente auflöst. Dabei übersetzt er das einleitende כי in v.7 emphatisch: "Wahrlich..."[65] und gewinnt so für v.10 sowie für v.11-17.18 jeweils selbständige syntaktische Einheiten. Es ist jedoch zu bedenken, daß die Überfüllung und Schachtelung vor allem durch die rückwärtigen Anknüpfungen innerhalb von v.11-17 bedingt sind. V.12a nimmt v.10a

---

sobald man sich einen dieser, mehr oder weniger beliebigen, weil an sich zeitlosen Text ansieht. Was geschieht, wenn der Fluch der Götter die Erde trifft, führt etwa anschaulich der ATRA-ḪASIS-Mythos vor: nachdem ENLIL sich durch die Menschen gestört fühlt, befiehlt er seinen Söhnen (K 3399.3934(S)(Rev.), Übers.Lambert,S.106-115):

"*Let ADAD above make his rain scarce, below let (the river) be blocked up and let it not raise the flood from the Abyss. (Dtn. 8,7: tmht)...Let the fields diminish their yields, Let Nisaba turn aside her breast, Let the black fields become white, Let the broad plain produce salt, Let the earth's womb rebel, Let no vegetables shoot up, no cereals grow, Let the pestilence be laid on the people, that the womb may be constricted and give birth to no child.*" Demgegenüber wirken Dtn. 7,13ff. oder 8,7ff. wie eine Umkehrung, vgl. weitere Textsammlungen bei HEMPEL, Die israelitischen Anschauungen von Segen und Fluch im Lichte der altorientalischen Parallelen, in: Apoxysmata, Berlin 1961, S.31-113.

62 Vgl. DRIVER, Deuteronomy, S.109; M.WEIPPERT, Art. Metall und Metallbearbeitung, BRL(3.), S.219-224, S.220.

63 A.a.O., Bib. 62, S.33ff.

64 Zu Ex.3,8 vgl. W.H.SCHMIDT, BK II,1, z.St.. - נחלי מים ist belegt in Dtn. 10,7; Jer. 31,9D*.
Für die anderen Teile der Aussage gibt es jeweils verstreute einzelne Belege, die aber für eine literarhistorische Eingrenzung nicht aussagekräftig sind.

65 ATD 8,S.51.

wieder auf und führt die Aussage im Blick auf die Kultivierung des Landes weiter (v.12b.13; vgl. wiederum 6,10b.11a;7,13f.). V.14 nimmt hiernach v.11a wieder auf und führt ihn in Anspielung an 6,12b fort, wodurch sich die Möglichkeit einer erneuten Ausgestaltung bietet (v.15f.). V.10b erscheint also als Erweiterung des von Dtn. 6,11 her bekannten Satzes

ואכעת וברכת את־יהוה אלהיך אלהיך ... :

Gegen eine syntaktische Zertrennung spricht auch die Asyndese. Die Ausfüllung des vorgegebenen Textes von Dtn. 6 ist es also, die zu einer solch starken sprachlichen und syntaktischen Überfüllung der Periode führt.

Der Nachsatz setzt ein mit einer Warnung, Jahwe zu vergessen, einem wörtlichen Zitat von 6,12a, wobei statt des einfachen Jahwenamens hier אלהיך steht. Die Warnung stellt noch einmal eine explizite Beziehung zum Vordersatz her (v.12a.b). In v.11b meldet sich wieder die Gebotsparänese zu Wort und unterbricht mit ihrer präpositionalen Einfügung und einer der von ihr so gerne verwendeten Infinitivkonstruktionen den Zusammenhang. So wie oben unter dem Stichwort זכר die Befolgung der Gebote anmahnt, so hier, sobald das Pendant שכח eingeführt ist. Die Reihe חקות / משפטים / מצות ist nicht einer redaktionellen Bearbeitung sondern späten Fortschreibungen zuzurechnen[66].

Der פן=Satz, v.12a, führt die Bedingung, die in dem variierten Vordersatz v.10a genannt war, wieder ein, um erneut eine Aufzählung der Segensgüter anzuschließen. Israel baut nun selbst Häuser (vgl. 6,10b; 28,30), sein Vieh mehrt sich und Israel wird reich (v.13a: vgl. 7,13; בקר וצאן : Dtn. 12,6.17.21; 14,23.26; כסף וזהב : Hos. 2,10*; 8,4; Dtn. 7,25; 17,17*; 29,26). Dtn. 8,13b wirkt wie eine Erfüllungsnotiz des Zuspruchs von 7,13f[67]. Erst in v.14 kann nun das Thema von v.5 (לבב) wieder aufgenommen werden, um sich mit dem von Dtn. 6 her gewonnenen Motiv von v.11a zu verbinden: das Vergessen hat seinen tieferen Grund im רום לבב . Wie bei dem Wüstenmotiv klingt auch hier eine hoseanische Vorstellung an, vgl. Hos. 13,6[68]. Die Ausweitung des in wörtlicher Entsprechung zu Dtn. 6,12 angeführten Nachsatzes - abgesehen davon, daß auch hier Partizipialformen bevorzugt werden - greift nun die Themen von 8,2-5 wieder auf und variiert diese: vgl.v.14 /Dtn. 6,5.12; v.15a/v.2a; Num. 21,5f.; v.15b /Ex. 17,6; Num. 20,11; Dtn. 32,13; v.16/8,3.2b. "Man sieht, dem Prediger steht in der Überlieferung reichlich Stoff zur Verfügung, der sich seiner Ausdeutung anbietet."[69]

---

66 Vgl.u.a. STEUERNAGEL, Deuteronomim, S.82 .

67 7,13f.- 8,13b: וכל אשר לך ירבה .

68 JEREMIAS, ATD 24,1, S.163f.; WOLFF,BK XIV,1, S.293f.

69 V.RAD, ATD 8,S.52.

Während v.14b sich noch von der Vorgabe in Dtn. 6 her speist und die Hauptforderung in v.17f. einleitet, stellt sich v.15f. als erneute Digression dar. Sie trägt für das Ziel der Aussage kaum mehr bei, als was in v.2ff. schon gesagt worden ist; zudem klingt in einzelnen Formulierungen das Vorbild 8,2-5* noch einmal an: הלך (hif.) + במדבר 8,2 vgl.Hos. 2,16; 12,2; Am. 2,10; Jer. 2,6[70]; אכל, hif. + מן 8,3; אשר לא ידעון 8,3; למען=Satz, v.2b; ענתך v.3a (2b). V.15f. bezieht somit Wendungen aus der Grundschicht wie aus sekundären Schichten mit ein (v.2b). Die Kombinationsfreudigkeit geht in ihren Assoziationen über Dtn. 8 hinaus, neben dem Motiv der Dürre erscheint das der Schlangen (in gegenüber Num. 21,5.6 umgekehrter Reihenfolge)[71], hinzu kommt die Tradition vom Wasser aus dem "Kieselfelsen", Ex. 17,6; Num. 20,11, wobei der Ausdruck צור החלמיש im A.T. nur noch in dem gleichermaßen kombinationsfreudigen Text Dtn. 32,13 erscheint[72]. Auch die Belege für יטב, hif., Subj. Jahwe, Objekt Israel, weisen zumindest innerhalb des Dtn. auf spätdtr. Schichten (28,63; 30,5)[73]. Sprachlich in spät- bzw. nach-dtr. Zeit weist auch die ungewöhnliche Wendung אחרית : באחריתך mit Prp. ב und Suff. ist außer in Jer.17,11 (D?) nur noch in jungen Proverbien belegt[74]. So wird man in v.15f. insgesamt aufgrund des sprachlichen und formalen Befundes eine sekundäre, hymnische Ausweitung des Textes sehen[75].

"In v.17 scheint die Gattung der Hoffartsmonologe anzuklingen, deren Schöpfer wohl die Profeten waren (vgl.Jes. 10,8ff.; 14,13f.; Hes. 28,3 u.ö.)." (v.RAD)[76] Man wird sich indes hüten müssen, hinter dieser Bestimmung der Form in dem Deuteronomium-Kommentar G.v.RADs ein selbständiges Textstück erkennen zu wollen und dieses aus dem Zusammenhang der Auslegung von שכח herauslösen zu wollen, wie GARCIA-LOPEZ dies tut[77]. Wie in Dtn. 7,17ff. ist der sog. "Monolog" tragendes Element des Gesamtgefüges. Die Gattungsbestimmung ist ohnehin an dieser Stelle nicht besonders zwingend, da die Wendung אמר בלבב wohl mit Aussagen der Hoffart, Selbstüberhebung und Gottesleugnung im A.T. in Verbindung gebracht wird (vgl. Dtn. 29,18; Jes.

---

70   Zu הלך hif. s.o.. Das Motiv der Führung in der Wüste ist in der vor-dtn. Prophetie geläufig, wie diese Stellen zeigen.

71   Nach NOTH, ATD 7,137 "E", GRAY, Numbers. ICC, S.174-78 "JE".

72   Zu חלמיש vgl.auch: Ps. 114,8; Hi. 28,9.

73   Weitere Belege: Jos. 24,20; 1.Sam. 2,32; Ez. 36,11; Ps. 51,20; 119,68; 125,4.

74   Jer.17,11 ist nach THIEL, WMANT 41,S.203 nach-dtr., weisheitlich; ansonsten ist zu verweisen auf Prv. 5,11; 19,20; 25,8; diese Stellen sind nicht sicher datierbar, Prv. 5,11 gehört in den Bereich der jüngsten Sammlung (vgl. PLÖGER, BK XII, S.XVI). Die weisheitliche Prägung der dtr. Schule ist ansonsten vor allem in den jungen Kapiteln erkennbar (Dtn. 4.30).

75   PERLITT, a.a.O., S.406.

76   ATD 8, S.52.

77   RB 84, S.484f.

14,13; Zeph. 1,12), aber auch mit Worten der Verwunderung (Jes. 49,21), der Verzagtheit (Dtn. 7,17; 18,21) und der Selbstbesinnung (Jer. 5,24). Das Prädikat bezeichnet also lediglich das Bei-sich-selbst-Bleiben des Subjekts in jeweils verschiedenen Umständen. Als Signal für eine Gattungsbestimmung reicht es für sich genommen nicht aus. Die Aussage von v.17a ist unmittelbar von v.14 her zu verstehen, sie ist Auslegung der Jahwevergessenheit und der darin enthaltenen Selbstüberhebung. Deshalb ist die Demütigung in der Wüste (v.3) ein Akt fürsorglicher Erziehung zur דעת עם=לבבך (v.5), das Gebot des Gedenkens (v.18) logische Folge der Argumentation.

Gegenüber dem weiteren alttestamentlichen Kontext ist die Ausdrucksweise von Dtn. 8,17f. eigentümlich. עשׂה חיל erscheint im Sinne von "Reichtum erwerben" nur noch in dem (nicht-ezechielischen) Wort Ez. 28,5f.[78] und in Ruth 4,11, beide Stellen stehen in einiger zeitlicher Entfernung von Dtn. 8. Auch der Ausdruck עצם ידי ist nur in Dtn. 8,17 anzutreffen[79]. Die Bezugnahme auf die Väter-Berit, die den Text mit der dtn. Schicht (Dtn. 7,12b) verbindet, formuliert mit dem Verbum קום (Hif.), Subj. Jahwe; diese Wendung ist außer hier nur in spät-ezechielischen (Ez. 16,60.62)[80] und priesterschriftlichen Texten anzutreffen (P: Gen. 6,18; 9,9.11.17; 17,7.19.21; Ex. 6,4), und das heißt, sprachlich gesehen steht Dtn. 8 näher bei der exilischen und nachexilischen Literatur als etwa bei den alten Propheten.

Die dtn. Paränese teilt somit auch in ihrem zweiten Block die ideengeschichtliche Originalität der Vorgänger in Dtn. 6,4-7,16, wobei sie jedoch von diesen und von den durch sie integrierten Traditionen lebt. Der Hinweis auf die Erfüllung der Väter-Berit ist entgegen der Annahme von GARCIA-LOPEZ, der v.18b für sekundär hält[81], wie in der älteren so auch in der vorliegenden jüngeren Schicht unverzichtbar: zusätzlich zu dem in der Landgabe geschenkten Reichtum (Dtn. 6,10-12;7,13-16) soll auch der durch Israel erarbeitete und erworbene Reichtum (Dtn. 8,12f.17) als Erfüllung der Verheißungen Jahwes angesehen werden.

Die Wendung הקים ברית את= variiert die Verheißungszusage (vgl. auch Dtn. 9,5: הקים את=דברי הברית ; 2.Kön. 23,3: הקים את=הדבר) und findet sich später

---

78 Das Wort geht gegen den "Göttlichkeitsanspruch" des tyrischen Königs, ZIMMERLI, BK XIII,2, S.667ff.

79 עצם : Nah. 3,17; Hi. 30,21.

80 Hierzu ZIMMERLI, BK XIII,1, S.363.369ff.

81 Bibl. 62,S.33: "del mismo redactor de los v.2-6", die er für einheitlich hält; aber die Abtrennung von v.18b ist nicht plausibel, sondern entspringt text-externen formalen Überlegungen.

vorzugsweise bei P[82]. Der kommende Segen ist Verwirklichung der Verheißungen an die Väter, zu denen Jahwe sich selbst in einem Akt der Berit verpflichtet und so seine Existenz aufs engste mit der des Volkes im Verheißungslande verbunden hat. Eine zuverlässigere Hoffnung als die in Jahwe selbst begründete kann es nicht geben. Es ist eine Hoffnung die gegen allen Augenschein der "Wüstenzeiten" steht, sowohl der vergangenen als auch der künftig zu gewärtigenden.

Ist Dtn. 8 also insgesamt eine gedankliche Weiterentwicklung literarischer Art, die im wesentlichen von Dtn. 6 her beeindruckt ist, und ist andererseits der Einfluß des Kapitels wiederum erst in sekundären Ergänzungen zur dtr.G - Darstellung in Dtn. 1-3 erkennbar, so wird man auch für dieses Kapitel mit einer Abfassungszeit etwa um die Mitte des 6.Jh.s zu rechnen haben. Gegenüber dem Verheißungstext 7,12b enthält 8,18 mit der Zeitangabe כיום הזה eine Erfüllungsnotiz, die eine permanent aktuelle Rélecture des Textes ermöglichen soll. Auch sie ist ansonsten erst in diversen spät-dtr. Zusammenhängen anzutreffen: Dtn. 2,20; 10,15; 29,27[83]. Fragt man, an welches "Datum" hier möglicherweise gedacht ist, so stößt man auf die Interpretation der Väter-Berit in Dtn. 29,11f.: Die "Aufrichtung" der Berit[84] durch Jahwe (8,18) und die Erfüllung seiner Zusagen (דבר , vgl. 9,5) wird hier interpretiert als die "Aufrichtung" Israels zu seinem Volk (קום , hif., mit Rückverweis auf 26,17f.) am Tage der Gesetzesverkündigung durch Mose vor dem Hinübergang ins Verheißungsland. Dtn. 29,10aβ.11-12 ist als singularische Digression innerhalb von 29,9-14 zu erkennen, wobei man sich fragen kann, ob es sich um sekundäre Fortschreibung handelt oder - so KNAPP[85] - um eine durch das nur in singularischem Kontext geläufig גר + Suff.2.sg. ausgelöste sprachliche Abweichung in der Art von Dtn. 8,19+20. In jedem Fall gehört die Notiz כיום הזה in die Bereiche spät-dtr. Fortschreibung des Dtn.s[86]. -

2.4 Ergebnis

Als Grundschicht von Dtn. 8 ergibt sich: v.2a*.3a.4.5 und v.7-11a.12-14.17-18 (ohne כיום הזה). Sie knüpft literarisch kommentierend an die Gebotsformulierung von Dtn. 6,10ff. an und setzt den Gedanken des Väterbundes voraus (7,12b/8,18), dessen Übernahme durch das Volk der Landnahme die paränetische Vertiefung der Gebote bewegt (vgl. auch 9,5b). Die Vorstellung einer Berit am Horeb und der damit verbundenen

82 Gen. 9,9.11; 16,18; 17,19.21; Ex. 6,4; H: Lev. 26,7; Ez.16,60. (KUTSCH, Verheißung und Bund S.24).

83 Zu 2,30b STEUERNAGEL, S.59.

84 הקים ברית, vgl. zur Wendung die Auflistung und Besprechung der Belege bei KUTSCH, a.a.O.

85 Deuteronomium 4, S.144f.

86 KNAPP, a.a.O., S.186 A.409

Verpflichtungen spielt für sie keine erkennbare Rolle und fehlt auch in 8,2-5*. Angeregt durch das Stichwort שׂכח geht es hier um das rechte Erkennen und Gedenken (6,12 שׂכח -> 8,2.11.14.18; ידע : v.5). זכר , sich zu erinnern, ist ein Grundthema der dtn. Paränese, welches das ganze Dtn. durchzieht (vgl. Dtn. 7,18; 9,7; 15,15; 16,3.12; 24,9.18.22; 25,17 und 5,15). Angeregt durch die dtn. Beschreibung Jahwes als des Gottes der Väterverheißung und der Segenszusage baut Dtn. 8 vorgegebene Themen aus, indem das Kapitel den Kontrast zwischen Wüste und Land veranschaulicht und dessen Bedeutung für die gegenwärtige Existenz Israels auszusagen versucht. Hierbei fließt die Erinnerung an entsprechende Gedanken Hoseas und Jeremias ein. Schon im Bereich der dtn. Schichten ist also eine Tendenz einer literarischen, auslegenden Paränese und Vertiefung des dtn. gerahmten Gesetzes zu erkennen, das Werk einer Schule.

Die weiteren Schichten bringen den Bezug zum Gesetzesgedanken ein, zunächst in einer teils pluralischen, teils singularischen paränetischen Rahmung (8,1.19f.), sodann in einer Reihe spät-dtr. Fortschreibungen (v.2b.4b.6.11b.15-16.18 כיום הזה). Sie sind durchweg nicht älter als ihnen verwandte Texte aus Dtn. 4.11.29. Vielleicht läßt das Interesse an der Förderung der "Jahwefurcht" in v.6 den Schluß auf eine Verbindung mit Dtn. 6,25 zu.

Eine selbständige, ganz junge Glosse bildet v.3b, die kaum älter ist als Dtn. 30* und dessen Interesse an einer Theologie des lebensstiftenden "Wortes Gottes" (vgl. 30,14f.).

Die Ansetzung der Grundschicht als gegenüber Dtn. 6 jünger und einem zweiten Bearbeitungsschub zugehörig hat sich bestätigt. Eine Wirkungsgeschichte des Kapitels ist auch hier, was die Grundschicht betrifft, erst in sehr späten dtr. interpretierenden und ausgleichenden Übernahmen einzelner Aussagen zu erkennen (vgl. die singularischen Ergänzungen in Dtn. 1ff. und die Anspielungen in Dtn. 29). Insgesamt gehört der Text dem Zeitalter der Interpretation an und zwar sowohl dtn. als auch vor-dtn. Überlieferungen. Er ist durchweg literarischer und nicht vor-literarischer, rhetorischer Natur, auch wenn er der aktuellen gleichsam haggadischen Lehre entstammen mag. Eine vordtn., vorliterarische selbständige Überlieferung ist weder für Teile noch für die Grundschicht insgesamt erkennbar[87]. Ist er im Gefolge von Dtn. 6f.* als Teil der Fortschreibung eines exilischen, dtn. Verfassungsentwurfes anzusehen, so impliziert er mit seiner Landtheologie die These, Israel sei in früherer Zeit infolge seines Hochmutes von Jahwe abgefallen, um andererseits nun eine neue Demut und Erkenntnis zu

---

87 Die Frage nach der Vorgeschichte der dtn. Texte wird sich also verlagern müssen in der Richtung, daß man überlegt, aus welchen Kreisen die literarisch gebündelten Formen, in denen das dtn. Gesetz und seine Paränetik einhergeht, stammen. Es sind Kreise, die offensichtlich mit vielerlei Texten umzugehen verstanden.

wecken. Israel befindet sich in einem Zwischenzustand zwischen "Wüste" und "Land", ein Zustand, der urbildhafte Aussagekraft für die Gegenwart der Deuteronomiker zu besitzen scheint. Sie deuten diesen Zustand als Erziehung auf eine neue Einstellung zum Land und zu Jahwe hin (v.5.17f.). Sie erinnern an die Heilstaten Jahwes, die Israel hinter sich wissen soll (7,17-26) auch angesichts der Übermacht der Völker. Sie versuchen, den Glauben an die große Verheißung Israels zu stärken (7,6-16) und wissen zugleich das Gottesvolk unter einem hohen Anspruch (6,4-7,5). Die (ursprünglich wohl auf 8,18) folgenden Gesetze (12,13ff.) sollen verstanden werden als religiöse Ordnungen, welche von diesem Zuspruch und diesem Anspruch her gelebt und ausgefüllt werden.

3   EXKURS: Die Erziehung Israels in der Wüste
Zum Verhältnis zur Verkündigung Hoseas und Jeremias

Wer der Vorgeschichte der in Dtn. 8 erkennbaren Motive und Traditionen nachspürt, stößt auf die Schwierigkeit, daß diese erstens breit verteilt sind und daß zweitens keine Verbindungen vorliegen, die eine nähere Bestimmung der Herkunft der dtn. Schriften ermöglicht. Wohl aber erschließt eine Untersuchung motivische Hintergründe. Zu Dtn. 8 finden sich in der prophetischen Literatur, vor allem bei Hosea und Jeremia, eine Reihe traditionsgeschichtlicher Berührungspunkte. Ihnen ist an dieser Stelle kurz nachzugehen.

Besonders für Hosea hat man auf die Nähe zur dtn. Theologie hingewiesen. Namentlich A.ALT und H.W.WOLFF haben bekanntlich den Schluß einer geistesgeschichtlichen Verwandtschaft daraus gezogen[88]. Das Material, welches uns hierzu zur Verfügung steht, ist jedoch allzu fragmentarisch, als daß es derart weitreichende Schlüsse zuließe. Ohne den Anspruch auf eine erschöpfende Beantwortung der hier entstehenden Fragen zu erheben, wenden wir uns vor allem den Belegen für die Wüstenmetaphorik und für die Wurzel יסר zu[89].

Das Motiv der Wüste begegnet uns bei HOSEA immerhin relativ häufig, ebenso die Vorstellung von der Erziehung (יסר)[90]. Hos. 2,10-15.16f. bietet für die Beleuchtung von Dtn. 6-8 eine Reihe von interessanten Aspekten. Es liegt ein Drohwort gegen die israelitische Baals-Verehrung vor, welches sich vornehmlich dagegen wendet, daß man die Segensgaben des Landes nicht Jahwe, sondern Baal zu verdanken meint. Die Formulierungen bieten eine Reihe von Assoziationen an die dtn. Paränese, bzw. umgekehrt.

Hos. 2,10 והיא לא ידעה)5,8 .Dtn וידעת עם-לבבך כי..(

Dtn. 8,18) וזכרת את-יהוה אלהיך כי הוא הנתן לך כח..(כי אנכי נתחה לה

---

88   S.o.S.318 A.51.

89   רום לבב vgl. Dtn. 8,14; 17,20 u. Hos. 13,6.

90   Wüstenmotiv: Hos. 2,16f.; 9,10;11,1ff.; 12,8ff.; 13,4f.. יסר : Hos. 5,2; 7,12.15; 10,10.

הדגן והתירוש והיצהר Dtn. 7,13) וברך...דגנך ותירשך ויצהרך..(

Hos. 2,15. ...ואתי שכחה נאם יהוה Dtn. 8,11) השמר לך פן=תשכח את=יהוה..(

Es ist deutlich, daß beide Texte gegen die gleiche religiöse Verirrung Israels streiten, wodurch die Parallelität ihrer Wortwahl hinreichend erklärt wird. Zudem bedeutet der Umstand, daß die Deuteronomiker Hosea gekannt haben zunächst nur soviel für die zeitliche Ansetzung, als jene jünger sind als dessen Botschaft. Sie historisch im gleichen Umfeld anzusiedeln ist angesichts der Vielfalt der im Dtn. verarbeiteten Traditionen und Impulse nur schwer möglich.

Hos. 2,16f. bildet, beginnend mit dem für redaktionelle Anschlüsse charakteristischen לכן [91], den Anfang einer Reihe von Heilsworten, die den Unheilsworten von v.4-15 folgen. Diese kreisen um das Thema eines - in allegorischer Form dargestellten - Rechtsstreites zwischen Ehemann (Jahwe) und Ehefrau (Israel). V.16-25 schildert die Versöhnung beider (v.18f.21f.). H.W.WOLFF und J.JEREMIAS haben den redaktionellen Charakter von v.18-25 nachgewiesen[92]. Es bleibt jedoch fraglich, ob nicht die Schematik von Unheils- und Heilswort hier insgesamt sekundärer Konstruktion entspringt. Dafür hat der in literarischer Hinsicht besonders kritische DUHM plädiert[93]:

"2,15b-25 ist in poetisierender Prosa geschrieben, abhängig von jüngeren Prophetenschriften und weissagt das Gegenteil von Hoseas Weissagungen...wahrscheinlich haben mehrere Hände an dem Stück gearbeitet. Zur Not kann man v.15b-17.19.21-25 von einem Autor ableiten, der etwa ausführt: Jahwe werde sein Weib, hier das Volk, ins Exil führen (in die "Wüste" vgl. Hes. 20,34f.), wobei ihm aber nach Jes. 65,10 das Tal Akor als Symbol der Rückkehr verbleibt, wird es dort wieder fromm machen, wie es nach Jer. 2,2 einstmals in der Wüste war, und dann die von Jeremia besungene Jugendliebe erneuern."

Auch wenn man DUHM bezüglich der Einzelfragen nicht kritiklos wird folgen können, so doch in seinem Zweifel an der Ursprünglichkeit von v.16f.. Abgesehen davon, daß die Verse wohl kaum in einem Zuge mit v.10-15 entstanden sein dürften, zur Herstellung des sachlogischen Zusammenhanges reicht die Konjunktion לכן jedenfalls nicht aus, wirkt der Traum von der willigen Buße, vom freiwilligen Antritt des Weges "in die Wüste" um des Lockens Jahwes willen gegenüber dem Feuer der Drohworte von v.11f. wie Wasser. Der Gedanke, in der Wüste ein Bild der Exilszeit zu sehen, liegt nicht sehr fern. Nur so wird man die ansonsten etwas brüchige Analogie zum Auszug aus Ägypten (v.17b) verstehen können. V.17a spielt an die Vision einer neuen, ganz ohne Konflikte verlaufenden Landnahme an[94], das Tal Achor erinnert nicht (mehr) an Israels Verunreinigung und Jahwes Zorn (Jos.7,5!), sondern es ist ein "Tor der Hoffnung". Die Wüste ist nicht Ort der Züchtigung (Dtn. 8,5), sondern des דבר על=לב (Jes. 40,2). Das sog. "eschatologische Schema" Hos. 2,4-15/16-25 stammt in dieser Form kaum von Hosea selbst. So kann man in Hos.2,16f.

---

91   Zur Besonderheit des לכן vgl. WOLFF, BK XIV, 1, S.43.49f.

92   WOLFF, a.a.O.,S.57ff.; JEREMIAS, a.a.O.,S.48ff.

93   DUHM, Anmerkungen zu den Zwölf Propheten, ZAW (Sonderdruck), Gießen 1911, S.19f.

94   כרם ist hier als Inbegriff des Verheißungslandes zu verstehen.

durchaus Zweifel haben, ob der Text für die Bestimmung der Vorgeschichte dtn. Theologie beansprucht werden kann.

Der Wüstenmetaphorik begegnen wir erneut in Hos. 9,10, wiederum an einem Wendepunkt im Text, denn mit dem Vers "beginnen Einheiten, in denen Rückblicke in die Geschichte Jahwes mit Israel im Mittelpunkt der Botschaft stehen..." (JEREMIAS)[95]. Eine eigene Erwählungs- bzw. "Fundtradition" (BACH)[96] wird man strenggenommen hier nicht entdecken können, sondern schlicht einen originellen Vergleich, ein Bild: Israel wird mit "Trauben in der Wüste" und mit "Frühfeigen" verglichen, nach denen man, so man ihrer gewahr wird, sogleich die Hand ausstreckt. Jahwe gilt als "Finder" (מצא) und "Entdecker" (ראה), dem das Erstlingsrecht zukommt, während Israel sich dem entzieht und sich dagegen "der Schande weiht" (v.10b). Für die hoseanische Vorstellung von der Wüstenzeit wird man hier nur so viel entnehmen können, daß er sie wohl als Zeit ungebrochener Jahwebeziehung Israels ansieht. Insofern gleicht das Bild Dtn. 8,2ff., jedoch fehlt - und dies ist kein unerheblicher Unterschied - die Vorstellung von der Erziehung und Züchtigung Israels.

Am eindrucksvollsten sind die Verbindungen zwischen Hos. 11,1.3 und Dtn. 8. In 11,1.3 erscheint das Verhältnis Vater/Sohn als Bild für Israels Verhältnis zu Jahwe in der Anfangszeit, der Exodus wird als adoptionsartiger Vorgang beschrieben: Jahwe gewinnt Israel lieb (אהב) und ruft ihn - וממצרים קראתי לבני[97].

Das Bild wird in v.3 weiter ausgemalt: Jahwe lehrt Israel laufen, nimmt es auf den Arm wie ein Vater sein Kind. Und dann bricht die Assoziationsreihe ab: ולא ידעו כי רפאתים (v.3b).

Was das Verbum רפא in diesem Zusammenhang soll, ist nicht ganz klar, vermutlich spielt es an die Vorstellung einer politischen Fürsorge (Pflege) gegenüber den bedrohenden Großmächten an (vgl. Hos. 5,13; 6,1; 7,1). Für die dtr. Schule hat Jahwe sich in der Befreiung aus Ägypten als רפא schlechthin erwiesen (Ex. 15,26, dtr.)[98]. In V.2 gewinnt man den Eindruck einer Unterbrechung, die den Abfall zu den בעלים und zum Bilderdienst (פסיל , vgl.Dtn. 7,5; 12,3) schon in der Zeit jenseits des Kulturlandes ("noch ehe Ephraim laufen lernte!"v.3) anheben sieht. Konkret könnte an die Baal-Peor-Legende gedacht sein (Hos. 9,10). Die "Polemik gegen Götterbilder" erscheint nicht nur hier, sondern auch in anderen "späten Stücken des Buches Hosea" nachträglich kommentierend eingetragen zu sein (DOHMEN)[99]. Auch in Hos. 11,4f. ist der Text verderbt oder zumindest schwer verständlich, denn plötzlich wechselt die Metaphorik zurück zu dem Bild von 10,11, von der "gelehrigen Jungkuh". Kleinkind und Jungkuh passen aber kaum zusammen. WOLFF konjiziert על zu עול , erklärt aber nicht, wieso dann die Rede von den

95   ATD 24,1, S.120.

96   Die Erwählung Israels in der Wüste, Diss., Bonn 1952.

97   Der Topos der Adoption stammt vermutlich aus dem Zusammenhang der davidischen Königsideologie (vgl. 2.Sam. 7,14; Ps. 89,25-38; 2,7) (PERLITT, Der Vater im Alten Testament, S.97-101).

98   WOLFF, BK XIV, 1, S.257f..

99   DOHMEN, Bilderverbot, S.150f. (Hos. 8,6; 13,2; 14,4).

"menschlichen Seilen" (חבלי אדם) eigentlich bemerkenswert sein sollte[100]. Der ursprüngliche Ort von Hos. 11,1.3 bleibt somit im Dunkeln. Vermutlich soll doch auch mit diesen Versen über die ungebrochene Anfangszeit die Hinwendung Israels zum Götzendienst konterkariert werden.

Unsicher ist auch die Zuordnung von Hos.12,10: gehört der Vers zu v.8f. - so die Kommentare - oder zu v.11f. - so LXX (vgl.BHK,BHS)? Inhaltlich zwingend ist der Zusammenhang nach keiner Seite. Vermutlich handelt es sich um einen kommentierende Kontrastaussage zu v.8f., sodaß eine vergleichbarer Effekt wie Dtn. 2,16f. entsteht: der Weg zurück in die Wüste soll die Unmittelbarkeit des Jahweverhältnisses wieder herstellen helfen. V.10a wirkt wie eine Verkürzung der dtn./dtr. Selbstvorstellungsformel (Dtn. 5,6)[101]. Während מועד ansonsten bei Hosea i.S.v. Festtag gebraucht wird (2,11.13;9,5), erscheint in v.10b die gesamte Zeit, da Israel noch in Zelten wohnte, als eine solche heilige Zeit (כימי מועד)[102]. Beide Elemente - Selbstvorstellungsformel und die Wendung כימי מועד enthalten somit abkürzungsartige Andeutungen, deutliche Kennzeichen für eine Glosse. Das Hauptproblem scheint mir jedoch für den Vers darin zu bestehen, daß sich eine Konkretion im hoseanischen Zusammenhang schwer vorstellen läßt: wie sollten die Deportationen durch die Assyrer als ימי מועד verstehbar sein? Wo wurde nach der Zerstörung der Städte das Wohnen in Zelten tatsächlich als Zeit des Neuanfanges empfunden? - So mag man mit DUHM und GUTHE (vgl. A.101.102) an dem literarhistorischen Ort von Hos.12,10 im Rahmen der hoseanischen Botschaft gewisse Zweifel hegen, ohne jedoch eine befriedigende Antwort hierauf zu erhalten.

Eine gewisse Nähe zu Dtn. 8 weist wiederum Hos. 13,4f.6 auf. Freilich, auch hier kommen Zweifel an der Ursprünglichkeit des bestehenden Textgefüges auf. V.4f. unterbricht die Rede von Israel in der 3.sg. durch Anrede in der 2.sg. und führt zusätzlich zu dem Vorwurf der Überheblichkeit Israels (v.6: כמרעיתם וישבעו שבעו וירם לבם -

vgl.Dtn. 8,11.14 : פן=תאכל ושבעת...ורם לבבך ושכחת את=יהוה אלהיך)

den Kontrast zum Ausschließlichkeitsanspruch Jahwes ein (v.4a = 12,10a s.o.(dtr.?)). Der Ausdruck ואלהים זלתי לא תידע entspricht der dtr. Theorie von dem Kennenlernen anderer Götter im Verheißungsland (Dtn. 13)[103]. Die Präposition זולה + Suff. erscheint im A.T. außer in 2.S. 7,22 (dtr.)(=1.Chr. 17,20) im exilischen und nachexilischen Schrifttum (Jes. 45,5.21; 64,3; Ps. 18,32[104]). V.5a nimmt eine Vorstellung aus Hos. 9,10 auf, die Wendung ארץ תלאבות ist singulär im A.T. V.6 steht in seiner Kurzform dem spät-dtr. Dtn. 32,15 nahe. Es ist somit damit zu rechnen, daß Hos. 13,4-6 einem nach-hoseanischen Fortschreibungsprozeß zuzurechnen ist,

---

100 WOLFF, a.a.O., S.247f.
101 DUHM, a.a.O., S.37 hält v.10a für sekundär.
102 GUTHE, HSAT II, S.17, hält die Wendung für nachträglich eingefügt, allerdings ohne Angabe von Gründen.
103 Innerhalb der dtn./dtr. Lit. ist hier ein Wechsel in der Sicht der Dinge zwischen Jos. 24,14f. und der jüngeren (dtn.) Anschauung Dtn. 13,3.7.14 zu beobachten.
104 Für Ps.18,32 ist die Datierung allerdings offen.

welcher durch die dtr. Schule beeindruckt ist. Insgesamt sind wohl Berührungen mit hoseanischer Metaphorik in Dtn. 8 zu beobachten, wie auch umgekehrt mit Einwirkungen dtn./dtr. Litertur auf die Redaktionsgeschichte des Hoseabuches zu rechnen ist; eindeutige Abhängigkeiten und etwa die Gemeinsamkeit des historischen Ursprungsortes ist von diesen Wahrnehmungen nicht herzuleiten.

Die Stellen bei Hoea., die von einer Züchtigung Israels (bzw. Ephraims) durch Jahwe sprechen (Hos. 5,2; 7,12.15; 10,10), denken zumeist an seine Bestrafung, einerseits im Bild einer Falle (5,2; 7,12), andererseits im Blick auf die Auslieferung an die Feinde ohne die Chance der Gegenwehr (10,10). Lediglich 7,15 bietet einen Vergleichspunkt zu Dtn. 8:

וַאֲנִי יִסַּרְתִּי חִזַּקְתִּי זְרוֹעֹתָם וְאֵלַי יְחַשְּׁבוּ-רָע :

Der Vers steht im Kontrast zu v.14[105]. Aber gerade hier macht die Doppelung von יִסַּרְתִּי und חִזַּקְתִּי syntaktische Schwierigkeiten, weil יִסַּר ohne Bezugswort ist. Es von סָרַר ab-zuleiten (so DRIVER)[106], will nicht recht überzeugen[107]. Es allein als Glosse auszuschalten (WOLFF)[108], hat zumindest LXX für sich. Hineingekommen ist der Gedanke dann möglicherweise von Dtn. 8,5 her.

Zusammenfassend wird man somit die literarische Situation eher skeptisch beurteilen. Die derzeitige Forschungslage hinsichtlich des Hoseabuches wird von KAISER denn auch zurecht folgendermaßen charakterisiert[109]: "
Die vorliegenden Analysen lassen Hosea als einen Vorläufer des Deuteronomiums und des Propheten Jeremia erscheinen. Es bleibt abzuwarten, inwieweit die künftige Forschung dieses Bild bestätigt oder modifiziert. Es könnte sein, daß sich auch im Hoseabuch umfangreichere theologische Nacharbeit im literarischen Stadium ergibt, als es derzeit den Anschein hat." -

Diese Aussage gilt sicherlich für einen Teil der oben vorgeführten Belege. Als einigermaßen sicher hoseanisch erscheinen lediglich Hos.11,1.3*, vielleicht Hos.9,10 (nach WOLFF nach.-hoseanischen Tradenten zuzuschreiben[110]), als nachhoseanisch, zum Teil dtr. beeinflußt Hos. 2,16f.; 13,4ff.; 12,10. Daß die dtn. Verfasser die hoseanische Verkündigung gekannt haben, ist wahrscheinlich, denn sie greifen auf durch Hosea ausgebildete Metaphern zurück und formen sie zu festen Bestandteilen der eigenen Lehre um, wie etwa die Rede von der Liebe zu Jahwe und vom Vergessen Jahwes und von der "Kindheit Israels " in der Wüste zeigen. Für so weitreichende Thesen wie die einer ursprünglichen Verankerung der dtn. Verkündigung im Nordreich reicht die Textbasis nicht aus. Hinsichtlich des Wüstenmotivs ergibt sich zudem in der dtn. Version eine Abwandlung: hier ist die Wüste nicht idealer Ort der ungetrübten Beziehung zu Jahwe, sondern zunächst Ort der Strafe und der Demütigung (Dtn. 1ff.; 8,2.5 - beide Anschauungen schließen einander nicht aus). Schließlich ist es ja auch denkbar, daß die Verfasser, denen nicht nur alte Gesetzestexte, Quellen für

---

105   Vgl. JEREMIAS, a.a.O., S.100f.

106   JThS 36,1935,S.295f.; JEREMIAS, S.91 A.16

107   Dagegen steht u.a.die LXX; WOLFF, a.a.O., S.136.

108   Ebd.

109   Einleitung, 5., 1984, S.227f.

110   A.a.O.,S.211f.

eine Darstellung der Geschichte Israels sowie eine Fülle mündlich und schriftlich überlieferter Legenden und Traditionen über die Zeit der Väter zur Verfügung standen, auch Zugang zu altem prophetischem Gut hatten, das sie zuweilen zur Deutung ihrer eigenen Gegenwart und zur Inspiration für die Neuformulierung theologischer Aussagen heranziehen konnten. -

Ein weiterer Text, dem gerne Patenschaft für die dtn. Verkündigung zugesprochen wird, ist JEREMIA 2,1-3.5-7[111]. Auch hier ergibt sich eine Reihe von Fragen, denn dieser Text ist keineswegs literarisch einheitlich. Die Verse 1.2a lassen ihn als Anrede an Jerusalem erscheinen, de facto richtet sich das Wort jedoch an das Gottesvolk insgesamt (v.3f.). Die Jahwerede setzt ein mit der Erinnerung an die ungebrochene Treue Israels zu Jahwe während seiner "Jugendzeit", dann seiner Brautzeit (v.2aβ.b). Sodann wird es mit einem für Jahwe geheiligten "Erstling" verglichen (v.3), worin man sich ein wenig an Hos.9,10 erinnert fühlt. Das Motiv der Pflanze verschwindet sogleich wieder aus dem Text und erscheint erst in v.21 wieder. Das Ganze dient im jetzigen Zusammenhang nur als Einleitung zu dem nun folgenden Scheltwort, einer Rekapitulation der Geschichte des Abfalls von Jahwe, in einem fiktiven "Rechtsstreit" gegen Israel (v.9). Angesprochen sind die "Väter" (v.5f.), deren Erben (v.7), die Priester und Propheten (v.8), schließlich sogar die Kindeskinder (v.9). Die Hierarchie und die Generationenfolge erinnert an entsprechende dtr. Vorstellungen[112]. Die späte Abfassung der Einleitung in v.4 ist weithin unbestritten[113]. Die paarweise Anrede "Haus Jakobs/Haus Israels" entstammt der exilischen Prophetenredaktion[114]. Für v.5b hat THIEL aufgrund der wörtlichen Nähe zu 2.Kön.17,15 dtr. Abfassung wahrscheinlich gemacht[115]; die Wendung וילכו אחרי ההבל ויהבלו erscheint im A.T. nur an diesen beiden Stellen, die Folgerung ויהבלו deutet auf die Untergangserfahrung[116]. Die Forderung, Israel solle nach Jahwe fragen (איה יהוה) ist in dieser Form sonst nicht mehr belegt (vgl. Jer.17,15). V.6f. läßt sich in synoptischer Parallele zu Dtn. 8,15f. sehen, also zu Versen, welche innerhalb der dtn. Paränese vermutlich als sekundär anzusehen sind (s.o.). Die reihenhafte Beschreibung der Wüste anknüpfend an das Stichwort ארץ erinnert an den dtn. Stil, ebenso die Form בוא ,hif., für die Landgabe. Die Diktion ist auch hier im Ganzen frei, der Grundgedanke erinnert an Dtn. 8. Jer.2,7b ist mit der Vorstellung von der Befleckung der נחלה unjeremianisch, von der kultisch-rituellen Landtheologie dtr. Redaktoren bestimmt[117]. Die Verse

111 Vgl. die Kommentare zur Stelle. Für die Einheitlichkeit der Komposition dieses Textes tritt neuerdings ein McKANE, Jeremiah (Vol. I): Introduction and Commentary on Jeremiah I-XXI, ICC, Edinburgh 1986, S.26ff..

112 Vgl. Dtn. 5,3; 11,2ff; 29,13f.

113 W.SCHOTTROFF, Jeremia 2,1-3. Erwägungen zur Metode der Prophetenexegese, ZThK 67,1970, S.263-294, S.270A.36f.

114 Sie ist vor allem belegt bei Dt.-Jes. und dem von seinen Gedanken geprägten Schrifttum (ROST, Israel bei den Propheten, BWANT 71, Stuttgart 1937, S.91f.).

115 THIEL, WMANT 41, S.81f.

116 Weitere Belege: Ps. 62,11; Hi. 27,12; Jer. 23,16.

machen somit von v.4 bis v.7 durchweg den Eindruck sekundärer Abkunft. Allenfalls für v.2b.3 kann man sich an die schon bei Hosea belegte Vorstellung von einem ungetrübten Verhältnis zwischen Jahwe und Israel vor der Einnahme des Kulturlandes erinnert sehen und eine jeremianische Verfasserschaft vermuten. Über deren Wirkung für die Deuteronomiker wird man nur wenig sagen können, außer daß dieser die alte Vorstellung einer ungetrübten Wüstenzeit unter dem Aspekt der Anleitung zur Demut fruchtbar macht und die prophetische Strafpredigt sozusagen in ihrer Gültigkeit schon von Mose an für sich beansprucht. Dort wo dtr. Bearbeitung in diese eingreift, ergeben sich umgekehrt die meisten Berührungspunkte zu Dtn. 8, i.e. Jer.2,5ff.

Eine eingehende Analyse der deuterojesajanischen und ezechielischen Texte in diesem Zusammenhang würde im Rahmen dieser Arbeit zu weit führen. Es bleibt für die dtn. Paränese festzuhalten, daß sie eine literarisch eigentümliche Kreativität entwickelt hat, der neben den dtn. Vorgaben in Dtn. 6f. eine Fülle unterschiedlicher literarischer und außerliterarischer Traditionen und Sprachhilfen zu Gebote stand. Bei der Näherbestimmung des literarhistorischen Ortes indes erscheinen die literarkritischen gegenüber den traditionsgeschichtlichen Aspekten der Textuntersuchung jedoch die entscheidenden Hinweise zu enthalten: daß nämlich Dtn. 8 in die Reihe der paränetischen Vertiefungen eines exilischen dtn. Entwurfes gehört, die die Zeit der Landlosigkeit als Zeit der Erziehung zu einer neuen Haltung gegenüber Jahwe und gegenüber den Segensgaben des Landes interpretieren.

---

117 Zum Nachweis der späteren Abfassung ab v.4 vgl. die Überlegungen bei SCHOTTROFF, a.a.O., S.285ff.

V Israel und das Gesetz

Literarkritische Untersuchungen zu Dtn. 9 - 11

1 Deuteronomium 9,1-6
Ein weiterer paränetischer Anhang

1.1 Dtn. 9,1-5

Wir haben gesehen, wie in Dtn. 7,17-26* und Dtn. 8,2-18* lehrhafte Paränesen zu der Grundschicht der dtn. Einleitungsrede von Dtn. 6,4-7,16* hinzugekommen sind. Sie setzen deren Themen voraus und führen sie in teilweise wörtlicher Anknüpfung weiter. Charakteristisch ist die Anwendung der Topoi der Exodus- und Landnahmetraditionen als Grundlage für eine Lehre, die von Analogieschlüssen lebt: so wie damals wird Jahwe auch morgen handeln aufgrund der Treue zu sich selbst und zu seinem Bund. Dies gilt einerseits für das Verhältnis zu den גוים sie werden alle durch Jahwe vertrieben werden (Dtn.7) - dies gilt zum anderen vom Verheißungsland selbst (Dtn.8), insofern das Gedenken an Jahwe zur Bedingung für den Segen und den Landbesitz überhaupt wird. Die Paränesen sind somit Auslegung der Hauptgebote von Dtn. 6f. Ihre Technik besteht in der Anknüpfung und Nachahmung bestimmter Formen, wie der der historisierenden Gebotsformulierungen, wie dies an dem Vergleich zwischen Dtn. 6,10ff. und 8,7-18* deutlich erkennbar ist. Zusammengehalten wird die Einheit durch das durchgängige Motiv von Gedenken und Vergessen. Interessanterweise wird die ständig im Hintergrund stehende Auseinandersetzung mit der Verehrung der אלהים אחרים dabei nicht direkt expliziert; sie verbirgt sich hinter der Forderung, die Segensgaben von Jahwe her zu verstehen (vgl. die Parallele in der hoseanischen Polemik, wo gegen die Zuschreibung der Segensgüter wie Nachkommenschaft, Fruchtbarkeit, Getreide, Feldfrüchte, Vieh, Geld, Häuser, Wasser, Brot, Öl, Wein etc. an andere Götter vorgegangen wird). Die Verehrung von Baal und Astarte war nicht nur im Nordreich der hoseanischen, sondern auch in josianischer und - wie Ez. 8 belegt - auch noch in nach-josianischer Zeit ein nicht unbedeutendes Phänomen, woraus man indirekt schließen kann, daß eine entsprechende dtn. Propaganda keineswegs die weitreichende nationale Bedeutung erlangt hat, wie man nach den (dtr.) Schilderungen meinen könnte.

Dtn. 9,1-6 bildet nun wiederum eine eigene paränetische Einheit, welche zur Darstellung ihrer Aussagen ihrerseits auf die vorhergehenden Teile zurückgreift. Auch hier haben wir es nicht mit einem ursprünglich vom literarischen Zusammenhang des Deuteronomiums unabhängigen Text, etwa einer "Kriegsansprache" zu tun, sondern mit einem literarisch an die Mosefiktion der dtn. Gesetzeseinleitung anknüpfenden Neueinsatz.

Ihre Bedeutung für die dtn. Gegenwart erschließt sich nur indirekt im Gewande der historisierenden Rückprojektion. Wie sehr dabei die Gestalt von Dtn. 6,4-7,16* und 7,17-8,18* auf den Text eingewirkt hat, läßt sich an einer Reihe gemeinsamer Elemente zeigen, die gleichsam blockübergreifend die Einheit bestimmen. Man vergegenwärtigt sich dies am besten wieder mit Hilfe einer synoptischen Gegenüberstellung.

Dtn. 9,1-3

6,4 שמע ישראל	1 שמע ישראל
Dtn. 2,29; 3,17; 4,21f.26;	אתה עבר היום את-הירדן
11,31; 12,10; 27,2.4.12;	
30,18; 31,1.13; 32,47[1]	
7,1 ...אל-הארץ אשר אתה בא שמה	לבוא לרשת
לרשתה	
שבעה גוים רבים ועצמים ממך	גוים גדלים ועצמים ממך
(vgl. 1,28; 7,1)	
Dtn. 6,10; 1,28	ערים גדלת וטבת ובצרת בשמים
2,10 ...עם גדול ורם כענקים...	2 עם-גדול ורם בני ענקים
	אשר אתה ידעת ואתה שמעת
7,24 לא יתיצב איש בפניך	2 מי יתיצב לפני בני ענק
	3 וידעת היום
7,21 כי יהוה אלהיך בקרבך	כי יהוה אלהיך
אל גדול ונורא	
31,3 ...הוא עבר לפניך	הוא העבר לפניך אש אכלה
הוא ישמיד את-הגוים לפניך	הוא ישמידם והוא יכניעם לפניך
וירשתם	והורשתם
7,24 ...ואבדת את-שמם מתחת השמים	והאבדתם מהר
Dtn. 1,21	כאשר דבר יהוה לך

---

1 Die Erwähnung des Jordan hat ansonsten ihren Ort in dem geschichtlichen Rahmen: בעבר הירדן : Dtn. 1,1.5; 3,8.20.25; 4,41.46f.; (11,30); הירדן : Dtn. 2,29; 3,17.27; 31,2.
In späteren Fortschreibungen wird der Jordan erwähnt in Dtn. 4,21.22.26.49; 11,31; 27,2.4.12, 30,18; 31,13; 32,37 sowie in Dtn. 12,10 (dtr.).

2 Die Erwähnung der überlegenen Völker und ihrer Städte entspricht Num. 13,28*(J), vgl. Dtn. 1,28 (NOTH, ATD 7,S.94f.; MITTMANN, a.a.O., S.54), "the phrasing is that of D" (DRIVER, a.a.O., S.23.- Auch der Hinweis auf die legendären Anakiter wurzelt in älterer Tradition (Num. 13,28a; Jos. 15,14a; 11,12f.; 14,15 u.ö.; Ri. 1,20; Dtn. 1,28; 2,10.21; u.ö.).

Die Einheit hebt an mit einem neuen Aufmerksamkeitsruf (v.1aα), dem eine historisierende - allerdings nun präsentische - Gebotseinleitung (v.1a.β.2) folgt, sodann ein Gebot, dessen Inhalt zunächst der Erkenntnissatz v.3 bildet, der durch eine kommentierende Eingrenzung (v.4*f.) und einer nochmaligen diese ihrerseits vertiefende Begründung (v.6) ausgelegt wird. Letztere bietet dann das Stichwort für eine durch v.7a ausgelöste Digression in 9,7b.8ff..

Die Wiederaufnahme der Anrufung Israels in Entsprechung zu Dtn. 6,4 zeigt an, daß bei der Abfassung des Abschnittes ein deutlicher Neueinsatz markiert werden sollte; Dtn. 6-8 lagen also in einer relativ abgeschlossenen Form vor. Schon LUTHER hat dies in seinen Annotationes zum Dtn. bemerkt[3]. Wie dort so ist also auch hier von vornherein mit einer literarischen Einbindung des Textes zu rechnen, wofür nicht zuletzt die teilweise wörtliche Nähe zu dtn. und dtr. Texten spricht. Gegenüber der historisierenden Gebotseinleitung in Dtn. 6,10;7,1 fällt jedoch hier die präsentische Formulierung auf, betont durch היום + Part. Qal von עבר. Sie stellt eine deutliche Verschiebung der bisherigen Perspektive dar, wobei ihr Vokabular durch und durch von geprägten Wendungen bestimmt ist, in v.1aβ durch 7,1*, in v.1b durch Dtn. 1,28aβ (wörtliche Wiederholung!), v.2 bietet eine Ausschmückung von 1,28b in Anlehnung an 2,10[4]. Die Nähe zu diesen Stellen legt die Annahme nahe, daß Dtn. 9,1ff. die dtr. Rahmung des Dtn.s in Dtn. 1-3 schon kennt. Dafür spricht auch die fiktive Datierung der Rede an dem Tag des Jordanüberganges (היום, v.1.3). Sie rückt das Datum der Abschiedsrede in unmittelbare Nähe zu dem der Erfüllung der Verheißungen Jahwes mit dem Beginn der Landnahme. Dies ist äußerst ungewöhnlich, denn weder die dtn. Reden, die auf die Landnahme als auf ein zukünftiges Geschehen blicken, noch die dtr. Rahmung, die das Gesetz in die dtr.G-Darstellung einbindet (Dtn. 1-3.31.34) noch deren Fortsetzung im Josua-Buch teilen diese Vorstellung (vgl. Jos.1,1-10).

In Dtn. 1-3 bezieht sich היום nur auf Daten der Vergangenheit (1,10.39;2,18.25) bzw. erscheint in den sog. ätiologischen Notizen (2,22;3,14). Erst in Dtn. 31,2 wird deutlich, daß der vorgestellte Zeitraum der der Abschiedsrede des Mose an das Volk ist (vgl. auch die späteren Verse 31,21.27).

---

3 M.LUTHER, Vorlesung über das Deuteronomium, 1523/24 / Deuteronomium Mosi cum annotationibus. 1525 (WA 14,1895, S.489ff., S.634: "*In hoc capitulo Mose aliam occasionem praevaricationis in primum praeceptum, quam vocant superbiam spiritualem, quae de iusticia et meritis gloriatur.*" (WA 14,635.28.30ff.)

4 Dtn. 1,28: עם גדול ורם ממנו ערים גדים ובצורת בשמים

und Dtn. 2,10: עם גדול ורב ורם כבני ענקים

verbinden sich in 9,1f.:

לרשת גוים גדלים ועצמים ממך

ערים גדלת ובמרת בשמים עם גדול ורם הני ענק :

Damit erschöpfen sich die Belegstellen in diesem Bereich. Auch das היום des dtn. Rahmens hat seinen Ort am Ende, im Kontext der Bundesformel (26,17f.), wo es sich jedoch nicht auf den Zeitpunkt des Jordanüberganges bezieht, sondern auf den der Bundesdeklaration.

Ein breiter Strom von Belegen ist hingegen verknüpft mit der von Dtn. 5,1ff. herkommenden Durchgestaltung des Dtn.s: die Verkündigung des Gesetzes an die Generation der Überlebenden geschieht היום (5,1.3; später: 4,4.8;8,19f.; 11,2.26.32;26,16*). Mit den hier anzutreffenden Schichten sind auch die Belege der sog. Promulgationsformel verbunden, die innerhalb des DT. wie des dtn. Rahmens zu den sekundären Schichten bzw. in die spät-dtr. Bereiche gehört[5]. Eine Besonderheit bilden Dtn. 27,9f.; die Verse gehören mit ihrer Wiederaufnahme von 26,17f. in den nach-dtn. Bereich, welcher zu Dtn. 28 überleitet[6]. Dtn. 29,3.9-14 ist mit seiner Verbindung von Bundesformel und Aktualisierung der Horeb-Berit in der Moab-Berit im Gefälle der spät-dtr. Schichten zu verstehen. Vor der Voranstellung von Dtn. 5, vor das "dtn. Dtn." bezeichnet היום das Datum der Bundesdeklaration, mit der Einbindung in das dtr.G tritt das Datum des Mosetodes in den Zusammenhang der Gesetzespromulgation, das zu benennen jedoch erst Sache der nomistischen bzw. spät-dtr., von Dtn. 5 herkommenden Einbindung des Gesetzes ist.

Mit der Aussage "Heute überschreitest du den Jordan" wird ein bewußter paränetischer Akzent gesetzt, hinter dem die historische Genauigkeit zurücktritt, in dem Sinn, daß gesagt wird: was Jahwe zugesagt hat, das erfüllt er unmittelbar (מהר כאשר דבר לך). In dieser Auffassung steht der Text Dtn. 7,9ff.* nahe, wo eine vergleichbare Aussage hinsichtlich der Vergeltung getroffen wird (Dtn. 7,10b). Mit diesem spät-dtr. Abschnitt verbindet Dtn. 9,1ff. auch stilistisch einiges: zum einen formulieren beide Erkenntnisaussagen (ידע=Formel), beide sind im Partizipialstil hymnischer Jahweprädikationen gehalten, und schließlich legen beide die Vorstellung eines festen Datums (היום, 7,11;9,1) zugrunde[7]. Die Verbindung von Erkenntnisformel und היום tritt ansonsten nur noch in den spät-dtr. Texten Dtn. 11,2.7 und in 4,39f. auf[8]. So deutet sich schon in der Disposition von Dtn. 9,1ff. die Möglichkeit einer spät-dtr. Ansetzung des Textes an. Das Verbum יצב (hitp.) in v.2b gehört gleichfalls in den Bereich dtr. Diktion (Dtn. 11,25; Jos. 1,5!) und könnte von Dtn. 7,24 her mit inspiriert sein[9].

---

5   Dtn. 4,39f.; 6,6; 7,11; 8,1.11; 10,13; 11,13.27.28; 13,19; 15,5; 19,9; 27,1.4; 28,1.13.14.15; 30,2.8.11.15.16.19f..

6   FABRY, "Noch ein Dekalog!", FS W.Breuning, 1985, S.90.

7   Vgl. LOHFINK, Hauptgebot, S.126ff.; von einem festen "Schema" sind beide Texte dennoch gleich weit entfernt.

8   Zur Stelle vgl. KNAPP, Deuteronomium 4, S.109f., zu 11,2ff. s.u.

9   Der Bereich der Belege ist eng: יצב (hitp.) mit לפני : Dtn. 9,2; Jos. 1,5 (dtrG),(jünger: Hi. 41,2 (Sir. 46,3)); + כם"‏‎‎ / בפניך : Dtn. 7,24; 11,25 (Ges.B., S.312).

V.3 knüpft in der Formulierung der Erkenntnisaussage an die Beistandszusagen der dtr. sog. Kriegsansprachen an, wie schon Dtn. 7,17-24, und zwar in wörtlicher Entsprechung zu Dtn. 31,3[10], stilisiert sie jedoch durch ידע -Formel und die prädikative Aussage (mit Artikel) zur Hoheitsprädikation

(Dtn. 31,3:   יהוה אלהיך הוא עבר לפניך / 9,3:   הוא העבר לפניך אש אכלה)

und erweitert die Vernichtungs- und die Siegeszusage (31,3) um die Versicherung והורשתם והאבדתם מהר .

Die Jahweprädikation אש אכלה stammt aus dem Zusammenhang der Theophanievorstellungen (Dtn. 5,25a; Ex. 24,17) und erscheint im Dtn. ansonsten nur noch in Verbindung mit der Vergeltungsdrohung, die sich gegen die Verletzung des 2. Gebotes richtet in Dtn. 4,24[11]. Diese Stelle ist auch insofern interessant, als hier das Motiv des Verbotes, Jahwe zu vergessen, auf die Berit angewendet wird (vgl. Dtn. 5,2f.-> 4,23f.; 8,19f.), als deren Hauptinhalt das Bilderverbot erscheint (4,23b). Der Hinweis auf Jahwes Eifer in 4,24b erinnert an 5,9 und an die spät-dtr. Stellen 6,15; 7,10[12]. Die Tatsache, daß die Prädikation אש אכלה im Dtn. außer in 9,3 nur noch an dieser Stelle erscheint, ist ein deutliches Indiz dafür, daß Dtn.9,3 in den gleichen spät-dtr. Gedankenkreis gehört. Dafür spricht auch, daß die Vorstellung, die Völker würden aufgrund ihrer רשעה vernichtet, diese unter das Verbot des Götzen- bzw. Bilderdienstes subsummiert (vgl. 9,5b.; 8,19) - ein weniger dtn. als nach-dtn./dtr. Gedanke (vgl.Dtn. 12,2ff.29ff.). Schließlich ist Dtn. 9,1 mit 4,22 in der Vorstellung vom bevorstehenden Jordanübergang verbunden[13].

Wie in Dtn. 31,3 wird Jahwe als Subjekt des eigentlichen Sieges angesehen: während in Dtn. 7,24 noch Israel als Subjekt von שמד (hif.) ist, tritt hier Jahwe selbst ein. Die Wendung erscheint sonst nur noch in spät-dtr. Zusammenhängen, also: שמד , hif., Subj. Jahwe, Obj. גוים : Dtn. 2,22 (sek.)[14]; Jos. 9,24; 2.Kön. 21,9[15], häufiger mit Israel als Objekt im Kontext des Vergeltungsgedankens[16]. Auch das Verbum כנע,

---

10   Vgl. Dtn. 1,30.

11   Dtn. 4,24 ist seinerseits Anspielung auf 5,9 und v.25a, KNAPP, a.a.O.,S.80; vgl.auch Jes.29,6; 30,27.30. -

12   Zur Begründung der Spätansetzung s.o.S.118ff.226ff.

13   Zu 4,22 vgl. 9,1a; 4,23: Dtn. 8,19f.; 4,24: 9,3. Die Ausdrucksweise dieser Stellen liegt so dicht beieinander, daß eine allzu weite zeitliche Absetzung gegeneinander unwahrscheinlich ist.

14   STEUERNAGEL, Deuteronomium, S.58f.

15   ALBERS, a.a.O., S.132f. sieht in Jos. 9,24 sekundäre dtr. Ergänzer am Werke: "seiner Absicht entsprechend erinnert D.b an das deuteronomistische Gesetz Deut 20,10-18; vergleiche 2,9b-11!" Ähnlich ist die Einordnung von WÜRTHWEIN zu 2.Kön.21,9: "dtrN" (ATD 11,2, S.240.)

16   Dtn. 1,27 (sek., STEUERNAGEL,a.a.O., S.58f.); Dtn. 4,3; 6,15; 7,4; 9,8.14.20.25; 28,48-63 und Jos. 23,15. Alle diese Stellen sind nicht "dtn.", sondern sek.-dtr. Bearbeitungen zuzurechnen.

hif., mit Subj. Jahwe ist vornehmlich in nach-dtr. Texten belegt (außer Ri. 4,23, vor-dtr., in Ps. 81,15 (exilisch)[17], Neh. 9,24; 1.Chr. 17,10; Jes. 25,5 (nach-exilisch). ירש (hif.) mit Subjekt Israels erscheint außer in Dtn. 7,17 nur noch in Dtn. 9,3 und 4,38; אבד außer in 7,20 ebenfalls ausschließlich in sekundären dtr. Straten des Dtn.s, gewendet gegen Israel mit Subjekt Jahwe[18]. Ein ähnlicher Befund ergibt sich für die Präposition מהר ; außer in Dtn. 9,3 bezieht sie sich auf den allzubald erfolgten Abfall Israels von Jahwe nach der Horeboffenbarung (Dtn. 9,12 (=Ex. 32,8).9.16;ansonsten Ri. 2,17 dtr.; im Zusammenhang der Untergangsdrohung: Dtn. 4,26; 7,4; 28,20)[19].

Bei der Suche nach sprachlichen und gedanklichen Parallelen stoßen wir so durchweg auf relativ späte dtr. Schichten. Dies gilt schließlich auch für die Rückverweisformel כאשר דבר לך[20]. Sie reicht über Dtn. 7,20 hinweg (und entgegen 7,22) auf einen Landnahmebefehl zurück, den schon das dtr.G am Horeb verortet hat, Dtn. 1,6f. Auch hier zeigt sich, daß Dtn. 9,1-3 einem fortgeschrittenen literarischen Stadium zuzuordnen ist. Sowohl gegenüber dem dtr.G, wo zu der Beistandszusage die Person Josuas als Mittler der bevorstehenden Eroberungstaten erscheint (Dtn. 31,3) als auch gegenüber der dtn. Verlagerung des Gewichtes der Aussagen auf Jahwe (7,21.23f.) bietet Dtn. 9,1ff. eine nochmalige Verschiebung, indem hier die Erfüllung in unmittelbare Nähe der Zusagen gerückt und die einschlägigen Ausdrücke für die Landnahme Jahwe als Subjekt zugeordnet werden. Das affirmative Moment wird verstärkt durch den Ausbau des Hinweises auf die übermächtigen Enakiter, deren Niedergang die allzeit gegenwärti-gen Reste der Megalithkulturen in Palästina eindrucksvoll "belegen" konnten[21]. Aber in der nochmaligen, steigernden Wiederholung der Zusagen von Dtn. 7 erschöpft sich die Aussage des Textes nicht, sie dient nur als Vorbereitung von v.4f., die das eigentlich "Neue" gegenüber den dtn. Abschnitten bringt.

Dtn. 9,4f. verhält sich zu v.1ff. wie die argumentative Ausschaltung eines möglichen Gedankens, welcher sich gegen die Zusage von v.3 richten könnte. Insofern liegt hier eine gewisse formale Parallele zu dem Verhältnis zwischen Dtn. 7,1f. und v.17ff. vor (vgl. Dtn. 7,17: אל-תאמר בלבבך / 9,4: כי תאמר בלבבך).
Dabei entsteht jedoch eine deutliche Verschiebung: nicht nach der Möglichkeit Israels, die גוים zu überwinden, wird gefragt (7,17), sondern angesichts der Vertreibung der

---

17   S.o.S.67f.,A.34.
18   Dtn. 4,26(מהר); 8,19.20; 11,17; 28,22; 30,18; Jos. 23,13.16; gegen die Feinde Ri. 5,31; anders: Dtn. 22,3; 26,5.
19   Vgl. auch Dtn. 11,17; Jos. 23,16.
20   Dtn. 1,21; 6,3.19; 9,3; 10,9; 11,25; 12,20; 15,6; 19,8; 26,18.19; 27,3; 29,12; 31,3; 32,48.
21   Vgl.ABEL, Géographie de la Palestine I: Géographie physique et historique, Etudes Bibliques, Paris (3.Aufl.) 1967, S.325-329. Zum historischen Zusammenhang vgl. DRIVER, Deuteronomy, S.23; NOTH, Josua, S.92. Zu Jos. 15,14: Num. 13,33; Ri. 1,20.

Völker durch Jahwe (9,4: בהדף יהוה אתם) wird die Befürchtung geäußert, Israel
könnte dieses Handeln Jahwes auf seine eigene vorzügliche צדקה zurückführen
(v.4aβ). Der gegenüber Dtn. 6 in 8,17f. entwickelte Gedanke wird somit in Dtn. 9 gegenüber Dtn. 7 variierend aufgegriffen (אמר בלבבך: 8,17;9,4). Hier geht es nicht um
כח ועצם יד,sondern um צדקה וישר הלבב (v.5). V. 4b ist als Dublette zu v.5aβ
auszuschalten[22], denn erstens wäre die Bestreitung der Begründung eines Satzes durch
eine identische Begründung nicht stringent, und zweitens zeigt der Übergang in die
2.sg. in v.4b (מפניך), daß die wörtliche Rede des Monologes nur v.4a umfaßt.
Einige Übersetzer erwägen, ob es sich in v.4b um eine Vorwegnahme von v.5 handeln
könnte, gehen aber dabei über die syntaktischen Gegebenheiten des Textes hinweg,
etwa SCHMID: "...wo doch Jahwe diese Völker ...vertreibt."[23]

Sprachlich wie gedanklich stoßen wir auch in v.4f. auf eine relativ junge dtr. Vorstellungswelt. Die Frage nach der Überwindung der Völker wird hier zu einer Frage nach
der Würdigkeit Israels angesichts der Vollmacht Jahwes. Dem Verbum הדף begegnen
wir außer in v.4a noch in Dtn. 6,19; Jos. 23,5 (sek.-dtr.)[24]. Gerade in Jos. 23,3.5.
finden wir eine bemerkenswerte Affinität zu unserem Text, in den Prädikationen Jahwes
(vgl.Dtn. 9,3). In Jos. 23,6 folgt die Ermahnung zur Standhaftigkeit, die aus der
Kriegsansprache entlehnt ist[25], auf die Treue zur Tora hin gewendet[26].

Daß ein entsprechender Hinweis in Dtn. 9 fehlt, die צדקה somit merkwürdig
maßstablos bleibt, könnte daran liegen, daß ein entsprechender Zusammenhang zu Dtn.
10,12f. über den Exkurs von 9,7-10,11* hinweg besteht. Sowohl Jos. 23,6 als auch
Dtn. 10,12f. weisen das Vokabular spät-dtr. Gebotsparänesen auf[27]. Zu der Annahme
einer spät-dtr. Abfassung von Dtn. 9,1-6* würde auch die Verwendung des in Jos. 23
noch(?) nicht belegten צדקה=Begriffes entsprechen, der ansonsten in spät-dtr. Passagen steht (Dtn. 4,8; 6,25). Worin die צדקה besteht, sagt Dtn. 6,25, nämlich darin,
"dieses ganze Gesetz zu beachten". Und woher der Maßstab für solche Gerechtigkeit
kommt, sagt ausdrücklich erst Dtn. 4,8 - aus der Tora des Mose. Dementsprechend läßt
sich die Frage nach der צדקה Israels in 9,4f. gut mit 10,12f. verbinden.

---

22 So die meisten Exegeten, anders LOHFINK, S.292, der v.4b im Blick auf v.5b für unentbehrlich
    hält. Aber dagegen spricht schon die Anrede in der 2.sg. in v.4b, die gegen die 1.sg. des Monologes
    von v.4a steht.

23 Zürcher Bibelübersetzung, H.SCHMID.

24 Zu Dtn. 6,19 vgl. S.108f..

25 Vgl.o.S.264.

26 Die Bezeichnung ספר תורת משה ist nur noch in 2.Kön. 14,6 (WÜRTHWEIN, ATD
    11,2,S.371:"DtrN") und Neh. 8,1 anzutreffen.

27 So את"כל"הכתוב... , לשמר לעשות .

Eine Besonderheit besteht an unserer Stelle in der Kontrastierung zwischen צדקה Israels und רשעה der Völker.

1.2 EXKURS: צדקה und רשעה

Daß die Diskussion um die Kategorien צדקה und רשעה Israels in spät-dtr. Zeit gehört, zeigt eine Untersuchung der Belege der entsprechenden Wortfelder. Im Dtn. begegnet das Feld צדק / צדיק zunächst im Zusammenhang der Rechtsprechung (Dtn. 16,18ff.;25,1 und von daher auch 1,16; daneben in 25,15 (rechtes Maß); 33,19 (rechte Opfer); 32,4 (Jahwe ist צדיק), 33,21 (Gad vollstreckt seine צדקות). Von צדקה ist außer in Dtn. 6,25; 9,4ff. nur noch in 24,13b die Rede: Wohltaten an den Armen bedeuten צדקה vor Gott. Der Vers steht gedanklich wie schichtenmäßig Dtn. 6,25 nahe[28]. Bezeichnenderweise geht es hier überall um Überlegungen zu der Frage nach Verdienst und Vergeltung. Diese spielen aber ebensowenig wie der צדקה=Begriff in der dtr. Landnahmeerzählung eine Rolle. Überhaupt kommt das Wort im Blick auf Israel im dtr.G nicht mehr vor; ebenso fehlt auch eine Reflexion über die Bosheit der Völker, die hinwiederum erst eine Folge des ersten Gedankens wäre. Auch die Verbindung der Prp. =ב mit צדקה ist im dtr.G nur noch 1.Kön. 3,6 (dtr.) anzutreffen, wo in Anlehnung an die dtr. Ausformung der Davidsverheißung von Davids צדקה und seiner ישר לבב die Rede ist[29]. Es ist gut denkbar, daß in Dtn. 9 eine Übertragung bekannter dtr. Vorstellungen auf Israel vorliegt. Die exilisch/spät-exilische Diskussion um den Vergeltungsgedanken, wie sie sich im Dtn. etwa in 7,9ff., außerhalb des Dtn.s vorwiegend in Ez.18 niederschlägt, wird hier auf die Frage nach der Legitimität des Landbesitzes und der Vertreibung der Völker ausgedehnt. Für Israel gilt dabei: nicht aufgrund seiner eigenen Gerechtigkeit, sondern damit er sein Wort aufrecht erhalte, gibt Jahwe ihm das Land. Für die Vertreibung der Völker gilt: sie geschieht aufgrund ihrer Bosheit, ברשעתם .

Eine solche Reflexion über Verdienst und Vergeltung im Zusammenhang der Landverheißungen ist gegenüber Dtn. 6ff. neu. Der Kontrast צדקה / רשעה begegnet im dtr. Schrifttum außer in Dtn. 9,4ff. lediglich an Stellen, die die Legitimität der davidischen Herrschaft belegen (1.Sam. 24,18; 4,11 (nach-dtr.?); 2.Sam. 22,21.25) und die dtr. oder jünger sind[30], sowie in 1.Kön.8,32, einem

---

28 So auch MERENDINO, a.a.O.S.305f., der Dtn. 24,13b zusammen mit v.16 in geistiger Nähe zu Ez.18,20 (exilisch) ansiedelt.

29 Vgl.o.z.St.

30 Zu 1.Sam. 24,18: Hier läßt das dtr.G Saul gegenüber David eingestehen: צדיק אתה ממני ; die Aussage bedeutet die Anerkenntnis des Rechts des anderen vor Jahwe (vgl.H.H.SCHMID, Gerechtigkeit als Weltordnung. Hintergrund und Geschichte des alttestamentlichen Gerechtig-keitsbegriffes, Beiträge zur historischen Theologie 40, Tübingen 1968, S.93); VEIJOLA, Kö-nigtum, S.118, schreibt die Stelle "dtr.H" zu. Ebenfalls dem rechtlichen Bereich gehört die Aussage von 2.Sam. 4,11 an, wo den אנשים רשעים der איש צדיק gegenübergestellt wird (SCHMID,

Vers innerhalb des Komplexes des salomonischen Tempelweihgebetes, das schon mit einer inneren Ausrichtung der Diaspora auf Jerusalem rechnet, worin um gerechtes Gottesurteil gebeten wird[31]. "Die Samuels- und Königsbücher verwenden Derivate von צדק nur in traditioneller, technischer bzw. formelhafter Weise: Jurisdiktionell in 2.Sam. 15,4...im Rechtsstreit Jahwes mit Israel, in 1.Sam. 12,7 im Rahmen der Königsideologie, in 2.Sam. 8,15; 1.Kön. 3,6; 10,9; 2.Sam. 23,3." (SCHMID)[32]

Im Josua- und im Richterbuch fehlt jeglicher Hinweis auf die צדקה[33], und das bedeutet: die dtr. Landnahmedarstellung stellt die Frage noch nicht, die Dtn. 9,4ff. umtreibt! Dort, wo die Dtr. an der צדקה Israels interessiert sind, ist entweder zugleich vom Gesetz die Rede (6,25) oder aber von der alleinigen Hoheit Jahwes, gegenüber der von der Gerechtigkeit Israels angesichts seines Versagens nicht mehr geredet werden kann. Man gewinnt hier den Eindruck, daß der Text zu einer Zeit abgefaßt wurde, in der an eine nationale Souveränität nicht mehr zu denken war.

Im Pentateuch erscheint die Kontrastierung צדקה / רשעה lediglich in der der ezechielischen Theologie nahestehenden Passage Gen. 18,19.23b.-33[34] und in Ex. 9,27 (P). Im weiteren A.T. treffen wir auf dieselbe in Jes. 3,10f.;11,4 (beide redaktionell)[35], dann bei Ez. 13,22; 18; 21,8; 33,12-19 (exilisch), Hab. 1,4.13 (2,6) (exilisch) und Mal. 3,3.18.20 (nachexilisch)[36].

---

a.a.O., S.94). Erst in dem in 2.Sam. 22 eingefügten Pslm 18 stoßen wir auf Spuren jener Frömmigkeit, die auch in Dtn. 9,4ff., jedenfalls aber in 6,25 angesprochen wird. Woran sich diese Frömmigkeit mißt, sagt der Psalmist selbst: "Jahwe tut mir nach meinem צדק , nach der Reinheit meiner Hände vergalt er mir. Denn ich beobachtete die Wege Jahwes, und fiel nicht frevelnd ab (רשעתי) von meinem Gott. Denn alle seine משפטים hatte ich vor mir, und seine Satzungen (חקות) tat ich nicht von mir. Ich war unsträflich (תמים) vor ihm und hütete mich vor (meinem) Frevel. Da vergalt mir Jahwe nach meinem צדק , nach der Reinheit meiner Hände vor meinen Augen." (Übers. SCHMID, S.149).

31 Vgl. WÜRTHWEIN, ATD 11,1, S.95.97f. Auch hier ist der juridische Bereich berührt (SCHMID, a.a.O., S.125).

32 A.a.O., S.94f

33 SCHMID, ebd., erklärt dies auch aus der kanaanäischen Herkunft des hqd<-Begriffes, aber die hat wiederum die Verfasser von Dtn. 9,1-6 nicht gestört.

34 ZIMMERLI, 1.Mose 12-25. Abraham, Zürcher Bibelkommentare AT 1.2, Zürich 1976, S.83f.: der Text ist ein "Ruf zum Wagnis der Gerechtigkeit auch in gottloser Umgebung" (S.84); vgl. Ez. 14,12ff.; Ez.18.

35 Jes. 3,10f. ist ein weisheitlicher, kommentierender Zusatz, der nach Art von Prv. 11,30f.; 10,7.11.16 u.ö.) das unterschiedliche Los von Gottlosen und Gerechten hervorhebt (KAISER, ATD 17, S.82f.); 11,4 ist Bestandteil eines eschatologischen Textes über den künftigen "Salomo" (vgl.1.Kön.3,4ff.16ff.) (KAISER, a.a.O., S.240-245, S.241).

36 Besonders die massive Auseinandersetzung mit dem Thema bei Ezechiel ist auffällig. ZIMMERLI vermutet, daß hier "eine...spezifische Eigenart des sakralen Rechts unversehens eine scharfe prophetische Radikalisierung und Gültigmachung in der Predigt über Gesamtisrael erfährt...Im

Das Substantiv רשעה ist vorexilisch so gut wie nicht belegt[37]. Sowohl die relativ späte Ansetzung der Belege als auch der Umstand, daß die Frage nach der רשעה der גוים im Kontrast zur צדקה Israels weder vorexilisch noch weitere dtn./dtr. Parallelen oder Vorbilder hat, wird man mit einer relativ jungen, spät-dtr. Ausformung an dieser Stelle rechnen müssen. Das belegt auch die Kette der Stellen für ישר לבב : Dtn. 9,5; 1.Kön. 9,4 (VEIJOLA: dtr.N[38]; Ps. 119,7; Hi. 33, ; 1.Chron. 29,17; 1.Kön. 3,6 (sek.-dtr.).

Am auffälligsten ist die Parallelität zu Ezechiel, aber auch die Unterschiedlichkeit. Die dtn./dtr. Schule und die ezechielische stehen nicht nur zeitlich, sondern auch sachlich in parallelen Diskussionszusammenhängen[39].

1.3 Dtn. 9,6 und 7a

Dtn. 9,6.7a begründen, warum Israel sich die Landnahme nicht als Folge eigener Gerechtigkeit vor Jahwe zugutehalten kann. Die Form entspricht dabei in umgekehrter Folge der von Dtn. 8,2-5*[40], was die Verbindung von Erkenntnisforderung und Erinnerung (זכר) betrifft. Auf der Erkenntnisforderung liegt dabei besonderes Gewicht, insofern sie die erläuternde Begründung für v.5 enthält: כי עם קשה ערף אתה (v.6b).

---

sakralrechtlichen Bereich, wo über die Zulassung oder den Ausschluß aus der Kultgemeinde entschieden wurde, wo im Ordal der Entscheid über Schuld oder Unschuld fiel, konnte nur der einzelne zählen... Die Praxis dieser dem einzelnen erteilten Priesterlichen Thorabelehrung und-beurteilung...steht hinter Ezechiels radikaler Verkündigin, die nun fern vom Kultraum des Tempels prophetische an das ganze Volk gerichtet wird. sie steht hinter seiner Forderung nach Gerechtigkeit und Umkehr jedes einzelnen und hinter der Behauptung von der absoluten Haftung jedes einzelnen. Dieser Hintergrund allein vermag auch verständlich zu machen, daß es bei all seinem Andringen auf den einzelnen bei Ezechiel doch je und je immer wieder ganz zentral um das Geschick der Gemeinde, des `Hauses Israel'geht." (ZIMMERLI, Die Eigenart der prophetischen Rede des Ezechiel. Ein Beitrag zum Problem an Hand von Ez 14,1-11, ZAW 66,1954, S.1-26 = ThB 19,S.148-177, S.172f.) Vor diesem Hintergrund wird auch die Bestreitung der צדקה Israels gleichsam ab ovo zu verstehen sein: es war von Anfang an nicht seiner sdqh zu verdanken, daß ihm das Verheißungsland zuteil wurde! Die Ausdehnung des Prinzips der direkten Vergeltung auf die Geschichtsdarstellung ist schon im Ez.-Buch angelegt (Ez. 16; 20; 23, vgl. LANG, Ezechiel, EdF 153,S.103).

37   Dtn. 9,4f.; 25,2?; Ez.5,6; 18,20.27; 33,12.19; Sach.5,8; Mal.1,4.3.15; Prv. 11,5;13,6 - unsicher sind lediglich die Prv.-Stellen, nach KAISER, Einl.,S.382 spät-nachexilisch; Belege bei van LEEUWEN, Art. רשע , frevelhaft/schuldig sein, THAT II, S. 813-818.

38   VEIJOLA, Dynastie, S.142.

39   HOSSFELD; Dekalog, S.275, verweist auf das Beieinander der Rede von kollektiver u. individueller Vergeltung Ez. 20 und in der dtn./dtr. Literatur (vgl. Dtn. 5,9; 24,16/7,8b-11; Jer. 32,18/31,29b).

40   LOHFINK, a.a.O., S.126ff.

Die Sprache ist durchweg von geprägten Wen-dungen bestimmt[41]. Auch hier gewinnt man den Eindruck spät-dtr. Ausformung. So hat schon DRIVER bemerkt, daß die alt-testamentlichen Belege für die Wendung עם קשה ערף (v.6b) sämtlich mit Ex.32ff. in Zusammenhang stehen[42] bzw. in dtr. Kontexte gehören oder jünger sind: Ex. 32,9; 33,3.5; 34,9 ; vgl. Dtn. 31,27, auch Dtn. 9,6; 10,16; 2.Kön. 17,14 (sek.-dtr.)[43]; Jer. 7,26; 17,23 (D)[44]; und jünger (Neh. 9,16.17.29; 2.Chr. 30,8; 36,13).

Das Verbum קצף hif. mit Subjekt Israel (v.7a) hat seinen festen Ort in der spät-dtr. Bußpredigt bei Jer.D (Jer. 7,26, (vgl.2.Kön. 17,14); Jer. 17,23; 19,15)[45], und ist da-nach vor allem im chronistischen Bereich belegt (Neh. 9,16.17.29; 2.Chr. 30,8; dane-ben auch Ps.95,8! (nach-dtr.)).

Merkwürdig ist an v.6.7a, daß die Israel gefordert wird, etwas zu erkennen, was im Satz zuvor gesagt worden war. V.6a bildet also eine Dublette zu v.5a, v.6b weist auf die Themenstellung, unter der der kommende Text verstanden werden soll voraus, v.7a führt auf den folgenden Textkomplex hin, indem das Thema "Erinnerung" und "Wüstenzeit" (מדבר) von Kap. 8,2ff.her neu aufgenommen wird. V.6.7a hat also eine Brückenfunktion zwischen 9,1-4a.5* und 9,7b.ff. Dennoch bleibt die Annahme unbefriedigend, Dtn. 9,1 hätte mit dem Aufmerksamkeitsruf eine neue Einheit eingelei-tet, um sie sodann in v.5 sogleich wieder abzuschließen (übrigens mit dem gewohnten Hinweis auf die Väterverheißungen). Zum andern bleibt ja Dtn. 9 auch in v.6.7a noch bei seinem Thema: der mangelnden צדקה Israels. Dann gehört aber die Brückenfunk-tion von v.6.7a von Anfang an mit zu den Intentionen und die Möglichkeit ist zu beden-ken, daß Dtn. 9,1-7a den folgenden Block schon im Text vorgefunden hat und ihn bewußt in seine neue Konzeption einbezieht.

Dtn. 9,1-7a ist insgesamt dem plerophorischen Stil der spät-dtr. Paränese verpflichtet und gehört zu einem gegenüber Dtn. 6-8 selbständigen Block. Der Text ist - abgesehen von der sekundären Dublette v.4b - einheitlich. Eine vorliterarische Überlieferung ist nicht erkennbar. Das Interesse liegt in einer breit angelegten Gebotsparänese, die an die durch Dtn. 6-8 vorgegebenen Themen anknüpft und - über die große Digression in 9,7b-10,11 hinweg - auf 10,12f. hinführt. Über deren Herkunft und Gestalt sowie über ihren schichtenmäßigen Zusammenhang mit weiteren dtr. Blöcken im Dtn. werden wir erst im Anschluß an einen detaillierten Vergleich mit der Parallele in Ex. 32.34* gelan-gen können. Was Dtn. 9,1-7a* angeht, so können wir bisher lediglich sagen, daß dieser Text sowohl Dtn. 6-8* als auch Dtn. 1-3. und Dtn.5 im Rücken hat, aber auch wohl

---

41 Vgl. die Erkenntnisformel, נתן , יהוה אלהיך=Fomel.

42 DRIVER, Deuteronomy, S.112.

43 "DtrN", WÜRTHWEIN, ATD 11,2, S.396.

44 THIEL, WMANT 41, S.123.204f.

45 Auch Jer. 19,15 ist D zuzuordnen, THIEL, a.a.O., S.226.

Dtn. 9,7b-10,11*, wie das Stichwort עם קשה ערף אתה zeigt, und auf der Ebene der späten katechetischen Bearbeitungen (wie Dtn. 6,20-25) anzusiedeln ist.

2 Der Ungehorsam Israels in der Wüste
Dtn. 9,7b-10,11

2.1 Probleme der Forschung

Die Forschungslage zu Dtn. 9f. ist insgesamt kompliziert. Einen Überblick geben GARCIA-LOPEZ[46], AURELIVS[47] und HAHN[48]. Zunächst geht es meist um die Frage nach dem Verhältnis zwischen 9,1-7a und 10,12ff. einerseits und 9,7b-10,11 andererseits. Die Fortsetzung einer Grundschicht von 9,1-7a in 10,12f. vermuten PUUKKO[49], HEMPEL[50], v.RAD[51] und MINETTE de TILLESSE[52], jeweils mit unterschiedlichen Ansichten über die Weiterführung des Textes in Dtn. 10f. Einige suchen nach Fortsetzungen dieser Schicht innerhalb des erzählenden Teils 9,7b-10,11, so STEUERNAGEL[53] (v.9aα.13f.; 10,10f.12(13).14-21;11,1) und ähnlich HÖLSCHER[54]. SEITZ[55] nimmt eine durchgängige Grundschicht für Dtn. 9,1-7a.13f.26-29; 10,10.12f. an, die dann in Fortsetzung von Kap. 5 mit 9,9a.11f.15-17.21 (18f.); 10,1-5.11 überarbeitet worden sei (unter Einfügung von 9,8; 10,10)[56].

Eine interessante Variante dieser Aufteilungsversuche bietet LOHFINK[57] mit der Vermutung, 9,1-7.8.22-24 sei jünger als eine von 9,9-11,17 reichende Grundschicht, mit anderen Worten: die Horeb-Erzählung sei literarisch älter als die Hinführung in 9,1-7.8! Diese Ansicht hat Zustimmung gefunden, u.a. bei P.BUIS[58], LOZA[59] und BRAULIK[60].

---

46 GARCIA-LOPEZ, En los umbrales de la tierra prometida. Análisis de Dt. 9,1-7; 10,12-11,17, Separata de Salamanticensis, Vol. XXVIII, 1-2, Salamanca 1981, S.37-64,S.37f..

47 AURELIUS, Der Fürbitter Israels, CB OTS 27, Stockholm 1988, S.8ff.

48 HAHN, Das `Goldene Kalb'. Die Jahwe-Verehrung bei Stierbildern in der Geschichte Israels. Europäische Hochschulschriften XXIII 154, Frankfurt a.M./Bern 1981, S.217-266.

49 Deuteronomium, S.155ff.

50 Schichten, S.139-43;

51 Das Gottesvolk im Deuteronomium, BWANT 47, S.4A.1

52 Sections "tu" et sections "vous", VT 12, 1962, S.37ff..

53 Deuteronomium, S.82

54 Komposition, S.171ff.

55 Redaktionsgeschichtl. Studien, S.56-69.

56 9,7b.;20.22-24; 10,6f.8f. hält er für Zusätze (S.56f.).

57 Hauptgebot, S.200-231

58 Le Deutéronome, VS AT 4,Paris 1969, S.157-175.

59 Exode XXXII et la rédaction JE, VT 23, 1973, S.31-55 (S.32f.)

60 Deuteronomium 1-16,17, S.73-84.

Der gegenteiligen Ansicht ist GARCIA-LOPEZ, der mit den alten Literarkritikern und mit MINETTE de TILLESSE damit rechnet, daß 9,7b-10,11 insgesamt sekundär in einen älteren Kontext eingebaut worden ist und literarisch mit Dtn. 5,1-6,3* zusammengehört[61].

Von dieser traditionellen Ansicht heben sich zwei neuere Arbeiten zu diesem Text ab, nämlich einerseits die Arbeit HOSSFELDs zum Dekalog[62], zum andern die Untersuchung von AURELIUS[63]. HOSSFELD geht in seiner Analyse von der "Prämisse aus, ...daß der vorliegende Text Dtn. 9,7b-10,11 eine von Ex abhängige Parallele darstellt."[64] Er ermittelt eine Grundschicht in 9,9.11f.(ohne הَשֵּׁנִי).15a.16f. (ohne שֵׁנִי).21.26a.27b-28; 10,10-11 (גם בפעם הַהוא), dazu eine Gruppe von Überarbeitungen (1.Bearbeitung: 9,13f.18f.25.26b.29; 10,10bβ 2.Bearbeitung: 9,7b.8.22-24; 3.Bearbeitung: 9,10; שֵׁנִי in v.11.17; v.15aβ.b; 10,1-5; 4.: 9,20; 10,6f.8f.). Bei seiner Analyse befremdet, daß er die literarkritische Analyse von Dtn. 9 zumindest phasenweise - unter Absehung der Bezüge zu Ex. 32 bzw. 34 durchführt[65], daß er 9,13f. extrapoliert, ohne die Parallele in Ex. 32,9f. zu berücksichtigen, oder 9,10 ohne Rücksicht auf Ex. 31,18. Befremdlich ist auch die Abtrennung von 10,1-5 vom vorhergehenden Text, wobei im Blick auf die Parallelen in Ex. 32.34 doch der Schluß auf schon vor Dtn. 9,7-10,11* bestehende textliche Zusammenhänge nicht ganz fern liegt. Die Möglichkeit kommt anscheinend nicht in den Blick, daß hier mit einer dtr. Redaktion gerechnet werden könnte, die ihrerseits schlicht einen - gleichfalls aus der dtr. Schule stammenden - Text hier wieder aufnimmt, so wie ja auch der Dekalog in Dtn. 5 sek. aufgenommen wird oder die Kundschaftergeschichte in Dtn. 1ff.. Diese Redaktion könnte das Motiv der Tafelerneuerung, das HOSSFELD erst einem sekundären Redaktor zuschreibt[66], schon aus der Vorlage kennen. - In einem Punkt wird man jedoch angesichts der schwerpunkthaften Orientierung am Horebgeschehen mit HOSSFELD übereinstimmen: "Versuche...den Text in mehrere Stränge aufzuspalten, sensibilisieren zwar für die eklatanten Doppelungen zu Beginn der Erzählung, müssen sich aber daran messen lassen, inwiefern sie einen einheitlichen, flüssigen und in seiner Vollständigkeit plausiblen Grundtext bieten. Vorschläge, den Grundtext von Dtn. 9f. als Retrospektive zu betrachten, die den Beweis für die These 9,4-6 antritt und bis 9,24 reicht, kann das Eigengewicht des Paradigmas "Horeb" in der Aufzählung von Orten, an denen Israel straffällig wurde, nicht erklären. Darüber hinaus bliebe in einem solchen Grundtext die Frage nach der Reaktion Jahwes offen, die aber gleich zu Anfang der Erzählung in 9,8 aufgeworfen wird."[67] -

Nicht unproblematisch ist auch der Versuch von AURELIUS, ausgehend von der Fürbittentradition eine Grundschicht zu gewinnen. Er kommt in seiner Studie[68] zu der - unserer Untersuchung

---

61 RB 85,1978, S.18-37.
62 1982, S.148-161
63 Der Fürbitter Israels, (s.o.A.47). - Auf die zu pauschale Arbeit von PECKHAM wurde schon verwiesen.
64 A.a.O., S.148.
65 A.a.O., S.150ff.
66 A.a.O.,S.160.
67 A.a.O., S.148f.
68 A.a.O., S.10-29.

entsprechenden - Annahme eines zweiten, eigenständig gewachsenen Blocks dtn. Reden von Dtn. 7,17-8,18*, dessen Grundschicht im dritten Teil Dtn. 9,1-7a.13f.26a*.27(f.); 10,11 umfaßt; diese hängt nicht mit der auf das Gesetz hinführenden Bearbeitung zusammen[69]. Problematisch ist vor allem der Einsatzpunkt. AURELIUS ist interessiert an der Gewinnung eines Ausgangspunktes für die Tradition vom "fürbittenden Mose" und sucht diese - nicht zu Unrecht - im dtr. Schrifttum. Seine Behauptung jedoch, Dtn. 9,13f. habe zunächst mit der Horeb-Situation nichts zu tun gehabt, sondern sei von ihr zunächst unabhängig gewesen und habe sodann Ex. 32,7f. beeinflußt, entreißt die Verse ihrem Sinnzusammenhang, um sie dann auf Umwegen wieder in diesen einzufügen. Die dtr. Bearbeitung der Sinaiperikope in Ex. 32 habe ihrerseits wieder auf das Dtn. zurück gewirkt und so den Ausbau der Horeb-Reminiszenz entstehen lassen (Dtn. 9,(8).9.11f.15-17.21.26b.28f., 2.Bearbeitung: 9,10.18f.25; 10,1-5.10)[70]. Die Problematik dieses an sich interessanten Versuchs, die Wechselwirkungen zwischen Ex./Sinai- und Dtn./Horeb-Perikope zu untersuchen, besteht darin, daß er mit der Herauslösung von Dtn. 9,13f. aus einem bestehenden Textzusammenhang (v.12f vgl. Ex.3,7-10) einsetzt, um den Passus in einen anderen, nur unter textexternen Plausibilitätsüberlegungen zu gewinnenden künstlichen Zusammenhang (9,7a.13f.26-27.) einzubauen. AURELIUS' Argument, der Abstiegsbefehl Ex.32,7 passe nicht zur Vernichtungsdrohung (32,10), daher sei deren ursprünglicher Platz im Dtn., übergeht, daß es zu Ex.32,7 durchaus eine enge Parallele im Dtn. gibt, nämlich in 9,12[71]. Das zweite Argument für die Herausstellung von 9,27 in den extrahierten Kontext, זכר in 9,27 (Ex.32,13) sei ein Schlüssel-wort im Dtn., greift schon deshalb nicht, weil es in den dtn. Stellen (7,18; 8,18; 9,7) nicht um das Gedenken Jahwes, sondern Israels geht. Außerdem: warum sollte nicht innerhalb der dtr. Schule der gleiche Gedanke mehrfach formuliert werden, einerseits für Ex., andererseits für den Dtn.-Zusmmenhang? Eine "Fürbitter-Tradition" muß nicht ihren literarisch ältesten Beleg im "Dtn." haben, um der dtn./dtr. Schule zugeordnet werden zu können. Die gegenläufige Annahme, daß das Dtn. auf die Sinaiperikope zurückgreift, schließt deren dtr. Abfassung (einschließlich der Stilisierung Moses zum Fürbitter) nicht aus.

Darüber, daß in Ex. 32.34 mit einer dtr. Interessenlage zu rechnen ist, entscheidet nicht erst der Nachweis einer Beeinflussung durch das Dtn., sondern schon Ex. 32ff. selbst. Das hat PERLITT in seiner Untersuchung der Texte deutlich gemacht[72]: "Die Anfertigung und Zerstörung des עגל מסכה ist die Mitte der Erzählung von Ex 32, von der alle Nebenzüge ihre Existenz ha-ben...die Erzählung,..zielt auf...1.K 12,25"[73] - und 1.Kön. 12,28.30, und formuliert damit "dtr. Geschichtstheologie, die sich...in 1.K 12,30 erstmalig (והיה הדבר הזה לחטאת) und hinfort immer wieder auf die Tat Jerobeams berief. .Insofern ist der Kern von Ex 32 nichts anderes als eine Beispielgeschichte für 1 K 12,25ff., die an den Sinai geraten mußte, weil Warnung und Verbot

---

69   A.a.O.,S.31. AURELIUS rechnet allerdings hierzu Dtn. 6,10-13.20-24; 8,2-6; 10,12f., fälschlich 6,10-13 als Dekalogkommentar einschätzend und 8,2-6 als Gebotsparänese.

70   A.a.O., S.41-56.

71   Gegen A., a.a.O., S.42.

72   Bundestheologie, S.203-216.

73   A.a.O., S.207.

natürlich der Tat vorausgehen müssen."[74] Das Tafelmotiv ist demgegenüber nachgeordnet: die "Geschichte vom goldenen Kalb ist keine Auslegung oder auch nur halbwegs passende Ausschmückung des Tafel-Motivs, sondern das Zerbrechen der Tafeln ist eine theologische Auslegung der Sünde Israels."[75] Schon hier ist also jene "levitisch-deuteronomische" Redaktion "federführend,....in deren Nachfolge und Schule dann die spätere Wiederaufnahme des Stoffes in Dtn 9f. stattfand."[76]

Von daher ist zumindest der Ansatz von J.VERMEYLEN[77] beachtlich, der Hand in Hand mit dem Versuch einer Berücksichtigung des Vergleichs zwischen Ex. und Dtn. in Ex. eine vor-dtr. Schicht (J= Ex. 19,2a, dann im wesentlichen E= Ex. 19,2b-3a.16aß.b.-17.19; 20 (Urdekalog) + 31,18; 32,15f.*) vermutet, für die er dann eine frühexilische Bearbeitung annimmt ("Dtr 585")[78], die ihrerseits die Voraussetzung für die Übernahme in Dtn. 5.9f. bot. Die Anknüpfung ist dabei - wie auch in dieser Arbeit erkannt[79] "avec grande liberté" erfolgt (S.187), die Grundschicht des Textes in Dtn. 9,9a.10.12-14a.15-17.21.26.28-29; 10,1-5.11 nach Ansicht VERMEYLENS ist ca. 575 entstanden. Leider belastet er seine Vermutungen dadurch, daß er die Abfassung von Dtn. 6,4-9,6 später (in spät- oder nachexilischer Zeit) ansetzt[80], was gänzlich unwahrscheinlich ist, da alle Bezüge innerhalb dieser Passage, die Dtn. 5 voraussetzen, sekundär sind. Interessant ist VERMEYLENs Beobachtung, daß die Ex.-Fassung bei der Übernahme in Dtn. 9f. schon dtr. war, daß sie jedoch Ex.34,10-26 * noch nicht enthielt[81]. Diese Annahme entspricht unseren Beobachtungen zu Dtn. 7.

In einer ähnlichen Richtung wie VERMEYLEN geht W.JOHNSTONE[82]. Er schließt aus dem Vergleich von Dtn. 5.9f. und Ex. 19-34 auf eine dem Dtn. verwandte "D-Schicht" in Ex.[83], die dann in einem weiteren Gang priesterschriftlich bearbeitet worden sei[84]. Die beiden dtr. Schichten hätten unterschiedliche Konzeptionen von den Grundlagen des "Bundes" gehabt[85]. Die Wirklichkeit

---

74 A.a.O., S.208.

75 S.209.

76 S.210.

77 Les sections narratives de Deut 5-11 et leur relation à Ex 19-34, BEThL 68,1985, S.174-207

78 = Ex. 20,2-6; 32,7-8a.9.10a. 19-20a.ba. 30-32a.33aa.34aa.b; 34,1.4*.28b*.29a*

79 Kap..I dieser Arbeit.

80 (einschließlich Dtn. 10,12-11,32*), a.a.O., S.190. 204.

81 A.a.O., S.181ff.

82 The Decalogue and the Redaction of the Sinai Pericope in Exodus, ZAW 100,1988, S.361-385; ders.: Reactivating the Chronicles Analogy in Pentateuchal Studies, with Special Reference to the Sinai Pericope in Exodus, ZAW 99,1987, S.16-37.

83 Ex.19,3-9.16*.17.19; 20,1 (Dekalog).18-21; 24,3-5*.7.8.12f.18*; 32,1-14.15*.16-20a.21-24.30*-34; 33,1-17.19*; 34,1.4*.5-28

84 ZAW 99,S.29f. Er bestreitet in Auseinandersetzung mit HOSSFELD sehr heftig, daß erst "P" den Dekalog an den Beginn der Sinaiperikope gestellt habe (ZAW 100, S.365-385), HOSSFELD, Dekalog, S.284, veranschlagt hier jedoch den "Pentateuchredaktor"!

85 ZAW 100, S.362ff.

dürfte, was die dtr. Entstehungs- bzw. Bearbeitungsgeschichte in Ex. 19-34 angeht, wohl komplizierter sein, als JOHNSTONE vermutet. So ist z.B. nicht nur die Tätigkeit vor- und nach-deuteronomischer, sondern auch nach-priesterschriftlicher Deuteronomisten denkbar!

Noch stärker pauschalisierend ist die skizzenhaft vorgetragene These von PHILLIPS[86], der den gesamten dtr. Bestand der Sinai-Perikope (einschließlich der oben besprochenen Paralleltexte zu Dtn. 7) einer proto-deuteronomistischen Bearbeitung aus hiskianischer Zeit zuschreiben will. Wie wir bei der Untersuchung von Kapitel 7 schon bemerkt haben, ist durchaus denkbar, daß Dtn. 5 und 9f. eine dtr. bearbeitete Sinaiperikope rezipieren, innerhalb derer es wiederum sekundäre Einflüsse von späteren dtr. Texten gibt, welche vom Dtn. herkommen. Wenden wir uns aber nun der Analyse des Textes selbst zu.

2.2 Dtn. 9,7-10

Exodus 19 - 34*	Deuteronomium 9
	7 זכר אל=תשכח
	את אשר=הקצפת את=יהוה אלהיך במדבר
	למן=היום אשר יצאת ממצרים
	עד=באכם עד=המקום הזה
	ממרים הייתם עם=יהוה
	8 ובחרב הקצפתם את=יהוה
	ויתאנף יהוה בכם להשמיד אתכם
24,12 ויאמר יהוה אל=משה	
עלה אלי ההרה והיה שם ואתנה לך	9 בעלתי ההרה
את=לחת האבן	לקחת לוחת האבנים
(Dtn. 5,2)	לוחת הברית אשר כרת יהוה עמכם
והתורה והמצוה אשר כתבתי להורתם	
24,15 ויעל משה אל=ההר...	
24,18 יבוא משה בתוך הענן	
ויעל אל=ההר	
ויהי משה בהר	ואשב בהר
ארבעים יום וארבעים לילה	ארבעים יום וארבעים לילה
	לחם לא אכלתי ומים לא שתיתי
31,18 ויתן את=משה ככלתו לדבר...	10 ויתן יהוה אלי
שני לחת העדת לחת אבן	את=שני לוחת אבנים

86 A Fresh Look at the Sinai-Pericope, Part 1/2, VT 34, 1984, S.39-52 u. 282-294.

כתבים בעצבע אלהים   כתבים בעצבע אלהים

                                            ועליהם ככל=עדברים אשר דבר יהוה עמכם

(Dtn. 5,22)   מתוך האש ביום הקהל

In v.7b.8 geht der Text über in die pluralische Anrede, genauer gesagt mitten im Satz von v.7b (יצא singularisch, בוא pluralisch), es sei denn, man konjiziert mit Sam., LXX et al. zu יצאתם. Der Numeruswechsel ist ein sicheres Zeichen dafür, daß hier bewußt eine neue Ebene angestrebt und eine sekundäre Ausweitung kenntlich gemacht wird[87], der unsichere Übergang bestätigt die Vermutung, daß die Einleitung nachträglich vorangestellt worden ist. Der Hinweis auf den Ungehorsam Israels gegen die Führungen Jahwes in der Wüste in v.6.7a führt zunächst auf die generalisierende Beschreibung des gesamten Wüstenweges als eines Weges des Ungehorsams und Aufbegehrens gegen Jahwe hin (v.7b), um dann sogleich auf die größte nur denkbare Versündigung hinzuweisen, den Verstoß gegen das Bilderverbot am Horeb, wie er Ex.32.34* geschildert wird (v.8): diese hat zu einer für Israel lebensbedrohlichen Krise geführt (v.8b). Es gibt eine Reihe von Anzeichen, die für eine spät-dtr. Abfassung des Textes sprechen. GARCIA-LOPEZ[88] hat sie aufgelistet: Die Verumständung למן היום אשר... ist in dieser Form belegt in Dtn. 4,32 (spät-dtr); Dtn. 9,7b; 2.Sam. 7,11 (dtr., = 1.Chr. 18,10)[89]; Jer. 7,25 (D)[90] und Hag. 2,18b (redaktionell)[91]; ihr zweiter Teil עד באכם עד=המקום הזה ist ebenfalls dtr. (vgl. 1,31, dtr.; 11,5 (spät-dtr.). Das Verbum מרה "est propre aux sections pluriel"[92]: Dtn. 9,7.23.24 vgl. 1,26.43; 31,27; Jos. 1,18; 1.Sam. 12,14; 1.Kön. 13,21.26 (2.Kön.14,26) (GARCIA-LOPEZ); auch PLÖGER stellt fest[93]: "מרה als Rebellion gegen Gott ist einzig vom Dtr in den Ihr-Sektionen angewandt."[94] Vor allem die Widerspenstigkeit in der Wüste ist

---

87   Vgl. das bisher zu Dtn. 6,14-19; 7,5; 8,1.19f. Gesagte. Die Meinung LOHFINKS, daß "alles, was aus dem Numeruswechsel...abgeleitet wurde...uns nicht mehr zu kümmern..." braucht (Hautpgebot, S.208A.9) "erscheint ...doch nicht ganz so sicher." (PLÖGER, Untersuchungen, S.181A.203).

88   RB 85, 1978, S.18f.

89   VEIJOLA, Königtum, S.30ff.

90   THIEL, WMANT 41, S.123.

91   WOLFF, Dodekapropheton 6. Haggai, BK XIV,6, S.47.

92   GARCIA-LOPEZ, a.a.O., S.18

93   A.a.O., S.181,A.203

94   Das Motiv begegnet in den grundlegenden Schichten des dtr.G (Dtn. 1,26.43; Jos.1,18 (gegen Josuas Befehl); und in sek.-dtr. Schichten : 1.Sam. 12,14f. (VEIJOLA, Königtum,S.97f.119f.:dtrN); 1.Kön.13,21.26 (VEIJOLA, ebd.,S.8; WÜRTHWEIN, ATD 11,1,S.171f.); zu Dtn. 31,27 vgl. schon STEUERNAGEL, zur Stelle. (vgl. מרה hif. + את"פי"יהוה): Dtn. 1,26.43; 9,23f.; 1.Sam.12,14f.; מרה qal: 1.Kön.13,21.26; Num.27,14(P).

ein dtr. Thema, das in nach-dtn. Psalmen (Ps. 78,8.17; 106,7.43) bei P (Num. 17,25; 20,10.24; 27,14) und bei Tritojesaja wieder begegnet (Jes. 63,10)[95]. Die aus der Prophetie bekannte Kritik an der Widerspenstigkeit Israels (vgl.A.96) klingt nach in der Aufnahme des Motivs im Sündenbekenntnis der Exilsgemeinde (vgl. Thr. 1,18.20; 3,42, später Neh. 9,17.26).

V.8 bezieht sich auf die Versündigung Israels am Horeb und setzt damit die Identifizierung von Sinai und Horeb, wie sie in Dtn. 5 vorliegt, voraus[96]. Der Vers spiegelt das dtr. Schema von Versündigung - Zorn Jahwes - Untergangsdrohung (GARCIA-LO-PEZ)[97] (vgl. 6,14f.; 7,4; 8,19f; 11,16f.). Die Sprache ist auch hier deutlich dtr./spät-dtr. geprägt: קצף (Jahwes): Dtn. 1,34; 9,7.8.19.22; Jos. 22,18u.ö.[98], ebenso אנף (hitpael): Dtn. 1,27; 4,21; 9,8.20; 1.Kön.11,9(dtr.); 2.Kön. 17,18(sek.-dtr.)[99], das Verbum שמד , hif., ist fester Bestandteil dtr. Untergangsdrohung (Dt. 1,27; 6,15b; 7,4b; 9,14.19.20.25; 28,48.63; 1.Kön. 13,34 u.ö.). Auf ein vergleichbares paränetisches Interesse an der Horebsituation stoßen wir in Dtn. 4, und es ist anzunehmen, daß wir es hier mit ähnlich jungen Schichten zu tun haben. Für sie ist die dtr. Prägung der Sinaitradition schon vorauszusetzen, wie die teilweise wörtliche Anknüpfung hieran erkennen läßt. Sie soll im Folgenden näher erläutert werden. V. 8 hat angedeutet, daß die folgenden Verse sich auf ein bekanntes Geschehen beziehen. Die Einleitung in v.9 בעלתי ההרה setzt die Kenntnis der Zusammenhänge der folgenden Darstellung voraus. Wörtliche Berührungen mit Ex. 24.31* zeigen an, daß Dtn. 9 hier auf literarische Vorlagen zurückgreift. Die Schwierigkeit bei der Rekonstruktion dieses Vorganges besteht darin, daß die jetzige Version der Sinaiperikope in Ex. ihrerseits starke spät-dtr. und nach-dtr. Überarbeitung erfahren hat. Insofern spiegelt Dtn. 9f. ein Vorstadium des Ex.-Textes wieder.

---

95   Zum weiteren Umfeld vgl. KNIERIM, Art. מרה , widerspenstig sein, THAT I, Sp.928-930. Das

     Motiv ist bekannt aus der Prophetie gegen die Widerspenstigkeit gegenüber Jahwe (vgl. Hos. 14,1; Jer. 4,17) und gegenüber dem prophetischen Wort (Jes. 1,20; Ez. 2,5.8; 3,9; 5,6; 20,8.13.21u.ö. (Ez. redet vom "Haus der Widerspenstigkeit", Ez. 2,5ff.; 3,9.26f.; 12,2f.9.25; 17,12; 24,3; 44,6 (vgl. auch Jes. 30,9; 50,5).

96   GARCIA-LOPEZ, RB 85, S.18.

97   Ebd.

98   קצף qal, mit Subjekt Jahwe: Lev. 10,6; Num. 16,22 (dtr.); Dtn. 1,34; 9,19; Jos.22,18; Jes. 47,6; 54,9; 57,116f.; 64,4.8; Sach. 1,2.15; Koh. 5,5 und Thr. 5,22. קצף hif.: Dtn. 9,7.8.22; Sach.

     8,14; Ps.106,32 (nach-dtr.). Keiner der genannten Belege ist vor-dtr.!

99   WÜRTHWEIN, ATD 11,2, S.396. qal-Form, vgl. 1.Kön. 8,46.

Die Wendung בעלתי ההרה greift deutlich auf den Aufstiegsbefehl Ex. 24,12 zurück. Der Gottesberg ist hier ebenso wenig benannt wie in Dtn. 9. Dem והיה שם ואתנה לך entspricht das kurze לקחת, anstelle des - nur in Ex. belegten - לחת האבן hat Dtn. die - oft plene geschriebene - Form לוחת האבנים , eine beschreibende Version also, während Ex. schon einen (vermutlich jüngeren) "terminus technicus" verwendet[100]. Gemäß der dtn. Theorie von der Horeb-Berit nennt Dtn. 9 die Tafeln לחת הברית in Anlehnung an 5,2; dieser Ausdruck fehlt in Ex., ist also von Dtn. 5 her geprägt. Der Text setzt an dieser Stelle somit sowohl Ex. als auch die dtn./dtr. Interpretation des Horeb- / Sinai-Geschehens voraus. Die Fortführung von Ex. 24,12b (...והתורה והמצוה) ist deutlich ihrerseits von den spät-dtr. nomistischen Paränesen beeinflußt und bildet wiederum gegenüber der Dtn.-Version den Teil einer jüngeren Schicht.

Der durch die P-Überarbeitung in Ex.24,15-17* zerdehnte Zusammenhang zwischen v.15aa und v.18b ist in Dtn. bewahrt[101]: statt des allgemeineren היה (Ex. 24,12.18) wird das Verweilen Moses auf dem Berg in Dtn. 9,9b mit ישב umschrieben, ansonsten lehnt sich v.9aa wörtlich an Ex.24,18aβ.b an[102]. Die Fastennotiz in 9,9bβ ist vermutlich durch Stichwortassoziation von v.18 her im Blick auf v.8 hier hinzugetreten: das lange Verweilen Moses wird als Zeit der Buße für die Sünden des Volkes in der Wüste verstanden.

Der Exodus-Bericht ist nun wiederum durch einen langen P-Einschub unterbrochen. Die Fortsetzung der Wiedergabe in Dtn. 9,10, nach welcher unmittelbar auf den Bericht vom Verweilen des Mose auf dem Berg die Übergabe der Tafeln erfolgt, entspricht der ursprünglichen Version[103]. In Ex. 31,18 ist nachträglich die Verbindung zum Abschluß der eingefügten P-Rede hinzugesetzt worden (...ככלתו לדבר), die Tafeln werden gamäß P nun als לחת העדת bezeichnet, wodurch die Doppelung von לחת nötig wird; ursprünglich stand also wohl die einfache Bezeichnung שני לחת אבן , dtn.:

---

100 DOHMEN, Bilderverbot, Exkurs S.132-141 und die dort angegebene Literatur. Nicht einleuchten will die Vermutung DOHMENs, "im JE-Grundbestand der Sinaitheophanie geht es also darum, daß JHWH dem Mose "feste Tafeln" geben will resp. gibt (24,13; 31,18), d.h. das Geschehen von Theophanie und Opfer öffentlich beurkunden will, so daß es mitgeteilt wird." (S.138) Wieso soll unter diesen Umständen die gesamte künftige Fortschreibung von einem anderen Tatbestand ausgehen, nämlich daß der Dekalog auf den Tafeln steht, wenn doch vorher schon klar ist, daß die Tafeln inhaltlich "besetzt" sind, andererseits aber nirgendwo deutlich wird, worin dieser Inhalt bestanden haben soll?!

101 Zu Ex.24,15-18 vgl. ZENGER, Sinaitheophanie, S.78f.

102 Ob ישב der älteren Version entspricht, ist schwer zu sagen, auszuschließen ist es nicht, vgl.aber Dtn. 10,10.

103 ZENGER, a.a.O., S.79.

‫את=שני לוחת אבנים‬. Daß Dtn. 9,10 auf die Ex.-Vorlage in deren ursprünglicher Version zurückgeht, zeigt die identische Fortführung in v.10aβ: ‫כתבים בעצבע אלהים‬, die innerhalb des Dtn.s so keinen Anhalt hat.

V.10b entspricht in verkürzter Form Dtn. 5,22. Die Notiz liegt in der Linie der Versuche, eine einigermaßen fixierte schriftliche Form des Dekalogs von der übrigen Gesetzgebung abzugrenzen. Sachlich entspricht das der dtn. Tendenz, die schon in der Fortführung von v.9 zu erkennen war, nämlich ‫ברית‬ und ‫דברי (הברית)‬ als verbindliche Gottesoffenbarung zu kennzeichnen. Ein gegenläufiger Versuch, eine dtn. Textversion ohne die Elemente aus Ex. allein aufgrund des Dtn.-Materials herzustellen, ergibt keinen stringenten Zusammenhang, während andererseits eine Auslassung von v.9b.10b bei Übernahme einer Dtn.-Version nach Ex. schwerlich erklärbar sein dürfte. V.10b ist also als dtn. Erweiterung des von Ex. übernommenen Textes anzusehen.

2.3   Dtn. 9,11 - 14

Exodus 32	Deuteronomium 9,11 - 14
	11 ‫והיה מקץ ארבעים יום וארבעים לילה‬
	‫נתן יהוה אלי את=שני לחת האבנים לוחת הברית‬
(Ex. 32,1-6)	
7 ‫וידבר יהוה אל=משה‬	12 ‫ויאמר יהוה אלי‬
‫לך=רד‬	‫קום רד מהר מזה‬
‫כי שחת עמך‬	‫כי שחת עמך‬
‫אשר העלית ממצרים‬	‫אשר הוצאת ממצרים‬
8 ‫סרו מהר מן=הדרך אשר צויתם‬	‫סרו מהר מן=הדרך אשר צויתם‬
‫עשו להם עגל מסכה‬	
‫וישתחוו לו ויזבחו=לו‬	
‫ויאמרו אלה אלהיך ישראל‬	
‫אשר העלוך מארץ מצרים‬	
9 ‫ויאמר יהוה אל=משה‬	13 ‫ויאמר יהוה אלי לאמר‬
‫ראיתי את=העם הזה‬	‫ראיתי את=העם הזה‬
‫והנה עם=קשה=ערף הוא‬	‫והנה עם=קשה=ערף הוא‬
10 ‫ועתה הניחה לי‬	14 ‫הרף ממני‬
‫ויחר אפי בהם ואכלם‬	‫והשמידם‬
	‫ואמחה את=שמם מתחת השמים‬
‫ואעשה אותך לגוי גדול‬	‫ואעשה אותך לגוי עצום ורם ממנו‬

(Ex. 32,11-14;   vgl .Dtn. 9,25-29)

Die Doppelung der Übergabenotiz in v.11 gegenüber v.10 ist durch den Hinweis ergänzt, daß die Übergabe der Tafeln am Ende des langen Zeitraumes von 40 Tagen und Nächten erfolgt ist. Damit ersetzt v.11 sachlich die Darstellung von Ex.32,1-6 und bleibt konsequent in der gewählten Perspektive der Mose-Erzählung. Inhaltlich und sprachlich hält sich der Verfasser dabei an das vorgegebene Material (v.9b.10a).

In v.12 stoßen wir wieder auf die Spuren der wörtlichen Anlehnung an Ex. 32 (vgl.v.7f.). Die schlichte Redeeinleitung mit ויאמר statt des gehobeneren וידבר ist vermutlich durch die Ausdehnung der Hinführung in v.11 bedingt. Die Aufforderung קום, die in Ex. 32 fehlt, entspricht der Variante ישׁב in v.9b, während nach der Ex.-Version Mose in stehender Haltung, in liturgischer Pose vorgestellt ist, dementsprechend steht nur לך[104]. קום ist dtn. Variante. Die Betonung des Abstiegsbefehls gegenüber Ex. 32,7 (רד מהר מזה) lehnt sich an v.12b (Ex. 32,8 סרו מהר מן=הדרך) an.

Die Begründung des Abstiegsbefehls ist nahezu wortgleich identisch:
. כי שחת עמך אשר העלית / הוצאת ממצרים
Die Variante in der Herausführungsformel (יצא statt des (älteren) עלה ist an dieser Stelle unerheblich[105], vermutlich hat Ex. die ältere Variante gegenüber dem vom Dtn. bevorzugten יצא bewahrt. Deutlich ist an beiden Stellen die polemische Zuspitzung, mit der Mose zum Subjekt der Herausführungsformel gemacht wird.

V.12b entspricht in Ex. 32,8 die Feststellung, daß in der Anfertigung der hksm ein Verstoß gegen den gebotenen דרך יהוה zu sehen ist. Ex. 32,8 spezifiziert die Aussage dahingehend, daß es sich um ein Stierbild (עגל) handelt (Ex. 32,4a.19; vgl. Dtn. 9,16). Sie scheint - wie Dtn. 9,12b zeigt, an dieser Stelle nicht ursprünglich zu sein[106]. Indes könnte hier auch der umgekehrte Fall vorliegen, daß Dtn. 9,12 den Ausdruck עגל in Verbindung mit den Aussagen von Ex. 32,8b meidet, um einer Wiederholung der blasphemischen Verkehrung des Exodusbekenntnisses auszuweichen. In jedem Fall ist angesichts der restlichen wörtlichen Übereinstimmungen nicht daran zu zweifeln, daß Ex. 32,8 Vorlage von Dtn. 9,12 war.

---

104   In Dtn. 10,10 ist noch der Hinweis auf Moses stehende Haltung enthalten (עמד).

105   Beide Varianten sind im dtn./dtr. Bereich anzutreffen; möglicherweise entspricht die יצא= Formel

        eher dem dtn. Gebrauch (vgl. Belege, S.146ff.).

106   Die Ergänzung in Sam.(u. bei Kennicott vgl.BHS) stellt den Versuch sekundären Ausgleichs dar.

Das bestätigt auch die Aufnahme von Ex.32,9 in v.13, die mit dem Urteilsspruch Jahwes über das Volk zugleich das Leitwort für den gesamten paränetischen Exkurs von Dtn. 9,7b-10,11 in Dtn. 9,6 enthält: עם=קשה‎-ערף , einem Topos der dtn./dtr. Paränese sowohl im Dtn. als auch in Ex..

Die Abweichungen in der Strafansage Dtn. 9,14 / Ex. 32,10 sind erheblich, auch wenn der Aussageduktus erhalten bleibt, besonders hinsichtlich der Übertragung der Mehrungsverheißung auf Mose (ואעשה לך לגוי‎)[107]. Insgesamt handelt es sich um eine stärker dem dtn. Stil verpflichtete Variante der Dtn.-Übertragung. Die Wendung ועתה הניחה לי‎ - laß ab von mir, daß ich ruhen kann - (vgl. das Wortspiel in v.14)[108] ist synonym zu dem dtn. הרף ממני‎ - laß ab von mir, daß ich etwas tun kann -[109]. Das Verbum הרף‎ entspricht der dtn. Variante von der aktiven Einwirkung des Mittlers auf Jahwe in der Betonung der 40-tägigen Askese (v.9)[110]. Daß Jahwe erzürnt war (Ex.32,10ab.) hatte Dtn. schon in v.8 erklärt; an die Stelle der einfacheren Feststellung von Ex.32,10 ויחר אפי בהם‎ mit der kurzen Vernichtungsandrohung (ואכלם‎) tritt in Dtn. 9,14 nun noch einmal eine weitgreifendere Formulierung der Vernichtungsaussage, welche ihrerseits in Anlehnung an die dtn. Vernichtungsdrohung über die Völker Dtn. 7,23f. erinnert. Sie scheint redaktioneller Art zu sein. Die Übertragung der Mehrungsverheißung auf Mose wird gegenüber Ex.32 im Dtn. ebenfalls ausgeweitet, auch im Kontrast zu der Charakterisierung der Völker in Dtn. 7,1; 9,1f. (עצום ורב ממנו‎). Das Schicksal der Völker zu erleiden droht Israel, wenn es nach der dtr. Gebotsparänetik vom Gesetz abweicht und anderen Göttern dient (vgl. Dtn. 8,19f.), ein Zug, den die einführende Paränese in Dtn. 9,4ff. dahingehend unterstrichen hat, daß es die Vertreibung der Völker als Strafe für ihre Frevelhaftigkeit zuschreibt. Die Anspielung an die

---

107 Die Aussage, Jahwe werde N.N. zu einem "großen Volk" machen, begegnet auf Israel bezogen erst im Dtn. (Dtn. 26,5b) und dtr. Bereich (Dtn. 4,7; 1.Kön. 3,8), die Wendung לגוי גדול ועצום‎ Gen. 18,18; Dtn. 4,38; 11,23; Jos. 23,9 (רב ועצום‎ : Dtn. 7,1; 9,14). Zur dtr. Abfassung von Ex.32,10 und Num.14,12 vgl. NOTH, ÜP,S.33f. A.113; ATD 5,S.200 und ATD 7,S.96; FRITZ, Israel in der Wüste, S.23 (Lit.); KÖCKERT; Vätergott und Väterverheißungen, S.288f. Mit עשה‎ steht die Mehrungsverheißung nur noch in Gen. 12,2, von der her sie gebildet ist.

108 Vgl. JEREMIAS, Die Reue Gottes. Aspekte alttestamentlicher Gottesvorstellung, Bibl. Studien 65, Neukirchen/Vl.1975, S.62ff.

109 רפה‎ , hif. + מן‎ : Dtn. 9,14; Ri.11,37; Ps.37,8. רפה‎ , hif. ist ansonsten vorwiegen im Dtn. und im Bereich des dtr.G belegt: Dtn. 4,31; 9,14; 31,6.8; Jos. 1,5; 10,6 u.ö. ; נוח‎ , hi.: + ל‎ d.P.:Ex.32,10; 2.Sam.16,11; Hos. 4,17, bzgl. Jahwes so nur hier (Belege nach GES.B., S.492).

110 Mose erscheint hier als Idealtypus eines Fastenden und Betenden (AURELIUS); merkwürdigerweise finde ich bei AURELIUS keine Erklärung des Unterschiedes zwischen Ex. 32,9f.; Dtn. 9,13f. (vgl. a.a.O., S.14.27f.). Dies wäre aber zur Stützung seiner weitreichenden Behauptungen wichtig gewesen.

Vernichtungsdrohung Israels in Parallelität zu der gegen die Völker in Dtn. 9,14 stellt den Text in den Bereich der spät-dtr. paränetischen Schichten (8,19f.). -

2.4   Dtn. 9,15-17

Exodus 32	Deuteronomium 9,15 - 17
15 ויפן וירד מזה מן=ההר	15 ואפן וארד מן=ההר
	וההר בער באש
ושני לחת העדת בידי	ושני לחת הברית על=שתי ידי
(15b.16-18)[111]	
19 ויהי כאשר קרב אל=המחנה	
וירא	16 וארא
	והנה חטאתם ליהוה אלהיכם
את=העגל ומחלת	ועשיתם לכם עגל מסכה
	סרתם מהר מן=הדרך אשר צוה יהוה אתכם
ויחר אף=משה	
	17 ואתפש בשני הלחת
וישלך מידו את=הלחת	ואשלכם מעל שתי ידי
וישבר אתם תחת ההר	ואשברם לעיניכם

In der Dtn.-Version erfolgt die Fürbitte des Mose erst im Anschluß an die Feststellung der Versündigung des Volkes (v.18ff.), während sie in Ex. 32 sogleich an den Urteils- spruch Jahwes in v.10 angefügt ist (Ex. 32,12-14). Im "Mose-Bericht" des Dtn.s fehlt davon noch jede Spur. Daß andererseits die Erwähnung einer Fürbitte in v.18f. und der Nachtrag eines dazugehörigen Wortlautes in v.25-29 erfolgte, zeigte, daß man ein Ein- treten des Mittlers an dieser Stelle für erforderlich hielt und daß eine entsprechende Tra- dition bei der Übernahme des Textes in das Dtn. wohl noch nicht vorlag.

Dtn. 9,15 bietet also die alte Fortsetzung der Vorlage (vgl. Ex. 32,15a): Mose befolgt den Abstiegsbefehl unmittelbar. Der Hinweis auf den brennenden Berg verdankt sich

---

111   V.15b.16 ist zusammen mit der Bezeichnung לחת העדת in v.15aβ P zuzuordnen (ZENGER, a.a.O., S.83f.). Das unerwartete Auftauchen Josuas in der Erzählung v.17f. (vgl. Ex. 24,13; 33,11b) ist vermutlich dem Bestreben zu verdanken, Josua näher an Moe heranzurücken, wie es nicht in den formgebenden Schichten von Ex. 24-34, wohl aber in der Deuteronomistik, z.B. Jos. 4,14 u.ö., zu erkennen ist. (AURELIVS, a.a.O., S.64, läßt die Zuordnung offen.)-

Dtn. 5,24f., ist also dtn./dtr. Die Vorstellung, Mose habe die beiden Tafeln mit sich getragen (Ex. 32,15) wird präzisiert: es waren לחת הברית, und er mußte sie mit beiden
Händen tragen (על שתי ידי). Die Bezeichnung der Tafeln als לחת העדת in Ex. ist
nach-dtn.[112], auch Ex. 32,15b.16 (P) und v.17f. (Sonderüberlieferung) sind deutlich
jünger anzusetzen als die dtn. Version. Die Überleitung in 32,19a lag Dtn. 9,16 noch
nicht vor, sie wurde wohl erst nach der Einfügung von Ex. 32,15b.16.17f. notwendig.
Ansonsten hat auch Ex. 32,19 eine Kurzform bewahrt, die die in Dtn. 9,16 erfolgten
dtn. Weiterungen deutlich erkennbar macht. Der Grundtext lautete vermutlich:
וירא משה את=העגל (ומחלת ist von v.18, sek.* hinzugekommen). Die
Bezeichnung עגל מסכה (Dtn. 9,16) verbindet die עגל=Überlieferung (vgl.Ex. 32,19)
mit dem Gedanken an das Bilderverbot (Dtn. 9,12; 2.Kön. 17,16; Hos. 13,2*sek.)[113].
Im Dtn. ist die Feststellung der Versündigung auch durch den Mittler hinzugetreten,
welche sich an v.13 (vgl.Ex. 32,7f.) anlehnt. V.17a vermeidet die Feststellung
ויחר אף=משה(32,19b), eine Wendung, die das Dtn. und das dtr.G ansonsten nur
Jahwe vorbehalten[114]. Stattdessen wird die Schilderung des Mose von seiner Reaktion
ausgestaltet: ...ואתפש בשני הלחת . Dabei bleibt der Kern der Aussage von 32,19
erhalten, er wird in wörtliche Rede umgestaltet und die Augenzeugenschaft Israels
betont (לעיניכם)[115]. Sie ist vom dtn. (spät-dtr.) Stil geprägt[116]. Die Ortsangabe
תחת ההר hat sich für Dtn. anscheinend erübrigt.

Die Parallelität von Ex. 32,7-10.15a.19 zu Dtn. 9,12-14.15-17 steht der alten und viel
vertretenen Annahme, Ex. 32,7-14 sei ein mehrschichtiger dtr. Einschub in die Erzählung[117] entgegen. Sekundär ist dort lediglich v.11-14 und dies innerhalb eines insgesamt schon dtr. geprägten Textes!

---

112 ארון העדות : Ex. 25,22; 26,33.34; 27,21; 30,6.26.36; 31,7 u.ö.; לחת העדות : Ex. 31,18;
    3,15; 34,29 - alle Stellen sind priesterschriftlich (bzw. durch P bearbeitet).
113 Zu Hos. 13,2 vgl. DOHMEN, Bilderverbot, S.52.148ff.A.243.
114 Vgl. die Belege o. S.120.
115 Die Betonung der Augenzeugenschaft des Volks ist Grundbestandteil der Paränese im Dtn. (11,2ff.;
    29,1ff.). שבר (pi.) ist in dtr. häufig belegt: vgl. Dtn. 4,17; 10,2; 12,3; 2.Kön. 11,18; 18,4; 23,14;
    Ex. 34,24; 32,19; 34,1.13; Dtn. 7,5.
116 GARCIA-LOPEZ, a.a.O., S.22; vgl. MINETTE de TILLESSE, VT 12,1962, S.60A.4.
117 Vgl. AURELIUS, Fürbitter, S.10ff. (S.11A.15, Lit.)

2.5 Dtn. 9,18-20

Während in 9,21 wiederum eine Anlehnung an Ex. 32,20 zu erkennen ist, fehlt ein entsprechender Anhaltspunkt in v.18-20. Offensichtlich haben wir es hier mit einem sekundären, spät-dtr. Text zu tun.

נפל (hitp.) ist im Sinne von "sich niederwerfen (vor einer Gottheit)" außer in Dtn. 9,18.25 nur noch in dem chronistischen Text Esr. 10,1 belegt. Die Vorstellung, Mose werfe sich nun "zum zweiten Male" vor Jahwe nieder (כראשנה), steht im redaktionellen Zusammenhang mit der Einbindung in die dtn./dtr. Paränese: schon das Verweilen auf dem Berge anläßlich der Tafelübergabe wird hier in Verbindung gebracht mit einem Fasten Moses, welches vor dem Hintergrund der erwähnten Versündigung Israels in der Wüste und dem so erweckten Zorn Jahwes als Bußfasten verstanden werden muß (v.7f.). Unmittelbar nachdem Mose dieses beendet und als Zeichen der Berit die Tafeln empfangen hat, ist erneut die Versündigung Israels festzustellen (v.11), wodurch ein Zerbrechen des Bundes (symbolisiert durch das Zerbrechen der Tafeln[118]) und die Notwendigkeit eines neuerlichen Bußaktes zu konstatieren ist. Es wird hier deutlich, wie Dtn. 9 im Zuge der Wiedergabe Vorgegebenes interpretierend auf das paränetische Anliegen bezieht. Das wird auch sichtbar an der Begrifflichkeit. Als Ursache für das Bußfasten Moses wird die חטאת ישראל genannt. חטאת ist ein bevorzugter Begriff in der dtr. Geschichtsschreibung für den Götzendienst[119]. Der Begriff wird doppelt - wiederum in den leitmotivischen Wendungen des dtr.G - interpretiert: er bedeutet עשה הרע בעיני יהוה und להכעיסו in dieser Verbindung in Dtn. 4,25 (spät-dtr.); 9,18; 1.Kön. 16,7; 2.Kön. 17,17; 21,6 (=2.Chr. 33,6)[120]. Die Belege innerhalb wie außerhalb des Dtn.s weisen in relativ junge Schichten[121].

---

118 Vgl.o zu Dtn. 9,16..

119 KNIERIM, Art. חטא , THAT I, Sp.541-549.bes.542.

120 עשה הרע : Dtn. 4,25; 9,18; 17,2 dtr.; 31,29; dtr.G: Ri.2,11; 3,7.12 u.ö.;

   עשה הישר : Dtn. 6,18; 12,25.28; 13,19; 21,9; 1.Kön. 11,33.38etc.; 2.Chr. 14,1; 31,20.

   כעס : Dtn. 4,25; 9,18; 31,29; 32,16.21a; dtr.G: Ri. 2,10; 1.Kön. 14,9.15.30; 16,2.7.13.26.33;

   21,22;22,54; 2.Kön. 17,11.17; 21,6.15; 22,17; 23,19.26; Jer. 7,18.19; 8,19; 11,17; 25,6.7;

   32,29.30.32; 44,3.8 -D.

   Zu כעס , hif., in dtr. Verwendung: STOLZ, Art. כעס , sich ärgern, THAT II, Sp.838-842,

   bes.840ff. - Er hält Jer. 7,18f.; 8,18ff. für jeremianisch, die restlichen Jer.-Stellen für "dtr.".

121 So auch KNAPP, S.83. HOSSFELD,a.a.O., S.149, und PREUSS, a.a.O., S.49f. halten Dtn.

   9,18f. für einen Zusatz, und im Vergleich zu Ex.32 stimmt das wohl auch: "Der Fürbittakt des Mose

   vor Jahwe (vv.18f.) - aller Wahrscheinlichkeit oben auf dem Berg - steht in Spannung zu den

   vorausgehenden Versen VV.15-17, die vom Abstieg des Mose und seinen Aktionen am Fuße des

   Berges berichten. Ebenso zerreißt er die aus Ex. 32,19f. bekannte Abfolge von Zertrümmerung der

   Tafeln und der Verbrennung des Jungstiers. Sachlich kann die Fürbitte nach der Anschauung der

Wie נפל ist auch יגר (v.19) nur selten und in nachexilischen Texten belegt (i.e. Ps. 119,39; Hi. 3,25; 9,28; Dtn. 9,29; 28,60)[122]. Das Wortpaar האף והחמה ist vor-dtr. nicht, im Dtn. außer in 9,19 in spät-dtr. Kontext (29,22)[123], häufig bei Jer.D (Jer. 21,5; 32.31.37; 36,7; 42,18; 43,5; 44,6)[124] und ansonsten bei Ez. und in exilisch-nachexilischen Belegen zu finden[125]. Der Hinweis auf die Erhörung in v.19b גם בפעם ההוא steht im Zusammenhang mit der redaktionellen Konzeption der dtn. Übernahme in den Text.

V.20 scheint nachträglich zum Vorhergehenden hinzugefügt zu sein, da die Fürbitte für Aaron gesondert erwähnt wird. Signale für eine solche Annahme bieten das גם und die typisch redaktionelle Floskel בעת ההוא . Indes wird hier eine Frage beantwortet, die denjenigen beschäftigen mußte, der den Zusammenhang von Ex. 32 kannte. Die Antwort auf die Frage, in wiefern Aaron vom Zorn und daher auch von der Fürbitte betroffen war, beantwortet der Verfasser im Sinne der dtr. Schule: auch für Aaron war ein besonderer Akt der Fürbitte nötig. Die Sprache ist dtr. , wie die rein dtr. Belegreihe für das seltene Verbum אנף (hitp.) zeigt: es bezieht sich stets auf hervorragende Persönlichkeiten bzw. Größen (Dtn. 1,37;4,21 Mose; Dtn. 9,20 Aaron; 1.Kön. 11,9 Salomo; Dtn. 9,8; 2.Kön. 17,18 Israel (Nordreich)). Angesichts dessen, daß Dtn. 9,20 nicht auf vorgegebenen Materialien beruht, andererseits aber nicht dem primären paränetischen Anliegen der dtn. Übernahme zwingend zuzuordnen ist, wird man hier einen sekundären Ausgleich zu Ex. 32 von v.18f. her suchen müssen. Auch das Verbum פלל zeugt nach GARCIA-LOPEZ[126], davon, daß wir es hier mit einer "rédaction tardive dtr." zu tun haben[127]. Der Text spiegelt mehr oder weniger verborgen die Auseinandersetzung der Träger der mose-orientierten (levitischen?) Deuteronomisten mit den "Nachfahren Aarons" wider, wie sie auch in Dtn. 10,6; 32,50 angedeutet wird. Dem Tenor ihrer Aussage lautet: Aaron bedurfte der Fürbitte des Mose, Mose ist größer als Aaron, auf Befehl Jahwes wurden die Leviten zum

---

Verf. von v.18f.(20) erst erfolgen, nachdem der Hauptanstoß selbst beseitig ist." (HOSSFELD, ebd.) כראשנה bezieht sich auf den Bergaufenthalt anläßlich der Tafelübergabe (bzw. dessen Dauer) (nicht auf ein Gebet Moses, von dem nirgends berichtet wird!- gegen LOHFINK, Hauptgebot, S.218 A.36, der an Dtn. 5,22-33 denkt).

122 Ges.B., S.283.
123 Der Vers ist später Zusatz, vgl. KNAPP, Deuteronomium 4, S.149f..
124 Zum Nachweis dtr. Abfassung vgl. THIEL, WMANT 41, S.233; WMANT 52, S.31ff.50f.66.67.72.
125 Ez. 5,13.15;22,20;25,14; Mi. 5,14 rd.; Jes. 63,3; Ps. 6,2;90,7; Dan. 9,16.
126 A.a.O., S.22f.
127 Vgl. 1.Kön. 8,27.30.35.42.44.48.54; 13,6 u.ö., Belege bei GARCIA-LOPEZ, a.a.O., S.22,A.194.

Priesterdienst bestimmt und als Träger - und damit wohl auch Wahrer des Gesetzes ein-gesetzt[128].

2.6 Dtn. 9,21

Exodus 32, 20 .35   Deuteronomium 9,21

ואת=חטאתכם אשר עשיתם

20 ויקח את=העגל אשר עשו   את=העגל לקחתי

וישרף באש   ואשרף אתו באש

ויטחן עד אשר=דק   ואכת אתו טחון היטב עד אשר=דק

ויזר על=פני המים   ואשלח את=עפרו על הנחל הירד מן=ההר

וישק את=בני ישראל

...

35 ויגף יהוה את=העם

על אשר עשו את=העגל אשר עשה אהרון

In Dtn.9,21 wird der zuvor verlassene Text aus Ex.32 wieder aufgenommen. Die Über-leitung bildet v.19aα: das Stierbild ist Verkörperung der חטאת[129], während V.19aβ sich an Ex.32,20a hält: Mose nimmt das Bild und verbrennt es im Feuer[130]. Das Dtn. intensiviert die Aussage von 32,20 (ויטחן -> ואכת אתו טחון היטב)[131], durch das Verbum כתת (vgl. 2.Kön. 18,4 (pi.)) und durch das היטב . Gemeinsam ist beiden Stellen die Wendung עד אשר=דק[132].

Daß hier insgesamt eine idealtypische Darstellung des Umganges mit nicht-jahwisti-schen Kultobjekten, sonderlich Götterbildern, gegeben werden soll, zeigt die Fortsetzung in Dtn. 9,21b: der Staub soll in den vorbeifließenden Bach gestreut und so

---

128   Vgl. hierzu GUNNEWEG, Leviten und Priester. ABERBACH/SMOLAR, Aaron, Jeroboam and the Golden Calves, JBL 86,1967, S.129-140.

129   Dieser Ausdruck ist originell; ansonsten gehört das Verbum in die dtr. Beurteilung von Idololatrie: Dtn. 1,41; 9,16.18; 20,18; Jos. 7,11.20; Ri. 10,10.15; 1.Sam. 7,6; 12,10; 15,24.30; 2.Sam. 12,13; 24,10.17; 1.Kön. 8,31.33.35.46.47.50; 14,16.22; 15,30; 16,13.19.26; 2.Kön. 17,7; 21,27 (hierzu: KNIERIM, Die Hauptbegriffe für Sünde im Alten Testament, Gütersloh 1965).

130   Belege: HOFFMANN, Reform und Reformen, S.345f.

131   טחן nur Ex.32,20 und hier im kultreformerischen Zusammenhang zitiert; היטב : Dtn. 9,21; 13,15; 17,4; 19,18; 27,8; 2.Kön. 11,18.

132   Vgl.hierzu auch 2.Kön. 23,6.15; 2.Chr. 15,16.

das Bild dem Vergessen anheimgegeben werden. Ex. 32 hat diesen Zug noch nicht; dort wird vielmehr der Staub zur Herstellung eines "Fluchwassers" zum Zwecke des Gottesurteils verwendet[133]. Dessen Ergebnis wird jedoch durch die dort erfolgte Erweiterung der Episode (Untersuchung des Falles nach Feststellung des Bundesbruches, v.21-24, Strafaktion der Leviten, v.25-28, und Neueinsetzung des Priestertums, v.29, schließlich Fürbitte des Mose, v.30-34) hinausgezögert: erst v.35 berichtet von der Bestrafung der Israeliten. Das Dtn. übergeht nicht nur dieses Motiv, sondern ersetzt es durch ein anderes (v.21b), offensichtlich sogar bewußt, denn bis hin zur Zermalmung des Bildes folgt der Text der Ex.-Vorlage. Hat dort die Strafaktion der Leviten das ältere Strafmotiv an den Rand gedrängt, so soll hier die Kraft der Fürbitte des Mose vom Dtn. in den Vordergrund gestellt werden. Zum andern soll Mose hier vorbildhaft zeigen, was Josia nach dtr. Darstellung abbildhaft tut, nämlich die Asche der Götterbilder zerstreuen. Josia streut sie dort allerdings zur Profanierung des Götzenbild-Staubes auf Gräber, ein in der Geschichte verankertes Motiv, das wahrscheinlich älter ist als seine Übernahme für die Mosedarstellung. Der Fürbitte des Mose kommt nach der dtn. Theorie aufschiebende Kraft zu im Blick auf den weiteren Gang der Geschichte Israels (vgl. 10,10). Parallelen finden sich im dtr.G (2.Kön. 8,19;13,33).

Eine gründliche Analyse von Ex. 32,20/Dtn. 9,21 bietet BEGG[134]. Im Blick auf den Fluchtrunk in Ex.32,20b verweist er neben Num.5,11-31 auch auf Belege im weiteren altorientalischen Bereich[135], sowie auf Jer. 8,14; 9,14; 23,15 (die Rede vom Gift-Becher des Zornes Jahwes)[136]; das Fehlen des Motivs in der Parallelstelle Dtn. 9,21 läßt nach BEGG eher auf Wegfall schließen als auf bewußte sekundäre Einführung in Ex., da für eine solche ein Motiv nicht erkennbar ist[137]. Insgesamt hält auch er die Dtn.-Fassung also für jünger und abhängig von Ex.32 und für dtr., den Exodustext aber für "proto-deuteronomistic"[138]. BEGG verbindet damit: vorexilisch und vor dem dtr.G verfaßt, wofür jedoch keine sicheren Anhaltspunkte bestehen. An Gemeinsamkeiten zwischen Ex. 32,20 und Dtn. 9,21 ist immerhin zu verweisen auf die Wendungen לקח + את=העגל , אשר=Satz + עשה ; שרף באש ; סחון bzgl. des Bildes (singulär an diesen beiden Stellen!); עד אשר=דק . Die Unterschiede: Dtn. 9,21 liest interpretierend עגל als חסאתכם und spielt

---

133 Vgl. Num. 5,19-28; zur Sache: NOTH, ATD 5,S.205; HOFFMANN, a.a.O., S.311.

134 The Destruction of the Calf (Exod 32,20/Deut 9,21), BEThL 68,1985, S.208-251. BEGG zeigt zu jeder einzelnen der geschilderten Maßnahmen Bezüge und Parallelen im außerbiblischen Bereich auf (S.210-229: vgl. KTU 1.6 II 30-37; KTU 1.6 V 11-19 etc.).

135 A.a.O., S.229ff.

136 Hierzu McKANE, Poison, Trial by Ordeal and the Cup of Wrath, in VT 30,1980, S.474-492, bes. 478-487.

137 Gegen ZENGER, Sinaitheophanie, S.106 u.a. vgl. die diversen gegenläufigen Positionen und die Auseinandersetzung mit ihnen bei BEGG, S.240-249.

138 A.a.O., S.249.

damit an die dtr. Brandmarkung der "Sünde Jerobeams" an[139]; das Verbum כתת סחון (statt Ex. 32,20 סחן) wird nur noch in 2.Kön. 18,4b (Zerstörung der Nehuschtan, dtr.[140]) verwendet und ist dtr.. Die Betonung, daß der Zerstörungsvorgang gründlich vor sich ging (היטב) entspricht dtr. Ausdrucksweise[141]. Das Ergebnis solcher Zerstörung: die Bilder werden zu Staub, עפר (vgl. 2.Kön.23, 4.6.12.15 (דקק , hi., v.6b.15b))[142], Dtn. 9,21 bildet die Aktion Josias in 2.Kön. 23,12 gleichsam im voraus ab[143]. Die Redaktion von Dtn. 9 steht also sachlich und sprachlich näher an der Darstellung des dtr.G in ihrem weiteren Verlauf, als die hiervon unabhängigere Ex.- Perikope.

2.7 Dtn. 9,22-24

Par.	Deuteronomium 9,22 - 24
	22 ובתבערה
Num. 11,3	ובמסה
Ex. 17,7	ובקברת התאוה
Num. 11,34	מקצפים הייתם את=יהוה
	23 ובשלח יהוה אתכם מקדש ברנע לאמר
Dtn.1,21	
	ראה נתן יהוה...לפנך את=הארץ
עלה רש כאשר דבר יהוה...לך	עלו ורשו את=הארץ אשר נתתי לכם
1,26b ותמרו את=פי יהוה אלהיכם	ותמרו את=פי יהוה אלהיכם
Dtn. 1,43	ולא האמנתם לו ולא שמעתם בקלו
Dtn. 31,29	24 ממרים הייתם את=יהוה מיום דעתי אתכם

Die Rekapitulation der Horeb-Ereignisse erfährt in v.22-24 nun eine Unterbrechung, indem in Anlehnung an die Einleitung, v.7b.8, weitere Stationen aufgezählt werden, an welchen Israel Jahwe erzürnt hat. Damit wird die Steigerung, welche in v.7b.8 lag,

---

139 Vgl. 1.Kön. 12,30; 13,34; 14,16.22; 15,3.26.30.34; 16,2.13.19ʿ.26.31; 2.Kön. 3,3; 13,2.6.11; 14,24; 15,9.18.24.28; 17,22 (BEGG, a.a.O., S.237).

140 BEGG, a.a.O., S.237, A.119(Lit.);   כתת , hoph: Mi. 1,7, dtr., WOLFF, BK XIV,2,S.22; 2.Chr. 34,7, pi.

141 BEGG, a.a.O., S.237; vgl. Dtn. 13,15; 17,4; 19,18; 27,8; 2.Kön. 11,18 (spät-dtr., SPIECKER-MANN, Juda, S.178.414; LEVIN, Der Sturz der Königin Atalja, S.61f.A.8).

142 BEGG, S.238.

143 הנחל הירד מן=ההר , BEGG, a.a.O. S.239. Nach 1.Kön. 15,13; 2.Kön. 23,6 ist ist der Kidron gemeint.

durchbrochen, da dort die Versündigung am Horeb als Höhepunkt der Jahwes Zorn er-
regenden Missetaten Israels erscheint. Die Wendung ממרים הייתם wird dabei alterniert durch das - nur exilisch-nachexilisch belegte - Verbum קצף , hif.:
מקצפים הייתם (Dtn. 9,7.8. -> 22; Sach. 8,14; Ps. 106,32 (ויקציפו על-מי מריבה).
An den genannten Stationen von v.22 hat das Dtn. zunächst kein weiteres Interesse; sie
lassen sich unter dem genannten Stichwort zusammenfassen. Lediglich für Kadesch-
Barnea (Num. 13f.; Dtn. 1f.) muß noch eine Spezifizierung erfolgen, denn hier geht es
um die Weigerung, die Landverheißung Jahwes und damit Jahwe selbst anzuerkennen.
Der Text lehnt sich an die Formulierungen von Dtn. 1,21.26b.32b.43 an. Die Feststellung, daß Israel sich permanent versündigt habe, wird über die Wüstenzeit hinweg auf
die der ersten Begegnung zwischen Mose und dem Volk ausgedehnt (v.24). Die Tendenz solcher Rückprojektion ist charakteristisch für die dtr. exilische und nachexilische
Paränese (Ps. 78;95;106; vgl. Ez. 20)[144]. Sie ist in dieser Form im Dtn. singulär. ידע
+ Subjekt Mose erscheint nur noch in Dtn. 31,29 (spät-dtr.): was Mose von Israel
"weiß", das weiß er nicht nur für die Vergangenheit, sondern auch für die Zukunft. Israel ist immer wieder von Jahwe abgefallen und wird auch künftig immer wieder ab-
trünnig werden.

Der ganze Abschnitt v.22-24 ist als sekundärer Einschub in die Schilderung der Horeb-
Perikope zu sehen[145]. Die Synopse verweist auf die Quellen der Aussagen: Num.
11,3.34 (J)[146], Ex. 17,7 (J)[147] und Dtn. 1,21.26.43. Wären umgekehrt die Verse Teil
einer vorhergehenden Paränese, so wäre schwer verständlich, warum ein weiterer Bearbeiter die Horeberzählung unterbrochen haben sollte, da der vorfindliche Abschnitt
doch seiner Logik nach mindestens ebenso gut auf den Aufbruchsbefehl in 10,11 hätte
folgen können. So aber erscheinen die Verse als das, was sie sind: als Exkurs. Dieser
ist - wie die synoptischen Vergleiche zeigen - in keiner Hinsicht sprachlich originell,
und er nimmt auch keine Rücksicht auf die Fortsetzung der Erzählung.

---

144 Zu der dtr. Prägung der genannten Psalmen vgl. die Kommentare, die starke Verwandtschaft von
Ez. 20 mit der dtr./spät-dtr. Predigt in Ez. 20 ist gleichfalls auffällig (vgl. hierzu LIWAK, Über-
lieferungsgeschichtliche Probleme des Ezechiel-Buches. Eine Studie zu postezechielischen
Interpretationen und Kompositionen, Diss., Bochum 1976, S.144-193). Auch wenn man wmit
ZIMMERLI den Text für den ezechielischen Grundbestand retten will, bleibt seine Eigenart im
ezechielischen Korpus bestehen. Die Diskussion scheint mir noch nicht abgeschlossen zu sein.

145 HEMPEL, Schichten, S.113: 9,22-24 "stellen die Randglosse eines Lesers dar, der, wenn einmal
von solchen Vergehungen die Rede war, in ehrlichem Zorn über desw Volkes Bosheit auch diese
Geschichte, die er aus Num. kannte, nicht missen wollte."

146 NOTH, ATD 7, S.75.91.

147 RUPRECHT, ZAW 86,1974, S.303f.

Die gegenteilige Ansicht hat LOHFINK vertreten[148]: "9,7 kündet nicht nur eine Rebellion des Volkes an, sondern spricht von einem ständigen Rebellieren während des Wüstenzugs. Um das zu begründen, genügt nicht die Erzählung der Rebellion am Horeb, sondern es muß mindestens noch die Aufzählung ähnlicher Ereignisse hinzukommen." - Das Argument ist nicht zwingend wegen eines einzigen, aber gewichtigen Wörtchens, nämlich des Waw vor בחרב ; es signalisiert, daß in Dtn.

9,7b der gesamte Weg als Versündigungsweg angespochen ist, die Weiterführung, die nun an den Horeb verweist, leitet die Erzählung von der größten Freveltat Israels ein mit dem Hinweis: ובחרב הקצפתם... . Lohfink spürt das, denn er übersetzt dieses ו mit "und zwar"[149] - aber so steht das nicht da!

2.8 Dtn. 9,25-29

In v.25-29 wird nachgetragen, was v.18f. nicht berichtet hatte, nämlich der Inhalt des Mosegebetes. Die betonte Bezugnahme את-ארבעים הים in v.25 weist deutlich auf v.18 zurück (אשר התנפלתי). Wenn auch sachlich wie inhaltlich ein enger Bezug zu dem Gebet in Ex.32,11-14 erkennbar ist, so zeigt doch die veränderte Stellung wie der letzhin andere Wortlaut, daß es sich nicht um eine Übernahme aus einer Ex.-Vorlage handelt oder gar umgekehrt, sondern um eine eigene Prägung im gleichen, dtr., Stil[150]. Es ist auch ausgeschlossen, daß das Gebet hier der Stellung von Ex. 34,8f. entsprechen und in unmittelbarem Zusammenhang mit dem neuen Bund stehen soll, wie DRIVER vermutet[151], Dtn. 10,1ff. ist ja durch die eigene Einleitung mit בעת ההוא deutlich von v.25-29 abgesetzt[152].

---

148 Hauptgebot, S.210f.

149 A.a.O., S.211

150 Einen detaillierten Vergleich der Texte bietet GREENBERG, Moses' Intercessory Prayer (Exod.32:11-13; 31-32; Deut. 9,26-29), Ecum. Inst. Tantur Yearbooks 1977/78, S.21-35; er plädiert dafür, daß die Fürbitte Dtn. 9 aufgrund ihrer Überschüsse jünger ist als die Ex.-Version. GARCIA-LOPEZ, RB 85,S.24f. weist besonders auf die Bezüge zu Dtn. 3,45f.; 1.Kön. 8,32.47.53 hin. AURELIUS, a.a.O., S.15, vermutet eine komplizierte Wechselbeziehung zwischen beiden Texten: v.26a.27f.* bilden eine ursprüngliche Fortsetzung von 9,13f., v.26.29 bildeten eine "sekundäre Rahmung", die ihrerseits Ex. 32,11-13 voraussetze, "während v.27 in Ex. 32,11-13 vorausgesetzt ist". Die Basis für die Annahme einer Abhängigkeit des Verses Ex. 32,13 von Dtn. 9,27a ist aber zu gering gemessen an der Fülle der hieraus abgeleiteten Hypothesen. Zudem sind durchaus Berührungen zwischen Ex. 32,11 und Dtn. 9,26 erkennbar (vgl. Synopse). Die Arbeit von GREENBERG scheint AURELIUS entgangen zu sein.

151 DRIVER, Deuteronomy, S.116.

152 Die Wendung ist deutlich redaktionell; vgl. u. zu Dtn. 10,1. Zur (dtr.) Form des rückverweisenden אשר=Satzes vgl. Dtn. 1,46; 29,15.

Die innerhalb des dtr. Bereichs seltene Gebetsanrede אדני יהוה erscheint außer in Dtn. 3,24;9,26 im Munde Josuas (Jos. 7,7), der heiligen Männer Gideon und Simson (Ri. 6,22;16,28), Davids und Salomos[153], alle Texte machen den Eindruck spät-exilischer Abfassung[154].

Anders als Ex. 32,11 setzt v.26 nicht mit der Klage ein (למה), sondern sogleich mit der Bitte, die das Stichwort der Verurteilung von v.12 wieder aufgreift: אל-תשחת עמך . Auch das Verbum שחת (hif.) mit Subjekt Jahwe, Objekt Israel, ist erst in den spät-dtr. Schichten belegt (Dtn. 4,31;10,10;31,29)[155]. Die Bitte wird unterstützt durch den Appell an Jahwe, er solle doch dessen eingedenk sein, daß er sein eigenes Volk bedrohe (ונחלתך !). Die Wendung נחלה + פדה bezüglich Israels ist singulär[156].   בגדלך bzw. גדול für Jahwe ist außer in Dtn. 3,24; 5, 24; 9,26; 11,2 (spät-dtr.) nur noch in Ps. 150,2 (nachexilisch) belegt. Die Herausführungsformel ist in der traditionellen dtn./dtr. Version zitiert; sie gleicht weithin auch Ex. 32,11[157]. Ein weiterer Appell führt die Erinnerung an die Erzväter ein; diese ist vergleichbar der Formulierung von Ex.32,13, wo allerdings der Name יעקב durch die jüngere Wendung ליעקב עבדך ersetzt ist[158]. Zur Anspielung an die Väterverheißung reicht in Dtn. 9,27 schon die Nennung der drei Namen aus, in Ex. 32,13 wird der Väterschwur ausdrücklich erwähnt und ergänzt durch den Hinweis auf die Mehrungsverheißung (Gen. 15,5; 22,17; 26,4) und die völlige und sichere Erfüllung der Landverheißung

---

153 2.Sam. 7,18-22;28,f. und 2.Kön. 8,53; bzgl. d.Lade: 1.Kön. 2,26; 3,15.

154 Zur Datierung vgl. VEIJOLA, Verheißung in der Krise. Studien zur Literatur und Theologie der Exilszeit anhand des 89. Psalms, AASF B 220, Helsinki 1982.

155 S. auch 2.Kön. 8,19;13,23

156 עמך ונחלתך - "totalement absent du Deuteronome primitif, mais non d'autres textes du courant dtr" (GARCIA-LOPEZ, RB 85, S.24): Dtn. 4,20; 9,26.29; 1.Kön. 8,51.53; 2.Kön. 21,14 (aus "dtrN-Kreisen", WÜRTHWEIN, ATD 11,2, S.440.442): "Der Rest von Jahwes Erbe (=Juda) wird von Jahwe selbst den Feinden preisgegeben, weil sie vom Auszug aus Ägypten an ihn "gereizt" ...haben. Nicht nur der König, auch das Volk hat das Gericht verschuldet und verdient." - Eben diese die dtr. Schule bewegende Situation ist es, die auch das Fürbittgebet des Mose reflektiert.

157 Es fehlt בכח גדול , stattdessen steht die erwähnte ausführlichere Wendung ונחלתך אשר פדית בגדלך .

158 עבד יהוה werden die Erzväter nur in Dtn. 9,27 und Ex. 32,13 genannt (AURELIUS, a.a.O., S.43), dazu in Verbindung mit dem seltenen Gebet ל + זכר (nur noch in Jer. 31,34, D, ולחטאתם לא זכר עוד); Ps. 25,7; 136,23; 2.Chr. 6,42 (DRIVER, a.a.O.,S.116); die deutlichste Parallele findet sich in der Fürbitte 2.Chr. 6,42: זכרה לחסדי דוד עבדך . Die Bezeichnung עבד ist ein beliebter Ehrentitel der dtr. Schichten, u.a. für Josua und David (MINETTE de TILLESSE, VT 12, S.61A.3), im Dtn. ist er in 3,24 (Gebetstext) und in 34,5 (nachpriesterschriftl. Dtr.?) belegt.

(Gen. 13,15; Dtn. 19,8; Jos. 21,43), beides zu betonen ist desöfteren Anliegen der Dtr, wie oben (zu Dtn. 6,10f.) gezeigt[159].

Die eigentliche Bitte in v.27b ist sprachlich in zweifacher Hinsicht singulär: erstens erscheint פנה (qal) mit Subjekt Jahwe im A.T. sonst nur im positiven Sinne von "sich jemandem /etwas zuwenden[160], zum andern ist der Ausdruck קשׁי העם nur hier belegt[161]. Von Israels רשׁע redet das A.T. nur noch Jer. 14,20 (D)[162], bezeichnenderweise auch dies ein spät-dtr. Bußgebet.

V.28 bringt im Ringen um das Wohlwollen Jahwes ähnlich wie Ex. 32,12 das Argument ein, die Ägypter könnten an seinem Wohlwollen gegenüber seinem eigenen Volk zweifeln, und fügt hinzu, man könne auch das Vermögen Jahwes selbst infrage stellen. Das Motiv des Zweifels der Völker am Können Jahwes (יכל) erscheint im A.T. nur noch an der gleichfalls dtr. geprägten Stelle Num. 14,16[163] sowie in 2.Chr. 32,14f. (chronistisch, vgl. 2.Kön. 18,33ff., wo das Verbum fehlt!). Besonders nahe steht Dtn. 9,28 der Num.-Stelle[164].

V.28b nimmt das Stichwort שׂנאה vermutlich von Dtn. 1,27 her auf: hier fleht der Beter, Jahwe solle selbst verhindern, daß derartige Lästerungen aus dem Munde der Heiden hervorgehen, die dort aus dem Munde Israels selbst gekommen waren, und wofür es zur 40-jährigen Wüstenwanderung verurteilt worden war! Allein dieses Detail läßt erkennen, daß zwischen der Formulierung des dtr.G-Rahmens zum Dtn. und der der Fürbitte des Mose ein gewisser Abstand bestanden hat. Der abschließende Appell entspricht Ex. 32,11b, wobei die יצא=Formel etwas kürzer ist[165], neben עמך wie in

---

159   Zur Einzelanalyse der Verse vgl. AURELIUS, a.a.O.,S.95-100, bes. S.97f..

160   Lev. 26,9; Num. 16,15; Ri. 6,14; 1.Kön. 8,28; 2.Kön. 13,23; Ez. 36,9; Ps. 25,16; 69,17; 86,16; 102,18; 119,132; 2.Chr. 6,19; mit dem Hinweis auf ברית verbindet sich die Bitte in 2.Kön. 13,23; 1.Kön. 8,28; Lev. 26,9 (DRIVER,a.a.O., S.116).

161   DRIVER, ebd.; קשׁי ist hapax legomenon. Die weiteren Qualifikationen von העם einerseits durch רשׁעה und חטאת begegnen in 1.Kön.8,32.47 (dtr., spät-dtr.); רשׁע fehlt in Ex.32,11, vielleicht weist die Bezeichnung (sek.) zurück auf 9,4f., חטאת entspricht dtr. Sprachgebrauch.

162   THIEL, WMANT 41, S.192.

163   Num. 14,11b-23a weist seinerseits inhaltliche sprachliche Berührungen mit Ex.32,7-14 auf (NOTH, ATD 7,S.96f.) und ist dtr.; der Gedanke einer "Völkerkatechese" begegnet in Dtn. 29,23-26 und Jer. 22,8f. (spät-dtr.).

164   Vgl. Num. 14,16; Dtn. 9,28.

165   Der Hinweis בכחך הגדול begegnet noch in den spät-dtr. Texten Dtn. 4,27; 2.Kön. 17,36 sowie in Jer. 3,17.

v.26 betont וּנַחֲלָתֶךָ tritt, auch dies eine Eigenart spät-dtr. Formulierungsweise (vgl. 1.Kön. 8,51).

Die Fürbitte des Mose in Dtn. 9,25-29 ist somit insgesamt als später Nachtrag anzusehen, welcher der gleichen Schule wie Ex. 32,11-14 entstammt. Dieser Text hat jedoch nicht unmittelbar als Vorbild gedient. Es ist ein charakteristisches Beispiel für das "Fürbittengebet des Gerechten", der allein in der Lage ist, mit dem Eingeständnis der Schuld und der Ungerechtigkeit des eigenen Volkes Jahwe zugleich auch bei seiner Ehre zu behaften und um Gnade zu bitten, da er selbst über alle Zweifel an seiner persönlichen Gerechtigkeit erhaben ist. Es ist dies ein beliebtes Motiv der nach-exilischen Legenden- und Geschichtsschreibung[166]. Die Sprache von Ex.32,11-14; Dtn. 9,25-29 verweist in den Bereich der exilischen Klage- und Bußtexte, deren natürlicher Ort in den gottesdienstlichen Versammlungen dieser Zeit gewesen sein dürfte[167]. Ihre literarische Entwicklung setzt sich in den Bereich des chron.G hinein fort[168].

2.9 Dtn. 10,1-5.10-11
(Vgl. hierzu die Synopse zu Ex.34, Kapitel II, 2.3.2.)

Dtn. 10,1 knüpft inhaltlich dort an, wo die Horeb-Rückschau geendet hatte, in Dtn. 9,21. Auch von daher sind 9,21-24.25-29 als Nachträge erkennbar. Während die redaktionelle Wendung בעת ההוא die folgenden Abschnitte wieder an die Horebsituation zurückführt[169], treffen wir in v.1aβ sogleich wieder auf den Text der Sinaiperikope - und zwar aus Ex. 34. Der Komplex von Ex. 33 spielt in diesem Zusammenhang offensichtlich keine Rolle und dürfte sekundär hinzugewachsen sein, d.h. jünger als Dtn. 9f.[170]. Auf den Bundesbruch folgt die Bundeserneuerung durch Jahwe, symbolisiert durch die Erneuerung der Tafeln und die Neubeschriftung mit den Worten des Dekaloges[171]. Daß Dtn. 9,21 Ex. 32,35 übergeht, ist inhaltlich gegründet. Daß jeglicher Bezug auf Ex. 33 fehlt, hat literarhistorische Ursachen: die ursprüngliche Fortsetzung steht in Ex.34,1 und wird von dort nach Dtn. 10,1 übernommen. Dabei wird der Text direkt in die wörtliche Rede der 1.Person übertragen[172]. Irritierend ist das Fehlen des Aufstiegsbefehls (Ex. 34,1aβ/Dtn. 10,1b). Die entsprechende Überlieferung der LXX stammt nicht, wie BHS vermutet, von Ex. 24,12 her, sondern entspricht Dtn. 10,1bα

---

166 Vgl. Gen.18, 16b-33; Ez. 14,12-20 (WESTERMANN, BK I,2, S.348ff.).

167 Hierzu VEIJOLA, Verheissung in der Krise, zu Ex.32,11ff.30/34, S.297-307 et al.

168 PLÖGER, Reden und Gebete im deuteronomistischen und chronistischen Geschichtswerk, FS G.Dehn, Neukirchen/Vl. 1957, S.35-49.

169 Zum redaktionellen Charakter von בעת ההוא s.S. 270f..

170 NOTH, ATD 5, S.208-212; ZENGER, Sinaitheophanie, S.87-94.

171 Der "Bundestext" (v.11-26) ist erst später hinzugekommen, vgl. o.S.315-324.

172 Die Abweichung in der plene-Schreibung von לוחת im Dtn. ist dabei unerheblich.

(BHK)[173]. Wie die Paralllele in Dtn. 10,1 zeigt, scheint LXX hier eine ältere Textversion bewahrt zu haben, welche in Ex.34 vermutlich infolge der Doppelung in v.2f. verlorengegangen ist.

Der Befehl, die Lade anzufertigen, in Dtn. 10,1b fügt sich schlecht in die Logik der Darstellung und dürfte einem bewußten dtr. Eingriff entstammen, der die Ladetradition mit dem Gesetz verbinden wollte. Daß ein entsprechender Hinweis in Ex. 34 fehlt, dürfte mit der priesterschriftlichen Bearbeitung der Stoffe zusammenhängen[174]. Dtn. 10,2 entspricht - abgesehen von der Variierung der Zeitenfolge (ואכתב / וכתבתי) Ex. 34,1b, was wieder dafür spricht, daß Dtn. 10 die Übernahme des Textes fortsetzt und daß entsprechende überschießende Elemente in der Regel sekundär sind.

Ex. 34,2f. dient der liturgischen Ausgestaltung der Gottesbegegnung in v.5-9, welche in einer Erneuerung der Berit (v.10) gipfelt. Berührungen mit Elementen aus Ex.19 sind erkennbar (v.2a/19,11a.16a; 2b/19,17; 3/ 19,12f.), was allerdings lediglich beweist, "daß der Verfasser die alte Theophanieschilderung kannte, was ohnehin wahrscheinlich ist."[175]. Der Hauptfaden der Erzählung findet indes seine Fortsetzung in v.4, wie die Parallele in Dtn. 10,3 zeigt: dieser konzentriert sich auf die Erneuerung der Tafeln, für die nach Dtn. 10,3 Mose zusätzlich die Lade anfertigt. Was ansonsten in Ex.34,4 über die wörtliche Wiedergabe von Dtn. hinausgeht, hängt mit der (sekundären) Ausgestaltung in v.2f. zusammen.

Die Reduktion des Berichts auf die Tafelerneuerung übergeht auch den gesamten Komplex von Ex.34,5-27[176]. Erst in Ex.34,28 stoßen wir auf die Fortsetzung des das Kapitel umgreifenden Erzählfadens und zugleich auch auf wörtliche Bezüge zu Dtn. 10. Die Verweilnotiz von 34,28a bildet dort einen gewissen Abschluß (vgl. auch Dtn. 10,10a), Dtn. 10,4 entspricht Ex. 34,28b: Jahwe schreibt auf die Tafeln das, was er nach Ex. 24,1b/Dtn. 10,2 angekündigt hat, das Zehnwort der ersten Tafelversion. Verwirrung ist in Ex. 34 durch die Verbindung mit den neuen Bundesworten eingetreten; dementsprechend unterscheidet, wie oben im Rahmen der Analyse des Kapitels schon erwähnt, Ex.34 die Worte, die dem neuen Bund zugrundeliegen und die Mose für sich aufschreiben soll (v.27!) von dem "Zehnwort" (v.28aβ). Vermutlich wurde die Bezeichnung עשרת הדברים erst nötig, als der erste Dekalog von dem "zweiten" unterschieden werden mußte. In Dtn. 10,4a scheint somit die ältere Version erhalten zu sein, die schlicht besagt: ויכתב על=הלחת כמכתב הראשון (v.2par.).   Die Erläuterung

---

173   LXX: καὶ ἀνάβηθι πρός με εἰς τὸ ὄρος...

174   DILLMANN, Die Bücher Numeri, Deuteronomium und Josua, KeH, Leipzig (2.Aufl.) 1886, S.282 u.a.

175   PERLITT, Bundestheologie, S.213; anders HALBE, Privilegrecht, S.282

176   Vgl.o.S.245ff..

את=עשרת הדברים (v.4b) lehnt sich wörtlich an Dtn. 5,22 (sek.) an und dürfte mit der redaktionellen Einfügung des Abschnittes entstanden sein. Die Doppelung את=דברי הברית und עשרת הדברים in Ex.34,28 faßt eine doppelte dtr. Bezeichnung für den Dekalog zusammen (PERLITT)[177], erstere rekurriert auf Dtn. 5 und 19,5 (dtr.), letztere auf den dtr. Versuch der Abgrenzung der Worte (vgl.auch Dtn. 5,22). Eine Zusammenschau erscheint lediglich in Dtn. 4,13 (spät-dtr.). Wie die Parallelstellung von Dtn. 10,4 und Ex. 34,28 zeigt, bezieht sich der Ausdruck auf den Dekalog und ist dtr. Ursprungs[178].

Jünger als Dtn. 10,5 ist auch die ausführliche Abstiegsnotiz in Ex.34,29f. Hinter dem vorwiegend P zugeschriebenen Stück läßt sich mit Hilfe von Dtn. 10,5 eine schlichtere Version erkennen. Der Abschnitt schließt mit der Notiz von der Deponierung der 10 Gebote-Tafeln in der Lade (Dtn.10,5b). Indes ist er damit keineswegs beendet. Im Anschluß an die Einschübe von Dtn. 10,6-7.8-9 wird die Rekapitulation bruchlos fortgesetzt: die Verweilnotiz in v.10a entspricht Ex. 34,28, v.10b trägt noch einmal im Blick auf 9,26-29 nach, Jahwe habe Mose auch bei seinem zweiten Aufstieg erhört, v.10ba ist dabei Wiederaufnahme von 9,19b. V.10bβ ist spät-dtr. und gleicht 2.Kön. 8,19; 13,23 (dtr./spät-dtr.). Die Verse interpretieren den gesamten zweiten Aufstieg als Zeit des Eintretens Moses für sein Volk (vgl. 9,25-29).

Interessanterweise folgt in Dtn. 10,11 ein Aufbruch- und Landnahmebefehl. Ein Pendant hierzu fehlt in Ex. V.11b gleicht der dtr. Formulierung von Dtn. 1,8b. Ob v.11 eine Vorlage wiederspiegelt, die durch die diversen dtr. und nach-dtr. Bearbeitungen in Ex.-Num. verlorengegangen ist, läßt sich nicht mit Sicherheit entscheiden. Dafür spricht jedenfalls der unvermittelte Abbruch des Zusammenhanges und der dezidierte Neueinsatz in 10,12.

Die Übersicht über Dtn. 9,7b-10,11 ergibt, daß der Text durchgehend abhängig ist von der Vorlage in Ex. 32.34* , deren ältere Version er eigenständig überliefert und bearbeitet hat. Folgende Entsprechungen sind zu beobachten:

Dtn. 9	Ex.24-34
9,9	24,12
9,10	31,18
9,12	32,7f.
9,13	32,9
9,14	32,10
-	32,11.12-14
9,15	32,15a

---

177 A.a.O., S.230A.4
178 Gegen PERLITT, Art. Dekalog, TRE 8, S.408.

9,16f.	32,19*
9,18f.(20)	-
9,21	32,20(35)
9,22-24	-
9,25-29	- (vgl.32,11-14)
10,1	34,1a
10,2	34,1b
-	34,2f.
10,3	34,4
10,4f.10	34,28f*
10,11*	-

Die Unterbrechungen der Erzählung in v.18ff.22-24 und 25-29 sind auf die Einwirkung redaktioneller Bearbeitungen des übernommenen Textes im Zuge eben dieser Übernahme zurückzuführen (v.18f.22-24), nachgetragen sind die weiteren Hinweise auf Stationen der Versündigung v.22-24 und das Mosegebet v.25-29. Es ist die Situation der Buße für das unter der Vernichtungsdrohung stehende Israel, welche hier aus der "historischen" Erinnerung heraus Perspektiven für das "hartnäckige Volk" weisen soll. Mit der Bundeserneuerungsszene aus Ex.34 wird zugleich ein weiterer Hinweis eingebracht: Jahwe hat die Tafeln seiner Bundesworte seinerzeit erneuert und so die ständige Vergegenwärtigung derselben und eine bleibende Jahwetreue ermöglicht. Die Erinnerung an Sünde, Abrenuntiation, Fürbitte, Erhörung und Bundeserneuerung gerade im Zusammenhang mit der Hinführung zum (dtn. gerahmten) Gesetz vom Horeb hebt die exemplarische Bedeutung des Vorgangs für jeglichen weiteren Neubeginn in Israel hervor. Entscheidend ist in diesem Zusammenhang, wem die Treuhänderschaft über das Jahwe-Gesetz und damit die Gewährleistung bleibender Vergegenwärtigung der Taten und Gebote Jahwes in Zukunft obliegen soll. Diese Frage beantworten Dtn. 10,8-9 (im jetzigen Textzusammenhang im Anschluß an die spätere Einfügung von v.6f.).

2.10 Dtn. 10,6-7.8-9

Das Itinerar (v.6f.) unterbricht die Darstellung der Ereignisse am Horeb v.1-5.(8f.)10f. und ist insofern deutlich als Glosse erkennbar. Die Namen erscheinen z.T. in abgewandelter Form bei P (Num. 33,31-33), dort ebenfalls in einem Itinerar, jedoch in völlig anderer Reihenfolge und in anderem Zusammenhang. P lokalisiert den Sterbeort Aarons am Berge Hor (Num. 20,22.28; vgl. Num. 33,37ff.), Dtn. 10,6 in Moser. Das Verhältnis der beiden Angaben zueinander ist unklar. Wichtig scheint Kontext des Dtn.s vor allem der Hinweis auf die Existenz eines vor-levitischen Priestertums zu sein. Der Verfasser von Dtn. 10,6f.scheint die priesterliche Würde und Funktion Aarons schon zu kennen, und er ist interessiert an ihm als Vorfahren Eliesers (vgl. Jos. 14,1; 24,33 u.ö.). Es geht hier also um die schriftenübergreifende Verknüpfung nicht-levitisch gebundener Priester-Überlieferung in Verbindung mit der vom Deuteronomismus ausgehenden Hervorhebung des levitischen Priestertums, die mit Dtn. 10,8f. einsetzt[179]. Diese hat an Aaron bestenfalls das Interesse, welches in Dtn. 9,20 erkennbar ist: auf dessen Anteil an der Sünde Israels hinzuweisen und das levitische Priestertum als wahrhaftes mosaisches Priestertum, am Horeb eingesetzt, hervorzuheben. V.8f. betont ausführlich, in welchem Sinne die Leviten am Horeb zum Priesterdienst eingesetzt worden sind; die Verse legen aus, was in Ex.32,29 nur angedeutet ist, wo es heißt:

ויאמר משה מלאו ידכם היום ליהוה ... ולתת עליכם היום ברכה :

Dtn. 10,8 weist die Aussonderung direkt Jahwe zu:

בעת ההור הבדיל יהוה את=שבט הלוי לשאת את=ארון ברית יהוה
לעמד לפני יהוה לשרתו ולברך בשמו עד היום הזה :

Die Notiz über die Einsetzung des Stammes Levi zum Priesterdienst schließt sich an die Schilderung von Bundesbruch und Tafelerneuerung an, auf der das Schwergewicht der dtr. Darstellung der Horebereignisses gelegen hat. In der Erinnerung an die große Versündigung Israels liegt zunächst das Hauptinteresse, das zweite aber ist die Erinnerung an den Neubeginn, der sich in der Erneuerung der Tafeln und deren Aufbewahrung im ארון maniffestiert. Die alte Funktion und Beschaffenheit der Lade war zu diesem Zeitpunkt offensichtlich längst in Vergessenheit geraten. Nimmt man an, daß die Lade bei der Zerstörung Jerusalems 587 verbrannt ist, so ist die hier einsetzende dtr. Legendenbildung frühestens der zweiten exilischen Generation (also der "Kinder") zuzuschreiben. Es wird also in Dtn. 10,8f. eine doppelte Verbindung hergestellt: so wie der Dekalog durch Dtn. 5,2f. als Dokument einer Jahwe - Berit anzusehen ist, so wird auch die Lade als deren Aufbewahrungsort ארון הברית , die entsprechende Benennung der Lade ist innerhalb des dtr.G sekundär und jünger als Dtn. 9f.* (Jos. 3,13; 4,5.11; 6,6.7.10-13; 7,6; 1.Sam. 3,3; 4,6.11.17-22; 5-6passim; 7,1˘; 2.Sam. 6passim; 15,24b.25.29)[180]. Ebenso werden nun aus den Priestern, denen die Lade anvertraut war (so in den älteren Schichten (Jos. 3,3f*; 6,6.12; 1.Kön. 2,26; 8,3.6), כהנים הלוים (vgl. Dtn. 31,35ff; Jos. 3,3; 8,33) - und das ist die zweite Verbindung: die Leviten werden in Dtn. 10,8f. mit ihrer Einsetzung zu Trägern der Lade und in priesterliche Funktionen zu legitimen Tradenten des mosaischen Gesetzes, und dies noch einmal ausdrücklich am Ende der Promulgation in Dtn. 31,24-27. Die priesterlichen Funktionen werden bezeichnet als עמד לפני יהוה (vgl. Dtn. 18,5.7; 17,12; Ri. 20,28; Ez. 44,15; 2.Chr. 23,13; 2.Chr. 13,10; 29,11), als שרת ליהוה (vgl.Dtn. 17,12;18,5.7;21,5; 1.Sam. 2,11.18; 3,1; 1.Kön. 8,11; 2.Kön. 25,14; u. Ex. 28,35; 39,26.28.43; Hes. 44,11.27; 2.Chr. 23,6 u.ö.) sowie לברך (Dtn. 21,5; Num. 6,23; Lev. 9,22; 1.Chr. 23,13) - die Leviten sind also Wächter der Tora, vollziehen liturgischen und kultischen Dienst und erteilen den Segen im Namen Jahwes. Mit dem

---

179 Zur Lokalisierung und zum Vergleich des Itinerars mit P vgl. DRIVER, a.a.O., S.118-121; zur Ansetzung der Stelle als nach-dtr. s. die Kommentare.

180 Belege nach DRIVER, a.a.O., S.122f.

Hinweis auf die Einsetzung zum Priestertum wird hier die Ätiologie für die schon in älterer Tradition bekannte Besitz- und Erbteillosigkeit der Leviten angeführt (v.9, vgl. Dtn. 14,27b.29u.ö.[181]).

Dtn. 10,8 alterniert Ex. 32,29. Dort ist es Mose, der die Leviten in das Priestertum einsetzt, und zwar aufgrund ihrer kompomißlosen Treue zu Jahwe und der rigorosen Durchführung des Bannes in Israel, ohne Rücksicht auf familiäre Bande. Möglicherweise steht hinter diesem Rigorismus eine alte Tradition (vgl.Gen. 49,7)[182]. Die Dtr.n, denen die Darstellung von Ex.32 zuzuschreiben ist, haben offensichtlich die Zuerkennung priesterlicher Würde in diesem rigorosen Jahwismus begründet gesehen. Die Ex.-Version der Einsetzung der Leviten ist sicherlich älter als die Notiz in Dtn. 10,8f.; die Wendung מלא יד (qal, sonst pi.) ist die traditionelle Bezeichnung für die Einsetzung zum Priester (vgl. Ri. 17,5.22; 1.Kön. 13,33; und später Ex. 28,41; 29,9; Lev. 8,33 (vgl. Ez. 43,26).

Neu und gewichtig ist also in der Dtn.-Version der Texte von Ex.32.34 neben der - möglicherweise schon vorher bekannten und durch P aus dem Darstellungszusammenhang von Ex.34 verdrängten - Verbindung von Dekalog und Lade die betonte Ausdeutung der Einsetzung der Leviten von Ex.32,29 in Dtn. 10,8-9. Damit ist aber zu fragen, welche Rolle die Leviten und der Levitismus für das Deuteronomium eigentlich einnehmen. Wie ist das Verhältnis zwischen Priestertum und Levitentum im Dtn. näher zu beschreiben?[183]

3 EXKURS: Die Leviten im Deuteronomium

Zunächst wird vom כהן (bzw. כהנים) nicht als von הלוים gehandelt. Der Priester, gleich welcher Abkunft, noch in der dtn. Schicht schlicht כהן genannt, hat im zentralisierten Kultus die traditionellen Funktionen zu erfüllen: ihm werden die Erstlingsopfer im Verheißungland übergeben, er bringt sie vor dem Altar Jahwes dar (Dtn. 26,3f.). Er verkörpert aber auch die geistliche Instanz in der Rechtsprechung (Dtn. 17,12; 19,17 (anders (sek.) in 17,9 (כהנים הלוים), im heiligen Krieg ist er zugegen und spricht göttliches (Orakel-) Wort zu (vgl. Dtn. 20,2), schließlich erhält er Anteilsrechte an den Opfergaben nach einem festgelegten Modus (Dtn. 18,3f. (DT!)[184].

---

181   Dtn. 12,12b; 18,1f; Jos. 13,14.33; 18,7.

182   GUNNEWEG, Leviten und Priester, S.29ff., 44ff..

183   Vgl. hierzu die Versuche von WRIGHT, "The Levites in Deuteronomy", VT 4,1954, S.325-330; EMERTON, "Priests and Levites in Deuteronomy", VT 12,1962, S.129-138; ABBA, Priests and Levites in Deuteronomy, VT 27, 1977, S.257-267; GUNNEWEG, Leviten und Priester, S.69-81.

184   Dtn. 18,3 gehört zum (vor-dtn.) Kern des Priesterrechts im Dtn. (vgl. die Kommentare, MERENDINO,Das deuteronomische Gesetz, S.187ff.).

Ein anderes Bild ergibt sich für den Leviten[185]. Bei der Darbringung des Zehnten bzw. anderer persönlicher Opfer am Zentralheiligtum sollen nicht nur der eigene Hausstand, sondern auch הלוי אשר בשעריך teilhaben (Dtn. 12,18f.), darauf wird sogar besonderer Wert gelegt (v.19)![186]

In Dtn. 14,27 wird diese Regelung noch näher dadurch begründet, daß der Levit keinen Erbbesitz hat (אין לו חלק ונחלה עמך), ein Hinweis auf offensichtlich bestehende Umstände; auch dieser Text gehört zum älteren Bestand des DT.[187] Alle drei Jahre soll den Leviten zusammen mit den גרים und den vaterlosen Familien (Waisen und Witwen), der sog. "personae miserae", der Zehnte zugute kommen. Diese Personengruppen sollen auch am Wochenfest (Dtn. 16,11) und am Laubhüttenfest (16,14) teilhaben; im Kontext des Passahfestes werden sie nicht eigens erwähnt, aber ihre Beteiligung ist analog zu 16,7.11.16 wahrscheinlich. Der dtn. Rahmen greift die Regelung von 14,27ff. auf und führt sie in Dtn. 26,12-15 näher aus.

Der Sonderstatus der Leviten wird eindeutig in Dtn. 18,6-8 erkennbar. Den Leviten aus den Städten im Lande wird das Recht zuerkannt, am Tempel Dienst zu tun und dort verpflegt zu werden. Es ist deutlich, daß diese Regelung Dtn. 10,8f. noch nicht voraussetzt, sondern in den älteren Kernbestand des DT. gehört, der mit der Umbruchsituation der josianischen Kultuszentralisation zusammenhängt. Die Stelle verdeutlicht aber noch ein weiteres, nämlich daß schon in vor-dtr. Zeit den Leviten eine besondere religiöse Qualifikation zuerkannt wordem ist und daß diese Leviten im landbesitzlosen Status eines Beisassen (גר) lebten, wie ihn auch Ri. 17,7 bezeugt. Voraussetzung dieser Sicht scheint die schon für alte Zeiten angenommene gemeinsame Stammeszugehörigkeit aber auch die Auflösung des ursprünglichen Verbundes in der Vorzeit zu sein (vgl. Gen. 49,7); legendär ist die Brutalität und der jahwistische Rigorismus dieser Leviten (vgl. Gen. 49,5f.; Ex. 32,27ff.; Ri. 19,1.29) aber auch die besondere Eignung für den Vollzug religiöser Riten im privaten und lokalen Kult, wovon Ri. 17,12f. ein anschauliches Beispiel liefert. Der Vorwurf von Ez. 44,10ff. über die Beteiligung der Leviten an nichtjahwistischen Opferpraktiken (bzw. an solchen, die von den priesterlichen Kreisen der Ezechielschule nicht als solche angesehen wurden) ist wohl nicht ganz ohne historische Hintergründe (vgl. auch Ri. 18*). Aber, wie die Enwicklung innerhalb der dtr. Schichten des Dtn.s zeigt, hat der Levitismus während der exilischen Zeit an Einfluß in einem solchen Maße gewonnen, daß - im Gegensatz zu den frühen dt./dtn. Schichten - in spät- und nachexilischer Zeit die Diskussion um das Vorrecht des Tempeldienstes nicht mehr umhin kommt, das Priestertum generell mit einer levitischen Genealogie zu versehen, gleich welcher der aus vorexilischer Zeit bekannten Priester-Sippen die jeweiligen Tradition den Vorrang gibt, ob den

---

185   Der Wandel des Levitenbildes im Dtn. ist schon beobachtet und diskutiert worden von G.E.WRIGHT, The Levites in Deuteronomy, VT 4, 1954, S.325-330; EMERTON, Priests and Levites in Deuteronomy. An Examination of G.E.WRIGHT´s Theory, VT 12, 1962, S.129-138; ABBA, Priests and Levites in Deuteronomy, VT 27, S.257-267.

186   Diese Regelung gehört zum ältesten Kern des DT. (MERENDINO, a.a.O., S.33-37.56f.; SMEND, Entstehung, S.72f.).

187   MERENDINO, a.a.O., S.99f. (dtn. bearbeitet).

Zadokiden (wie die Ezechiel-Schule, Ez. 44,15*), den Aaroniden (so die Priesterschrift) oder den Leviten (Jer. 33,18.22f.,D)[188].

Der mosaische Auftrag zum Priesterdienst in Dtn. 10,8-9 ist mehr als nur ein "Zusatz", er ist Programm für eine (spät-dtr.) Tradition, die das dtn. Gesetz in der Hand eines vom Gottesberg her legitimierten levitischen Priestertums sehen will. Von Dtn. 10,8f. zieht sich durch das gesamte Dtn. hindurch eine Serie von Stellen, die vom Priestertum als von כהנים הלוים sprechen und die den Leviten eine neue Stellung zuerkennen: sie sitzen nun im zentralen Obergericht (Dtn. 17,9)[189], sie verwalten die mosaische Tora (Dtn. 17,18)[190], Dtn. 18,1f.5 stellt (sekundär) programmatisch die Erwähnung ihrer Erwählung und ihr priesterliches Recht dem traditionellen Priestergesetz voran[191]. Ihre Heranziehung bei Entsühnungsritualen (vgl. Dtn. 21,5) und bei der Begutachtung von Aussatz (Dtn. 24,8f.) wird besonders erwähnt[192]. Auch Dtn. 27,9f. erkennt den כהנים הלוים mosaische Funktionen zu:. Mit Mose zusammen sollen sie hier verkünden, worin der Kern der dtn. Botschaft besteht:

שמע ישראל היום הזה נהיית לעם ליהוה אלהיך...:

Die Stelle gehört vermutlich zur dtn. Überleitung zum abschließenden Teil in Kap. 28, die Erwähnung der Priester ist darin offensichtlich nachgetragen[193], denn sowohl vorher als auch nachher redet Mose allein. Der Text präfiguriert die Situation der nachexilischen Gemeinde, wie sie Neh. 8,7ff. zeichnet - dort allerdings werden Priester und Leviten deutlich voneinander unterschieden!

Zu Dtn. 31,9-11(12f.).26-29 hat BUCHHOLZ eine interessante Überlegung vorgetragen: er erklärt die Dublette, nach der Mose sozusagen die Tora doppelt aufschreibt, aus dem Interesse, diese gegenüber 31,9 noch einmal ausdrücklich den כהנים הלוים zur (alleinigen) Verwaltung anzuvertrauen und hält deren Erwähnung in 31,9 für den nachträglichen Versuch, כל-זקני ישראל

---

188 Zur Diskussion um das exilisch/nachexilische Vorrecht des Priestertums vgl. GUNNEWEG,Leviten und Priester. Der Kampf mit der dtr. Schule gegen die Aaroniden spiegelt sich in Ex. 32 wieder, der der Aaroniden gegen den Levitismus in der priesterschriftlichen Zuordnung der Leviten zum clerus minor, die Auseinandersetzungen sind auch erkennbar in der Polemik gegen die Ansprüche der Korachiten in Num.16. (Vgl.auch CODY, Art. Aaron I, TRE I, S.1-5.)

189 כהנים הלוים ist an dieser Stelle sek. eingefügt, vgl. v.12 (MERENDINO, a.a.O., S.176.181f.)

190 Zur sek. Abfassung vgl. MERENDINO,a.a.O., S.176).

191 Ders., a.a.O., S.187f.

192 Dtn. 21,5 ist nicht aus einem Guß; das" Motiv der Auserwählung im Hinblick auf das kultische Amt" erscheint nachgetragen (MERENDINO, a.a.O., S.237), während andererseits die Hinzuziehung einer religiösen Zentralinstanz möglicherweise älter ist (MERENDINO, S.301f.; BUCHHOLZ, Die Ältesten im Deuteronomium, S.69f.). Zur Analyse von Dtn. 24,8 MERENDINO, ebd.; möglicherweise ist der gesamte Komplex jung.

193 Sie haben im folgenden keine Funktionen mehr! vgl. FABRY, Noch ein Dekalog!, z.St.; STEUERNAGEL, Deuteronomium, S.148). Der Passus Dtn. 27,12ff. ist sichtlich jünger (hier werden die Leviten nicht mehr als כהנים הלוים eingesetzt, sondern schon als qualifizierter clerus minor).

als die ürsprünglichen Gewährsmänner des exilischen Deuteronomismus "in das zweite Glied" zu drängen[194]. Die erste (pluralische), von Dtn. 5 herkommende nomistische Bearbeitung des Gesetzes, die sich im folgenden vor allem der Warnung vor den אלהים אחרים zuwendet, legt das Gesetz כל-ישראל und seinen Repräsentanten vor, gemäß der alten Fiktion den Stammesführern und den Ältesten (5,24), später bleiben nur כל-זקני ישראל (31,9* אל-הכהנים בני-לוי ist von v.24ff.her sek. eingetragen). Die späteren (spät-dtr.) Bearbeitungen verlagern die Autorität auf die levitische Priesterschaft; ihre Paränetik richtet sich einerseits auf die private Gesetzesfrömmigkeit (vgl. die singularischen Ergänzungsschichten), zum anderen auf die generelle Mahnung zur Observanz, wie sie in den spät-dtr. Kapiteln 10f.* erkennbar wird.

Die Beobachtungen von BUCHHOLZ fügen sich recht gut zu unserer Überlegung, daß die Rede von einer generell levitischen Priesterschaft erst von Dtn. 10,8f. her Eingang in das dtn. Korpus findet. Sie fügen sich auch zu der Beobachtung, daß die pluralische Schicht in Dtn. 12,12b (nach SMEND , "dtrH")[195] von לוים noch im "dtn." Sinne spricht, die pluralische Schicht von Dtn. 5 das Gesetz an כל-ישראל gerichtet sein läßt, ebenso die mosaische Belehrung durch Mose (Dtn. 5,31), und erst nachdem die Leviten das Gesetz anvertraut bekommen (Dtn. 10,8f.; 31,26-29) treten sie als כהנים הלוים und Sachwalter der Tora auf (Dtn. 17,18; 18,1f.u.ö.), d.h. "spät-dtr.". Dtn. 31,27 bindet denn auch die Begründung der Gesetzesübergabe an die Leviten ausdrücklich zurück an die Predigt von Dtn. 9,7-10,11*, nämlich an Dtn. 9,7b: ממרים הייתם עם-יהוה ,

Dtn. 31,27:

כי אנכי ידעתי את-מריך ואת-ערפך הקשה
הן בעודני חי עמכם היום ממרים היתם עם-יהוה
ואף כי-אחרי מותי :

Erneut wird auf die Halsstarrigkeit Israels verwiesen (vgl. Dtn. 9,13), darum muß nicht nur die Lade mit den לחת הברית, sondern auch ספר התורה הזאת (31,9.26) dem als zuverlässig geltenden Stamme Levi anvertraut werden! Den levitischen Priestern kommt von nun an die Funktion zu, den Qahal (einschließlich der Ältesten) einzuberufen (v.28f.) - gerade vor dem Hintergrund der in Dtn. 9f. dargestellten auch in Zukunft nicht ausbleibenden Gefährdungen (vgl. 31,29 - 9,12).

Mit dem Interesse an der zuverlässigen Tradierung verbindet sich das Interesse an den weiteren Generationen, wie es uns in den folgenden pluralischen Schichten Dtn. 11,2-7.8.22ff. begegnet. Der Befund im weiteren dtr. Schrifttum zeigt, daß es in dieser Form noch nicht im DT., im dtn.DT., im dtr.G begegnet, auch noch nicht in Dtn. 5, welches sich an die Generation vor dem Neubeginn der Landnahme wendet (v.3: אתנו אנחנו אלה פה היום כלנו חיים), sondern erst in den folgenden Schichten bricht das Problem der Belehrung kommender Generationen voll auf (vgl. Dtn. 6,2; 6,6-9.20-25; 11,2ff.). Im Zusammenhang mit diesem Interesse an Katechese und Tradition gleichsam "nach der Bundeserneuerung" treffen wir auf die כהנים הלוים (Dtn.31,12-13). Es ist

---

194 BUCHHOLZ, a.a.O., S. 18f.
195 Entstehung, S.73.

zu vermuten, daß die Vorstellung von der Erwählung (בדל, hif.) der Leviten, wie sie massiv der spät-dtr. Text Jer. 33,14-22 in Parallelität zur Erwählung Davids(!) vertritt[196], in die Zeit der kultischen und institutionellen Erneuerung Israels in spät-exilisch, persischer Periode anzusiedeln ist, in der sich die zurückkehrenden Priesterfamilien noch nicht wieder neu hatten etablieren können, der alte "clerus minor" jedoch in die durch die Exilierung der Führungsschichten entstandenen Lücken aufgrund der (vermutlich dtn.) Ordnung von Dtn. 18,6ff. mittlerweile eingedrungen war.

Der Levispruch im Mosesegen, Dtn. 33,8-11, scheint ein ganz junges, nach-dtr. Mischgebilde aus verschiedenen Traditionen zu sein, Anspielungen an ein Orakelpriestertum (vgl. 33,8a/1.Sam. 14,41; Ex. 28,30), an Versuchungen Jahwes durch die Leviten in der Wüste (Num. 16?;; Ex. 17,2.7?), an Ex. 32,27ff. (v.9) und an das vom Dtn. herkommende Amt der Gesetzesbelehrung und des priesterlichen Dienstes (v.10)[197].

Es ergibt sich also im Blick auf die Leviten in den verschiedenen dtn./dtr. Schichten ein durchaus differenziertes Bild. Es "würde entschieden zu weit gehen, wollte man "das" Deuteronomium einfach für "levitisch" halten; hier fließen allzu viele und allzu verschiedene Traditionen zusammen und überlagern sich auch teilweise, so daß man mit Recht, wie es VON RAD getan hat, von einer im Deuteronomium - und im gesamten Deuteronomismus - vollzogenen "Vereinheitlichung des theologischen Bestandes" sprechen kann." (GUNNEWEG)[198] - zumindest von einer starken Tendenz hierzu. Vermutet man mit WEINFELD[199] als Träger der josianischen Reformen eine Koalition aus priesterlichen und höfischen (schriftgelehrten) Kreisen, die den traditionellen ländlichen Levitismus zumindest zu integrieren wußten, so wird man aus den Hinterbliebenen ihrer Schule die Bilanzierung der israelitischen Geschichte im dtr.G herleiten, ebenso den - den Leviten wohlgesonnenen (vgl. Dtn. 18,6ff.) - Verfassern der dtn. Neukonzeption des DT. Erst im Verlauf der weiteren exilischen Zeit wachsen diese Leviten in die dtn/dtr. Schule hinein und integrieren ihrerseits das dort Gelernte, wie etwa der "asaphitische" (dtr. geschulte) Lehrpsalm oder Ex.32f. zeigen. Dtn. 10,8-9 ist somit als spät-dtr. Schlüsseltext des Dtn.s in Verbindung mit der dtr. Rekapitulation der Horebereignisse in Dtn. 9,7b-10,11 und deren Grundschicht anzusehen.

Die Entstehungsgeschichte der dtn. Einleitung zum DT. stellt sich nunmehr als äußerst vielschichtig dar: auf eine dtn. programmatische Rahmung durch 6,4-7,6.12b-16aα* und eine Reihe von vertiefenden paränetischen Weiterungen in 7,17-24;8,2-18 erfolgt die Verankerung des dtn. DT. am Horeb durch die Vorschaltung von Dtn. 5 und

---

196 V.14-26 fehlt in LXX. Der Text ist nach THIEL, WMANT 51, S.37, nach-dtr.; ähnlich urteilt RUDOLPH, Jeremia, S.217f..

197 Zur Problematik der Datierung der Sprüche und daher auch des Levispruches kann an dieser Stelle nur auf die allgemeinen Erwägungen von PREUSS, Deuteronomium, S.169-173 verwiesen werden.

198 Leviten und Priester, S.70f. im Anschluß an v.RAD, "Das Gottesvolk im Deuteronomium", BWANT 3,11, 1929, S.49ff..

199 Deuteronomy and the Deuteronomic School.

zugleich die Einbindung der Darstellung in das dtr.G (4,45ff.; 31,9ff.*), sodann eine vertiefende gebotsparänetische Bearbeitung (pluralisch) und die Übertragung der Gesetzesbelehrung an das levitische Priestertum (9,7*-10,11...31,13f.24-29* (zunächst vermutlich ohne Verbindung zum Moselied). Die Etablierung einer von der mosaischen Tora her lebende Frömmigkeit wird in den späten, katechetischen Bearbeitungsschichten (singularisch) erkennbar, deren Idealbild der Tag und Nacht über das Gesetz sinnende Gerechte ist - sei es der Vater, sei es der König (6,6-9.20-25; 17,19f.). Der Fortschreibungsprozeß hat sich bis in die nachexilische Zeit hinein fortgesetzt. Offen steht am Ende unserer Untersuchung die eingangs aufgeworfene Frage nach dem Verhältnis von Dtn. 9,7-10,11 zu Dtn. 9,1-7a. 10,12f. sowie nach dem literarhistorischen Ort von Dtn.10,12-11,32.

4   Deuteronomium 10,12 - 11,32

Paränesen in der Ära der spät-deuteronomistischen Interpretation

4.1   Vorbemerkung

Die Texte in dem Komplex Dtn. 10,12-11,32 sind hinsichtlich ihrer Abgrenzung, ihrer formgeschichtlichen Eigenheiten wie ihres inneren literarischen Zusammenhanges ausgesprochen undurchsichtig[200]. Symptomatisch in diesem Zusammenhang ist die Beurteilung durch HÖLSCHER: "...die Verse 10,12-13...scheinen den ursprünglichen Abschluß dieser...singularischen Einleitungsrede" -gemeint ist 6,4-9,7a* - "gebildet zu haben. Was nämlich in 10,14-11,32 folgt, ist auf jeden Fall ganz brüchig, ohne strenge Gedankenfolge und voll von Wiederholungen... Von 11,2 ab ist alles durchaus sekundär..."[201]. Die alten Literarkritiker suchten in 10,12ff. eine Fortsetzung der alten "dtn." Einleitungsrede in den singularischen Partien bis 11,1 (vgl. TABELLE I). Die pluralischen Passagen wurden einer mit Dtn. 5 zusammenhängenden Bearbeitung bzw. Redaktion zugeschrieben[202], oder noch jüngeren Schichten, die Dtn. 4 nahestehen[203]. Die Vorstellungen LOHFINKs, der in 10,12-11,17 ein einheitliches Grundstadium erkennen wollte, welches sodann zusammen mit Dtn. 9,9-19.21.25-29; 10,1-5.10f.12-18.20-22;; 11,1-17 von einem einzigen Verfasser in den "Grundtext" eingefügt worden sein soll[204], hat sich nicht durchsetzen können[205], weil sie die redaktionsgeschichtli-

---

200   V.RAD, ATD 8, S.59

201   Komposition, S.172.(A4).

202   MINETTE de TILLESSE, a.a.O., S.63f., ordnet sie schlicht als "dtr." ein.

203   PREUSS, a.a.O., S.103.

204   LOHFINK, Hauptgebot, S.219-236, bes.S.227ff.

205   SEITZ, Redaktionsgeschichtliche Studien, S.81-91, ordnet das gesamte Kapitel als jünger ein und zeigt dessen Verbindungen zu Dtn. 4 und 29 auf; v.13-15.18-21 und v.26-30 sind in diesem Zusammenhang sekundär (S.89ff.). GARCIA-LOPEZ grenzt 9,7-10,11 aus und findet hinter Dtn. 10,12ff.

chen Entstehungsmomente vernachlässigt. Einigkeit besteht in der Wahrnehmung des stark interpretierenden und Motive und Elemente aus vorgegebenen Texten aufnehmenden Charakters der Stücke[206]. Man kann weder sagen, "daß sich hier die Reihe der deutlich voneinander abgegrenzten Predigten von Dt.6,10-9,6 fortsetzt", noch wird man "in Anbetracht (ihrer) Stilform" sagen können, sie stünden in unmittelbarer Verbindung "mit der Ich-Erzählung von Dt.9,7-10,11" (v.RAD)[207]. Literarhistorisch kommen die Texte in einem Bereich zu stehen, der näher bei Dtn. 4 als bei Dtn. 5 und 9f. steht. Außerdtn. oder vor-dtn. Abfassung ist angesichts der engen paränetischen Verflechtung mit der dtn. Einleitungsrede unwahrscheinlich. Daß für den Verfasserkreis das Dtn. in einer Grundform schon als Lehrbuch galt, wird die Analyse der Texte zeigen.

4.2 Dtn. 10,12-11,1

Im Zuge der Besprechung von Dtn. 6,5 wurde die spät-dtr. Abfassung von Dtn. 10,12f. schon nachgewiesen[208]. Einerseits bildet 10,12 die Zusammenfassung der Hauptforderungen von 6,4f. und 6,13, andererseits zeigt sich in der Verbindung mit der Observanzforderung (ללכת בכל=דרכיו u.s.f.) eine Prägung durch die mit der Einfügung von Dtn. 5 zusammenhängenden paränetischen Redeweisen und - in v.13 - eine große sprachliche Nähe zu den dieselben fortschreibenden Stücken, etwa wenn man 10,13 und 6,2 vergleicht: an beiden Stellen erscheint die - seltene - Reihe חקתיו ומצותיו in Verbindung mit שמר (inf.) und singularischem Promulgationssatz, sowie der verkürzte Verheißungssatz (למען טוב לך - bzw. לטוב לך) , welcher vergleichbar noch einmal in dem jungen katechetischen Text 6,24 belegt ist. Die sprachliche Verwandtschaft dieser Stücke bestätigt die oben genannte Vermutung, daß in Dtn. 10,12f. inhaltlich ausgeführt wird, worin die Zedaqah Israels bestehen soll. So liegt die Annahme nahe, daß der Text von der gleichen Hand stammt wie Dtn. 6,25:

וצדקה תהיה לנו כי נשמר לעשות את=כל=המצוה הזאת לפני יהוה אלהינו כאשר צונו :

Beide Texte verbindet, sieht man Dtn. 10,12f. in Verbindung mit 9,1-7a*, das Interesse an der (neuen) Gerechtigkeit Israels.

Hierzu fügt sich auch die Fortsetzung in v.14. Nachdem v.12f. auf die Leichtigkeit der Erfüllung aller Forderungen hingewiesen hat, wird nun unterstützend der Hinweis auf

---

teils die Fortsetzung von Dtn. 9 (9,1-3a ->10,14.17aβ-18.21-22; 9,4a*.5.7a*->10,20; 11,10aα.bβ. 11*-12), teils Bezüge, die hinter Dtn. 9 zurückreichen nach Dtn. 6 (6,10->10,12f;11,1; 6,14-19*->7,4.12a.13-16.20.22-24; 8,1.11b.19-20 ->Dtn. 11,13-17); (Sep. Salamant.28,1981, S.49-56). Es ist nicht einsichtig, warum die so "rekonstruierten" Einheiten auseinandergerissen worden und dann sukzessive sek. zusammengebaut worden sein sollen.

206 SEITZ, ebd.
207 V.RAD, a.a.O., S.59.
208 S.o.S. 93-96.

die überaus wunderbare Zuwendung Jahwes zu Israel in der Erwählung der Väter hingewiesen (14.15a). Die Verbindung von Hoheitsprädikation, heilsgeschichtlicher Argumentation und Paränese ist dabei charakteristisch[209]. Abgesehen von der Stellung im Zusammenhang mit 10,12f. sprechen auch sprachliche Gründe für die spät-dtr. Ansetzung der folgenden Verse. Ungewöhnlich für das Dtn. ist zunächst der Verweis auf die Schöpfermacht Jahwes als Hintergrund seines besonderen heilsgeschichtlichen Handelns. Vergleichbar ist hierfür im Dtn. noch Dtn. 4,32-40. Beide Texte stehen dem Denken Dt.-Jesajas nahe[210], vgl. 10,14: Jes. 42,5;44,24 und Dtn. 30,4[211]. Die Interjektion הן erscheint außer in Dtn. 5,21;31,14.27 (spät-dtr.) anders als הנה im dtr. Schrifttum nicht weiter, vorzugsweise jedoch bei Dt.-Jes.[212] und bei Hi. Ist die Aussage, die Erde gehört Jahwe, immerhin Ex. 9,29 (P?), 1.Sam. 2,8; Ps. 24,1 belegt, so bezüglich שמים im A.T. nur noch in dem jungen Psalm 115[213]. Die Wendung שמי השמים erscheint außer in dem verwandten und gleichfalls frühestens dtr. Passus 1.Kön. 8,27b (=2.Chron. 6,18b) nur noch in Neh. 9,6; Ps. 148,4 (nachexilisch)[214]. "Darüber, daß in dem Eid an die Patriarchen eine Selbstbeschränkung Jahwes liegt," (HEMPEL)[215], reflektiert die dtn. Predigt sonst nicht. Die universale theologische Ausdeutung des Erwählungsgedankens scheint von Dt.-Jes. her in die spät-dtr. Verkündigung eingeflossen zu sein. Auch der radikale Monotheismus dieser Schichten (Dtn. 4,35;30,4;32,8 vgl.auch 10,14) scheint mit der Weitung des dtn./dtr. Weltbildes in spät-exilischer und persischer Zeit aufgekommen zu sein[216]. Israel erscheint immer geringer und die Väter werden immer wichtiger.

V.15a,

רק באבתיך חשק יהוה לאהבה אותם ויבחר בזרעם אחריהם ,

entspricht nahezu wörtlich Dtn. 4,37a,

ותחת כי אהב את=אבתיך ויבחר בזרעו אחריו :

---

209 Vgl.7,9-11*; 6,20-25

210 KNAPP, Deuteronomium 4, S.105f. zu Dtn. 4,29-35, v.36-40 ist jünger (S.106-111).

211 V.RAD, a.a.O., S.60

212 Gleichviel wie הנה , was angesichts der sonstigen Häufung von הנה bemerkenswert ist, vgl. ELLIGER, BK XI,1,S.36 A.1;54 A.3; VETTER, Art. הנה, THAT I,504-507.

213 Daß Jahwe Himmel und Erde gehören, weil er sie gegründet hat, ist ein Motiv der Theologie auch der dtr. beeinflußten spätexilischen und jüngeren Psalmen, vgl.Ps. 78,69;89,12.;50,12; für Ps.50,12 vermutet KRAUS den Ursprung in einer nach-exilischen levitischen Predigtpraxis (BK XV,2,S.829;XV,1, S.529f.), was sich recht gut zu unserer Annahme fügt, nach der die spät-dtr. Kreise durch die levitischen Priester bestimmt sind.

214 H.J.KRAUS, BK XV,2, S.1141ff.

215 Schichten, S.141

216 STOLZ, Monotheismus in Israel, in O.Keel (Hrsg.) Monotheismus im Alten Israel und seiner Umwelt, Bibl.Beitr. 14, Fribourg 1980, S.143-189, S.179f.182.

Israel gilt als erwählt aufgrund der Liebe Jahwes zu den Vätern - da es selbst alles andere als liebenswert geworden ist. Diese Akzentverschiebung bestimmt auch die Ausgestaltung des Erzväterbildes in der spät- und nach-exilischen Zeit[217]. In Verbindung mit v.14 zielt der Vers auf die Ermutigung zur צדקה i.S.von v.12f..

Wir haben im Vergleich zu Dtn. 6,5 schon gesehen, daß der Text insgesamt im dtn. Rahmen vorgegebene Motive aufnimmt und paränetisch weiterführt, so auch hier mit der Erwählungszusage, und zwar einschließlich deren pluralischer Fortschreibung in Dtn. 7,7.8a.

Der abrupte Numeruswechsel in v.15b signalisiert deutlich einen kommentierenden Einschub bzw. eine Glosse in pluralischer Anrede; diese reicht von v.15b bis zu v.19. Eingebettet in die Erwählungsbotschaft wird nun das Gebot, den גר , den Beisassen und Schutzbürger zu lieben[218]. Begründung und Gebot erscheinen dabei in einem doppelten Gang: Ihr seid von Jahwe erwählt (v.15b) - darum beschneidet eure Herzen und verhärtet euch nicht (v.16), Jahwe ist allmächtig, unbestechlich und übt Recht an familiär entwurzelten Witwen und Waisen (v.17.18a) und als solcher liebt er auch den Ger (v.18b); darum soll auch Israel den Fremdling lieben, da es doch selbst einst ein solcher war (v.19). Die Argumentation steht H sehr nahe (vgl. Lev. 19,2.18). Angesichts der späten Abfassung liegt der Gedanke an entwurzelte Rückkehrer aus dem Exil nahe, die nun in der zweiten Generation der Exilszeit und später weder in der Fremde noch in Israel eine wirkliche Heimat finden konnten und sich den an ihren alten Heimatorten verbliebenen Bewohnern als Beisassen anschließen mußten. Die Zuspitzung der Jahweprädikationen unter Verwendung des Verbums אהב weist auf das starke Interesse der Verfasser an dieser Sache: der hartnäckigen Ablehnung der גרים (v.16) soll hier der Boden entzogen werden, sie kann sich nicht auf die Erwählung Israels berufen, weil gerade diese Israel zur Annahme des גר bestimmt, und sie kann sich auch nicht auf die Gottheit Jahwe berufen, der sich selbst mit den גרים verbündet. Hier werden nicht alte Schutzrechte überliefert wie in Dtn. 24,14f. (vgl.Ex. 22,20; 23,9), sondern es geht um aktuelle, die Paränese betreffende Fragen. Ähnliche Versuche, das Recht der Beisassen neu zu ordnen, treffen wir in Ez. 47,21-23 und Lev. 19,33f. (H) an. Zwar gehen die Deuteronomisten nicht so weit wie die babylonischen Schüler der Ezechiel-Schule in Ez. 47,22f., daß sie den גרים einen Erb-Anteil am Verheißungsland zu-

---

217   Schon bei Dt.-Jes. wird Israel mit dem Namen des "geringen und erwählten" Erzvaters Jakob angesprochen, in der Genesis ist in den späten Schichten eine wachsende heilsgeschichtliche Bedeutung Abrahams zu erkennen, in welchem das nachexilische Israel seine Erwählung vorabgebildet sehen konnte, wie der sukzessive Ausbau der Abrahamüberlieferung zeigt.

218   MARTIN-ACHARD, Art. גור , THAT I, S.409-412

erkennen, aber mit dem Liebesgebot gehen sie doch weiter als alle vorher. H integriert
Schutz- und Liebesgebot schließlich in Lev. 19,34b[219].

In seiner hymnischen Diktion steht der Abschnitt insgesamt dem nachexilischen Psalm
146 nahe (Ps.146,9: יהוה שמר את-גרים , vgl. v.18)[220]. Der literarische Ort läßt
Rückschlüsse auf den historischen Zusammenhang insofern zu, als die späte Abfassung
mit Überlegungen hinsichtlich der spät- bzw. nachexilischen Zeit zusammenpaßt, wo
die Auseinandersetzung um die Aufnahme entwurzelter Schutzbürger teils aus der
Diaspora (Ez. 44,2ff.), teils wohl aus Palästina selbst, teils aus dem Umland (Jes.
56,4ff.) im Gange war. Ein Zeichen für diese Auseinandersetzung ist der Versuch in
Dtn. 23,5f., eine feste Regelung zu treffen hinsichtlich der Aufnahme nicht-israelitischer Fremder in den קהל[221]. Im Unterschied zu den anderen Göttern verpflichteten
Angehörigen anderer Völker wird der Ger schon in der DT. Gesetzgebung in die religiösen Begehungen Israels einbezogen[222]. Noch zur Zeit Maleachis weiß man wohl
genau zu unterscheiden zwischen der Ausgrenzung durch das Mischehenverbot gegen
nicht-jahwistische Praktiken (Mal. 2,11) und der besonderen Hinwendung zu den
Beisassen als den von Jahwe besonders geachteten personae miserae (Mal. 3,5).

V.20 zitiert Dtn. 6,13 noch einmal und erweitert die Reihe um das Gebot der Treue
(ואתו תדבק), welches vorzugsweise in sogenannten nomistischen Texten des dtr.G erscheint[223]. Der Vers bestätigt, daß die Zusammenfassung von v.12f.14a. von Dtn. 6f.
herkommt, und setzt die Beziehung zu der Vorlage fort. V.21 mündet der Text wiederum in einen hymnisch affirmativen Lobpreis. Die Vergewisserung, die von ihm ausgehen soll, spiegelt Israels eigene unbedeutende Rolle. Einen Spiegel seiner Situation
bietet der Kontext der Metapher der תחילה Israels (i.e.Jahwe), der neben Dtn. 10,21
im A.T. nur noch in Jer. 17,14 (D)[224] und Ps.109,1 erscheint: beide Stellen stehen im
Kontext großer Anfechtung.
Jer. 17,14: רפאני יהוה וארפא השיעני ואושעה כי תחילתי אתה ;

---

219   Zur Begriffsbestimmun v. גר / גרים vgl. ZIMMERLI, BK XIII,2, S.1218f..

220   Der Psalm stellt die personae miserae in die Reihe der צדיקים , die den רשעים gegenüber-
      stehen; der Pslm steht nachexilischen Texten wie Jes. 35,5; 58,7; 61,1f. nahe (v.5-10).

221   Mit BERTHOLET ist Dtn. 23,2-9 nachexilisch anzusetzen (BERTHOLET, Die Stellung der Is-
      raeliten und der Juden zu den Fremden, 1896, S.142-145; ders., Deuteronomium, KHC V, Tübin-
      gen/Freiburg 1899,S.71f.; PREUSS, a.a.O., S.142f.

222   Dtn. 14,21.29; 16,11.14 (vgl.5,14); 26,11.12.13; 31,12. Der Ger genießt Rechtsschutz und
      Fürsorge (Dtn. 24,14.17.19.20.21; vgl.Dtn. 1,16). Er tritt in der späteren Zeit gemeinsam mit dem
      Volk vor das Gesetz und unter die Bedingungen des Bundes (DTn. 29,10; 31,12).

223   Dtn. 10,20; 11,22; 13,5.18; 28,60; 30,20;
      Jos. 22,5; 23,8.12; (1.Kön. 11,2; 2.Kön. 3,3; 18,6).

224   THIEL, WMANT 41, S.

Ps. 109,1f.:

225. אלהי תחלתי אל=תחרש כי פי רשע ופי=מרמה עלי פתחו

Der Hinweis auf die גדלת und נוראת Jahwes erinnert an den spät-dtr. Einschub des
Dankgebetes Davids in 2.Sam. 7,22-24[226]. Das Wort גדולה ist lediglich in nachexilischen Texten belegt (2.S. 7,21 dtr.; Ps. 71,21;145,3.6*; Est. 1,4;6,3;10,2). Sachlich
steht die Argumentationsstruktur 2.Sam. 7,23 und Dtn. 4,34 recht nahe: die Unvergleichlichkeit Jahwes ist an seinen Wundertaten für Israel erkennbar, Israel, so wird
wiederum betont, hat es mit eigenen Augen gesehen (אשר ראו עיניך). Die Augenzeugenschaft ist ein beliebtes spät-dtr. Motiv (Dtn. 4,9.34; 7,19; 11,2-7; 29,2f. u.ö.).
Die nochmalige Anspielung auf das Segenshandeln Jahwes in v.22 und die Wiederholung des Liebesgebotes in 11,1 sind beide nicht nur sprachlich junge, wie die ungewöhnlich Reihung der Gesetzesbezeichnungen in 11,1b zeigt[227], sondern beide führen
auch gedanklich in Bereiche, die jünger sind als P, denn die Tradition von den 70 Vorfahren, die nach Ägypten gezogen seien, wurzelt eben dort, genauer: in Gen. 46,27;
Ex. 1,5[228] - und nur hier.

Die Untersuchung von Dtn. 10,12-11,1 führt somit durchgängig in Bereiche, die der
spät- und nachexilischen Zeit zuzurechnen sind. Die Sprache ähnelt der der dtr. geprägten Prophetenredaktion (Jer.D) und der dtr. Lehrpsalmen, die Argumentation entspricht
der der spät-dtr. Schulparänese (vgl.4,32-37; 30). Israel erscheint nicht mehr als das
Gottesvolk, für das die Deuteronomiker ihre neue "Verfassung" entwerfen, sondern als
eine Gruppe von Menschen, denen nach außen hin in jeglicher Hinsicht die Hände gebunden sind. Die schwindenden politischen Hoffnungen werden kompensiert in dem
Verweis auf die übermäßige universale Schöpfermacht Jahwes, auf das Wunder der Erwählung der Väter (als der beispielhaft "Geringen") und in verstärkter religiöser Observanz und der Forderung der צדקה . Die Grundschicht des Textes (10,12-15a.20f.) ist
in v.15b-19 (Stichwortanknüpfung) und v.22;11,1 sekundär erweitert worden. Wenn
es stimmt, daß der Passus insgesamt den jüngsten Passagen des äußeren Rahmens
nahesteht, dann sind die Erweiterungen als späte Glossen anzusehen. Dafür spricht ihre
sprachlich junge Gestalt.

4.3 Zwischenergebnis

Wir kommen also bei unserer Untersuchung zu einem von den bisherigen etwas abweichenden Einschätzung der Entstehungsgeschichte. Danach ist der (pluralische)
Abschnitt Dtn. 9,7b-10,11* vor der paränetischen Abtrennung des Blocks 9-11 durch

---

225 תחילה als Jahwe-Prädikat begegnet nur noch in Ex.15,11.

226 VEIJOLA, Die ewige Dynastie, S.74. Par. 1.Chr. 17,19.21!

227 S.Tabelle III.

228 W.H.SCHMIDT, BK II,1, S.29

die sek. Einbindung in die Predigt von Dtn. 9,1-7a.; 10,12-15a.20f. (Zusätze: v.15b-19.22; 11,1) Bestandteil des Dtn.s gewesen. Diese - singularische - katechetische Schicht, bindet die Geschichte vom Versagen Israels und von der Erneuerung der Bundestafeln am Horeb und der Einsetzung der Leviten als Wächter über den ארון ברית , die Gebote und den Priesterdienst, ein in die Frage nach der צדקה Israels und die Aufforderung, den leicht zu erfüllenden Geboten zu folgen, gerade angesichts der Erwählung des - ach so geringen - Volkes. Das Problem des rückwärtigen Anschlusses von Dtn. 9,7b an den vorhergehenden Teil ist insofern schwer zu lösen, als die Hinführung in 9,1-5.6f. möglicherweise die alte Verbindung verdrängt oder aber integriert hat. Es bleibt also nur die Vermutung, daß etwa in 9,7a von Anfang an eine Anknüpfung an das Thema "Erinnerung an die Wüstenzeit" (8,2ff.) gegeben war, die - kontrapunktisch zur Ätiologie des dtn. Gesetzes in Dtn. 5 nun bewußt die dunkle Seite der Horebgeschichte nachträgt, um vor ihrem Hintergrund, bevor Mose "zur Sache kommt", die Gnade der neuerlichen Gesetzesverkündigung aufzuzeigen und die Beauftragung ihrer Träger im Gesetz zu verankern. Der Stil knüpft dabei an Dtn. 5 an.

Literarhistorisch stellt sich nun die Frage, in wieweit in den folgenden Schichten mit noch jüngerem oder aber älterem Material zu rechnen ist[229].

4.4 Dtn. 11,2-32

4.4.1 V.2-7

In Dtn. 11,2-7 setzt die pluralische Anrede wieder ein. Hierin deckt sich der Passus mit den Dtn. 4,32ff. vorausgehenden Abschnitten ebenso wie inhaltlich, insofern auch in Dtn. 4 (v.3f.) wie auch in 29,1f.13-16 die neu hörende Generation als Augenzeuge und damit als entscheidender Traditionsträger angesprochen wird. In der nochmaligen Betonung des Gedankens "auf euch kommt es an!" liegt das Gewicht des gesamten folgenden Abschnitts. Aber selbst hierin wie in der Füllung der Aussagen ist er in keiner Weise originell. Als hinführende Aussage wird 10,21b. erkennbar: הגדלת אשר ראו עיניך . Nach dem Hinweis auf das Versagen Israels in der Wüste folgt nun die Erinnerung an die Großtaten Jahwes. Sie gibt verstärkt Anlaß, die Gesetze Jahwes zu befolgen (11,8).

Der Erkenntnissatz von 11,2 unterscheidet sich von seinen Parallelen, in welchen die Gegenwartsgeneration angesprochen wird, in spezifischer Weise. Der Ich-Bericht in Dtn. 5,3 etwas konstatiert die Gültigkeit der Horeb-Berit für die gegenwärtige Generation, an welcher sich die Verheißung erfüllt:

---

229 SEITZ, a.a.O., S.81-91 ordnet den Text als spät-dtr. ein, PREUSS, a.a.O., S.103 hält ihn (wie die meisten früheren Exegeten) für jünger.

לא את־אבתינו כרת יהוה את־הברית הזאת
כי אתנו אנחנו אתה פה היום כלנו חיים :

Am Ende, in Dtn. 29, wo auch das Dtn. zum Bundestext stilisiert wird (28,69), heißt
es: *1b "Ihr selbst habt alles gesehen, was Jahwe vor euren Augen im Land Ägypten ge-*
tan hat...9 Heute steht ihr alle vor Jahwe, eurem Gott,...11 um in den Bund mit Jahwe,
deinem Gott, und in seine Fluchbindung einzutreten...   (לעבר בברית יהוה...ובאלתו
13 Nicht mit euch allein schließe ich diesen Bund..., 14 sondern sowohl mit demjeni-
gen, der heute mit uns vor Jahwe, unserem Gott steht, als auch mit dem, der heute
(noch) nicht bei uns ist"   (ואת אשר איננו פה עמנו היום) .

Auch gegenüber der "Augenzeugen"-generation gilt, was gegenüber der Horeb-Genera-
tion gegolten hat: die Verpflichtung findet ihre analoge Anwendung auf die kommenden
Generationen. In Dtn. 29 befinden wir uns also schon in einem Dtn. 5 nachgeordneten
literarischen Stadium. Dtn. 11,2-7 greift nun seinerseits den Gedanken der Verpflichtung aus Dtn. 29,1 auf und entwickelt ihn weiter: Israel soll sich seine Verpflichtung
gegenüber den kommenden Generationen bewußt machen. Was in Kap. 29 fiktiv auf
diese hin formuliert ist, wird nun wiederum fiktiv für jede Gegenwartsgeneration aktualisiert, die sich mit dem angesprochenen Volk identifiziert. Dtn. 11,2 wird somit auf
keinen Fall älter als Dtn.5, vielmehr ungefähr auf einer Ebene mit Dtn. 29 anzusetzen
sein[230]. Eigenartig und zugleich charakteristisch für den hier erkennbaren spät-dtr.
Schulbetrieb ist der kompilatorische Charakter der Formulierungen.

Das Interesse an der Überlieferung an die nachfolgenden Generationen wird mit deren
Nichtwissen begründet. War es in den dtn. Schichten um das Nichtwissen Israels hinsichtlich fremder Götter gegangen (Dtn. 13,3.7.14; 22,2 (Später: 11,28; 29,15;
32,17)), in Dtn. 8,3 um die Erfahrung neuer Taten Jahwes, in 28 um die Bedrohung
durch fremde Völker als Strafe Gottes (28,33.36.64), so erscheint das Interesse am
Wissen der Kinder in einem Zusammenhang, welcher Licht auch auf die
Entstehungszusammenhänge von Dtn. 11 zu werfen vermag: in dem Gebot zur regelmäßigen Verlesung der Tora zunächst durch Älteste, später durch בני לוי כהנים (Dtn.
31,9-13). Das Dtn. liegt als verbindliche Tora in einer gewissen Ganzheit vor. Ziel der
Überlieferung ist es,

31,13 ובניהם אשר לא ידעו ישמעו ולמדו ליראה את־יהוה אלהיכם... :
Dieser Gedanke wird in Dtn.11,2ff. aufgegriffen und zum Gegenstand wiederum besonderer Erkenntnisbemühung gemacht:

11,2.7 וידעתם היום כי לא את־בניכם... כי עיניכם הראת את־כל־מעשה יהוה... :
Diese Nachkommen wissen nichts und haben den "Erziehungsprozeß" (מוסר vgl. 8,5)
Israels nicht miterlebt (11,2b). Daß hier ein völlig anderes Interesse vorliegt als im
dtr.G, zeigt der Vergleich mit Ri. 2,6ff.: dort ist von einer Generation die Rede, die

---

230   Vgl.auch SEITZ, a.a.O., S. 85f.

Jahwe nicht mehr kennt und seine Taten vergessen hat, hier ist dieser Gedanke zugespitzt auf das Gesetz und auf die Erziehung in der Wüste. Neben die dtr.(G) Prägung
tritt die deuteronomische. Mit מוסר wird das Stichwort יסר aus Dtn. 8,5 wieder
aufgenommen. Der Begriff erscheint im Dtn. so nur hier. Bei Jer.D ist er als Ausdruck
für die Führungen und Zurechtweisungen Gottes durch Strafgerichte über Israel und
Jerusalem verwendet (Jer. 2,30; 5,3; 7,28; 17,23 ;30,14; 32,33; 35,13; ähnlich: Hos.
5,2; Zeph. 3,2.7; Ez. 5,15 (sekundär: Dtn. 28,37); Jes. 53,5; 26,16) und erscheint im
pädagogischen Sinne als Leitwort in den - vornehmlich jüngeren Teilen der Proverbien
(Prv. 1,2.3.7.8; 4,1.13; 6,23 u.ö.: מוסר als Weg zum Leben !). Das zeigt, wo diese
Vorstellungen hingehören: in den Kontext der Bewältigung der Wunden, die das Exil
hinterlassen hatte, und der Ermutigung angesichts einer neu heraufkommenden Generation, die das alte Israel nicht mehr kannte, und der nun das "mosaische" Gesetz ebenso
nahezubringen war wie die Traditionen der jahwistischen Heilsgeschichte. Im Gefolge
dieses Auftrages haben wir oben Dtn. 6,6-9.20-25 zu erklären gesucht.

Bedenkt man, daß das Wort יסר in der dtr. Literatur bei Jer.D durchweg im Sinne von
"Züchtigung" aufzufassen ist, so wird man auch hier an die kritische Beurteilung des
Wüstenweges als Folge von Stationen der Versündigung und der entsprechenden Strafen Gottes denken wie auch Dtn. 9,22-24. Davon, daß man die Größe Jahwes sehen
kann, ist außer von Mose Dtn. 3,24 nur im Zusammenhang von Dtn. 5,21 die Rede,
ansonsten nicht im A.T. Von daher ist zumindest wahrscheinlich, daß sich die Bemerkung in 11,2, die Nachkommen hätten את-גדלו nicht gesehen, literarisch auf die Horebereignisse bezieht und diese also (mit Dtn. 5; 9f.) voraussetzt. Ansonsten steht die
Fortsetzung der Aufzählung in der Tradition dtr. Credotexte: vgl. v.2bβ.3 mit Dtn.
6,22; 7,18f.; v.4a mit Jos. 24,6b.7a; vom "Sehen" der מעשה יהוה : Ex. 34,10 (dtr.)
Dtn. 11,3.7; Jos. 24,31; Ri. 2,7.10 (mit שכח : Ps. 106,13; sonst: Ps. 107,22.24).
Hinsichtlich der Häufung und Kombination der Elemente stehen die Verse besonders
Dtn. 4,34 nahe[231]. Charakteristischer Unterschied gegenüber den älteren Formulierun-
gen ist bei den jüngeren der Hang zu Nominalbildungen, vgl. etwa v.4a/Jos. 24,6b.7a.
Die ätiologische Notiz in v.4b erscheint außer im äußeren Rahmen (2,22 - sekundär;
34,6) bezeichnenderweise wiederum nur in 11,4 und 29,3f.(spät-dtr).[232] V.5 steht
sprachlich nahe bei 1,31 (Zusatz) und 9,7b : Inf.abs. von בוא + Suffix. Zahlreiche
Traditionen stehen in teilweise fixierter literarischer Ausformung den Verfassern der
dtr. Schule auch hier zur Verfügung.

Insgesamt finden wir starke Signale für eine Zusammengehörigkeit von Dtn. 11,2ff. mit
dem Einschub in 9,7b-10,11. Dafür spricht auch das gemeinsame Interesse dieser Texte
an der Auslegung der Wüstentraditionen des Tetrateuch und ihr teils zitierender, teils

---

231 DRIVER, Deuteronomy, S.128.
232 Vgl. ebd., S.57.

zusammenfassender und kompilierender Umgang mit diesen: v.6a entspricht z.T. wörtlich Num. 16,1b, v.6b gleicht Num. 16,32ff. i.S. einer Zusammenfassung. Gleich den
in Dtn. 9,22ff. genannten Stationen geht es auch dort um die Zweifel an der rechten
Führung und Vollmacht Jahwes[233] in Verbindung mit dem Streit um die Legitimität
Moses (v.28), auf den sich die dtr. Schule und das levitische Priestertum so stark be-
ruft. Hierin scheint auch das besondere Interesse der Erwähnung der Episode an unserer Stelle in Dtn. 11 zu liegen: das betont seine mosaische Anbindung hervorhebende
levitische Priestertums muß noch um seine Anerkennung kämpfen (vgl. auch Num.
16,3*!).

4.4.2   V.8-12

Die Konsequenz der Wüstenzeit einerseits und der mangelnden Kenntnisse der nachfolgenden Generation andererseits besteht für die Verfasser von Dtn. 11,2-7 in der Mahnung zur Gesetzesobservanz, welche ihnen als Voraussetzung für Landbesitz und
Segen in Israel gilt (v.8f.). Die wörtliche Nähe zu 8,1 und 29,8; 4,1b in v.8 sowie zu
den למען=Sätzen von 5,33(pl.), 4,26.40b; 6,2b; 17,20 u.ö., läßt erkennen, daß hier
eine redaktionelle Schicht zu Worte kommt, die Dtn. 6,1 schon im Rücken hat, wonach
die Gesetze zu lernen sind, auf daß sie "im Lande" befolgt werden (5,31;6,1), während
die Befolgung von כל־המצוה   in 8,1; 11,8.22 als Vorbedingung für die Einnahme
des Landes überhaupt erscheint. Dtn. 11,2-9 hat sowohl Dtn. 6-8 als auch 5 und 1-3 im
Rücken haben. Die Nähe zu den ältesten pluralischen Schichten von Dtn. 4 und 29 läßt
auf die Entstehung aus dem gleichen Verfasserkreis schließen. Anzumerken ist noch,
daß die Betonung in 11,9b, daß im Verheißungslande Milch und Honig fließen eine
Reminiszenz an die Datan- und Abiram-Episode enthält, wo gerade die Qualität des
Landes angezweifelt wird (vgl.Num. 16,13-14). Wir erkennen somit in Dtn. 11 parallel
zu der Abhängigkeit von ausgeprägten Traditionen des Ex.-Buches in 9,7-10,11 eine
Kenntnis auch anderer - schon ihrerseits dtr. geprägter?- Wüstentraditionen.

Auch und gerade innerhalb der spät-dtr Schichten treffen wir auf Fortschreibungen, so
in Dtn. 11,10-12. Signal hierfür ist zunächst wieder der Numeruswechsel, diesmal zur
2.sg.. Auslösendes Stichwort ist v.9b: ארץ זבת חלב ודבש . Wenn es stimmt, daß
dieses sich einer ssoziation zu Num. 16,13f. verdankt, so beinhaltet dies, daß mit der
Anspielung hier erneut der Vergleich zwischen dem (mächtigen) Ägypten und dem
ohnmächtigen Israel provoziert war. Immerhin heißt es ja im Aufbegehren gegen Mose
(Num. 16,13):

המעט כי העליתנו מארץ זבת חלב ודבש להמיתנו במדבר... :

---

233   NOTH, ATD 7,S.111ff., findet in dem stark dtr. und priesterschriftlich geprägten Kapitel einen
       vor-priesterschriftlichen Kern in v.12-15.24-34.

Die Anspielung enthält somit das Argument, Ägypten habe eben die Qualität besessen, deren das Land, wohin Mose Israel geführt habe, ermangele. Die Dtr. benutzen die Fiktion, um diesem Vergleich aus dem Munde Moses noch einen besonderen Widerspruch zukommen zu lassen (v.10)[234]. V.11 übersteigert dazu die Verheißungen von 8,7: das Land הרים ובקעת , das Land נחלי מים עינת ותהמת חצאים בבקעה ובהר - , (11,11) trinkt למטר השמים . Seine wahren Quellen sind also im Himmel selbst!

Der Numeruswechsel in die 2.pl. erscheint an dieser Stelle im Gegensatz zum Vorhergenhenden als ganz zufällig; in den spätesten Schichten kommt es häufig zu derartig unvermittelten Numerusmischungen, wobei diese oft durch Assoziationen formelhafter Wendungen bewirkt werden (vgl.v.11a - 4,1; 6,1, oder die sog. Promulgationssätze). Sachlich und syntaktisch setzt sich v.10 in v.11 fort. Auch im Rahmen der Interpretation kommt es zuweilen zu originären Wendungen. Dies gilt etwa für v.11b, aber auch für v.12: דרש mit Subjekt Jahwe und einer positiven Aussagerichtung im Sinne von "nach etwas sehen, um etwas besorgt sein" ist im A.T., soweit ich sehe, nur noch an zwei Stellen anzutreffen, in Ez. 34,11 (Jahwe will als Hirte selbst nach "seiner Herde suchen") und in 1.Chr. 28,9 (כל=לבבות דורש יהוה). Vorwiegend in den Psalmen, bei P und in den hinteren Kapiteln des Ez.-Buches (Ez. 38,8; 39,14; 46,15.16) trifft man auf Aussagen über die unablässige religiöse Observanz des Menschen und innere Ausrichtung auf Jahwe (דרש תמיד), daß umgekehrt Jahwe תמיד , beständig, auf den Menschen ausgerichtet sei, sagt nur noch Ps. 109,15 (nach-dtr.) hinsichtlich der Sünden der Eltern Gottloser. Ähnlich spät sind auch die Belege für עיני יהוה + prp. ב: Dtn. 11,12; Amos 9,8 (redaktionell); Ps.66,7. Singulär ist die Wendung אחרית אחרית השנה (מראשית השנה ועד אחרית השנה ist nur noch Ez. 38,8 belegt) - es scheint auch hier die Sprache der späten bzw. ausgehenden Exilszeit zu sein, die die spät-dtr. Schule prägt. Der Stil, in dem hier das Verheißungsland ausgemalt wird, paßt gut in den der katechetischen Belehrung, wie ihn 6,20ff. anstrebt.

---

234 Die Kommentare erläutern den Hintergrund meist i.S. von STEUERNAGEL, Deuteronomium, S.91: "Ägypten ist im Deltagebiet außerordentlich regenarm, weiter südwärts regenlos, erfordert daher künstliche Bewässerung mittels der (meist) durch Füße betriebenen Schöpfräder, die das Wasser aus den vom Nil abgezweigten Kanälen auf das Niveau der Felder emporheben... In Kanaan ist diese Bewässerungsmethode nur bei den an Quellen und Bächen gelegenen Gartenkulturen ...möglich, im übrigen aber durch die Gebirgsnatur ausgeschlossen. Sie ist...hier aber auch nicht nötig, da Regen (und Tau) das Land ausreichend bewässern." (vgl. DILLMANN, S.286f., DRIVER, S.129).

4.4.3 *V.13-21*

Der spät-dtr. Schule entstammt, wie wir schon gesehen haben auch der gesamte folgende Abschnitt von v.13-17.18-21[235]. Auch hier treffen wir auf die Wirkungsgeschichte verschiedener dtr. und spät-dtr. Texte. Für v.18-21 wurde dies schon lange erkannt, es gilt aber in gleicher Weise für die vorhergehenden Verse. Die Aussage gipfelt in v.14f., wo sie sogar in ein direktes Jahwewort hinüber gleitet (vgl.7,4b u.ö.). Ob dies etwas über den Sitz im Leben der Überlieferung aussagt, ist fraglich; man könnte an die Stilisierung Moses als Prophet denken, die hier zum Vorbild für prophetisch geprägte Kulttexte eintrat. Hauptaussage ist: Jahwe wird dem Land zur rechten Zeit Regen geben, wenn Israel dem Gesetz gehorsam ist. Parallelen sind in in einem Vergleich zu Jer. 5,24f. (D?) Lev. 26,3ff. und Joel 2,23.26 (nach-dtr.) und zu erkennen. Der Text schränkt konditionierend ein, was v. 10-12 verheißen haben. Dtn. 11,13a gleicht 28,1a*, v.13b enthält wie 10,12f. den Rückgriff auf die Hauptgebote von 6,5.13 und spiegelt gleichzeitig die von Jos. 23,11-16 herkommende Verbindung beider (Liebesgebot/Fremdgötterdienst-Verbot) wieder. Vorbilder der hier anzutreffenden Denkungsart sind somit sowohl die Deuteronomiker (6,5.13;28,1a*?) als auch spät-dtr. Redaktoren (Jos. 23,11-16) und Katecheten (Dtn.10,12f.). Ähnlich junge Parallelen sind auch für v.14a erkennbar: Jahwe wird als Geber von יורה im A.T. nur Jer. 5,24 (D?) und von מלקוש nur in Jer. 5,24 und Jo. 2,23 dargestellt[236]. Bei Jer.D gilt die Jahwefurcht als Vorbedingung für die Regenspende, bei Jo.2 erscheint die Segensverheißung als Folge der Umkehr des Volkes. Die Verbindung solcher Gedanken ist weniger originell als gemeinorientalisch (und wohl auch gemeinmenschlich). Bemerkenswert ist jedoch die Verbindung von nationalem Geschick und mosaischem Gesetz. In sofern steht Dtn. 11,14f. sachlich zwischen Jer. 5,24 und Joel 2 - und vermutlich auch historisch.

V.14b nimmt die Reihe von Segensverheißungen, wie sie Dtn. 7,13 enthält (דגן, תירוש, יצהר) auf. An diesen Text erinnert auch v.15a, obwohl es für ihn keine unmittelbare Parallele gibt. V.15b hingegen gibt die gerägte Wendung ואכלת ושבעת wieder, die wir von 6,11b; 8,10.12 her kennen. V.16 enthält dann deutlich Elemente, die die Prägung durch Dtn. 6,12.14* verraten. Der Text wechselt hier wieder in die pluralische Anrede. So erscheint, was zuvor Abschluß eines Nachsatzes war (v.14f.) nun zugleich nach dem Vorbild der dtn. Texte als Erinnerung an einen Bedingungssatz. Es ist denkbar, daß die singularischen Verse 14f. ursprünglich eine Fortsetzung der Segensverheißungen von v.10-12 gebildet haben[237], bevor sie erneut umpredigt wurden, aber nicht zwingend. Wie auch in Dtn. 4 erkennbar, wechselt in den späteren Partien der Numerus häufig auch innerhalb einer literarisch von einer Hand stammenden Passage. Die neuerliche Ausdeutung der vorgegebenen Botschaft geschieht einerseits in

---

235 Vgl. die synoptische Übersicht, S. S.207ff..

236 Der Terminus מלקוש ist sonst belegt in Hos. 6,3; Sach. 10,1; Jer. 3,3; Hi. 29,23; Prv. 16,15.

237 STEUERNAGEL, Deuteronomium, S. 91

Erinnerung an entsprechende Konditionierungen des Segens am Ende des Buches (28,1/11,13), andererseits an vorgegebene Fortschreibungen im Kontext vergleichbarer Motive (v.14f.; 15b / 7,13 / 8,10.12 und 6,10f.+14) bzw. im Verein mit denselben. In Dtn. 11,16f. ergibt sich so eine Verkettung von paränetischen Elementen, die wir teils in dtn., teils in Fortschreibungen und in spät-dtr. Texten angetroffen haben:

Dtn. 6,12	‐הִשָּׁמְרוּ לָכֶם פֶּן
(Hi.31,9 (nif.).27)	יִפְתֶּה לְבַבְכֶם
Dtn. 5,29; 9,12.16	וְסַרְתֶּם
Dtn.6,14; 7,4; 8,19f.	וַעֲבַדְתֶּם אֱלֹהִים אֲחֵרִים
	וְהִשְׁתַּחֲוִיתֶם לָהֶם

16a ist eine Variante zu 6,12.14; die sonst nicht im dtr. Bereich belegte Wendung פתה לבב nimmt das Bild von der Bindung des Herzens an Jahwe auf, wie es in 6,6-9 ausgesprochen ist. Die übrigen Wendungen sind durchgehend dtr. Sie verbinden die Vorstellung vom rechten Weg mit dem Bild vom Abfallen von Jahwe (vgl.5,9.32).

Auch für die Untergangsdrohung in 11,17a gibt es zahlreiche dtr. Belege (vgl.7,4b u.ö.). Die Reduzierung der Fortsetzung von dem Motiv der Vernichtung bzw. die Modifizierung dahingehend, daß sich die Vernichtung durch Verweigerung des Regens vollzieht, ist singulär und sicherlich gegenüber den älteren dtr. und spät-dtr. Parallelen jünger. Während Jos. 23,16, nach SMEND als "dtr.N" zugehörig betrachtet, mit nahezu gleichen Worten den Untergang Israels mit der Vermischung mit den Völkern zusammenbringt, liegt in Dtn. 11,17b das Gewicht auf der Frage, ob nicht durch Verweigerung des Segens schon die Vernichtung anvisiert ist. Aus inhaltlichen Gründen wird man somit den in Dtn. 11,17b mit Jos. 23,16b eng verwandten Passus für jünger halten.

Zu Dtn. 11,18-21 wurde schon einiges im Rahmen der Besprechung von 6,6-9 gesagt. Es ist deutlich, daß dort ein spät-dtr. Abschnitt vorliegt für hier zu der Folgerung, daß in Dtn. 11 mit einer noch jüngeren Schicht zu rechnen ist, denn hier wird 6,6-9 zitiert und gleichzeitig vereinfacht. Für die Spätansetzung spricht zudem die sprachliche Nähe zwischen v.21 und Dtn. 4,40 .

Fazit: Dtn. 11, (10-12)13.(14-15a.15b)16-17.(18-21) gehört zu den jüngsten Schichten des Dtn.s überhaupt. Die Hauptkrise des Exils scheint überwunden, es geht nun um die Etablierung einer torabezogenen Volksfrömmigkeit, für die entsprechenden paränetischen Materialien nun bei "Mose" bereitzustellen waren.

4.4.4   V.22-28.29f.31f.

V.22-25 spricht erneut das Thema der Landeroberung an. Der Abschnitt kommt somit nicht nur sprachlich, sondern auch sachlich näher bei dem Passus 11,2-9 zu stehen. Der Gedanke der Einnahme des Landes durch Israel infolge des Gesetzesgehorsams Israels (v.8.9) wird noch einmal ausgeführt in der Weise, daß die Unterwerfung durch Israel nur als Funktion der ersteren zu begreifen ist. Geht es in 11,2-9 um die Überlieferung und die daran gebundene Segensverheißung (vgl. Dtn. 6), so hier um die Vertreibung der Völker wie in Dtn. 7 - unter dem Vorzeichen der Treue Israels zum Gesetz (11,8.22). Was in Jos. 1,3-5.7ff. als sekundär-dtr. und in Jos. 23,11ff. ebenfalls einer späten Bearbeitungsschicht zugehörig erkannt worden ist, die Vorstellung der Bedingung der Landnahme durch den Gesetzesgehorsams, das ist hier mit den gleichen Worten formuliert Bestandteil der Grundschicht. So gleicht v.22a Jos. 1,7 in den Grundzügen[238]. Das Stichwort אהב , v.22b, knüpft an das dtn. Grundgebot an (6,5), הלך בדרך an das Grundverständnis des Dekalogs 8,32;9,12.16, דבק ביהוה ist Gegenbegriff zu סור . Dtn. 11,23 gleicht Jos. 23,11ff. gedanklich. Die Zusage der Landnahme in 11,24.25a gleicht beinahe wörtlich der von Jos. 1,3ff. und die Zusage in v.25b, Jahwe werde den Schrecken vor Israel über das ganze Land kommen lassen, verbindet das dtr.G (Dtn. 2,25; Jos. 2,9) mit der spät-dtr. Paränese. Die nochmalige Einschärfung des Gehorsams in v.26-28 nimmt ihrerseits Motive aus dem ursprünglich vermutlich dtn. Abschluß des Dtn. aus 28,2.15 auf, Dtn. 30,15f. ebenso.

Sprachlich und sachlich lassen die Verse sich an die vorhergehenden anschließen. Der Unterschied in Interesse und Gewichtung zu Dtn.1-3 wird im Nebeneinander der Wendungen von 1,8 und 11,26 plastisch: die Landverheißung gewinnt in der Segensverheißung an die Gehorsamen eine neue Gestalt:

1,8:   ראה נתתי לפניכם את=הארץ... -

11,26:   ראה נתתי לפניכם היום ברכה וקללה .

Der Segen des Gesetzesgehorsams ist gleichbedeutend mit der Vergewisserung der Segnungen des Verheißungslandes. Der Fluch aber wird ausgelöst durch die Hinwendung zu anderen Göttern; v.28 nimmt die dtn. Verbote 13,3.7.14 auf und verbindet mit ihnen die Drohung von 29,25 (spät-dtr.), vgl.auch 28,64. Der Text kommt her von Dtn. 9,7-10,11 (סור מן=הדרך , vgl.9,12).

11,29 und 30 sind schon seit jeher als Nachträge erkannt worden; als solche markieren sie sich selbst durch den Numeruswechsel. V.29 nimmt die Stichworte ברכה und

---

238   Jos. 1,7:   רק חזק ואמץ לשמר לעשות ככל ''' התורה ;

  Dtn. 11,22:   כי ''' אם שמור תשמרון את ''' כל ''' המצוה ;

  Jos. 1,7:   כאשר צוך משה עבדי ;

  Dtn. 11,22:   אשר אנכי מצוה אתכם לעשותה .

קללה auf und verweist auf Dtn. 27,12f. Jos. 8,33f. Das Interesse an Ebal und Garizim an dieser Stelle hat seit jeher Rätsel aufgegeben; vermutlich haben sich hier die jüdisch samaritanischen Auseinandersetzungen in der Weise ausgewirkt, daß man versucht hat, die Sondertraditionen des samaritanischen Bereiches zu integrieren und damit im Sinne nationaler Versöhnung zu vereinnahmen[239]. Aufgrund der literarischen Sonderstellung der Verse wird man jedoch hierin keine grundlegende Bedeutung für die Interpretation der dtn./dtr. Literatur in ihrer Gesamtheit fällen dürfen. Vielmehr scheinen die Verse im Verein mit den ihnen korrespondierenden Stellen in Dtn. 27,12f.; Jos. 8,30-35 nachexilischen Sondertraditionen zugehören. Das beweist nicht zuletzt auch die Schwierigkeit der Lokalisierung in v.30[240].

Somit ergibt sich für Dtn. 11,2-9.22-28 die Zugehörigkeit zu einer pluralischen, spätdtr. Schicht, die wie Dtn. 29* sowohl die Einbindung des Dtn.s in das dtr.G als auch die Voranstellung von Dtn. 5 vor die dtn. Rahmung des DT. kennt und getragen vom Interesse an den kommenden Generationen fortführt. Ihr dürfte auch die Grundschicht von 9,7b-10,11* zuzuschreiben sein. Beide Texte liegen miteinander zeitlich nicht weit von Dtn. 4.29* entfernt.Dtn. 11,10-12.13-21 sind deutlich jüngere (mehrschichtige) Nachträge, ebenso v.29(30).

Der nochmalige Einsatz mit der Mahnung, im Lande die Gesetze zu befolgen, in Dtn. 11,31f. ergibt sich kaum notwendig aus der Grundschicht von Dtn. 11. Ausgehend von der Beobachtung, daß Dtn. 5 über die Vorstellung einer Belehrung des Volkes durch Mose mit dem dtn. Einleitungstext zum Dtn. verknüpft ist, (5,31;6,1) liegt die Vermutung nahe, daß Dtn. 11,31f. diesen Gedanken wieder aufnimmt und zugleich sein Gliederungssystem einführt, in welches 12,1* einzubeziehen ist. Dem entspricht auch die sprachliche Abstufung der Termini für das Gesetz.

4.5 Die Verbindung zum Kern des Gesetzeskorpus (DT.)

Was nun den Übergang zum DT.-Gesetz angeht, so ist wohl für die erste, programmatische dtn. Rahmung nach Dtn. 7,12.13(14-16aα) nach der Verheißung der Segensgaben die Opferthematik und damit die an 6,12 (השמר לך) erinnernde paränetische Einleitung der Zentralisationsgesetze in 12,13 angeschlossen gewesen; die fiktive Landnahmesituation spiegelt sich noch in 12,13b (בכל=מקום אשר תיראה -

---

239 Vgl. die Vermutungen in dieser Richtung bei FABRY, Noch ein Dekalog!, S.92-96; ALLONI, The Returning Exulants under Zerubabel and their Relations with the Samaritans, Shnaton 4, 1980, 27-61.

240 Sie setzt sich - wie auch in 27,4.12f. in die Versionen, bes. natürlich im Samaritanus fort, vgl. BHS, DRIVER et al. z.St.

nämlich: wenn Jahwe, dein Gott dich in das Land bringt, 6,10). Der Kern der Zentralisationsgebote ist vermutlich in v.14 formuliert:

‫ובמקום אשר=יבחר יהוה...תעלה עלתיך... :‬

Wenn es - was von Dtn. 1-3 her unwahrscheinlich ist - nicht der Verfasser dieses Textes war, der das dtn. Gesetz gerahmt hat, sondern erst der von Dtn. 5*, so wird man ihm möglicherweise auch den Übergang von 11,31;12,1* (ohne die singularischen Teile) und die pluralische Hinführung in 12,8-12* zuzuschreiben haben, v.2-7 aber setzt den radikalen Ton von 11,22-25 fort, und fügt sich gut zu der Schicht, die an der Einfügung der Horebereignisse in Dtn. 9,7-10,11 interessiert war: für sie ist die Voraussetzung der Zentralisation die radikale Zerstörung aller anderen Kultstätten. - Es sind also nicht die formgebenden Schichten des dtr.G, von denen die pluralische dtr. Bearbeitung des Gesetzes ausgeht, sondern spätere, die das dtn. Gesetz vom Horeb herkommen sehen und auf Jerusalem hin deuten.

Der relativ sparsamen zweiten Rahmung des dtn. gerahmten Gesetzes durch den dtr. Verfasser von Dtn.5 ist eine breit angelegte Auseinandersetzung mit der Forderung des Gesetzesgehorsams gefolgt, die literarisch in den spät-dtr. Bereich der Schichten von Dtn. 4.29f. gehört. Sie umfaßt abgesehen von kleineren Einsprengseln vermutlich 8,1.19f.; 9,7-10,11*; 11,2-9.22-28. Ein eigener spät-dtr. katechetischer Block untergliedert den Passus durch 9,1-6 + 10,12-15a (15b-19)20f. und einige Fortschreibungen in Dtn. 11,10-12.13-21.(29f.). Diese zweite Gruppe katechisierender singularischer Texte verhält sich zu den spät-dtr. Ausführungen in Dt. 9f.*.11* wie die singularischen Schichten von Dtn. 30 zu Dtn. 29. Es geht in ihnen um die neue ‫צדקה‬ Israels angesichts der Wohltaten Jahwes, um Umkehr und Neubeginn im Zeichen des neuen Gehorsams (10,12f.) nach den Erfahrungen des Versagens (am Horeb - Dtn. 9,7-10,11* - wie im Verheißungslande -Dtn. 29) aber auch nach der Erneuerung der Berjt (Dtn. 10,1-5.6-10 bzw. nach der neuen Verkündigung der Berit von Moab (28,69). In diesen späten Schichten wird die Verantwortung für die Tradition dem levitischen Priestertum übertragen (Dtn. 10,8f./31,34-37), es ist eine Zeit, in der Israel durchdrungen ist von einer neuen, am Gesetz orientierten Frömmigkeit, in der der Familienvater zum Toralehrer wird (Dtn. 6,6-9.20-25), der die neue ‫צדקה‬ praktiziert und an seine Kinder weitergibt, der Mischehen vermeidet (Dtn. 7,3b.4) und der mit der Erzählung von den Heilstaten Jahwes die Einhaltung der Gesetze lehrt, der schließlich in besonderer Weise unter den Verheißungen an die, "die Jahwe lieben und seine Gebote halten" steht (7,8b.9-11). Die Schüler dieser spät-dtr. Phase haben hier und da kommentierend in die dtn. Texte eingegriffen und Bezüge paränetischer Art zu anderen Themen und Textbereichen im weiteren Tetrateuch hergestellt, wobei ihr besonderes Interesse (wie in Dtn. 4) in der Einschärfung des Bilderverbotes durch diverse Hinweise besteht (Dtn. 6,15b.16.17b-19; 7,5.25f.). Das dtn. Wissen darum, daß Israel nicht aus eigener Kraft zum Erben der Verheißung geworden ist (Dtn. 8,18), sondern allein aufgrund der Erwählung (7,6), der Bundestreue Jahwes (7,12b) und der Liebe zu den Vätern (7,7f.), daß zwischen diese Bundestreue der Abfall und der Ungehorsam Israels getreten ist (9,7-10,11), hat dieser Generation die Erkenntnis beschert

(Dtn. 9,6) כי לא בצדקתיך יהוה אלהיך נתן לך את-הארץ הטובה הזאת :

BRAULIK[241] interpretiert Dtn. 9,4ff. im Sinne der iustificatio impii, KÖCKERT[242] sieht im Dtn. gar schon einer "nomistischen Konzeption jegliche Basis entzogen". Doch streben die späten Deuteronomisten sicherlich noch nicht ein "Ende des Gesetzes" im paulinischen Sinne an, sondern sie wollen ja gerade eine aus der Demut vor der Barmherzigkeit Gottes kommende neue, um so intensivere Hinwendung zu seinem Gesetz anregen, aufgrunddessen allein dem Menschen צדקה zugesprochen werden kann (Dtn. 10,12f.; 6,25). Aber ein Vorgeschmack des Evangeliums von der freien Gnade Gottes mag man dennoch schon hier finden und hat das spät- und nachexilische Israel mit den Einsichten der dtr. Schule wohl auch hier gefunden. Aus dem Zuspruch der dtn. restaurativen Aufbereitung der Tradition und des Gesetzes hat es genauso gelebt wie aus dem Wissen um die Herkunft dieses Gesetzes vom Horeb und aus der Treue zu der mit ihm verbundenen mosaischen Tora. LUTHER interpretiert Dtn. 9,4ff. vom ersten Gebot her:

"In hoc capitulo amputat Mose aliam occasionem praevaricationis in primum praeceptum, quam vocant superbiam spiritualem, quae de iusticia et meritis gloriatur. Haec est fiducia in operibus propriis, qua non est pestilentior pestis et adversaria fidei seu fiduciae in misericordia dei. Ideo multis verbis eam Mose hic destruit per totum capitulum. Nam haec est rapina gloriae dei, iuxta quod simul consistere nequeant: gloriari in deo et gloriari de misericordia, in nobis ipsis de iustitia et operibus. Confutat autem eam iusticiam tribus robustis argumentis: Primo, quod gentes illae meruerint expelli propter suam impietatem...Secundo: autoritate promissionis divinae...Tertio: ipsa experientia, dicens 'Cum sis populus durae cervicis'..."[243].

---

241 Gesetz als Evangelium. Rechtfertigung und Begnadigung nach der deuteronomischen Thora. SBAB 2, S.123-160, bes.S.149ff..

242 KÖCKERT, Das nahe Wort. Zum entscheidenden Wandel des Gesetzesverständnisses im alten Testament, ThPh 60,1985, S.496-519, S.515.

243 WA 14,634, 30-37; 635,1.26; 636,1.

VI Israel zwischen Verheißung und Gebot

"Wären die Judäer ruhig in ihrem Lande geblieben, so wäre die Reformation Josias schwerlich im Volke durchgedrungen, weil die Fäden zu stark waren, welche die Gegenwart mit der Vergangenheit verbanden. Um die Bamoth, an die sich von den Vätern her die heiligsten Erinnerungen knüpften, die wie Hebron und Beerseba durch Abraham und Isaak selber gestiftet waren, in den Ruf abgöttischer und ketzerischer Greuelstätten zu bringen, dazu bedurfte es eines vollständigen Durchschneidens der natürlichen Tradition des Lebens, des Zusammenhanges mit den ererbten Zuständen. Dies wurde bewirkt durch das babylonische Exil...Die neue Generation hatte kein natürliches, sondern nur noch ein künstliches Verhältnis zu der Vorzeit; die so fest eingewurzelten Gewächse des alten Ackers, Dornen in den Augen der Frommen, waren ausgerissen, der Neubruch bereit für neue Samen. Es ist allerdings nicht an dem, daß eine allgemeine Bekehrung im Sinne der Propheten damals das ganze Volk ergriffen hätte. Vielleicht die Mehrzahl gab die Vergangenheit überhaupt preis... Nur die Frommen, die zitternd Jahves Worte folgten, verloren sich nicht; sie allein hatten die Kraft, in dem Völkergewoge, in dem sie umhertrieben, die jüdische Besonderheit zu bewahren."

(J.WELLHAUSEN, Prolegomena zur Geschichte Israels, S.27f.) -

Das Programm der neuen "alten" Identität Israels formuliert zu haben ist vor allem das Verdienst der Verfasser der dtn. Rahmung der alten josianischen Gesetze. Sie lassen Israel von Anbeginn seiner Geschichte an unter dem Ausschließlichkeitsanspruch Jahwes stehen, dem zugleich der Zuspruch der Erwählung korrespondiert. Dabei waren die Deuteronomiker sich bewußt der Geschichte des Scheiterns Israels, wie sie das dtr.G beschrieben hatte. Die Neuformulierung der alten Hauptgebote geschieht in bewußter Anlehnung und Alternierung der dtr. Landnahmeerzählung, die in der großen Verpflichtungsszene von Josua 24 ihren programmmatischen Abschluß gefunden hatte. Hier wurde nach dem Untergang Israels, der Deportierung der Führungsschichten und den Wirren der frühen Exilszeit, schließlich der Resignation und der Anpassung an die neuen Gegebenheiten, bis hin zu zaghaften Anzeichen einer Besserung wie dem der Begnadigung Jojachins, exemplarisch eine Szene der ersten Anfänge gezeichnet. Israel war vor die Entscheidung gestellt, welchen Göttern es dienen wollte, und es hatte sich für Jahwe als seinen Gott entschieden. Diese Szene projiziert die dtn. Rahmung zurück in die Mosezeit: sie läßt Mose den Ausschließlichkeitsanspruch Jahwes, den Zuspruch der Väterverheißung an die nachfolgenden Generationen, den Zuspruch der Erwählung aber auch den Anspruch radikaler Abgrenzung zusammengefaßt in der sog. Bundesformel vor dem Eintritt in das Verheißungsland verkünden. Mit Dtn. 6,4-5.; 7,6.; 26,17f.* ist formuliert, was Israel als Volk (ohne Land und ohne nationale Souveränität) definiert: seine ausschließliche Zuordnung zu Jahwe. Das Hauptgebot ist die ungeteilte Loyalität gegenüber Jahwe (6,5.10-13) und die strikte Abgrenzung gegenüber den Völkern sowohl des Erdkreises, von denen Israel durch seine Erwählung herausgehoben ist, als auch des verheißenen Landes, von denen es sich durch seine ausschließliche Bindung an Jahwe (seine Heiligkeit) unterscheidet (Dtn. 7,1-3a). Seine

Verheißung ist allein in der Treue Jahwes zu seinem Schwur gegenüber den Vätern und damit zu sich selbst begründet; ihn bezeichnen die Deuteronomiker mit dem stärksten ihnen verfügbaren Ausdruck der Verpflichtung als Berit. Der Eintritt in das Verheißungsland wird vorgestellt als Antritt des Vätererbes, Israel bringt seinen Dank und das Bekenntnis zu Jahwe zum Ausdruck an dem einen Ort, den Jahwe zu seiner Verehrung erwählt hat (Dtn. 26); das Verhältnis zu seinem Gott und die Rechte und Ordnungen im Lande sollen die - dtn. bearbeiteten - josianischen Gesetze (12-25*) bestimmen. Das Datum der Moserede erscheint zugleich als das der Verpflichtung auf diese Ordnungen und der - einmaligen - gegenseitigen Loyalitätserklärung in der Bundesformel (Dtn. 26,16-18): sie ist das Datum für die "Jahwevolk-Werdung" Israels, für die Geburt einer neuen, ausschließlich jahwistisch religiös bestimmten "Nation".

Die Formulierungen des Credos wie der Hauptgebote und Haupt-Zusagen dieses deuteronomischen Neuentwurfs sind - so sehr sie an alten Traditionen orientiert sind - durchweg neuartig und eigenwillig. Sie verraten die Kenntnis der Vätergeschichten ebenso wie der Verkündigung der alten Propheten, vornehmlich Hoseas und Jeremias. In Form und Sprache durchweg literarischer Natur schaffen sie eine systematisierende Verbindung von Gebot und Heilsgeschichte, die in Israel so bisher noch nicht bekannt war. Als ihre Träger wird man eine Schule annehmen, die sich nach dem Zusammenbruch zum Teil aus zurückgebliebenen Überlieferern der alten höfischen Quellen und Traditionen (dtr.G) und aus Trägern einer radikalen jahwistischen Kultur, die von den Deportationen verschont geblieben waren, zusammensetzte, wohl aus solchen levitischen Gruppen, die die Zentralisation des Kultus' unter Josia positiv aufzunehmen und neu zu interpretieren wußten.

Die dtn. Programmatik hat ihre Wirkungsgeschichte, wie schon WELLHAUSEN erkannt hat, erst in exilischer Zeit entfaltet. Zunächst ist das Bedürfnis nach einer paränetischen Vertiefung der "mosaischen" Forderungen erkennbar (Dtn. 7,17-8,18*). Zugleich wird mit der Formulierung einer grundlegenden Tora im Dekalog eine Reihe von grundlegenden gemeinisraelitischen Geboten geschaffen, die als das verbindende "Grundgesetz Israels" sowohl in der Golah als auch im Lande gelten kann. Diese schreiben die Deuteronomisten göttlicher Offenbarung zu und verankern sie in der alten Sinai-Theophanie-Erzählung. Mit einer midraschartigen Rekapitulation derselben wird der Dekalog später auch dem dtn. Gesetz vorangestellt und zum Dokument einer bindenden Verpflichtung Israels (Berit) erklärt. Zugleich erhält das dtn. Gesetz eine neue Ätiologie: es soll selbst von Jahwe an Mose geoffenbart sein. Literarisch ist die Vorschaltung von Dtn. 5 vor das dtn. Gesetz vermutlich eine der folgenreichsten Taten der dtn./dtr. Schule überhaupt, denn durch sie wird die ursprüngliche dtn. "Moserede" (singularisch) zur indirekten Jahwerede, wodurch sich die Notwendigkeit ergibt, die Mahnungen und Kommentare des "Mose" im Folgenden vom vorgegebenen Text abzuheben (pluralisch). Der Gegenstand der von hier ausgehenden Bearbeitungsschichten - denn es bleibt nicht bei der einfachen Rahmung, sondern kommt bald zu fortschreibenden Kommentierungen und Weiterungen, ist die Warnung vor dem Abfall von Jahwe (6,14) und die Ermahnung zur Befolgung der Gebote (5,31ff.; 6,1 etc.). Wir nennen diese Rahmung (formal) "deuteronomistisch". Sie ist verknüpft mit der Einbindung des so gerahmten "dtr.Dtn.s" in das dtr.G und verbunden mit einer Untergliederung des Gesetzes in verschiedene Blöcke (5.6ff.12-26*). Als Gewährsleute der nun entstehenden am mosaischen Gesetz orientierten Frömmigkeit erscheinen zunächst die Ältesten Israels (31,9*).

Das Bild der Wüstenzeit Israels für die Exilszeit wird - in einer weiteren Phase der kommentierenden Bearbeitung - vertieft in dem Midrasch auf die Sinaiereignisse (Ex.32-34*) in Dtn. 9,7-10,11*: die Zeit des Aufbegehrens und der Sünde kann nur in einer radikalen Buße, wie Mose sie dereinst als Mittler Israels vollzogen hat, überwunden werden. Als Gewährsleute des erneuerten Bundesverhältnisses und Wächter über dem Gesetz werden die Leviten angesehen, das durch sie von nun an bestimmte Priestertum wird zum entscheidenden Toralehrer in Israel. Die Gewährleistung der jahwistischen Überlieferungen und der Gesetze an die kommenden Generationen liegt bei ihnen und bei der Treue "ganz Israels" zum "ganzen" Gesetz (11,2-9.22-28), hiervon hängt künftig alles ab: Landbesitz, Vertreibung der Völker, Segen und Zukunft der Kinder und Kindeskinder. Die gesamte gebotsparänetische Bearbeitung und damit auch die literarischen Reflexe auf die dtn. Gebote und Zusagen im Dtn. wie im dtr.G geht von diesen dtr. bzw. spät-dtr. Schichten aus. Diese Bearbeitungen haben lehrhaften Charakter, sie sind meist nicht am Ganzen eines Textzusammenhanges, sondern an der Kommentierung einzelner Elemente interessiert. Ihr Anliegen ist die Etablierung einer ganz und gar am "mosaischen" Gesetz orientierten Frömmigkeit in Israel; ihr Idealbild des neuen Lebens zeichnet sich in der Forderung der permanenten Gebotsobservanz sogleich zu Beginn des dtn. Rahmens in Dtn. 6,6-9 und in einer exemplarischen Katechese in Dtn. 6,20-25 ab, ansonsten in einer paränetischen Durchdringung des gesamten Textes. Methodisch kennzeichnend ist für diese wie für die dtn. Schichten von Anfang an die kommentierende Aufnahme vorgegebener Texte: der dtn. Rahmen (6,4-5.10-13;7,1-3a.6.12b.13-16aα*) orientiert sich an der Landnahmeerzählung des dtr.G und an Josua 24 sowie an der Form der Gesetze, seine Paränesen (7,17-21.23-24; 8,2a*.3a.4-5.7-11a.12-13.17-18) nehmen die Formen und Gedanken der dtn. Grundschicht auf und entwickeln sie weiter, die dtr. Ätiologie des dtn. Gesetzes in Dtn. 5 nimmt die (dtr.*) Sinai-Erzählung in einer gewissen Grundform auf, ebenso Dtn. 9,7-10,11, die spät-dtr. katechetischen Schichten beziehen sich auf den dtn. Rahmen als auf mosaisches Gesetz und weisen Berührungen vor allem zu Dtn. 6 auf (so in 10,12ff.; 11,13-21). Die dtn./dtr. Anschauungen haben eine starke Wirkung auch auf die Bearbeitung sowohl des weiteren dtr. G als auch der Gesetzeskorpora und der Sinaiperikope entfaltet, wobei besonders zu nennen sind die Eintragung und ständige Fortführung des Mischehenverbotes (Ex. 23; 34; Num. 33; Jos. 23; Ri. 2) und die Formulierung grundlegender Katechesen im Zusammenhang der Exodusdarstellung (Ex. 12f.). In den katechetischen Schichten und den gebotsparänetischen Weiterungen des Deuteronomiums ist eine eindeutige schichtenmäßige Zuordnung kaum mehr möglich, lediglich in Relation zu dem jeweils vorgegebenen Fortschreibungszusammenhang lassen sich hier gewisse Abstufungen vornehmen. So scheint zunächst mit der Vorschaltung von Dtn. 5 nur eine relativ schmale Bearbeitung des dtn. Rahmens in Dtn. 6,14.(17a?); 7,7.8a.; 11,31f. (12,1a*.8-12*) erfolgt zu sein. Jünger erscheinen die gebotsparänetischen pluralischen Rahmungen in 8,1.19f.* im Verein mit 9,7*.8-19.(20).21.(22-24).(25-29); 10,1-5.(6f.)8-11 und 11,2-9.22-28. An diese wie jene knüpfen sich die - zunächst singularischen, sodann auch in ihrer Anredeform schwankenden - sog. "katechetischen" Schichten in Dtn. 6,2f.6-9.15b.18-19.20-25; 7,3b-4.8b-11.; 8,2b.6.11b.15-16* und 9,1-6.7a*.; 10,12-15a.20f. und noch spätere Fortschreibungen in 6,15a.16; 7,5.12a.22.25f.; 8,3b.; 10,15b-19.22.11,1; 11,(10-12).13.(14-15).16-17.18-21.(29-30). Als zum religiösen Kommentar in mosaischem Gewand geronnen wird man solche Art der Anbindung der Verheißungen und des Jahweglaubens Israels an den Gehorsam gegen die Tora für eine literarische Einkleidung auch anderweitig "gepredigter" Gedanken halten können. Als Träger dieser (spät-exilischen und nachexilischen) Predigtbewegung wird man das levitische Priestertum annehmen können, welches sich mit der Tradierung und Fortschreibung der mosaischen Tora verbindet und der dtr. Überlieferung in weiten Bereichen des Alten Testaments zur Geltung verholfen hat.

399

LITERATURVERZEICHNIS

Die Abkürzungen folgen S.SCHWERTNER, Theologische Realenzyklopädie - Abkürzungsverzeichnis, Berlin - New York 1976.

ABBA, R., Priests and Levites in Deuteronomy, VT 27, 1977, S.257-267.

ABEL, F., Géographie de la Palestine I: Géographie physique et historique, Etudes bibliques, Paris (3.Aufl.) 1967.

ABERBACH, M./SMOLAR, L., Aaron, Jeroboam and the Golden Calves, JBL 86, 1967, S.129-140.

AISTLEITNER, J., Die mythologischen und kultischen Texte aus Ras Shamra, Budapest 1959.

-      Wörterbuch der ugaritischen Sprache, Berichte über die Verhandlungen der sächsischen Akademie der Wissenschaften zu Leipzig, Phil.-hist.Klasse 106 H.3, (Hrsg. O. Eißfeldt), Berlin 1963.

ALBERS, E., Die Quellenberichte in Josua 1-12. Beitrag zur Quellenkritik des Hexateuchs, Bonn 1891

ALBERTZ, R., Persönliche Frömmigkeit und offizielle Religion. Religionsinterner Pluralismus in Israel und Babylon, Calwer Theologische Monographien 9, Stuttgart 1978.

ALBREKTSON, B., Mitt folk, min utkorade. Utkorelsen och begreppet "Guds folk" i Gamla testamentet, in: Israel, kirken och verden, Nordisk teologkonferanse Utstein kloster 1971, Hrsg. M. Saebo, Oslo 1972, S.21-38.

ALLONI, J., The Returning Exulants under Zerubabel and their Relations with the Samaritans, Shnaton 4, 1980, S.27-61.

ALT,A., Das Gottesurteil auf dem Karmel. Festschrift Georg Beer zum 70. Geburtstage, Stuttgart 1935, in: Kleine Schriften des Volkes Israel, Bd. 2, München (2.Aufl.) 1959, S. 135-149.

-      Die Heimat des Deuteronomiums (1953), in: Kleine Schriften zur Geschichte des Volkes Israel, Bd. 2, München (2. Aufl.) 1959, S.250-275.

-      Die Ursprünge des israelitischen Rechts. Berichte über die Verhandlungen der Akademie der Wissenschaften zu Leipzig. Phil.hist.Klasse Bd.86,H.1, 1984 (in: Kleine Schriften zur Geschichte des Volkes Israel Bd. 1, München (s.Aufl.) 1959, S.278-332.

ALTMANN, P., Erwählungstheologie und Universalismus im Alten Testament, BZAW 92, Berlin 1964.

ANDERSEN, F. I., The Hebrew Verbless Clause in the Pentateuch, JBL (Monograph Series) 14, Nashville 1970.

ANDREASEN, E., Recent Studies of the OT Sabbath, ZAW 86, 1974, S.453-469.

ASSYRIAN DICTIONARY of the Oriental Institute of the University of Chicago, Chicago,Ill. u.a. 1956ff. (1.1 1962) (=CAD).

AUERBACH, E., Die große Überarbeitung der biblischen Bücher, VTS 1, 1953, S.1-10.

AULD, A.G., Joshua, Moses and the Land. Tetrateuch-Pentateuch-Hexteuch in a Generation Since 1938, Edinburgh 1980.

-      Judges I and History: A Reconsideration, VT 25, 1975, S.261-285.

AURELIUS, E., Der Fürbitter Israels. Eine Studie zum Mosebild im Alten Testament, CB OTS 27, Stockholm 1988.

BACH, R., Die Erwählung Israels in der Wüste, Diss. Bonn 1952.

BADE, W., Der Monojahwismus des Deuteronomiums, ZAW 30, 1910, S.81-90.

BÄCHLI, O., Zur Aufnahme von Fremden in die altisraelitische Kultgemeinde, in: Wort-Gebot-Glaube. Beiträge zur Theologie des Alten Testaments, (Hrsg. H. J. Stoebe, u. a.), Festschrift f. W. Eichrodt, AThANT 59, Zürich 1970, S.21-26.

-      Die Erwählung des Geringen im Alten Testament, ThZ 22, 1966, S.385-395.

-      Israel und die Völker. Eine Studie zum Deuteronomium, AThANT 41, Zürich-Stuttgart 1962

BAENTSCH, B., Das Bundesbuch Ex.XX,22-XXIII,33, Halle 1892.

-      Exodus - Leviticus - Numeri, HK I/2, Göttingen 1903.

BALTZER, K., Das Bundesformular, WMANT 4, Neukirchen/Vl. 1960.

BARTH, J., Die Nominalbildung in den semitischen Sprachen, Leipzig (2.Aufl.) 1894.

BARTLETT, J.R., Sihon and Og, Kings of the Amorites, VT 20,1970, S.257-277.

BAUMGARTNER, W., Der Kampf um das Deuteronomium, ThR NF 1, 1929, S.7-25.

BECKER, J., Gottesfurcht im Alten Testament, AnBibl 25, Rom 1965.

BEER, G., Exodus, mit einem Beitrag von Kurt Galling, HAT I/3, Tübingen 1939.

BEGG,Chr.T., Contributions to the Elucidation of the Composition of Deuteronomy With Special Attention to the Significance of the Numeruswechsel, Diss., Louvain 1978

-      The Destruction of the Calf (Exod 32,20/Deut 9,21), BEThL 68, 1985, S.208-251.

-      The Literary Criticism of Deut. 4, 1-40. Contributions to a Continuing Discussion, BEThL 56, 1980, S.10-55.

-      The Significance of the Numeruswechsel in Deuteronomy. The "Pre-History" of the Question, BEThL 55, 1979, S.116-124.
-      The Tables (Deut. X) and the Lawbook (Deut. XXXI), VT 33,1, 1983, S.96-97.

BEN-BARAK, H., The Law of the King in Deuteronomy, (neu-hebr.), Shnaton 1, 1975, S.33-44.

BENTZEN, A., Die josianische Reform und ihre Voraussetzungen, Kopenhagen 1929.

BERG, W., Die Eifersucht Gottes - ein problematischer Zug des alttestamentlichen Gottesbildes? BZ NF 23, 1979, S.197-211.

BERGMAN, J./ HALDAR, A./ WALLIS, G., Art. אהב, ThWAT I, Sp.105-128.

BERGMAN, J./ LOHFINK, N., Art. אחד, ThWAT I, Sp.210-218.

BERRY, G. R., The Code Found in the Tempel, JBL 39, 1920, S.44-51.

-      The Date of Deuteronomy, JBL 59, 1940, S.133-139.

BERTHOLET, A., Deuteronomium. Kurzer Hand-Commentar zum Alten Testament V, Tübingen/Freiburg i. B. 1899.

- Die Stellung der Israeliten und der Juden zu den Fremden, o.O., 1896.

BEYERLIN, W., Herkunft und Geschichte der ältesten Sinaitraditionen, Tübingen 1961.

- (Hrsg.), Religionsgeschichtliches Textbuch zum Alten Testament, Grundrisse zum Alten Testament - ATD Ergänzungsreihe 1, Göttingen 1975 (=RTAT).

Die BIBEL nach der Übersetzung Martin Luthers, revidierte Fassung von 1984, (hrsg. von der Ev. Kirche in Deutschland u. vom Bund der Ev. Kirchen in der DDR), Stuttgart 1985.

BIBLIA HEBRAICA. hrsg. R.Kittel, Stuttgart (16.Aufl.) 1973 (=BHK).

BIBLIA HEBRAICA STUTTGARTENSIA, hrsg. E.Elliger, W.Rudolph, G.E.Weil, Stuttgart 1968-1976 (=BHS).

BIBLIA SACRA iuxta Vulgatam Versionem, hrsg. R.Weber, 2.Bde., Stuttgart (2.Aufl.) 1975.

BIETENHARD, H., Der tannaitische Midrasch Sifre Deuteronomium, übersetzt und erklärt von Hans Bietenhard, mit einem Beitrag von Henrik Ljungman, Judaica et Christiana 8, Bern, Frankfurt, Nancy, New York 1984.

BLAIR, E.P., An Appeal to Remembrance. The Memory Motif in Deuteronomy, Interpr. 15, 1961, S. 41-47.

BLUM, E., Die Komposition der Vätergeschichte, WMANT 57, Neukirchen/VI. 1984.

BOECKER, H. J., Recht und Gesetz im Alten Testament und im Alten Orient, Neukirchen/Vl. 1976.

BOER, P.A.H.de, Some Observations on Deuteronomy VI 4 and 5, in: Von Kanaan bis Kerala, FS J.P.M. van der Ploeg, AOAT 211, Neukirchen / Vl. 1982, S.45-52.

BOROWSKI, O., The Identity of the Biblical ṣira<, in: The Word of the Lord Shall Go Forth, FS D. N. Friedman (Hrsg, C. L. Meyers, M. O` Connor), ASOR Spec. Vol. Series 1, Winona Lake (Ind.), 1983, S.315-319.

BOTTERWECK, G.J./RINGGREN, H. (Hrsg.), Theologisches Wörterbuch zum alten Testament, Bd. Iff., Stuttgart-Berlin Köln Mainz 1970ff. (=ThWAT).

BRAULIK, G., Die Abfolge der Gesetze in Deuteronomium 12-26 und der Dekalog, BEThL 68, 1985, S.252-272 (= SAB 2, 1988, S.231-255).

- Die Ausdrücke für "Gesetz" im Buch Deuteronomium, Bibl.51, 1970, S.39-66 (= SAB 2, 1988, S.11-38).

- Deuteronomium 1-16,17, Die Neue Echter Bibel, Kommentar zum Alten Testament mit der Einheitsübersetzung, Lfg.15, Würzburg 1986.

- Gesetz als Evangelium. Rechtfertigung und Begnadigung nach der deuteronomischen Tora, ZThK 79,1982, S.127-160 (= SAB 2, 1988, S.123-160).

- Law as Gospel. Justification and Pardon According to the Deuteronomic Torah, Interp 38, 1984, S.5-14.

- Literarkritik und archäologische Stratigraphie. Zu S. Mittmanns Analyse von Deuteronomium 4,1-40, Bibl 59, 1978, S.351-383.

- Die Mittel deuteronomischer Rhetorik erhoben aus Dtn. 4,1-40, AnBibl 68, Rom 1978

- Spuren einer Neubearbeitung des deuteronomistischen Geschichtswerkes in 1 Kön 8,52-53.59-60, Bib. 52, 1971, S.20-33 (= SAB 2, 1988, S.39-52).

- Studien zur Theologie des Deuteronomiums, Stuttgarter Aufsatzbände (SAB) 2, (hrsg. G.Dautzenberg, N. Lohfink), Stuttgart 1988.

- Das Testament des Mose. Das Buch Deuteronomium, Stuttgarter Kleiner Kommentar Altes Testament 4 (Hrsg. G.Miller/F.J.Stendebach), Stuttgart 1976.

BREKELMANS, C., Deuteronomy 5: Its Place and Function, in N.LOHFINK (Hrsg.), Das Deuteronomium. Entstehung, Gestalt und Botschaft, Bibliotheca Ephemeridum Theologicarum Lovaniensium LXVIII, Leuven 1985

- Die sogenannten deuteronomistischen Elemente in Genesis bis Numeri. Ein Beitrag zur Vorgeschichte des Deuteronomiums, VT.Suppl. 15,1966, S.90-96

- Eléments deutéronomiques dans le Pentateuque, in: Aux Grands Carfours de la Révélation et de l'Exégèse de l'Ancien Testament, Recherches Bibliques 8, Louvain 1967, S.77-91

- De HEREM in het Oude Testament, Diss., Nijmegen 1959.

BRONGERS, H.A., Bemerkungen zum Gebrauch des adverbialen we-<attah im Alten Testament. Ein lexikologischer Beitrag, VT 15,1965,S.289-299.

- Der Eifer des Herrn Zebaoth, VT 13, 1963, S.269-284.

BUCHHOLZ, J., Die Ältesten Israels im Deuteronomium. Göttinger Theologische Arbeiten 36 (hrsg.v. G.Strecker), Göttingen 1988.

BUIS, P., Le Deutéronome. VS AT 4, Paris 1969.

CALOZ, M. Exode XIII,3-16 et son rapport au Deutéronome, RB 75, 1968,S.5-62.

CAQUOT, A., Remarques sur la "loi royale" du Deutéronome 17,14-20, Semitica 9,1959, S.21-33.

CAZELLES, H., Art. Pentateuque. Dictionaire de la Bible, Supplement VII (hrsg.v.H.Cazelles/A.Feuillet), Paris 1966, Sp.687-858.

CHARLES, R., The Decalogue. The Warburton Lectures 1919-1923, Edinburgh (2.Aufl.) 1926.

CHILDS, B.S., The Book of Exodus, OTL, London 1974.

CLARK, W.M., The Origin and Development of the Land Promise Theme in the Old Testament, Diss., Yale Univ. 1964.

CLEMENTS, R.E., Abraham and David. Genesis XV and its Meaning for Israelite Tradition, SBT Second Series 5, London 1967.

- Deuteronomy and the Jerusalem Cult Tradition, VT 15, 1965, S.300-312.

- Exodus. The Cambridge Bible Commentary on the New English Bible, Cambridge 1972.

COATS, G.W., Rebellion in the Wilderness. The Murmuring Motif in the Wilderness Traditions of the Old Testament, Nashville 1968.

CODY, A., Aaron/ Aaronitisches Priestertum I, TRE I, 1977, S.1-5.

COLENSO, J.W., Critical Analysis of the Book of Genesis, the Pentateuch and the book of Joshua, Part V, London 1985.

CORNILL, C.H., Das Buch Jeremia übersetzt und erklärt, Leipzig 1905.

COWLEY, A.E., Aramaic Papyri of the Fifth Century B.C., o.O., 1923

CROSS, F.M., Canaanite Myth and Hebrew Epic. Essays in the History of the Religion of Israel, Cambridge (Mass.)/London 1973.

-        The Structure of the Deuteronomistic History, in: Perspectives of Jewish Learning, Annual of the College of Jewish Studies, Chicago 1928, S.9-24.

CRÜSEMANN, F., Bewahrung der Freiheit. Das Thema des Dekalogs in sozialgeschichtlicher Perspektive, Kaiser Traktate 78, München 1983.

CRUMP, W., Deuteronomy 7: A Covenant Sermon, Restoration Quarterly 17, 1974, S.222-235.

DAHL, N.A., Das Volk Gottes. Eine Untersuchung zum Kirchenbewußtsein des Urchristentums, Oslo 1941 (bzgl.des A.T. S.26ff.).

DAUBE, D., Studies in biblical Law, New York (2.Aufl.) 1969.

DAVENPORT, J.W., A Study of the Golden Calf Tradition in Exodus 32, Diss., Princeton (USA), 1973.

DELCOR, M., Astarte et la fécondité des troupeaux en Deut. 7,13 et paralleles, UF 6, Neukirchen-Vl./Kevelaer 1974, S.7-14.

DENTAN, R.C., The Literary Affinities of Exodus 34,6f., VT 13, 1963, S.34-51.

DEROUSSEAUX, L., La Crainte de Dieu dans l'Ancien Testament. Royauté, alliance, sagesse dans les royaumes d'Israel et de Juda, Recherches d'exégèse et d'histoire sur la racin yârê', Paris 1970.

DEXINGER, F., Das Garizimgebot im Dekalog der Samaritaner, in: Studien zum Pentateuch, FS W. Kornfeld, (hrsg. v. G.Braulik) Wien 1977, S.111-133.

DHORME, E., La Bible. L'Ancien Testament I, Paris 1956.

DIEPOLD, P., Israels Land, BWANT 95, Stuttgart-Berlin-Köln-Mainz 1972.

DIETRICH, M./ LORETZ, O./ SAMMARTIN, J., Die keilschriftalphabetischen Texte aus Ugarit einschließlich der keilalphabetischen Texte außerhalb Ugarits, Teil 1: Transskription, AOAT 24, Neukirchen-Vluyn 1976 (=KTU).

DIETRICH, W., Prophetie und Geschichte. Eine redaktionsgeschichtliche Untersuchung zum deuteronomistischen Geschichtswerk, FRLANT 108, Göttingen 1972.

DILLMANN, A., Die Bücher Numeri, Deuteronomium und Josua, KeH 13.Lieferung, Leipzig (2.Aufl.) 1886.

DOHMEN, C., Das Bilderverbot. Seine Entstehung und seine Entwicklung im Alten Testament, BBB 62, Bonn 1985.

DONNER, H./RÖLLIG, W., Kanaanäische und aramäische Inschriften, Bd I Texte, Bd.II Kommentar, Bd. III Glossare etc., Wiesbaden (2.Aufl.) 1966-69 (=KAI).

DRIOTON, É.: Maximes relatives à l'amour pour les Dieux, AnBibl 12, 1959, S.57-68.

DRIVER, G.R., Problems of the Hebrew Text and Language, in: Alttestamentliche Studien, FS F. Nötscher (hrsg. v.H.Junker/J.Botterweck) Bonn 1950, S.46-51.

DRIVER, S.R., A Critical and Exegetical Commentary on Deuteronomy, ICC, Edinburgh (3.Aufl.) 1902 (repr.)
- The Book of Exodus, Cambridge Bible for Schools and Colleges, Cambridge 1911.

DUHM, B., Anmerkungen zu den Zwölf Propheten. Sonderabdruck aus der Zeitschrift für alttestamentliche Wissenschaft, Giesssen 1911.

- Das Buch Jesaja übersetzt und erklärt, HK III,1. Göttingen (4.Aufl.1922 = 5.Aufl.) 1968.

- Das Buch Jeremia erklärt, KHC XI, Göttingen 1901.

EHRLICH, A.B., Randglossen zur Hebräischen Bibel. Textkritisches , Sprachliches und Sachliches, 2.Bd.:Leviticus, Numeri, Deuteronomium, 1909 (repr.Hildesheim 1968).

EICHTHAL, G.d', Etude sur le Deutéronome, Mélanges de Critique Biblique, Paris 1886

EICHRODT, W., Theologie des Alten Testaments, Teil I: Gott und Volk, Berlin (5.Aufl.) 1957.

EISING, Art. זכרון , ThWAT II, 1977, Sp. 586-589.

ELLIGER, K., Deuterojesaja.(1.Teilband:Jesaja 40,1-45,7), BK XI,1, Neukirchen-Vl. 1978

- Das Buch der zwölf Kleinen Propheten. II: Die Propheten Nahum, Habakuk, Zephanja, Haggai, Sacharja, Maleachi, ATD 25, Göttingen (7.Aufl.) 1975.

EMERTON, J.A., Priests and Levites in Deuteronomy (an examination of Ds.G.E.WRIGHT`s theory), VT 12, 1962, S.129-138.

EVEN-SHOSHAN, A., A New Concordance of the Bible. Thesaurus of the Language of the Bible Hebrew and Aramaic Roots, Words, Proper names, Phrases and Synonyms, Jerusalem 1981.

FABRY, H.-J., Art. לב / לבב , ThWAT IV, Sp. 413-451.

- Noch ein Dekalog! Die Thora des lebendigen Gottes in ihrer Wirkungsgeschichte. Ein Versuch zu Deuteronomium 27, in: Im Gespräch mit dem dreieinigen Gott. Elemente einer trinitarischen Theologie, FS W.Breuning, Düsseldorf 1985, S.75-96;

- Spuren des Penateuchredaktors in Jos 4,21ff.: Anmerkungen zur Deuteronomismus-Rezeption, BEThL 68, 1985, S.351-356.

FENSHAM, F., The Treaty between Israel and the Gibeonites, BA 1964, S.96-100 (vgl.auch The Biblical Archeologist Reader III, S.121-126).

FISHER, L.R. u.a., (Hrsg.), Ras Shamra Parallels. The Texts from Ugarit and the Hebrew Bible, Bd. II, Analalecta Orientalia 50, Rom 1975.

- Ras Shamra Parallels III, AnOr 51, Rom 1981.

FITZMYER, J.A., The Aramaic Inscriptions and Onomystics I, Biblica et Orientalia 19, Rom 1967.

FLOSS, J.P., Jahwe dienen - Göttern dienen. Terminologische, literarische und semantische Untersuchung einer theologischen Aussage zum Gottesverhältnis im Alten Testament, BBB 45, Köln-Bonn 1975.

FOHRER, G., Überlieferung und Geschichte des Exodus. Eine Analyse von Ex 1-15, BZAW 91, 1964.

- Der Vertrag zwischen König und Volk in Israel, ZAW 71, 1959, S.1-22.

405

FORESTI, F., The Rejection of Saul in the Perspective of the Deuteronomistic School. A Study of 1 Sm 15 and Related Texts, Studia Theologica Teresianum 5, Rom 1984.

FRIEDMAN, R.E., From Egypt to Egypt: Dtr1 and Dtr2, in: Traditions and Transformations: Turning Points in Biblical Faith, FS F.M.Cross, Winona Lake, 1981, S.167-192.

FISHER, L.R. (Hrsg.), Ras Shamra Parallels, I u.II, Rom 1972.

FRITZ, V., Israel in der Wüste. Traditionsgeschichtliche Untersuchung der Wüstenüberlieferung des Jahwisten, MThSt 7,1970.

FUHS, J., Art. ירא , fürchten, ThWAT III, Sp.869-893.

FUSS, W., Die deuteronomistische Pentateuchredaktion in Exodus 3-17, BZAW 126, 1972.

GALLING, K., Art. Amulett, BRL, HAT 1, Tübingen (2.Aufl.) 1977.

-      (Hrsg.), Biblisches Reallexikon (BRL), Tübingen (2.Aufl.) 1977.

-      Die Bücher der Chronik, Esra, Nehemia. ATD 12, Göttingen 1954 (Berlin 1958).

-      Das Königsgesetz im Deuteronomium, ThLZ 76, 1951, Sp. 133-138.

-      (Hrsg.), Textbuch zur Geschichte Israels, Tübingen (3.Aufl.) 1979 (=TGI)

GAMBERONI, J., Art. שטפח , ThWAT III, Sp.341ff.

GARCÍA-LÓPEZ, F., Un Dios, un pueblo, una tierra, una ley. Análisis de crítica literaria, de la forma y del genéro, de la composición y reddacción de Dt 6, 4-9,7; 10,12-11,25, (Apendice: Dt 5,1-6,3; 9,7b-10,11), Diss., Rom 1976, veröffentlicht s.v.:

Analyse littéraire de Deutéronome V-XI, Teil I RB 84,1977, S.481-522;Teil II RB 85,1978, S.5-49;

-      Deut.,VI et la tradition-rédaction du Deutéronome, Teil I RB 85,1978,S.161-200; Teil II RB 88, 1981, S.59-91;

-      "Un peuple consacré". Analyse critique de Deutéronome VII, VT xxxii,4,1982;

-      Yahvé, fuente última de vida: análisis de Dt 8, Bib.62,1982,S.21-54;

-      En los umbrales de la tierra prometida. Análisis de Dt.9,1-7;10,12-11,17, Separata de Salamanticensis Vol.xxviii, Fasc.1-2, S.37-64, Salamanca 1981.

GARSTANG, J., Joshua and Judges, London 1931.

GERSTENBERGER, E., Art. כון , ni. - feststehen, THAT I, Sp. 812-817.

-      Wesen und Herkunft des "apodiktischen Rechts", WMANT 20, Neukirchen/Vl., 1965.

GESENIUS, W./BUHL,F., Hebräisches und aramäisches Handwörterbuch über das Alte Testament, 17.Aufl. 1915, Nachdruck Berlin 1962 (=Ges.B.)

GESENIUS, W./KAUTZSCH, E., Hebräische Grammatik, Leipzig (28.Aufl.) 1909 (= Nachdruck: Hildesheim-Zürich-New York 1983) (=GK).

GIESEN, G., Die Wurzel שבע "schwören". eine semasiologische Studie zum Eid im Alten Testament, BBB 56, Königstein/Ts.-Bonn 1981.

GORDON, C.H., Ugaritic Textbook. Grammar, Texts in Transliteration, Cuneiform Selections, Glossary, Indices, Analecta Orientalia 38, Rom 1965 (Reeditio Photomechanica 1967)(=ÜT).

GOTTWALD, N.K., "Holy War" in Deuteronomy: Analysis and Critique, Review and Expositor 19,2, Louisville 1964, S.296-310.

GRAUPNER, A., Zum Verhältnis der beiden Dekalogfassungen Ex 20 und Dtn 5. Ein Gespräch mit Frank-Lothar Hossfeld, ZAW 99, 1987, S.308-329.

GRAY, G.B., Numbers. ICC, Edinburgh (2.Aufl.) 1912.

GRAY, J., Joshua, Judges and Ruth, CB, London - Edinburgh 1967.

GREENBERG, M., Moses' Intercessory Prayer (Exod.32,11-13,31-32; Deut. 9,26-29) in: TANTUR, Jerusalem Yearbook, Ecumenical Institute for Advanced Theological Studies 1977/78, s.21-35.

GRESSMANN, H. (Hrsg.), Altorientalische Texte zum Alten Testament, Berlin-Leipzig (2.Aufl.) 1926 (= Berlin 1970, Nachdruck) (=AOT).

- Die älteste Geschichtsschreibung und Prophetie Israels (von Samuel bis Amos und Hosea), SAT 2.Abt., Bd. 1, Göttingen (2.Aufl.) 1921.

GROSS, W., Die Herausführungsformel. Zum Verhältnis von Formel und Syntax, ZAW 86,1974, S.425-453.

- Zur Wurzel זכר , BZ NF 4, 1960, S.227-237.

GUNKEL, H., Genesis, HK 1.Abt.,1, Göttingen (3.Aufl.) 1910 (= Göttingen (9.) 1977).

- Die Psalmen. HK 2.Abt.,2, Göttingen (4.Aufl.) 1929 (= 5.Aufl. 1968).

GUNNEWEG, A.H.J., Leviten und Priester. Hauptlinien der Traditionsbildung und Geschichte des israelitisch - juedischen Kultpersonals, FRLANT 89, Göttingen 1965.

- Sinaibund und Davidsbund, VT 10, 1960, S.335-341.

GUTHE, D., Der Prophet Hosea, HSAT II, Tübingen (3.Aufl.) 1910, S. 1-20.

HAHN, J., Das 'Goldene Kalb'. Die Jahwe-Verehrung bei Stierbildern in der Geschichte Israels, Europäische Hochschulschriften XXIII 154, Frankfurt/M.-Bern 1981.

HALBE, J., Gibeon und Israel. Art, Veranlassung und Ort der Deutung ihres Verhältnisses in Jos. IX, VT 25, 1975, S.613-641.

- Passa-Mazzot im deuteronomischen Festkalender. Komposition, Entstehung und Programm von Dtn. 16,1-8, ZAW 87, 1975, S.147-168.

- Das Privilegrecht Jahwes Ex.34,10-26. Gestalt und Wesen, Herkunft und Wirken in vordeuteronomischer Zeit, FRLANT 114, Göttingen 1975.

HEMPEL, J., Die Schichten des Deuteronomiums. Ein Beitrag zur israelitischen Literatur- und Rechtsgeschichte, Leipzig 1914

- Die israelitischen Anschauungen von Segen und Fluch im Lichte altorientalischer Parallelen, in: J.Hempel, Apoxysmata. Vorarbeiten zu einer Religionsgeschichte und Theologie des Alten Testaments, Festgabe zum 30.Juli 1961, BZAW Berlin 1961.

HERDNER, A., Corpus des tablettes et cunéiformes alphabétiques découvertes à Ras Shamra-Ugarit de 1929 à 1939, Paris 1963 (=CTA).

HERRMANN, S., Geschichte Israels in alttestamentlicher Zeit, München 1983.

HERTZBERG, H.W., Die Bücher Josua, Richter, Ruth, ATD 9, Göttingen (5.Aufl.) 1973.

HIRTH, V., Gottes Boten im Alten Testament. Die alttestamentliche Mal>ak-Vorstellung unter besonderer Berücksichtigung des Mal>ak-Jahwe-Problems, ThA 32, Berlin 1975.

HÖFFKEN, P., Eine Bemerkung zum religionsgeschichtlichen Hintergrund von Dt. 6,4, BZ NF 28, 1984, S.88-93.

HÖLSCHER, G, Komposition und Ursprung des Deuteronomiums, ZAW 40,1922, S. 161-255.

HOFFMANN, H.-D., Reform und Reformen. Untersuchungen zu einem Grundthema der deuteronomistischen Geschichtschreibung, AThANT 66, Zürich 1980.

HOLZINGER, H., Einleitung in den Hexateuch, Freiburg i.B.-Leipzig 1893.

- Exodus. KHC II, Tübingen 1900.

- Das Buch Josua, KHC VI, Tübingen - Leipzig 1901.

HOFTIJZER, J., Die Verheissungen an die drei Erzväter, Leiden 1956.

HORN, H., Traditionsschichten in Ex. 23,10-33 und Ex. 34,10-26, BZ NF 15, 1971, S.203-222.

HORST, F., Der Eid im Alten Testament, Ev.Th.17, 1957, S.366-383 (= ThB 12, 1961, S.292-314).

- Gottes Recht. Gesammelte Studien zum Recht im Alten Testament, ThB 12, München 1961.

- Die Kultusreform des Josia, ZDMG 77, 1923, S.313ff.

- Das Privilegrecht Jahwes. Rechtsgeschichtliche Untersuchungen zum Deuteronomium, FRLANT 45 (NF 28), Göttingen 1930 (= ThB 12, 1961, S.17-154).

HORST, M.L., Études sur le Deutéronome, RHR 16,1887, S.28ff.; RHR 17, 1888, S.1ff.;320ff; RHR 23, 1891, S.184-200; RHR 27, 1893, S.119-176.

HOSPERS, J.H., De Numeruswisseling in Het Boek Deuteronomium, Diss., Utrecht 1947.

HOSSFELD, F.-L., Der Dekalog. Seine späten Fassungen, die originale Komposition und seine Vorstufen, OBO 45, Freiburg(Schweiz)/Göttingen 1982.

- Einheit und Einzigkeit Gottes im frühen Jahwismus, in: Im Gespräch mit dem dreieinen Gott, Elemente einer trinitarischen Theologie, FS W.Breuning (hrsg. v. M.Böhnke/H.Heinz) Düsseldorf 1985, S.57-74.

- Untersuchungen zur Komposition und Theologie des Ezechielbuches, fzb 20, Würzburg 1977.

HOSSFELD, F.-L./MEYER, I., Prophet gegen Prophet. eine Analyse der alttestamentlichen Texte zum Thema: Wahre und falsche Propheten, BiBe 9, Fribourg 1973.

HUMBERT, P., Dieu fait sortir. Hiphil de yāsa avec Dieu comme sujet, ThZ 18, Basel 1962, S.357-361.

- "Dieu fait sortir." Note complémentaire, ThZ 18, 1962, S.433-436.

HYATT, J.P., Exodus. New Century Bible Commentary Based on the Revised Standard Version, London 1971.

ISHIDA, T., The Structure and Historical Implications of the List of Pre-Israelite nations, Bib. 60, 1979, S.461-490.

JANSSEN, E., Juda in der Exilszeit. Ein Beitrag zur Frage der Entstehung des Judentums, FRLANT N.F. 51, Göttingen 1956.

JANZEN, J.G., On the Most Important Wort in the Shema (Deuteronomy VI,4-5), VT 37, 1987, S.280-300.

JAROS, K. Die Stellung des Elohisten zur kanaanäischen Religion, OBO 4, Göttingen-Freiburg (Schweiz) 1974.

JENNI, E., Art. שׂנא , hassen, THAT II, Sp. 83-87.

JENNI, E./WESTERMANN,C., Theologisches Handwörterbuch zum Alten Testament, Bd. I u. II, München 1971-1976.

JEPSEN, A., Beiträge zur Auslegung und Geschichte des Dekalogs, ZAW 79, 1967, S.277-304.

-   Berith. Ein Beitrag zur Theologie der Exilszeit, in: FS W.Rudolph, Tübingen 1961, S.161-179 (= A.Jepsen, Der Herr ist Gott. Aufsätze zur Wissenschaft vom Alten Testament, Berlin-Ost 1978,S.196-210).

-   Die Quellen des Königsbuches, Halle (2.Aufl.) 1956.

-   Ṣedeq und ṣedaqah im Alten Testament, in: Gottes Wort und Gottes Land, (hrsg. v.H.Graf Refentlow), Göttingen 1965, S.78-89.

JEREMIAS, J., Der Prophet Hosea, ATD 24,1, Göttingen 1983

-   Das Königtum Gottes in den Psalmen. Israels Begegnung mit dem kanaanäischen Mythos in den Jahwe-Königs-Psalmen, FRLANT 141, Göttingen 1987.

-   Kultprophetie und Gerichtsverkündigung in der späten Königszeit Israels, WMANT 35, Neukirchen-Vluyn 1970.

-   Die Reue Gottes. Aspekte alttestamentlicher Gottesvorstellung, BSt 65, 1975

-   Theophanie. Die Geschichte einer alttestamentlichen Gattung, WMANT 10, Neukirchen-Vluyn (2.Aufl.) 1977.

JOHNSTONE, W., The Decalogue and the Redaction of the Sinai Pericope in Exodus, ZAW 100, 1988, S.361-385.

-   Reactivating the Chronicles Analogy in Pentateuchal Studies, with Special Reference to the Sinai Pericope in Exodus, ZAW 99, 1987, S.16-37.

JOÜON, P, Locutions hébraiques avec la préposition על devant לב , לבב , Bib. 5, 1924, S.49-53.

KAISER, O., Das Buch des Propheten Jesaja. Kapitel 1-12, ATD 17, Göttingen (5.Aufl.) 1981.

-   Der Prophet Jesaja. Kapitel 13-39, ATD 18, Göttingen (2.Aufl.) 1976.

-   Einleitung in das Alte Testament. Eine Einführung in ihre Ergebnisse und Probleme, 5.Aufl., Gütersloh 1984

- (Hrsg.), Texte zur Umwelt des Alten Testaments (hrsg. in Gemeinschaft mit R. Borger, W.C.Delsmann, M.Dietrich u.a.) Band I: Rechts- und Wirtschaftsurkunden. Historisch-chronologische Texte, 1.Lfg.: Rechts- und Wirtschaftsurkunden (R.Borger, H.Lutzmann, W.H.Ph.Römer, E.v.Schuler) Gütersloh 1982; 2.Lfg.: Staatsverträge (R.Borger, M.Dietrich, E.Edel, O.Loretz, O.Rössler, E.v.Schuler) Gütersloh 1983 (= TUAT I,1+2)

KAUFMAN, S.A., The Structure of the Deuteronomic Law, Maarav 1/2, 1978/79, S.105-118.

KAUTZSCH, E. (Hrsg.), Die Heilige Schrift des Alten Testaments (2 Bde.), Tübingen (3.Aufl.) 1909/10 (=HSAT I,II).

KEEL, O. (Hrsg.), Monotheismus im Alten Israel und seiner Umwelt. Mit Beiträgen von B.Hartmann, E.Hornung, H.-P.Müller, G.Pettinato, F.Stolz, Biblische Beiträge 14, Fribourg 1980.

- Zeichen der Verbundenheit. Zur Vorgeschichte und Bedeutung der Forderungen von Dt 6,8f. und par., in: Mélanges Dominique Barthélemy (hrsg. v. P. Casetti / O.Keel / A.Schenker), OBO 38, Fribourg-Göttingen 1981, S.160-240.

KELLERMANN, D., Art. לוי , lewi, ThWAT IV, 1984, Sp.499-521.

KENNET, R.H., The Date of Deuteronomy, JTS 7, 1906, s.481-500.

KILIAN, R., Die vorpriesterlichen Abrahamsüberlieferungen. Literarkritisch und traditionsge-schichtlich untersucht, BBB 24, 1966.

- Isaaks Opferung. Zur Überlieferungsgeschichte von Gen 22, SBS 44,1970

- Jesaja 1-39. EdF 200, Darmstadt 1983.

- Literarkritische und formgeschichtliche Untersuchung des Heiligkeitsgesetzes, BBB 19, Bonn 1963.

KITTEL, G./FRIEDRICH, G. (Hrsg.), Theologisches Wörterbuch zum Neuen Testament I-X, Stuttgart 1933-1979.

KLOSTERMANN, A., Der Pentateuch. Beiträge zu seinem Verständnis und seiner Entstehungsgeschichte, Leipzig 1893.

- Der Pentateuch. N.F., Leipzig 1907.

KNAPP, D., Deuteronomium 4. Literarische Analyse und theologische Interpretation, Göttinger Theologische Arbeiten 35, Göttingen 1987

KNIERIM, R., Exodus 18 und die Neuordnung der mosaischen Gerichtsbarkeit, ZAW 73, 1961, S.146-171.

- Die Hauptbegriffe für Sünde im Alten Testament, Gütersloh 1965.

- Art. חטא - sich verfehlen, THAT I, Sp.541-549.

- Art. מרה - widerspenstig sein, THAT I, Sp. 928-930.

KNIGHT, G.A.F., The Lord is One, ExpT 79, 1967/68, S.8-10.

KNUTSON, F.B., Literary Genres in PRU IV, in: Ras Shamra Parallels. The Texts from Ugarit and the Hebrew Bible, Bd. II(Kap.VI) (hrsg.v.L.R.Fisher), Anal.Or. 50, Rom 1975, S.155-199.

KOCH, K., Zur Geschichte der Erwählungsvorstellung in Israel, ZAW 67, 1955, s.205-226.

KÖCKERT, M., Das nahe Wort. Zum entscheidenden Wandel des Gesetzesverständnisses im Alten Testament, ThPh 60, 1985, S.496-519.

-   Vätergott und Väterverheißungen. Eine Auseinandersetzung mit Albrecht Alt und seinen Erben. FRLANT 142, Göttingen 1988.

KÖHLER, L., Archäologisches.Nr22.23, ZAW 46, 1928, S.213-200.

KÖHLER,L./BAUMGARTNER, W., Lexicon in Veteris Testamenti Libros. 2.Aufl. mit Suppl.-Bd., Leiden 1958 (=KBL).

KOHLER, J./UNGNAD, A., Assyrische Rechtsurkunden in Umschrift und Übersetzung nebst einem Index der Personennamen und Rechtserläuterungen, Leipzig 1913.

KOSCHEL, A., "Volk Gottes" in der deuteronomischen Paränese. Untersuchungen zum Begriffsfeld von "Volk Gottes" in Dt. 7,1-11 (Diss.) Münster 1969.

KRAETZSCHMAR, R., Die Bundesvorstellung im Alten Testament in ihrer geschichtlichen Entwickelung, Marburg 1896.

KUENEN, A., Historisch-Critisch Onderzoek naar het Ontstaan en de Verzameling van de Boeken des Ouden Verbonds, Eerste Deel: De Thora en de Historische Boeken des Ouden Verbonds, 2.rev.Aufl., Leiden 1885 - (= Historisch-kritische Einleitung in die Bücher des alten Testaments hinsichtlich ihrer Entstehung und Sammlung. Erster Teil: Die Thora und die historischen Bücher des alten Testaments, 1.Stück: Die Entstehung des Hexateuch, Leipzig 1887)

KUTSCH, E., Das Herbstfest in Israel, Diss. Mainz 1955.

-   Verheißung und Gesetz. Untersuchungen zum sogenannten "Bund" im Alten Testament, BZAW 131, Berlin-New York 1973.

KRAUS, H.-J., Psalmen. 1.Teilband Psalmen 1-59, BK XV/1, Neukirchen-Vluyn (5.Aufl.) 1978 (= BK XV,1).

-   Psalmen. 2.Teilband Psalmen 60-150, BK XV/2, Neukirchen-Vluyn (5.Aufl.) 1978.

-   Das heilige Volk. Zur alttestamentlichen Bezeichnung <m qados', in: Freude am Evangelium. FS Alfred de Quervain, München 1966, S.50-61 (= H.-J.Kraus, Biblisch-theologische Aufsätze, Neukirchen-Vluyn 1972, s.37-49).

LAAF, P., Die Pascha-Feier Israels. Eine literarkritische und überlieferungsgeschichtliche Studie, BBB 36, 1970

LABAT, R., Le Poème Babylonien de la Création, Paris 1935.

LABUSCHAGNE, C.J., The Incomparability of Yahweh in the Old Testament, Pretoria Oriental Series V, Leiden 1966.

LAMBERT, W.G./MILLARD, A.R., ATRA-HASIS. The Babylonian Story of the Flood (with The Sumerian Flood Story by M.Civil), Oxford 1969.

LANG,B., Neues über den Dekalog. ThQ 164, München 1984, S.58-65.

-   (Hrsg.), Der einzige Gott. Die Geburt des biblischen Monotheismus. Mit Beiträgen von Bernhard Lang, Morton Smith und Hermann Vorländer, München 1981. (darin: B.LANG, Die Jahwe-allein-Bewegung, S.47-83).

-   Zu F.L.Hossfeld, Der Dekalog, ThQ 164, 1984, S.58-65.

411

- Ezechiel. Der Prophet und das Buch. EdF 153, Darmstadt 1981.

LANGLAMET, F., Gilgal et les récits de la traversée du Jourdain (Jos.,III-IV), Cahiers de la Revue Biblique 11, Paris 1969.

- Israel et "l'habitant du pays". Vocabulaire et formules d'Ex., XXXIV,11-16, RB 76, 1969, S.321-350.481-507.

LAURENTIN, A., ועתה - καὶ νυν. Formule charactéristique des textes juridiques et liturgiques (à própos de Jean 17,5), Bib. 45, 1964, S.168-197.413-432.

LAUSBERG, H., Elemente der literarischen Rhetorik. Eine Einführung für Studierende der klassischen, romanischen, englischen und deutschen Philologie, München (3.Aufl.) 1967.

LEEUWEN, C.van, Art. רשע - frevelhaft/schuldig sein, THAT II, Sp.813-818.

LEHMING, S., Massa und Meriba, ZAW 73, 1961, S.71-77.

LEMAIRE, A., Le sabbat à l'époque royale israélite, RB 80,1973, S.161-185.

LEVENSON, J.D., Who Inserted the Book of the Torah?, HTR 68, 1975, S.203-233.

LEVIN, Chr., Der Sturz der Königin Atalja. Ein Kapitel zur Geschichte Judas im 9.Jahrhundert v.Chr., SBS 105, Stuttgart 1982.

- Die Verheißung des neuen Bundes in ihrem theologiegeschichtlichen Zusammenhang ausgelegt, FRLANT 137, Göttingen 1985.

- Der Dekalog am Sinai, VT 35, 1985, S.165-191.

LEWY, J., Wörterbuch über die Talmudim und Midraschim, o.O., 1924.

LEXIKON DER ÄGYPTOLOGIE, Wiesbaden , 1972ff.

L'HOUR, J., L'alliance de Sichem, RB 69, 1962, S.5-36.

- Forme littéraire, structur et unité de Deutéronome 5-11, Bib 45, 1964, S.551-555.

LIEDKE, G., Gestalt und Bezeichnung alttestamentlicher Rechtssätze. Eine formgeschichtliche und terminologische Studie, WMANT 39, Neunkirchen-Vluyn 1971.

LINDARS, B., Torah in Deuteronomy, in: Words and Meanings, Essays presented to D.W.Thomas (hrsg.v.P.r.Ackroyd/B.Lindars), Cambridge 1968, S.117-136.

LIPINSKI, E., Le poème royale du Psaume LXXXIX 1-5.20-38, Cahiers de la Revue Biblique 6, Paris 1967.

LISOWSKI, G./ROST, L., Concordantiae Veteris Testamenti Hebraicae atque Aramaicae - Konkordanz zum Hebräischen Alten Testament, Stuttgart (2.Aufl.) 1958.

LIWAK, R., Überlieferungsgeschichtliche Probleme des Ezechielbuches. Eine Studie zu post-ezechielischen Interpretationen und Kompositionen, Diss., Bochum 1976.

LOERSCH, S., Das Deuteronomium und seine Deutungen. Ein forschungsgeschichtlicher Überblick, SBS 22, Stuttgart 1967.

LOEWENSTAMM, S.E., The Divine Grants of Land to the Patriarchs, JAOS 91, 1971, S. 509ff.

- The Formula בעת ההוא in Deuteronomy, TARBIZ 28, 1968/69, S.99-104.

LOHFINK, N., Die Bedeutungen von hebr. ירש qal und hif., BZ NF 27, 1983, S.14-33.

- Beobachtungen zur Geschichte des Ausdrucks עם יהוה , in: FS Gerhard v. Rad, 1971, S.275-305.

- Zur Dekalogfassung von Dt 5, BZ 9, 1965, S.17-32.

- (Hrsg.), Das Deuteronomium. Entstehung, Gestalt und Botschaft, Bibliotheca Ephemeridum Theologicarum Lovaniensium LXVIII, Leuven 1985.

- Zur neueren Diskussion über 2 Kön 22-23, BEThL LXVIII, 1985, S.24-48.

- Dtn.26,17-19 und die "Bundesformel", ZThK 91, 1969, S.517-553.

- Das Hauptgebot. Eine Untersuchung literarischer Einleitungsfragen zu Dtn 5-11, AnBibl 20, Rom 1963.

- Kerygmata des Deuteronomistischen Geschichtswerks, in: J.Jeremias/L.Perlitt (Hrsg.), Die Botschaft und die Boten. Festschrift f.H.W.Wolff, Neukirchen,Vl..1981, S.87-100.

- Die Landverheißung als Eid. Eine Studie zu Gen 15, SBS 28, Stuttgart 1967.

- Das Privilegrecht Jahwes im Buch Deuteronomium. Vorlesungen über Dtn 12-16 und 26 an der Hochschule Sankt Georgen, Wintersemester 1982/83 (masch.-schrftl.).

- Die Sicherung der Wirksamkeit des Gotteswortes durch das Prinzip der Schriftlichkeit der Tora und durch das Prinzip der Gewaltenteilung nach den Ämtergesetzen des Buches Deuteronomium (Dt 16,18-18,22), in: FS W.Kempf, Frankfurt/M. 1971, S.143-155.

- Die These vom "deuteronomischen" Dekaloganfang. Ein fragwürdiges Ergebnis atomistischer Sprachstatistik, in: Studien zum Pentateuch, FS W.Kornfeld (hrsg.v.G.Braulik), Wien 1977, S.99-109.

- Art. חרם , ThWAT III, Sp.191 - 213.

- Art. ירש, ThWAT III, 953-985.

LOZA, J., Les catéchèses étiologiques dans l'Ancien Testament, RB 78, 1971, S.481-500.

- Exode xxxii et la rédaction JE, VT 23,1973, S.31-55.

LUBSCZYK, H., Der Auszug Israels aus Ägypten. Seine Theologische Bedeutung in prophetischer und priesterlicher Überlieferung, Erfurter Theologische Studien 11, Leipzig 1963.

LUTHER, M., Vorlesung über das Deuteronomium 1523/24. Deuteronomium Mosi cum annotationibus 1525, WA 14, 1895, S.489ff.

MAISLER, B., Zur Götterwelt im alten Palästina, ZAW 50,1832, S.86f.

MANDELKERN, S., Veteris Testamenti Concordantiae Hebraicae atque Chaldaicae, Tel Aviv (11.Aufl.) 1978.

MARTI, K., Das fünfte Buch Mose oder Deuteronomium, HSAT I, Tübingen (3.Aufl.) 1909, s.237-306.

MARTIN-ACHARD, R., Art. גור , THAT I, S.409-412.

413

MAYES, A.D.H., Deuteronomy, New Century Bible Commentary, London 1979 (2.Aufl.1981).

- Deuteronomy 29, Joshua 9, and the Place of the Gibeonites in Israel, BEThL 68, 1985, S.321-320.

- The Story of Israel between Settlement and Exile. A Redactional Study of the Deuteronomistic History, London 1983.

McBRIDE, S.D., Art. Deuteronomium / Deuteronomistisches Geschichtswerk / Deuteronomistische Schule, I. Deuteronomium, TRE 8, 1981, S.530-543

- The Yoke of the Kingdom. An Exposition of Deuteronomy 6:4-5, Interpr. XXVII, 1973, S.273-306.

McCARTHY, D., Treaty and Covenant. A Study in Form in the Ancient Oriental Documents and in the Old Testament, New edition completely rewritten (=2.Aufl.), AnBib 21A, Rom 1978.

- Old Testament covenant. A survey of Current Opinions, Oxford 1972/73.

McEVENUE, S.E., The Narrative Style of the Priestly Writer, AnBibl. 50, 1971.

McKANE, W., Jeremiah, Vol.I: Introduction and Commentary on Jeremiah I-XXV, ICC, Edinburgh 1986.

- Poison, Trial by Ordeal and the Cup of Wrath, VT 30, 1980, S.474-492.

MEINHOLD, J., Zur Sabbathfrage, ZAW 48, 1930, S.121-138.

MERENDINO, R.P., Das deuteronomische Gesetz. Eine literarkritische, gattungs- und überlieferungsgeschichtliche Untersuchung zu Dt 12-26, BBB 31, Bonn 1969.

- Die Zeugnisse, die Satzungen und die Rechte. Überlieferungsgeschichtliche Erwägungen zu Deut 6, in: Bausteine biblischer Theologie, FS G.Botterweck (hrsg.v.H.-J.Fabry), BBB 50, 1977, S.185-207;

- Zu Dt V-VI. Eine Klärung, VT 31, 1981, S.80-83.

MEYER, E., Kritik der Berichte über die Eroberung Palästinas (Num. 20,14 bis Jud. 2,5), ZATW I, 1881, S.117-150.

MICHAELI, F., Le livre de l'Exode, CAT II, Neuchatel 1974.

MILGROM, J., The Levitical <ABODA, JQR 61, 1970f., S.132-155.

- The Term <ABODA, in: J.Milgrom, Studies in Levitical Theology I: The Encroacher and the Levite, Berkeley-Los Angeles-London 1970, S.60-87.

MILLER, C.H., The Infinitive Construct in the Lawbooks of the Old Testament. A Statistical Study, CBQ 32,1970, S.222-226.

MINETTE DE TILLESSE, G., Sections "tu" et sections "vous" dans le Deutéronome, VT 12, 1962, S.29-87

MITCHELL, H.G., The Use of the Second Person in Deuteronomy, JBL XVIII,1899,S.61-109

MITTMANN, S., Deuteronomium 1,1-6,3 literarkritisch und traditionsgeschichtlich untersucht, BZAW 139, Berlin/New York 1975

MONTGOMERY, J.A., The Books of Kings, ICC, Edinburgh 1951.

MORAN, W., The Ancient Near Eastern Background of the Love of God in Deuteronomy, CBQ 25, 1963, S.77-87.

MORENZ, S., Der Schrecken Pharaos, in: FS C.J.Bleeker, Numen Suppl. 17, Leiden 1969, S.113-125.

MOWINCKEL, S., Psalmstudien I-VI, Oslo 1921-24.

- Tetrateuch - Pentateuch - Hexateuch. Die Berichte über die Landnahme in den drei altisraelitischen Geschichtswerken, BZAW 90, Berlin-New York 1964.

MÜLLER, H.-P., Art. קהל - Versammlung, THAT II, Sp.609-619.

NEBELING, G., Die Schichten des deuteronomischen Gesetzeskorpus. Eine traditions- und redaktionsgeschichtliche Analyse von Dtn 12-26, Diss. Münster 1970

NELSON, R.D., The Double Redaction of the Deuteronomistic History, JSOT Suppl.Series 18, Sheffield 1981.

NEUFELD, E., Ancient Hebrew Marriage Laws. With special references to General Semitic Laws and Customs, London-New York-Toronto 1944

NEUMANN, P.K.D., Hört das Wort Jahwäs. Ein Beitrag zur Komposition alttestamentlicher Schriften, Diss., Hamburg 1975.

NIELSEN, E., Shechem. A Tradition-Historical Investigation, Kopenhagen 1955.

NIELSEN, E., "Weil Jahwe unser Gott ein Jahwe ist" (Dtn 6,4f.), in: Beiträge zur Alttestamentlichen Theologie, FS W.Zimmerli (hrsg. v.R.Donner, R.Hanhart, R.Smend), S.288-301 (=E.Nielsen, Law, History and Tradition. Selected Essays by E.Nielsen, (hrsg. H.Donner, R.Hanhart, R. Smend), S. 106-118).

NÖTSCHER, F., "Das Angesicht Gottes schauen" nach biblischer und babylonischer Auffassung, Würzburg 1924 (Nachdruck Darmstadt 1969).

NOTH, M., Das zweite Buch Mose.Exodus, ATD 5, Göttingen (6.Aufl.) 1978.

- Das dritte Buch Mose.Leviticus, ATD 6, Göttingen (6.Aufl.) 1973.

- Das vierte Buch Mose. Numeri, ATD 7, Göttingen (2.Aufl.) 1973.

- Das Buch Josua, HAT I/7, Tübingen (3.Aufl.) 1971

- Könige I,1-16, BK IX,1, Neukirchen-Vluyn 1964-68.

- Überlieferungsgeschichte des Pentateuch. Stuttgart 1948 (=ÜP).

- Überlieferungsgeschichtliche Studien. Die sammelnden und bearbeitenden Geschichtswerke im Alten Testament, Tübingen (2.Aufl.) 1957 (Nachdruck, Tübingen 1967) (=Ü.St.).

- "Die mit des Gesetzes Werken umgehen, die sind unter dem Fluch (1938), Gesammelte Studien zum Alten Testament, ThB 6, München (3.Aufl.) 1966, S.155-171.

NOUGAYROL, J., Palais Royale d'Ugarit IV u.V, Paris 1956 u. 1965.

NYBERG, H.S., Hebreisk Grammatik, Stockholm 1952 (Nachdruck 1972)(=NHG).

OESTREICHER, Th., Das Deuteronomische Grundgesetz, BFchTh 27,4, Gütersloh 1923.

OPPENHEIMER, A.L., Mesopotamian Mythology I, Orientalia 16, Rom 1964.

ORMANN, G., Die Stilmittel im Deuteronomium, in: Festschrift für L. Baeck, Berlin 1938, S.39-53

OTTO, E., Das Mazzotfest in Gilgal, BWANT 107,Stuttgart-Berlin-Köln-Mainz 1975.

OTTO, E., Gott und Mensch nach den ägyptischen Tempelinschriften der griechich-römischen Zeit,. (o.O.) 1964.

OTTOSSON, M., Josuaboken - en deuteronomistisk programmskrift, Religion och Bibel 40, 1981, S.3-13.

OTZEN, B., Studien über Deuterosacharja, Kopenhagen 1964.

PECKHAM, B., The Composition of Deuteronomy 5-11, in: The Word of the Lord Shall Go Forth, FS D.N.Freedman (hrsg.v. C.L.Meyers/M.O`Connor) ASOR (Special Volume Series) 1, Winona Lake (Ind.) 1983, S.217-240.

-       The Composition of Deuteronomy 9:1-10:11, in Word and Spirit. Essays in Honor of David Michael Stanley (hrsg. J.Plevnik), Willowdale (Ontario, Kanada) 1975, S.3-59.

PERLES, F., Was bedeutet יהוה אחד Deut. 6,4?, OLZ 11,1908, Sp.537f.

PERLITT, L., Anklage und Freispruch Gottes, ZThK 69, 1972, S.290-303.

-       Bundestheologie im Alten Testament, WMANT 36, Neukirchen-Vluyn 1969

-       Art. Dekalog, I.Altes Testament, TRE 8, 1981, S.408-413.

-       Art. Deuteronomium, EKL(3.Aufl.), 1985, Sp.823-825.

-       Deuteronomium 1-3 im Streit der exegetischen Methoden, in: BEThL 68, 1985, S.149-163.

-       Wovon der Mensch lebt (Dtn 8,3b), in: FS H.W.Wolff, Die Botschaft und die boten, hrsg.v.J.Jeremias u.L.Perlitt, Neukirchen,Vl.,1981, S.403-426.

-       Mose als Prophet, EvTh 31,1971, S.588-608

-       Motive und Schichten der Landtheologie im Deuteronomium, in: G.Strecker (Hrsg.), Das Land Israel in biblischer Zeit. Jerusalem - Symposium 1981 der Hebräischen Universität und der Georg-August-Universität, GTA 25, Göttingen 1983, S.46-58.

-       Priesterschrift im Deuteronomium? ZAW 100 (Suppl.) 1988, s.65-88.

-       Sinai und Horeb, in: FS W.Zimmerli, Beiträge zur Alttestamentlichen Theologie, Göttingen 1977, S.302-322

-       Rezension zu F.L. Hoßfeld, Der Dekalog, ThLZ 108, Sp.578-580.

-       Der Vater im Alten Testament, in: H.Tellenbach (Hrsg.), Das Vaterbild in Mythos und Geschichte, Stuttgart 1976, S.50-101.

-       "Ein einzig Volk von Brüdern". Zur deuteronomischen Herkunft der biblischen Bezeichnung "Bruder", in FS Bornkamm, Tübingen 1980, S.27-52.

PETER, M., Dtn. 6,4 - ein monotheistischer Text? BZ 24, 1980, S.252-262.

PHILLIPS, A., Deuteronomy. The Cambridge Bible Commentary, New English Bible, Cambridge 1973.

-       A Fresh Look at the Sinai Perikope, Part 1/2, VT 34, 1984, S. 39-52.282-294.

PLATH, S., Furcht Gottes. Der Begriff ירא im Alten Testament. ATh (Reihe 2), Stuttgart 1963.

PLOEG, J.P.M. van der, Psalmen (2 Bde.), BOT VIIb, Roermond 1971-1975.

PLÖGER, J.G., Literarkritische, formgeschichtliche und stilkritische Untersuchungen zum Deuteronomium, BBB 26, Bonn 1967 (zit.: PLÖGER, Untersuchungen).

PLÖGER, O., Sprüche Salomos. Proverbia, BK XVII, Neukirchen-Vluyn 1984.

-       Reden und Gebete im deuteronomistischen und chronistischen Geschichtswerk, in: FS Günther Dehn, Neukirchen-Vluyn 1957, S.35-49.

POSTGATE,   Neo-Assyrian Royal Grants and Decrees, StP SM 1, 1969.

PREUSS, H.D., Deuteronomium, EdF 164, Darmstadt 1982.

-       Art. יצא , ThWAT III, Sp.795 - 822.

PRITCHARD, J.B. (Hrsg.), Ancient Near Eastern Texts Relating to the O. T., Princeton N.J. (3.Aufl.) 1969 (ANET).

PROCKSCH, O., Die Genesis, KAT I,1,2, Leipzig (3.Aufl.) 1924.

de PURY, A. de, Genèse xxxiv et l'histoire, RB 76, 1969, S.5-49.

-       Promesse divine et legende cultuelle dans le cycle de Jacob. Genèse 28 et les traditions patriarchales, Et.Bibl. 1975.

PUUKKO, F., Das Deuteronomium. Eine literarkritische Untersuchung, BWAT I,5, Leipzig 1910

QUELL, G., Art. κύριος, ThWNT III, Stuttgart 1938, S.1038-1080.

-       Art. Pater: Der Vaterbegriff im A.T., ThWNT V, S.959-974.

RAD, G.v., Das erste Buch Moses. Genesis, ATD 2/4, Göttingen (9.Aufl.) 1972.

-       Das fünfte Buch Mose. Deuteronomium, ATD 8, Göttingen (2.Aufl.) 1964.

-       Deuteronomium-Studien. FRLANT N.F.40 (insgesamt 58), Göttingen (2.Aufl.) 1948 (= Ges.St.II, ThB 48, S.109-133).

-       Das Gottesvolk im Deuteronomium, BWANT 3.F., Heft 11 (insgesamt H.47), Stuttgart 1929 (= Ges. St. II, ThB 48, S.9-108).

-       Der heilige Krieg im alten Israel, 4.Aufl., Göttingen 1965

-       Das formgeschichtliche Problem des Hexateuch, BWANT IV 26, Stuttgart 1938 (= Ges.St., ThB 8, S.9-86.

-       Gesammelte Studien zum Alten Testament, ThB 8, München (4.Aufl.) 1971.

-       Gesammelte Studien zum Alten Testament II, (hrsg. R.Smend), ThB 48, München 1973.

-       Theologie des Alten Testaments, Bd.1: Die Theologie der geschichtliche Überlieferungen Israels, München 1957.

REDFORD, Donald B., A Study of the Biblical Story of Joseph, (Gen.37-50), VTS 20, Leiden 1970.

RENDTORFF, R., Das überlieferungsgeschichtliche Problem des Pentateuch, BZAW 147, Berlin-New York 1977.

REVENTLOW, H. Graf von, Gebot und Predigt im Dekalog, Göttingen 1962

RICHTER, W., Die Bearbeitungen des "Retterbuches" in der Deuteronomischen Epoche, BBB 21, Bonn 1964.

- Beobachtunen zur theologischen Systembildung in der alttestamentlichen Literatur anhand des "kleinen geschichtlichen Credo", in: Wahrheit und Verkündigung I, FS Michael Schmaus (hrsg.v.L.Scheffczyk / W.Detthoff / R.Heinzmann), München-Paderborn-Wien 1967, S.175-212.

- Traditionsgeschichtliche Untersuchungen zum Richterbuch, BBB 18, Bonn 1963.

RINGGREN, H., Art. דגן, ThWAT II, Sp. 148-151.

ROBINSON, G., The Origin and Development of the Old Testamen Sabbath. A Comprehensive Exegetical Approach, Diss., Hamburg 1975.

RÖSEL, M., Erwägungen zu Tradition und Geschichte in Jos. 24, BN 22, 1983, S.41-46.

RÖSSLER, E., Jahwe und die Götter im Pentateuch und im deuterornomistischen Geschichtswerk, Diss., Bonn 1966.

RÖTTGER, H., Mal>ak Jahwe - Bote von Gott. Die Vorstellung von Gottes Boten im hebräischen Alten Testament, Regensburger Studien zur Theologie 13, Frankfurt-Bern-Las Vegas, 1978.

ROFé, A., Deuteronomy 5:28-6:1: Composition and Text in the Light of Deuteronomistic Style and Three Tefillin from Qumran (4Q 128, 129, 137) (neu-hebr.), Tarbiz 51, 1981/82, S.177-184.

- The Laws of Warfare in the Book of Deuteronomy: Their Origins, Intent and Positivity, JSOT 3, 1985, S.23-44.

ROGERS, C.L., The Covenant with Abraham and its Historical Setting, BS 127, 1970, s.241-256.

ROSE, M., Deuteronomist und Jahwist. Untersuchungen zu den Berührungspunkten beider Literaturwerke, AThANT 67, Zürich 1981.

- Der Ausschließlichkeitsanspruch Jahwes. Deuteronomische Schultheologie und die Volksfrömmigkeit in der späten Königszeit, BWANT 6.F.,H.6 (106), Stutgart-Berlin-Köln-Mainz 1975.

ROST, L., Die Bezeichnungen für Land und Volk im Alten Testament, in: FS Otto Procksch (hrsg. A.Alt/F.Baumgärtel u.a.), Leipzig 1934.

- Das kleine geschichtliche Credo, in: Das kleine Credo und andere Studien zum Alten Testament, Heidelberg 1965, S. 11-25.

- Israel bei den Propheten. BWANT 4.F.H.19, (insgesamt H. 71), Stuttgart 1937.

ROTH, W., Art. Deuteronomium/Deuteronomistisches Geschichtswerk/ Deuteronomistische Schule, II. Deuteronomistisches Geschichtswerk /Deuteronomistische Schule, TRE 8,1981, S.543-552.

ROTHSTEIN, D., Das Buch Jeremia, HSAT I, Tübingen (3.Aufl.) 1909, S. 671-813.

ROWLEY, H.H., The Biblical Doctrine of Election, London 1950.

418

RUDOLPH, W., Der "Elohist" von Exodus bis Josua, BZAW 68, Berlin 1938.

- Jeremia. HAT I,12, Tübingen (3.Aufl.) 1968.

RÜCKER, H., Die Begründungen der Weisungen Jahwes im Pentateuch, EThSt. 30,1973.

RUPPERT, L., Die Josephserzählung der Genesis. Ein Beitrag zur Theorie der Pentateuchquellen, StANT 11, München 1965.

RUPRECHT, E., Stellung und Bedeutung der Erzählung vom Mannawunder (Ex 16) im Aufbau der Priesterschrift: ZAW 86, 1974, S.269-306.

RUPRECHT, E., Vorgegebene Tradition und theologische Gestaltung in Genesis XII 1-3, VT 29, 1979, S.171-188

SAUER, G., Art. דרך, THAT I, Sp. 456-460.

- Art. שמר - hüten, THAT II, Sp.982-987.

SCHARBERT, Formgeschichte und Exegese von Ex 34,6f., Bib.38, 1957, S.130-150.

- Zu F.L.Hossfeld, Der Dekalog, BZ 28, 1984, S.292f.

SCHMID, H.H., Gerechtigkeit als Weltordnung. Hintergrund und Geschichte des alttestamentlichen Gerechtigkeitsbegriffes, Beiträge zur historischen Theologie 40 (hrsg.v.G.Ebeling), Tübingen 1968.

- Der sogenannte Jahwist. Beobachtungen und Fragen zur Pentateuchforschung, Zürich 1976.

SCHMIDT, H., Mose und der Dekalog, in: Eucharisterion. Studien zur Religion und Literatur des Alten und Neuen Testaments, FS H.Gunkel, FRLANT 36,1, Göttingen 1923, S.78-119.

- Die großen Propheten übersetzt und erklärt, SAT II,2, Göttingen (2.Aufl.) 1923.

SCHMIDT, W.H., Ausprägungen des Bilderverbots? Zur Sichtbarkeit und Vorstellbarkeit Gottes im Alten Testament, in: Das Wort und die Wörter, FS G.Friedrich, Stuttgart u.a. 1973, S.25-34.

- Überlieferungsgeschichtliche Erwägungen zur Komposition des Dekalogs, VTS 22, 1972, S.201-220.

- Exodus. 1.Teilband: Exodus 1-6, BK II,1, Neukirchen-Vluyn 1988.

- Exodus, Sinai und Mose. Erwägungen zu Ex 1-19 und 24, EdF 191, Darmstadt 1983.

- Alttestamentlicher Glaube in seiner Geschichte, Neukirchen-Vluyn (3.Aufl.) 1979.

SCHMITT, G., Du sollst keinen Frieden schließen mit den Bewohnern des Landes. Die Weisungen gegen die Kanaanäer in Israels Geschichte und Geschichtsschreibung, BWANT 5.F. 11 (insgesamt 91) Stuttgart-Berlin-Köln-Mainz 1970.

SCHMITT, H.C., Die nichtpriesterliche Josephsgeschichte. Ein Beitrag zur neuesten Pentateuchkritik, BZAW 154, Berlin-New York 1980.

- Der Landtag von Sichem. AzTh I,15, Stuttgart 1964.

- Literarkritische Studien zur vorpriesterschriftlichen Josephsgeschichte, Diss., Marburg 1975.

419

SCHMITT, R., Exodus und Passah. Ihr Zusammenhang im Alten Testament, OBO 7, Göttingen-Freiburg (Schweiz) 1975.

SCHNEIDER, H., Der Dekalog in den Phylakterien von Qumran, BZ NF 3, 1959, S.18-31.

SCHOTTROFF, W., "Gedenken" im Alten Orient und im Alten Testament, WMANT 15, Neukirchen-Vluyn (2.Aufl.) 1967.

- Art. זכר - gedenken, THAT I, 1971, Sp.507-510.

- Jeremia 2,1-3. Erwägungen zur Methode der Prophetenexegese, ZThK 67, 1970, S.263-294.

SCHREINER, J., Hören auf Gott und sein Wort in der Sicht des Deuteronomiums, in: Miscellanea Erfordiana - Erfurter Theologische Studien 12 (hrsg. E.Kleineidem/H.Schürmann), Leipzig 1962, S.27-47.

Die HEILIGE SCHRIFT des Alten und Neuen Testaments, Zürich 1955.

SCHWERTNER, S., Das verheißene Land, Diss. Heidelberg 1966.

- Art. אין - Nichtsein, THAT I, Sp. 127-130.

SCOTT, R.B.Y., A Kingdom of Priests (Ex.XIX 6), OTS VIII, 1950, S.213-219.

SEEBASS, H., Landverheißung an die Väter, EvTh 37, 1977, S.210-229.

- Num. XI.XII und die Hypothese des Jahwisten, VT 28,1978,S.214-223.

- Geschichtliche Zeit und theonome Tradition in der Joseph-Erzählung, Gütersloh 1978.

SEITZ, G., Redaktionsgeschichtliche Studien zum Deuteronomium, BWANT 5.F.H.13 (insges. 93), Stuttgart -Berlin-Köln-Mainz 1971.

SEPTUAGINTA, Id est Vetus Testamentum graece iuxta LXX Interpres, hrsg. R.Rahlfs, Stuttgart (8.Aufl.) 1965 (=LXX).

SEPTUAGINTA, Bd. III,2: Deuteronomium, hrsg.v.J.W.Wevers, Göttingen 1977 (=Wevers, LXX).

SETERS, J. van, Abraham in History and Tradition, New Haven/London 1975.

- Confessional Reformulation in the Exilic Period, VT 22, 1972,, S.448-459.

- The Terms "Amorite" and "Hittite" in the Old Testament, VT 22, 1972, S.64-81.

SIMPSON, C.A., The Early Traditions of Israel, Oxford 1948.

- Composition of the Book of Judjes, Oxford 1957.

SIWIEC, S., La guerre de conquête de Canaan dans le Deutéronome I, Rom 1976.

SKINNER, J., A Critical and Exegetical Commentary on Genesis, ICC , Edinburgh (2.Aufl.) 1956.

SKWERES, D.E., Die Rückverweise im Buch Deuteronomium, AnBibl. 79, Rom 1979.

SMEND, R., Die Bundesformel, ThSt(B) 68, Zürich 1963 (in: Die Mitte des Alten Testaments. Gesammelte Studien Band 1, BEvTh 99, München 1986, S.11-39).

\- Die Entstehung des Alten Testaments, ThW 1, Stuttgart-Berlin-Köln-Mainz (3.Aufl.) 1986.

\- Das Gesetz und die Völker. Ein Beitrag zur deuteronomistischen Redaktionsgeschichte, in: Probleme biblischer Theologie. Gerhard v.Rad zum 70.Geburtstag, hrsg.v.H.W.Wolff, München 1971, S.494-509 (= R.Smend, Die Mitte des Alten Testaments. Gesammelte Studien, Band 1, BEvTh 99, München 1986, S.124-137).

\- Ein halbes Jahrhundert alttestamentliche Einleitungswissenschaft, ThR 49,3, 1984, S.3-30.

\- Rezension zu F.L. Hoßfeld, Der Dekalog, ThRev 79, 1983, S.458f..

\- Das Wort Jahwes an Elia. Erwägungen zur Komposition von 1.Kön. 17-19, VT 25, 1975, S.525-543 (in: R.Smend, Die Mitte des Alten Testaments. Gesammelte Studien, Band 1, BevTh 99, München 1986, S.138-153).

SMITH, W.R., Lectures on the Religion of the Semites. The Fundamental Institutions, London (3.Aufl.) 1927.

SOGGIN, A., Kultätiologische Sagen und Katechese im Hexateuch, VT 10,1960, S.341-347.

SPIECKERMANN, H., Juda unter Assur in der Sargonidenzeit, FRLANT 129, Göttingen 1982.

STADE, B., Streiflichter auf die Entstehung der jetzigen Gestalt der alttestamentlichen Prophetenschriften, ZAW 23, 1903, s.153-171.

STAERK, W., Das Deuteronomium. Sein Inhalt und seine literarische Form, Leipzig 1894.

\- Zum alttestamentlichen Erwählungsglauben, ZAW 55, 1937, S.1-36.

STÄHLI, H.P., Art. ירא - fürchten, THAT I, Sp.765-778.

STAMM, J.J., Der Dekalog im Lichte der neueren Dekalogforschung, Bern-Stuttgart (2.Aufl.) 1962.

\- Art. פדה - auslösen, befreien, THAT II, Sp. 389-406.

STECK, O.H., Überlieferung und Zeitgeschichte in den Elia-Erzählungen, WMANT 26, Neukirchen-Vluyn 1968.

STENDAHL, K., The School of Matthew. Acta Seminarii Neotest. Upsaliensis 20, Uppsala 1954.

STEUERNAGEL, C., Das Deuteronomium übersetzt und erklärt, HK I.3,1, 1.Aufl., Göttingen 1898; 2.Aufl., Göttingen 1923

\- Die Entstehung des deuteornomischen Gesetzes kritisch und biblisch-theologisch untersucht, Halle 1896.

\- Das Buch Josua übersetzt und erklärt, HK I.3,2, 2.Aufl., Göttingen 1923.

\- Der Rahmen des Deuteronomiums. Literarcritische Untersuchung über seine Zusammensetzung und Entstehung, Diss., Halle 1894

STOEBE, H.J., Art. חסד - Güte, THAT I, Sp.600-621.

STOLZ, F., Jahwes und Israels Kriege. Kriegstheorien und Kriegserfahrungen im Glauben des Alten Israel, AThANT 60, Zürich 1972.

- Monotheismus in Israel, in: O.Keel (Hrsg.), Monotheismus im Alten Israel und in seiner Umwelt, Biblische Beiträge 14, Fribourg 1980, S.143-189.

- Art. אות - Zeichen, THAT I, Sp.91-95.

- Art. כעס - sich ärgern, THAT II, Sp.838-842.

STURDY, J., Numbers. The Cambridge Bible Commentary on the New English Bible, Cambridge 1976.

THIEL, Die deuteronomistische Redaktion von Jeremia 1-25, WMANT 41, Neukirchen/Vl.1973 (= THIEL, WMANT 41).

- Die deuteronomistische Redaktion von Jeremia 26-45. Mit einer Gesamtbeurteilung der deuteronomistischen Redaktion des Buches Jeremia, WMANT 52, Neukirchen/Vl.1981 (=THIEL, WMANT 52).

- Rezension: Mittmann, S., Deuteronomium 1,1-6,3 literarkritisch und traditionsgeschichtlich untersucht, BZAW 139, Berlin-Ney York 1975, in: ThLZ 103, 1978, S.104-106.

TIFFANY, F.C., Parenesis and Deuteronomy 5-11 (Deut.4:45;5,2-11,29): A FormCritical Study, Ph,D.Claremont Graduate School, Diss.,1978/79.

TIGAY, J.H., On the Meaning of T(W)TPT, JBL 103, 1982, S.321-331.

TSEVAT, M., Alalakhiana, HUCA 29, 1958, S.109-134.

VALETON, J.J.P., Das Wort berjt in den jehovistischen und deuteronomischen Stücken des Hexateuchs, sowie in den verwandten historischen Büchern, ZAW 12, 1892, S.224-260.

- Das Wort berjt bei den Propheten und in den Ketubim.- Resultat, ZAW 13, 1893, S.245-279.

UGARITICA V, bearbeitet von J.Nougayrol, E. Laroche, Ch.Virolleaud, C.F.-A.Schaeffer, Paris 1968.

VANONI, G., Beobachtungen zur deuteronomistischen Terminologie in 2 Kön 23,25-25,30, BEThL 68, 1985, S.357-362.

VAULX, J.de, Les Nombres, Sources Bibliques , Paris 1972.

VAUX, R.de, Histoire Ancienne d'Israel. Des Origines à l'installation en Canaan, Etudes Bibliques, Paris 1971.

VEENHOF, K., Art. כנעני, ThWAT IV, Sp.224-243.

VEIJOLA, T., Die ewige Dynastie. David und die Entstehung seiner Dynastie nach der deuteronomistischen Darstellung. AASF(B) 193, Helsinki 1975 (=VEIJOLA, Dynastie).

- Das Königtum in der Beurteilung der deuteronomistischen Historiographie. Eine redaktionsgeschichtliche Untersuchung, AASF(B) 198, Helsinki 1977(=VEIJOLA, Königtum).

- Finns det en gammaltestamentlig teologi? SEÅ 48, Uppsala 1983, S.10-30 (Kurzfassung von: "Onko Vanhan testamentin teologiaa olemassa?", Teologisk Tidskrift 87, 1982, S.498-529).

-      Verheißung in der Krise. Studien zur Literatur und Theologie der Exils-zeit anhand des 89.Psalms, AASF (B) 220, Helsinki 1982.

VERMEYLEN, J., La rédaction de Jérémie 1,4-19, (B?)EThL 58, Leuven/Louvain? 1982.

-      Les sections narratives de Deut 5-11 et leur relation à Ex 19-34, BEThL 68,1985, S.174-207.

VIGANò L., Nomi e titoli di YHWH alla luce del smitico des Nord-ouest, Biblica et Orientalia 31, Rom 1976.

VIROLLEAUD, Ch., Ugaritica V, Paris 1968.

VOLKWEIN, B. Masoretisches <edut, <edwot, <edot - "Zeugnis" oder "Bundesbe-stimmungen"? - BZ NF 13, 1969, S.18-40.

VRIES, S.J., The Development of the Deuteronomic Promulgation Formula, Bib 55, 1974, S.301-316.

VRIEZEN, Th.C., Die Erwählung Israels nach dem Alten Testament, AThANT 24, Zürich 1923.

-      De Verkiezing van Israel volgens het Oude Testament, Exegetica N.F. 2, Amsterdam 1974.

WALLIS, G., Die geschichtliche Erfahrung und das Bekenntnis zu Jahwe im Alten Testament, ThLZ 101, 1976, Sp.801-816.

-      Art. אהב - lieben, THAT I, Sp. 108-128.

WANKE, G., Art. φόβος und φοβέομαι im Alten Testament, ThWNT IX, S.194-201.

WATERMAN, L., Royal Correspondance of the Assyrian Empire. Part I-IV. Ann Arbor, Univ. of Michigan 1930-1936 (=RCAE).

WEIMAR, P., Untersuchungen zur Redaktionsgeschichte des Pentateuch, BZAW 146, Berlin-New York 1977.

WEIMAR, P./ZENGER, E., Exodus. Geschichten und Geschichte der Befreiung Israels, SBS 75, Stuttgart (2.Aufl.) 1979.

WEINFELD, M., The Covenant of Grant in the Old Testament and in the Ancient Near East, JAOS 90, 1970, S.184-203.

-      Deuteronomy and the Deuteronomic School, Oxford 1972.

-      Divine Intervention in War in Ancient Israel and in the Ancient Near East, in: History, Historiography and Interpretation. Studies in Biblical and Cuneiform Literatures, (hrsg. v.H.Tadmor / M.Weinfeld), Jerusalem 1983, S. 121-147.

-      Traces of Assyrian Treaty Formulae in Deuteronomy, Bib.46, 1965, S.417-427.

WEIPPERT, H.,Das deuteronomistische Geschichtswerk. Sein Ziel und Ende in der neueren Forschung, ThR 50, 1985, S.213-249.

-      Art. Sichem, BRL, Tübingen (2.Aufl.) 1977, S.294-296.

WEIPPERT, M., "Heiliger Krieg" in Israel und Assyrien. Kritische Anmerkungen zu Gerhard von Rads Konzept des "Heiligen Krieges im alten Israel", ZAW 84, 1972, S.460-493.

-      Art. Metall und Metallbearbeitung, BRL (2.Aufl.), Tübingen 1977, Sp.219-224.

WELCH, A.C., Deuteronomy. The Framework to the Code, London 1932.

WELLHAUSEN, J., Die Composition des Hexateuchs und der historischen Bücher des Alten Testaments, 3.Aufl., Berlin 1899 (=4.Aufl., Nachdruck, Berlin 1963)

- Prolegomena zur Geschichte Israels, Berlin-Leipzig (6.Aufl.1927) = Nachdruck Berlin 1981.

- Die kleinen Propheten übersetzt und erklärt, Berlin (4.Aufl.) 1963.

WESTERMANN, C., Genesis. 2.Teilband: Genesis 12-36, BK I/2, Neukirchen-Vluyn 1981;

- Genesis. 3.Teilband: Genesis 37-50, BK I/3, Neukirchen-Vluyn 1982.

- Die Verheißungen an die Väter. Studien zur Vätergeschichte, FRLANT 116, Göttingen 1976.

WIJNGAARDS, Deuteronomium. BOT II,3, Roermond 1971.

- The Dramatization of Salvific History in the Deuteronomic Schools, OTS 16, Leiden 1969.

- The Formulas of the Deuteronomic Creed (Dt. 6/20-23: 26/5-9), Excerpta ex dissertatione ad Lauream in Facultate Theologica Pontificiae Universitatis Gregorianae, Tilburg 1963.

- הוציא and העלה . A Twofold Approach to the Exodus, VT 15, 1965, S.91-102.

WILDBERGER, H., Jahwes Eigentumsvolk. Eine Studie zur Traditionsgeschichte und Theologie des Erwählungsgedankens, AThANT 37, Zürich-Stuttgart 1960.

WILLOUGHBY, B.E., A Heartfelt Love: An Exegesis of Deuteronomy 6:; 4-19, Rest.Q. 20,1977, S.73-87.

WILMS, F.-E., Das Jahwistische Bundesbuch in Exodus 34. StANT 32, München 1973.

WINTER, G., Die Liebe zu Gott im Alten Testament, ZAW 9, 1889, S.211-246.

WISEMAN, D.J., The Vassal-Treaties of Esarhaddon, IRAQ XX, London 1958, S.1-100.

WOLFF, H.W., Anthropologie des Alten Testaments, München (3.Aufl.) 1977.

- Dodekapropheton 1. Hosea, BK XIV,1, Neukirchen-Vluyn (3.Aufl.) 1976.

- Dodekapropheton 2. Joel und Amos, BK XIV,2, Neukirchen-Vluyn (2.Aufl.) 1975.

- Dodekapropheton 4. Micha, BK XIV,4, Neukirchen-Vluyn 1982.

- Dodekapropheton 6. Haggai, BK XIV,6, Neukirchen-Vluyn 1986.

- Hoseas geistige Heimat. ThLZ 81, 1956, Sp.83-94 (= H.W.Wolff, Gesammelte Studien zum Alten Testament, ThB 22, München (2.Aufl.) 1973.

- Zur Thematik der elohistischen Fragmente im Pentateuch. EvTh 29,1969, S.59-71 (= H.W.Wolff, Gesammelte Studien zum Alten Testament, ThB 22, München (2.Aufl.) 1973, S.402-417).

WOUDE, A.S.van der, Art. שם - Name, THAT II, Sp.935-953.

WRIGHT, G.E., The Levites in Deuteronomy, VT 4, 1954, S.325-330.

WÜRTHWEIN, E., Das Erste Buch der Könige. Kapitel 1-16 übersetzt und erklärt, ATD 11,1, Göttingen 1977.
- Die Bücher der Könige 1.Kön.17 - 2.Kön.25 übersetzt und erklärt, ATD 11,2, Göttingen 1984.

- Der Text des Alten Testaments, Stuttgart (4.Aufl.) 1973.

YADIN, Y., Tefillin From Qumran (X Q Phyl 1-4), Jerusalem 1969.

ZENGER, E., Die Sinaitheophanie. Untersuchungen zum jahwistischen und elohistischen Geschichtswerk, fzb 3, Würzburg 1971

ZEVIT, Z., The Khirbet el-Qom Inscription Mentioning a Goddess, BASOR 255, 1984, S.39-47.

ZIMMERLI, W., Die Eigenart der prophetischen Rede des Ezechiel. Ein Beitrag zum Problem an Hand von Ez 14,1-11, ZAW 66, 1954, S.1-26 (= ThB 19, S.148-177).

- Erkenntnis Gottes nach dem Buche Ezechiel. Eine theologische Studie, AThANT 27, Zürich 1954 (= ThB 19, S. 41-119).

- Ezechiel 1-24, BK XIII,1, Neukirchen-Vluyn 1969.

- Ezechiel 25-48, BK XIII,2, Neukirchen-Vluyn 1969.

- Das zweite Gebot, in: FS A.Bertholet, Tübingen 1950, S.550-563 (= ThB 19, S. 234-248).

- Gottes Offenbarung. Gesammelte Aufsätze zum Alten Testament, ThB 19, München (2.Aufl.) 1969.

- Grundriß der alttestamentlichen Theologie, ThW 3, Stuttgart-Berlin-Köln-Mainz (3.Aufl.) 1978.

- Ich bin Jahwe, in: Geschichte und Altes Testament. Beiträge zur historischen Theologie 16, FS A.Alt, Tübingen 1953 (=ThB 19, S.11-40).

- 1.Mose 12-25. Abraham, Zürcher Bibelkommentare AT I.2, Zürich 1976.

- Das Phänomen der "Fortschreibung" im Buche Ezechiel, in: Prophecy. FS Georg Fohrer (hrsg.v.J.A.Emerton), BZAW 150, 1980, S.174-191.

ZOBEL, H.J., Art. אָרוֹן , ThWANT I, Sp. 391-404.

Stellenregister

Genesis

Exodus

Leviticus

Lev.26,42	143.232	1,7	142.245*.248
			250.267*.297
Numeri		1,8	140f..145.371.
			392
Num.1,12.14.16	145*	1,8.35	140.142
Num.5,11-31	363	1,7	206*
Num.5,11f.	287*	1,10	182*
Num.5,19-28	362*	1,12	292
Num.6,23	373	1,19-33	289ff.
Num.8	272	1,20	289
Num.10,29-33	273*	1,21.26.32.43	364f.
Num.11,3.34	364f.	1,24-30	141
Num.11,12	139.140.141*	1,25	144
Num.13,2	144	1,27	84.147ff..389
Num.13,20.28	153	1,28	336.337
Num.13,28	336*	1,29f.	290
Num.13,33	340*	1,29	291.294
Num.14,2	356*	1,29ff.	296.319
Num.14,3.8.16	149	1,30	284f.
Num.14,11-25	141	1,31	312
Num.14,16	368	1,31	352
Num.14,16.23	139ff.	1,31	387
Num.14,33	313	1,39	111
Num.15,2	144	2,7	312f.319
Num.15,2.18	129.132	2,10	336f.
Num.16	377	2,12	290
Num.16,1.32ff.	387	2,12.21f.	252
Num.16,13f.	388	2,16ff.	331
Num.17,3.5	114	2,22	339
Num.20,11	323f.	2,26	30
Num.20,12.24	144	2,27	107
Num.20,16	146*	2,29	144
Num.20,22.28	372	2,29.33.36.37	84
Num.21,1-3	241	2,30	243*
Num.21,2f.	221	2,33f.	30
Num.21,5f.	323	2,37	262
Num.21,5f.	324	3,3	84
Num.22,1	287*	3,3.8.12b.17	30
Num.23,22	146*	3,5	153
Num.24,8	146*	3,20	144
Num.26,3	287*	3,22	284f.
Num.27,12	144	3,24	366.387
Num.30,13	316*	3,29	30f..153
Num.32,5-15.11	141	4,1	70.71.107.310
Num.32,7.9	144		388f.
Num.32,11	139ff.	4,1.21.40	144
Num.32,13f.	313	4,1.40	52
Num.33,31ff.37ff.	372	4,2	99.198
Num.33,50-56	287	4,2.10	94
Num.33,51	129.132	4,4	201
Num.33,55f.	254.284f.	4,5-8	138*
Num.34,18	227	4,6	29.189
Num.34,2	129.132	4,7	84
Num.35,1	287*	4,7.38	356*
Num.35,6f.	313	4,8	341
Num.35,10	129.132.287*	4,9f.	111.162ff.194
Num.35,20.22	123*	4,10	34
		4,12	34f.*
Deuteronomium		4,13	190.203
1,1	29.106f.	4,15	284
1,3f.	111.113	4,19	79
1,6.19.20.25.41	84	4,20	366*

439

Neh.9,21 317
Neh.9,24f. 151
Neh.9,24 152
Neh.9,25.35 153
Neh.9,26 226.229
Neh.13,26 226

1.Chronik

1.Chr.16,15-18 233
1.Chr.16,16 222*
1.Chr.17,19.21 383*
1.Chr.17,23f. 226
1.Chr.18,10 351
1.Chr.23,13 373
1.Chr.28,9 389
1.Chr.29,1 80
1.Chr.29,18 229

2.Chronik

2.Chr.1,9 226
2.Chr.6,9 226
2.Chr.6,14 227.229
2.Chr.6,18 381
2.Chr.13,5 226
2.Chr.14,2 220
2.Chr.15,16 362*
2.Chr.20,6 229
2.Chr.20,24 277*
2.Chr.21,7 226
2.Chr.27,32b 81
2.Chr.31,10 151
2.Chr.32,14f. 368
2.Chr.32,21 263
2.Chr.35,22 107

Jesus Sirach

Sir.7,30 89
Sir.46,3 338*

Tobit

Tob.7,12-14 254*

Matthäus

Matth. 5,21-42
Matth. 7,1-5 68*

Außerbiblische Belege

Amenemope I 72.110
CAD 7,278a 81*
CTA 2,i.25 81*
CTA 4,vii.49f. 81
CTA 4,vii.49 81*
CTA 5 III: 16f. 235*
CTA 6,i.46 81*
CTA 14,96.184 81
CTA 14,96.184 81*
CTA 14,98ff.184ff. 82*
CT 46.1(2)299-304 217*
Enuma Elis VII,147 112*
KAI 181,16ff. 240
KTU 1.6 II30-37 363*
KTU 1.6 V 11-19 363*
KTU 1.16V.8 111*
K 3399.3924(S)(Rev.) 321f.*
PRU II,15.155.222,
16.204.138 u.oe. 151
PRU IV, 89,20f. 91
Ptah-hotpe (AOT,S.33) 109
RCAE 1105.32-35 91
RS 24.643 235*
Sefire IB, III 68*
TGI 1(Eleph.pap.) 281*
UT 64,29 246*
UT 327,9 246*
UT 328,14 246*
UT 1035,21 246*
UT 1042,3 246*
UT 1048,1 246*
VTE 42,428-430 151
VTE IV,19 151
VTE IV,266f. 90f.

Katherine Elena Wolff

"Geh in das Land, das ich Dir zeigen werde..."
Das Land Israel in der frühen rabbinischen Tradition
und im Neuen Testament

Frankfurt/M., Bern, New York, Paris, 1989. 393 S.
Europäische Hochschulschriften: Reihe 23, Theologie. Bd. 340
ISBN 3-8204-1666-8   br./lam. DM 87.--/sFr. 79.--

Die jüdischen Dimensionen Tora und Volk sind in gewisser Weise für
das christliche Bewußtsein verständlich; die dritte Dimension des Landes wird hingegen kaum von Christen rezipiert. Die vorliegende Arbeit geht der Frage nach, inwieweit Landtraditionen im Neuen Testament zu finden sind und wie diese aufgrund des Christusereignisses
verarbeitet wurden. Als Hintergrund werden zunächst Landtraditionen
in der Hebräischen Bibel aufgezeigt. Dem folgt eine Untersuchung der
Landtraditonen in der rabbinischen Literatur (bis einschließlich
Babylonischem Talmud), in den zwischentestamenarischen apokalyp-
tischen Schriften und bei Philo von Alexandrien. So können neutestamentliche Themen in neuer Weise erkannt werden.

Aus dem Inhalt: Das Land Israel als drittes wesentliches Element im
Judentum, untrennbar von Tora und Volk – Landtraditionen in rab-
binischer Literatur – Neutestamentliche Verarbeitung dieser Traditionen

Verlag Peter Lang Frankfurt a.M. · Bern · New York · Paris
Auslieferung: Verlag Peter Lang AG, Jupiterstr. 15, CH-3000 Bern 15
Telefon (004131) 321122, Telex pela ch 912 651, Telefax (004131) 321131
– Preisänderungen vorbehalten –

Helmut Utzschneider

Künder oder Schreiber?
Eine These zum Problem der "Schriftprophetie" auf Grund von Maleachi 1,6 - 2,9

Frankfurt/M., Bern, New York, Paris, 1989. 102 S.
Beiträge zur Erforschung des Alten Testaments und des Antiken Judentums. Bd. 19
Herausgegeben von Dr. Dr. Matthias Augustin
ISBN 3-631-42294-6   br./lam. DM 40.--/sFr. 36.--

Mit dem Begriff "Schriftprophetie" verbindet man allgemein die Vorstellung, daß die mündlich verkündeten Worte der Propheten des alten Israel von diesen selbst oder ihren Schülern aufgezeichnet wurden. Die These dieser Studie lautet, daß die alttestamentliche Schriftprophetie ein von der Prophetie der "Künder" (M. Buber, K. Koch) grundsätzlich unabhängiges, selbständiges und gleichwohl wesentlich prophetisches Phänomen ist. Dazu wird anhand einer Auslegung von Maleachi 1, 6 - 2, 9 gezeigt, daß und wie sich die Prophetie der Schreiber in Rezeption, Reflexion und (Weiter-) Bildung schriftlicher Texte ereignet und ausdrückt.

Aus dem Inhalt: "Wort", "Schrift" und "Schriftinterpretation" in der Prophetenforschung – Die Kontextualität in Mal. 1, 6 - 2, 9 – Schriftlichkeit und Prophetie in Mal. 1, 6 - 2, 9 – Situationen des Textes

Verlag Peter Lang Frankfurt a.M. · Bern · New York · Paris
Auslieferung: Verlag Peter Lang AG, Jupiterstr. 15, CH-3000 Bern 15
Telefon (004131) 321122, Telex pela ch 912 651, Telefax (004131) 321131
- Preisänderungen vorbehalten -